바울신학을 쉽게 풀어주는
갈라디아서
주 석

바울신학을 쉽게 풀어주는
갈라디아서
주 석

지 은 이 · 김철홍
펴 낸 이 · 성상건
편집디자인 · 자연DPS

펴 낸 날 · 2022년 2월 30일
3쇄 펴 낸 날 · 2025년 1월 7일
펴 낸 곳 · 도서출판 나눔사
주   소 · (우) 10270 경기도 고양시 덕양구 푸른마을로 15
          301동 1505호
전   화 · 02)359-3429   팩스 02)355-3429
등록번호 · 2-489호(1988년 2월 16일)
이 메 일 · nanumsa@hanmail.net

ⓒ 김철홍, 2022

ISBN 978-89-7027-953-4-03230

값 25,000원
잘못된 책은 바꾸어 드립니다.

바울신학을 쉽게 풀어주는

갈라디아서
주 석

김철홍 지음

나눔사

차 례

_머리말

이 책은 갈라디아서 주석이다. 이 주석을 쓴 목적은 바울이 갈라디아서를 쓴 의도를 밝히 드러내 보여주는 것이다. 나는 지금까지 복음주의적(evangelistic) 성경 연구의 전통에서 성경을 연구하고 가르쳐왔다. 요즘 유행하는 '바울신학의 새 관점'(New Perspective on Paul)을 비판하기 위해 이 책을 쓴 건 아니지만, 나의 입장이 '새 관점'이 비판하는 '전통적 관점'(Traditional Perspective)에 서 있다 보니 새 관점을 비판하는 내용이 적지 않게 포함되었다.

오늘날 전통적 입장에서 볼 때 바울신학은 위기를 맞이했다. 바울의 전통적 칭의론이 비판받고 흔들리고 있다. 제임스 던(James Dunn) 같은 새 관점 학자가 주장하는 2단계 칭의론, 즉 첫 번째 칭의는 믿음으로(initial justification by faith) 그리고 최후의 칭의는 행위로(final justification by works) 결정된다는 주장이 예배 강단에서 성경적 가르침으로 소개되고 있다. 믿음만으로 구원받는다고 가르치지 않고, 믿음에 도덕적 삶, 올바른 행위가 추가되어야 구원받을 수 있다고 말한다. 이신칭의의 구원론이 한국 교회를 망쳤다는 말도 심심치 않게 들린다. 전통적으로 복음주의자들이 강조해 온 형벌 대체의 속죄론(Penal Substitution Theory)에 대한 부족한 이해 때문에, 예수 그리스도의 십자가 죽음을 값싼 은혜로 오해하고 있는 것도 문제다. 종교개혁은 루터가 성경을 오해한 것에서 비롯된 실수라고 주장하고, 종교개혁의 성과를 되돌리려는 노력이 개신교, 그것도 개혁주의 안에서 일어나고 있다. 한 편으로는 어이없는 일이지만, 한 편으로는 반성할 일이다. 그 책임이 나 자신을 포함하여 성경을 제대로 풀어서 가르치지 않은 성경 신학자들에게 있다고 생각된다.

갈라디아서는 할례당의 거짓 복음에 맞서 싸우기 위해 기록된 것인데도, 오늘날 갈라디아서 연구는 바울의 이신칭의의 복음을 변질시키는 무대가 되어가고 있다. 오히려 할례당의 거짓 복음을 바울 복음으로 둔갑시킨다. 그때나 지금이나 할례당은 믿음이 칭의에 필요한 요소라는 것을 부정하지 않는다. 구원받으려면 믿음이 필요하다고 말한다. 그런데 믿음만으로는 충분하지 않다고 말한다. 할례와 율법 준수, 즉 행위가 있어야 한다고 말한다. 할례당에서 믿음은 구원의 필수조건이지만 충분조건은 아니다. 행위가 추가되어야 한다. 하지만 바울에게 믿음은 칭의의 필요·충분조건이다. 이 책은 왜 행위 구원이 잘못된 것인지, 왜 바울이 '오직 믿음만으로' 의롭다 함을 얻을 수 있다고 말했는지를 그 이유를 쉽게 설명해준다.

이 주석의 성경해석 방법은 구약성경과 신약성경을 연결해서 함께 읽는 것이다. 구약성경의 중요 구절들을 연구하면 복음이 무엇인지 잘 보인다. 심지어 바울이 말하는 '칭의'도 구약성경에 이미 있는 개념이다. 예수의 복음도, 믿음으로 구원받는다는 것도, 구약성경에 다 있다. 이 주석을 통해 구약성경과 신약성경을 함께 읽는 즐거움을 나누게 되길 기대한다.

갈라디아서는 자유의 선언이다. 이 자유는 죄와 죽음의 세력, 율법으로부터의 자유다. 갈라디아서에서 바울이 말하는 복음의 자유를 루터가 발견해 종교개혁이 일어났고, 그 자유의 깨달음에서 서구 시민혁명이 일어났다. 자유민주주의가 말하는 정치적 자유는 갈라디아서에 그 뿌리는 두고 있다. 오늘날 대한민국의 자유민주주의가 흔들릴 때 교회가 그 보루의 역할을 하지 못하고 있는 것도 사실 기독교인들이 성경을 제대로 알지 못한 까닭이 크다. 왜 유대교는 노예를 만들어내고 복음은 자유인을 만들어내는지 그 원리를 알면 정치가 보이고 경제가 더 쉽게 보인다.

보통 주석들은 서론에서 저자 문제, 집필 시기, 장소, 집필 동기, 중요 주제 및 신학 등을 다룬다. 하지만 이 주석에서는 그런 서론은 생략한다. 대신 본문 주석에서 필요할 때 그런 문제들을 다루거나 보충설명에서 집중적으로 다룬다. 그렇게 하는 것이 종이를 아끼고 본문에서 벗어나지 않는 논의를 할 수 있을 것 같다. 보통 주석들은 관련된 성경 구절(biblical reference)을 소개할 때 책 이름, 장, 절만 표기하지만, 이 책에서는 성경 구절을 필요한 만큼 직접 인용하여 독자들이 관련된 본문을 함께 읽어가면서 설명을 읽을 수 있도록 했다. 독자들에게 더 친절하고 쉽게 성경을 설명하려는 시도인데, 그 대신 책의 분량이 늘어났다.

이 책의 내용 중 일부는 내가 운영하는 YouTube 방송 '말씀의 강'에서 강의한 내용이다. '언약 시리즈'(총 12편), '바울의 다메섹 경험 시리즈'(총 12편), '바울의 사도적 자기이해 시리즈'(총 12편)가 갈라디아서와 직접 연관이 있고, '구약 메시아 텍스트 시리즈'(총 16편)도 많은 참고가 된다. 말씀의 강 강의록과 강의 PowerPoint 자료는 네이버 카페 '말씀의 강'에서 무료로 다운받을 수 있다. 책 말미에 아직 출판하지 않은 논문 "루터의 칭의론을 둘러싼 논쟁: 루터가 실수한 것인가? 새 관점이 실수한 것인가?"를 부록으로 첨부하였다. 칭의론 논쟁을 이해하는 데 참고가 되길 바란다.

2007년에 박사학위를 마치면서 졸업 후 10년간은 책을 쓰지 않고 공부만 하기로 마음먹었다. 그러다보니 학위를 마친 지 15년이 되는 이제야 주석을 한 권 내어놓게 되었다. 늦은 성과이지만 여전히 마음속에 부족함을 느낀다. 제대로 된 책 한 권 쓰려면 공부를 아직 한 참 더 해야 한다는 것을 깨닫게 되었다. 계속 더 고쳐 쓰고 싶지만, 시간이 없어 여기서 일단 마무리해야 할 것 같다. 교회의 복음 사역에 작은 도움이 되길 기도하며 부끄러운 마음으로 펜을 놓는다.

2022년 1월 20일
김철홍

1.
편지의 서두와 집필 동기
[1:1-10]

1:1 사람들에게서 난 것도 아니요 사람으로 말미암은 것도 아니요 오직 예수 그리스도와 그를 죽은 자 가운데서 살리신 하나님 아버지로 말미암아 사도 된 바울은

헬라어 성경으로 갈라디아서를 읽을 때 가장 먼저 나오는 단어는 '바울'이다. 사도행전 9:11, "일어나 직가라 하는 거리로 가서 유다의 집에서 다소 사람 사울이라 하는 사람을 찾으라"에서 "다소 사람 사울"(Σαῦλος Ταρσεύς)이란 호칭은 바울의 히브리어 이름이 '사울'(שָׁאוּל)이며 그가 유대교 문화권에서 '다소 사람 사울'[1]이라는 호칭으로 알려져 있었음을 보여준다. 바울은 다소와 같은 헬라어 문화권에서는 '파울로스'(Παῦλος, *Paulos*)라는 헬라어 이름을 사용했다. 바울은 로마 시민권을 갖고 있었으므로(행 22:28, "천부장이 대답하되 나는 돈을 많이 들여 이 시민권을 얻었노라 바울이 이르되 나는 나면서부터라") 라틴어 이름도 갖고 있었다. 당시 로마 시민권자는 출산 후 출생신고를 하여야 했고, 출생신고를 할 때 로마식 이름을 기재했다. 그의 라틴어 이름은 '파울루스'(*Paulus*)였을 것이다. 이 이름은 헬라어 이름을 라틴어로 옮

---

1) 바울은 다소(Tarsus)에서 태어났으므로(행 21:39; 22:3) 다소시의 시민권도 갖고 있었을 것이다.

긴 것이다(물론 역으로 라틴어 이름을 헬라어로 옮긴 것일 수도 있다). 만약 그의 부모에게 왜 '바울'이란 이름을 붙였는지 묻는다면 아마도 '사울'(שָׁאוּל, Saulos)과 '바울'(Paulos/Paulus)의 발음이 비슷해서 그렇게 이름을 붙였다고 대답할 것이다.

바울은 세 개의 이름을 갖고 있었다. 유대, 헬라, 로마, 세 개의 문화권에서 활동했기 때문이다. 그는 다문화권에 속한(multi-cultural) 사람이었고, 각각의 문화권에서 사용할 별도의 이름이 필요했다. 흔히 다메섹 사건 이후 그의 이름이 사울에서 바울로 바뀌었다고 말한다. 그것은 별로 설득력이 없는 주장이다. 바울은 한 개의 이름으로 세 가지 문화권에서 활동하지 않았다. 유대, 헬라, 로마 문화권을 넘나들어야 했던(cross-cultural) 바울에겐 세 개의 이름이 필요했다.

바울이란 이름에 오해가 하나 더 있다. Paulus란 바울의 로마식 이름은 라틴어 Pauxillus의 축약형으로 볼 수 있으며 그 뜻은 '가장 작은/적은'(least)이다. 고린도전서 15:9에서 "나는 사도 중에 가장 작은 자라"[2]고 말하므로, 그의 부모가 '가장 작은 자'라는 뜻으로 이름을 붙여주었다는 설명이다. 바울이 미래에 교회를 핍박하여 사도 중에 가장 작은 자가 될 것이라는 선견지명(先見之明)을 갖고 바울의 부모가 그런 이름을 붙였을 리는 없다.

바울의 이름 뒤에 나오는 두 번째 헬라어 단어는 '사도'로 번역된 '아포스톨로스'(ἀπόστολος, apostle)다. 바울은 편지의 서두에서 종종 자신을 사도로 소개하지만 모든 편지에서 그런 것은 아니다. 빌립보서, 데살로니가전·후서, 빌레몬서에는 사도라는 호칭이 편지의 서두에 나타나지 않는다. 갈라디아서에서 특이한 것은 바울이 사도라는 호칭을 사용하면서도 상당히 긴 수식어구를 사용하여 자신의 사도직을 강조하고 있다는 점이다. 이것은 아마도 바울의 사도직을 부정하고 그가 전한 복음의 진정성(authenticity)을 의심하던 당시 갈라디아 교회들 내부 상황 때문으로 보인다.

사도의 개념이 유대교의 '슬리아흐'(שָׁלִיחַ)에서 유래한 것이라는 주장이 유행한 적이 있다.[3] 구약성경과 유대교 문서에 등장하는 '슬리아흐'는 보내

---

2) 고린도전서 15:9에서 "가장 작은 자"는 '작다'라는 뜻의 형용사인 '엘라퀴스'(ἐλαχύς)의 최상급인 '엘라키스토스'(ἐλάχιστος)가 사용되었다.
3) K. Rengstorf, "ἀπόστολος," in *Theological Dictionary of the New*

는 사람(sender)의 권위(authority)를 위임받은 '보냄을 받은 자'(the one who is sent)를 가리킨다. 예를 들면 스가랴 7:14, "너는 … 왕과 일곱 자문관의 보냄을 받았으니"에서 "보냄을 받았으니(חֲלָשׁ)"는 직역하면 '보냄을 받은 자이니'다. 그러나 슬리아흐는 사도와 달리 그 유효기간이 오래 유지되지 않았다. 특정 업무가 종료되면 그의 임무도 끝났다. 또 하나님께서 슬리아흐를 보낸 경우는 없다. 종교적 용법이 아니라 세속적인 용법으로만 사용되었다. 슬리아흐가 나타나는 유대교 문서들의 기록연대는 1세기 이후다. 그러므로 사도라는 개념을 유대교의 슬리아흐에서 유추하는 것은 별로 설득력이 없다.

　　사도라는 개념은 예수 그리스도의 부활과 더불어 교회 안에 등장한 것으로 보는 것이 적절하다. 예수 그리스도의 언명에서 비롯된 것으로 보는 것이 더 합리적이다. 예를 들어 요한복음 20:21에서 예수는 "아버지께서 나를 보내신 것 같이 나도 너희를 보내노라"(καθὼς ἀπέσταλκέν με ὁ πατήρ, κἀγὼ πέμπω ὑμᾶς)라고 말한다. 여기에서 '사도'라는 뜻의 명사 '아포스톨로스'(ἀπόστολος)의 동사형인 '아포스텔로'(ἀποστέλλω, 보내다)가 사용된다. '나도 보낸다'에서 사용된 동사 '펨포'(πέμπω)는 동의어로 '보내다'라는 뜻이다. 예수가 보내므로 그의 제자들은 '보냄을 받은 자' 즉, 사도가 된다.

　　신약성경에서 '아포스톨로스'(ἀπόστολος, apostle)는 주로 기술적 용어(technical term)로 사용된다. 바울이 자신을 사도라고 부르는 건 기술적 용어로 사용된 것이다. 신약성경에서 사도가 비(非)기술적 용어(non-technical term)로 사용된 경우, '아포스톨로스'(ἀπόστολος)를 '사도'(使徒)로 번역하지 않고 단순히 '심부름으로 보냄을 받은 자'라는 의미로 '사자'(使者)라고 번역한다. 빌립보서 2:25에서 바울은 에바브로디도가 "너희 사자(ἀπόστολος)로 내가 쓸 것을 돕는 자라"고 말한다. 에바브로디도는 바울의 쓸 것을 돕기 위해 빌립보교회의 '보냄을 받은 자'이므로 '아포스톨로스'를 '사도'로 번역하지 않는다. 고린도후서 8:23, "우리 형제들로 말하면 여러 교회의 사자들이요"에서도 '사도'의 복수형인 '아포스톨로이'(ἀπόστολοι)가 사용되었다. 마찬가지로 비(非)기술적 용어로 사용된 경우다. 이방 교회들이 예루살렘교회의 가난한 자들을 위한 헌금 모금이라는 특정 목적을 위해 파견한 일꾼들을 가리키

Testament, vol. 1, eds., G. Kittel and G. Friedrich, trans. and ed. G. W. Bromiley (*TDNT*; Grand Rapids: William B. Eerdmans, 1964-1974), 413-20.

므로 '사도들'로 번역하지 않고 '사자들'로 번역한다.

그렇다면 사도의 자격요건은 무엇인가? 1) 부활하신 그리스도를 만났느냐? 2) 그리스도로부터 복음을 전하라는 위임명령을 받았느냐? 이 두 가지 질문에 '네'라고 대답할 수 있어야 사도로 볼 수 있다.[4] 고린도전서 9:1에서 바울은 "내가 … 사도가 아니냐 예수 우리 주를 보지 못하였느냐"고 말한다. 자신이 사도라는 주장과 다메섹에서 자신이 주님이신 예수를 보았다는 주장이 병렬되어 있다. 자신이 사도라는 주장을 부활하신 그리스도를 목격했다는 주장으로 뒷받침한다. 고린도전서 15:7-8에서 바울은 부활하신 그리스도가 야고보와 '모든 사도들'에게 '보여졌다'(ὤφθη)라고 말하고("그 후에 야고보에게 보이셨으며 그 후에 모든 사도에게와"), 나에게도 '보이셨다'(ὤφθη)라고 말한다("맨 나중에 … 내게도 보이셨느니라"). '보이셨다'는 '보다'(to see)라는 뜻의 동사 '호라오'(ὁράω)의 과거 수동형(aorist passive)이다. 이 문장을 능동태로 바꾸면 '야고보와 그 후에 모든 사도와 맨 나중에 나도 그리스도를 보았다'가 된다.

바울이 자신이 야고보나 다른 사도들과 동등한 지위에 있다고 주장하는 근거는 그리스도를 직접 본 다메섹 경험이다. 갈라디아서 1:12에서 그는 복음을 "오직 예수 그리스도의 계시"를 통하여 받았다고 말한다. 이 계시는 다메섹에서 받은 계시다. 또 다메섹 경험을 통해 복음을 전하라는 위임명령도 받았다. 갈라디아서 1:16, "그의 아들을 이방에 전하기 위하여"는 계시의 목적이 그리스도의 복음을 이방인에게 전하는 것임을 보여준다. 그러므로 바울은 사도로서의 자격을 충분히 갖고 있다.

---

4) P. W. Barnett, "Apostle," in *Dictionary of Paul and His Letters*, eds. G. F. Hawthorne, R. P. Martin, and D. G. Reid (Downers Grove/Leicester, England: InterVarsity, 1993), 45-51.

보충설명 1: "사도와 선지자 사이의 유사성"

　　신약성경의 사도는 구약성경의 선지자/예언자(prophet)와 그 개념이 유사하다. 선지자들이 1) 하나님의 현현(theophany)을 직접 경험하고, 2) 하나님으로부터 특별한 메시지를 전달받아 그 메시지를 전하는 사명을 받는다. 사도도 1) 부활하신 그리스도를 목격하고(Christophany), 2) 복음(메시지)을 전하라는 사명을 받는다.

　　예를 들어 이사야는 하나님의 보좌가 있는 곳으로 인도되어 그곳에서 보통 사람들이 볼 수 없는 것을 보고, 들을 수 없는 것을 듣는, 시각적, 청각적 경험을 한다. 이사야 6:1, "웃시야 왕이 죽던 해에 내가 본즉 주께서 높이 들린 보좌에 앉으셨는데"에서 이사야는 하나님의 보좌를 보았다고 말한다. 그는 스랍들이 "거룩하다 거룩하다 거룩하다 만군의 여호와여 그의 영광이 온 땅에 충만하도다"(사 6:3)라고 찬양하는 것도 들었다. 이사야 6:5의 "만군의 여호와이신 왕을 뵈었음이로다"와 6:8의 "내가 또 주의 목소리를 들으니 주께서 이르시되"는 이사야가 하나님의 보좌 앞에서 시각적, 청각적 경험을 계속했음을 보여준다. 이사야 6:8, "내가 누구를 보내며 누가 우리를 위하여 갈꼬"라는 하나님의 질문에 이사야는 "내가 여기 있나이다 나를 보내소서"(εἰμι ἐγώ ἀπόστειλόν με)라고 응답하고 선지자로 선택을 받는다. 이사야 6:9, "여호와께서 이르시되 가서 이 백성에게 이르기를" 직후에 나오는 6:9-10의 내용은 하나님께서 이사야에게 전하라고 주신 메시지다. 이사야 6장은 이사야의 소명 사건에 관한 기록이다. 선지자가 하나님의 현현(theophany)을 경험하고 소명을 받아 선지자로 세워지는 과정을 잘 보여준다.

　　비슷한 예로 예레미야의 소명사건이 있다. 예레미야서는 그가 선지자로 부름을 받는 장면에서 시작한다. "너를 여러 나라의 선지자로 세웠노라"(렘 1:5)는 예레미야 1:4-10이 그의 소명사건에 대한 기록이라는 점을 증언한다. 예레미야 1:4, "여호와의 말씀이 내게 임하니라" 이하의 본문은 예레미야가 하나님의 음성을 듣고 하나님과 대화하는 청각적 경험을 했다는 것을 보여준다. 예레미야는 환상도 보는 시각적인 체험도 했다. 예레미야 1:11-16에 등장하는 '살구나무 가지와 끓는 가마 환상'이 바로 그것이다. "보라 내가 내 말을 네 입에 두었노라"(렘 1:9)는 하나님은 그에게 백성들에게 전달할 메시지를 주셨다는 의미다.

　　흥미로운 점은 예레미야 23장에서 그의 이런 소명 경험과 그 이후에도 반복적으로 경험하는 이런 신비한 체험들을 '여호와의 회의'에 참여한 것으로 간주한다는 점이다. 아래의 구절은 예레미야가 여호와의 회의에 참여했음을 보여준다.

예레미야 23:18. 누가 여호와의 회의에 참여하여 그 말을 알아들었으며 누가 귀를 기울여 그 말을 들었느냐

예레미야 23:21-22.
21이 선지자들[거짓 선지자들]은 내가 보내지 아니하였어도 달음질하며 내가 그들에게 이르지 아니하였어도 예언하였은즉 22그들이 만일 나의 회의에 참여하였더라면 내 백성에게 내 말을 들려서 그들을 악한 길과 악한 행위에서 돌이키게 하였으리라

여호와의 회의는 이사야서 6장이 묘사하듯이 하나님께서 왕으로서 모든 천상의 존재들과 더불어 땅 위의 사안에 대해 회의하고 결정하는 곳이다(시 82:1; 욥 1:6; 2:1). 하나님은 예레미야가 여호와의 회의에 참여하였으므로 참 선지자이고, 예레미야에 반대하는 선지자들은 여호와의 회의에 참여한 바가 없으므로 거짓 선지자라고 말씀하신다. 예레미야는 이것에 근거하여 자신이 참 선지자라고 주장한다.

열왕기상 22:18-25에 나오는 미가야 선지자도 예레미야처럼 자신이 여호와의 회의에 참석했으므로 참 선지자라고 주장한다.

열왕기상 22:19-22

¹⁹미가야가 이르되 그런즉 왕은 여호와의 말씀을 들으소서 내가 보니 여호와께서 그의 보좌에 앉으셨고 하늘의 만군이 그의 좌우편에 모시고 서 있는데 ²⁰여호와께서 말씀하시기를 누가 아합을 꾀어 그를 길르앗 라못에 올라가서 죽게 할꼬 하시니 하나는 이렇게 하겠다 하고 또 하나는 저렇게 하겠다 하였는데 ²¹한 영이 나아와 여호와 앞에 서서 말하되 내가 그를 꾀겠나이다 ²²여호와께서 그에게 이르시되 어떻게 하겠느냐 이르되 내가 나가서 거짓말하는 영이 되어 그의 모든 선지자들의 입에 있겠나이다 여호와께서 이르시되 너는 꾀겠고 또 이루리라 나가서 그리하라 하셨은즉

미가야도 이사야나 예레미야처럼 하나님의 보좌를 직접 보고, 하나님의 음성을 직접 듣는 경험을 했다. 이사야와 예레미야는 특별히 소명을 받을 때 그런 경험을 했다. 이런 선지자들의 소명 경험은 바울의 다메섹 경험과 상당히 유사하다고 보인다.

누가가 사도행전 9장, 22장, 26장에서 묘사하는 바울의 다메섹 경험은 부활하신 그리스도를 보고(시각적), 그의 음성을 듣는(청각적) 경험으로 구성되어 있다. 그가 이 때 사도로서의 소명과 메시지(십자가 복음)도 받았으므로 선지자들의 소명 사건과 매우 비슷하다. 바울도 이 때 이사야와 예레미야처럼 하나님의 보좌를 보고, 그의 음성을 듣고, 메시지와 사도의 소명을 받는 경험을 한 것으로 보인다. 이점을 지지하는 증거는 그가 '비밀/신비'(μυστήριον)라는 용어를 자신의 사도직과 연결해서 사용하는 것이다(롬 11:25; 16:25; 고전 2:7; 15:51; 골 1:26-27; 4:3; 엡 3:3). 고린도전서 4:1, "우리를 그리스도의 일꾼이요 하나님의 비밀을 맡은 자로 여길지어다"에서 사도직과 하나님께서 주신 비밀이 연결되어 있다.

'비밀'을 히브리어로 번역하면 '소드'(סוד)라는 명사가 된다. 그런데 '소드'는 '비밀'이란 뜻도 있지만 '회의'라는 뜻도 있다. '하나님의 회의'(סוד יהוה)에서 '회의'는 '소드'를 번역한 것이다. 선지자는 하나님의 '소드'(회의)에서 '소드'(비밀)를 듣는다. 하나님의 심판과 구원의 계획을 직접 듣는다. 바울이 '비밀'(μυστήριον)이라는 용어를 자신의 사도직과 연결해서 사용하는 것은 바울도 이사야나 예레미야처럼 하나님의 회의에 참석하는 경험을 했음을 암시한다.

사도의 직분은 초대교회에서 생겨난 것이다. 유대교 회당은 사도라는 직분을 인정하지 않았다. 회당에서 사도에 가장 근접한 개념은 선지자다. 따라서 바울과 같은 사도는 회당에서 일종의 선지자로 취급받았다. 바울이 회당에서 '사십에서 하나를 감한 매'(고후 11:24)를 맞을 때 그는 거짓 선지자로 고발당하고, 재판받고, 유죄평결을 받아 태형을 당했을 가능성이 크다.

현대 교회에 사도란 직분은 없다. 가톨릭교회는 사도의 권위가 교황제도 안에서 보존되어 전승된 것으로 보지만, 개신교에서는 사도를 현대 교회의 직제로 이해하지 않는다. 오늘날 일부 교회에서 유행하는 신(新)사도운동(New Apostolic Movement)은 에베소서 4:11, "그가 어떤 사람은 사도로, 어떤 사람은 선지자로, 어떤 사람은 복음 전하는 자로, 어떤 사람은 목사와 교사로 삼으셨으니"에 근거해서 선지자와 사도의 직분을 다시 되살려낼 것을 주장한다. 신사도운동은 심지어 사도 임명식을 통해 사도를 임명하기도 한다. 이것은 영적 권위를 오용하게 될 가능성이 많은 위험한 행동이다. 역사적으로 사도적 권위는 어떤 인간에게서 다른 인간에게로 전달되지 않았다. 사도의 권위(apostolic authority)는 사도들이 기록한 신약성경 안에 보존되어 우리에게 전달되었다.

1절에서 '바울,' '사도,'란 말 뒤에 세 개의 전치사 구(句)가 나온다. 이 전치사 구들은 두 개의 부정구과 한 개의 긍정구로 되어 있다(οὐκ ~ οὐδέ ~ ἀλλά ~, neither A or B, but C). 바울은 이 세 개의 전치사 구를 사용하여 자신의 사도직에 대해 아래와 같은 세 가지 핵심을 말한다.

1) 내가 사도가 된 것은 그 근원이 사람에게 있는 것이 아니다(οὐκ ἀπ' ἀνθρώπων, not from man). 전치사 '아포'(ἀπό, from)는 사도직의 '근원'(origin, source)을 가리킨다.[5] 자신의 사도직이 사람에게서 유래하는 것이 아니라는 것("사람들에게서 난 것도 아니요")은 사도직이 하나님 혹은 그리스도에게서 유래한다는 말이다.

2) 내가 사도가 된 것은 사람을 매개로 해서 된 것도 아니다(οὐδὲ δι' ἀνθρώπου, not through man). 전치사 '디아'(διά, through)는 매개(媒介, agent)를 가리킨다.[6] 자신이 사도가 된 것이 사람을 중개인(仲介人)으로 하여 된 것이 아니라는 주장("사람으로 말미암은 것도 아니요")이다.

3) 내가 사도가 된 것은 그리스도와 하나님을 통해서(διά, through) 된 것이다. 사람의 중개 없이 사도가 되었다면 바울은 어떻게 사도가 되었나? 사람의 매개 없이 하나님과 그리스도에 의해 직접 사도로 임명받았다고 주장한다("오직 예수 그리스도와 … 하나님 아버지로 말미암아").

편지 서두에서 바울이 자신의 사도직(apostleship)에 대해 이렇게 길게 말하는 이유는 갈라디아 교회들 안에서 자신의 사도직에 대한 오해나 의혹 제기가 많았기 때문일 것이다. 실제로 갈라디아서 1-2장의 상당한 부분은 바울이 자신의 사도직을 방어하는 내용이다. 바울이 이렇게 자신의 사도직을 방어하는 이유는 아마도 누군가가 1) 바울의 사도직은 사람에게서 유래하고, 2) 바울은 사람에 의해, 즉 사람을 매개(agent)로 하여 사도가 되었다고 공격했기 때문일 것이다. 이런 주장은 그의 사도직만 부정하는 것이 아니라, 그가 전하는 복음도 동시에 부정하게 된다. 바울이 사도가 아니라는 말은 결국 그가 참사도가 아니라 거짓사도(ψευδαπόστολος, 고후 11:13 참고)란 주장과 같

---

5) Richard N. Longenecker, *Galatians,* (Word Biblical Commentary 41; Dallas: Word, 1990), .Longenecker, 4.

6) Longenecker, *Galatians*, 4.

고, 그가 전하는 복음도 가짜라는 것이다. 갈라디아서 1:20에서 "보라 내가 너희에게 쓰는 것은 하나님 앞에서 거짓말이 아니로다"(οὐ ψεύδομαι, '나는 거짓말하지 않는다')라고 말하여 하나님을 자신의 증인으로 소환하는 것으로 보아 바울의 사도직과 그의 복음의 유래에 대한 공격은 상당히 심각한 것이었던 것 같다.

바울이 갈라디아서 1:17에서 다메섹 사건 직후 예루살렘의 사도들을 만나러 가지 않았다는 말하는 것은("또 나보다 먼저 사도 된 자들을 만나려고 예루살렘으로 가지 아니하고") 자신이 예루살렘 사도들을 매개로 하여 사도로 임명되었다는 주장을 반박하기 위한 것으로 보인다. 갈라디아서 1:18-19에서는 다메섹에서 돌아와서도 오직 베드로의 집에 보름만 머물렀다고 말하고 ("··· 내가 게바를 방문하려고 예루살렘에 올라가서 그와 함께 십오 일을 머무는 동안"), "주의 형제 야고보 외에 다른 사도들을 보지 못하였노라"고 말하는 것도 인간에 의해 사도로 임명받았다는 주장, 혹은 예루살렘의 사도들로부터 복음을 전달받았다는 주장을 반박하려는 의도로 보인다. 갈라디아서 1:11-12에서 "내가 전한 복음은 사람의 뜻을 따라 된 것이 아니니라 이는 내가 사람에게서 받은 것도 아니요 배운 것도 아니요 오직 예수 그리스도의 계시로 말미암은 것이라"고 말하는 것도 자신이 전하는 복음과 더불어 사도직이 사람이 아니라, 그리스도와 하나님에게서 유래한다는 것을 반복적으로 강조하는 것이다. 갈라디아서 2:2-8에서 바울이 다메섹 사건 후 14년 후에 예루살렘을 방문했을 때 세 명의 사도들(야고보, 게바, 요한)이 바울의 복음을 듣고 나서 바울의 복음의 내용이 온전하다는 것을 인정한 것(갈 2:6, "저 유력한 이들은 내게 의무를 더하여 준 것이 없고"),[7] 그리고 바울의 사도직과 베드로의 사도직을 동시에 인정한 것(갈 2:7, "그들은 내가 무할례자에게 복음 전함을 맡은 것이 베드로가 할례자에게 맡음과 같은 것을 보았고")을 언급하는 것도 갈라디아서 1:1에서 말하는 세 가지 주장을 증명하기 위한 논증으로 볼 수 있다. 바울이 갈라디아서 2:8에서 "베드로에게 역사하사 그를 할례자의 사도로 삼으신 이가 또한 내게 역사하사 나를 이방인의 사도로 삼으셨느니라"고 말하는 것은

---

7) 개역성경에서는 번역자가 "의무를"이란 말을 임의로 삽입하여 번역했다. 이것은 전혀 불필요한 삽입이다. 세 명의 사도는 바울의 복음을 다 듣고 나서 누락된 내용이 없다고 판단했다. 그런 뜻에서 '더하여 준 것'이 없었다.

바로 1:1에서 "사람들에게서 난 것도 아니요 사람으로 말미암은 것도 아니요 오직 예수 그리스도와 … 하나님 아버지로 말미암아 사도 된 바울"이 가리키는 것과 사실상 그 내용이 같다. 이 모든 것은 바울은 다메섹 경험을 통해 하나님과 예수 그리스도에 의해 사도로 임명받고, 그가 전할 메시지로 복음을 받았다는 주장이다.

바울은 편지의 서두인 1:1에서 그리스도의 부활을 언급한다("그를 죽은 자 가운데서 살리신 하나님 아버지"). 편지의 서두에서 바울이 그리스도의 부활을 언급하는 것은 갈라디아서와 로마서뿐이므로(롬 1:4, "성결의 영으로는 죽은 자들 가운데서 부활하사"), 이것은 약간 특이한 현상이라고 볼 수도 있다. 그렇다면 바울은 왜 갈라디아서의 서두에서 그리스도의 부활을 언급하는 것일까? 그를 반대하는 자들과 맞서 싸울 때 그리스도의 부활이 그들의 주장을 반박하고 자신의 주장을 펼쳐 나가는 데 중요한 역할을 하기 때문인 것 같다. 바울복음에서 그리스도의 부활은 현재의 세대('이 세대')가 저물고 완전히 새로운 세대('오는 세대')가 시작된 것을 의미한다. 갈라디아서 1:4, "그리스도께서 … 이 악한 세대에서 우리를 건지시려고"에서 '세대'라는 뜻을 가진 '아이온'(αἰών, aeon)이 등장하는 것은 우연이 아니다. 복음을 믿는 사람들은 "이 악한 세대"에서 구원을 받아 '오는 세대'에 속하게 되었다. 바울을 공격하던 사람들(할례당)은 유대교 전통에 심하게 경도된 기독교인들이었다. 바울은 그리스도의 부활을 언급하여 복음과 유대교 전통 사이에 날카로운 단절이 일어났음을 상기시키려고 한 것 같다. 유대교는 예수의 부활을 인정하지 않았고 아직 '오는 세대'가 시작되지 않았다고 생각했기 때문이다. 그리스도의 부활로 인해 '오는 세대'가 이미 시작되었는데도 할례를 받고 율법 준수로 되돌아가자고 가르치는 것은 하나님의 구원사의 시계를 거꾸로 돌리는 짓이다.[8)]

---

8) Thomas R. Schreiner, *Galatians* (Zondervan Exegetical Commentary on the New Testament; Grand Rapids: Zondervan, 2010), 75.

보충설명 2: "고대시대 편지의 서두와 바울서신의 서두"

오늘날의 편지는 받는 사람의 이름이 편지 앞에, 보내는 사람의 이름은 제일 뒤에 적는다. 그러나 그레꼬 로마(Greco-Roman) 시대에는 편지의 서두에 발신자 이름을 쓰고, 바로 그 뒤에 수신자 이름이 나온다. 당시 편지는 두루마리 형태였고 발신자의 이름을 적는 봉투가 따로 없었다. 오늘날처럼 발신자의 이름을 편지 끄트머리에 적으면 발신자가 누구인지 알기 위해 편지를 펼쳐서 끝부분을 먼저 읽어야 하는 불편함이 생긴다. 더구나 바울의 편지는 당시의 평균적인 편지 길이보다 훨씬 길었다. 당시 평균적 편지 길이는 요한2서나 요한3서 정도라고 보면 된다. 고린도전서와 로마서는 전체 16장에 이르는 장문의 편지다. 이런 긴 편지에 발신자 이름을 편지 끝에 쓴다면 발신자를 확인하기 위해 긴 두루마리를 끝까지 다 펼쳐야 하는 우스꽝스러운 일이 일어난다. 그래서 당시 편지의 서두에는 'A가 B에게'라는 간단한 양식이 사용되었다.

사도행전 15장에서 예루살렘 공의회 직후 예루살렘교회가 이방교회들을 향해 보낸 편지는 이렇게 시작한다. "사도와 장로 된 형제들은 안디옥과 수리아와 길리기아에 있는 이방인 형제들에게 문안하노라"(행 15:23). 'A가 B에게'라는 양식이 사용되고 있다. 사도행전에서 천부장 루시아가 벨릭스 총독에게 보낸 편지도 "글라우디오 루시아는 총독 벨릭스 각하께 문안하나이다"(행 23:26)라는 말로 시작한다. 같은 양식이 사용되었다. 헬라어 원문으로 읽으면 발신자는 주격(主格, nominative)으로 수신자는 여격(與格, dative)으로 되어있다.

발신자와 수신자의 이름 다음에는 '문안하노라'라는 인사양식(greeting formula)이 나온다. 통상 헬라어 편지에서 인사말은 '카이레인'(χαίρειν)이라는 헬라어가 사용된다. '카이레인'은 '기뻐하다'(to rejoice, to be glad)라는 뜻의 동사 '카이로'(χαίρω)의 현재 부정사(present infinitive)다. 헬라인들은 편지에서 관용적으로 '카이레인'이라는 말로 짧게 인사를 했다. 위에 인용된 사도행전 15:23의 "문안하노라"와 사도행전 23:26의 "문안하나이다"의 헬라어 원문(原文)은 둘 다 '카이레인'(χαίρειν)이다. 그런데 바울 서신에서 바울은 '카이레인'이란 인사말을 사용하지 않는다. 바울은 이런 문화적 관행을 따르지 않고, '은혜와 평강'(χάρις καὶ εἰρήνη)이라는 독특한 자신만의 인사말을 개발하여 사용했다.

로마서 1:7에서 바울은 '카이레인'(χαίρειν) 대신 '은혜와 평강이 너희들에게'(χάρις ὑμῖν καὶ εἰρήνη)라는 말로 인사한다. 갈라디아서 1:3에서도 '은혜와 평강이 너희들에게'(χάρις ὑμῖν καὶ εἰρήνη)라는 똑같은 양식이 사용된다(개역개정판은 "은혜와 평강이 있기를 원하노라"로 번역하여 '너희에게'라는 말이 번역에서 누락되었다). 흔히 바울이 '카이레인'(χαίρειν)의 명사형인 '카리스'(χάρις, 은혜)로 인사말을 대체한다고 말한다. 정확하게 말하면 '은혜'로 인사말을 대체하는 게 아니라 '은혜와 평강'으로 대체한다. 바울은 상당히 창의적인(creative) 방식으로 자신만의 인사양식을 개발하여 그의 편지에서 일관되게 사용한다. 바울은 '은혜와 평강'이 자신의 복음을 요약하는 핵심 개념이라고 생각하고 의도적으로 이 두 개념을 편지의 인사말로 사용하는 것으로 보인다(은혜와 평강의 개념설명은 1:3의 주석을 보라).

1:2 함께 있는 모든 형제와 더불어 갈라디아 여러 교회들에게

엄밀하게 말하면 갈라디아서의 발신자는 바울 한 사람이 아니다. 그는 "나와 함께 있는 모든 형제들"(οἱ σὺν ἐμοὶ πάντες ἀδελφοὶ)이 그와 더불어 이 편지를 보낸다고 말한다. 여기에서 "함께 있는 모든 형제"는 누굴까? 그것은 지금 그가 언제 어디에서 이 편지를 쓰느냐에 따라 달라진다. 아마도 바울은 안디옥에서 1차 선교여행을 마치고 돌아온 뒤에, 그리고 사도행전 15장의 공의회가 열리기 전에(그러니까 2차 선교여행 훨씬 전에) 이 편지를 쓰고 있는 것 같다(기록연대와 장소에 대해서는 '보충설명 3 남갈라디아설과 북갈라디아설'을 보라). 만약 그렇다면 '그와 함께 있는 모든 형제들'은 안디옥교회에 있는 성도들이다. 그가 이렇게 성도들을 발신자에 포함하는 이유는 무엇일까? 바울 한 사람뿐 아니라 안디옥교회 성도들도 그가 주장하는 복음에 동의하고 있다고 말하려는 것이다.

갈라디아서의 수신자 교회는 어떤 특정 교회가 아니다. 갈라디아 지역에 있는 모든 교회들이 수신자다. 갈라디아서는 그 지역 교회들을 향한 편지이므로 교회들이 돌려가면서 읽는 회람(回覽)편지다.

'갈라디아'란 말은 갈라디아족(Gallic tribe; the Gauls, or Celts)에서 유래되었다. 그들은 주전(主前) 3세기 무렵 소아시아에 이주해 들어와 터키 반도 북부에 왕국을 세우고 살았다. 갈라디아족은 갈라디아 행정구역의 북쪽 지역에 거주했다. 오늘날 북(北)갈라디아설을 따르는 학자들은 '갈라디아'가 갈라디아 부족을 가리킨다고 해석하고, 갈라디아 교회들은 갈라디아 행정구역 북부에 있는 교회라고 본다.

그러나 '갈라디아'를 부족으로 보지 않고 로마시대의 지방행정 단위인 '프라빈스'(province)의 이름을 지칭하는 것으로 보는 학자들도 있다. 로마인들이 주전 25년에 터키 반도의 중남부 일대를 갈라디아라는 행정단위로 지칭한 뒤 주후 75년까지 이 지방의 명칭은 변동하지 않았다. 사도행전에 따르면 바울은 제1차 선교여행 때 갈라디아 남쪽 지역의 도시들을 방문하여 교회를 설립하였다. 이 교회들이 갈라디아서의 수신자라고 보는 견해를 남(南)갈라디아설이라 한다.

바울은 제2차 선교여행 때 브루기아와 갈라디아를 방문했다(행 16:6, "성령이 아시아에서 말씀을 전하지 못하게 하시거늘 그들이 브루기아와 갈라디아 땅으로 다녀가"), 북(北)갈라디아설은 바울이 이때 갈라디아 북부지방에서 선교를 했다고 본다. 그리고 3차 선교여행 중에 이 편지를 그 지역의 교회를 향해 쓰고 있다고 본다(더 자세한 것은 보충설명 3: "남갈라디아설과 북갈라디아설"을 보라).

보충설명 3: "남갈라디아설과 북갈라디아설"

양편의 주장을 요약하면 아래와 같다.

1. 남갈라디아설

1) 사도행전 13:13-14:28에 나타나듯 바울은 1차 선교여행 때 비시디아 안디옥, 이고니온, 루스드라, 더베 등 남부 갈라디아 지역에서 선교했다.

2) 바울이 갈라디아서를 쓴 시점은 바울과 바나바가 안디옥으로 돌아온 뒤이고, 갈라디아서 2장에 나오는 안디옥 사건(베드로가 식탁에서 물러난 사건)이 일어난 직후다.

3) 사도행전 15장의 예루살렘 공의회(주후 49년)는 갈라디아서를 쓰고 난 뒤에 열렸다.

4) 그러므로 갈라디아서 2:1-10에 나오는 예루살렘 방문은 사도행전 15장의 공의회 방문이 아니다. 사도행전 11:28-30에 나오는 기근 방문이다.

사도행전 11:28-30

[28]그 중에 아가보라 하는 한 사람이 일어나 성령으로 말하되 천하에 큰 흉년이 들리라 하더니 글라우디오 때에 그렇게 되니라 [29]제자들이 각각 그 힘대로 유대에 사는 형제들에게 부조를 보내기로 작정하고 [30]이를 실행하여 바나바와 사울의 손으로 장로들에게 보내니라

5) 갈라디아서 집필 시기는 주후 48-49년 경이다.

2. 북갈라디아설

1) 바울이 갈라디아 선교를 한 것은 제2차 선교여행 때고, 사도행전 16:6에 그 방문 기록이 있다.

2) 갈라디아서 2:1-10에 나오는 예루살렘 방문은 사도행전 15장의 공의회 방문이다

3) 갈라디아서 집필 시기는 3차 선교 여행 때인 주후 53-58년 사이다.

남갈라디아설과 북갈라디아설 사이의 논쟁은 마치 '남쪽이냐? 아니면 북쪽이냐?' 즉, '장소'를 둘러싼 논쟁처럼 보인다. 하지만 이 논쟁의 핵심은 지역이 아니다. 이 논쟁은 바울이 갈라디아서를 작성한 '시점'에 대한 논쟁이다. 갈라디아서 작성 시점이 중요한 이유는 무엇일까? 갈라디아서가 로마서와 더불어 바울의 '칭의론'이 분명히 드러나는 편지이기 때문이다. 이 논쟁은 바울이 이신칭의(以信稱義)의 복음을 얼마나 빨리 깨달았는지에 대한 논쟁이다.

남갈라디아설을 따르면 갈라디아서를 쓴 시점이 북갈라디아설 보다 더 앞쪽이 된다. 북갈라디아설을 따르면 갈라디아서의 집필 연대가 더 뒤로 간다. 통상 데살로니가전서에는 바울의 칭의론이 나타나지 않는 것으로 보는데, 남갈라디아설을 받아들이면 현존하는 바울서신 중 가장 먼저 기록된 편지는 갈라디아서가 된다. 반대로 북갈라디아설을 받아들이면 갈라디아서의 저작 연대는 보다 뒤로 밀리게 되고 현존하는 바울서신 중 가장 먼저 기록된 서신은 데살로니가전서가 된다(이 점에 대해서는 아래의 바울의 연대기를 참고하라).

바울이 이신칭의의 복음을 바울 사역의 초기, 즉 다메섹 경험을 통해 깨닫고 그 때부터 이 복음을 전했다고 보는 학자들은 남갈라디아설로 기우는 경향이 있다. 반대로 북갈라디아설은 바울이 다메섹 경험 직후부터 상당 기간 '칭의론'을 가르치지 않았다고 본다. 북갈라디아설은 갈라디아 지역의 할례당과 논쟁을 벌이는 과정에서 개발된 것이라고 본다. 그렇다면 바울의 복음은 하나님과 그리스도로부터 받은 것이 아니라 '발전'(development)의 결과물이 된다. 남갈라디아설은 바울복음을 발전의 결과물로 보지 않고 다메섹 경험에서 기원한다고 보려는 것이다. 1970-80년대에는 북갈라디아설이 다수학자들의 지지를 받았으나 90년대를 기점으로 하여 점차 남갈라디아설이 지지를 받기 시작했다. 2020년대에는 남갈라디아설이 압도적인 지지를 받고 있다.

보충설명 4: "바울의 연대기"(The Chronology of Paul)[9]

33년	바울의 회심
33-36년	아라비아 지역 방문 후 다메섹으로 귀환 (갈 1:17; 고후 11:32-33)
36년	회심 후 바울의 첫 예루살렘 방문 (갈 1:18)
36-40년	시리아와 길리기아 지역 선교 (40년경에 안디옥 교회로 감; 갈 1:21)
46년	바울의 두 번째 예루살렘 방문 (기근방문, 행 11:30)
46년	바울과 바나바의 제1차 선교여행 (구브로와 **갈라디아 지방 선교**)
	여행에서 돌아온 직후 안디옥 사건 (갈 2:11-13)
48년	**갈라디아서 집필? (남갈라디아설)**
49년	예루살렘 회의(행 15장)/바울의 세 번째 예루살렘 방문
49-50년	바나바와 결별 후 실라와 제2차 선교여행 (**북갈라디아 선교?**)
50년	**데살로니가전서 집필**
50-52년	고린도 선교
52년 여름	네 번째 예루살렘 방문
53-55년	에베소 선교
55-56년	고린도전후서 집필
57년 초	고린도에서 로마서 집필
53-57년	**갈라디아서 집필? (북갈라디아설)**
57년 5월	바울의 다섯 번째 예루살렘 방문

9) 이 연대기는 F. F. Bruce와 Martin Hengel의 바울 연대기를 기초로 하여 저자가 재구성한 것이다.

보충설명 5: "데살로니가전서에 나타난 이신칭의의 복음"

북갈라디아설을 주장하는 학자들은 로마서나 갈라디아서에 바울이 이신칭의(以信稱義)의 복음을 설명할 때 즐겨 사용하는 표현인 '의롭게 하다,' '의,' '율법' '율법과 믿음의 대조,' '믿음으로 구원을 얻음' 등의 개념이 데살로니가전서에 나타나지 않는 점을 지적한다. 이것에 근거하여 데살로니가전서를 기록할 당시 바울은 이신칭의의 복음을 아직 모르고 있었다고 주장한다. 이신칭의의 복음은 바울이 갈라디아 교회에 나타난 할례당과의 논쟁을 하면서 개발한 것이라고 본다. 그렇다면 갈라디아서를 쓰기 전의 바울은 어떤 복음을 전했을까? 그들은 갈라디아서 5:11, "형제들아 내가 지금까지 할례를 전한다면 어찌하여 지금까지 박해를 받으리요"에 근거해서 바울이 율법과 할례를 강조하는 복음을 전했다고 본다.

데살로니가전서에 이신칭의의 복음이 부재(不在)한다는 것은 정말 사실일까? 일단 '의롭게 하다,' '의,' '율법,' '율법의 행위' 등의 단어들이 데살로니가전서에 나오지 않는 것은 사실이다. 하지만 그렇다고 해서 데살로니가전서에 이신칭의의 복음이 없다는 주장은 문제가 있다. 이신칭의의 용어는 없지만, 이신칭의의 개념이 분명히 나타나 있기 때문이다. 먼저 데살로니가전서 1:10을 보자.

데살로니가전서 1:10. 또 죽은 자들 가운데서 다시 살리신 그의 아들이 하늘로부터 강림하실 것을 너희가 어떻게 기다리는지를 말하니 이는 <u>장래의 노하심에서</u> 우리를 건지시는 예수시니라

이 구절은 바울이 평소에 전한 십자가 복음의 내용이 무엇인지 잘 요약하여 보여준다. '예수'는 누구인가? 그는 '하나님의 아들'이다("그의 아들이"). 예수는 십자가에서 죽었다("죽은 자들 가운데"). 왜 죽으셨나? 미래에 있을 최후의 심판대에서 우리가 받을 하나님의 진노로부터 우리를 건지기 위해 죽으셨다("장래의 노하심에서 우리를 건지시는"). 그리고 하나님은 그 예수를 다시 살리셨다("죽은 자들 가운데서 다시 살리신"). 부활하신 예수는 머지않아 다시 이 세상에 재림하실 것이다("하늘로부터 강림하실 것을"). 여기에 십자가 복음의 핵심인 예수의 죽음과 부활, 재림이 나타난다.

예수는 '나'를 대신하여 십자가에서 '내가 받아야 할' 진노를 대신 받으셨다. 우리가 '하나님의 진노'를 경험하지 않게 되었기에 '구원받았다'고 말한다. 하나님은 '나'를 향한 진노를 이미 십자가 위의 예수에게 다 쏟아부어서 '나'를 향한 진노가 남아 있지 않다. 이것 때문에 최후의 심판대에서 우리가 실제로는 의롭지 않음에도 불구하고 우리를 '의롭다'고 선언해주신다. 이것이 바울의 칭의론이다. 데살로니가전서 1:10에는 칭의론 용어는 나오지 않지만, 이신칭의의 복음의 핵심을 말하고 있다. 바울이 강조하는 믿음은 바로 '십자가에서 예수가 우리가 받을 죄의 형벌을 대신 받고 죽으셔서, 우리가 종말에 있을 최후의 심판대에서 하나님의 진노를 받지 않게 되었다'는 것을 믿는 것이다.

데살로니가전서 5:9-10의 내용은 이 점을 더 잘 보여준다.

데살로니가전서 5:9-10
[9]하나님께서 우리를 세우심은 <u>노하심에</u> 이르게 하심이 아니요 오직 <u>우리 주 예수 그리스도로 말미암아 구원을</u> 받게 하심이라 [10]예수께서 <u>우리를 위하여 죽으사</u> 우리로 하여금 깨어 있든지 자든지 자기와 함께 <u>살게</u> 하려 하셨느니라

하나님께서 사도들을 세우신 목적은 우리가 하나님의 진노에 도달하지 않게 하려는 것이다("하나님께서 우리를 세우심은 노하심에 이르게 하심이 아니요"). "노하심"(하나님의 진노)은 "구원"과 대조된다. 우리는 어떻게 구원을 받게 되나? "예수께서 우리를 위하여 죽으사"에 그 해답이 있다. 데살로니가전서 5:10의 "예수가 우리를 위해 죽었다"는 이 짧은 표현은 로마서 5:8, 8:3, 14:15, 고린도전서 15:3 등의 내용과 일치한다.

로마서 5:8. 우리가 아직 죄인 되었을 때에 그리스도께서 <u>우리를 위하여 죽으심으로</u> 하나님께서 우리에 대한 자기의 사랑을 확증하셨느니라.

로마서 14:15. 만일 음식으로 말미암아 네 형제가 근심하게 되면 이는 네가 사랑으로 행하지 아니함이라 <u>그리스도께서 대신하여 돌아가신</u> 형제를 네 음식으로 망하게 하지 말라

"예수께서 우리를 위하여 죽으셨다" 혹은 "그리스도께서 [그 형제를] 대신하여 죽으셨다"는 말은 우리가 받아 마땅한 하나님의 진노를 예수가 십자가에서 우리를 '위하여,' '대신(substitution)하여' 받으셨다는 말이다. 이로 인해 하나님의 진노가 해소(propitiation)되었다(롬 3:25의 "화목제물"[ἱλαστήριον]은 하나님의 진노를 해소하는 제물로 해석해야 한다). 우리가 받아야 할 진노(형벌)가 없어졌으므로 하나님은 죄인을 의인으로 간주해(regard A as B) 주신다(롬 4:3-13). 데살로니가전서 5:10, "예수께서 우리를 위하여(ὑπέρ) 죽으사"와 5:9의 "우리 주 예수 그리스도로 말미암아(διά) 구원을 받게 하심이라"에서 사용된 전치사 '휘페어'(ὑπέρ, for, 위하여)와 '디아'(διά, through, 통하여)는 예수의 죽음이 우리를 대신하는(to substitute) 죽음이었음을 나타낸다. 데살로니가전서 5:9-10에는 '형벌 대체 이론'(Penal Substitution Theory)이라는 바울의 속죄론(贖罪論)의 핵심인 '대체'(substitution)와 '진노의 해소'(propitiation) 개념이 동시에 나타나 있다. 바울의 속죄론의 이 두 가지 개념은 구원 즉, 칭의의 기초다.

이제 위의 구절들에 '믿음'의 개념만 추가되면 데살로니가전서에 '이신칭의의 복음'이 있다는 것을 논증할 수 있다. 퍼즐의 마지막 조각인 '믿음'은 4:14에 나온다.

데살로니가전서 4:14. 우리가 예수께서 죽으셨다가 다시 살아나심을 <u>믿을진대</u> 이와 같이 예수 안에서 자는 자들도 하나님께서 그와 함께 데리고 오시리라

바울은 '예수의 죽음과 부활'을 믿을 것을 가르쳤다. 예수의 죽음을 믿는다는 것은 무엇인가? 그의 죽음이 나를 '대신하는,' 형벌을 대속(代贖)하는, 죽음이라는 것을 믿는 것이다. 예수의 부활을 믿는다는 것은 무엇인가? 최후의 심판대에서 죄인이 의롭다는 판결을 받고 예수와 더불어 부활의 영광에 참여한다는 것을 믿는 것이다. 바울은 데살로니가에서 아래와 같이 가르쳤다고 볼 수 있다.

"예수는 하나님의 아들로서 우리의 죄로 인한 하나님의 진노로부터 우리를 구원하기 위해 우리를 위해(대신하여) 십자가에서 죽으셨다. 우리는 이것을 믿어 그리스도를 통하여 주시는 구원, 최후의 부활에 이르게 된다."

이런 바울의 가르침이 로마서, 갈라디아서의 칭의론과 무엇이 다른가? 데살로니가전서에 칭의론이 있다는 것을 부정하기 어렵다. 바울이 갈라디아서를 쓰기 전에 이신칭의의 복음을 가르치지 않았다는 주장은 설득력이 없다. 데살로니가전서에 칭의론 용어가 없으므로 칭의론이 없다는 건 성급한 주장이다. 이런 오해에 기초한 북갈라디아설은 근거가 불충분한 가설에 불과하다.

1:3 우리 하나님 아버지와 주 예수 그리스도로부터 은혜와 평강이 있기를 원하노라

바울이 즐겨 사용하는 인사말, '은혜와 평강'은 바울복음의 핵심을 찌르는 두 단어다. 은혜(χάρις)는 '대가(代價) 없이' 주시는, 혹은 '행위에 의하지 않고' 주시는 구원을 요약하는 단어다. 시편 143:1-2은 은혜로 주시는 구원을 잘 설명한다.

시편 143:1-2
¹여호와여 내 기도를 들으시며 내 간구에 귀를 기울이시고 주의 진실과 의로 내게 응답하소서 ²주의 종에게 심판을 행하지 마소서 주의 눈 앞에는 의로운 인생이 하나도 없나이다

다윗은 "주의 눈 앞에는 의로운 인생이 하나도 없나이다"라고 고백한다. 다윗은 인간이 처한 현실을 정확히 인식한다. 인간의 행위를 기준으로, 혹은 율법을 기준으로 심판받는다면, 하나님 앞에서 의롭다고 인정받을 수 있는 인간은 없다. 그래서 하나님께 "주의 종에게 심판을 행하지 마소서"라고 호소한다. 이 간구는 최후의 심판을 폐지해달라는 것이 아니다. 행위에 기초해 심판하지 말아 달라는 호소다. 다윗이 간구하는 것은 은혜로 주시는 구원이다. "주의 진실과 의로 내게 응답하소서"에서 '진실'(אֱמוּנָה, '에무나')은 하나님의 '신실하심'이고, '의'(צְדָקָה)는 '심판의 의'가 아니라 '구원의 의'다. 하나님께서 심판의 의로 심판하신다면 그 심판을 견디어낼 인간은 없기 때문이다. '구원의 의'는 무엇인가? 하나님께서 '은혜로 주시는 의'다. 하나님께서 은혜로 주시는 의, 은혜로 주시는 구원이 아니라면 인간은 구원받을 수 없다. 하나님께서 은혜(grace)로 구원의 '의'(righteousness)를 주시는 것이 바로 바울이 말하는 '칭의'(justification)다.

바울서신에서 이 '은혜로 주시는 의'를 가장 잘 보여주는 표현은 로마서 3:24의 '도레안'(δωρεάν)이라는 헬라어 단어다. 개역성경에 "값 없이"(freely)로 번역되었다. '도레안'(δωρεάν)은 '선물'이라는 뜻의 명사 '도레아'(δωρεά)의 대격(accusative)이지만, 종종 '선물로'(as a gift)라는 뜻의 부사

로 사용된다. '선물'은 당연히 값을 받지 않고 주는 것이다. 그러므로 "값 없이"는 '선물로'라는 뜻이다. 로마서 3:24, "하나님의 은혜로 값 없이 의롭다 하심을 얻은 자 되었느니라"의 "하나님의 은혜로 값 없이"(δωρεάν τῇ αὐτοῦ χάριτι)에서 "은혜로"와 "값 없이"는 동의어다. 로마서 3:24의 '선물로, 은혜로, 의롭다 하심을 얻는다'는 시편 143:1-2의 '하나님께서 죄인인 인간에게 행위를 기준으로 심판하지 않고 하나님의 의를 달라'는 다윗의 기도가 그리스도를 통해 성취되었음을 보여준다.

'은혜' 다음에 "평강"(εἰρήνη, peace)이 나온다. 바울서신에서 은혜는 평강 앞에 나온다. 그 순서가 바뀌는 경우는 없다. '은혜'로 인해 '평강'이 주어졌기 때문이다.[10] 이 평강은 인간과 인간 사이의 평화라기보다, 하나님과 인간 사이의 평화다. 바울은 구원받지 못한 인간과 하나님의 관계를 적대적인 관계로 본다. 로마서 5:10에 이 점이 잘 나타난다.

> **로마서 5:10.** 곧 우리가 원수 되었을 때에 그의 아들의 죽으심으로 말미암아 하나님과 화목하게 되었은즉 …

"원수"로 번역된 '엑뜨로스'(ἐχθρός)은 '적대적인'(hostile)이라는 형용사다. 여기서는 명사적 용법으로 사용되어 '적'(enemy)이란 뜻이다. 하나님과 인간은 적대적(敵對的) 관계다. 하나님은 인간의 죄 때문에 진노하고 계시기 때문이다. 바울은 이 적대적 관계가 하나님의 아들이신 그리스도의 죽음으로 인해 '화목'의 관계로 들어가게 되었다고 말한다. '화목하게 되다'는 헬라어 동사 '카탈랏쏘'(καταλλάσσω)의 수동형이다. 이 동사는 주로 국가와 국가 사이의 적대적인 관계를 청산하고 평화의 관계로 들어가는 것을 가리킨다. 바울은 그리스도가 십자가에서 하나님의 진노를 그의 온몸으로 다 받음으로 하나님의 진노가 해소되었고, 그 결과 하나님과 인간의 관계가 평화의 관계로 변화되었다는 것을 이 동사를 사용하여 매우 적절하게 표현한다. 신적 수동태(divine passive)가 사용되어, 화평의 관계를 만든 주체가 인간이 아니라 바로 하나님이심이 잘 나타난다.

---

10) Schreiner, *Galatians*, 75.

바울이 말하는 평화는 구약성경이 미래의 구원을 설명할 때 자주 사용하는 바로 그 평화다. 예를 들어 예레미야 46:27은 "네 자손을 포로된 땅에서 구원하리니 야곱이 돌아와서 평안하며 걱정 없이 살게 될 것이라"고 말한다. 에스겔 34:23-25은 "내가 한 목자를 그들 위에 세워 … 내가 또 그들과 화평의 언약을 맺고"라고 약속한다. 이사야 54:10은 "나의 자비는 네게서 떠나지 아니하며 나의 화평의 언약은 흔들리지 아니하리라"고 선언한다. 특히 이사야 52:7, "좋은 소식을 전하며 평화를 공포하며 복된 좋은 소식을 가져오며 구원을 공포하며"는 복음이 주는 구원의 본질이 평화라고 말한다. 이사야 52:7을 70인역 구약성경(LXX)로 읽으면 '복음을 전하다'라는 뜻의 동사 '유앙겔리조마이'(εὐαγγελίζομαι) 동사가 두 번 나온다. 복음을 전하는 것은 곧 '평화'(εἰρήνη, שׁלום, 샬롬)에 관해 듣게 하는 것(ἀκοή)이다. 그 평화는 어떻게 성취되는가? 이사야서 53:5은 '주의 종'(the Servant of the Lord)이 "징계를 받으므로 우리는 평화(εἰρήνη, שׁלום)를 누리"게 된다고 말한다. 메시아가 하나님과의 평화를 우리에게 주는 것은 결코 우연이 아니다. 메시아는 평화와 원래 불가분의 관계다. 메시아는 처음부터 "평강의 왕"(사 9:6, שׁר־שׁלום)이라는 호칭을 갖고 있고, 그가 주는 평화는 '끝이 없기'(사 9:7, "평강의 더함이 무궁하며") 때문이다.[11] 이런 뜻에서 바울이 인사말에서 사용하는 '평강'은 이사야 53:5이 말하는 '평화'와 같다고 볼 수 있다.

갈라디아서 마지막 인사말에서 바울은 다시 한번 평화를 언급한다(갈 6:16, "무릇 이 규례를 행하는 자에게와 하나님의 이스라엘에게 평강과 긍휼이 있을지어다"). 바울이 평화를 다시 언급하는 이유는 '하나님의 새 언약의 백성'("하나님의 이스라엘")인 갈라디아 성도들이 할례당의 가르침을 따라가 결국 하나님께서 그리스도를 통해 주시는 평화를 잃어버리지 않길 바라기 때문이다.

"우리 하나님 아버지와 주 예수 그리스도"에는 하나님과 그리스도가 동등한 분으로 등장한다. 바울복음은 일신론(一神論, Monotheism)을 그 기초로 한다. 그런데 바울은 창조주이신 "하나님 아버지" 외에 또 다른 한 분의 "주"(κύριος), 예수 그리스도가 계신다고 말한다. 이것을 '이위일체론'(二位一

---

11) Schreiner, *Galatians*, 76.

体論, Binitarianism)이라고 부른다. 갈라디아서 1:3은 바울은 이위일체론적 일신론(Binitarian Monotheism)을 갖고 있음을 보여준다. 여기에 성령이 추가되면 삼위일체론적 일신론(Trinitarian Monotheism)이 된다. 갈라디아서 1:3, "우리 하나님 아버지와 주 예수 그리스도"는 고린도전서 8:6에서 바울이 말하는 바를 짧게 요약한 것으로 볼 수 있다.

> **고린도전서 8:6.** 그러나 우리에게는 <u>한 하나님 곧 아버지가 계시니</u> 만물이 그에게서 났고 우리도 그를 위하여 있고 <u>또한 한 주 예수 그리스도께서 계시니</u> 만물이 그로 말미암고 우리도 그로 말미암아 있느니라

바울은 창조주 하나님을 언급하면서 동시에 또 '다른 한 분의 주'가 계신다고 말한다. 그분은 바로 예수 그리스도다. 여기에서 '주'라는 호칭은 헬라어 명사 '퀴리오스'(κύριος)의 번역이다. 이 단어는 헬라어 구약성경 칠십인역(LXX)에서 하나님을 가리키는 단어로 사용되었다. "예수 그리스도" 앞에 "주"라는 호칭이 있으므로 예수는 평범한 인간이 아니라 하나님과 같은 분이시다.

그리스도를 '주'라는 호칭으로 부르기 시작한 것은 아람어를 사용하던 팔레스타인 지역의 초대교회였을 것으로 추측된다. 고린도전서 16:22의 "우리 주여 오시옵소서"로 번역된 헬라어 단어들은 아람어를 헬라어로 음역해 적어놓은 'Μαρὰν ἀθά'다. "우리 주여 오시옵소서"라는 번역보다 '마라나따(maranatha)'로 옮기는 것이 좋다. 이 아람어는 읽는 방법에 따라 아래와 같이 희구문(希求文)/명령문이 될 수도 있고 평서문이 될 수도 있다.[12]

1) 마란아(marana) 타(tha)로 읽으면(μαράνα θά) '우리들의 주여 오시옵소서'라는 희구문
2) 마란(maran) 아타(atha)로 읽으면(μαράν ἀθά) '주님이 오셨다'는 평서문

대부분의 성경번역은 1번으로 해석한다. 이 말이 아람어임에도 불구하고 헬라어 회중들에게 별도의 설명 없이 사용된 것은 헬라인 회중들에게 매

---

12) 개역개정판 각주에는 "또는 우리 주께서 임하셨도다 아람어 마라나타"라고 되어 있다.

우 익숙한 단어였기 때문이다. 회중이 자주 사용했다면 그것은 예배 중에 사용한 말이었을 것이다. 예배 시간에 성도들이 함께 외치는 기도문이었을 가능성이 크다. 요한계시록 22:20에서도 "주 예수여 오시옵소서"라는 기도문이 나온다. 요한계시록 헬라어 원문에서는 아람어 음역인 '마라나따'가 나오지 않고, 이것을 헬라어로 번역한 것(ἔρχου, κύριε Ἰησοῦ, Come, Lord Jesus)이 나온다. 이 헬라어 번역도 예수가 아직 재림하지 않으셨기 때문에 평서문이 아니라 명령문 형의 기도문으로 번역했다.

'마라나따'를 어느 쪽으로 해석하건 초대교회가 예수를 '주'로 불렀다는 사실에는 변함이 없다. "우리 주여 오시옵소서"가 헬라어가 아닌 아람어를 음역한 말이므로 예수를 최초로 '주'로 부른 사람들은 헬라어를 말하는 신자들이 아니라 아람어를 말하는 신자들이었다. 즉 유대인 신자들이었다. 그들은 누구인가? 아람어를 말하는 유대인 신자들이 여러 곳에 있었겠지만, 그들은 예루살렘교회에 집중되어 있었다. 사도행전 6:1의 "히브리파 사람들"(Ἑβραῖοί)이 바로 아람어를 모국어로 하는 신자들이다. 예수의 제자들을 포함한 초기 예루살렘교회의 성도들 대부분이 아람어가 모국어인 신자들이었다. 아람어를 사용하던 초기 예루살렘교회의 유대인 신자들은 예배 시간에 이미 예수를 하나님과 같은 신성(神性, divinity)을 가진 분으로 인정하고 예수를 '주'로 부르며 예수를 향해 기도했다. 그를 예배와 기도의 대상으로 인식했다.

예수가 부활한 뒤 오랫동안 교회에서 그를 여전히 우리와 같은 인간으로 여겼고, 그가 신격화된 것(divinization of Jesus)은 보다 수십 년에 걸쳐 점진적으로 일어난 것이라고 보는 견해는 별로 설득력이 없다. 예수 그리스도와 창조주 하나님을 이위일체적으로 이해하고, 두 분을 동시에 예배하는 것은 예수의 부활 직후부터 예루살렘교회 안에서 시작되었다고 보는 것이 합리적인 추론이다. 바울이 고린도전서를 쓰던 주후 55년보다 훨씬 이전에 이미 아람어 기도문 '마라나따'가 예루살렘교회와 같은 초대교회에서 사용되고 있었기 때문이다.

1:4 그리스도께서 하나님 곧 우리 아버지의 뜻을 따라 이 악한 세대에서 우리를 건지시려고 우리 죄를 대속하기 위하여 자기 몸을 주셨으니

이 구절은 1) 그리스도의 죽음의 목적이 무엇인가? 2) 구원은 무엇인가? 3) 그 구원이 우리에게 어떻게 주어졌는가? 이런 질문들에 대한 바울의 대답이 들어있다. 그리스도는 "하나님 곧 우리 아버지의 뜻을 따라" '자기 자신'을 주셨다.[13] 메시아가 스스로를 주는 것이 하나님의 뜻이라고 말하는 구약성경 구절은 어디에 있을까? 아마도 이사야 53:10이 가장 먼저 머리에 떠오른다.

> **이사야 53:10.** 여호와께서 그에게 상함을 받게 하시기를 원하사 질고를 당하게 하셨은즉 그의 영혼을 속건제물로 드리기에 이르면 그가 씨를 보게 되며 그의 날은 길 것이요 또 그의 손으로 여호와께서 기뻐하시는 뜻을 성취하리로다

"여호와께서 그에게 상함을 받게 하시기를 원하사"의 히브리어 본문을 직역하면 '하나님께서 그를 부수기를 원하셨다'다. '원하다'(to want)라는 뜻의 '하페츠'(חָפֵץ) 동사와 '부수다'(to crush)라는 뜻의 동사 부정사형인 '딲케'(דַּכְּאוֹ)가 사용되었다. 하나님은 주의 종을 심하게 때리기 원하신다. 여기에 하나님의 뜻이 나타나 있다. 이사야 53:4, "그는 징벌을 받아 하나님께 맞으며 고난을 당한다"도 마찬가지 맥락이다. 주의 종은 하나님께 맞는다. 주의 종이 자신의 '생명'(נֶפֶשׁ, '네페쉬')을 '속죄제물'(혹은 '속건제물')로 세우면[14] 하나님의 '원

---

13) 개역성경은 3인칭 단수 남성 재귀대명사(ἑαυτόν, 영어로 himself에 해당)를 "자기 몸"으로 번역하였다.

14) '아샴'(אָשָׁם)은 민수기 5:7-8에서는 민사상의 '변상(restitution)'의 의미를 갖고 있는 "죄 값"이란 단어로 번역되었다. 하지만 레위기 5:6-7에서는 "속죄 제물"(guilt offering)로, 5;10에서는 "속건 제물"로 번역되었다. 속건제물은 하나님의 것을 범했거나, 타인에게 손해를 입혔을 때 드린다. 실제로 속죄제물과 속건제물을 날카롭게 구분하기는 어렵다. 이사야 53:10의 '아샴'(אָשָׁם)은 '변상(restitution)'의 뜻으로 사용된 것이 아니라 "속죄 제물(guilt offering)"의 뜻으로 사용된 것으로 보인다. 주의 종이 민사상의 변상을 위해 죽는 것으로 볼 수 있는 근거가 이사야 본문에 없기 때문이다. 제사장 백성인 이스라엘이 바벨론에 포로로 갔다 왔으므로 부정하게 되었고, 그 부정함을 씻는 속건제물로 볼 가능성도 없지 않지만, 속죄 제물로 보아 무리가 없다.

하심'(ץ뿌וֹ), 즉 하나님께서 "기뻐하시는 뜻"을 "그의 손으로" 이루게 된다. 메시아가 죽는 것이 하나님의 뜻이다. 예수는 '주의 종'으로서(참고, 행 3:13, "하나님이 그의 종 예수를 영화롭게 하셨느니라"; 4:27, 30) 이사야 53장의 예언대로 하나님의 뜻에 순종하여 십자가에서 죽으셨다(빌 2:8, "죽기까지 복종하셨으니 곧 십자가에 죽으심이라"). 그것이 곧 '자신을 주신(δόντος) 것'이다 (갈라디아서 1:4 개역성경 번역의 '몸을 주셨다'는 오역에 가까운 의역이다. 헬라어 원문에 몸이란 단어는 없다).

바울은 '그리스도가 자신을 주셨다'는 표현을 종종 사용한다. 디모데전서 2:6, "그가 모든 사람을 위하여(ὑπέρ) 자기를 대속물(ἀντίλυτρον)로 주셨으니(δούς)"와 디도서 2:14, "그가 우리를 대신하여(ὑπέρ)[15] 자신을 주심은 (ἔδωκεν) 모든 불법에서 우리를 속량하시고(λυτρόω)"에서 모두 '주다'라는 뜻의 동사 '디도미'(δίδωμι)가 사용되었다. 위의 두 구절에서 '위하여'라는 뜻의 전치사 '휘페어'(ὑπέρ)가 사용되었다. 갈라디아서 1:4의 "우리 죄를 대속하기 위하여(ὑπέρ) 자기 몸을 주셨으니(δόντος)"에서도 똑같은 전치사가 사용되었다.[16] 한 걸음 더 나아가 이 구절들은 마가복음 10:45의 말씀, "인자가 온 것은 섬김을 받으려 함이 아니라 도리어 섬기려 하고 자기 목숨을 많은 사람의 대속물(λύτρον)로 주려(δοῦναι) 함이니라"와 내용이 일치한다. "많은 사람의 대속물로"(λύτρον ἀντὶ πολλῶν)에서 사용된 전치사 '안티'(ἀντί)는 '~을 대신하여'(in place of/instead of)란 뜻이므로 '많은 사람을 대신하는 대속물로'가 더 정확한 번역이다. 전치사 '안티'(ἀντί)는 '휘페어'(ὑπέρ)와 마찬가지로 예수의 죽음이 우리를 '대신하는 죽음'(substitutionary death)이라는 것을 나타낸다. 디모데전서 2:6에서도 "대속물"(ἀντίλυτρον, 안티뤼트론)이 나오고 마가복음 10:45에서도 "대속물"(λύτρον, 뤼트론)이 나온다. 두 헬라어 단어의 스펠링은 다르지만 뜻은 같다. 모두 '몸값'(ransom)이란 뜻의 명사다. 디도서 2:14의 "속량하시고"에 그 동사형 '뤼트로오'(λυτρόω)가 나온다. '몸값을 지불하다'라는 뜻이다. 그러므로 '그리스도가 우리의 죄를 위하여 자신을

_____

15) "우리를 대신하여"는 '우리를 위하여'로 번역하는 것이 더 정확하다.
16) "우리 죄를 대속하기 위하여 자기 몸을 주셨으니"(갈 1:4)에서 "대속하기"는 한글 번역자가 임의로 첨가한 것이며 삭제해도 무방하다. 원문의 직역은 '우리 죄를 위하여 자기 자신을 주셨으니'이다.

주시다'라는 갈라디아서 1:4의 말씀에 담긴 뜻은 '그리스도가 우리의 죄를 위하여 몸값을 지불하기 위해 자신을 주셨다'이다. 우리는 어떻게 구원을 받게 되었나? 구원의 방법은 곧 예수 그리스도께서 자신을 우리를 대신하는 대속물로 주신 것이다.

　　그리스도가 '우리의 죄를 위해 자신을 주셨다'는 바울의 주장은 마가복음 10:45의 말씀과 유사하다. 마가복음 10:45의 하반절은 이사야 52:13-53:12의 말씀의 축약이다. 이사야 53:12 하반절의 일부인 "… 그가 자기 영혼을 버려 사망에 이르게 하며 … 그가 많은 사람의 죄를 담당하며 …"를 70인역 구약성경으로 읽으면 히브리어 본문과 좀 다른 내용이 나온다. "그가 자기 영혼을 버려 사망에 이르게 하며"(παρεδόθη εἰς θάνατον ἡ ψυχὴ αὐτοῦ)를 직역하면 '그의 생명이 죽음으로 넘겨졌다'(의미상으로는 '넘겨질 것이다')이다. "그가 많은 사람의 죄를 담당하며"(αὐτὸς ἁμαρτίας πολλῶν ἀνήνεγκεν καὶ διὰ τὰς ἁμαρτίας αὐτῶν παρεδόθη)를 직역하면 '많은 사람의 죄를 지고 그들의 죄 때문에 그는 넘겨졌다'(의미상으로는 '넘겨질 것이다')가 된다. '넘겨주다'(to hand over)라는 뜻의 동사 '파라디도미'(παραδίδωμι)의 부정과거 수동형(παρεδόθη)이 두 번 나왔다.[17] 이것은 신적수동형(divine passive)이다. 능동문으로 바꾸면 하나님이 그 주어가 된다. 하나님께서 '주의 종'을 많은 사람의 '죄 때문에'(διά τὰς ἁμαρτίας) 넘겨주신다. 왜냐하면 그것이 바로 하나님께서 원하시는 뜻이기 때문이다. 예수는 하나님의 뜻에 순종하여 자신을 넘겨주었다.

　　바울은 로마서 4:25, "예수는 우리가 범죄한 것 때문에 내줌이 되고"(ὃς παρεδόθη διὰ τὰ παραπτώματα ἡμῶν)라고 말한다. 이것은 이사야 53:12의 내용을 반향한다. 에베소서 5:2, "그는 우리를 위하여 자신을 버리사"(παρέδωκεν ἑαυτὸν ὑπὲρ ἡμῶν), 5:25, "그 교회를 위하여 자신을 주심"(ἑαυτὸν παρέδωκεν ὑπὲρ αὐτῆς), 갈라디아서 2:20, "나를 위하여 자기 자신을 버리신(παραδόντος ἑαυτὸν ὑπὲρ ἐμοῦ) 하나님의 아들" 등에서 '파라디도미'(παραδίδωμι, to hand over, 넘겨주다) 동사가 사용되었고,[18] 이런 전승

---

17) '파라디도미'(παραδίδωμι)는 '주다'라는 뜻의 '디도미'(δίδωμι) 앞에 접두어 '파라'(παρα-)를 붙여서 '넘겨주다'(to hand over)라는 뜻이 된다.
18) 번역은 각각 '넘겨주사,' '넘겨주심,' '넘겨주신'으로 고칠 필요가 있다.

의 뿌리는 모두 이사야 53:12절에 있다.

그렇다면 예수는 자신의 의지와 상관없이 하나님의 뜻 때문에 강제로 죽임을 당한 것일까? 아니다. 예수는 자발적으로(voluntarily) 자신을 주셨다. 예수가 십자가에서 돌아가신 것은 그가 원하지 않았는데도 강제로 끌려가 타의에 의해 살해당한 것이 아니다. 예수는 능동적으로 하나님의 뜻에 순종하여 자발적으로 자신의 생명을 주셨다. 성경은 이 점을 분명히 말하고 있다. 예수는 겟세마네 동산에서 최종적으로 그 하나님의 뜻에 순종할 것을 결심한다. 마가복음 14:36, "아빠 아버지여 아버지께는 모든 것이 가능하오니 이 잔을 내게서 옮기시옵소서 그러나 나의 원대로 마시옵고 아버지의 원대로 하옵소서"(마 26:39; 눅 22:42)가 바로 그 순종을 결심하는 기도다. 그의 생명이 죽음으로 넘겨지는 것에 대해 동의하는 결단이다. 바울은 빌립보서 2:8에서 그리스도가 "죽기까지 복종하셨으니 곧 십자가에 죽으심이라"고 말한다. 그리스도의 순종은 자의적 순종이지 타의적 순종이 아니다.

그런데도 현대 일부 학자들은 예수가 정치적, 사회·종교적 개혁을 추구하다 지배계층의 반감을 사서 그들에 의해 제거된 것이라고 주장한다. 예수는 사회개혁가(social reformer) 혹은 사회개혁을 주장하던 선지자(social prophet)였고, 아쉽게도 그가 개혁을 완성하기도 전에 타의에 의해 너무 일찍 살해당한 것(premature death of Jesus)이라는 것이다. 그래서 그가 시작한 미완의 사회개혁을 완성하는 것이 기독교인의 사명이라고 역설한다. 하지만 이런 주장은 성경의 내용과 어긋난다. 예수는 '사회개혁 때문에' 죽은 것이 아니다. 그는 우리들의 죄 때문에 하나님에 의해 넘겨짐을 당했고, 예수는 그렇게 넘겨지는 것에 동의했다.

그리스도의 희생을 통해 우리가 얻게 된 구원은 무엇인가? 예수는 우리를 "이 악한 세대에서(ἐκ)" 구원하기 위해(ὅπως, in order that, 목적) 자신을 주셨다. 전치사 '엑크'(ἐκ)는 '분리'를 나타낸다. '이 악한 현재의[19] 세대로부터'(out of this present evil age) 구원받는다고 번역하면 더 좋다. '무엇으로부터'(out of what) 구원을 받는 것인지는 구원의 핵심적 개념이다. "우리를 건지시려고"에서 사용된 동사 '엑싸이레오'(ἐξαιρέω)에 붙어 있는 접두

---

19) 한글개역성경에서는 '현재의'라는 뜻의 분사형 형용사 '에네스토토스'(ἐνεστῶτος)가 번역되지 않았다.

어 '엑크'(ἐκ-) 역시 '분리'를 가리키고 있다. 이 동사는 '떼어내다'(tear out), '끄집어내다'(take out)라는 뜻이다. 이 동사는 70인역 헬라어 구약성경 출애굽기에서 이스라엘을 이집트로부터 끄집어내는 하나님의 구원을 가리키는 동사로 사용되었다(LXX 출 3:8; 18:4, 8, 9, 10).[20] 단순히 '건지다'라는 번역으로는 이 동사와 전치사 '엑크'(ἐκ)가 가진 '분리'의 뉘앙스가 온전히 전달되지 않는다. 그리스도는 우리를 '현재의 이 악한 세대로부터 떼어내시려고' 자신을 주셨다.

"이 악한 세대"에서 '세대'는 유대교의 묵시적(apocalyptic) 전통에서 주로 사용되던 개념이다. 유대 묵시문학에서 역사는 '현재의 세대'(present age)와 '다가오는 세대'(the age to come)로 나누어진다. 머지않은 장래에 '현재의 세대'는 '다가오는 세대'에 의해 급격하게 대체된다. 그때 하나님의 통치, 즉 하나님의 나라가 이루어진다. 이런 개념은 예수의 가르침에서도 자주 발견된다(마 12:32; 13:39, 40, 49; 24:3; 28:20; 막 10:30; 눅 18:30; 20:35).[21] 아래의 구절들은 그 좋은 예다. 모두 '이 세대'와 '오는 세대'를 대조한다. 한 가지 유념할 점은 기독교 역사관에서 '현재의 세대'와 '다가오는 세대'는 서로 겹친다는 점이다. '다가오는 세대'는 시작하였으나 아직 완전히 완성되지 않았다.

> **마가복음 10:30.** 현세에(ἐν τῷ καιρῷ τούτῳ) 있어 집과 형제와 자매와 어머니와 자식과 전토를 백 배나 받되 박해를 겸하여 받고 내세에(ἐν τῷ αἰῶνι τῷ ἐρχομένῳ) 영생을 받지 못할 자가 없느니라

> **마태복음 12:32.** 또 누구든지 말로 인자를 거역하면 사하심을 얻되 누구든지 말로 성령을 거역하면 이 세상과 오는 세상에서도(ἐν τούτῳ τῷ αἰῶνι οὔτε ἐν τῷ μέλλοντι) 사하심을 얻지 못하리라

바울도 이 개념을 자주 사용한다. 로마서 12:2, "이 세대를 본받지 말고," 고린도전서 1:20, "이 세대에 변론가가 어디 있느냐"와 "이 세상의 지혜,"

---

20) Schreiner, *Galatians,* 77.
21) Schreiner, *Galatians,* 77.

2:6, "이 세상의 지혜"와 "이 세상에서 없어질 통치자들의 지혜," 2:8, "이 세대의 통치자들," 10:11, "말세를 만난 우리," 고린도후서 4:4, "이 세상의 신," 에베소서 1:21, "이 세상뿐 아니라 오는 세상에," 에베소서 2:2, "이 세상 풍조," 디모데전서 6:17, "이 세대에서 부한 자들," 디모데후서 4:10, "데마는 이 세상을 사랑하여," 디도서 2:12, "신중함과 의로움과 경건함으로 이 세상에 살고" 등이 그 용례다. 바울이 갈라디아서 6:14, "세상이 나를 대하여 십자가에 못 박히고 내가 또한 세상을 대하여 그러하니라"라는 말도 이 개념을 이해하지 못하면 이해하기 어렵다. 이 구절에서 "세상"(κόσμος)은 바로 '현재의 세대'다. 바울에게 '현 세대'는 이미 끝났고 '다가오는 세대'가 시작되었다. 그리스도께서 그를 '현 세대'에서 떼어내어 '다가오는 세대'에 속하게 하였기 때문에 바울은 '현 세대'와 더 이상 아무런 관계가 없다. 그런 뜻에서 세상이 그를 향하여 죽었고, 그도 세상을 향하여 죽었다(갈 2:20, "내가 그리스도와 함께 십자가에 못 박혔나니 그런즉 이제는 내가 사는 것이 아니요"). 바울은 이제 '다가오는 세대'에 속하는 "새로 지으심을 받은"(갈 6:15) "새로운 피조물"(new creation, 고후 5:17)이다.

　　율법과 할례의 유대교 전통은 '이 세대'에 속한다. 반면 믿음과 은혜의 복음, 그리고 부활은 '오는 세대'에 속한다. 만약 갈라디아의 성도들이 바울의 복음을 받아들이고 난 후 뒤늦게 할례당의 가르침에 현혹되어 할례를 받고 율법으로 돌아간다면 그것은 '오는 세대'를 떠나 다시 '이 세대'로 돌아가는 어리석은 짓이다. 이 세대는 "이 세상의 초등학문"(갈 4:3)이 갈라디아 성도들을 지배하던 시절이다. 그러나 이제 "때가 차매 하나님께서 그 아들을 보내사"(갈 4:4) 이 세대가 끝나고 '오는 세대'가 시작되었다. "율법 아래에 있는 자들을 속량하시고 우리로 아들의 명분을 얻게"(갈 4:5) 하셨다. 그런데도 만약 다시 할례를 받고 악한 이 세대로 돌아가려고 한다면 자녀의 명분도 잃어버리게 될 것이다.

　　악한 현재의 세대 속에서 살아가는 것, 그 자체가 인간에게 심판과 멸망을 보증한다. 하나님은 그리스도가 자신을 주시는 십자가 죽음을 통해 우리를 이 세대로부터 분리시켜 다가오는 미래의 하나님의 나라의 세대로 우리를 옮기셨다(골 1:13, "그가 우리를 흑암의 권세에서 건져내사 그의 사랑의 아들의 나라로 옮기셨으니"). 물론 우리가 믿음으로 구원을 받은 뒤에도 물리적으로는 계속 악한 현재의 세대 속에서 살아간다. 이 세상을 떠나 살 수는 없다 (고전 5:11, "만일 그리하려면 너희가 세상 밖으로 나가야 할 것이라"). 하지만 우리와 우리의 자녀들이 이 악한 세대 속에서 불신자들과 구분되어 하나님의 선하고 거룩한 백성으로 살아간다면, 구원은 이미 우리에게 임한 것이다. 만약 하나님께서 악한 이 세대 속에서 악한 모습으로 살아가도록 그대로 방치해 둔 사람들이 있다면, 하나님의 심판은 이미 그들에게 임한 것과 다름이 없다.

로마서 1:26-28

²⁶이 때문에 하나님께서 그들을 부끄러운 욕심에 내버려 두셨으니 (παρέδωκεν) 곧 그들의 여자들도 순리대로 쓸 것을 바꾸어 역리로 쓰며 ²⁷그와 같이 남자들도 순리대로 여자 쓰기를 버리고 서로 향하여 음욕이 불 일듯 하매 남자가 남자와 더불어 부끄러운 일을 행하여 그들의 그릇됨에 상당한 보응을 그들 자신이 받았느니라 ²⁸또한 그들이 마음에 하나님 두기를 싫어하매 하나님께서 그들을 그 상실한 마음대로 내버려 두사(παρέδωκεν) 합당하지 못한 일을 하게 하셨으니

위의 로마서 1:26-28에서 '하나님께서 그들을 내버려 두셨다'라는 양식이 두 번 나온다. 두 번 다 '파라디도미'(παραδίδωμι) 동사가 사용되었다. 하나님의 아들이 자신을 넘겨주셨음에도 불구하고 복음을 믿고 악한 이 세대에서 구분된 삶을 살지 않으면 그들을 위한 하나님의 심판은 '그대로 내버려 두는 것'이다. 예를 들어 만약 우리의 자녀들이 마약에 중독되어 그 영향력 아래에서 계속 살아간다면 그것은 하나님의 심판이 이미 그들에게 임한 것이다. 하나님께서 아무런 개입도 하지 않으신다면 심판이 이미 그들에게 임한 것이다. 멸망이 그들의 영원한 운명이 된다. 반대로 우리의 자녀들이 악한 이 세대에서 분리되어 하나님의 거룩한 자녀들이 되어 마약과 상관없는 삶을 살아간다면 그들에게 하나님의 구원이 이미 임한 것이다. 그대로 믿음 안에서 잘 살아가면 영원한 생명과 하나님의 나라를 얻게 된다. 우리가 죽고 종말에 부활하여 천국에 들어가는 것도 구원이지만, 이 땅 위에서 악한 이 세대와 분리되어 하나님의 백성으로 사는 것도 구원이다. 구원은 미래의 것이기도 하지만, 지금 이미 우리에게 임한 것이기도 하다.

1:5 영광이 그에게 세세토록 있을지어다 아멘

바울은 이제 편지의 서두를 영광송으로 마친다. 이 영광송은 4절의 내용과 자연스럽게 연결된다. 바울은 종종 한 문단(paragraph)을 마치면서 영광송을 사용한다. 이런 현상은 로마서 11:36, 에베소서 3:21, 디모데전서 1:17에서도 발견된다.

> **로마서 11:36.** 이는 만물이 주에게서 나오고 주로 말미암고 주에게로 돌아감이라 그에게 영광이 세세에 있을지어다 아멘
>
> **에베소서 3:21.** 교회 안에서와 그리스도 예수 안에서 영광이 대대로 영원무궁하기를 원하노라 아멘
>
> **디모데전서 1:17.** 영원하신 왕 곧 썩지 아니하고 보이지 아니하고 홀로 하나이신 하나님께 존귀와 영광이 영원무궁하도록 있을지어다 아멘

갈라디아서 앞부분에서 영광송이 나오는 이유는 바울은 감사 찬송(thanksgiving)을 생략하기 때문인 것 같다. 바울은 감사 찬송을 생략하는 대신 그 자리에 영광송을 넣는다.

1:6 그리스도의 은혜로 너희를 부르신 이를 이같이 속히 떠나 다른 복음을 따르는 것을 내가 이상하게 여기노라

바울은 보통 편지의 서두가 끝나면 감사 찬양(thanksgiving)을 한다 (롬 1:8 이하; 고전 1:4 이하; 빌 1:3 이하; 골 1:3 이하; 살전 1:2 이하; 살후 1:3 이하; 딤후 1:3 이하; 몬 4 이하). 또 칭찬, 격려, 그리고 자신이 그들을 위해서 하는 기도 제목들을 알려준다. 그런데 갈라디아서에는 이러한 감사 찬양이 없다(디도서에도 예외적으로 감사 찬양이 없다). 갈라디아 교회들을 향한 책망이 곧바로 나온다. 바울로서는 지금 감사 찬양을 할 시간도, 그럴 마음의 여유도 없다. "어떤 사람들"이 갈라디아 성도들을 "교란하여 그리스도의 복음을 변하게 하려"(갈 1:7) 하기 때문이다. 일부 갈라디아 성도들이 복음을 버리고 변질된 복음을 좇아가려고 하기 때문이다.

"그리스도의 은혜로 너희를 부르신 이"는 하나님이시다(15절의 "그의 은혜로 나를 부르신 이"도 하나님이시다). 하나님은 갈라디아 성도들을 그리스도의 은혜로 부르셨다. '은혜로'(ἐν χάριτι)는 전치사 '엔'(ἐν)을 수단으로 보면 '은혜로'(by means of grace)가 되지만, 영역으로 보면 '은혜 안에서'(in grace)로 번역할 수도 있다. 둘 다 가능하지만, 의미상 후자로 해석하는 것이 더 나을 듯하다.[22] 여기에서 '부르다'(καλέω, to call)는 '선택하다'라는 뉘앙스를 갖고 있다. 고린도전서 1:26-28에서 "형제들아 너희를 부르심을 보라"고 말하면서, "세상의 미련한 것들을 택하사," "세상의 약한 것들을 택하사," "없는 것들을 택하사"라고 말한다. 부르신 것을 곧 선택하신 것으로 보고 있다.[23] 갈라디아서 1:15, "내 어머니의 태로부터 나를 택정하시고 그의 은혜로 나를 부르신 이"에서도 '부르다'는 선택의 언어인 '택정하다'(to set aside)와 함께 사용된다.

하나님의 선택에도 불구하고 갈라디아 성도들은 그 하나님으로부터 (ἀπό, from) '떠났다.' 전치사 '아포'(ἀπό, from)는 '분리'(分離)를 나타낸다. '떠나다'로 번역된 '메타티떼미'(μετατίθημι)는 세속 헬라어 문서 혹은 유대교 문서에서 '배교하다' 혹은 '탈영하다'라는 뜻으로 사용되었다(예, 2 Macc 7:24).[24] 하나님의 백성의 성회(assembly)를 "이같이 속히 떠나" 탈영했다는 말은 일부 갈라디아 성도들이 거의 배교(背敎)에 해당하는 잘못을 했다는 뜻이다. 또한 '메타티떼미'(μετατίθημι)의 현재형(μετατίθεσθε)이 사용되었으므로 그들의 배교가 현재 진행 중임을 암시한다. 갈라디아서 5:2-3, "내가 할례를 받는 각 사람에게 다시 증언하노니 그는 율법 전체를 행할 의무를 가진 자라 율법 안에서 의롭다 함을 얻으려 하는 너희는 그리스도에게서 끊어지고 은혜에서 떨어진 자로다"는 현재 배교하는 사람들이 발생하고 있는 중이며, 아직

---

22) Schreiner, *Galatians,* 85. n. 7; Gorden Fee, *Galatians* (Pentecostal Commentary, Blandford Forum, UK: Deo, 2007), 23.

23) Schreiner, *Galatians,* 85.

24) 2 Macc 7:24, "Antiochus felt that he was being treated with contempt, and he was suspicious of her reproachful tone. The youngest brother being still alive, Antiochus not only appealed to him in words, but promised with oaths that he would make him rich and enviable if he would turn from the ways of his fathers(μεταθέμενον ἀπὸ τῶν πατρίων), and that he would take him for his friend and entrust him with public affairs."

갈라디아 온 성도들이 완전히 할례당에게 다 넘어가지는 않았다는 것을 암시한다.[25] 아직 할례당이 모든 갈라디아 성도들의 마음을 다 사로잡은 것은 아니므로 바울이 상황을 바로잡을 수 있는 여지가 있다.

"이같이 속히 떠나"에서 "속히"(ταχέως)는 '시간적으로 빨리'란 뜻보다 '그토록 쉽사리'의 의미가 더 강하다. 마치 이스라엘 민족이 출애굽 당시 하나님의 구원을 경험하고서도 쉽게 하나님을 버리고 배교자의 길로 간 것처럼 갈라디아 성도들도 지금 유사한 길로 가고 있다. 70인역 출애굽기 32:8, "그들이 내가 그들에게 명령한 길을 속히 떠나 자기를 위하여 송아지를 부어 만들고"에서 "속히"의 헬라어 부사인 '타퀴'(ταχύ)는 갈라디아서 본문에서 사용된 '타케오스'(ταχέως)와 동의어다. 신명기 9:16, "송아지를 부어 만들어서 여호와께서 명령하신 도를 빨리 떠났기로"의 "빨리"로 번역된 히브리어 부사 '마헤어'(מַהֵר)도 같은 뜻이다.

갈라디아서 1:6에서 "속히"로 번역된 부사 '타케오스'(ταχέως)는 데살로니가후서 2:2에서도 나온다. 여기에서는 '속히'로 번역하지 않고 "쉽게"로 번역했다.

> 데살로니가후서 2:2, 영으로나 또는 말로나 또는 우리에게서 받았다 하는 편지로나 주의 날이 이르렀다고 해서 쉽게(ταχέως) 마음이 흔들리거나 두려워하거나 하지 말아야 한다는 것이라

이 경우에도 이 단어는 이단적 가르침을 받아들여 배교하는 것과 관련되어 사용된다. 그 용법이 갈라디아서 1:6과 매우 유사하다.

"다른 복음 좇는 것을 내가 이상히 여기노라"에서 바울은 "복음"(εὐαγγέλιον)이란 단어를 도입한다. 초대교회는 예수 그리스도의 십자가 사건에 관한 메시지를 '복음'이란 단어로 지칭했다. 전통적으로 이 단어는 이사야서에서 유래하는 것으로 본다. 이 견해는 여전히 유효하다. 최근에 초대교회가 정치적인 뉘앙스로 이 단어를 채용했다는 주장이 등장했다(자세한 설명은 보충설명 6: "복음이란 단어는 어디에서 유래한 것인가?"를 보라). 복음을 정치적 의미로 해석하려는 시도가 유행하고 있다.

---

25) Schreiner, *Galatians,* 85, n. 5.

보충설명 6: "복음이란 단어는 어디에서 유래한 것인가?"

복음을 정치적으로 해석하려는 학자들을 중심으로[26] 초대교회가 로마제국에 맞서기 위해 '복음'이란 단어를 채택했다는 주장이 유행하고 있다. 이런 주장의 근거는 오늘날의 터키, 당시의 소아시아인 프린(Priene)이란 도시에서 발견된 두 개의 돌판 비문이다. "프린 달력 비문"(The Priene Calendar Inscription)이라고 불리는 이 비문은 주전 9년의 것으로 추정된다. 당시 음력 달력을 사용하던 관습을 중단하고 아우구스투스(Augustus)의 탄생일인 9월 23을 기념하여 로마의 양력 달력을 사용하자는 주장이 이 비문에 담겨있다. 이 비문은 아우구스투스(Augustus)를 "구원자"(σωτήρ, '쏘테르,' savior)로, 그리고 "신"(θεός, '떼오스.' god)"이라고 부른다. 또한 "우리들의 신의 생일은 온 세상에 복음의 시작됨을 알렸고, 이것은 그로 인해서다"(the birthday of our God signaled the beginning of good news for the world because of him)라는 대목도 나온다. 이 문장에 우리가 '복음'으로 번역하는 헬라어 단어 '유앙겔리온'(εὐαγγέλιον, good news)이 나온다.

로마 황제의 탄생과 예수 그리스도의 탄생을 서로 대조하고, 세상을 구원하는 구원자는 로마 황제가 아니라 그리스도, 진정한 복음은 아우구스투스의 탄생이 아니라 예수 그리스도의 탄생이라는 점을 보여주기 위해 초대교회가 의도적으로 '복음'(εὐαγγέλιον)이란 단어를 채택했다는 주장이다. 얼핏 들으면 그럴듯하다. 하지만 이 비문의 내용이 당시 사람들에게 얼마나 광범위하게 알려져 있었는지는 의문이다. 복음이라는 단어는 당시 헬라인들의 일상생활에서 자주 사용되는 단어도 아니었는데, 과연 초대교회가 그런 정치적인 이유로 복음이란 단어를 채택했는지도 의문이다.

교회가 복음이란 단어를 사용하는 것은 "프린 달력 비문"에서 기원하는 것이 아니다. 구약성경의 이사야서에서 기원한다고 보는 것이 훨씬 더 합리적이다.[27] 이사야서를 헬라어 구약성경으로 읽으면 "복음을 전하다"라는 뜻의 동사, '유앙겔리조마이'(εὐαγγελίζομαι)가 이사야 40:9와 52:7에서 각각 두 번씩 사용된다(사 60:6; 61:1 참고).

이사야 40:9. 아름다운 소식을 시온에 전하는(εὐαγγελίζομαι) 자여 너는 높은 산에 오르라 아름다운 소식을 예루살렘에 전하는(εὐαγγελίζομαι) 자여"

이사야 52:7. 좋은 소식을 전하며(εὐαγγελίζομαι) 평화를 공포하며 복된 좋은 소식을 가져오며(εὐαγγελίζομαι) 구원을 공포하며 시온을 향하여 이르기를 네 하나님께서 통치하신다 하는 자의 산을 넘는 발이 어찌 그리 아름다운가

---

26) 예, N. T. Wright, "Gospel and Theology in Galatians," Gospel in *Paul: Studies on Corinthians, Galatians and Romans for Richard N. Longenecker*, ed. L. A. Jervis and P. Richardson (Sheffield: Sheffield Academic Press, 1994), 223-32; Richard Hays, "The Letter to the Galatians: Introduction, Commentary, and Reflections," *The New Interpreter's Bible*, vol. 11, eds. L. E. Keck, et al. (Nashville: Abingdon, 2000), 205; Douglas J. Moo, *Galatians* (Baker Exegetical Commentary on the New Testament; Grand Rapids: Baker Academic, 2013), 78에서 재인용.

27) James Dunn, *The Epistle to the Galatians* (Peabody, MA: Hendrickson, 1993), 60.

이사야 40:9은 하나님께서 버린 이스라엘을 다시 선택하시고 왕이 되어 다스리기 위해 다시 예루살렘으로 돌아오는 하나님의 귀환(사 40:1-3)과 통치를 "좋은 소식/복음(εὐαγγέλιον, euangelion)"이라고 부른다. 바울서신 뿐 아니라 신약성경은 예수 그리스도의 오심이 하나님의 귀환으로 본다(막 1:1-3; 마 3:1-12; 눅 3:1-9, 15-17; 요 1:19-23). 이사야 52:7-12은 고난받는 주의 종의 노래(52:13-53:12)의 서문(introduction)에 해당한다. 이사야 40:9 이하에서는 복음의 구체적 내용이 나오지 않지만, 52:7 이하에서는 복음이 무엇인지 구체적 내용이 나온다. 52:7이 말하는 '복음'의 구체적 내용은 무엇일까? 바로 그 뒤에 이어서 13절부터 나오는 주의 종의 노래에 복음이 담겨있다. 바로 주의 종의 대속적(substitionary) 죽음과 죄용서, 그리고 이스라엘의 회복이다. 초대교회가 이사야 52:7과 고난받는 주의 종의 노래(사 52:13-53:12) 사이의 이런 연결점을 몰랐을 리가 없다.

예수는 누가복음 4:18, "주의 성령이 내게 임하셨으니 이는 가난한 자에게 복음을 전하게 하시려고"에서 이사야 61:1을 자신의 사역과 직접 연결시켜 자신이 바로 이사야가 예언한 그 복음을 전하는 자임을 주장했다. 초기의 유대 기독교인들은 이런 이사야서의 전통을 이해하고 그 전통 안에서 예수 그리스도와 관련된 메시지를 '복음'이란 단어로 불렀다. 로마 황제에 대항하기 위해 이 단어를 선택한 것이 아니다. 복음을 정치적 관점에서 해석하는 것은 복음의 본질을 흐리게 한다. 복음의 핵심은 정치적인 것도 아니고, 하나님의 구원은 세속국가의 정치와 제도를 초월한 것이다. 만약 복음을 정치적으로 해석하고, 그것을 복음이라고 주장한다면 그것이야말로 바울이 갈라디아서에서 비판하는 '다른 복음'(갈 1:8-9)이 될 수 있다.

70인역 헬라어 구약성경에서 '유앙겔리조마이'(εὐαγγελίζομαι) 동사는 이사야서 외에도 아래와 같은 예언서에서도 사용되었다.

요엘서 2:32(LXX 3:5). 누구든지 여호와의 이름을 부르는 자는 구원을 얻으리니 이는 나 여호와의 말대로 시온 산과 예루살렘에서 피할 자(ἀνασῳζόμενος)가 있을 것임이요 남은 자(εὐαγγελίζόμενοι) 중에 나 여호와의 부름을 받을 자가 있을 것임이니라

나훔 1:15(LXX 2:1). 볼지어다 아름다운 소식을 알리고(εὐαγγελιζομένου) 화평을 전하는 자의 발이 산 위에 있도다 …

요엘서 2:32(LXX 3:5)에서 "피할 자"는 '구원받은 자'(ἀνασῳζόμενος)로, "남은 자"는 '복음을 전하는 자들'(εὐαγγελιζόμενοι)로 번역되었다. 바울이 로마서 10:13에서 요엘서 2:32을 인용하고 이어서 15절에서 이사야 52:7을 인용하는 것은 의미심장하다.

로마서 10:13. 누구든지 주의 이름을 부르는 자는 구원을 받으리라 (욜 2:32)

로마서 10:15. 보내심을 받지 아니하였으면 어찌 전파하리요 기록된 바 아름답도다 좋은 소식을 전하는 자들의 발이여(사 52:7)함과 같으니라

이사야 52:7에서는 '복음을 전하다'라는 동사가 두 번 나오고, 요엘서 2:32에서도 같은 동사가 나오기 때문이다. 바울이 요엘서 2:32의 앞부분만 인용하지만, 바울은 이 구절에 '복음을 전하다'라는 동사가 나온다는 것을 알고 있었기 때문에 이 두 절을 연결하여 인용하고 있다고 보인다.

"이상히 여기노라"로 번역된 동사 '따우마조'(θαυμάζω)는 '깜짝 놀라다'(to be surprised) '어안이 벙벙하다'(to be at a loss)로 번역하면 그 어감이 더 잘 살아난다. 갈라디아 성도들은 바울이 전한 참된 복음(authentic gospel)을 버리고 다른 복음으로 돌아섰다. 은혜로 그들을 부르신 하나님으로부터(ἀπό, from) 다른 복음으로(εἰς ἕτερον εὐαγγέλιον, into another gospel) 탈영하는 것은 배교(apostasy)에 해당한다. 그리스도를 통해 하나님의 은혜로 주시는 구원을 그들이 그토록 쉽게 버린 것에 바울은 경악한다.

그들이 '그리스도의 은혜 안에서'의 삶을 버리고 다른 진영으로 넘어가버렸다면, 그 반대 진영에는 어떤 삶이 있었을까? '그리스도의 은혜 안에서'(in the grace of Christ)와 대조되는 개념은 무엇일까? 아마도 '율법 아래에서'(under the law)일 것이다. "믿음이 오기 전에 우리는 율법 아래에 매인 바 되고"(갈 3:23), "율법 아래에 있는 자들을 속량하시고"(갈 4:5), "율법 아래에 있고자 하는 자들아"(갈 4:21), "너희가 만일 성령의 인도하시는 바가 되면 율법 아래에 있지 아니하리라"(갈 5:18) 등과 같이(참고, 갈 4:4, "율법 아래에 나게 하신 것") 바울은 갈라디아서에서 '율법 아래에'라는 구절을 자주 사용한다. 갈라디아 성도들은 그리스도 은혜 안에서 살아가는 삶을 버리고 율법 아래에서 살아가는 삶을 선택하려고 한다.

6절의 "다른 복음"(other gospel)"은 복음에 여러 가지 판(版, version)이 있다는 말처럼 들린다. 할례당이 전하는 복음도 복음으로 인정하는 것처럼 들린다. 그러나 복음에 여러 가지 판(version)이 있는 건 아니다. 바울은 그런 오해의 가능성을 인식하고 7절에서 "다른 복음은 없나니"라는 말로 그런 오해를 차단한다. 복음은 단 한 가지의 복음만 있을 뿐이다. 그러므로 바울이 6절에서 "다른 복음"이라고 부른 것은 사실 복음이 아니다. 복음이 아닌 복음은 거짓 복음이다. 일부 갈라디아 성도들은 그리스도의 은혜 안으로 부르신 하나님을 버리고 거짓 복음의 진영으로 탈영했다.

1:7 다른 복음은 없나니 다만 어떤 사람들이 너희를 교란하여 그리스도의 복음을 변하게 하려 함이라

6절에서 '다른'으로 번역된 형용사 '헤테로스'(ἕτερος)와 7절에서 사용된 형용사 '알로스'(ἄλλος)는 동의어다. 과거 학자들이 이 단어들이 가리키는 바가 서로 다르다고 설명하던 시절이 있었다. '헤테로스'(ἕτερος)는 완전히 종(種)이 다른 것을 의미하고, '알로스'(ἄλλος)는 같은 종 안에서 과(科)가 다른 것을 가리킨다고 설명하곤 했다. 예를 들어 개와 고양이가 다르다고 말할 때 '헤테로스'(ἕτερος)를 사용하고, 같은 개지만 진돗개와 삽살개가 서로 다르다고 말할 때는 '알로스'(ἄλλος)를 사용한다는 식의 설명이다. 하지만 현재 이런 설명을 지지하는 학자들은 거의 없다. 1세기에 두 단어가 그렇게 구분되어 사용되었다는 것을 분명하게 보여주는 문헌적 증거는 없다.[28] 고린도후서 11:4, "만일 누가 가서 우리가 전파하지 아니한 <u>다른</u>(ἄλλος) 예수를 전파하거나 혹은 너희가 받지 아니한 <u>다른</u>(ἕτερος) 영을 받게 하거나 혹은 너희가 받지 아니한 <u>다른</u>(ἕτερος) 복음을 받게 할 때에는 너희가 잘 용납하는구나"에서도 두 형용사는 동의어로 교차 사용되고 있다.[29]

"어떤 사람들"(τινές)은 복수다. 갈라디아 교회들을 찾아와 그들의 마음을 교란하는 것은 한 사람이 아니라 한 무리의 사람들이다. 그들은 갈라디아서 2:4의 "가만히 들어온 거짓 형제들," 2:12의 "야고보에게서 온 어떤 이들"과 같은 생각을 하는 사람들일 것이다. "너희를 교란하여"에서 사용된 동사, '타라쏘'(ταράσσω)는 요한복음 5:7, "병자가 대답하되 주여 물이 움직일 때에 나를 못에 넣어 주는 사람이 없어"에서 물이 부글부글 끓는 것을 표현할 때 사용되었다. 연못이 잔잔할 때는 부유물(浮游物)이 바닥에 가라앉아 물이 맑지만, 그 연못물을 마구 휘저으면 부유물이 떠올라 온통 탁한 물이 요동친다. 이것을 연상하면 이 동사의 뜻을 쉽게 이해할 수 있다. 지금 갈라디아 교회에 등장한 "어떤 사람들"은 잠잠하던 교회에 평지풍파(平地風波)를 일으켜 성도들

28) Schreiner, *Galatians*, 86; J. L. Martyn, *Galatians: A New Translation with Introduction and Commentary* (Anchor Bible 33A; New York: Doubleday, 1997), 110.

29) Schreiner, *Galatians*, 86, n. 13.

의 마음을 혼란에 빠뜨렸다. '타라쏘'(ταράσσω)는 5:10, "너희를 요동하게 하는 자는 누구든지 심판을 받으리라"에 한 번 더 등장한다.[30] 번역은 각각 '교란하다,' '요동하게 하다'로 되었지만 같은 동사다. '혼란에 빠뜨리다'로 번역하면 더 좋을 듯하다.

"그리스도의 복음을 변하려함이라"는 매우 심각한 고발이다. '변하게 하다'로 번역된 동사 '메타스트레포'(μεταστρέφω)는 '바꾸다, 변경하다'(to alter)라는 뜻이다. 이 동사는 대체로 사소하고 부분적인 변경을 가리키는 것이 아니라, 본질을 바꾸는 정도의 변경을 가리킨다.[31] "복음을 변하려 함"은 복음의 본질을 변질시키는 것이다. 여기서 바울이 "~을 하려고 한다"는 뜻의 동사 '뗄로'(θέλω)의 현재분사(θέλοντες)를 추가하고 있으므로 갈라디아 교회들을 찾아온 거짓 사도들이 현재 복음을 변질시키려고 지속적, 반복적으로 시도하고 있다는 뉘앙스가 있다.

갈라디아 교회들에 등장한 '어떤 이들'은 복음의 본질을 변질시키려고 한다. 어떻게 변질시키려는 것일까? 갈라디아서의 전체 내용을 고려할 때 그들은 복음에 할례와 율법을 추가하려고 한다. 복음에 유대교의 전통을 추가하려고 한다. 바울은 이런 추가 사항은 불필요할 뿐만 아니라 복음의 본질을 왜곡하는 위험한 시도로 본다. 복음에 복음이 아닌 것을 추가하는 것은 고린도후서 2:17의 '하나님의 말씀을 혼잡하게 만드는 것'과 유사하다.

> **고린도후서 2:17.** 우리는 수많은 사람들처럼 <u>하나님의 말씀을 혼잡하게</u> 하지 아니하고 곧 순전함으로 하나님께 받은 것 같이 하나님 앞에서와 그리스도 안에서 말하노라

여기에서도 한 사람이 아니라 복수의 사람들("수많은 사람들")이 복음을 "혼잡하게" 한다. '혼잡하게 하다'라는 뜻의 동사, '카펠류오'(καπηλεύω)는 마치 포도주 상인이 100% 포도주에 물을 타서 그 순도(純度)를 떨어뜨리는 것처

---

30) "요동하게 하는 자"는 단수다. 하지만 이것에 근거해서 할례당이 한 사람이라고 결론 내리면 곤란하다. "요동하게 하는 자"는 특정 개인을 가리키는 것이 아니라, '요동하게 하는 사람이라면 누구든지'라는 뜻으로 보아야 한다.

31) Schreiner, *Galatians*, 86; Dunn, *Galatians*, 43.

럼 가치 없는 것을 가치 있는 것에 혼합시키는 거짓된 행동을 가리킨다. 순도 100%의 금에 다른 금속을 섞어 합금을 만들고 마치 그 합금이 순금인 것처럼 속이는 행동과 마찬가지다.

"순전함"(εἰλικρίνεια)은 바로 순도 100%의 상태를 가리킨다. 바울이 하나님께 받은 것은 순도 100%의 복음이다. 어떤 사람들은 그 복음에 복음이 아닌 다른 것을 섞어 혼합물을 만들고, 마치 그것이 순도 100%의 복음인 것처럼 속인다. 바울은 절대 그런 일을 하지 않는다. 그는 하나님께 받은 복음에 다른 아무것도 섞지 않는다. 100%의 순도의 복음을 유지하고, 그 복음만 전한다. 고린도후서에서 바울이 비판하는 "거짓 사도들"(고후 11:13)의 행태와 갈라디아서에 나타나는 할례당의 행태는 기본적으로 유사하다. 그들은 복음을 받아들이고 있지만, 동시에 유대교 전통도 고수한다. 그들은 교회 외부의 세력이 아니라 교회 내부의 세력이다. 그들이 주장하는 것은 간단하다. 그리스도의 복음에 할례와 율법 준수를 추가하자는 것이다. 그들은 믿음을 부정하지 않는다. 하지만 구원받으려면 믿음만으로는 부족하다는 것이다. 오늘날로 말하자면 믿음에 도덕과 윤리를 추가하자는 것이다. 그들은 '그리스도를 믿음으로' 이방인도 아브라함의 자녀가 되어 하나님의 구원받은 백성이 된다는 바울의 가르침에 만족하지 않는다. 그들은 이신칭의의 복음에 도덕과 윤리에 해당하는 율법을 추가해야 복음이 온전하게 된다고 생각한다.

바울은 하나님과 그리스도에게서 받은 복음을 변질시키지 않고 그대로 간직하고 있다가 성도들에게 전달해준다(고전 15:3, "내가 받은 것을 먼저 너희에게 전하였노니"). 그는 전승의 창조자가 아니라 전승의 전달자다. 교회 안에 2000년 동안 이 전승을 전달받아 다음 세대로 전달해 준 전승의 전달자들이 있었다. 그들은 말씀을 보존하고 전달했다. 그것이 말씀을 책임지는 사람들의 책무다. 그러나 오늘날 바울이 고린도후서 2:17에서 비판하는 일을 하는 신학자와 목회자들이 있다. 그들은 복음에 복음이 아닌 철학, 자신의 경험, 정치적 이념, 각종 인문·사회과학적 지식, 성적 취향(sexual orientation), 등 온갖 것을 섞는다. 복음의 해석을 위해 필요한 일이라고 강변하지만, 결국 복음의 본질을 왜곡하는 결과물을 창조한다. 그리고 그것이 진정한(authentic) 복음이라고 주장한다. 그들이 '신학'의 이름으로 하는 일은 사실상 갈라디아서의 할례당이 하는 일과 별로 다르지 않다.

1:8 그러나 우리나 혹은 하늘로부터 온 천사라도 우리가 너희에게 전한 복음 외에 다른 복음을 전하면 저주를 받을지어다

복음의 진정성(authenticity)은 복음을 누가 전하느냐에 따라 결정되지 않는다. 복음의 내용 그 자체에 달려있다.[32] 그래서 "우리"건 아니면 "하늘로부터 온 천사"건 상관없이 거짓 복음을 전하면 무조건 하나님의 심판("저주")을 받아야 한다. "천사라도"에 붙어 있는 '카이'(καί)는 평소에는 '그리고'의 뜻이지만 여기에서는 강조의 뜻이므로 '심지어 천사라 할지라도'(even angel)로 번역하는 것이 좋다. "하늘로부터 온 천사"(ἄγγελος ἐξ οὐρανοῦ)란 말은 갈라디아서 2:12의 "야고보에게서 온 어떤 이들"(τινας ἀπὸ Ἰακώβου)을 은근히 겨냥한 표현으로 보인다. 그들은 예루살렘교회의 권위를 업고 바울의 복음을 무시했을 것이다. 바울은 야고보에게서 온 사람들은 물론이고 심지어 예루살렘보다 더 권위가 있는 하늘로부터 온 천사라 할지라도 복음을 왜곡하면 저주를 받아야 한다고 말한다.

"우리가 너희에게 전한 복음"(ὃ εὐηγγελισάμεθα ὑμῖν)은 바로 '바울복음'이다. 문자적으로 번역하면 '우리가 너희에게 복음으로 전한 것'이다. 그 앞에 붙어 있는 전치사 '파라'(παρά)는 '~에 반(反)하여'(against, contrary to)라는 뜻이다. '우리가 너희에게 전한 복음과 상반되는 다른 복음을 전하면'으로 번역하는 게 더 좋다. 9절, "너희가 받은 것 외에 다른 복음을 전하면 저주를 받을지어다"에서 "너희가 받은 것"(ὃ παρελάβετε)은 8절의 "우리가 너희에게 전한 복음"과 같은 것이다. 11절에서 바울은 아예 "내가 전한 복음"(τό εὐαγγέλιον τὸ εὐαγγελισθὲν ὑπ' ἐμοῦ, 문자적으로 번역하면 '나에 의해 선포된 복음')이라고 말한다. 또 2:2에서 "내가 이방 가운데서 전파하는 복음"(τό εὐαγγέλιον ὃ κηρύσσω ἐν τοῖς ἔθνεσιν)이 나온다. 이처럼 갈라디아서 초반부에서 바울은 자신이 전하는 복음을 할례당이 전하는 복음과 명확하게 구분하려고 애쓰고 있다. 바울복음만이 복음이며, 이와 상반되는 복음은 사실 복음이 아니라는 것을 주장한다.

할례당의 시도를 막고 성도들이 복음 안에 머물러 있게 하려고 바울은

---

32) Schreiner, *Galatians*, 87.

편지의 초반에서 "저주를 받을지어다"(ἀνάθεμα ἔστω, 문자적으로 번역하면 '그/그녀에게 저주가 있을지어다')라는 매우 강력한 수사(rhetoric)를 동원한다. '저주'로 번역된 '아나떼마'(ἀνάθεμα)는 구약성경의 '헤렘'(חֵרֶם, 진멸)을 헬라어로 번역할 때 자주 사용된다. '헤렘'(진멸)에는 '하나님께 바쳐진'(dedicated to God)이란 뜻이 있다. 민수기 18:14, "이스라엘 중에서 특별히 드린 모든 것은 네 것이 되리라"에서 '특별히 드린 것'이 '헤렘'의 번역이다(참고, 레 27:28-29). 여기에서 '너'는 제사장들이다. 70인역으로 민수기 18:14을 읽으면 '아나떼마'의 동사형 '아나떼마티조'(ἀναθεματίζω)의 수동분사(ἀνατεθεματισμένον)가 사용되었다. '아나떼마'가 원래 '저주'라는 뜻보다, 제사 언어로 사용되었음을 보여준다. 여호수아서에서 이스라엘이 가나안 정복 시절 가나안 도시를 진멸한 것도 하나님께 제물로 바친 것으로 여겨진다.

> **여호수아 6:17,** 이 성과 그 가운데에 있는 모든 것은 <u>여호와께 온전히 바치되</u>(חֵרֶם) 기생 라합과 그 집에 동거하는 자는 모두 살려 주라 이는 우리가 보낸 사자들을 그가 숨겨 주었음이니라

아간의 범죄로 인해 이스라엘이 패배당했을 때 죽은 이스라엘 사람들도 '헤렘'으로 여겨진다. 하나님께 바쳐진 물건뿐 아니라 이스라엘 백성도 헤렘이 된다. 이 경우 헤렘은 하나님의 심판을 가리킨다. 아래의 구절에서 헤렘을 헬라어로 번역할 때 '아나떼마'가 사용되었다.

> **여호수아 7:12,** 그러므로 이스라엘 자손들이 그들의 원수 앞에 능히 맞서지 못하고 그 앞에서 돌아섰나니 이는 그들도 <u>온전히 바친 것</u>(חֵרֶם, ἀνάθεμα)이 됨이라 <u>그 온전히 바친 물건</u>(חֵרֶם, ἀνάθεμα)을 너희 중에서 멸하지 아니하면 내가 다시는 너희와 함께 있지 아니하리라

한편 헤렘이 하나님의 심판을 받아 완전히 파괴당하여 없어지는 것을 가리키는 좋은 예로 출애굽기 22:20이 있다. "여호와 외에 다른 신에게 제사를 드리는 자는 멸할지니라"(출 22:20)는 '진멸'이 하나님의 심판인 '저주'와 동의어

라는 것을 보여준다(신 7:26 참고). 바울이 이 구절에서 '아나떼마'(ἀνάθεμα)를 사용한 것과 같은 용법이다.

진멸은 '완전 제거'를 가리키므로 구약성경의 거짓 선지자들을 '너희 가운데에서 제하라'는 명령과 일맥상통한다. 신명기 13:1-10은 선지자가 나타났을 때 설사 그들이 이적을 행할지라도 그들의 메시지가 "너희가 알지 못하던 다른 신들을 우리가 따라 섬기자"(신 13:2)는 것이면 "그런 선지자나 꿈 꾸는 자는 죽이라"고 말한다. "너희 중에서 악을 제할지니라"(신 13:5)고 가르친다. '제하다'(בער)는 '뿌리를 뽑아내다'(to extirpate/root out)의 뜻이다. 그러므로 '진멸'과 매우 비슷하다. '다른 복음을 전하는 그 사람에게 아나떼마(ἀνάθεμα)가 있을지어다'라고 말할 때, 바울은 그런 사람들이 갈라디아 회중들로부터 '완전히 뿌리가 뽑히듯 제거될지어다'라고 말하는 셈이다.

갈라디아서에서 바울이 "저주"라는 말을 동원할 때 의도하는 바는 두 가지다. 첫째로, 복음을 변질시키는 사람들은 종말의 때에 하나님의 심판을 받아 멸망할 것임을 선언하려는 것이다. 둘째로, 할례당을 교회 밖으로 몰아내어 그들을 사실상 출교하려는(to excommunicate) 것이다.[33] 할례당은 종말의 때에 당연히 멸망할 것이지만, 갈라디아 성도들은 지금 당장 그들을 교회에서 추방해야 한다. 바울이 참 사도라면, 할례당은 거짓 사도다. 거짓 사도는 구약성경의 거짓 선지자와 동급이다. 갈라디아 성도들은 거짓 선지자에 해당하는 할례당을 그들 가운데에서 제거해야 한다. 그들을 살해하라는 뜻은 아니다. 문제를 일으키는 그 사람들을 교회에서 추방해야 한다. 그러므로 저주문(文)은 곧 추방문(文)이다.

바울의 편지는 회중 가운데서 소리 내어 읽어야 한다(예, 살전 5:27; 골 4:16). 갈라디아 교회들이 이 편지를 소리 내어 읽을 때 '저주를 받을지어다'는 바울이 자신의 목소리로 할례당에게 그가 세운 교회에서 당장 나가라고 말하는 효과가 있다. 8절에서 말한 것을 9절에서 반복하는 것은 당장 떠나

---

33) 슈라이너(Schreiner)는 갈라디아서 1:8에 출교의 뉘앙스가 없다고 본다. 단지 최후의 심판 때 하나님의 심판만을 염두에 둔 것으로 본다. Schreiner, *Galatians*, 87-88. 그러나 그의 이런 판단은 '아나떼마'라는 단어가 갖고 있는 용법에 대한 충분한 검토가 부족하기 때문으로 보인다. 바울은 갈라디아서 4:30에서 "**그러나 성경이 무엇을 말하느냐 여종과 그 아들을 내쫓으라 여종의 아들이 자유 있는 여자의 아들과 더불어 유업을 얻지 못하리라 하였느니라**"고 말한다. 바울은 구약성경을 인용하면서 은연중에 할례당과 잘못된 가르침을 받아들여 할례받은 자들을 교회에서 추방할 것을 암시한다.

라고 압박하는 것이다(9절, "지금 다시 말하노니 만일 누구든지 너희가 받은 것 외에 다른 복음을 전하면 저주를 받을지어다"). 이런 종류의 저주문은 고린도전서 16:22, "만일 누구든지 주를 사랑하지 아니하면 저주($\dot{\alpha}\nu\dot{\alpha}\theta\epsilon\mu\alpha$)를 받을지어다"에서도 발견된다. 이것은 편지 끝에서 성도들을 향해 배교(背敎)를 경고하는 인사말이다. '주를 사랑하는 자는 배교하지 않는다'는 의미로 한 말이다.

저주문은 아니지만, 로마서 9:3에도 '저주'라는 말이 나온다. 바울은 자신의 동족을 위해 자신이 '아나떼마'가 되어도 좋다고 말한다. 자신이 진멸을 당해도 좋다는 뜻이다.

로마서 9:3, 나의 형제 곧 골육의 친척을 위하여 <u>내 자신이 저주 ($\dot{\alpha}\nu\dot{\alpha}\theta\epsilon\mu\alpha$)를 받아</u> 그리스도에게서 끊어질지라도 원하는 바로라

고린도후서 11:24에 따르면 바울은 회당에서 "유대인들에게 사십에서 하나 감한 매를 다섯 번 맞았다"고 말한다. 유대교 회당에서 채찍으로 맞은 것은 회당에서 정식으로 재판을 받고 유죄판결이 난 뒤에 형벌로 태형(笞刑)을 받았다는 뜻이다. 당시 유대교에서는 사형(死刑)에 해당하는 죄를 지은 죄인이라 하더라도 실제로 사형을 집행할 수는 없었으므로 태형 중의 최고형인 '사십에서 하나 감한 매'를 때리는 것으로 대신했다. 바울이 이 형벌을 다섯 번 받았다는 것은 그가 사형에 해당하는 죄를 지어, 유대교 안에서 진멸되어야 할 대상으로 판결받은 횟수가 다섯 번이었다는 뜻이다.[34] 즉, 바울은 유대교 안에서 실제로 '아나떼마'로 취급되었다. 로마서 9:3, '나 자신이 아나떼마가 되어도 좋다'는 가상의 가정이 아니라 그가 직접 경험한 현실일 가능성이 크다. 갈라디아서 1:8에서 자신이 전하는 십자가 복음에 상반되는 주장을 복음으로 둔갑시킨 거짓 형제들은 진멸되고, 교회에서 완전히 제거되어야 한다고 말할 때, 바울은 유대교 안에서 자신이 제거의 대상이 되는 경험을 이미 여러 번 하고 있었다.

---

34) William Horbury, "Extirpation and Excommunication," *Vetus Testamentum* 35 (1985): 13-38. Reprinted in *Jews and Christians: In Contact and Controversy* (Edinburgh: T&T Clark, 1998) 43-66 참고.

1:9 우리가 전에 말하였거니와 내가 지금 다시 말하노니 만일 누구든지 너희가 받은 것 외에 다른 복음을 전하면 저주를 받을지어다

　　바울은 과거에 거짓 복음의 등장을 경고했다("우리가 전에 말하였거니와"). 바울은 자신이 개척한 교회를 떠나면 머지않아 할례당이 나타나 참 복음을 비판하며 거짓 복음을 전할 것을 미리 예견하고 있었다. 사도행전 20:29-30에서 에베소교회와 작별할 때 그는 "내가 떠난 후에 사나운 이리가 여러분에게 들어와서 그 양 떼를 아끼지 아니하며 또한 여러분 중에서도 제자들을 끌어 자기를 따르게 하려고 어그러진 말을 하는 사람들이 일어날 줄을 내가 아노라"고 경고했다. 비슷한 경고를 갈라디아 성도들에게 했을 것이다. "내가 지금 다시 말하노니"는 바울이 과거에 한 경고를 일깨워준다.

　　"너희가 받은 것"에 '전해 받다'라는 뜻의 동사 '파라람바노' (παραλαμβάνω)가 사용된다. 이 동사에는 '받다'라는 뜻의 '람바노'(λαμβάνω)에 접두어 '파라'(παρα-, from)가 추가되어 있다. 그러므로 단순히 '받다'보다 '전해 받다' 혹은 '건네어 받다'로 번역하는 것이 좋다. 갈라디아서 1:12, "이는 내가 사람에게서 받은 것도 아니요"(οὐδὲ γὰρ ἐγὼ παρὰ ἀνθρώπου παρέλαβον)에도 '파라람바노'(παραλαμβάνω)가 사용된다. 이 단어는 전승 (tradition)의 전달을 표현하는 기술적 용어로, '건네어 주다'라는 뜻의 '파라디도미'(παραδίδωμι)와 짝을 이룬다. 바울이 원복음(元福音, original gospel)을 소개하는 고린도전서 15:3, "내가 받은(παραλαμβάνω) 것을 먼저 너희에게 전하였노니(παραδίδωμι)"에 이 두 동사가 함께 나오는 것은 우연이 아니다. 바울은 초대교회의 사도들로부터 복음의 전승을 전해 받았고, 전해 받은 그 전승을 고린도 성도들에게 건네어 주었다. 바울이 말하는 "너희가 받은 것"은 8절의 "우리가 너희에게 전한 복음"과 같은 것이다. 둘 다 바울복음이다.

　　바울이 전한 복음은 진리와 거짓을 분별하는 기준(standard)이 된다. 바울복음이 참과 거짓을 구분하는 척도(rule)다. 만약 성도들이 바울에게서 받은 것과 내용이 상반되는 복음을 듣게 된다면 그것은 거짓 복음이다. 데살로니가후서 2:15, "그러므로 형제들아 굳건하게 서서 말로나 우리의 편지로 가르침을 받은 전통을 지키라"에 이점이 분명하게 잘 나타나 있다. 데살로니가 성도들이 바울복음을 전달받은 통로는 두 가지다. "말로" 받았고, "편지로"도

받았다. 이 두 가지 통로로 받은 것이 "전통"(tradition) 혹은 '전승'이다. 전통은 헬라어로 '파라도시스'(παράδοσις)다. 이 명사는 전승 언어인 '파라디도미'(παραδίδωμι, to hand over, 전해 주다)의 명사형이다. 바울이 건네준 것이 바로 '전통'(전승)이 된다. 성도들은 바울 전승을 굳게 지켜야 한다. 바울 전승이 이단을 분별하는 기준(criterion)이 되기 때문이다.

데살로니가후서 2:15의 앞부분인 2:1-12에는 "배교"(3절), "미혹"(3, 11절) "멸망의 아들"(3절), "불법"(3, 7, 8절), "악한 자의 나타남"(9절), "사탄의 활동"(9절), "거짓 기적"(9절), "불의의 모든 속임"(10절), "거짓 것"(11절) 등이 나온다. 거짓 가르침과 배교를 부추기는 상황 속에서 "믿음으로 구원을" 받는 길은 오직 "진리"(13절)를 통해서다. 그 진리는 바로 "말로" 혹은 "편지로" 바울이 가르친 "전통" 즉, 바울복음이다. 이런 내용과 연결해서 이해하면 바울의 '전승'(παράδοσις)이 실제로 신약성경이 없던 당시에 정경(正經, canon)의 역할을 했다고 보아야 한다. 바울이 자신의 편지를 예배 시간에 읽으라고 말하는 것도 이런 맥락에서 이해해야 한다. 아무도 자신의 사적인 편지(private letter)를 공적(public) 예배에서 읽으라고 요구하지 않는다. 바울의 편지는 처음부터 사적인 편지로 기록된 것이 아니다. 정경(canon)의 무게를 가진 문서로 기록되었다.

데살로니가전서 5:20-22에서 바울은 만약 교회 안에 선지자로 자칭하는 사람이 나타나 예언을 전달할 때 어떻게 대응해야 하는지 가르친다.

데살로니가전서 5:20-22
20예언을 멸시하지 말고 21범사에 헤아려 좋은 것을 취하고 22악은 어떤 모양이라도 버리라

첫째로, 예언을 멸시하지 말아야 한다. 선지자의 입을 막지 말고, 그가 받은 예언의 말씀을 전달할 기회를 주고, 성도들을 그 말씀을 일단 경청해야 한다. 둘째로 들은 예언의 말씀을 잘 분별해야 한다. '헤아리다'로 번역된 동사 '도키마조'(δοκιμάζω)는 진품(δόκιμος, 도키모스, genuine)과 모조품(ἀδόκιμος, 아도키모스, worthless, disqualified)을 구분해 진위를 판별하는 것이다.[35] 예언의 말씀이 선한 건지, 악한 건지 구분해내야 한다. "좋은 것"(선한 것)은

하나님에게서 온 것이고, "악"(악한 것)은 사탄에게서 온 것이다. 선한 것은 받아들이고 악한 것은 받아들이면 안 된다. 심지어 "모양"까지 철저하게 거부해야 한다.

선한 것과 악한 것을 어떻게 분별해낼 수 있을까? 무엇이 선과 악의 판단 기준이 될까? 바로 데살로니가후서 2:15에서 바울이 말하는 "전통"이다. 다름 아닌 바울복음이다. 갈라디아서 1:9에서 바울이 자신 있게 "너희가 받은 것 외에 다른 복음을 전하면 저주를 받을지어다"라고 선언할 때 그는 자신의 복음이 선과 악, 진리와 거짓을 구분하는 기준, 정경(canon)의 역할을 한다고 이미 확신하고 있다.

"누구든지" 즉, 바울이건, 천사들이건, 예루살렘교회 출신으로 야고보에게서 온 사람들이건, 관계없이 그가 선포한 복음 이외에 다른 상반된 내용을 복음으로 가르친다면 그 사람은 종말에 하나님의 저주를 받아 마땅하다. 갈라디아서 4:30, "그러나 성경이 무엇을 말하느냐 여종과 그 아들을 내쫓으라 여종의 아들이 자유 있는 여자의 아들과 더불어 유업을 얻지 못하리라 하였느니라"는 단순한 구약성경 인용이 아니다. 갈라디아서 4:21-5:1에서 바울은 과거 이스라엘 역사에 대해 말하고 있는 것처럼 보이지만, 사실 당시 갈라디아 교회들에서 발생하고 있는 일에 대해서 말하고 있다. "여종과 그 아들을 내쫓으라"에서 여종은 할례당이고, 그 아들은 할례를 받고 할례당을 추종하는 갈라디아 성도들이다. 이 명령은 바울이 갈라디아 성도들에게 하는 명령이다. 바울은 할례당과 그 추종자들을 추방하라고 요구한다(자세한 것은 갈라디아서 4:30의 주석을 보라).

8절에 이어 9절에서 다시 "저주를 받을지어다"를 반복한다. 두 번이나 저주문을 반복하고, "여종과 그 아들을 내쫓으라"고 요구하여 할례당이 교회에 발을 붙이고 있기 어렵게 만든다. 저주문이 추방문의 역할을 한 실례로 주후 70년경부터 발전하기 시작해서 90년경에는 유대교 회당에서 사용되었던

---

35) 고린도후서 13:7, "우리가 옳은 자(δόκιμοι)임을 나타내고자 함이 아니라 오직 우리는 버림 받은 자(ἀδόκιμοι) 같을지라도"에서 '도키모스'(δόκιμος)와 '아도키모스'(ἀδόκιμος, worthless, disqualified)가 동시에 나타난다. 이런 현상이 나타나는 이유는 바울과 거짓사도들 사이에 거짓사도 논쟁이 벌어졌을 때, 그 논쟁의 과정에서 이런 단어들이 사용되었기 때문이라고 생각된다. 자세한 것은 김철홍, 『참사도 참복음: 설교를 위한 고린도후서 연구』 (서울: 한국성서학연구소, 2016), 94-97, 286, 351을 참고하라.

'The 18 Benedictions'이라는 기도문이 있다. 이 기도문에는 '*Birkat ha-Minim*'이라는 히브리어 기도문이 포함된 것으로 유명하다. 기도문 제목은 영어로 'Blessing against the Minim'이다. 이단에 대한 축복문으로 보이지만 사실은 저주문이다. 그 내용은 아래와 같다.

> "For the apostates let there be no hope. And let the arrogant government be speedily uprooted in our days. Let the *Noẓerim* and the *Minim* be destroyed in a moment. And let them be blotted out of the Book of Life and not be inscribed together with the righteous. Blessed art thou, O Lord, who humblest the arrogant."[36]

"노츠림"(the Noẓerim)과 "미님"(the Minim)이 순식간에 파괴되고 그들의 이름이 생명책에서 의로운 자들과 함께 기록되지 않게끔 그들의 이름을 지워달라고 기도한다. 이 두 그룹은 유대교 내부에서 유대교를 위협하는 세력이다. 특히 '노츠림'(נֹצְרִים)은 '나사렛 이단'(Nazarenes)을 가리키는 호칭이다. 유대인으로서 복음을 믿는 신자들을 가리키는 것으로 보인다. '미님'(Minim)은 이단을 가리킨다. 복음을 믿는 유대인은 이단을 믿는 자들과 동급이다. 유대교 회당에서 이런 저주문을 기도에 포함시킨 것은 유대교 회당에서 기독교인들을 적극적으로 출교(excommunication)하려는 의도다. 이 기도문은 기독교와 유대교의 분리(分離, parting of the ways)를 보여준다. 바울이 8-9절에서 두 번이나 반복하여 '저주'를 언급하는 것도 마찬가지 방식으로 할례당을 교회에서 축출하려는 시도다.

1:10 이제 내가 사람들에게 좋게 하랴 하나님께 좋게 하랴 사람들에게 기쁨을 구하랴 내가 지금까지 사람들의 기쁨을 구하였다면 그리스도의 종이

---

36) 이 영어 번역은 https://www.jewishvirtuallibrary.org/birkat-ha-minim에서 인용한 것. "배교자들에게는 아무런 소망이 없게 하소서. 교만한 정부는 우리 세대에 빨리 소멸하게 하소서. 노츠림과 미님들은 순식간에 파괴되게 하소서. 그들의 이름이 생명책에 의로운 자들과 함께 기록되지 않도록 그들의 이름을 지우소서. 교만한 자들을 낮추시는 주님을 찬양합니다." 한국어 번역은 필자의 것.

아니니라

헬라어 본문의 '가르'(γάρ)가 개역개정판 번역에 누락되었다. '그리므로 이제 내가'로 번역하면 좋다. "좋게 하랴"로 번역된 '페이또'(πείθω)는 '설득하다'라는 뜻도 있지만, 여기서는 '아레스코'(ἀρέσκω)와 동의어로 사용된 것으로 보아 '기쁘게 하다'(to please)로 번역한다. 바울은 자신이 사람을 기쁘게 하는 사도인지 아니면 하나님을 기쁘게 하는 사도인지 묻고, 절대로 사람을 기쁘게 하는 사도가 아니라고 말한다. 바울이 자문자답(自問自答) 하는 것은 할례당이 '바울은 사람을 기쁘게 하는 사람이다'라고 그를 공격했기 때문인 것 같다.

할례당의 주장의 핵심은 예수 그리스도를 믿더라도 할례를 받고 유대교의 율법을 지켜야 아브라함의 자손이 될 수(구원받을 수) 있다는 것이다. 할례가 유대인들에게는 매우 중요한 관습이었지만, 헬라-로마인들은 할례와 같이 신체 일부를 자르는 행위를 매우 혐오스럽게 생각했다. 그들에게 할례는 문화적으로 친화적인 관습이 아니었다. 더구나 마취약이나 항생제도 없던 당시 성인 남자가 할례를 받는 것은 육체적으로 고통스럽기도 했고 위생적으로 위험하기도 했다. 그러나 아래의 사도행전 구절들이 보여주듯 당시 회당에는 할례를 받고 유대교로 개종한 이방인들이 있었다. '유대교에 입교한/들어온'으로 번역된 '프로셀뤼토스'(προσήλυτος)는 영어 단어, proselyte('프라슬라잇,' 유대교로 개종한 사람)과 proselytism('프라슬러티즘,' 이방인을 유대교로 개종시키는 행위)의 어원이 되는 단어다.

> **사도행전 2:10.** 브루기아와 밤빌리아, 애굽과 및 구레네에 가까운 리비야 여러 지방에 사는 사람들과 로마로부터 온 나그네 곧 유대인과 <u>유대교에 들어온 사람들</u>(προσήλυτοι)[37]과
>
> **사도행전 6:5.** 온 무리가 이 말을 기뻐하여 믿음과 성령이 충만한 사람 스데반과 또 빌립과 브로고로와 니가노르와 디몬과 바메나와 <u>유대교에 입교했던</u>(προσήλυτος) 안디옥 사람 니골라를 택하여

---

37) 헬라어 본문에서는 "유대인과 유대교에 들어온 사람들"이 11절에 나온다.

사도행전 13:43. 회당의 모임이 끝난 후에 유대인과 <u>유대교에 입교한</u> (προσήλυτοι) 경건한 사람들이 많이 바울과 바나바를 따르니 두 사도가 더불어 말하고 항상 하나님의 은혜 가운데 있으라 권하니라

할례를 받고 유대교로 개종한 이방인들은 헬라-로마인들에게 유대인으로 취급받았다. 유대인들이 갖고 있던 특권/혜택(예를 들면 황제숭배의 의무에서 면제되는 것)을 받았다. 유대교로 개종한 이방인들은 유대인이 되었으므로 매년 반(半)세겔의 성전세를 납부할 의무도 있었다.

물론 이런 개종자들의 숫자는 적었다. 당시 유대교 회당 안에는 유대교로 개종한 이방인들보다, 개종하지 않은 채, 다시 말해 할례를 받지 않은 채, 회당 예배에 참석하는 이방인들이 훨씬 더 많았다. 유대교에 관심을 가진 이방인들은 유대인들과 함께 회당에서 율법을 배우고 예배에 참석했다. 이런 이방인들을 '하나님을 경외하는 자'(φοβούμενος τὸν θεόν, God-fearers)라고 불렀다. 여기에서 사용된 동사 '포베오마이'(φοβέομαι, to fear)는 '두려워하다'라는 뜻이다. 아래의 사도행전 구절들에는 하나님을 경외하는 자가 등장한다. 누가는 이들과 유대인들을 명확히 구분한다.

사도행전 10:22. 그들이 대답하되 백부장 고넬료는 의인이요 <u>하나님을 경외하는 사람</u>(φοβούμενος τὸν θεόν)이라 유대 온 족속이 칭찬하더니…

사도행전 13:16. 바울이 일어나 손짓하며 말하되 <u>이스라엘 사람들과 및 하나님을 경외하는 사람들</u>아 들으라

사도행전 13:26. 형제들아 <u>아브라함의 후손과 너희 중 하나님을 경외하는 사람들</u>아 이 구원의 말씀을 우리에게 보내셨거늘

하나님을 경외하는 이방인 중 적지 않은 사람들이 아브라함의 자손이 되고 싶은 마음이 있었다. 그러나 할례를 받고 유대교의 모든 율법을 지키는 것이 큰 부담이 되어 쉽게 유대교로 개종하지 못했다. 이들은 회당에서 예배에 참석하고 율법을 배웠지만, 여전히 유대인이 아니었으므로 회당에서 주변

화되어(marginalized) 있었고, 종교적으로 소외당한 상태였다. 그러므로 바울이 회당에 들어가 할례와 율법 준수 없이도 아브라함의 자손이 될 수 있는 길, 즉 믿음으로 구원 얻는 복음을 전했을 때, 이들 중 상당수가 적극적으로 그의 복음을 받아들였을 것이다. 아래의 사도행전 구절을 보면 그들이 바울 복음에 적극적으로 반응했다는 것을 알 수 있다. 아래의 구절에서 사용된 동사 '세보마이'(σέβομαι, to worship)는 '예배하다'라는 뜻이다.

> **사도행전 16:14.** 두아디라 시에 있는 자색 옷감 장사로서 하나님을 섬기는(σεβομένη τὸν θεόν)[38] 루디아라는 한 여자가 말을 듣고 있을 때 주께서 그 마음을 열어 바울의 말을 따르게 하신지라
>
> **사도행전 17:4.** 그 중의 어떤 사람 곧 경건한(σεβόμενοι) 헬라인의 큰 무리와 적지 않은 귀부인도 권함을 받고 바울과 실라를 따르나
>
> **사도행전 18:7.** 거기서 옮겨 하나님을 경외하는(σεβόμενος τὸν θεόν) 디도 유스도라 하는 사람의 집에 들어가니 그 집은 회당 옆이라

유대인의 입장에서 볼 때 회당 안에 있는 이방인 중 상당수가 바울을 따라 회당을 떠나 그의 교회에 출석하는 것은 당혹스러운 일이었을 것이다. 왜냐하면 이방 도시에 이민 와서 사는 소수(minority) 민족인 그들에게 그 이방인들은 자신들과 헬라 사회를 연결하는 가교(架橋)의 역할을 해주기 때문이다. 또 유대인을 공격하는 폭동이 일어날 경우, 유대인들을 보호하는 안전망의 역할도 해줄 수 있었기 때문이다. 회당 안에 있던 이방인들이 바울의 복음을 환영하고 받아들였을 때 유대인들은 어떻게 반응하였을까? 아마도 그들은 이렇게 말했을 것이다: "하나님을 기쁘게 하는 것은 할례다. 바울이 전하는 '할례 없는'(circumcision-free) 복음, '율법 없는'(law-free) 복음으로는 하나님을 기쁘게 할 수 없다. 그의 복음은 사람을 기쁘게 한다. 바울은

---

38) '하나님을 경외하는 자'(φοβούμενος τὸν θεόν)에서 '두려워하다'(to fear)는 뜻의 동사 '포베오마이'(φοβέομαι)가 사용되었고, '하나님을 섬기는 자'(σεβομένη τὸν θεόν)에서는 '예배하다'(to worship)라는 뜻의 동사 '세보마이'(σέβομαι)가 사용되었다. 분사형 형용사인 '세보매노스'(σεβόμενος)만 사용해도 마찬가지의 뜻이 된다. 이런 표현들은 모두 하나님을 경외하는 자들을 가리킨다.

하나님을 기쁘게 하지 않고 사람을 기쁘게 한다." 유대교 전통에 경도된 할례당도 아마 같은 방식으로 바울을 공격했을 것이다.

이런 공격에 바울을 매우 곤란했을 것이다. 제대로 반박하지 않으면 사도적 지위와 복음의 진정성에 심각한 손상이 생긴다. 10절에서 바울은 그들의 비판을 반박한다. 바울이 할례 없는 복음을 전하는 것은 단순히 할례에 대해 문화적으로 거부감을 가진 이방인들의 환심을 사려고 노력하기(ζητέω, to seek, to try) 때문이 아니다. 만약 사람들의 환심을 사기 위해 복음의 내용을 변경한다면(μεταστρέφω, to alter, 7절 "그리스도의 복음을 변하게 하려 함이라"에서도 같은 동사가 사용되었다) 그는 결코 "그리스도의 종"이 아니다. 그가 할례와 율법으로부터 자유로운 복음(circumcision-free, law-free gospel)을 전하는 이유는 그가 하나님으로부터 직접 받은 복음이 원래부터 그렇게 되어 있기 때문이다. 하나님으로부터 받은 순도 100%의 복음을 전하는 바울이야말로 하나님을 기쁘시게 하는 사도다. 이것을 알고도 유대인들의 눈치를 보면서 복음에 할례와 율법을 추가하는 행위야말로 사람을 기쁘게 하는 것이 아니고 무엇이랴? 할례당은 자신들을 "그리스도의 종"이라고 주장하지만, 그리스도의 종이 아닌 사람들은 바로 그들이다. 할례당 이야말로 하나님이 아니라 사람을 기쁘게 하려고 노력하는 사람들이고, 그들은 복음을 변질시키는 자들이다.

2.
다메섹 사건과 아라비아 선교
[1:11-17]

1:11 형제들아 내가 너희에게 알게 하노니 내가 전한 복음은 사람의 뜻을 따라 된 것이 아니니라

헬라어 원문에는 '왜냐하면'으로 번역되는 접속사 '가르'(γάρ)가 있다. 하지만 11절에서는 이 단어를 굳이 번역할 필요가 없다. 이 단어는 종종 그 의미를 잃고 단순히 문장의 흐름을 이어주는 역할을 한다. 11절의 '가르'가 바로 그런 경우다.[39] '알게 하다'(to make known)로 번역된 동사는 '그노리조'(γνωρίζω)다. 고린도전서 12:3, 15:1, 고린도후서 8:1의 예에서 보여주듯 바울은 중요한 사실을 강조할 때 이 동사를 사용한다. '그노리조'(γνωρίζω)는 단순한 정보의 전달을 넘어서 상대방이 그 내용을 받아들이기를 원한다는 뉘앙스를 갖고 있다. 고린도전서 15:1, "형제들아 내가 너희에게 전한 복음을

---

39) Moo, *Galatians*, 92; 12절에서도 "가르"(γάρ)가 나오며, 이 경우는 "왜냐하면"의 뜻이 분명하다. 11절, 12절에서 거듭하여 "왜냐하면"으로 해석하는 것은 어색하므로 11절의 "가르"(γάρ)는 번역하지 않는다. 헬라어 이독(異讀) 중에 "가르"(γάρ) 대신 "데"(δέ, 그러나)가 나오는 경우가 있다. 하지만 전자로 읽는 것이 더 유력하다. Schreiner, *Galatians*, 96.

너희에게 알게 하노니"는 그 예다. 바울은 수신자들이 이미 알고 있는 "내가 너희에게 전한 복음"을 다시 말하여 그 내용을 수신자들에게 각인시키려고 한다. 개역개정판 한글성경에서 "알게 하노니"로 번역했지만 '분명히 알게 하노니'로 번역하는 것이 더 좋다. 11절에서 '그노리조'($\gamma\nu\omega\rho\acute{\iota}\zeta\omega$)의 목적어는 접속사 '호티'($\acute{o}\tau\iota$)가 이끄는 명사절이다. 명사절은 "~라는 점을"로 번역하면 된다. 11절은 '형제들아 나는 내가 전한 복음이 사람의 뜻을 따라 된 것이 아니라는 점을 너희가 분명히 알기를 원한다'로 번역하면 더 좋다.

"내가 전한 복음"($\tau\acute{o}$ $\epsilon\grave{\upsilon}\alpha\gamma\gamma\acute{\epsilon}\lambda\iota\omega\nu$ $\tau\grave{o}$ $\epsilon\grave{\upsilon}\alpha\gamma\gamma\epsilon\lambda\iota\sigma\theta\grave{\epsilon}\nu$ $\grave{\upsilon}\pi'$ $\acute{\epsilon}\mu o\hat{\upsilon}$)은 바울복음(Paul's gospel)이다.[40] 8절의 "우리가 너희에게 전한 복음"($\acute{o}$ $\epsilon\grave{\upsilon}\eta\gamma\gamma\epsilon\lambda\iota\sigma\acute{\alpha}\mu\epsilon\theta\alpha$ $\grave{\upsilon}\mu\hat{\iota}\nu$), 9절의 "너희가 받은 것"($\acute{o}$ $\pi\alpha\rho\epsilon\lambda\acute{\alpha}\beta\epsilon\tau\epsilon$), 2장 2절의 "내가 이방 가운데서 전파하는 복음"($\tau\grave{o}$ $\epsilon\grave{\upsilon}\alpha\gamma\gamma\acute{\epsilon}\lambda\iota o\nu$ $\grave{o}$ $\kappa\eta\rho\acute{\upsilon}\sigma\sigma\omega$ $\grave{\epsilon}\nu$ $\tauο\hat{\iota}\varsigma$ $\acute{\epsilon}\theta\nu\epsilon\sigma\iota\nu$), 등도 모두 바울복음을 가리키는 표현이다. 로마서 2:16, "곧 나의 복음에 이른 바와 같이 하나님께서 예수 그리스도로 말미암아 사람들의 은밀한 것을 심판하시는 그 날이라"에서는 아예 "나의 복음"($\tau\acute{o}$ $\epsilon\grave{\upsilon}\alpha\gamma\gamma\acute{\epsilon}\lambda\iota\acute{o}\nu$ $\muο\upsilon$)이라는 표현을 사용한다. 메시지(message)와 메신저(messenger)를 긴밀하게 연결하는 이런 표현들은 바울이 자신이 전하는 복음을 다른 사도들의 복음으로부터 구분한다. 바울은 이미 1:6에서 "다른 복음"($\acute{\epsilon}\tau\epsilon\rho o\nu$ $\epsilon\grave{\upsilon}\alpha\gamma\gamma\acute{\epsilon}\lambda\iota o\nu$)이란 말로 자신의 복음을 다른 복음과 구분했다. 다른 복음은 1:8의 '우리가 너희에게 전한 복음과 상충되는'($\pi\alpha\rho'$ $\grave{o}$ $\epsilon\grave{\upsilon}\eta\gamma\gamma\epsilon\lambda\iota\sigma\acute{\alpha}\mu\epsilon\theta\alpha$ $\grave{\upsilon}\mu\hat{\iota}\nu$) 복음이다.[41]

바울은 1:8-9에서 자신이 전한 복음과 상반된 복음을 전하는 사람은 저주를 받아야 한다고 말할 정도로 복음의 진정성에 대해 매우 단호하다. 복음의 진정성은 그 내용이 무엇이냐의 문제이지, 누가 전하느냐의 문제는 아니다. 비록 바울이 아닌 다른 사람이 전하는 복음이라 할지라도 그 내용이 바울복음과 일치한다면 그가 그 복음을 문제 삼지 않는다. 갈라디아서 2:1-10에 따르면 바울은 다메섹 사건 후 14년 뒤 예루살렘에 올라가 야고보, 베드

---

40) 헬라어 본문에는 "나에 의해서 전파된 복음"($\tau\acute{o}$ $\epsilon\grave{\upsilon}\alpha\gamma\gamma\acute{\epsilon}\lambda\iota o\nu$ $\tau\grave{o}$ $\epsilon\grave{\upsilon}\alpha\gamma\gamma\epsilon\lambda\iota\sigma\theta\grave{\epsilon}\nu$ $\grave{\upsilon}\pi'$ $\acute{\epsilon}\muο\hat{\upsilon}$)으로, 즉 수동태로 되어 있다. 이 수동태 표현을 능동태로 번역하여 "내가 전한 복음"으로 해도 의미상의 차이는 없으며, 능동태 번역이 어감 상 더 자연스럽다.
41) 개역개정판에서는 "우리가 너희에게 전한 복음 외에"로 번역되어 있다. 전치사 '파라'($\pi\alpha\rho\acute{\alpha}$)는 '~에 반(反)하여'(against, contrary to)라는 뜻을 갖고 있으므로 '우리가 너희에게 전한 복음과 상충되는'으로 번역하는 게 좋다.

로, 요한을 만나 자신이 이방인 가운데서 전하는 복음을 그들에게 제시했다 (갈 2:2). 그때 세 사도는 바울복음의 내용에 하자가 없음을 인정했다(갈 2:6, "저 유력한 이들은 내게 [의무를]⁴²⁾ 더하여 준 것이 없고"). 더 나아가 그들은 그리스도가 바울을 사도로 삼은 것도 인정했다(갈 2:8-9). 바울이 전하는 복음을 공식적으로 인정하고, 바울은 이방인에게로 그들은 유대인에게로 가서 선교할 것을 약속했다(갈 2:10). 사도들은 '누구의 복음이냐'를 따지지 않았고, '어떤 내용의 복음이냐'를 놓고 판단했다.

바울은 자신의 복음이 "사람의 뜻을 따라"(κατά ἄνθρωπον, in accordance with human beings) 된 것이 아니라고 주장한다.⁴³⁾ 아마도 바울을 공격하는 사람들은 그의 복음이 '사람의 뜻을 따라' 된 것이라고 주장한 것 같다. 갈라디아서 1:1-10에서 바울은 갈라디아 성도들이 자신의 복음을 버리고 할례당의 복음을 받아들이는 것을 강력하게 비판한다. 그는 할례당이 전하는 복음은 사실상 복음이 아니라고 주장한다. 두 종류의 복음이 동시에 다 참일 수는 없다. 왜 할례당의 복음은 거짓이고 바울의 복음은 참인가? 바울은 그 이유를 설명하기 위해 자신이 전하는 복음의 근원(origin), 그 유래 (source)에 관해 말한다. 바울의 복음은 "사람의 뜻을 따라"(κατά ἄνθρωπον) 된 게 아니다. 구체적으로 무슨 뜻일까? 그 구체적 내용이 12절에 나온다.

1:12 이는 내가 사람에게서 받은 것도 아니요 배운 것도 아니요 오직 예수 그리스도의 계시로 말미암은 것이라

바울은 자신의 복음이 '사람으로부터 전해 받은 것도 아니고 배운 것도 아니다'라고 말한다. "사람에게서"(παρά ἀνθρώπου, '파라 안뜨로푸')의 헬라 어 전치사 '파라'(παρά, from, '~로부터')는 유래(由來)를 나타낸다.⁴⁴⁾ 그의

---

42) 개역개정판 번역에서 **"의무를"**은 번역자가 임의로 추가한 것이며, 사실 이런 어구를 추가할 필요는 전혀 없다. '더 하여 준 것이 없다'라는 말은 바울이 전하는 복음의 내용에 누락되거나 수정되어야 할 것이 없다는 말이다. 자세한 것은 2:6의 주석을 보라.

43) 헬라어 원문을 직역하면 "사람을 따라(according to a human being)"로 번역 해야 한다. 그러나 바울이 여기에서 의미하는 바는 '복음이 사람의 뜻을 따라 생겨난 메시 지가 아니라 하나님의 뜻을 따라 생겨난 메시지다'는 것이므로 "사람의 뜻을 따라"로 번역 한다.

복음은 어떤 사람으로부터 전해 받은 것이 아니다. 또 바울은 복음에 관해 가르침을 받지도 않았다(οὔτε ἐδιδάχθην). 여기에서 '가르치다'의 뜻인 '디다스코'(διδάσκω)의 단순과거 수동형(ἐδιδάχθην)이 사용되었다. 그는 복음을 "그리스도의 계시"를 통하여 받았다. 헬라어 본문의 '파라 안뜨로푸'(παρά ἀνθρώπου, '사람으로부터')와 '디 아포칼륍세오스 이에수 크리스투'(δι' ἀποκαλύψεως Ἰησοῦ Χριστοῦ, '예수 그리스도에 관한 계시를 통하여')는 '우데~ 알라~'(οὐδέ… ~ ἀλλά… ~, '~이 아니라 ~이다')로 연결되고 있으므로 동사 '파렐라본'(παρέλαβον, '전해 받다')을 양쪽에 적용하여 두 번 번역해야 한다. 12절은 '왜냐하면 내가 그것을 사람으로부터 전해 받은 것도 아니고 배운 것도 아니고, 오직 예수 그리스도의 계시를 통하여 전해 받았기 때문이다'로 번역할 수 있다.

바울은 어떤 사람에게 복음을 받은 것도 아니고 누군가로부터 복음을 배운 것도 아니다. 바울이 갈라디아서 1:16에서 다메섹 사건 직후 "내가 곧 혈육과 의논하지 아니하였다"고 말하는 것, 1:17에서 "또 나보다 먼저 사도 된 자들을 만나려고 예루살렘으로 가지 아니하였다"고 말하는 것, 1:18-19에서 다메섹 선교 후 삼 년 만에 예루살렘에 돌아왔을 때 게바(베드로)와 "주의 형제 야고보 외에 다른 사도들을 보지 못하였다"고 말하는 것, 당시 예루살렘에 머문 기간이 기껏해야 "십오 일"이었다고 말하는 것 등은 모두 자신의 복음이 "사람의 뜻을 따라" 된 것이 아니며, "사람에게서 받은 것"도 아니고 "배운 것도 아니다"는 점을 상세히 설명하는 것이다.

바울이 자신의 복음의 근원에 관해 말하면서 '인간에게 그 근원이 있는 것이 아니다'라는 말은 1:1에서 자신의 사도직이 "사람들에게서 난 것도 아니요 사람으로 말미암은 것도 아니다"라고 말하는 것과 일맥상통한다. 바울이 이렇게 자신의 사도직과 복음의 근원에 대해 비슷한 말을 하는 것은 이 두 가지가 서로 긴밀히 연결되어 있기 때문이다. 무릇 전달자(messenger)와 메시지

---

44) "내가 사람에게서 받은 것도 아니요"에서는 전치사 '파라'(παρά)+사람+동사 '파라람바노'(παραλαμβάνω)+목적어로 구성되는 숙어적 표현이 사용되었다(to receive 물건 from 사람). 여기에서 동사 '파라람바노'(παραλαμβάνω)는 전승언어로 사용되는 단어고, 단순히 '받다'라는 뜻보다는 '전달받다', 혹은 '물려받다'의 뜻이 강하다. 개역개정판에서는 '받다'로 번역하였으나 '전해 받다'로 번역하는 것이 원문의 뉘앙스를 조금 더 살릴 수 있다. 목적어 '아우토'(αὐτό)는 물론 바울이 전한 복음을 가리키는 대명사다.

(message)는 불가분의 관계다. 만약 전달자인 바울이 하나님께서 세운 사도가 아니라면 그가 전하는 복음도 하나님에게서 온 것이 아니다. 바울의 복음이 인간에게서 왔다면 바울의 사도직도 인간에게서 유래한다고 봐야 한다. 그러므로 바울의 사도직(apostleship)을 공격하는 것은 바울의 복음을 공격하는 것이고, 그의 복음을 비판하는 것은 그의 사도직을 비판하는 것이 된다.

바울의 사도직의 근원이 하나님께 있었던 것처럼(갈 1:1, "하나님 아버지로 말미암아 사도 된 바울은") 그의 복음도 그리스도의 계시를 통해서 받은 것이다(갈 1:12, "오직 예수 그리스도의 계시로 말미암은 것이라"). "예수 그리스도의 계시"(ἀποκάλυψις Ἰησοῦ χριστοῦ)를 번역하는 두 가지 길이 있다. 소유격인, "예수 그리스도의"(Ἰησοῦ χριστοῦ)를 주격 소유격으로 보면 '예수 그리스도가 보여주신 계시'로 번역할 수 있다. "예수 그리스도의"(Ἰησοῦ χριστοῦ)를 목적격 소유격으로 보면 '예수 그리스도를 보여주신 (하나님의) 계시'로 번역할 수도 있다. 바울이 "예수 그리스도의 계시"(ἀποκάλυψις Ἰησοῦ χριστοῦ)를 어떤 의미로 말하고 있는지 여전히 논란이 있다. 다메섹 경험은 하나님께서 예수 그리스도가 누구인지를 드러내 보여주는 계시였으므로, 하나님을 계시의 주체로, 그리스도를 계시의 내용으로 보는 것이 더 나아 보인다. 갈라디아서 1:16에서도 바울은 "그[하나님의 아들]를 내 속에 나타내시기를 기뻐하셨다"고 말하므로 하나님이 계시자고, 그리스도는 계시의 내용이다.[45]

하나님께서 아들을 계시로 보여주셨으므로 바울은 그리스도를 보게 되었다. 고린도전서 9:1, "내가 자유인이 아니냐 사도가 아니냐 예수 우리 주를 보지 못하였느냐 …"와 고린도전서 15:8, "맨 나중에 만삭되지 못하여 난 자 같은 내게도 보이셨느니라"는 모두 바울이 그리스도를 시각적으로 본 경험에 대해 말한다(참고, 행 9:17, 27; 22:18). 바울이 1:13-14에서 간략하게 다메섹 사건 이전의 자신에 관해 말한 후 1:15-16에서 곧바로 다메섹 사건을 언급하는 것은 우리의 추론이 틀리지 않았다는 것을 보여준다. 바울은 자신의 십자가 복음이 다메섹 사건에서 유래한다는 것을 말하려고 한다.

바울이 그의 복음을 깨달은 것은 사람을 매개자로 한 것이 아니라 하나

---

45) Schreiner, *Galatians*, 97.

님의, 혹은 그리스도의 직접적인 계시를 통한 것이라는 주장과 고린도전서 15:3의 "내가 받은 것을 먼저 너희에게 전하였노니"는 일견 서로 모순되는 것처럼 들린다. 왜냐하면 고린도전서 15:3에서 바울은 자신이 전한 복음이 초대교회의 성도, 혹은 사도들을 매개자(agent)로 하여 그들로부터 전달받은 것이라고 말하기 때문이다. 고린도전서 15:1의 "내가 너희에게 전한 복음"은 의심할 바 없이 바울의 복음이며, 바울은 이 복음을 "내가 전달받은 것"(고전 15:3, ὃ παρέλαβον)이라고 부른다. 바울이 이 복음을 고린도 성도들에게 전달해주었다(고전 15:3, "너희에게 전하였노니", παρέδωκα ὑμῖν), 그래서 바울은 그 복음을 "너희가 받은 것"(고전 15:1, ὃ παρελάβετε)이라고 부른다. 이런 본문들은 바울이 자신보다 앞서 믿은 초대교회의 성도들로부터, 혹은 사도들로부터 복음을 전달받았다는 것을 보여준다.

고린도전서 15:3에서 바울은 전승언어인 '파라람바노'(παραλαμβάνω, 전달받다)와 '파라디도미'(παραδίδωμι, 전달하다)를 사용한다(참고, 고전 11:23, "내가 너희에게 전한 것은 주께 받은 것이니"에서도 위의 두 동사가 사용됨). 그가 전달받은 복음의 내용은 "성경대로 그리스도께서 우리 죄를 위하여 죽으시고 장사 지낸 바 되셨다가 성경대로 사흘 만에 다시 살아나셨다"(고전 15:3b-4)는 것이다. 즉, 예수가 1) 우리 죄를 위해 죽으셨다, 2) 장사되셨다, 3) 부활하셨다, 이 세 가지다. 이 세 가지 내용의 복음은 바울 이전에 이미 존재하고 있었으므로 우리는 이것을 원복음(元福音, original gospel)이라고 부른다. 그렇다면 예수의 십자가 죽음과 부활에 관한 이 원복음을 바울은 계시로 받은(갈 1:12) 것일까? 아니면 초대교회의 사도들로부터 전달받은(고전 15:1-3) 것일까? 그 해답은 갈라디아서 2:2, 6-8에 있다.

다메섹 사건이 일어난 지 14년 후(갈 2:1) 바울이 예루살렘에 올라갔을 때, 그는 예루살렘교회의 지도자들인 야고보, 게바, 요한에게(갈 2:9; 참고 2:1, 6, "유력한 자들"과 동일 인물들로 볼 수 있음) "내가 이방 가운데서 전파하는 복음"(τό εὐαγγέλιον ὃ κηρύσσω ἐν τοῖς ἔθνεσιν)을 제시한(ἀνατίθημι, "아나티떼미", 영어로 to lay before) 바가 있다(갈 2:2). 그때 그 사도들은 바울이 이방인들에게 전하는 복음을 듣고 나서 바울에게 "더하여 (προσανατίθημι, to add) 준 것이 없다"(갈 2:6).[46] 사도들이 바울복음에 어떤 하자를 발견하지도, 누락된 내용이 있어서 어떤 내용을 더 추가할 것을 요구하지도 않았다는 뜻이다. 예루살렘교회의 사도들은 자신들이 그리스도로부터 직접 받은 복음과 바울이 다메섹 계시를 통해서 받은 복음이 내용상 정확하게 일치하고 있다는 것을 인정했다. 바울복음의 진정성(authenticity)을 인정했다. 바울의 복음과 사도들의 복음이 서로 일치하므로 바울이 계시를 통해 복음을 받았다는 말도 참이고, 동시에 초대교회의 사도들로부터 전달받았다는 말도 참이다. 고린도전서 15:11, "그러므로 나나 그들이나 이같이 전파하매 너희도 이같이 믿었느니라"는 우리의 이런 추론이 틀리지 않았음을 보여준다. 바울의 복음, 사도들의 복음, 그리고 고린도 성도들이 믿음 복음, 이 세 가지는 모두 같은 복음이다. 모두 다 예수의 죽음과 부활에 관한 복음이다.[47]

바울은 자신의 복음이 신적 근원(divine origin)을 갖고 있다고 주장한다. 반대로 할례당이 전하는 복음에는 신적 근원이 없다고 주장한다. 계시를 통해 하나님으로부터 직접 복음을 받았다는 바울의 주장은 구약성경의 거짓 선지자 논쟁과 유사한 점이 있다. 구약성경에서 참 선지자와 거짓 선지자는 상대방의 메시지를 인간의 메시지라고 비판하고, 자신이 전하는 메시지야말로 하나님의 메시지라고 주장한다.[48] 예레미야 23장은 바울과 할례당 사이의 논쟁과 상당히 유사한 장면을 우리에게 보여준다. 거짓 선지자들이 말하는 "묵시(חָזוֹן, '하존'; ὅρασις, '호라시스'; 모두 환상, vision이라는 뜻)는 자기

---

46) "내게 의무를 더하여 준 것이 없고"라는 개역개정판 번역에서 "의무를"은 헬라어 본문에 없는 단어를 번역자가 임의로 추가한 것이다. 사실상 이 추가는 원문의 내용을 더 불분명하게 만들므로 불필요하다.

47) 슈라이너는 이 구절에 대한 해석에서 바울복음이 바울의 사도로서의 생애의 경험을 통해 발전했을 가능성에 대해 말한다. Schreiner, *Galatians*, 97. 바울의 메시지가 그의 경험을 통해 부분적으로 발전하고 다듬어졌을 가능성은 충분하지만, 그렇다고 해서 바울복음의 핵심적 내용이 미정(未定)인 채 보류상태였다고 생각한다면 그것은 심각한 오류다. 갈라디아서 1장의 내용은 복음의 내용이 애매하여 미정, 보류 상태였다는 증거와 정반대의 증거를 우리에게 보여주기 때문이다. 다메섹 사건에 바울복음의 근원이 있는지, 아니면 그의 복음이 점진적 신학적 발전(gradual development of Pauline theology)의 결과물인지에 대한 논쟁은 James Dunn, "'A Light to the Gentiles' or 'The End of the Law'?: The Significance of the Damascus Road Christophany for Paul," in *Jesus, Paul, and the Law: Studies in Mark and Galatians* (Louisville: Westminster/John Knox, 1990), 93-100과 김세윤, "바울의 회심/소명, James D.G. Dunn, 그리고 바울에 대한 새 관점," 『바울 신학과 새 관점』 (서울: 두란노, 2008), 21-97를 보라.

48) 자세한 것은 김철홍, "참 선지자와 참 사도의 표지인 신적 현현의 경험," 『성서학연구원저널』 (장로회신학대학교 성서학연구원; 2007년 4권), 46-77을 보라.

마음으로 말미암은 것이요 여호와의 입에서 나온 것이 아니다"(렘 23:16). 그들은 하나님께서 "그들에게 이르지 아니하였어도"(렘 23:21) 예언한다. 그들은 "꿈을 꾼 선지자"(렘 23:28)다. "내가 꿈을 꾸었다 꿈을 꾸었다"(렘 23:25)고 주장한다. 그들은 하나님으로부터 환상을 통해 계시를 받았다고 주장한다. 그러나 그 환상은 하나님께서 주신 것이 아니므로 헛된 백일몽(白日夢)과 같은 꿈에 불과하다. 그들은 '여호와의 회의'에 참석한 적이 없다. 예레미야 23:18, "누가 여호와의 회의에 참여하여 그 말을 누가 귀를 기울여 그 말을 들었느냐"(참고, 렘 23:22)에 따르면 거짓 선지자들은 여호와의 회의에 참여한 적이 없지만 예레미야는 참여했다. 그들은 "백성을 미혹하게 하는 자"고 하나님께서 "보내지 아니하였으며 명령하지 아니한"(렘 23:32) 자들이다. 거짓 선지자들을 향한 하나님의 뜻은 "선지자들을 내가 치리라"(렘 23:30-31)다.

고린도후서 11:13에서 바울이 "거짓사도"라고 부르는 사람들과 논쟁하면서 12:1-2에서 "주의 환상과 계시"를 언급하고 곧이어 "셋째 하늘"에 다녀온 경험을 언급하는 것도 거짓 사도 논쟁의 맥락에서 이해할 수 있다. 그는 셋째 하늘, 즉 "낙원으로 이끌려 가서 말로 표현할 수 없는 말"(고후 11:4)을 들었다. 선지자들과 마찬가지로 바울도 신비한 청각적, 시각적 경험을 했다. 이 경험은 다메섹 경험과는 다른 것이며, 그가 길리기아와 시리아에서 사역하던 시기(고후 12:2, "십사 년 전에")에 보았던 환상이다. 거짓 사도와 논쟁을 하면서 하나님의 보좌가 있는 가장 높은 하늘에 다녀온 경험에 관해 이야기하는 것은 바울이 갈라디아서 1:11-16에서 할례당과 논쟁을 벌이면서 다메섹 경험을 함께 언급하는 것과 유사하다. 두 경우 모두 바울이 자신을 참사도라고 주장하는 대목에서 나타난다. 두 경우 모두 신비한 영적 체험과 자신의 참사도 됨이 연결되어 있다. 갈라디아서 1:11-12에서 바울이 주장하는 바와 예레미야 23:18에서 예레미야가 여호와의 회의에 참석했다고 주장하는 것은 서로 유사한 점이 있다. 바울은 자신의 복음의 근원(origin)과 유래(source)를 분명하게 보여준다. 그의 복음은 하나님께서 그리스도를 보여주시는 다메섹 사건에 그 근원을 두고 있다. 그렇다면 '사람의 뜻을 따라 된' 복음은 바울복음이 아니라 할례당의 메시지다.

보충설명 7: "바울은 다메섹에서 어떤 복음을 받았나?"

갈라디아서 1:13-16a에서 바울은 다메섹 경험에 관해 말한다. 그러나 여기서 그 경험을 통해 받은 복음의 내용이 무엇인지 분명하게 언급하지는 않는다. 다메섹 도상에서 받은 '그리스도에 관한 계시'를 통해 그가 받은 복음의 내용은 무엇일까? 빌립보서 3:5-9의 내용을 검토해보면 그가 다메섹 도상에서 받은 복음의 내용이 무엇인지 가늠해볼 수 있다. 빌립보서 3:5-9은 갈라디아서 1:13-16a처럼 다메섹 사건에 대해 말할 뿐만 아니라 그때 받은 복음이 어떤 것인지 알려준다. 갈라디아서 1:13-16a와 빌립보서 3:5-9의 내용을 도해하면 아래와 같다.

	갈라디아서 1:13-16a	빌립보서 3:5-9
다메섹 이전	13절, 내가 이전에 유대교에 있을 때에 행한 일을 너희가 들었거니와 하나님의 교회를 심히 박해하여 멸하고 14절, 내가 내 동족 중 여러 연갑자보다 유대교를 지나치게 믿어 내 조상의 전통에 대하여 더욱 열심이 있었으나	5절, 나는 팔일 만에 할례를 받고 이스라엘 족속이요 베냐민 지파요 히브리인 중의 히브리인이요 율법으로는 바리새인이요 6절, 열심으로는 교회를 박해하고 율법의 의로는 흠이 없는 자라
다메섹 사건	15절, 그러나 내 어머니의 태로부터 나를 택정하시고 그의 은혜로 나를 부르신 이가	7절, 그러나 무엇이든지 내게 유익하던 것을 내가 그리스도를 위하여 다 해로 여길뿐더러 8절, 또한 모든 것을 해로 여김은 내 주 그리스도 예수를 아는 지식이 가장 고상하기 때문이라 내가 그를 위하여 모든 것을 잃어버리고 배설물로 여김은 그리스도를 얻고 9a절, 그 안에서 발견되려 함이니
복음의 내용		9b절, 내가 가진 의는 율법에서 난 것이 아니요 오직 그리스도를 믿음으로 말미암은 것이니 곧 믿음으로 하나님에게서 난 의라

위의 표가 보여주듯 바울은 다메섹 사건을 언급할 때 먼저 그 이전의 자신이 어떤 종류의 유대인이었는지 이야기한다. 다메섹 사건 이전의 자신과 이후의 자신을 대조한다. 빌립보서 3장과 갈라디아서 1장 사이에는 그런 공통점도 있지만 중요한 차이점 한 가지가 있다. 갈라디아서 1장에서는 다메섹에서 받은 복음의 내용을 구체적으로 말하지 않지만, 빌립보서 3:9b에서는 그 복음의 내용에 관해 구체적으로 말하고 있다. 빌립보서 3:9b는 바울이 다메섹 사건 이후 자신에게 어떤 일이 일어났는지를 설명한 직후에 나오는 것이므로, 다메섹 사건에 대한 설명의 연장으로 보아야 한다. 빌립보서 3:9b는 다메섹 경험과 직접 연결되어 있고, 그 경험을 통해 그가 깨달은 복음의 내용으로 볼 수 있다.

빌립보서 3:9b에서 바울은 다메섹 경험을 통해 그가 '의'(righteousness)를 갖게 되었다고 말한다("내가 가진 의는"). 그 의는 "율법에서 난"(ἐκ νόμου, from the law) 것이 아니고 "하나님에게서 난 의"(ἐκ θεοῦ, from God)다. 여기에서 전치사 '엑크'(ἐκ, from, out of)는 출처(出處)와 유래(由來)를 표시한다. 다메섹 사건 이전에 바울은 자신이 "율법의 의로는 흠이 없는 자"(6절)라고 생각했다. '율법의 의'(정확하게 말하면 '율법 안에 있는 의 혹은 율법에 의한 의,' ἡ δικαιοσύνη ἐν νόμῳ)는 '율법으로부터 오는 의'(ἡ δικαιοσύνη ἐκ νόμου)다. 다메섹 경험 이전의 바울은 율법으로부터 오는 의를 완벽하게 갖고 있다고 스스로 생각하고 있었다(빌 3:6, "율법의 의로는 흠이 없는 자라"). 다메섹 경험 이전의 바울은 율법으로부터 의가 온다고 생각하고 있었다. 그러나 다메섹 경험을 통해 바울은 율법으로부터 오는 의가 허상(虛像)이라는 것을 깨닫고(빌 3:9, "내가 가진 의는 율법에서 난 것이 아니요") 자신이 의인이 아니라 죄인임을 깨닫게 되었다.

자신이 불의한 자라는 것을 깨달은 것으로 다메섹 경험이 끝났을까? 아니다. 바울은 다메섹 사건을 통해 자신이 새로운 종류의 의를 갖게 되었다고 말한다(빌 3:9, "내가 가진 의는"). 그것은 '하나님에게서 오는 의'(ἡ δικαιοσύνη ἐκ θεοῦ, "하나님께로부터 난 의라")다. 바울은 그 의를 어떻게 갖게 되었을까? '그리스도에 관한 최고의 지식'(빌 3:8, "내 주 그리스도 예수를 아는 지식이 가장 고상하기 때문이라")을 갖게 되었을 때, "믿음으로"(ἐπὶ τῇ πίστει, on the basis of faith) '하나님에게서 오는 의'를 소유하게 되었다.

빌립보서 3:9의 "오직 그리스도를 믿음으로 말미암은 것이니"(διὰ πίστεως χριστοῦ, '디아 피스테오스 크리스투')는 '그리스도의 신실함(faithfulness of Christ)으로 말미암은 것이니'가 아니라 '그리스도를 믿는 믿음(faith in Christ)으로 말미암은 것이니'로 번역하는 것이 옳다(이 점에 대한 더 자세한 설명은 2:16의 주석을 보라). "그리스도를 믿음으로 말미암은 것이니 곧 믿음으로 하나님에게서 난 의라"에서 '믿음'을 두 번 반복하는 이유는 믿음을 강조하려는 것이다. 그리스도를 믿음으로 하나님께서 주시는 의를 받아 소유하게 된다. 그것이 바로 '칭의'(justification)다. 빌립보서 3:9은 매우 분명하게 율법으로부터 오는 의를 부정하고, '믿음을 통해 하나님에게서 오는 의'를 받는 이신칭의(以信稱義)의 복음에 관해 말하고 있다. 그리고 이 구절은 다메섹 경험과 직결되어 있다. 그러므로 다메섹 도상에서 그리스도의 계시를 통해 알게 된 복음이 바로 '이신칭의'의 복음이라는 점은 분명하다.

로마서 10:2-4도 빌립보서 3:6-9의 내용과 유사하다. 이 구절도 다메섹 경험에 대한 회상과 연결되어 있다.

로마서 10:2-4. [2]내가 증언하노니 그들이 하나님께 열심이 있으나 올바른 지식을 따른 것이 아니니라 [3]하나님의 의를 모르고 자기 의를 세우려고 힘써 하나님의 의에 복종하지 아니하였느니라 [4]그리스도는 모든 믿는 자에게 의를 이루기 위하여 율법의 마침이 되시니라

"그들이[유대인들이] 하나님께 열심이 있으나 올바른 지식을 따른 것이 아니니라"(롬 10:2)는 유대인 일반을 향한 말이기도 하지만, 다메섹 경험을 반영하는 자서전적(autobiographical) 언급으로 볼 수도 있다. 그는 조상들의 전통인 구전법(口傳法)에 열심을 갖고 있었고, 이 열심 때문에 교회를 박해했다(빌 3:6; 갈 1:14). 그러나 그 당시 바울은 "올바른 지식"(롬 10:2)을 갖고 있지 않았다. 그 올바른 지식은 곧 빌립보서 3:8에서 말하는 "내 주 그리스도 예수를 아는 지식"이다. 바울이나 유대인들이나 모두 다 예수 그리스도가 누구인지 깨닫지 못하고 있고, '지식'이 없는 상태 속에 있다.

그리스도가 누구인지 깨닫지 못한 채 '유대교 안에서'(ἐν τῷ Ἰουδαϊσμῷ, in Judaism, 갈 1:13) 사는 동안 바울은 "하나님의 의를 모르고 자기 의를 세우려고 힘써 하나님의 의에 복종하지 아니하였다"(롬 10:3). 다메섹 경험 이전에 바울이 알고 있던 의는 "자기 의"였고, 당시 그는 "하나님의 의"를 모르고 있었다. 여기에서 바울은 '하

나님의 의'와 '자기 의'를 대조한다. '자기 의'는 곧 '나의 의'라는 뜻이다. 신명기 6:25, "우리가 그 명령하신 대로 이 모든 명령을 우리 하나님 여호와 앞에서 삼가 지키면 그것이 곧 우리의 의로움이니라 할지니라"에 따르면 모든 율법을 지키는 행위를 하면, 그 행위가 "우리의 의"(לֶנוּ הְצֶדַקַה, 직역하면 '우리에게 의'; 참고, 신 24:13, "그 일이 네 하나님 여호와 앞에서 네 공의로움이 되리라")가 된다. 그 의는 '율법에서 오는 의'고 그것이 곧 "자기 의"가 된다. 그러므로 로마서 10:3의 "자기 의"는 빌립보서 3:9의 "율법에서 난 의"와 같은 개념이다. 이것을 도식으로 표현하면 아래와 같다. '하나님에게서 오는 의'가 곧 '하나님의 의'다. 하나님의 의는 율법 준수를 통해 생기는 의와 대조되고 있다.

빌립보서 3:9   "율법에서 난 의"   ↔   "하나님에게서 난 의"
↓   ↓
로마서 10:3   "자기 의"   ↔   "하나님의 의"

로마서 10:3에 "자기 의를 세우려고 힘써"라는 표현이 등장한다. 이것은 율법을 준수하여 "율법으로부터 오는 의"(빌 3:9)를 소유하려고 노력하는 유대인의 모습을 묘사한다. '자기 의' 혹은 '율법으로부터 오는 의'를 소유하려면 결코 은혜와 선택만으로 되는 것이 아니다. 의식적이고 자구적인 인간의 노력이 있어야만 비로소 가질 수 있다. 바울 역시 다메섹 사건 이전에 그런 노력을 했다고 말한다. 그 결과로 "율법의 의로는 흠이 없는 자"(빌 3:6)가 되었다고 자평(自評)한다. 이것은 1세기 유대교가 샌더스(E. P. Sanders)가 말하는 것처럼 '언약적 신율주의'(covenantal nomism)가 아니라, 율법주의(legalism)에 가까운 종교였다는 것을 보여준다(샌더스의 언약적 신율주의에 대해서는 보충설명 14: "샌더스[E. P. Sanders[의 언약적 신율주의[Covenantal Nomism]와 제임스 던[James Dunn]의 바울신학의 새 관점[New Perspective on Paul]"을 참조하라). 만약 일세기 유대교가 단순히 언약, 선택, 은혜로 구원을 받는다고 가르쳤고 율법은 구원에 대한 감사의 반응으로 지킨 것에 불과하다면, 그래서 다메섹 경험 이전의 바울도 언약적 신율주의자(covenantal nomist)였다면, 그런 바울이 완벽한 율법 준수를 자랑하는 것 자체가 매우 어색한 일이다. 또 자기 의를 세우려고 노력하는 것 역시 이상한 일이다.

로마서 10:3은 다메섹 사건 이전의 바울에 대해 말하면서, 동시에 그 사건을 통해 그가 깨달은 복음에 관해 말하고 있다. 로마서 10:4, "그리스도는 모든 믿는 자에게 의를 이루기 위하여 율법의 마침이 되시니라"는 십자가 사건을 통해 바울과 모든 유대인들에게, 더 나아가 인류에게 일어난 일에 관해 말한다. 그리스도는 십자가에서 죽어 율법을 마치셨고(to terminate), 혹은 율법을 성취하셨고(to fulfill), 이제 그리스도를 믿는 사람에게 하나님은 '의'를 주신다. 그런데 그 의는 '율법으로부터 오는 의'/'자기 의'가 아니고 '하나님에게서 오는 의'/'하나님의 의'다.

다메섹 경험을 통해 바울은 자신이 의인이 아니라 죄인이며, 사도라는 호칭조차 어울리지 않는 사람이라는 것을 깨달았다(고전 15:9, "나는 하나님의 교회를 박해하였으므로 사도라 칭함 받기를 감당하지 못할 자니라"). "하나님의 의에 복종하지 아니하였던" 과거의 태도를 버리고 하나님께서 "하나님의 은혜로 값없이"(롬 3:24) 주시는 하나님의 의를 "얻은 자"가 되었다(롬 3:24). 하나님께서 선물로 주시는 의를 모르고, 율법 준수를 통해 자기 의(self-righteousness)를 세우려고 힘쓰는 유대인들을 향해 바울은 하나님의 의를 받아들이고 복종하라고 말한다. 이것이 이신칭의의 십자가 복음이다. 그는 이 복음을 사람으로부터 받거나 배우지 않았고, 다메섹 도상에서 그리스도의 계시를 통해 받았다.

1:13 내가 이전에 유대교에 있을 때에 행한 일을 너희가 들었거니와 하나님의 교회를 심히 박해하여 멸하고

바울은 다메섹 경험 이전에 자신이 어떤 종류의 유대인이었는지 먼저 말한다. 다메섹 경험을 말하기 전에 그 이전의 자신에 대해 말하는 이유는 무엇일까? 첫째로, 자신을 비판하는 할례당과 비교할 때 자신이 그들보다 못한 유대인이 아니었으며, 율법 준수의 관점에서 보면 그들보다 훨씬 뛰어난 유대교 신자였음을 말하려는 것이다. 둘째로, 자신이 그런 유대인이었음에도 다메섹 경험을 통해 얼마나 근본적이고 급격한 변화가 그에게 일어났는지 대조하려는 것이다. 다메섹 경험 이전의 바울이 어떤 종류의 유대인이었는지에 대해 바울서신과 사도행전은 소상한 정보를 주지 않는다. 하지만 갈라디아서 1장에 있는 정보들을 기초로 추론하면 다메섹 경험 전후의 상황을 상당히 구체적으로 재구성할 수 있다.

"내가 이전에 유대교에 있을 때에"(ποτέ ἐν τῷ Ἰουδαϊσμῷ)는 일종의 개종 양식(conversion formula)으로 볼 수 있다. '포테'(ποτέ, '이전에,' formerly)는 '과거에 한때는 그러했으나 지금은 더 이상 아니다'라는 의미가 함축되어 있다. 개종으로 인해 그 이전과 그 이후의 삶이 현격히 달라졌기 때문에 이런 양식을 쓴다. 갈라디아서 1:23에서 "다만 우리를 박해하던 자가 전에 멸하려던 그 믿음을 지금 전한다 함을 듣고"에서 "전에"(ποτέ, '포테')와 "지금"(νῦν, '뉜')은 그가 과거 유대교 안에 있을 때의 행동과 지금의 행동이 상반된다는 점을 부각시킨다. 갈라디아서 4:8-9에서도 바울은 "그 때에는"(τότε, '토테')과 "이제는"(νῦν, '뉜')이라는 개종 양식을 사용한다. 갈라디아 성도들은 "그 때에는"(τότε, '토테') "하나님을 알지 못하여 본질상 하나님께서 아닌 자들에게 종 노릇 하였더니 이제는(νῦν, '뉜') 하나님을 알 뿐 아니라 더욱이 하나님께서 아신 바 되었다." 여기에서 "그 때에는"(τότε, '토테')과 "이제는"(νῦν, '뉜')은 개종양식이다. 갈라디아서 1:23에서 "전에"(ποτέ, '포테')와 "지금"(νῦν, '뉜')이 개종 양식으로 사용된 것과 같다. 단지 변화된 주체가 각각 갈라디아 성도들, 바울이라는 점만 다를 뿐이다. 갈라디아서 1:13의 "내가 이전에 유대교 안에 있을 때에"의 "이전에"도 마찬가지의 효과를 갖고 있다.

"유대교에"($\grave{\epsilon}\nu\ \tau\widehat{\omega}\ \text{'Ιουδαϊσμ}\widehat{\omega}$)는 '유대교 안에'로 번역할 수 있다. 이 표현은 바울이 유대교를 '내부로부터'(from inside) 이해하는 사람이었다는 점을 나타낸다. 그러나 다메섹 경험 이후의 바울은 자신을 유대교 테두리 안에 있는 사람으로 보지 않는다. "내가 이전에 유대교에 있을 때에"라는 말은 바울은 이제 더는 '유대교 안에' 있지 않다는 말이다. 그는 유대교의 삶의 방식을 오래전에 떠났다.[49] 그는 자신을 "그리스도 안에 있는 한 사람"(고후 12:2, a man in Christ)이라고 부른다.

바울서신 곳곳에 다메섹 경험 이후 그가 유대교의 경계선을 벗어났다는 것을 보여주는 증거들이 있다. 예를 들어 고린도전서 9:20, "유대인들에게 내가 유대인과 같이 된 것은"은 바울이 자신을 유대교 경계선 안에 있는 사람으로 보지 않는다는 증거다. 만약 바울이 자신을 여전히 유대인으로 생각하고 있었다면 "내가 유대인들에게는 유대인처럼 되었다"고 말할 수 없다. 마치 일본사람이 '내가 일본사람에게는 일본사람처럼 되었다'고 말하는 것만큼 어색하다. 반대로 자신을 유대인으로 생각하고 있지 않다면 바울이 그런 말을 하는 것이 자연스럽다. 고린도전서 9:20의 "유대인들을 얻고자 함이요"($\acute{\iota}\nu\alpha\ \text{'Ιουδα}\acute{\iota}o\upsilon\varsigma\ \kappa\epsilon\rho\delta\acute{\eta}\sigma\omega$)에서 동사 '케르다이노'($\kappa\epsilon\rho\delta\alpha\acute{\iota}\nu\omega$, to gain)는 개종을 나타내는 동사로 볼 수 있다.[50] 바울이 유대인을 복음으로 개종하려고 노력하는 것 그 자체가 그가 유대인의 자의식(self-consciousness)을 갖고 있지 않다는 증거다.

바울은 유대인들을 적극적으로 복음으로 개종하려고 노력하였고 이 일에 열정을 갖고 있었다(롬 9:3, "나의 형제 곧 골육의 친척을 위하여 내 자신이 저주를 받아 그리스도에게서 끊어질지라도 원하는 바로라"). 바울이 자신을 여전히 유대인으로 생각하고 있었다면 복음으로 유대인들을 얻고자 하는 바울

---

49) Moo, *Galatians*, 100.

50) 이 동사는 이방인 선교의 맥락에서 랍비들이 사용하던 단어와 유사하다. David Daube, *The New Testament and Rabbinic Judaism* (Jordan Lectures; London: University of London/The Athlone Press, 1956), 348. 이것이 바울이 유대인임(Jewishness)을 보여주는 증거로 보일 수도 있지만, 자세히 살펴보면 그렇지 않다. 바울은 고린도전서 9:19-22에서 선교적 관점에서 유대인들에게 접근하고 있다. 바울은 여기에서 유대인들이 이방인 선교에서 사용하던 것을 유대인들을 향해 적용한다. 바울은 그 당시의 유대교가 아닌 다른 신념체계(a system of belief)로 유대인들을 개종하는 것에 대해 말하고 있다. 이것은 바울이 이미 유대인의 경계선을 넘어섰음(Paul's post-Jewishness)을 보여주는 증거다.

의 노력은 오히려 이상하게 보인다. 더 명백한 증거는 고린도전서 9:20의 "내가 율법 아래에 있지 아니하나"(μή ὤν αὐτὸς ὑπὸ νόμον)다. 모든 유대인은 태어나면서부터(혹은 남아의 경우 팔 일째 할례를 받은 이후부터) 사실상 율법 아래에 있다. 그러므로 유대인이 이런 말을 한다면 그것은 곤란한 일이다.[51] 율법을 준수하는 유대인의 관점에서 본다면 이 말은 이미 유대교를 떠난 배교자의 말이다.

로마서에는 율법을 성실히 준수하는 유대인이 읽었을 때 배교의 혐의를 피할 수 없는 언명이 적지 않다. 예를 들어, 로마서 10:4의 "그리스도는 모든 믿는 자에게 의를 이루기 위하여 율법의 마침이 되시니라"의 "마침"(τέλος, '텔로스')은 그 뜻을 '성취'(fulfillment)로 보건 아니면 '폐지'(termination), 혹은 '준비'(preparation)로 보건 상관없이[52] 모두 유대교의 테두리를 벗어난 선언이다. 당시 최고 법정인 산헤드린에서 유죄판결 받고 그 형벌로 사형 선고를 받아 나무에 달려 죽은 거짓 선지자 예수가 율법의 성취, 폐지, 혹은 준비라고 말하는 것 자체가 유대인으로서는 받아들일 수 없는 말이다. 고린도후서 11:24에서 "유대인들에게 사십에서 하나 감한 매를 다섯 번 맞았다"는 것은 그가 유대교 법정에서 다섯 번이나 거의 사형에 해당하는 범죄를 저질러 유죄판결을 받고 태형 중 가장 심한 형벌을 받았음을 보여준다.[53] 그런데

---

51) 바울의 이 말은 디아스포라 유대인들이 유대교로부터 배교 여부를 판단하는 기준들 중 두 가지에 저촉된다. 즉, 유대교 생활방식을 버리는 것(abandoning Jewish ways)과 경전을 비방하는 것 (criticizing the Scripture)이다. 디아스포라 유대교에서의 율법 위반 항목을 보려면, Todd D. Still의 *Conflict at Thessalonica: A Pauline Church and its Neighbours* (Journal for the Study of the New Testament Supplement Series 183; Sheffield: Sheffield Academic Press, 1999), 153-165을 보라. 유대교 배교 여부를 판단하는 기준에 관해서는 John M. G. Barclay, "Who Was Considered an Apostate in the Jewish Diaspora?" in *Tolerance and Intolerance in Early Judaism and Christianity*, eds., Graham N. Stanton and Guy G. Stroumsa (Cambridge: Cambridge University Press, 1998), 89를 보라. 비록 바울이 자기 자신을 배교자(apostate)라고 노골적으로 말하지는 않지만 율법을 준수하는 유대인의 눈에 그는 배교자로 보였을 가능성이 매우 높다. 바울은 당대의 유대인들이 가질 수 없는 너무나 다른 정체감(self-identity)을 갖고 있었다. 만약 다메섹 경험이 바울로 하여금 자신을 더 이상 모세의 율법 아래 있지 않는 사람으로 보게 만들었다면, 그 경험은 유대교의 경계선을 넘어가는(boundary-crossing) 경험으로 보아야 한다. 그렇다면 그것은 종교적 개종에 해당한다.

52) 전통적으로는 폐지로 보았다. 근래에 들어 성취로 보는 견해가 우세해졌다. 극히 최근에는 준비로 보는 견해가 유행하고 있다.

53) 당시 유대인들이 사형을 집행할 수 있는 권한이 없었으므로, 사형에 해당하는 죄를 지었을 때 태형 중 최고형인 사십에서 하나를 감한 매를 바울에게 주었을 것이다. 유대

도 바울이 여전히 유대교 회당에 출입할 수 있었던 이유는 그가 유대교 법정의 모든 처벌(discipline)에 끝까지 자발적으로 순종하여 형벌을 받았기 때문이다.[54] 바울이 다메섹 이전의 자신에 관해 말하는 내용을 중심으로 살펴보면 다메섹 사건에서 오늘날 종교적 '개종'(conversion)에 해당하는 변화가 일어났음을 알 수 있다.

교 법정은 바울을 이스라엘 가운데에서 제거(extirpation)하고 출교(excommunication)해야 할 대상으로 보았을 것이다. 유대교의 추방과 출교에 관해서는 Horbury, "Extirpation and Excommunication," 13-38을 참고하라.

54) 미슈나(Mishnah) Makkoth("마콧"은 채찍이라는 뜻) 3.15에는 이런 내용이 있다. "All they that are liable to Extirpation, if they have been scourged are no longer liable to Extirpation, for it is written, *And thy brother seem vile unto thee*-when he is scourged then he is thy brother." 번역하면 "제거되어야 마땅한 사람이라 할지라도 만약 그들이 채찍으로 맞았다면 더 이상 추방의 대상이 되지 않는다. 너의 형제가 너에게 악인이지만, 만약 그가 채찍으로 맞는다면 그렇다면 그는 너의 형제이니라"다. 바울이 '나 자신은 율법 아래 있지 않다'(고전 9:20, μὴ ὢν αὐτὸς ὑπὸ νόμον)라고 말하면서도 사십에서 하나를 감한 매(고후 11:24)와 같은 유대교의 태형을 자발적으로 맞은 것은 그가 계속해서 유대교 회당에 들어가서 복음을 전하기 위한 것이다. 그것이 바로 '율법 아래에 있는 자들을 얻기 위해' 바울이 율법 아래 있지 않음에도 불구하고 '율법 아래에 있는 자들에게는' '율법 아래에 있는 자'처럼 된 이유다.

보충설명 8: "다메섹 사건은 '개종' 사건인가 아니면 '소명' 사건인가?"

바울의 다메섹 경험이 '개종'(conversion) 경험인지 아니면 '소명'(call) 경험인지를 둘러싼 논쟁이 있다. 이 논쟁은 1961년 미국심리학회 연례회의(Annual Meeting of the American Psychological Association)에서 발표한 크리스터 스탕달(Krister Stendahl)의 연설에서 시작되었다. 후에 그의 연설은 "The Apostle Paul and the Introspective Conscience of the West,"이란 제목으로 1963년 *Harvard Theological Review* 56에 출판되었다.[55] 그는 바울의 다메섹 경험을 개종 모델의 관점에 보지 말고, 구약성경의 예언자 소명 기사(예, 사 6장; 렘 1:4-10)에 기초하여 볼 것을 제안했다. 그는 예언자들이 소명을 받은 뒤에도 그들의 종교가 여전히 바뀌지 않았던 것처럼, 바울도 다메섹 도상에서 소명을 받은 것이지 유대교에서 다른 종교로 개종한 것이 아니라고 주장했다.[56] 즉 다메섹 경험 이후의 바울은 여전히 유대교 신자였다는 주장이다.

그의 견해에 반대하여 다메섹 경험을 그리스도 현현(christophany) 경험으로 보는 듀퐁(Jacques Dupont)과 김세윤(Seyoon Kim)과 같은 학자들은 다메섹 경험 이후에 바울이 유대교로부터 단절/비연속(discontinuity)을 경험했다고 주장했다.[57] 유대인으로서 바울을 연구하는 알란 시걸(Alan F. Segal)이 다메섹 경험 이후의 바울을 배교자(背教者)로 보고, 다메섹 경험을 개종 경험으로 본 것은 매우 흥미롭다.[58] 그가 쓴 책의 제목(*Paul the Convert: The Apostolate and Apostasy of Saul the Pharisee*)은 바울을 개종자로 보고 바리새인인 사울이 배교를 한 것으로 보는 그의 관점을 단적으로 보여준다. 그는 바울이 인종적으로는 여전히 유대인이었지만, 자신을 더는 유대인으로 생각하지 않았고, 유대인들도 바울을 정상적인 유대인으로 보지 않았다고 본다. 이 논쟁의 핵심은 다메섹 경험을 한 바울이 자신을 유대교의 테두리(boundary) 안에 있는 사람으로 보았느냐 아니면 밖에 있는 사람으로 보았느냐다(우리가 이미 위에서 살펴본 본문들은 다메섹 경험 이후의 바울이 자신을 유대교 테두리

---

55) 이 논문은 Krister Stendahl, *Paul Among Jews and Gentiles* (Philadelphia: Fortress, 1976)에도 포함되어 있다.

56) 이런 견해에 동의하는 현대의 대표적 바울신학자로는 제임스 던(James Dunn)과 리처드 헤이스(Richard Hays)가 있다. Dunn, *Galatians*, 65; Hays, "The Letter to Galatians," 215.

57) Jacques Dupont, "The Conversion of Paul, and Its Influence on His Understanding of Salvation by Faith," in W. W. Gasque and R. P. Martin, eds., *Apostolic History and the Gospel: Biblical and Historical Essays Presented to F. F. Bruce on His 60th Birthday* (Grand Rapids: Eerdmans, 1970), 176-94. Seyoon Kim, *The Origin of Paul's Gospel* (WUNT.; Tübingen, J. C. B. Mohr, 1981), 3-31. 논쟁은 다메섹 경험 이후의 바울과 유대교 사이의 연속성(continuity)과 비연속성(discontinuity)을 둘러싸고 진행되었고, 그 논쟁의 중심에 다메섹 경험을 한 바울의 자기이해(self-understanding)가 있다.

58) Alan F. Segal, *Paul the Convert: The Apostolate and apostasy of Saul the Pharisee* (New Haven: Yale University Press. 1990). 바울의 다메섹 경험을 개종 경험으로 보는 현대의 학자들의 견해로 피터 오브라이언(Peter O'Brien), "Was Paul Converted?" in *Justification and Variegated Nomism*, vol. 2: *The Paradoxies of Paul*, eds. D. A. Carson, Peter O'Brien, and Mark A. Seifrid (Grand Rapids: Baker, 2004), 361-91을 보라. Schreiner, *Galatians*, 98.

밖에 있는 사람으로 보고 있다는 것을 지지한다).

이 논쟁에서 중요한 것은 바울이 스스로에 대해 하는 말이다. 바울은 빌립보서 3:7, "무엇이든지 내게 유익하던 것을 내가 그리스도를 위하여 다 해로 여긴다," 3:8, "내가 그(그리스도)를 위하여 모든 것을 잃어버리고 배설물로 여긴다"고 말한다. 이런 말은 그를 여전히 유대교 안에 있는 사람으로 보기 어렵게 만든다. 그가 다메섹 경험 이전의 자신에 대해 심각할 정도로 부정적인 관점에서 서술하기 때문이다. 개종 이전의 과거의 삶을 강력하게 부정하고 개종 이후의 자신을 매우 긍정적으로 보는 것은 '급격한 개종'(radical conversion)을 경험한 사람들에게서 발견되는 일반적 특징이다. 다메섹 경험을 통해 그리스도에 관한 최고의 지식을 얻었다(빌 3:8, "내 주 그리스도 예수를 아는 지식이 가장 고상하기 때문이라")고 말할 때 그는 자신이 과거에 가말리엘 선생에게서 배운 모든 율법 교육을 통째로 부정한다. 심지어 가말리엘 문하에서 배운 교육을 배설물에 비유하기까지 한다(빌 3:8, "내가 그를 위하여 모든 것을 잃어버리고 배설물로 여김은"). 디모데전서 1:13, "내가 전에는 비방자요 박해자요 폭행자였으나," 1:15, "죄인 중에 내가 괴수니라" 등도 자서전적으로 과거의 자신을 철저하게 부정하는 모습(radical autobiographical denial of the past)을 보여주며, 그를 유대교 내부에 계속 남아 있는 사람으로 보기 어렵게 만든다.

다메섹 경험 이전에 바울은 십자가에서 죽은 예수를 하나님의 저주를 받아 나무에 달려 죽은 자(갈 3:13, "나무에 달린 자마다 저주 아래에 있는 자라"; 참고, 신 21:23)로 보았다. 다메섹 경험 이후 바울은 이러한 그리스도 이해를 "육신을 따라"(κατὰ σάρκα, according to the flesh) 그리스도를 아는 것으로 폄하한다. "이제부터는 그같이(νῦν οὐκέτι, now no more) 알지 아니하노라"고 말한다(고후 5:16). 여기서 '뉜 우케티'(νῦν οὐκέτι)는 '이제 더 이상 ∞이 아니다'라는 뜻이다. '예전에는 그렇게 생각했지만 이제는 더 이상 그렇게 생각하지 않는다'는 뜻이다. 이것은 일종의 개종 양식(conversion formula)으로 볼 수 있다. 바울은 "어두운 데에 빛이 비치라 말씀하셨던 그 하나님께서" "우리 마음에 비추어 주심으로" "예수 그리스도의 얼굴에 있는 하나님의 영광을 아는 빛을"(고후 4:6) 볼 수 있게 되었다고 말하고, 결정적으로 "그리스도는 하나님의 형상이니라"(고후 4:4)고 선언한다. 이것은 모두 성도들이 일반적으로 경험하는 것에 대한 묘사이지만, 동시에 다메섹 경험을 통해 유대교의 입장을 버리고 복음으로 개종한 바울 자신을 묘사하는 것이기도 하다. 바울은 다메섹 경험을 통해 그리스도가 하나님의 형상이며, 그의 얼굴에 하나님의 영광(광채)이 있다는 것을 비로소 알게 되었다.

교회를 핍박하고 파괴하던 바울이 다메섹 경험 이후부터 정반대로 평생 교회를 개척하고 다녔다는 것도 그가 얼마나 급격한 개종을 경험했는지를 보여주는 한 가지 증거다. 그의 다메섹 경험이 구약성경의 선지자들의 소명 경험과 상당히 유사한 것은 사실이다. 또 바울이 다메섹 경험을 통해 소명을 받았다는 것도 사실이다. 하지만 그것 때문에 다메섹 경험이 소명 경험이고, 그의 종교는 여전히 유대교였다고 보는 것은 곤란하다. 바울이 자신을 유대교 신자로 보지 않는다. 바울의 다메섹 경험은 개종 경험에 가깝다. 물론 당시 아직 기독교라는 종교가 존재하지 않았으므로 '바울이 기독교로 개종했다'고 말하면 시대착오적인(anachronistic) 언급이 된다. 대신 '바울이 복음으로 개종했다'고 말할 수 있다. 위의 본문들과 앞의 1:13의 주해에서 지적한 본문들은 모두 다메섹 경험이 개종 경험이었다는 것을 지지한다.

다메섹 경험 전후의 바울에서 우리는 연속성(continuity)과 비연속성(discontinuity)을 모두 발견한다. 하지만 이 두 가지 중 비연속성이 더 우세하다고 본다. 바울의 다메섹 경험은 그에게 일종의 '패러다임의 전환'(paradigm shift)[59]을 갖고 왔기 때문이다. 패러다임의 전환은 세계관의 전환이다. 패러다임 전환을 쉽게 이해하는 모델은 천동설이 지동설로 바뀐 것이다. 천동설과 지동설은 그 내용을 들여다보면 그 구성요소는 동일하다. 양쪽 다 태양, 지구, 달, 금성, 수성, 토성, 명왕성 등이 있다. 단지 바뀐 것은 구성요소의 배열이 바뀌었을 뿐이다. 즉, 지동설은 천동설의 구성요소를 재배열한 것이다.

양쪽에 같은 구성요소가 있으므로 연속성이 있는 것처럼 보인다. 하지만 아무리 같은 구성요소가 있어도, 배열이 바뀌었다면 그것은 연속적인 것이 아니라 비연속적인 것으로 보아야 한다. 천동설과 지동설은 비연속적인 세계관이기 때문이다. 천동설과 지동설은 서로 양립 가능한 세계관이 아니다. 어느 한쪽은 참이고, 다른 한쪽은 거짓일 수밖에 없는 양자택일의 문제다. 천동설을 부정하지 않는 한, 지동설을 받아들이는 것이 불가능하다. 마찬가지로 진리와 비(非)진리는 서로 연속하지 않고 단절되어 있다. 패러다임 전환의 결과로 연속성은 없고, 비연속성만 있다.

바울의 다메섹 경험은 천동설이 지동설로 전환하는 정도의 전환이다. 유대교 안에서 그가 바리새인으로 살아갈 때 갖고 있었던 세계관과 다메섹 경험 이후 사도로서 살아갈 때 갖고 있던 세계관의 구성요소는 서로 비교하면 거의 같다. 양쪽에 모두 하나님, 율법, 메시아, 의, 심판 등 모든 신학적 개념이 있다. 다메섹 경험을 통해 그 개념들의 배열이 바뀌었다고 볼 수 있다. 배열이 바뀌면 천동설이 지동설로 전환하는 정도의 패러다임 전환이 일어난다. 예를 들어 바울이 "이전 유대교 안에 있을 때에"(갈 1:13) 그의 세계관의 한 가운데에 율법이 있었고, 메시아는 먼 주변에 있었다면, 다메섹 경험 이후에 이것들이 재배열되었다. 맨 중앙에 있던 율법이 주변으로 밀려나고, 재배열된 세계관의 중심에 십자가에서 죽고 부활하신 그리스도가 자리 잡았다면 그에게 패러다임 전환이 일어난 것이다. 패러다임의 전환은 그 자체가 비연속성(discontinuity)을 특징으로 한다. 그는 유대교의 패러다임을 버리고 복음의 패러다임을 갖게 되었다. 이것이 바로 "내가 이전에 유대교 안에 있을 때에"라는 말 속에 담긴 중대한 뜻이다.

접속사 호티(ὅτι) 이하의 내용은 갈라디아 성도들이 들은바, 과거 유대교 안에 있을 때 바울의 행동이 구체적으로 무엇인지 알려준다. 바울이 과거 '하나님의 교회를 계속 지나칠 정도로 박해하여 파괴했다'는 것을 들어 잘 알고 있다. 여기에서 사용된 헬라어 동사 '에디오콘'(ἐδίωκον, 핍박하여)과 '에포르뚠'(ἐπόρθουν, 잔해하고/파괴하고)은 둘 다 미완료(imperfect) 시제다.

---

59) "패러다임의 변화(paradigm shift)"라는 개념은 토마스 쿤(Thomas S. Kuhn)이 1962년에 출판한 그의 책, *The Structure of Scientific Revolutions*에서 유래한다. 그는 과학적 지식의 정상적인(normal) 발전은 지식의 축적(accumulation)에 의해 이루어지지만 때로는 비정상적인 급격한 혁명적 과학적 발전이 이루어지는 시기가 있다고 주장했다. 이런 급격한 변화는 과거의 패러다임을 버리고 새로운 패러다임으로 지식 사회가 이동하는 결과를 갖고 온다. 코페르니쿠스(Nicolaus Copernicus)의 혁명(Copernican Revolution)이라고 부르는 변화인 천동설에서 지동설로의 이동이 그의 주장을 설명하는 가장 좋은 예다.

미완료 시제는 교회를 박해하고 파괴하는 그의 행동이 일회적인 것이 아니라, 지속적, 반복적 활동이었음을 의미한다.[60] 우리말로 번역할 때 그 어감을 살리기 위해 "계속"이라는 부사를 추가하는 것이 좋다.

'캇뜨 휘페어볼렌'(καθ' ὑπερβολήν)은 개역성경에서 "심히"로 번역했다. 이 단어의 의미는 '심히'보다 더 강하므로 '지나칠 정도로'로 번역하는 것이 좋다. NRSV 영어성경에서는 'beyond measure'로 번역했다. 동사 '포르떼오'(πορθέω)는 그 기본적인 뜻이 '파괴하다'이다. 개역개정판의 "멸하고"보다 '파괴했고'가 더 이해하기 쉬운 번역이다. 13절을 다시 번역하면 '내가 이전에 유대교 안에 있을 때 행한 일을 너희가 들었거니와 하나님의 교회를 계속 지나칠 정도로 박해하여 파괴했고'가 된다.

'휘페어볼레'(ὑπερβολή)는 '던지다'라는 뜻의 동사 '발로'(βάλλω)와 '능가하다'의 뜻을 가진 접두어 '휘페어'(ὑπέρ)가 합성된 동사인 '휘페어발로'(ὑπερβάλλω)의 명사형이다. '다른 사람을 능가하여 던지다'라는 뜻에는 이미 비교의 뜻이 담겨져 있다. 바울은 동시대의 다른 유대인들과 자신을 지금 비교하고 있다. 바울이 이렇게 다른 유대인과 자신을 비교하는 것은 당시의 유대교가 언약적 신율주의(Covenantal Nomism)가 아니라는 증거가 될 수 있다. 율법 준수가 단순히 언약과 선택에 대한 감사의 표현이라면 열심히 율법을 지킨 것을 다른 사람과 비교하고 자랑하는 것 자체가 모순이다. 바울은 자신의 율법 준수를 성취의 관점에서 보고 있고, 자신의 우월함의 근거로 보고 있다.

"하나님의 교회"를 핍박하고 파괴했다는 말에서 교회는 어떤 특정한 교회가 아니라 보편적 교회다(고전 15:9, "나는 하나님의 교회를 박해하였으므로" 참고).[61] 바울에게 보편교회의 개념이 없다고 보면 안 된다. 박해의 동기는 하나님의 율법을 지키려는 "열심"(zeal)이었다(갈 1:14; 빌 3:6, "열심으로는 교회를 박해하고"). 그때 바울은 교회를 하나님의 회중으로 보지 않았다.

---

60) ἐπόρθουν는 시도/노력의 의미로(conative) 미완료형이 사용되었을 수도 있다. 그렇다면 '파괴하려는 의욕을 갖고 노력했다'는 뜻이 된다. Daniel B. Wallace, *Greek Grammar Beyond the Basics: An Exegetical Syntax of the New Testament with Scripture, Subject, and Greek Word Indexes* (Grand Rapids, Zondervan, 1996), 551; Moo, *Galatians*, 100에서 재인용.

61) Longenecker, *Galatians*, 28; Moo, *Galatians*, 100.

그의 눈에 교회는 이단적인 가르침을 따르는 유대교 이단 분파(sect)로 보였을 것이다. 그래서 교회를 박해했다.

고린도전서 1:23, "우리는 십자가에 못 박힌 그리스도를 전하니 유대인에게는 거리끼는 것(σκάνδαλον, '스칸달론')이요"에서 '스칸달론'(σκάνδαλον)은 돌부리처럼 사람이 걷다가 걸려 넘어지게 하는 것이라는 뜻이다. 더 나아가 '죄를 지으라는 유혹'(temptation to sin), '배교하도록 유혹하는 것'(enticement to apostasy), '잘못된 신앙'(false belief) 등의 뜻도 있다.[62] 유대인들은 복음을 '스칸달론'(σκάνδαλον)으로 보았고, 이방인들은 '어리석은 주장'(μωρία, '모리아'; 고전 1:23, "이방인에게는 미련한 것이로되")으로 보았다. 고린도전서 1:23, "유대인에게는....이방인에게는"(to Jews.....to gentiles)의 여격(dative)은 이러한 판단들이 청중들에게서 나왔음을 보여준다.[63] '복음이 유대인에게는 스칸달론이다'라는 말은 바울의 복음을 들은 유대인들이 바울복음을 배교를 부추기는 잘못된 가르침으로 보았다는 뜻이다. 다메섹 경험 이전의 바울도 복음은 유대인들을 배교로 인도하는 잘못된 가르침, 이단으로 보았을 것이다.

다메섹 경험 후에 바울은 복음은 '스칸달론'이 아니라, "하나님의 능력"(고전 1:18)이며, 교회는 이단적 분파가 아니라 "하나님의 교회"(ἡ ἐκκλησία τοῦ θεοῦ, '헤 에클레시아 투 떼우')라는 것을 깨닫게 되었다. 70인역 구약성경에서 '에클레시아'(ἐκκλησία)는 히브리어 '까할'(קָהָל)을 헬라어로 번역할 때 사용되었다. 구약성경에서 '까할'은 '하나님의 백성의 회중'을 가리킨다(예, 신 31:30, קְהַל יִשְׂרָאֵל, '까할 이슈라엘,' "이스라엘 회중"; 신 23:2, קְהַל יְהוָה, '까할 여후와,' "여호와의 회중"). 바울은 다메섹 경험 이후에 교회를 하나님의 회중(the assembly of God)으로 인식하게 되었다.

사도행전 9:5에 따르면 부활하신 그리스도는 바울에게 자신을 "네가 박해하는 예수"라고 소개했다(행 22:8; 26:15). 바울은 교회를 박해했는데, 그리스도는 바울이 자신을 박해했다고 말씀하신다. 이것은 그리스도와 교회

---

62) *A Greek-English Lexicon of the New Testament and Other Early Christian Literature,* 3d ed(BDAG). eds. W. F. Arndt, F. W. Gingrich, and F. W. Danker (Chicago and London: University of Chicago Press, 2000), 926.

63) Hans Conzelmann, *1 Corinthians: A Commentary on the First Epistle to the Corinthians* (Hermaneia; Philadelphia: Fortress, 1975), 47.

가 머리와 몸의 관계(고전 12:12-31; 골 1:18, "그는 몸인 교회의 머리시라"), 즉 왕과 그의 백성의 관계 속에 있기 때문이다. 다니엘서 7:14에 따르면 하나님께서 인자에게 "소멸되지 아니하는 영원한 권세"와 "멸망하지 아니할" 나라를 주심으로 "지극히 높으신 이의 성도들이 나라를"(단 7:18, 22) 얻게 되었다. 인자는 하나님의 백성들의 왕이고 인자의 운명과 그의 백성들의 운명은 하나로 묶였다. 인자는 왕으로서 백성을 대표하고, 그가 나라를 받으면 백성들도 나라를 받는다. 그런 의미에서 인자와 하나님의 회중은 일심동체(一心同體)다. 교회를 박해하는 것은 곧 그들의 머리며 왕이신 그리스도를 박해하는 것이다. 그런 뜻에서 바울은 "내가 하나님의 교회를 박해하고 핍박했다"고 말한다.

스데반을 처형할 때 참석한 것 외에도(행 7:58) 바울이 교회를 어떻게 박해했는지 그 구체적인 정황이 사도행전 8:3, 9:1-2, 22:3-5, 26:9-12에 있다. 사도행전 22:3-4, "…하나님께 대하여 열심이 있는 자라 내가 이 도를 박해하여…"에서 누가는 바울이 갖고 있는 "하나님을 향한 열심"과 "이 도를 박해한 것"을 연결하고 있다. 갈라디아서 1:13에서 바울이 "하나님의 교회를 심히 박해하여 멸하고"고 말할 때 "심히"(καθ' ὑπερβολὴν, "카뜨 휘페르볼렌")는 '지나칠 정도로'라는 뜻이며, 그 정도가 심함을 강조하는 부사구다. 어떤 의미로 그 정도가 심한 것일까? 누가는 바울이 "이 도를 박해하여 사람을 죽이기까지 하고 남녀를 결박하여 옥에 넘겼고"(행 22:4; 참고, 행 8:3, "사울이 교회를 잔멸할새 각 집에 들어가 남녀를 끌어다가 옥에 넘기니라") 더 나아가 "대제사장들의 권한과 위임을 받아"(행 26:12), 즉 "그들에게서 다메섹 형제들에게 가는 공문을 받아 가지고"(행 22:5) 다메섹과 같은 "외국 성에까지 가서 박해하였다"(행 26:11)고 말한다. 그 목적은 "만일 그 도를 따르는 사람을 만나면 남녀를 막론하고 결박하여 예루살렘으로 잡아오려 함"이었다(행 9:1-2). 그는 "많은 성도를 옥에 가두며 또 죽일 때에 찬성 투표를 하였고"(행 26:10) 예수를 믿는 성도들을 "모든 회당에서 여러 번 형벌하여 강제로 모독하는 말을 하게"(행 26:11) 하였다.

주후 112년경 터키 반도 중북부인 본도(Pontus)와 비두니아(Bithynia)의 총독으로 임명된 플리니(Pliny the Younger)가 당시 황제 트라얀(Trajan)에게 보낸 편지(Pliny, *Epistle*)에는 이런 구절이 있다. "고발자가 그리스도인이라고 한 사람들 중에는 처음에는 그리스도인이라고 말했지만 금방 이것을 부인하는 사람들도 있었습니다. 2, 3년 전에 그리스도인이기를 포기했다고 주장하는 사람들이 있는가 하면, 그보다 더 일찍 그리스도교를 떠났다고 말하는 사람들도 있고, 소수이긴 하지만 20년 전에 그만두었다고 하는 사람들도 있었습니다. 이들은 다 황제 폐하의 동상과 만신상 앞에서 절을 하고 그리스도를 저주하였습니다."[64] 플리니는 사람들이 예수를 저주하는 것을 배교로 보고, 예수를 저주하면 풀어주고 나머지는 처형했다. 바울이 "강제로 모독하는 말을 하게"(행 26:11) 했다는 곳에서 사용된 동사는 '블라스페메오'(βλασφημέω)는 '신성모독(blasphemy)을 저지르다'라는 뜻이다.[65]

고린도전서 12:3, "그러므로 내가 너희에게 알리노니 하나님의 영으로 말하는 자는 누구든지 예수를 저주할 자라 하지 아니하고 또 성령으로 아니하고는 누구든지 예수를 주시라 할 수 없느니라"에는 저주와 관련된 두 개의 단문(短文)이 포함되어 있다. 그 문장은 곧, 1) Ἀνάθεμα Ἰησοῦς (아나떼마 이에수스, '예수는 저주받은 자다')와 2) Κύριος Ἰησοῦς (퀴리오스 이에수스, '예수는 주님이시다')이다. 이 두 개의 문장은 상반된 고백이다. 아마도 이 두 문장은 배교 강요와 관련이 있는 듯하다. "또 모든 회당에서 여러 번 형벌하여 강제로 모독하는 말을 하게"(행 26:11) 했을 때 "모독하게 하는 말"은 무엇이었을까? '예수는 저주받은 자다'(아타떼마 이에수스, Ἀνάθεμα Ἰησοῦς)와 같은 저주문을 말하게 강요했을 것이다. 배교를 거부하는 사람은 '예수는 주님이시다'라고 고백했을 것이다.

갈라디아 성도들은 누구로부터 바울이 "이전에 유대교 안에 있을 때에 행한 일"에 관해 들었을까? 일부 학자들은 바울이 아닌 다른 사람들(할례당을 포함하여)로부터 들었을 가능성이 있다고 본다.[66] 하지만 바울에게서 들었을 가능성이 더 크다. 바울이 복음을 전할 때 다메섹 경험을 말하지 않고 자

---

64) 이 번역은 앨버트 벨, 오광만 역, 『신약 시대의 사회와 문화』 (서울: 생명의말씀사, 2001), 180에 있는 내용을 사용한 것이다.

65) C. K. Barrett, *A Critical and Exegetical Commentary on the Acts of the Apostles*. Vol 2: Introduction and Commentary on Acts XV-XXVIII (International Critical Commentary; Edinburgh: T & T Clark, 1998), 1156.

66) F. F. Bruce, *The Epistle to the Galatians: A Commentary on the Greek Text* (The New International Greek Testament Commentary; Grand Rapids: Eerdmans, 1982), 90; Martyn, *Galatians*, 153; Moo, *Galatians,* 99에서 재인용.

신이 어떻게 그 복음을 알게 되었는지 설명할 수 없다. 다메섹 경험을 말할 때 그 이전과 그 이후의 자신을 강력하게 대조함으로써 자신에게 얼마나 큰 변화가 일어났는지를 말했을 것이다. 자신의 개종 체험을 직접 말하는 것은 전도에 매우 효과적인 방법이 된다.

1:14 내가 내 동족 중 여러 연갑자보다 유대교를 지나치게 믿어 내 조상의 전통에 대하여 더욱 열심이 있었으나

"유대교를 지나치게 믿어"는 동년배의 다른 유대인들("연갑자")과 비교했을 때 그들보다 '앞서다'(προκόπτω)라는 뜻이다.[67] 이 동사의 미완료형 (προέκοπτον)은 '지속적으로 앞으로 나아가다'는 뉘앙스를 추가한다. '유대교 안에서 나는 지속적으로 다른 동년배들보다 앞서 있었다'는 뜻이다. 이 동사를 사용하여 바울은 자신과 동시대의 다른 유대인들을 비교한다. 바울은 바리새 랍비로 유명했던 가말리엘의 문하생이었다(행 5:34; 22:3). 바울은 바리새 운동 안에서는 물론이고, 전체 유대교 안에서도 장래가 촉망되는 젊은 유대인이었다. 바울은 "조상의 전통"에 대해서 그들보다 '훨씬 더' (περισσοτέρως, far more) "열심"을 갖고 있었다(ζηλωτής, being zealous).

바울은 바리새인이면서(빌 3:5, "율법으로는 바리새인이요") 동시에 열심당 신학에 심취한 유대인이었다. 전통(구전법, oral law)[68]에 대해 열심

---

67) '콥토'(κόπτω)는 '자르다'(to cut)라는 뜻이고 '프로'(προ-)는 '앞의'(before)라는 뜻의 접두어이므로, 문자적으로는 '미리 자르다'라는 뜻이다. 달리기 시합을 할 때 앞서 달린 선수가 미리 앞서서 결승점 리본을 자르고 들어오는 것을 연상하면 왜 이 단어의 뜻이 '앞서다'라는 뜻이 되는지 쉽게 이해가 된다.

68) 전통과 구전법은 성문법인 율법을 각 시대에 사람들이 생활에 적용할 수 있도록 당대의 랍비들이 해석해 놓은 적용지침이다. 예를 들어 '안식일을 거룩하게 지키라'는 성문법을 지키려면 모든 시대마다 유대인들이 묻는 질문에 랍비들이 답을 해주어야 율법을 지킬 수 있다. 자전거가 발명되어 생활에 자전거가 들어오면 '안식일에 자전거를 탈 수 있는 최대한의 거리는 얼마인가?'라는 질문이 생긴다. 이 질문에 대한 당대의 가장 권위 있는 랍비의 대답이 전통, 구전법이 된다. 바리새인들은 바리새 랍비들의 적용 지침만을 받아들인다. 바리새인들에게 율법을 지킨다는 것은 이런 전통, 구전법을 지키는 것이다. 구전법을 지킴으로 성문법을 지킬 수 있게 된다. 이런 랍비들의 해석은 다음 세대로 전달되었고, 입에서 입으로 기억에 의존해서 전달되었기 때문에 구전법(口傳法)이라고 부른다. 이런 구전법은 주후 2세기경 기록되어 문자화된다. 구전법이 기록된 책으로 대표적인 것이 '미슈나'(Mishnah)와 '토셉타'(Tosephta)다.

(zeal)을 갖고 있었다고 말할 때 '열심'은 기술적 용어다. 우리가 '열심히 공부하다'라고 말할 때의 '열심'과는 전혀 다른 개념이다. 바울의 의미하는 것은 자신이 원래 열심당 신학에 심취해 있었다는 것이다. 열심당 신학에서 열심은 하나님과 율법을 향한 열심을 가리킨다. 빌립보서 3:6, "열심으로는 교회를 핍박하고"에서 바울은 자신이 교회를 핍박한 것은 열심 때문이었다고 말한다.[69]

열심당 신학에 심취한 사람을 이해하려면 민수기 25:1-13을 먼저 봐야 한다. 출애굽 당시 이스라엘이 싯딤에 이르렀을 때 백성들 가운데에 모압 여자들과 음행하고 그들의 우상을 받아들인 배교자들이 생겨났다. 하나님의 진노가 임해 염병으로 2만 4천 명의 사람이 죽었다. 그런데 그 와중에도 어떤 이스라엘 남자가 미디안 여인을 데리고 텐트로 가고 있었다. 많은 이스라엘 사람들이 그 장면을 보았지만 아무도 그를 제지하지 않았다. 그때 비느하스가 하나님을 향한 질투심(열심) 때문에 창을 들고 가서 그 두 사람을 한 창에 찔러 죽였다. 놀랍게도 이 일로 인해서 하나님의 진노가 풀리고 염병이 그쳤다.

알렉산더 대왕이 지중해 일대를 정복한 후 헬라문화가 팔레스타인 유대교 안으로 들어오게 됨에 따라 열심당 신학은 필연적으로 생겨날 수밖에 없었다. 유대교 내부에 헬라문화에 동화되는 유대인들이 생겨났다. 이들은 조상들의 전통과 율법에 대해 점차 소홀히 하기 시작했고, 이것을 위기로 보는 사람들이 유대교 안에 생겨났다. 유대교 전통을 지키고, 율법에 열심을 가진 사람들은 민수기 25:1-13의 사건에서 등장하는 비느하스에게 주목하기 시작하였다. 이들은 자신들이 율법을 준수하는 것은 물론, 다른 유대인들도 율법을 지키게 하려고 했고, 비느하스는 그들에게 좋은 모범이었다. 그가 율법을 어기는 사람들을 폭력적인 방식으로 처단했음에도 불구하고(민 25:7-8) 하나님께서 그의 행동이 이스라엘을 속죄했다고 선언하셨기 때문이다(민 25:13, "그가 그 하나님을 위하여 질투하여 이스라엘 자손을 속죄[70]하였

---

69) 열심당 신학이 바울의 개종에 어떤 영향을 주었는지는 T. L. Donaldson, "Zealot and Convert: The Origin of Paul's Christ-Torah Antithesis," *CBQ* 51 (1989) 655-82를 참조하라.

70) 민수기 25:13에서 "속죄하다"의 뜻으로 사용된 히브리어 동사는 전형적인 속죄 용어인 כפר 동사의 피엘(Piel)형이며, 칠십인역 헬라어 구약성경에서는 ἐξιλάσκομαι 동

음이니라").[71] 그의 살인 행위가 하나님의 진노를 해소하고 이스라엘을 '진멸'하지 않게 하였으므로(민 15:10) 그는 민족을 구원한 구원자였다. 그의 행동의 동기는 하나님의 향한 '질투심'(קנא, '까나') 즉 '열심'(ζῆλος, '젤로스')이었다(민 25:11, 13). 율법을 향한 열심을 가진 사람들 사이에서 비느하스는 점차 유대 민족의 영웅으로 떠오르기 시작했다. 시락서 45:23에서 비느하스는 모세와 아론을 이어 열심을 갖고 있는 세 번째 인물이다.[72] 마카비1서 2:26에 비느하스의 이름이 나오고(마카비1서 2:54 참고),[73] 마카비 반란을 주도했던 마타디아스(Mattathias)가 그에 비견된다. 마타디아스는 죽기 전 후손들에게 "율법을 향한 열심을 보이라" 그리고 "우리 조상들의 언약을 위해 너희들의 목숨을 내어놓으라"고 말하고(마카비1서 2:50) 그들이 따라야 할 모범으로 비느하스를 제시한다(마카비1서 2:54). 마카비4서 18:12에도 그의 이름이 등장한다.[74] 비느하스를 찬양하는 경향은 후대의 랍비 유대교(Rabbinic Judaism)에서도 계속된다.[75]

열심을 갖고 있는 유대인들은 일종의 종교경찰 역할을 했다. 이들은 이방인들을 거룩한 땅에서 몰아내는 것에 관심이 있었지만, 동시에 유대교를

사가 사용되었다. 이 헬라어 동사는 개역개정판 로마서 3:25에서 "화목제물"로 번역된 ἱλαστήριον의 동사형인 ἱλάσκομαι에 접두어 ἐκ(ἐξ)가 추가된 동사다. 이 동사는 하나님의 진노가 해소되는 것(propitiation)을 나타낸다.

71) 민수기 25:13, "그가 그 하나님을 위하여 질투하여 이스라엘 자손을 속죄하였음이니라"에서 '속죄하다'로 번역된 동사 '엑씰라스코마이'(ἐξιλάσκομαι) 동사는 '힐라스코마이'(ἱλάσκομαι)에 강조의 접두어 '엑크'(ἐκ)가 추가된 것이다. '힐라스코마이'는 '진노를 해소하다'(to propitiate)라는 뜻이며, 그 명사형 '힐라스테리온'(ἱλαστήριον)이 로마서 3:25, "이 예수를 하나님이 그의 피로써 믿음으로 말미암는 화목제물로 세우셨으니"에서 '화목제물'로 번역되었다. '힐라스테리온'이 '진노의 해소'(propitiation)의 뜻으로 구약성경에서 사용된 선례가 있음을 보여주는 중요한 본문이다.

72) "Phinehas son of Eleazar ranks third in glory for being zealous in the fear of the Lord, and standing firm, when the people turned away, in the noble courage of his soul; and he made atonement for Israel"(시락서 45:23). 히브리어로 기록된 시락서의 저작연대는 대략 주전 180년경으로 추정된다. 왜냐하면 그 저자가 안티오쿠스 4세(Antiochus IV)가 유대교를 박해한 사건에 대해 이 책에서 아무런 언급도 하지 않기 때문이다.

73) "Thus he burned with zeal for the law, just as Phinehas did against Zimri son of Salu"(마카비일서 2:26).

74) "He told you of the zeal of Phinehas, and he taught you about Hananiah, Azariah, and Mishael in the fire"(마카비4서 18:12).

75) 자세한 것은 Martin Hengel, *The Zealots* (Edinburgh: T. & T. Clark, 1989), 173-77을 보라.

내부로부터 더럽히는 배교자들을 색출해서 이들을 바로 잡아주는 유대교 정화운동에도 관심이 있었다(신 13:1-11; 행 26:10, "대제사장들에게서 권한을 받아 가지고 많은 성도를 옥에 가두며 또 죽일 때에 내가 찬성 투표를 하였고"). 이들은 팔레스타인뿐만 아니라 멀리 이민 가서 사는 디아스포라 유대인들의 동향도 감시했다(신 13:12-19; 17:2-7; 행 26:11, "심히 격분하여 외국 성에까지 가서 박해하였고"). 이들은 이런 일을 위해 임명을 받았기 때문이 아니라 자발적으로 그런 일을 하기로 자원했다(행 26:9, "나도 나사렛 예수의 이름을 대적하여 많은 일을 행하여야 될 줄 스스로[ἐμαυτοῦ] 생각하고"). 그들에게 유대교 내부의 적을 색출해서 제거하는 것은 민족의 운명이 걸린 중요한 일이었기 때문이다. 비느하스는 바울에게 롤모델(role model)이었을 것이다. 바울은 율법을 제대로 지키지 않는 동료 유대인들을 향해 적개심을 갖고, 폭력적인 방법을 동원해서라도 율법을 지키게 만들기를 주저하지 않는 바리새 우파(右派) 행동가(activist)였다(바울과 열심당 신학 사이의 관계에 관해서는 보충설명 9: "바울과 열심당(Zealots) 신학"을 참고하라).

바울은 왜 다메섹을 향해 갔을까? 우리는 흔히 교회를 핍박하려고 갔다고 말한다. 하지만 당시 바울의 관점에서 말한다면 단순히 교회를 핍박하기 위해 간 것이 아니다. 그는 다메섹에 이민 가서 사는 유대인 중에 이단에 빠진 사람들을 바로 잡아주기 위해 갔다. 개종 전 바울의 눈에 예수의 제자들은 율법을 제대로 지키지 않는 배교자로 보였을 것이다. 더구나 유대교 최고 법원인 산헤드린에서 유죄판결 받고 십자가에서 처형당한 죄인을 메시아로 선포하는 것은 그에게 정신 나간 소리로 들렸을 것이다. 바울은 이단적 가르침에 빠진 유대인들을 처벌하고 다시 올바른 길로 인도하고자 하는 열심 때문에 다메섹을 향해 갔다.

보충설명 9: "바울과 열심당(Zealots) 신학"

바울은 다메섹 경험 이전의 자신은 '열심'(zeal)을 가진 바리새인이었다고 말한다(갈 1:14; 빌 3:6). 1세기 유대교에서 '열심'은 기술적 용어(technical term)다. 우리가 '열심당'(혹은 열혈당, Zealots)이라고 부르는 유대교 분파(sect)와 깊은 연관이 있다.[76] 유대 역사가 요세푸스(Josephus)는 유대교 안에 존재하던 바리새파, 사두개파, 에쎈파(Essenes)에 이어, "네 번째 철학"(Fourth Philosophy)이라는 호칭으로 열심당을 언급한다(요세푸스, 『유대고대사』, 18:23).

열심당이 정치적 집단(political party)으로 유대 역사에 등장한 것은 로마제국에 대항하여 주후 66/67년에 발생한 반란 때다. 열심당은 로마에 대항해서 마지막까지 항전하던 다섯 가지의 반란 주동세력 중 하나였다. 반란 기간 중 한때 예루살렘에서 주도권을 잡은 적도 있었지만, 반란 세력 내부 주도권을 둘러싼 갈등과 유혈 충돌로 인해 로마군대가 예루살렘을 포위하기 전에 열심당은 예루살렘을 떠났다(요세푸스, 『유대전쟁사』, 2.433-448, 4.84ff., 4.160ff., 4.558-563). 그들은 헤롯의 별장이 있던 사해 근처 마사다(Masada)로 옮겨 마지막 항전을 벌였다. 로마군에 의해 요새가 함락되기 직전 열심당은 대부분 자결하여 그 명맥이 역사에서 끊어졌다(요세푸스, 『유대전쟁사』, 7.253). 그러므로 66/67년 반란 이전의 유대 역사와 문헌을 논할 때 '열심당'이라는 단어를 사용하는 것은 시대착오적인 오류(anachronistic error)로 보일 수 있다.[77] 하지만 열심당 신학(theology) 혹은 열심당 사고방식(mentality)이 66/67년 이전에는 없었다고 본다면 그것 역시 잘못된 것이다.

유대역사에서 열심당 신학이 본격적으로 나타난 사건은 주후 6년에 일어난 갈릴리 유다(Judas of Galilee)의 반란으로 보인다. 사도행전 5:37, "그 후 호적할 때에 갈릴리의 유다가 일어나 백성을 꾀어 따르게 하다가 그도 망한즉 따르던 모든 사람들이 흩어졌느니라"에 나오는 유다가 바로 그 반란을 일으킨 유다다.[78] 이 반란은 당시 로마인들의 인구조사로 인해 촉발되었다. 인구조사는 세금 징수의 준비 작업이었다. 그러나 반란의 동기는 단순히 경제적이라기보다 다분히 종교적, 신학적인 것이었다. 갈릴리 유다와 반란에 참여한 유대인들은 유대 땅은 하나님의 것이므로 하나님께 성전세를 드리는 것 외에 황제에게 다른 세금을 바치는 것을 십계명의 첫 계명을 어기는 우상숭배 행위로 보았다(요세푸스, 『유대전쟁사』, 2.118, 433; 7.253-57; 『유대고대

---

76) 열심당에 관한 개론적 설명은 David Rhoads, "Zealots," in Freedman, D. N. et al. eds., *The Anchor Bible Dictionary,* vol 6 (New York: Doubleday, 1992), 1043-54; E. M. Good, "Jealousy," *IDB* 2.806-7; H. C. Hahn, "Zeal," *NIDNTT* 3.1166-68; W. Popkes, "ζηλός κτλ," *TDNT* 2.882-88; Stumpff, A. "ζηλός κτλ," *TDNT* 2.882-88를 참고하라.

77) 누가복음 6:15의 "셀롯", 사도행전 1:13의 "셀롯인" 등의 명칭이 십자가 사건 이전에 사용되었는지의 여부에 관해서는 논쟁의 여지가 있다.

78) 갈릴리 유다의 반란과 드다의 반란(행 5:36, "이 전에 드다가 일어나 스스로 선전하매 사람이 약 사백 명이나 따르더니 그가 죽임을 당하매 따르던 모든 사람들이 흩어져 없어졌고") 사이의 시간적 선후관계에 관해서는 논란이 있다. 누가가 드다의 반란이 먼저라는 뉘앙스로 말하지만 요세푸스의 기록에 따르면 갈릴리 유다의 반란이 먼저 일어난 사건이다. 그러나 요세푸스의 기록이 정확하다는 것을 증명할 다른 자료가 없고, 또한 가말리엘, 혹은 누가가 언급하는 갈릴리 유다의 반란이 요세푸스가 말하는 그 반란과 동일한 반란인지도 증명하기 어렵다. 때문에 이런 불일치를 근거로 성경의 오류를 증명하는 것은 바람직하지 않다.

사』, 18.4-10, 23-25, 102). 이들은 유대인들이 하나님께만 충성할 것을 요구했다. 폭력적인 방법을 써서라도 거룩한 땅을 더럽히는 이방인들을 몰아내야 한다고 생각했다. 이런 성향을 한마디로 표현한 것이 바로 '열심'(zeal)이다. 이 열심을 가진 사람들의 공통적 확신은 율법을 어기느니 차라리 죽는 게 낫다는 것이다.

당시 반란은 매우 급속히 확산되었고, 로마군대는 반란 진압에 애를 먹었다. 당시 갈릴리와 유대 일대에 열심당 신학이 대중들 사이에 널리 유포되어 있었기 때문이다. 반란 진압 후 유대 반란 전까지 폭력을 동반한 정치적 혁명운동으로서 열심당 운동이 다시 나타나지 않았다. 하지만 유대 사회 저변에 열심당 신학 혹은 사고방식이라고 부를 수 있는 경향이 광범위하게 존재했고, 66/67년까지 지속적으로 상승하고 있었다.

갈릴리 유다의 반란이 진압된 후에도 황제에게 세금을 바치는 문제는 유대교 안에서 뜨거운 토론 주제였다. 마태복음 22:17, "가이사에게 세금을 바치는 것이 옳으니이까 옳지 아니하니이까"는 이 문제에 대한 예수의 견해를 묻는다. 로마서 13:1-7에 나타난 문제도 열심당 신학과 관련이 있을 것으로 본다. 바울이 "모든 자에게 줄 것을 주되 조세를 받을 자에게 조세를 바치고 관세를 받을 자에게 관세를 바치고 두려워할 자를 두려워하며 존경할 자를 존경하라"(롬 13:7)고 말하는 것은 로마교회 안에 황제에게 세금 바치는 것에 대해 상당한 이견(異見)이 있었기 때문이다. 사도행전 21:20에서 야고보는 예루살렘교회에 "유대인 중에 믿는 자 수만 명이 있으니 다 율법에 열성을 가진 자(ζηλωταί τοῦ νόμου, '젤로타이 투 노무')라"고 말한다. 열심당 신학 혹은 사고방식이 유대들 가운데는 물론이고 교회 안에서도 작용하고 있었다. 사도행전 23:12-14, "유대인들이 당을 지어 맹세하되 바울을 죽이기 전에는 먹지도 아니하고 마시지도 아니하겠다고 하고"에 나오는 유대인들은 열심당식 사고와 행동방식을 보여준다. 열심당 신학은 갈릴리 유다의 반란이 진압된 이후에도 꾸준히 영향력이 확대되었고, 결국 주후 66/67년에 로마에 대항하는 반란으로 다시 한번 폭발했다.

1:15 그러나 내 어머니의 태로부터 나를 택정하시고 그의 은혜로 나를 부르신 이가

'택정하다'(ἀφορίζω)는 '별도의 용도를 위해 따로 떼어놓는다'(to set apart)라는 뜻이다. 예를 들어 성전에서 제사를 드릴 때 사용되는 그릇들은 특별한 용도를 위해 따로 떼어 놓은 것이다. 성전의 제기는 절대로 일상적 식사를 위해 사용되지 않는다. 사람도 마찬가지다. 제사장은 특별한 용도로 따로 구분하여 떼어 놓은 사람이다. 그러므로 다른 용도로 사용될 수 없다. 바울은 하나님께서 자신을 그리스도의 사도로 따로 구분하여 떼어놓으셨다고 말한다. "택정"은 하나님의 예정 속에서의 선택이다. "나를 부르신 이"에서 '부르다'도 역시 선택을 가리킨다. 바울은 주의 일을 위한 자원봉사자

(volunteer)가 아니라, 선택받고 사도로 부름을 받은 사람이다. 고린도전서 9:17, "내가 내 자의로 이것을 행하면 상을 얻으려니와 내가 자의로 아니한다 할지라도 나는 사명을 받았노라"은 바로 이점을 강조한다. "자의로"(ἐκών, '헤콘')는 '자원하여'(voluntarily)라는 뜻이고, "자의로 아니한다"(ἄκων, '아콘')는 '비자발적으로'(unwillingly)라는 뜻이다. 바울은 자원자가 아니라 지명받은 사도다.

'내가 어머니의 배 속에 있을 때 하나님께서 나를 구분하셨다'는 말은 성경에 자주 나오는 표현이 아니다. 신약성경에 한 번, 구약성경에 단 두 곳에 나타난다.

> **예레미야 1:5**, 내가 너를 복중에 짓기 전에 너를 알았고, 네가 태에서 나오기 전에 너를 구별하였고 너를 열방의 선지자로 세웠노라

> **이사야 49:1, 5**, [1]섬들아 내게 들으라 먼 곳 백성들아 귀를 기울이라 여호와께서 태에서부터 나를 부르셨고 내 어머니의 복중에서부터 내 이름을 기억하셨으며 … [5]이제 여호와께서 말씀하시나니 그는 태에서부터 나를 그의 종으로 지으신 이시오 …

예레미야 선지자의 소명사건, 혹은 이사야의 '주의 종'(the Servant of the Lord)이라 불리는 선지자의 소명사건에서 나오는 이런 특이한 표현을 자신의 다메섹 경험에 사용하는 것을 볼 때, 바울은 다메섹 경험이 이런 선지자들의 소명사건과 비슷한 것으로 보는 듯하다. 특히 예레미야의 소명사건이 다메섹 경험과 매우 유사하다고 보는 듯하다. 헬라어로 읽었을 때 예레미야서 쪽이 이사야서 쪽보다 갈라디아서 다메섹 사건의 내용과 더 가깝기 때문이다 (자세한 것은 보충설명 10: "예레미야의 소명과 바울의 소명"을 보라).

보충설명 10: "예레미야의 소명과 바울의 소명"

예레미야의 소명사건에 관한 기록인 예레미야 1:4-10을 보면 10절에 하나님께서 예레미야에게 주신 소명이 여섯 개의 동사로 되어 있다.

예레미야 1:10. 보라 내가 오늘 너를 여러 나라와 여러 왕국 위에 세워 네가 그것들을 뽑고 파괴하며 파멸하고 넘어뜨리며 건설하고 심게 하였느니라 하시니라

'뽑다,' '파괴하다,' '파멸하다,' '넘어뜨리다,' '건설하다,' '심다' 중에서 2번, 3번, 4번은 동의어이므로, 사실 예레미야에게 준 소명은 '뽑다,' '파괴하다,' '건설하다,' '심다,' 이 네 개의 동사로 요약된다. '뽑다'와 '심다'는 농사와 관계된 동사고, '파괴하다'와 '건설하다'는 건축과 관련된 동사다. '뽑다'와 '파괴하다'는 부정적인 의미를, '건설하다'와 '심다'는 긍정적인 뉘앙스를 갖고 있다.

바울은 예레미야에게 소명으로 준 4개의 동사, 즉 '건설하다,' '심다' '뽑다,' '파괴하다'를 자신의 사도적 소명에 적용한다. 고린도전서 3장에서 바울은 '건설하다'와 '심다'를 자신의 사도적 소명과 연결하여 사용한다.

고린도전서 3:5-10
⁵그런즉 아볼로는 무엇이며 바울은 무엇이냐 그들은 주께서 각각 주신 대로 너희로 하여금 믿게 한 사역자들이니라 ⁶나는 심었고 아볼로는 물을 주었으되 오직 하나님께서 자라나게 하셨나니 ⁷그런즉 심는 이나 물 주는 이는 아무 것도 아니로되 오직 자라게 하시는 이는 하나님뿐이니라 ⁸심는 이와 물 주는 이는 한가지이나 각각 자기가 일한 대로 자기의 상을 받으리라 ⁹우리는 하나님의 동역자들이요 너희는 하나님의 밭이요 하나님의 집이니라 ¹⁰내게 주신 하나님의 은혜를 따라 내가 지혜로운 건축자와 같이 터를 닦아 두매 다른 이가 그 위에 세우나 그러나 각각 어떻게 그 위에 세울까를 조심할지니라

바울은 아볼로와 자신을 비교한다. 아볼로도 바울도 다 하나님으로부터 소명을 받았다. 그런데 그 소명은 각각 다르다. 바울의 소명은 '심는 것'이고 아볼로의 소명은 '물 주는 것'이다. 바울은 물 주는 일은 하지 않고, 오직 심는 일만 한다. 반대로 아볼로는 물 주는 일만 한다. 최후의 심판 때에 하나님께서 평가하실 때 바울에게 '너는 왜 물을 안 주었냐?'고 나무라지 않으시고, 아볼로에게 '너는 왜 심지 않았냐?'고 야단치지도 않으신다. 각각 "자기가 일한 대로 자기의 상을"(8절) 받는다. 그래서 바울은 아예 자신을 "심는 이"로, 아볼로를 "물 주는 이"로 부른다. 바울이 '심다'라는 동사를 자신의 사도적 소명과 연결하여 사용하는 모습을 볼 수 있다.

9절에서 바울은 농사 메타포(agricultural metaphor)를 연장하여 성도들을 향해 "너희는 하나님의 밭이요"라고 말한다. 6절에서 9절까지 농사 메타포가 나타난다. 그런데 9절에서 "너희는 하나님의 밭이요"라고 말한 직후에 "하나님의 집이니라"라고 말하면서 급격하게 농사 메타포에서 건축 메타포(architectural metaphor)로 이동한다. 10절에서는 자신을 '건축하는 사람'으로 묘사한다("내가 지혜로운 건축자와 같이"). 9-10절에서 바울은 '건설하다'를 자신의 소명과 연결하여 사용한다. 긍정적인 동사인 '심다'와 '건축하다' 둘 다 5-10절에서 사용하되 자신의 소명과 연결하여 사용한다.

흥미로운 것은 9절에서 급격하게 농사 메타포에서 건축 메타포로 이동하는 것이다. 이것이 가능한 이유는 바울의 머릿속에 이 두 가지가 짝(pair)을 이루고 있기 때문이다. 바울은 평소 '심는 것'과 '건축하는 것,' 이 두 가지를 하나의 세트(set)로 묶어

서 생각하고 있었던 것이 분명하다. 바울서신 전체에 농사 메타포와 건축 메타포는 적지 않게 나온다.[79) 바울은 자신의 사도적 소명이 복음을 심고, 하나님의 성전을 건축하는 것이라고 본다. 이런 자기 이해(self-understanding)는 다메섹 경험에 그 근원이 있고, 바울은 그 경험을 예레미야 1:10을 사용하여 해석하고 있는 듯하다.

그렇다면 부정적인 뉘앙스의 동사, '뽑다,' '파괴하다'도 바울서신에서 사도적 소명과 연결되어 사용될까? 바울서신에서 '뽑다'는 사도적 소명과 연결되어 사용되지 않았다. 하지만 '파괴하다'는 사용되었다. 바울이 자신을 '무너뜨리는 사람'(파괴자, demolisher)으로 본 대표적인 구절은 고린도후서 10:3-5이다. '파괴하다'가 이 구절들에 여러 번 나온다.

고린도후서 10:3-5
[3]우리가 육신으로 행하나 육신에 따라 싸우지 아니하노니 [4]우리의 싸우는 무기는 육신에 속한 것이 아니요 오직 어떤 견고한 진도 <u>무너뜨리는</u> 하나님의 능력($δυνατὰ τῷ θεῷ$)이라 모든 이론을 <u>무너뜨리며</u> [5]하나님 아는 것을 대적하여 높아진 것을 다 <u>무너뜨리고</u> 모든 생각을 사로잡아 그리스도에게 복종하게 하니

바울이 전쟁터에 나가 싸울 때 그의 무기는 "하나님의 능력"이다. 아래의 구절들에 따르면 이 능력은 바로 십자가 복음이다.

로마서 1:16. 내가 복음을 부끄러워하지 아니하노니 <u>이 복음은</u> 모든 믿는 자에게 구원을 주시는 <u>하나님의 능력</u>($δύναμις θεοῦ$)이 됨이라 먼저는 유대인에게요 그리고 헬라인에게로다

고린도전서 1:18. <u>십자가의 도가</u> 멸망하는 자들에게는 미련한 것이요 구원을 받는 우리에게는 <u>하나님의 능력</u>($δύναμις θεοῦ$)이라

바울은 무엇을 파괴할까? "견고한 진"(성의 요새)과 "높아진 것"(성위의 탑, tower)다. 바울은 여기서 고대시대의 공성전(攻城戰)을 메타포로 사용하여 자신의 소명을 설명한다. 바울은 성을 공격하는 사람이다. 견고한 진과 높아진 것은 인간의 이론과 교만한 생각이다. 사회화과정을 통해 사람들이 갖게 된 가치관, 세계관이다. 복음 전도는 세상이 세워놓은 잘못된 가치관과 세계관을 무너뜨리고 하나님의 복음 안에서 새로운 세계관을 건설하는 것이다. 단순한 건설이 아니라 파괴가 선행(先行)되는 건설이다.

바울이 사도로서 하는 일은 두 가지다. 즉 1) 파괴하는 것(뽑는 것)과, 2) 건설하는 것(심는 것)이다. 헬라-로마인을 만나면 그들의 우상숭배에 기초한 세계관을 파괴하고, 유대인을 만나면 율법주의에 기초한 그들의 종교관을 무너뜨린다. 헬라-로마인들의 세계관을 무너뜨리지 않고 그대로 놓아둔 채 예수를 믿고 구원받게 한다는 것은 마치 열 개의 신을 섬기는 사람에게 열한 번째 신으로 예수를 믿게 하는 것과 같다. 바울은 유일신관을 가르쳐 우상숭배의 허구를 폭로함으로 모든 헛된 신들을 다 버리고, 참 하나님에게 돌아서게 했다. 그 후에 예수 그리스도의 죽음과 부활에 대한 복음을 가르쳤다(예, 살전 1:9-10). 바울이 고린도전서 3:6절에서 자신을 '씨앗을 심는 농부'로 3:9에서 자신을 건물을 세우는 '건축자'로 보는 것, 그리고 고린도후서 10:3-5에서 자신을 '무너뜨리는 사람(파괴자)'로 보는 것은 모두 예레미야 1:10에 나오는 예레미야의 소명과 바울의 소명이 본질적으로 같기 때문이다.

---

79) 더 자세한 것은 김철홍, "바울의 소명의식과 복음 선포에 나타난 그의 전도, 개종, 교회 개척의 특징," 『신약연구』 14 (2015), 206-43을 보라.

"그의 은혜로 나를 부르신 이가"는 다메섹 사건의 회상이다. 바울은 다메섹 사건을 회상할 때마다 거의 습관적으로 "은혜"라는 단어를 사용한다. 아래의 구절들은 그 예들이다.

> 로마서 15:15. 그러나 내가 너희로 다시 생각나게 하려고 하나님께서 내게 주신 은혜로 말미암아 더욱 담대히 대략 너희에게 썼노니

> 로마서 15:16. 이 은혜는 곧 나로 이방인을 위하여 그리스도 예수의 일꾼이 되어 하나님의 복음의 제사장 직분을 하게 하사 이방인을 제물로 드리는 것이 성령 안에서 거룩하게 되어 받으실 만하게 하려 하심이라

> 고린도전서 3:10. 내게 주신 하나님의 은혜를 따라 내가 지혜로운 건축자와 같이 터를 닦아 두매 다른 이가 그 위에 세우나 그러나 각각 어떻게 그 위에 세울까를 조심할지니라

> 고린도전서 15:10. 그러나 내가 나 된 것은 하나님의 은혜로 된 것이니 내게 주신 그의 은혜가 헛되지 아니하여 …

> 에베소서 3:7-8
> [7]이 복음을 위하여 그의 능력이 역사하시는 대로 내게 주신 하나님의 은혜의 선물을 따라 내가 일꾼이 되었노라 [8]모든 성도 중에 지극히 작은 자보다 더 작은 나에게 이 은혜를 주신 것은 측량할 수 없는 그리스도의 풍성함을 이방인에게 전하게 하시고

바울은 자신이 사도가 된 것은 전적으로 하나님의 은혜라고 생각한다. 그가 다메섹 개종 이전에 한 일을 본다면 사도로 선택을 받을 만한 어떤 업적도 없다. 정반대로 그는 하나님의 복음에 정면으로 대항하고 방해했다. 그런데도 그를 사도로 부르시고 하나님의 거룩한 복음의 사역에 참여할 수 있는 특권을 주셨다. 바로 이 점 때문에 바울이 다메섹 사건을 회상할 때마다 그의 입에서는 자연스럽게 '은혜'라는 말이 나온다.

1:16 그의 아들을 이방에 전하기 위하여 그를 내 속에 나타내시기를 기뻐하셨을 때에[80] 내가 곧 혈육과 의논하지 아니하고

"그의 아들을 이방에 전하기 위하여"는 다메섹 계시의 목적을 알려준다. 바울이 사도로 세움받은 목적은 이방인들에게 '하나님의 아들'을 전하는 것이다. 로마서 11:13, "내가 이방인의 사도인 만큼 내 직분을 영광스럽게 여기노니"에서 바울은 자신을 "이방인의 사도"라고 말한다. 하나님은 이 목적을 갖고 '바울 속에'(ἐν ἐμοί, "내 속에") 하나님의 아들을 계시하셨다. "내 속에"는 전치사 '엔'(ἐν)을 장소로 번역하지 않을 경우, '나에게'로 번역할 수도 있다. "그의 아들"은 '하나님의 아들'이다. 바울은 예수 그리스도를 하나님의 아들이라는 호칭으로 부른다(하나님의 아들이란 호칭에 관해서는 보충설명 11: "왜 메시아는 '하나님의 아들'이란 호칭을 갖게 되었나?"를 보라).

---

80) 헬라어 본문에서는 "기뻐하셨을 때에"가 15절에 나오지만 개역개정판 번역에서는 16절에 나온다.

보충설명 11: "왜 메시아는 '하나님의 아들'이란 호칭을 갖게 되었나?"

하나님의 아들이란 호칭은 '나단의 신탁'으로 알려진 구약성경 사무엘하 7:12-16에서 유래한다. 하나님의 아들이란 호칭은 원래 메시아를 가리키는 호칭이다.

사무엘하 7:12-16
¹²네 수한이 차서 네 조상들과 함께 누을 때에 내가 네 몸에서 날 네 씨를 네 뒤에 세워 그의 나라를 견고하게 하리라 ¹³그는 내 이름을 위하여 집을 건축할 것이요 나는 그의 나라 왕위를 영원히 견고하게 하리라 ¹⁴<u>나는 그에게 아버지가 되고 그는 내게 아들이 되리니</u> 그가 만일 죄를 범하면 내가 사람의 매와 인생의 채찍으로 징계하려니와 ¹⁵내가 네 앞에서 물러나게 한 사울에게서 내 은총을 빼앗은 것처럼 그에게서 빼앗지는 아니하리라 ¹⁶네 집과 네 나라가 내 앞에서 영원히 보전되고 네 왕위가 영원히 견고하리라 하셨다 하라

다윗에게 여러 아들이 있었지만 결국 솔로몬이 왕위를 계승하여 성전을 건축한다. 그러므로 나단의 신탁은 일차적으로 솔로몬에 관한 예언이다. 13절에서 하나님은 다윗의 몸에서 태어나는 왕인 솔로몬과 "그의 나라 왕위를 영원히 견고하게 하리라"고 하셨다. 그러나 우리가 잘 알듯이 이스라엘 국가와 다윗 왕조는 '영원히' 보전되지도 않았고, 다윗과 솔로몬의 왕위는 '영원히' 견고하지도 않았다. 그렇다면 하나님은 그 약속을 지키지 않은 것일까? 후대의 유대인들은 이 질문에 대답해야만 했다.

병행 구절인 열왕기상 9:4-5, 역대상 28:6-7(참고, 시 132:11-12)은 하나님의 약속에 순종의 조건을 달아, 결국 후대의 왕들이 하나님의 뜻에 순종하지 않았기 때문에, 왕조가 영원히 보전되지 않았다고 해석한다.

역대상 28:6-7
⁶내게 이르시기를 네 아들 솔로몬 그가 내 성전을 건축하고 내 여러 뜰을 만들리니 이는 내가 그를 택하여 내 아들로 삼고 나는 그의 아버지가 될 것임이라 ⁷<u>그가 만일 나의 계명과 법도를 힘써 준행하기를 오늘과 같이 하면</u> 내가 그의 나라를 영원히 견고하게 하리라 하셨느니라

그러나 문제는 사무엘하 7:12-16에 '만약(if) ~을 하면 내가 이렇게 하겠다'는 조건이 없다. 정반대로 무조건적 보존과 보호를 약속하신다. 하나님은 비록 매로 왕을 때리는 한이 있더라도(14절, "그가 만일 죄를 범하면 내가 사람의 매와 인생의 채찍으로 징계하려니와") 자신이 주시는 은총을 "사울에게서 내 은총을 빼앗은 것처럼 그에게서 빼앗지는 아니하리라"(삼하 7:15)고 말씀하신다. 16절에서 다시 한번 "네 집과 네 나라가 내 앞에서 영원히 보전되고 네 왕위가 영원히 견고하리라"고 확약하신다. 그러므로 조건절을 추가하는 것으로 문제가 간단히 해결되지 않는다.

이런 이유로 나단의 신탁은 솔로몬과 그의 후손인 이스라엘 왕가의 왕에 관한 구절로 보기 어렵다. 이 문제를 해결할 수 있는 유일한 길은 이 구절을 솔로몬에 관한 것으로 보지 않고, 미래에 오실 왕, 메시아에 관한 구절로 보는 것이다. 그렇게 보면 문제가 쉽게 해결된다. 그래서 유대교 안에서 이 구절은 그리스도의 탄생 훨씬 이전부터 미래에 하나님께서 세우시는 영원한 나라의 왕인 메시아에 관한 예언으로 여겨졌다.

미래의 메시아는 다윗의 후손인 '이스라엘의 왕'으로 이 땅에 오신다. 메시아는 왕이다. 메시아를 왕으로 보는 전승은 사무엘하 7장의 나단의 신탁에서 유래한다. 13

절에서 "그는 내 이름을 위하여 집을 건축할 것이요"라고 되어 있으므로, 메시아는 하나님을 위해 새 성전을 짓는다는 전승이 여기에서 유래한다. 아래의 복음서의 구절들은 메시아를 '새 성전을 짓는 자'로 보는 유대교 전승을 배경으로 하고 있다. 예수가 새 성전을 짓겠다고 주장한 것은 자신이 곧 메시아라고 주장한 것이다.

마가복음 14:58. 우리가 그의 말을 들으니 손으로 지은 이 성전을 내가 헐고 손으로 짓지 아니한 다른 성전을 사흘 동안에 지으리라 하더라 하되

마태복음 27:40. 42
40이르되 성전을 헐고 사흘에 짓는 자여 네가 만일 하나님의 아들이어든 자기를 구원하고 십자가에서 내려오라 하며 … 42그가 남은 구원하였으되 자기는 구원할 수 없도다 그가 이스라엘의 왕이로다 지금 십자가에서 내려올지어다 그리하면 우리가 믿겠노라

요한복음 2:19. 예수께서 대답하여 이르시되 너희가 이 성전을 헐라 내가 사흘 동안에 일으키리라

마태복음 27:40-42에서는 메시아는 '왕'이고, '성전을 짓는 자'이며, 또한 '하나님의 아들'이다. 이 세 가지 호칭은 모두 사무엘하 7:12-16에서 유래한다.

메시아는 또한 '하나님의 아들'이다. 왜냐하면 "나는 그에게 아버지가 되고 그는 내게 아들이 되리니"(삼하 7:14)라고 되어 있기 때문이다. '아들'과 '아버지'라는 언어는 친근한 관계를 나타낸다. 하나님과 메시아는 매우 친근한 관계다. 신약성경에서 예수는 '하나님의 아들'이라는 호칭으로 불린다. 이것은 메시아 호칭이며, 예수와 하나님 사이의 관계가 친근하다는 뜻이다. 생물학적 관점에서 부자(父子) 관계라는 뜻이 아니다. 메시아와 하나님 사이의 친근한 관계는 시편 2:7, "너는 내 아들이라 오늘 내가 너를 낳았다"와 시편 89:27, "내가 또 그를 장자로 삼고 세상 왕들에게 지존자가 되게 하며"에서 더욱 강조된다. 하나님께서 메시아를 향해 "내가 너를 낳았다"고 말하는 것은 심각한 신인동형론적(anthropomorphic) 언급이다. "낳았다"는 하나님과 메시아 사이의 관계가 친근함을 강조한다. 메시아를 "장자(맏아들)"로 부르는 것 역시 친근감을 최대화한다. 고대사회에서 맏아들은 아버지의 부재 시에 아버지의 책임과 권한을 물려받는 위치에 있었으므로 아버지와 특별히 가까운 관계 속에 있었다.

히브리서 1:5-6에 우리가 지금 관찰한 구절들이 한꺼번에 등장한다.

히브리서 1:5-6
5하나님께서 어느 때에 천사 중 누구에게 너는 내 아들이라 오늘 내가 너를 낳았다 하셨으며 또 다시 나는 그에게 아버지가 되고 그는 내게 아들이 되리라 하셨느냐 6또 그가 맏아들을 이끌어 세상에 다시 들어오게 하실 때에 하나님의 모든 천사들은 그에게 경배할지어다 말씀하시며

이것은 1세기 유대교 안에 있던 메시아 전승 중 '하나님의 아들'(Son of God) 전승이 초대교회로 이어졌다는 증거다. 히브리서 1:6에서 그리스도를 "맏아들"(πρωτότοκος)이라고 부르는 것은 이런 관점에서 이해해야 한다.

1세기 유대교에서 '네가 하나님의 아들이냐?'라고 묻는 것은 '네가 메시아냐?'라고 묻는 것과 같은 질문이다. 산헤드린 재판에서 대제사장이 예수에게 물은 질문, "네가 찬송 받을 이의 아들 그리스도냐"(마 14:61)는 '네가 하나님의 아들, 즉 그리스도/메시아냐?'라는 질문이었다. '그렇다'고 말한다고 해서 자동적으로 자신의 '신성'(神性)을 주장한 것은 아니다. 왜냐하면 당시 대부분의 유대인들은 메시아를 인간 왕

으로 이해했다. 메시아를 신성을 가진 존재로 이해한 유대인들은 극소수에 불과했다.[81]

마태복음 16:16에서 베드로가 예수를 "살아계신 하나님의 아들"로 고백했을 때에도 베드로는 예수를 메시아/그리스도로 고백한 것이지, 예수의 신성(神性)을 고백한 것이 아니다. 1세기 유대교 문화 속에서 '하나님의 아들'이라는 호칭은 신성(divinity)과 관계없는 메시아 호칭이었다. 그러나 바울서신에서 바울이 '하나님의 아들'이라는 호칭을 사용할 때는 단순히 메시아 호칭으로 사용하는 것을 넘어, 창조 이전의 선재(先在)하는(pre-existent) 신적 존재를 가리키는 호칭으로 사용하는 것으로 보인다(롬 1:3, 9; 8:3; 갈 4:4).[82]

"나타내시기를"에서 사용된 동사 '아포칼륍토'(ἀποκαλύπτω)는 전형적인 계시(啓示) 동사다. '감추어져 있는 것을 드러내 보이다'(to reveal)라는 뜻이다. 하나님은 십자가에서 처형당해 죽은 예수가 누구인지 제대로 모르던 바울에게 예수가 하나님의 아들이라는 것을 드러내 보여주셨다. 그 계시를 받은 뒤 바울은 "곧 혈육과 의논하지" 않았다. 여기에서 여기서 "혈육"은 친척(親戚)이라는 뜻이 아니다. 혈육(血肉), 즉 피와 살(flesh and blood)은 '인간'을 나타내는 유대교 숙어다.

'의논하다'(to consult)로 번역된 동사 '프로스아나티떼미'(προσανατίθημι)는 갈라디아서 2:6, "저 유력한 이들은 내게 의무를 더하여 준 것이 없고"에서도 사용된다. 여기에서는 '더하여주다'(to add or contribute to)로 번역되었다. 이 동사에서 접두어 '프로스'(προς-, toward)를 떼어내면 '아나티떼미'(ανατίθημι)가 된다. '아나티떼미'의 뜻은 '진술하다'(to set forth)이다. 즉 어떤 사람을 찾아가 그 사람을 향하여(προς-, toward) 진술하는 것이 '프로스아나티떼미'(προσανατίθημι, to lay before)다. "곧"(εὐθέως)이란 부사가 있으니 '서둘러 사람들을 찾아가 그들을 향해 진술하지 않았다'라는 뜻이다. 무슨 의도로 '나는 하나님의 아들에 관한 계시를 받고 나서 곧바로 어떤 사람들을 찾아가 내가 본 계시에 대해 진술하지 않았다'고 말하는

---

81) 에녹1서에서 메시아는 인자(Son of Man)와 동일시 되며, 천지창조 이전부터 존재했다는 암시가 나온다. "And in that hour that son of man was named in the presence of the Lord of Spirits, and his name before the Head of Days. Even before the sun and the constellations were created, before the stars of heaven were made, his name was named before the Lord of Spirits."(1 Enoch 48:2-3; 참고 48:6, 62:7)

82) Schreiner, *Galatians*, 100-101.

것일까?

　　제임스 던(James Dunn)은 이 동사가 단순히 '어떤 사람과 논의하다'(to take counsel with someone)라는 뜻이 아니라 '경험이 풍부하고 권위 있는 해석을 받기 위해 의논하다'(to consult in order to be given a skilled and authoritative interpretation)라는 의미라고 주장한다. 그는 이 단어가 꿈이나 징조를 해석하는 사람들과 연관되어 사용되는 기술적 용어라고 본다.[83] 17절에서 바울이 "또 나보다 먼저 사도 된 자들을 만나려고 예루살렘으로 가지 않았다"고 말하므로 이런 해석이 설득력이 있는 것처럼 보인다. 어차피 바울은 예루살렘에 있는 사도들의 권위를 별로 인정하고 있지 않으므로(갈 2:6, "유력하다는 이들 중에 [본래 어떤 이들이든지 내게 상관이 없으며 하나님은 사람을 외모로 취하지 아니하시나니]"), '나는 그들의 권위 있는 해석을 구하지 않았다'라는 뜻으로 해석할 수 있다. 하지만 던이 주장하는 것처럼 이 단어가 그런 기술적 용어인지는 분명하지 않다. 갈라디아서 2:6에서 같은 단어를 기술적 용어로 해석하지도 않으므로 그의 주장에 동의하기 어렵다.[84] 슈라이너(Thomas Schreiner)는 바울이 그가 받은 계시의 '합법성'(legitimacy)을 다른 사람에게서 구하지 않았다는 뜻으로 해석할 것을 제안하는데, 이 제안이 더 나은 것 같다.

　　바울이 여기에서 말하는 것은 자신이 받은 계시에 관해 누구에게도 일절 말하지 않았다는 뜻이 아니다. 다메섹 도상에서 하나님의 아들에 관한 계시를 받은 바울은 다메섹 교회로 인도되었고(행 8:17-20), 아나니아같은 선지자와 만났을 때 계시를 통해 보고 들을 것을 말했을 것이다. 계시에 관해 말했지만, 그것은 결코 계시의 내용을 해석하지 못했기 때문도 아니고, 자신이 본 계시가 올바른 것임을 공인받기 위한 것도 아니었다. 계시의 내용에 대해 그는 확신하고 있었고, 그 계시의 목적이 무엇인지에 대해서도 이미 명확히 인식하고 있었다. 만약 바울이 그 계시를 보고 들었는데, 그 내용을 이해할 수

---

83) James D. G. Dunn, "The Relationship between Paul and Jerusalem according to Galatians 1 and 2," *NTS* 28 (1982), 462-63; Schreiner, *Galatians,* 102에서 재인용.

84) Moisés Silva, *Interpreting Galatians: Explorations in Exegetical Method,* 2nd ed. (Grand Rapids: Baker Academic, 2001), 59-61; Schreiner, *Galatians,* 102에서 재인용.

없었다면 다른 사람들과 만나서, 특히 그보다 먼저 사도가 된 사람들을 만나서, 물어보고 의논할 필요가 있었을 것이다. 그가 그렇게 하지 않은 이유는 그가 받은 계시가 애매하지 않았고, 그 내용과 목적을 분명히 깨달을 수 있었기 때문이다.

1:17 또 나보다 먼저 사도 된 자들을 만나려고 예루살렘으로 가지 아니하고 아라비아로 갔다가 다시 다메섹으로 돌아갔노라

"나보다 먼저 사도 된 자들을"의 헬라어 본문(τοὺς πρὸ ἐμοῦ ἀποστόλους)을 영어로 직역하면 'the before-me apostles'다. 시간을 기준으로 하면 그들이 먼저 사도로 부름을 받았고, 바울은 그들보다 나중에 사도로 부름을 받았을 뿐, 그들과 바울 사이에 어떤 계급이나 우열의 관계는 없다. 바울은 자신이 받은 계시의 내용을 확인하거나, 계시의 합법성(legitimacy)을 인정받기 위해 예루살렘교회에 있는 사도들을 만나러 올라가지 않았다. 그들과의 대면(對面)은 3년 후에 이루어진다.

그 대신 바울은 곧장 아라비아로 갔다. 전통적으로 교회는 바울이 아라비아에 간 이유를 사막에서 기도하면서 자신이 받은 계시에 대해 깊이 묵상하기 위해서라고 해석했다. 그러나 사실은 이와 다르다. 로마 행정구역으로서 아라비아는 아라비아 사막이 있는 오늘날 사우디아라비아 지방이 아니라 요단강 동남쪽에서 시작해 시나이 반도 하단에 이르는 지역이었다. 그곳에는 나바티안 왕국(Nabatean Kingdom)이라는 나라가 있던 곳이다. 나바티안 왕국은 인구가 없는 사막이 아니라 비교적 인구가 꽤 있는 지역이었다.

고린도후서 11:32-33, "다메섹에서 아레다 왕의 방백이 나를 잡으려고 다메섹 성을 지킬새 내가 광주리를 타고 들창문으로 성벽을 내려가 그 손에서 벗어났노라"에서 아레다왕은 당시 나바티안 왕국의 아레다왕 4세(Aretas IV, 주전 9년-주후 40년)다. 바울은 그의 신하(ἐθνάρχης, provincial governor)의 추격에서 벗어나기 위해 다메섹으로 도망했고, 체포조는 바울을 잡으려고 다메섹까지 추격해 왔다. 한때 다메섹은 나바티안 왕국 국경 안에 있는 도시였지만 로마와의 전쟁에서 로마가 승리한 뒤 나바티안 왕국의 국경선은 다시 그어졌고 다메섹은 국경 밖에 있는 도시가 되었다. 국경 밖의 도시인 다메섹까지 쫓아왔다는 것은 그 신하가 바울을 체포하려는 강력한 의지를 갖고 있었다는 점을 보여준다. 이것이 바로 바울이 "다시 다메섹으로" 돌아왔을 때 일어난 일이다.[85]

이런 정황은 바울이 아라비아의 동굴에서 조용히 명상과 기도를 하며 삼년을 보내지 않았다는 것을 보여주는 증거다. 그가 동굴에 칩거했다면 아레다왕의 신하들이 그를 체포하려고 할 이유가 없다. 아라비아에서 바울은 매우 활발하게 활동을 했고, 그래서 아레다 왕의 신하의 주목을 받게 되었을 것이다. 바울은 아라비아에서 자신이 계시를 통해 받은 '하나님의 아들' 예수 그리스도에 관한 복음을 전하고 다녔음에 틀림이 없다.[86] 예수 그리스도가 주이시며 왕이라고 가르쳤고, 그의 이런 가르침을 정치적 메시지로 오해한 왕의 신하들이 그를 체포하려고 했을 것이다. 그렇다면 다메섹 경험 직후 바울은 왜 다른 곳이 아닌 아라비아로 갔을까? 아마도 이사야서의 예언 때문인 것 같다(이에 관해서는 보충설명 12 "바울이 아라비아에 간 까닭은?"을 보라).

---

85) 사도행전 9:23-25에는 바울이 아라비아에 다녀왔다는 말이 없다. 그것은 누가가 이 사실을 몰랐거나 혹은 알았더라도 자신의 서술에 긴요한 내용이 아니라고 판단하여 생략한 것으로 보인다. 누가는 사도행전에서 바울의 일대기를 서술하는 데 관심을 갖고 있었던 것은 아니다. 그는 초대교회의 복음의 확장 과정을 설명하는데 관심을 갖고 있었다.

86) Bruce, *Galatians*, 96; Martin Hengel and Anna M. Schwemer, *Paul Between Damascus and Antioch: The Unknown Years* (Louiville: Westminster/John Knox Press, 1997), 106-20; Schreiner, *Galatians*, 102-3.

보충설명 12: "바울이 아라비아에 간 까닭은?"[87]

당시 아라비아의 나타비안 왕국(Nabatean Kingdom)에는 이스마엘의 후손들이 살고 있었고, 그들은 이 지역을 "Nabatene"이라고 불렀다.[88] 창세기 25:12-15에는 아브라함과 하갈과 사이에서 태어난 이스마엘의 열두 아들의 이름이 나온다. 그 중 첫째 아들은 느바욧이고, 둘째 아들은 게달이다.

창세기 25:12-13
[12]사라의 여종 애굽인 하갈이 아브라함에게 낳은 아들 이스마엘의 족보는 이러하고 [13]이스마엘의 아들들의 이름은 그 이름과 그 세대대로 이와 같으니라 이스마엘의 장자는 느바욧이요 그 다음은 게달과 앗브엘과 밉삼과

아마도 '나바티안 왕국'이란 국가명은 이스마엘의 장자인 '느바욧'에서 유래한 것 같다. '나바'와 '느바'의 발음이 유사하기 때문이다. 아라비아에는 아브라함의 자손들 중, 이삭의 계열이 아닌, 바로 이 이스마엘 계열의 후손들이 살고 있었다.

이사야서에는 이스마엘의 후손들에 관한 예언이 있다.

이사야 42:11. 광야와 거기 있는 성읍들과 게달 사람의 거하는 촌락들은 소리를 높이라 셀라의 거민들은 노래하며 산 꼭대기에서 즐거이 부르라

게달은 이스마엘의 둘째 아들이며, 셀라(סֶלַע)는 '바위'라는 뜻이다. 70인역 구약성경에서 셀라는 '페트라'(Πέτρα)로 번역되었고 페트라는 나바티안 왕국의 수도였다. 현재 요르단에 있는 유네스코(UNESCO) 지정 세계유산(World Heritage)인 고대도시 페트라(Petra)가 바로 그 도시다. 페트라 일대는 사암(砂巖)으로 된 지역이다. 그래서 페트라는 쉽게 동굴을 팔 수 있는 사암의 성격을 이용하여 도시 전체에 바위를 파서 만든 건축물이 있는 매우 특이한 도시다. 이사야는 게달의 후손들과 수도인 페트라의 주민들이 하나님을 찬양하게 될 것이라고 예언한다. 왜 그들이 하나님을 찬양할까?

이사야 40:9의 예언에 따르면 '주의 종'(the Servant of the Lord)은 "아름다운 소식" 즉 복음을 전한다.

이사야 40:9. 아름다운 소식을 시온에 전하는 자여 너는 높은 산에 오르라 아름다운 소식을 예루살렘에 전하는 자여 너는 힘써 소리를 높이라 두려워하지 말고 소리를 높여 유다의 성읍들에게 이르기를 너희의 하나님을 보라 하라

그 선지자는 "시온"과 "유다의 성읍들"에 복음을 전해야 하지만, 이사야 42:11에 기록된 게달 사람들이 거하는 촌락과 페트라(Petra)에도 가서 복음을 전해야 한다. 주의 종은 메시아로 해석되지만, 그리스도의 승천 이후에 메시아의 사역이 사도들에게로 위임되었으므로 사도 중 누군가가 그곳에 가서 복음을 전해야 한다. 그러면 그 구원의 소식을 들은 이스마엘의 후손들과 페트라 주민들이 하나님을 찬양하게 된다. 바울은 자신이 바로 그 복음을 이스마엘의 후손들에게 전해야 할 사명이 있다고 보았던 것 같다.

---

87) 이 주제에 관해 더 자세한 사항은 김철홍, "바울이 아라비아로 간 까닭은?: 갈 1:17에 나타난 바울의 선지자적 자의식," 『신약논단』 (2009년 봄), 173-98을 보라.

88) 요세푸스, 『유대고대사』 1.220-22.

또 이사야 60:6-9에는 아래와 같은 예언이 있다.

이사야 60:6-9

[6]허다한 낙타, 미디안과 에바의 어린 낙타가 네 가운데에 가득할 것이며 스바 사람들은 다 금과 유향을 가지고 와서 여호와의 찬송을 전파할 것이며 [7]게달의 양 무리는 다 네게로 모일 것이요 느바욧의 숫양은 네게 공급되고 내 제단에 올라 기꺼이 받음이 되리니 내가 내 영광의 집을 영화롭게 하리라 … [9]곧 섬들이 나를 앙망하고 다시스의 배들이 먼저 이르되 먼 곳에서 네 자손과 그들의 은금을 아울러 싣고 와서 네 하나님 여호와의 이름에 드리려 하며…

구원의 때가 되면 시온에 하나님의 영광이 나타나고 그 빛을 보고 사방에서 흩어진 이스라엘과 이방인들이 시온으로 모여든다. 그들은 하나님을 예배하기 위해 각종의 제물을 들고 와서 하나님의 성전에서 바친다는 예언이다. 창세기 25:1-4에 따르면 6절의 "미디안"은 아브라함이 후처인 '그두라'를 통해 얻은 넷째 아들이고, "에바"는 미디안의 첫째 아들이다.

창세기 25:1-4

[1]아브라함이 후처를 맞이하였으니 그의 이름은 그두라라 [2]그가 시므란과 욕산과 므단과 미디안과 이스박과 수아를 낳고 … [4]미디안의 아들은 에바와 에벨과 하녹과 아비다와 엘다아이니 다 그두라의 자손이었더라

아브라함이 하갈을 통해서 낳은 이스마엘의 후손들과는 구분되는 또 다른 가계(家系)다. 미디안과 에바 모두 아브라함의 방계(傍系) 혈통이다. 아브라함의 방계 혈통의 이름들이 이사야서 60:6에 나오고, 이어서 7절에 이스마엘의 둘째 아들과 첫째 아들인 "게달"과 "느바욧"의 이름이 나온다. 이사야 60:7과 42:11을 비교하면 셀라(페트라) 대신 느바욧의 이름이 나왔고, 게달은 양쪽에 다 나온다. 우리가 주목해야 할 점은 이사야 41:11과 60:6-7에서 이삭의 직계(直系)가 아닌 방계(傍系) 아브라함의 후손들의 이름이 등장하고, 이들이 복음을 듣고 하나님을 예배하기 위해 시온으로 모여 온다는 점이다. 이들은 모두 시온으로 와서 하나님을 예배하는 주의 백성이 된다.

또한 땅끝에 해당하는 먼 섬들과 다시스의 백성들도 시온으로 나아오게 된다(9절). 바울 당시의 유대인들은 다시스를 곧 다소로 이해하고 있었는데[89] 다소는 바울이 출생한 길리기아성의 수도였다. 이사야는 이들이 기른 양이 하나님의 성전에서 바쳐진다고 말한다. 다메섹 사건 이전의 바울은 이 구절을 읽고 언젠가 미래에 아라비아에서 생산된 양이 예루살렘 성전에서 바쳐진다고 이해했을 것이다. 그러나 다메섹 사건 이후 바울은 이 구절을 이전과 달리 해석했을 것이다. 왜냐하면 예수의 십자가 죽음과 부활을 통해 새 언약이 맺어졌고 옛 언약의 시대는 끝났기 때문이다. 옛 언약의 종말과 더불어 옛 언약의 성전인 예루살렘 성전의 유효기간이 지났고 그 성전의 동물제사도 이제 유효하지 않게 되었기 때문이다.

이런 변화가 일어날 것에 대해 이사야 66:1-3은 이렇게 말한다.

이사야 66:1-3

[1]여호와께서 이와 같이 말씀하시되 하늘은 나의 보좌요 땅은 나의 발판이니 너희가 나를 위하여 무슨 집을 지으랴 내가 안식할 처소가 어디랴 … [3]소를 잡아 드리는 것

---

89) Reiner Riesner, *Paul's Early Period: Chronology, Mission Strategy, Theology*, trans. Doug Stott (Grand Rapids/Cambridge, U.K.: Eerdmans, 1998), 245-253.

은 살인함과 다름이 없이 하고 어린 양으로 제사드리는 것은 개의 목을 꺾음과 다름이 없이 하며 드리는 예물은 돼지의 피와 다름이 없이 하고 …

새 언약의 때가 되면 하나님께서는 예루살렘 성전을 하나님의 집으로 인정하지 않으시고 새로운 성전을 요구하신다. 하나님께서 동물제사를 원하시지 않는 때가 온다. 바로 그때가 하나님께서 이스마엘의 후손들을 포함하여, 모든 민족을 주의 백성으로 삼으시는 시기다.

바울은 예수의 십자가 죽음과 부활을 통해 새 언약이 맺어졌고, 이미 이런 시점에 도달했다고 보았다. 사도행전 7장에서 스데반은 산헤드린 재판에서 스스로를 변호하면서 이사야 66:1을 인용한다.

사도행전 7:47-50
[47]솔로몬이 그를 위하여 집을 지었느니라 [48]그러나 지극히 높으신 이는 손으로 지은 곳에 계시지 아니하시나니 선지자가 말한 바 [49]<u>주께서 이르시되 하늘은 나의 보좌요 땅은 나의 발등상이니 너희가 나를 위하여 무슨 집을 짓겠으며 나의 안식할 처소가 어디냐</u> [50]이 모든 것이 다 내 손으로 지은 것이 아니냐 함과 같으니라

예루살렘 성전을 성전으로 인정하지 않고 교회를 새 성전으로 주장하는 이런 의견은 스데반 개인의 의견일까? 아니면 초대교회의 공통적인 성경해석일까? 개인적 해석이라기보다 초대교회의 공통적인 해석으로 보아야 할 것이다. 예루살렘교회 안에서 최소한 스데반 그룹은 예루살렘 성전이 아니라, 자신들의 교회가 하나님께서 원하시는 새 성전이라고 주장했다. 스데반을 처형할 때 바울은 이런 이사야 66:1의 해석에 분노하였지만, 다메섹 사건 후 그는 교회야말로 하나님의 새 성전이라는 것을 확신하게 되었을 것이다.

이사야서 66장의 말미에서 하나님은 동물 제사를 대체하는 새로운 종류의 제물을 요구하신다. 이사야 66:20은 동물이 아니라 사람을 하나님께 예물로 드릴 거라고 예언한다.

이사야 66:20.
나 여호와가 말하노라 이스라엘 자손이 예물을 깨끗한 그릇에 담아 여호와의 집에 드림 같이 <u>그들이 너희 모든 형제를 뭇 나라에서 나의 성산 예루살렘으로 말과 수레와 교자와 노새와 낙타에 태워다가 여호와께 예물로 드릴 것이요</u>

로마서 12:1에서 바울이 "너희 몸을 하나님께서 기뻐하시는 거룩한 산 제물로 드리라"고 말하는 것은 새 언약이 맺어졌고, 새 성전인 교회가 생겨났을 뿐만 아니라, 새 성전에서는 동물 대신에 사람을 산채로 하나님께 제물로 바친다는 이사야 66:20의 예언을 따른 것이다. 로마서 15:16에서 "하나님의 복음의 제사장 직분을 하게 하사 이방인을 제물로 드리는 것이"라고 말하는 것 역시 이사야 66:20의 말씀의 연장이다.

바울은 심지어 자신이 새 성전에서 제사장의 직분을 갖고 있다고 본다, 고린도전서 9:13, "성전의 일을 하는 이들은 성전에서 나는 것을 먹으며 제단에서 섬기는 이들은 제단과 함께 나누는 것을 너희가 알지 못하느냐"에서도 바울은 자신을 제사장으로 보고 있는 듯하다. 베냐민 지파 출신인 바울은 율법 규정에 따르면 제사장이 될 수 없다. 그가 자신을 제사장으로 보는 것은 이사야 66:21, "나는 그 가운데서 택하여 제사장과 레위인을 삼으리라"라는 예언 때문일 것이다. 새 언약의 때가 되면 하나님은 심지어 귀환하는 유대인들뿐 아니라 이방인들 가운데에서도 제사장과 레위인을 선발하신다.

바울이 아라비아로 간 이유는 다음과 같다. 예수 그리스도를 통해 새 언약이 맺어졌고, 새 성전을 세워야 한다. 새 성전에서 하나님께서 원하시는 것은 느바욧과 게

달의 양이 아니라 사람이다. 이사야서에는 메시아인 '주의 종'이 아라비아에서 살고 있는 이스마엘의 후손들에게 복음을 전하게끔 되어 있다. 그 사명은 지금 사도들에게 위임되었다. 바울은 바로 '내가' 그 사도의 역할을 하는 것이 옳다고 생각했다. 바울은 이사야서의 예언을 새롭게 해석하고, 그 예언을 자신이 직접 성취하기 위해 아라비아로 갔다.

바울이 아라비아에 간 것은 예수 그리스도의 명령에 따른 것으로 볼 수도 있다. 사도행전 1:8에서 그리스도는 승천하기 전 제자들에게 복음이 전달되어야 하는 순서에 대해 지침을 주셨다.

사도행전 1:8. 오직 성령이 너희에게 임하시면 너희가 권능을 받고 <u>예루살렘과 온 유대와 사마리아와 땅 끝까지</u> 이르러 내 증인이 되리라 하시니라

복음이 전파되는 순서는 1) 유대인, 2) 사마리아인들처럼 유대인도 아니고 이방인도 아닌 중간 그룹, 3) 이방인의 순서로 전파되어야 한다. 사도행전은 초대교회가 정확히 이 순서로 복음을 전했다고 증언한다. 다메섹 사건 직후 바울은 다메섹에 있는 교회의 성도들로부터 이러한 예수의 가르침을 전해 들었을 가능성이 높다. 사도행전 9:19-20, "사울이 다메섹에 있는 제자들과 함께 며칠 있을새 즉시로 각 회당에서 예수가 하나님의 아들이심을 전파하니"는 바울이 다메섹에서 가장 먼저 유대인에게 복음을 전했다고 말한다. 바울은 그 이후에도 전도할 때 회당에 들어가 유대인들에게 복음을 전했다.

이제 바울이 찾아가야 할 두 번째 청중은 사마리아인이다. 바울이 다메섹 사건을 경험한 시점에 사마리아는 이미 빌립이 가서 복음을 전했다(행 8:5, "빌립이 사마리아 성에 내려가 그리스도를 백성에게 전파하니"). 바울은 이미 복음이 전파된 곳에는 가서 전도하지 않는다는 원칙을 갖고 있었으므로(롬 15:20, "내가 그리스도의 이름을 부르는 곳에는 복음을 전하지 않기를 힘썼노니 이는 남의 터 위에 건축하지 아니하려 함이라") 만약 그 소식을 들었다면 사마리아로 갈 필요를 못 느꼈을 것이다. 그 대신 다메섹 남쪽 아라비아로 가서 그곳에 살고 있던 이스마엘의 후손들과 방계 아브라함의 후손들에게 복음을 전하는 것이 사마리아인들에게 복음을 전하는 것에 해당한다고 생각했을 것이다. 왜냐하면 그들은 유대인도 아니었고, 그렇다고 해서 완전히 이방인도 아닌, 중간 그룹이었기 때문이다. 다시 말해 아라비아에 살고 있던 아브라함의 후손들은 바로 사마리아인에 해당하는 사람들이었다. 아라비아에서 귀한 한 후 바울은 길리기아로 가서(갈 1:21) 본격적으로 이방인 선교를 시작한다. 이렇게 보면 바울은 사도행전 1:8의 순서를 그대로 지켰다고 볼 수 있다. 그러므로 바울이 그리스도의 명령에 순종하기 위해 아라비아로 갔다고 볼 수도 있다.

바울이 '나는 다메섹 경험 직후 아라비아로 갔다'고 말할 때 그가 의도하는 바는 '다른 사람의 도움 없이도 계시를 통해서 복음을 분명하게 깨달았기 때문에 나는 아라비아에 복음을 전하러 갔다'라는 뜻이다. 다메섹 경험을한 바울은 자신이 본 환상과 계시에 관해 다른 사람과 의논할 필요성을 느끼지 않았다. 왜냐하면 그 계시의 내용이 바울에게는 너무나 명확한 것이었기 때문이다. 다메섹 사건을 통해 바울은 복음을 완전히 깨닫지 못했고 바울의복음은 장기간에 걸친 발전의 산물이라고 보는 견해도 있다. 그러나 이런 식의 추론은 옳지 않다. 바울의 복음은 그의 경험을 통해 발전된 것이 아니다.그런 주장은 바울이 갈 1:1, 12, 16-17에서 그가 직접 말하는 것과 충돌한다.

3.
개종 후 첫 예루살렘 방문과 그 이후의 행적
[1:18-24]

1:18 그 후 삼 년 만에 내가 게바를 방문하려고 예루살렘에 올라가서 그와 함께 십오 일을 머무는 동안

"그 후 삼 년 만에"는 다메섹 사건을 기준으로 해서 3년이 지난 시점이다. 유대인은 시간을 계산할 때 만(滿)으로 계산하지 않는다. 예를 들어, 12월 31일부터 시작해서 12개월을 보내고 다음 해 1월 1일이 되면 만으로는 1년하고 이틀이다. 하지만 유대인식 계산으로는 3년이 된다. 예수가 금요일에 처형당하고 주일 새벽에 부활한 것을 날짜로 계산하면 사흘이 되는 것과 같은 이치다. 그러므로 바울이 말하는 3년은 만 3년보다 훨씬 더 짧을 수 있다.

바울은 삼 년 중 대부분을 아라비아에서 보냈을 것이다. 그가 "게바"를 만나려고 예루살렘에 돌아온 것은 다메섹 경험 이후 바울의 첫 번째 예루살렘 방문이다. 사도행전 9:26-30에 기록된 방문이 바로 이 방문이다. 바울의 가족의 입장에서는 다메섹으로 간 뒤 3년 만에 처음 그가 집으로 돌아온 셈이다. 이때 그가 자신의 집에 갔는지는 확인할 수 없다. 불과 3년 전까지만 해도 그가 핍박하던 예수에 관한 메시지를 지금 거꾸로 전달하고 다니는 그를 그의 식구들이 환영했을 가능성은 별로 없다. 그는 게바의 집에서 보름간 머

물다 예루살렘을 떠났다.

"게바"(כיפא, Cephas)는 베드로의 아람어 이름이다. 베드로의 원래 이름은 시몬이며(마 10:2, "베드로라 하는 시몬") 게바는 예수가 그에게 붙여준 이름이다(마 16:18, "내가 네게 이르노니 너는 베드로라"). 게바는 '바위'(rock) 혹은 '돌'(stone)이라는 뜻이다. 베드로(Πέτρος)는 '게바'를 헬라어로 옮긴 것으로, 역시 '바위'(rock) 혹은 '돌'(stone)이라는 뜻을 갖고 있는 헬라어 여성명사 '페트라'(πέτρα)를 남성형으로 바꾼 것이다. 갈라디아서에서 바울은 2:7-8의 경우를 제외하고 베드로를 게바라고 부른다(갈 2:9, 11, 14; 참고 고전 1:12; 3:22; 9:5; 15:5). 왜 바울은 '베드로'라는 헬라어 이름을 사용하지 않고, 굳이 아람어 이름인 '게바'를 사용하는 걸까? 아마도 베드로가 대표하는 예루살렘교회의 사도들은 유대인들을 책임지고, 바울 자신과 그의 동역자들은 이방인을 책임진다는 약속(갈 2:9, "우리는 이방인에게로, 그들은 할례자에게로 가게 하려 함이라")을 강조하려는 의도로 보인다.

"게바를 방문하려고"에서 '방문하다'로 번역된 헬라어 동사 '히스토레오'(ἱστορέω)의 뜻은 '사귀다'(to get to know) 정도일 것으로 본다.[90] 제임스 던(James Dunn)은 바울이 베드로를 방문한 것은 복음에 대한 어떤 정보를 얻기 위해서였다고 주장하고, 이 단어에 그런 뜻이 담겨있다고 본다.[91] 그러나 바울은 1:11-12에서 복음을 하나님의 계시를 통해 직접 받았다고 말했다. 다른 사람으로부터 복음을 전달받지도 않았고 다른 사람에게서 복음에 관해 배워서 알게 된 것도 아니다. 하나님께서 그에게 그리스도에 관한 계시를 통해 알려주셨다. 갈라디아서 1:13-19에서 바울은 그의 주장이 왜 맞는지 그 근거를 제시한다. 다메섹 사건을 언급한 것도 바로 그 근거를 제시하려는 것이다. 이런 맥락에서 보면 '히스토레오' 동사에 너무 많은 의미를 강제로 집어넣을 수 없다. 바울은 베드로와 대등한 사도의 지위를 갖고 있고, 단지 누가 먼저 사도로 부름 받았는지 정도의 차이만 있을 뿐이므로(갈 1:17, "나보다 먼저 사도 된 자들"), 베드로를 만나 친교를 쌓고 사귀기 위해서 갔다고 보

---

90) O. Hofius, "Gal 1:18: ἱστορῆσαι Κηφᾶν," *ZNW* 75 (1984), 73-85; Schreiner, *Galatians,* 109. n. 6 재인용.

91) James Dunn, *Jesus, Paul, and the Law: Studies in Mark and Galatians*, (Louiville: Westminster John Knox, 1990), 126-28; Schreiner, *Galatians,* 109. n. 5 재인용.

는 것이 더 문맥에 맞다.

바울은 게바의 집에 "십오 일을" 머물렀다고 말한다. 매우 짧은 시간만 머물렀음을 강조하는 말이다. 만약 바울이 게바에게서 복음을 배우려 했다면 보름은 너무 짧은 시간이었을 것이다. 보름 동안 바울과 베드로는 무슨 이야기를 하면서 시간을 보냈을까? 아마도 예수 그리스도의 삶과 그의 생전의 가르침에 대해 많은 시간을 할애했을 것이다. 바울이 예수의 공생애 기간 동안 그를 직접 만날 기회가 있었을까? 예수께서 예루살렘에 종종 오셨고 사람들의 관심을 끄는 말과 행동을 하셨으므로, 바울이 먼발치에서라도 예수를 직접 본 일이 있었을 가능성이 있다. 하지만 바울이 예수의 삶 전체와 그의 가르침과 행동에 대해 자세히 알지 못했을 것이다. 그런데 예수의 삶과 가르침, 행동 등에 대해 전혀 모른 상태에서 십자가 복음을 제대로 전하는 것은 거의 불가능하다. 그러므로 바울은 가능한 한 예수에 대해 많은 정보를 얻기를 원했을 것이다.

바울이 처음으로 제대로 된 예수 전승을 접한 곳은 다메섹에 있는 교회였을 것이다. 아나니아와 스데반의 환란을 피해 예루살렘을 떠난 헬라파 유대인 신자들을 통해서 살아있는 전승을 전달받았을 것이다. 바울은 예수의 제자 중 누구보다도 가장 측근에서 모든 것을 직접 보고 들은 베드로를 만나보고 싶었을 것이다. 그래서 예루살렘에 돌아오자마자 그는 베드로를 찾아갔다. 그 십오일 동안 바울이 말하는 시간보다는 베드로가 이야기하는 시간이 더 많았을 것이다. 예수의 말과 행동에 대한 전승(Jesus tradition)을 많이 전달받았을 것이다. 물론 나중에 바울이 예루살렘교회의 지도자들이면서 예수 전승을 갖고 있던 바나바와 실라와 함께 팀을 이루어 전도여행을 다니면서 그들로부터 예수 전승을 추가로 더 전달받았겠지만,[92] 이 보름 동안 베드로에게서 직접 들은 것이 향후 바울의 전도 활동에 매우 요긴한 지식이 되었을 것이다. 반면 바울은 베드로에게 자신이 계시를 통해 받은 복음을 설명하고 그가 갖고 있던 십자가 사건에 대한 신학적인 해석을 말해주었을 것이다. 두 사람 사이의 대화는 서로에게 매우 유익했을 것이다.

---

92) 이에 관해서는 김철홍, "바울의 동역자, 실루아노: 초대교회의 선교에서 그의 공헌,"『선교와 신학』19 (2007년), 229-46을 보라.

1:19 주의 형제 야고보 외에 다른 사도들을 보지 못하였노라

"주의 형제 야고보"는 예수의 바로 아래 남동생이다. 마가복음 6:3(마 13:55)에 따르면 예수의 어머니 마리아에게는 네 명의 아들과 복수(複數)의 딸이 있었다.

마가복음 6:3. 이 사람이 마리아의 아들 목수가 아니냐 야고보와 요셉과 유다와 시몬의 형제가 아니냐 그 누이들이 우리와 함께 여기 있지 아니 하냐 하고 예수를 배척한지라

전통적으로 가톨릭교회는 마리아가 예수 이외에 다른 자녀를 출산하지 않았다고 보고, 사촌동생 정도로 여긴다. 개신교는 예수께 친형제 자매가 있었다고 본다. 마가복음 6:3에서 이름의 순서는 서열의 순서다. 고대에는 이름을 쓸 때 서열 순서로 썼다. 야고보(James)라는 이름을 가진 다른 인물과 구분하기 위해 영어에서는 예수의 형제 야고보를 'James the Just'라고 부른다. 그와 예수의 가족은 예수의 공생애 기간에는 믿음을 갖지 못했던 것 같다(막 3:21, "예수의 친족들이 듣고 그를 붙들러 나오니 이는 그가 미쳤다 함일러라"). 어렸을 때부터 같은 집에서 자란 식구들이 예수를 메시아로 받아들이기는 더 어려웠을 것이다.

사도행전 12:17, 15:13-21, 21:18-25 등에 보면 야고보가 예루살렘 교회의 지도자로 나온다. 야고보는 언제부터 예수를 메시아로 믿게 되었을까? 고린도전서 15:7에 따르면 부활한 그리스도께서 "그 후에 야고보에게 보이셨으며"라고 말하므로 아무리 늦어도 이 무렵에는 그가 복음을 믿게 되었을 것이다. 신약성경의 야고보서는 예수의 형제 야고보가 썼고, 유다서는 예수의 형제 유다가 썼다. 야고보서 1:1에서 야고보가 자신을 그저 "하나님과 주 예수 그리스도의 종 야고보"라고 말한다. '야고보'라는 이름을 가진 많은 동명이인(同名異人)이 있었을 것이다. 하지만 그 중에 이렇게 간단한 소개만으로도 어떤 야고보인지 수신자들이 쉽게 알 수 있는 야고보는 예수의 형제 야고보 외에 없다. 유다서 1:1, "예수 그리스도의 종이요 야고보의 형제인 유다" 역시 야고보의 형제라는 것만으로도 자신이 어떤 유다인지 다들 알고 있다는 말투다.

유대 역사가 요세푸스의 기록에 따르면 야고보는 예루살렘교회의 최고 지도자였으며, 주후 62년 안나스 대제사장 때 율법을 지키지 않았다는 누명으로 돌에 맞아 순교했다(Josephus, 『유대고대사』 20.9.1). 초대교회 역사가인 유세비우스(Eusebius)의 『교회사』 23.19에는 야고보의 죽음에 관한 이런 기록이 있다.

> "야고보는 훌륭한 사람이고 그의 의에 관해 모든 사람들 가운데에서 추앙받고 있었기에 심지어 유대인들 중에 더 생각이 있는 사람들은 이것이 예루살렘이 [로마군에 의해] 포위당한 이유라고 생각했다. 그리고 그에 대한 그들의 도에 넘은 행동 바로 그 이유 때문에 그의 순교 후에 곧 바로 예루살렘이 포위되었다."[93]

야고보가 생전에 예루살렘의 유대인들 가운데에서 "그의 의" 즉, 의로운 행동 때문에 존경을 받고 있었고, 그의 죽음을 의로운 자의 죽음으로 보았다는 것은 야고보가 예수를 믿고 교회의 지도자로 있으면서도 철저하게 율법을 지키는 모습을 보였기 때문일 것이다. 하지만 야고보가 할례당과 신학적으로 같은 입장이었다고 생각하는 것은 옳지 않다. 사도행전 15장에서 이방인의 할례 문제에 대해 그가 완화된 견해를 갖고 바울과 바나바의 의견에 대체로 동의하는 모습이라든가, 또는 사도행전 21장에서 바울을 향해 "형제여 그대도 보는 바에 유대인 중에 믿는 자 수만 명이 있으니 다 율법에 열성을 가진 자라 네가 이방에 있는 모든 유대인을 가르치되 모세를 배반하고 아들들에게 할례를 행하지 말고 또 관습을 지키지 말라 한다 함을 그들이 들었도다"(행 21:20-21)라고 말하면서 결례를 행할 것을 충고하는 모습은 할례당의 모습과 거리가 멀다. 그러므로 갈라디아서 2:12의 "야고보에게서 온 어떤 이들"을 야고보가 파견하여 보낸 사람들로 보고, 야고보와 할례당을 같은 생각을 가진 것으로 보는 것은 옳지 않다.

"야고보 외에 다른 사도들"이란 말은 야고보를 사도로 보는 것일까 아니면 사도로 보지 않는 것일까? "외에"로 번역된 '에이 메'(εἰ μή)가 똑같이

---

93) "James was so admirable a man and so celebrated among all for his justice, that the more sensible even of the Jews were of the opinion that this was the cause of the siege of Jerusalem, which happened to them immediately after his martyrdom for no other reason than their daring act against him."

사용된 고린도전서 1:14, "나는 그리스보와 가이오 외에는(εἰ μή) 너희 중 아무에게도 내가 세례를 베풀지 아니한 것을 감사하노니"가 참고가 된다.[94] 여기에서 "그리스보와 가이오" 바울이 세례를 베푼 사람들 가운데 포함된다. 바울은 야고보도 사도로 보고 있고, 야고보와 베드로 두 사람만 만났다고 말한다. 베드로와 보름 동안 함께 머무는 동안에 야고보를 제외하고 다른 아무도 만나지 않았다는 것은 바울이 당시 가능한 한 사람들의 눈에 띄지 않게 행동했고, 심지어 예루살렘교회 사람들과의 접촉도 최대한 삼갔다고 추측할 수 있다. 야고보와의 만남을 짧게 언급하므로 야고보와의 만남은 베드로와의 만남에 비해 매우 짧았을 것이다. 그런 짧은 만남을 통해 바울이 복음을 사람에게서 배우거나 전달받았다는 것은 논리적으로도 말이 되지 않는다.

1:20 보라 내가 너희에게 쓰는 것은 하나님 앞에서 거짓말이 아니로다

여기에서 바울이 거짓말이 아니라고 주장하는 것은 구체적으로 무엇일까? 단순히 개종 후 첫 번째 예루살렘 방문 때 베드로 집에 15일만 머물렀고, 만난 사도도 야고보 외에는 없다는 것일까? 단순히 그것만은 아니다. 갈라디아서 1:1-19을 놓고 보면 바울이 역점을 두고 주장하는 바는 1:11-12의 내용이다. 자신의 복음은 "사람의 뜻을 따라 된 것"이 아니고, "사람에게서 받은 것"도 아니고 "배운 것"도 아니고 "계시"를 통하여 받은 것이 그의 주장의 핵심이다. 그 주장을 뒷받침하기(to substantiate) 위해 1:13-19에서 다메섹 사건과 아라비아 선교, 그리고 첫 번째 예루살렘 방문 등을 이야기한 것이다.

"하나님 앞에서"는 하나님의 법정에서 진술하는 듯은 느낌을 준다. 바울은 자신의 주장이 사실임을 강조하기 위해 마치 '하나님의 법정'에서 증언을 하듯 자신이 진실을 말하고 있다고 선언한다. 이렇게 심각한 어조로 말하는 이유는 그를 대적하는 사람들이 바울의 회심 후 행적에 대해 사실과 다른 주장을 하고 있었기 때문일 것이다. 예를 들어 바울이 오랫동안 예루살렘의 사도들로부터 복음에 대해 배웠고, 따라서 바울의 사도적 권위는 예루살렘의 사도들에게 종속되어 있다고 그들이 주장했을 수도 있다. 바울은 여기서 이

---

94) Schreiner, *Galatians*, 110.

런 종류의 주장을 반박하는 것 같다.

　　"거짓말이 아니로다"(οὐ ψεύδομαι)는 더 정확하게 번역하면 '나는 거짓 말을 하고 있지 않다'이다. 여기에서 사용된 동사 '쓔도마이'(ψεύδομαι)의 뜻 은 '거짓말하다'이다. 이런 동사가 갈라디아서에서처럼 논쟁의 맥락에서 사 용되는 것은 바울이 처한 상황이 심각하기 때문이다. 바울은 자신을 사도라 고 주장한다. 만약 사도가 거짓말을 하면 어떻게 될까? '쓔도마이'(ψεύδομαι) 의 '쓔드'(ψευδ-)란 접두어가 '사도'(ἀπόστολος)앞에 붙게 된다. 이 접두어는 '거짓'이라는 의미를 추가한다. 그러면 사도란 단어는 '거짓 사도' (ψευδαπόστολος, 고후 11:13)라는 단어가 된다. 바울이 선생이라면 '디다스 칼로스'(διδάσκαλος, 선생) 앞에 '쓔도'(ψευδο-)란 접두어가 붙어서 '거짓 선 생'('쓔도디다스칼로스,' ψευδοδιδάσκαλος, 벧후 2:1)이 된다. 갈라디아서 2:4 에서 바울이 "가만히 들어온 거짓 형제들"을 언급할 때 '거짓 형제' (ψευδάδελφος)는 형제인 '아델포스'(ἀδελφός) 앞에 '쓔드'(ψευδ-)란 접두어가 붙어서 생긴 합성어다. 바울이 예루살렘 교회의 일부 성도들을 거짓 형제로 부르는 것은 이미 할례당과 바울 사이에 심각한 '거짓 사도 논쟁'이 진행 중 이라는 뜻이다. 그러므로 바울이 여기에서 '나는 거짓말을 하고 있지 않다'고 말하는 것은 단순히 '나는 거짓말을 말하는 것이 아니다'라는 뜻을 넘어서 '나는 거짓 사도가 아니다'라는 뜻을 포함하고 있다. 또 더 나아가 '할례당은 거짓 사도들, 거짓 형제들이다'라는 뜻도 포함되어 있다.

1:21 그 후에 내가 수리아와 길리기아 지방에 이르렀으나

　　예루살렘을 떠난 바울은 바로 수리아(Syria)와 길리기아(Cilicia)로 갔 다. 바울 당시의 로마 행정구역 구분에 따르면 수리아와 길리기아의 동부는 하나의 성(省, province)으로 편성되어 있었다.[95] 사도행전 9:29-30에 따르 면 바울의 개종 후 첫 번째 예루살렘 방문 직후 바울의 행선지는 다소다(행 9:30, "형제들이 알고 가이사랴로 데리고 내려가서 다소로 보내니라"), 누가의 기록과 갈라디아서의 바울의 말이 일치한다. 수리아는 안디옥 교회가 있는

---

95) Schreiner, *Galatians*, 112. Bruce, *Galatians*, 103.

곳이고, 길리기아는 그의 고향이 있는 다소(Tarsus)가 있는 지방이다. 사도행전 11:25-26, "바나바가 사울을 찾으러 다소에 가서 만나매 안디옥에 데리고 와서…"에 따르면 바울이 다소에서 먼저 복음의 사역을 하고 있었고, 후에 바나바를 만나 수리아 안디옥에 갔다. 바울은 이 모든 행적을 다 합하여 수리아와 길리기아로 갔다고 말한다. 그러므로 예루살렘을 떠나 그가 먼저 간 곳은 수리아가 아니라 길리기아다.

바울이 예루살렘을 떠나 길리기아로 간 때부터 사도행전 11장에서 바나바가 사울을 안디옥교회로 데려올 때까지 바울이 길리기아의 어디에서 무엇을 하였는지 사도행전에 아무 기록도 없다. 바울 자신도 주후 36-40년의 기간 동안 무엇을 했는지 말하지 않는다. 마치 바울이 동굴에 들어간 것처럼 감추어져서 전혀 모습이 보이지 않기 때문에 이 기간을 '터널 기간'(tunnel period)이라고 부른다. 바울은 길리기아에서 무엇을 했을까?

만약 바울이 아라비아에서 이스마엘의 자손들에게 복음을 전한 것이 사실이라면, 길리기아에서는 본격적으로 이방인들에게 복음을 전하는 그의 사명을 수행했을 것이다. 길리기아에서 그가 교회를 개척하고 가르치는 일은 매우 성공적이었을 것이다. 왜냐하면 그가 성공적이지 않았다면 안디옥에서 바나바가 바울을 찾아 다소로 와서 그를 안디옥교회로 데리고 가지 않았을 것이기 때문이다. 또한 갈라디아서 1:22-24에서 유대에 있는 교회들이 바울에 대한 소문을 듣고 하나님을 찬양했다는 것 역시 다소에서의 바울의 사역이 성공적이었을 거라는 우리의 추측을 지지한다.

바울은 왜 길리기아로 갔을까? 상식적으로 생각하면 길리기아의 수도는 다소(Tarsus)이고, 다소는 바울의 고향이기 때문이다. 그곳에는 그의 친척과 친지, 친구들이 있었을 것이다. 초대교회에서 복음의 선교는 일차적으로 가족과 친척들을 그 대상으로 했다. 바울과 바나바가 함께 제1차 선교여행을 떠날 때 제일 먼저 구브로(Cyprus) 섬으로 간 것은(행 13:4) 그곳이 바나바의 고향(행 4:36)이었기 때문이다. 그러나 그것보다 더 중요한 이유가 있다. 이미 '보충설명 12: 바울이 아라비아에 간 까닭은?'에서 설명한 바와 같이 바울이 길리기아 다소로 간 것은 이사야 60:7-9의 예언과도 관계가 있었을 것이다.

이사야 60:7-9

⁷게달의 양 무리는 다 네게로 모일 것이요 느바욧의 숫양은 네게 공급되고 내 제단에 올라 기꺼이 받음이 되리니 내가 내 영광의 집을 영화롭게 하리라 … ⁹곧 섬들이 나를 앙망하고 다시스의 배들이 먼저 이르되 …

7절의 "게달"과 "느바욧"은 이스마엘의 첫째와 둘째 아들의 이름이다(창 25:13). 9절의 "섬"은 멀리 있는 이방인을 가리킨다면, "다시스"는 바울 당시의 '다소'다. 다메섹 경험 이후 바울은 제일 먼저 아라비아로 갔고, 예루살렘을 거쳐서 다소로 이동한다. 이 이동 경로는 이사야 60:7-9의 내용과 일치한다. 과연 이것은 우연의 일치일까? 이사야 60장 바로 앞부분을 읽어보면 우연이 아니라는 것을 알 수 있다.

　　이사야 59:9-15a는 '이스라엘에게 의가 없음'을 지적한다(사 59:9, "정의가 우리에게서 멀고 공의가 우리에게 미치지 못한즉"). 그래서 이스라엘에게는 구원이 없다(사 59:11, "정의를 바라나 없고 구원을 바라나 우리에게서 멀도다"). 이스라엘은 스스로 자신들이 죄인임을 고백한다(사 59:12, "우리의 죄악을 우리가 아나이다"). 그 다음 59:15b-21은 하나님께서 주시는 의와 구원에 대해 이야기한다. 하나님은 '이스라엘에 의가 없음'을 기뻐하지 않으시므로(사 59:15, "그 정의가 없는 것을 기뻐하지 아니하시고") 이스라엘에게 구원을 베풀기로 작정하신다(사 59:16, "자기 팔로 스스로 구원을 베푸시며"). '의'를 갑옷으로 '구원'을 투구로 삼으신(사 59:17) 하나님은 이스라엘의 원수에게 보응하시고(사 59:18, "그 원수에게 분노하시며 그 원수에게 보응하시며 섬들에게 보복하실 것이라"), 하나님의 구원은 "야곱의 자손 가운데에서 죄과를 떠나는 자에게"(사 59:18) 임한다. 구원의 약속은 59:21에서 '언약'이라는 말이 등장하면서 절정에 이른다("내가 그들과 세운 나의 언약이 이러하니 곧 네 위에 있는 나의 영과 네 입에 둔 나의 말이 이제부터 영원하도록 네 입에서와 네 후손의 입에서와 네 후손의 후손의 입에서 떠나지 아니하리라"). 하나님의 성령과 말씀에 기초한 '언약'이 영원히 세워진다.

　　이사야 60장은 바로 이 하나님의 의와 구원, 그리고 언약에 대한 소식이 온 세상에, 즉 이스라엘과 이스마엘의 후손과 같은 중간 그룹, 또 이방인들에게 널리 전파될 것에 대한 예언이다. 바울은 그리스도를 통해서 하나님께서 그의 '의'를 주시는 구원과 새 언약에 대한 복음을 들고 이미 아라비아에 가서 이스마엘의 후손들에게 전했다. 예루살렘 방문 이후에는 본격적으로 이 방인 선교를 시작하는 시점에서 이사야 60:9의 예언에 따라 "다시스" 즉 다소로 가서 복음을 전한 것이다. 바울이 복음을 전하기 위해 방문한 지역들은 이사야서의 예언들과 밀접한 관계를 갖고 있다. 바울의 제2차 선교여행의 이동 경로도 이사야 66:19에 따른 것으로 보인다.[96]

1:22 그리스도 안에 있는 유대의 교회들이 나를 얼굴로는 알지 못하고

바울이 수리아와 길리기아에서 활동하고 있는 동안 그에 관한 소문이 점차 유대에 있는 교회에도 들려왔다. 바울 당시 로마 행정구역으로서 "유대"는 갈릴리와 사마리아를 포함하고 있었다. 그러므로 단지 예루살렘과 그 주변만을 가리키는 것이 아니다. 그 소문의 내용은 23절의 "우리를 박해하던 자가 전에 멸하려던 그 믿음을 지금 전한다"는 것이었다. 그러나 유대의 성도들은 바울에 대한 이야기만 들었을 뿐 바울을 직접 얼굴을 본 적이 없으므로 그를 "얼굴로는 알지" 못했다. 바울이 이 말을 하는 이유는 자신이 예루살렘에서 머문 기간이 불과 15일에 불과하였고, 베드로와 야고보 이외의 사람들과는 전혀 교제하지 않았다는 사실을 강조하려는 것이다.

바울이 단순히 "유대의 교회들"이라고 말하지 않고, 그 앞에 "그리스도 안에 있는"이란 수식어를 추가하는 이유는 교회를 유대교의 회중과 구분하려는 시도다. '교회'는 헬라어로 '에클레시아'(ἐκκλησία)고 이 단어는 70인역 구약성경에서 이스라엘 회중(예, 신 31:30, קְהַל יִשְׂרָאֵל, '까할 이슈라엘,' "이스라엘 회중")를 가리키는 단어로 자주 사용되었으므로, "유대의 교회들"(αἱ

---

96) 리스너의 연구에 따르면 바울 당시에 사 66:19, "곧 다시스와 뿔과 활을 당기는 룻과 및 두발과 야완과 또 나의 명성을 듣지도 못하고 나의 영광을 보지도 못한 먼 섬들로 보내리니"에 나오는 지명들은 대체로 아래와 같이 이해되었다; 1) 길리기아의 다소, 2) 리비야 (구레네) 혹은 길리기아, 3) 소아시아의 루디아 4) 갑바도기아 혹은 무시아, 5) 코카서스 혹은 비두니아, 6) 그리스 혹은 마게도냐, 7) 서쪽 끝 (the farthest west). 이 지명들은 바울의 제2차 선교여행에서 방문한 지역들과 대체로 일치한다. Riesner, *Paul's Early Period*, 253. 이에 대한 자세한 논의는 김철홍, "바울의 동역자, 실루아노: 초대교회의 선교에서 그의 공헌," 『선교와 신학』 19 (2007년), 221-62를 보라.

ἐκκλησίαι τῆς Ἰουδαίας)은 자칫 유대인 회중들을 가리키는 것으로 오해될 소지가 있다. 사도행전 7:38, "시내 산에서 말하던 그 천사와 우리 조상들과 함께 광야 교회에 있었고 또 살아 있는 말씀을 받아 우리에게 주던 자가 이 사람이라"에서 "광야 교회"의 교회는 '에클레시아'(ἐκκλησία)다. 우리말 성경에서는 '교회'로 번역되어 있지만, 누가가 이 단어를 사용할 때 일차적인 의미는 '회중'으로 보아야 한다.[97]

'에클레시아'는 헬라 세속사회에서는 '민회'(民會, summoned assembly)를 가리킨다. 사도행전 행 19:32, "사람들이 외쳐 어떤 이는 이런 말을, 어떤 이는 저런 말을 하니 모인 무리가 분란하여 태반이나 어찌하여 모였는지 알지 못하더라"에서 "모인 무리"로 번역된 단어는 '에클레시아'다. 사도행전 19:39, "만일 그 외에 무엇을 원하면 정식으로 민회에서 결정할지라"의 "민회"도 같은 단어이다. 이처럼 '에클레시아'는 각 문화권에서 다른 뜻으로 사용되고 있었기 때문에 이 단어가 사용될 때 유대인 사이에서 그리고 헬라인 사이에서 다양한 오해를 불러일으킬 가능성이 있다. 바울은 "그리스도 안에 있는"이라는 수식어를 추가하여 이러한 오해를 없애려고 한다.

이런 현상은 데살로니가전서 1:1의 인사말에서도 나타난다. 바울은 데살로니가에 있는 교회들을 "하나님 아버지와 주 예수 그리스도 안에 있는 데살로니가인의 교회"라고 부른다. 복음을 믿지 않는 데살로니가 시민들에게 '에클레시아'는 민회다. 그러나 그 '에클레시아'가 "하나님 아버지 안에"(ἐν θεῷ πατρί, in God the Father) 있으므로 이 '에클레시아'는 민회가 아니다. 그러나 이 '하나님 안에' 있는 에클레시아는 유대인 회중을 가리키는 표현으로 오해될 소지가 여전히 있다. 바울은 교회를 유대인 회중과 구분하기 위해 "주 예수 그리스도 안에 있는"(καὶ κυρίῳ Ἰησοῦ χριστῷ)이라는 말을 추가한다. '그리스도 안에' 있는 '에클레시아'는 이제 유대교의 회중과 동일시될 수 없다. 바울은 이렇게 이중으로 경계선(boundary)을 그어 그리스도인들의 모임을 헬라인들의 모임이나 유대인들의 모임과 구분한다. 하나님과 예수 그리스도 안에 있는 이 모임은 새로운 하나님의 백성으로서, 옛 백성인 이스라엘/유대인들을 대체하는 새로운 하나님의 백성의 회중이다.

---

97) 물론 누가가 '교회'라는 뜻으로 사용했을 가능성도 있다.

1:23 다만 우리를 박해하던 자가 전에 멸하려던 그 믿음을 지금 전한다 함을 듣고

유대에 있는 교회들이 수리아와 길리기아에서 일하고 있는 바울에 관한 소문을 듣게 되었다는 것은 그 지역 교회에서 바울의 활약이 컸고 그가 매우 성공적으로 사역을 하고 있었다는 것을 암시한다. "멸하려던"에서 사용된 동사 '포르떼오'(πορθέω)는 갈라디아서 1:13, "하나님의 교회를 심히 박해하여 멸하고"에서도 이미 한 번 사용된 바가 있다. '멸하다'는 '파괴하다'라는 뜻이다. '전한다'로 번역된 동사는 '유앙겔리조마이'(εὐαγγελίζομαι)이며, '복음을 선포하다'라는 뜻이다. 그러므로 '그 믿음을 복음으로 선포한다'로 번역하면 더 좋다.

"전에"(ποτέ)와 "지금"(νῦν)은 개종 양식(conversion formula)이다. 과거에 그가 하나님의 말씀이 아니라고 생각하여 파괴하려고 하던 것을 지금 하나님의 복음으로 선포하고 있다면, 그 자체가 바울이 180도의 방향 전환을 했음을 보여주는 증거다.[98] 교회를 파괴하려고 하던 자가 길리기아 지방에서 교회를 개척하고 다닌다면 그것 역시 다메섹 경험이 '소명'(calling)이 아니라 '개종'(conversion) 경험이라는 것을 보여주는 증거다.

흥미로운 것은 여기에서 "믿음"(πίστις)이 복음의 동의어로 사용되었다는 점이다. '바울이 믿음을 복음으로 전하고 있다'는 말은 당시 성도들이 '믿음'을 '복음'과 동일시 할 수 있을 정도로 '믿음'을 기독교 신앙의 핵심으로 보고 있었다는 뜻이다. '바울신학의 새 관점' 학파[99]는 물론 이 '피스티스'(πίστις)를 '믿음'(faith)으로 번역하지 않고 '신실함'(faithfulness)으로 번역하고 싶어 할 것이다(바울신학의 새 관점에 대해서는 보충설명 14를 보라). 그러나 '전에~지금~'(ποτε, then… νῦν, now)이라는 양식까지 사용하면서 과연 바울이 유대교에서 강조하는 율법을 향한 '신실함'과 유사한 의미로 '신실함'을 복음으로 선포했다는 것은 별로 실감이 나지 않는 해석이다.

---

98) 자세한 것은 김철홍, "헬라 세계에서 바울의 선교 활동과 그의 청중들의 개종" 『복음과 선교: 이광순 박사 회갑기념 논문집』(미션아카데미, 2006), 74-84을 보라.

99) 바울신학의 새 관점 학파에 관한 설명은 보충설명 14: "샌더스(E. P. Sanders)의 언약적 신율주의(Covenantal Nomism)와 제임스 던(James Dunn)의 바울신학의 새 관점(New Perspective on Paul)"을 참고 하라.

빌립보서 1:27, "너희가 한마음으로 서서 한 뜻으로 복음의 신앙을 위하여 협력하는 것과"에 "복음의 신앙(믿음)"이라는 표현이 나타난다. '복음의 믿음'(ἡ πίστις τοῦ εὐαγγελίου, the faith of the gospel)이라는 말은 '복음이라고 하는 믿음'으로 번역할 수 있다. 복음과 믿음을 병렬시켜 두 가지를 동일시하는 것이다. '믿음'이라는 단어를 복음과 동의어로 사용한다. 갈라디아서 1:23의 '믿음'과 같은 용법이다.[100] 고린도후서 13:5, "너희는 믿음 안에 있는가 너희 자신을 시험하고," 에베소서 4:5, "주도 한 분이시요 믿음도 하나요 세례도 하나요"와 같은 구절에서 '믿음'을 빼고 '복음'을 대신 넣어서 읽어도 같은 뜻이 된다(참고, 딤전 3:9; 4:1, 6; 5:12; 6:10, 21; 딤후 3:8; 4:7).[101] 그렇다면 이 믿음은 구체적으로 무엇을 가리키는 것일까? 갈라디아서의 내용을 토대로 하여 추론한다면, '예수가 그리스도이심을 믿는 믿음,' '율법을 준수하는 행위가 아니라 믿음으로 의롭다는 선언을 받는다는 것을 믿는 믿음'이라고 말할 수 있다.

1:24 나로 말미암아 하나님께 영광을 돌리니라

"영광을 돌리니라"에서 사용된 동사 '독싸조'(δοξάζω)는 기본적으로 '찬양하다'라는 뜻이다. 헬라어 본문의 'ἐν ἐμοί'는 '내 안에'(in me)로 번역할 수도 있지만 여기에서는 '나 때문에'(because of me)로 번역한다. '과거에 교회와 복음을 핍박하던 내가 지금은 복음을 전하고 있으므로' 유대의 성도들이 하나님을 찬양하게 되었다. 하나님은 교회를 파괴하고 다니는 복음의 '적'(enemy)을 교회를 세우는 주의 '사도'로 바꾸어 놓으셨다. 유대의 성도들은 바울이 이렇게 변화된 것은 하나님께서 하신 일이라는 것을 깨닫고 하나님을 찬양했다.

---

100) Schreiner, *Galatians*, 113.
101) Schreiner, *Galatians*, 113.

4.
예루살렘 사도들이 바울과
그의 복음을 인정하다

[2:1-10]

2:1-2	두 번째 예루살렘 방문과 바울복음의 제시
2:3-5	디도의 할례를 강요하는 거짓형제들과 바울의 거부
2:6-8	바울의 사도직과 복음을 인정한 예루살렘 사도들
2:9-10	선교의 분담과 예루살렘의 가난한 성도들을 위한 헌금

2:1 십사 년 후에 내가 바나바와 함께 디도를 데리고 다시 예루살렘에 올라 갔나니

헬라어 본문의 '에페이타'(ἔπειτα)는 '그 후'라는 뜻이다. '에페이타'는 1:18, 21에서도 사용되었다. 바울이 "십사 년 후"를 계산을 할 때 기준이 되는 시점은 다메섹 경험일 수도 있고, 개종 후 첫 번째로 예루살렘을 방문하여 게바(베드로)와 만난 것일 수도 있다. 남(南)갈라디아설(이에 대해서는 보충설명 3: "남갈라디아설과 북갈라디아설"을 보라)을 따르는 학자들은 다메섹 사건이 있은 지 14년 후에 바울은 다시 예루살렘을 방문한 것으로 본다. 바울은 다메섹 사건 이후 예루살렘 사도들과 관련된 자신의 행적을 비교적 소상히 밝힌다. 사도행전에 따르면 바울은 다메섹 사건 이후 모두 다섯 번 예루살렘을 방문한 것으로 되어 있다. 그 다섯 번의 방문은 아래와 같다.

  1) 개종 방문 (행 9:26-30)
  2) 기근 방문 (행 11:27-30)

3) 예루살렘 공의회 방문 (행 15:1-30)

4) 급한 방문(the hasty visit, 행 18:22, "가이사랴에 상륙하여 올라가 교회의 안부를 물은 후에…")

5) 헌금 전달 방문(the collection visit) (행 21:15-17)

학자들 가운데 갈라디아서 2:1-10의 방문이 기근 방문이라고 보는 사람도 있고, 예루살렘 공의회 방문이라고 보는 사람도 있다. 전자의 입장은 남갈라디아설로 귀결되고, 후자의 입장은 북갈라디아설로 귀결된다.[102] 브루스(F. F. Bruce)는 매우 오래전부터 남갈라디아설을 주장했다. 그는 갈라디아서는 바울이 첫 번째 선교여행에서 귀환한 이후 예루살렘 공의회가 열리기 직전에 기록되었다고 주장했다. 남갈라디아설에 따르면 갈라디아서는 현재 보존되어 있는 바울서신 중 가장 오래된 서신이다.[103] 남갈라디아설보다 더 오래된 견해인 북(北)갈라디아설은 오늘날 피츠마이어(Joseph Fitzmyer)의 사도행전 주석에서 찾아볼 수 있다. 그에 따르면 바울이 갈라디아서를 기록한 시기는 54년, 즉 그가 에베소에 머물고 있을 때라고 한다(행 18:23b-21:17).[104] 이 견해에 따르면 현존하는 가장 오래된 바울서신은 갈라디아서가 아니라, 데살로니가전서가 된다(이 문제가 왜 중요한 지 보충설

---

102) 예를 들면 롱게네커(Longenecker)는 갈라디아서 2:1-10의 방문을 기근 방문이이라고 본다. 그는 남갈라디아설을 지지한다. 그는 이 남갈라디아설을 지지하려면 아래의 세 가지 포인트 중 적어도 두 가지를 인정해야 한다고 말한다.
  1) 갈라디아서 2:1의 "십 사년"이 영어로 말하면 'consecutive'한 방식이 아니라, 'concurrent'한 방식으로 계산되었다. 즉, 1:18의 '그 후 삼 년'에서 14년을 계산하는 방식이 아니라, 다메섹 사건에서 14년을 계산하는 방식으로 계산되었다.
  2) 바울이 갈라디아서 1:18과 2:1에서 사용한 계산방식은 한 해의 일부도 일 년으로 계산한 것이다.
  3) 예수의 십자가 사건이 주후 30년경이었고 바울의 개종은 그로부터 2-3년 후였다.
     Longenecker, *Galatians*, lxxxiii.
103) F. F. Bruce, *The Acts of the Apostles: The English Text with Introduction, Exposition, and Note*s (NICNT; Grand Rapids: Eerdmans, 1954), 298-300; *Paul: Apostle of the Heart Set Free* (Grand Rapids: Eerdmans, 1977), 148-159.
104) 피츠마이어가 만든 바울의 연대기표를 보라. Joseph A. Fitzmyer, *The Acts of the Apostles: A New Translation with Introduction and Commentary*. (AB. 31; New York: Doubleday, 1998), 139-140. 그는 행 15장과 갈 2장 사이의 차이점을 다섯 가지로 요약하며, 그것들 중 어느 하나도 행 15장의 공의회가 곧 갈 2장의 모임이라는 것을 부인할만한 것이 아니라고 본다. Fitzmyer, *Acts,* 540.

명 5: "데살로니가전서에 나타난 이신칭의의 복음"을 보라).

과연 갈라디아서 2:1-10에 묘사된 예루살렘 방문은 기근 방문일까? 아니면 예루살렘 공의회 방문일까? 벤 위더링턴(Ben Witherington III)은 예루살렘 공의회 방문으로 간주했을 때 무려 열 가지의 문제가 발생한다고 말한다. 반면 갈라디아서 2장의 모임을 기근방문으로 보았을 때 발생하는 문제들은 이보다 덜 심각하다고 말한다.[105] 앞으로 갈라디아서 본문을 분석하면서 이 문제를 살펴볼 것이다. 결론을 미리 말한다면 갈라디아서 본문 내부의 증거들은 남갈라디아설이 훨씬 더 설득력이 있다는 것을 보여준다.

바나바가 바울을 안디옥교회로 초빙하여 그곳에서 함께 일하던 중 기근이 발생했다(행 11:28-30). 바나바와 바울은 안디옥교회가 모은 구제 헌금을 전달하기 위해 예루살렘으로 왔다. 이 일은 바울과 바나바가 갈라디아 선교를 한 제1차 선교여행(행 13-14장)을 가기 훨씬 전의 일이다. 바울이 예루살렘을 방문할 때 "디도를 데리고" 갔다. 디도는 디도서의 수신자이기도 하다. 디도는 바울이 세운 이방인교회를 돌보는 역할을 하였지만(딛 1:4-5), 그에게는 더 특수한 임무가 있었다. 디도는 예루살렘의 가난한 성도들을 위한 모금을 위해 이방인 교회가 선임한 바울의 동역자였다. 고린도후서 8:6, 16, 23에 디도의 이름이 나온다. 모두 가난한 성도들을 위한 모금에 관해 이야기하는 대목이다.

고린도후서 8:6. 그러므로 우리가 디도를 권하여 그가 이미 너희 가운데서 시작하였은즉 이 은혜를 그대로 성취하게 하라 하였노라

고린도후서 8:16. 너희를 위하여 같은 간절함을 디도의 마음에도 주시는 하나님께 감사하노니

고린도후서 8:23. 디도로 말하면 나의 동료요 너희를 위한 나의 동역자요 우리 형제들로 말하면 여러 교회의 사자들이요 그리스도의 영광이니라

---

105) Ben Witherington III, *The Acts of the Apostles: A Socio-Rhetorical Commentary* (Grand Rapids, Michigan/Cambridge, U.K.: Eerdmans, 1998), 441-42.

고린도후서 8:23에서 디도가 "여러 교회의 사자들" 중 한 사람이라는 점은 디도가 애초부터 이 모금을 위해 이방인교회에서 파송된 동역자라는 것을 보여준다. 이외에도 고린도후서 9:5, "그러므로 내가 이 형제들로 먼저 너희에게 가서 너희가 전에 약속한 연보를 미리 준비하게 하도록 권면하는 것이 필요한 줄 생각하였노니"에서 "이 형제들"에는 디도가 포함되어 있다. 고린도후서 12:18, "내가 디도를 권하고 함께 한 형제를 보내었으니 디도가 너희의 이득을 취하더냐…"에서도 디도는 예루살렘의 가난한 성도들을 위한 모금과 관련되어 있다.

바울은 갈라디아서 2:10에서 자신은 예루살렘의 가난한 자들을 위한 모금을 이미 하고 있다고 말한다. 바울은 그의 사역 초기부터 예루살렘의 가난한 성도들을 위한 모금을 시작했고, 디도는 이 일에 바울과 동역했다. 그렇다면 바울이 안디옥에서 사역하기 전부터 디도와 동역했을 가능성이 크다. 큰 기근이 발생하여 예루살렘교회의 가난한 성도들이 위기에 빠지자 바울과 디도는 자신들이 이미 모아놓은 예루살렘교회의 가난한 성도들을 위한 헌금의 일부를 긴급하게 전달하는 것이 필요하다고 판단했을 것이다. 고린도후서 8:20-21, "이것을 조심함은 우리가 맡은 이 거액의 연보에 대하여 아무도 우리를 비방하지 못하게 하려 함이니 이는 우리가 주 앞에서뿐 아니라 사람 앞에서도 선한 일에 조심하려 함이라"는 말씀을 놓고 보면 바울은 모금된 헌금을 자신이 직접 관리하지 않고, 디도와 같은 동역자가 전적으로 관리하도록 한 것 같다. 그러므로 예루살렘에 기근 구호금을 전달하려면 디도를 동반하여 함께 올 수밖에 없다. 디도가 함께 왔다는 사실 자체가 이 방문이 기근 방문이라는 것을 지지한다. 이런 모든 것을 다 고려하여 바울의 연대기 중 다섯 번의 예루살렘 방문을 시기적으로 살펴보면 아래의 표처럼 정리할 수 있다.

2:2 계시를 따라 올라가 내가 이방 가운데서 전파하는 복음을 그들에게 제시하되 유력한 자들에게 사사로이 한 것은 내가 달음질하는 것이나 달음질한 것이 헛되지 않게 하려 함이라

바울은 자신의 두 번째 예루살렘 방문이 "계시를 따라"(κατὰ ἀποκάλυψιν) 간 것이라고 말한다. 북갈라디아설은 이 방문이 사도행전 15장의 예루살렘 공의회 방문이라고 본다. 그렇다면 이 구절과 모순이 생긴다. 사도행전 어디에서도 15장의 예루살렘 공의회의 소집과 하나님의 '계시' 사이에 어떤 관련이 있다고 말하지 않기 때문이다. 예루살렘 공의회의 소집 동기는 믿음을 갖게 된 이방인의 할례 여부로 일어난 논쟁이었으므로 계시와 어

떤 관련이 있다고 보기가 어렵다. 반면에 이 방문을 기근 방문으로 보면 이 문제가 쉽게 해결된다.

사도행전 11:27-30

[27]그 때에 선지자들이 예루살렘에서 안디옥에 이르니 [28]그 중에 아가보라 하는 한 사람이 일어나 성령으로 말하되 천하에 큰 흉년이 들리라 하더니 글라우디오 때에 그렇게 되니라 [29]제자들이 각각 그 힘대로 유대에 사는 형제들에게 부조를 보내기로 작정하고 [30]이를 실행하여 바나바와 사울의 손으로 장로들에게 보내니라

'아가보'라는 선지자가 기근 발생에 대한 계시를 전했고, 기근이 실제 발생하자 예루살렘을 방문했다. 그러므로 기근 방문은 갈라디아서 2:2에서 바울이 말하는 '계시'와 관련이 있다고 볼 수 있다. 그러므로 "계시를 따라"는 남갈라디아설을 지지한다. 그렇다면 바울은 왜 이 두 번째 예루살렘 방문이 계시를 따라 올라간 것이라는 점을 굳이 명시적으로 밝히는 것일까? 아마도 예루살렘 사도들이 바울을 소환하여 불러서(to summon) 간 것이라고 할례당이 주장했고, 그 점을 반박하기 위한 것일 수 있다.[106]

"유력한 자들"(οἱ δοκοῦντες)은 누구일까? 갈라디아서 2:6, "저 유력한 이들은"(οἱ δοκοῦντες)에서도 똑같은 표현이 나오고, 2:6에서 소유격(τῶν δοκούντων εἶναί τι)으로 한 번 더 나온다. 2:9에서는 "기둥 같이 여기는 야고보와 게바와 요한"이란 말도 나온다. 이들은 모두 동일 인물들로 보인다. '도쿤테스'(δοκοῦντες)는 '생각하다'(to consider) 혹은 '~으로 보이다'(to appear, seem)라는 뜻의 '도케오'(δοκέω) 동사의 현재분사다. 갈라디아서 2:6에서 "유력하다는 이들 중에"로 번역된 헬라어 구절(τῶν δοκούντων εἶναί τι)은 직역하면 '(자신을) 무엇이라고 생각하는 사람들 중에'가 된다. '스스로 자신을 어떤 존재라고 생각하는 사람들'(οἱ δοκοῦντες εἶναί τι)이란 표현은 그들의 권위를 높이는 뉘앙스보다, 은근히 야유하는(sarcastic) 뉘앙스가 더 강하다. 물론 '어떤 존재로 보이는 사람들'로도 번역할 수 있다. 그러면 그런 야유의 뉘앙스는 좀 약해지긴 하지만 여전히 야유의 뉘앙스가 약간 있다. 아마도 '어떤 존재라고 여겨지는 사람들'의 뜻으로 말한 것 같다.

---

106) Longenecker, *Galatians*, 47; Moo, *Galatians*, 123.

"내가 이방 가운데서 전파하는 복음"(τὸ εὐαγγέλιον ὃ κηρύσσω ἐν τοῖς ἔθνεσιν)은 바울복음이다. '전파하다'(κηρύσσω)라는 동사는 현재형이다. 바울이 반복적, 지속적으로 선포하는 행동을 가리킨다. 그 복음을 "그들에게 제시했다"는 말은 그가 지난 십사년 동안 이방 선교에서 어떤 복음을 전했는지 그들 앞에서 '프레젠테이션(presentation)을 했다'라는 뜻이다. 바울은 일인칭 단수를 사용하여 '내가' 제시했다고 말한다. 바나바나 디도가 아니라, 바울이 제시했다. "내가 이방 가운데서 전파하는 복음"을 제시했기 때문에 바울이 아닌 다른 사람이 그런 프레젠테이션을 할 수 없다.

"제시하다"로 번역된 헬라어 동사는 '아나티떼미'(ἀνατίθημι)다. 그 뜻은 영어로 "to lay something before someone for consideration"이다. '청중이 그 내용을 살필 수 있도록 청중 앞에서 설명하다'라는 뜻이다. "그들에게 제시했다"에서 "그들에게"(αὐτοῖς)라는 대명사가 갑자기 등장한다. 구체적으로 누구를 지시하는 것인지 순간적으로 분명하지 않다. 하지만 좀 뒤쪽에서 있는 "유력한 자들에게"(τοῖς δοκοῦσιν)를 가리키는 것이 분명하다. 바울은 상대방이 자신의 복음을 살펴볼 수 있도록 그들 앞에 내어놓았다.

"사사로이"(κατ' ἰδίαν)는 이들과의 만남이 공적인(public) 것이 아니라, 사적인(private) 모임이었음 보여준다. 만약 이 모임이 사도행전 15장의 예루살렘 공의회 모임이었다면 "사사로이"라는 부사구를 사용하는 것이 부적절하다. 왜냐하면 예루살렘 공의회는 사적인 모임이 아니라 공식적 회의였기 때문이다. "사사로이"는 남갈라디아설을 지지하는 증거다. 과거에 적지 않은 학자들이 이 구절에서 바울이 두 개의 회합, 즉 하나는 공적인, 다른 하나는 사적인 회합에 관해서 말하고 있다고 생각했다. 그런 설명은 설득력이 없다. 하나의 회합에 관해 말하고 있다고 보는 것이 옳다.[107]

헬라어 접속사 '메 포스'(μή πως)는 '~하지 않도록 하기 위하여'란 뜻이다. 바울이 무언가를 피하고자 한다. 바울이 자신의 복음을 예루살렘 사도들에게 제시한 것은 "내가 달음질하는 것이나 달음질한 것이 헛되지 않게 하려"는 목적 때문이었다. 바울은 여기에서 '달리기'라는 육상 스포츠를 메타포로 사용한다. '달음질'은 바울의 선교활동을 가리킨다. 현재형(τρέχω)과 부정

---

107) Moo, *Galatians*, 123.

과거(aorist)형(ἔδραμον) 함께 사용되었다. 만약 문제가 생기면 바울은 자신이 지금까지 해온 사역뿐만 아니라 현재 사역까지 몽땅 다 헛된 일이 된다.

바울은 종종 스포츠 메타포를 사용한다. 고린도전서 9:24, "운동장에서 달음질하는 자들이 다 달릴지라도 오직 상을 받는 사람은 한 사람인 줄을 너희가 알지 못하느냐 너희도 상을 받도록 이와 같이 달음질하라"에서 고대 운동경기 종목인 달리기 경기를 사용하여 신앙생활을 설명한다. 고린도전서 9:26, "그러므로 나는 달음질하기를 향방 없는 것 같이 아니하고 싸우기를 허공을 치는 것 같이 아니하며"에서는 육상과 권투를 메타포로 사용하여 신앙생활의 절제를 다룬다. 디모데후서 4:7, "나는 선한 싸움을 싸우고 나의 달려갈 길을 마치고 믿음을 지켰으니"도 바울이 스포츠 메타포를 사용하는 대표적인 예다.

바울이 자신의 사역이 헛된 것이 되지 않기 위해 예루살렘 사도들 앞에 자신의 복음을 제시했다는 말은 예루살렘 사도들로부터 바울의 복음과 사역을 위해 인가·허락을 받아야 했다는 뜻은 아니다. 바울이 염려하는 바는 만약 자신의 복음과 예루살렘 사도들의 복음의 내용이 서로 다를 경우, 두 종류의 다른 교회가 생겨나는 것이다. 바울이 세운 교회와 예루살렘 사도들이 세운 교회가 생겨나되, 그리스도 안에서 이방인 성도와 유대인 성도가 한 몸을 이루는 교회(새이스라엘)가 되지 못하고, 구원에 대해 서로 다른 설명을 하는 별도의 두 개의 교회가 생긴다. 그렇게 되면 복음도 두 가지가 되고, 교회도 두 가지가 된다. 그렇게 되면 지금까지 그가 해온 모든 노력이 물거품이 된다. 바울의 의도는 자신의 복음과 예루살렘 사도들의 복음 사이에 어떤 차이점도 없다는 것을 서로 확인하여 교회가 둘이 아니라, 하나가 되게 하려는 것이다.

바울이 아라비아에서 돌아온 직후 예루살렘에서 베드로를 만나 15일을 함께 지내면서 베드로와 바울은 각자가 갖고 있는 복음을 서로 제시하고 확인하는 기회를 가졌다. 그런데도 약 11년 후에 예루살렘 사도들과 만나 서로의 복음을 다시 확인하는 것은 무슨 이유일까? 그 사이에 예루살렘교회 내부에 복음에 대한 이해를 달리 하는 사람들이 점차 등장했기 때문일 것이다. 특히 복음 안에서 율법의 위치와 기능을 놓고 바울과 상당히 다른 견해를 가진 사람들이 예루살렘교회 안에 등장했기 때문에 바울은 예루살렘교회의 지도자들과 상호 확인의 시간을 가졌다고 볼 수 있다.

2:3 그러나 나와 함께 있는 헬라인 디도까지도 억지로 할례를 받게 하지 아니하였으니

헬라어 원문을 간단히 직역하면 "그(디도)가 할례받을 것 (περιτμηθῆναι)을 강요당하지(ἠναγκάσθη) 않았다"로 할 수 있다. 동사는 모두 수동태로 되어 있다. 그때 유력한 예루살렘 사도들이 디도가 할례받을 것을 강요하지 않았다. 바울이 그의 복음을 설명하고 예루살렘 사도들이 그것을 듣고 있을 때, 야고보, 베드로, 요한과 같은 예루살렘의 사도들은 이방인의 할례에 관해 바울과 동일한 견해를 갖고 있었다. 누구도 이방인이 아브라함의 자손이 되려면 할례를 받아야 한다고 주장하지 않았다. 제임스 던은 예루살렘 사도들이 디도가 할례를 받을 것을 요구하였으나 바울의 설득으로 물러섰다고 해석한다.[108] 물론 던의 이런 해석은 본문의 내용에 근거하지 않은 지나친 추측이다.

두 번째 예루살렘 방문 때부터 예루살렘 사도들의 입장과는 다른 입장을 가진 사람들이 바울의 입장을 비판하고 도전하기 시작했다(갈 2:4, "이는 가만히 들어온 거짓 형제들 때문이라"). 이방인에게 유대인으로 살 것을 '강요하는' 이런 현상은 그가 갈라디아서를 작성하기 전에 안디옥교회에서도 나타났다. 갈라디아서 2:14, "어찌하여 억지로 이방인을 유대인답게 살게 하려느냐"에서 바울은 '강요하다'(to compel)라는 뜻을 가진 '아낭카조'(ἀναγκάζω) 동사를 사용한다. 안디옥교회에서 베드로는 이방인 성도들과 함께 성만찬을 먹고 있었다. 야고보에게서 온 사람들이 도착하자 베드로와 바나바가 식탁에서 물러났다(갈 2:12). 이것은 베드로와 바나바가 이방인 성도들에게 유대인식으로 행동할 것을 '강요한' 것이다. 갈라디아서 6:12, "무릇 육체의 모양을 내려 하는 자들이 억지로 너희에게 할례를 받게 함은"에서도 '아낭카조'(ἀναγκάζω) 동사가 사용되었다. 할례당이 갈라디아의 이방인 성도들에게 할례를 '강요'했다. 바울은 이런 문제가 앞으로 발생할 것을 예상하고 예루살렘교회의 사도들의 할례에 대한 견해를 알아보고, 자신의 견해와 같다는 것을 미리 확인해 둔 것 같다.

---

108) Dunn, *Galatians*, 96.

바울은 디도라는 이름 뒤에 "나와 함께 있는 (사람)"(ὁ σὺν ἐμοί)이란 수식구를 쓰고, 이어서 "헬라인(인)"(Ἕλλην ὤν)를 추가한다. 디도가 그의 동역자고 그가 헬라인이라는 점을 명시한다. 바울은 평소에 헬라인과 유대인을 자주 대조한다(롬 1:16; 2:9, 10; 3:9; 10:12; 고전 1:22, 24; 10:32; 12:13; 갈 3:28; 골 3:11).[109] 디도가 헬라인이라는 말은 그가 할례를 받지 않은 이방인이라는 뜻이다. 디도는 바울의 헬라인 동역자다. 바울에게 인종은 복음의 사역자의 자격 기준이 아니다.

사도행전 16:1-3에서 바울은 디모데에게 할례를 준다. 이 사건은 갈라디아서를 쓴 이후인 제2차 선교여행 때의 일이다. 바울이 그를 "내 사랑하고 신실한 아들 디모데"(고전 4:17) "믿음 안에서 참 아들 된 디모데"(딤전 1:2), "아들 디모데"(딤전 1:18), "사랑하는 아들 디모데"(딤후 1:2), 등으로 부르므로 바울이 그와 그의 가족을 복음으로 개종했고, 그 시기는 제1차 선교여행 때 더베와 루스드라에서 전도할 때인 것 같다. 왜 바울은 이미 믿음이 있는 디모데에게 할례를 주었을까? 그를 유대인을 위한 사도로 세우기 위함이었다고 보인다.

디모데의 "어머니는 믿는 유대 여자요 아버지는 헬라인"(행 16:1)이었으므로, 디모데가 유대교 회당에서 정식 회원이 되려면 할례를 받아야만 했다. 당시 유대교 안에서 이방인과 혼인하는 것을 배교(apostasy)에 해당하는 죄였으므로,[110] 할례를 받지 않은 디모데가 단지 어머니가 유대인이라는 이유만으로 유대인으로 여겨질 수 없었다. 디모데가 회당에 들어가 바울처럼 유대인들을 대상으로 전도하려면 먼저 할례를 받고 유대인이 되어야 한다. 바울이 디모데에게 할례를 준 것은 신학적인 이유가 아니라 실천적인 이유 때문이었다. 반면 디도는 이방교회의 위임을 받아 바울을 돕는 사람이었고 (고후 8:18-19) 이방인을 위한 동역자였으므로 할례를 받을 필요가 없었다.

---

109) Moo, *Galatians*, 126

110) 디아스포라 유대교에서의 율법 위반 항목을 보려면, Todd D. Still, *Conflict at Thessalonica: A Pauline Church and its Neighbours* (Journal for the Study of the New Testament Supplement Series 183; Sheffield: Sheffield Academic Press, 1999), 153-165; John M. G. Barclay, "Who Was Considered an Apostate in the Jewish Diaspora?" in *Tolerance and Intolerance in Early Judaism and Christianity*, eds., Graham N. Stanton and Guy G. Stroumsa (Cambridge: Cambridge University Press, 1998), 89를 보라.

바울은 자신이 죽은 뒤에 자신이 하던 일을 계승할 미래의 지도자들을 미리 선발하여 그와 함께 장기간 사역함으로 그들을 준비시켰다. 그들 중에 디모데와 디도가 있다. 디모데가 유대인을 위한 사역자라면, 디도는 이방인을 위한 사역자였다. 그래서 더욱 디도에게 할례를 주는 것은 불가한 일이었다.

2:4 이는 가만히 들어온 거짓 형제들 때문이라 그들이 가만히 들어온 것은 그리스도 예수 안에서 우리가 가진 자유를 엿보고 우리를 종으로 삼고자 함이로되

그러나($\delta\acute{\epsilon}$) 거짓형제들이 디도의 할례를 강요했다. 바울의 입장에서 디도는 이미 이스라엘(교회)의 멤버십을 가지고 있다. 그러나 "거짓 형제들"은 디도가 이스라엘에 소속되지 않았다고 본다. 그들은 이방인이 참 이스라엘인 교회의 멤버십을 획득하려면 할례를 받고 율법을 지켜야 한다고 주장한다.

'거짓 형제'($\psi\epsilon\upsilon\delta\acute{\alpha}\delta\epsilon\lambda\phi o\varsigma$)란 단어는 '형제'라는 뜻의 '아델포스' ($\dot{\alpha}\delta\epsilon\lambda\phi\acute{o}\varsigma$) 앞에 '거짓의'라는 뜻의 형용사 '수도스'($\psi\epsilon\hat{\upsilon}\delta o\varsigma$)의 어간인 '수드' ($\psi\epsilon\upsilon\delta$-)를 접두어로 붙여서 만든 단어다. 형제는 형제지만 가짜 형제다. 결국 형제가 아니라는 뜻이다. 바울은 디도에게 할례를 강요하는 형제들은 가짜라고 강력하게 성토한다. 오늘날로 치면 그들은 성도가 아니라고 말하는 셈이다.

"가만히 들어온 거짓 형제들 때문이라 그들이 가만히 들어온 것은"에서 '가만히'란 뜻을 가진 단어 두 개가 연달아 나온다. 바울은 "가만히 들어온" ($\pi\alpha\rho\epsilon\acute{\iota}\sigma\alpha\kappa\tau o\varsigma$) 거짓형제들은 '가만히 들어왔다'($\pi\alpha\rho\epsilon\iota\sigma\hat{\eta}\lambda\theta o\nu$)고 말한다. 그 두 단어는 모두 '파레이스'($\pi\alpha\rho\epsilon\iota\sigma$-)라는 접두어를 갖고 있다. 이 접두어는 '몰래 하다'라는 의미(a sense of stealth)를 추가한다. 그래서 이 '파레이스' ($\pi\alpha\rho\epsilon\iota\sigma$-)라는 접두어를 갖고 있는 단어는 모두 '슬그머니 하다'라는 뉘앙스 (a quality of sneakiness)를 갖고 있다.[111] '파레이스악토스' ($\pi\alpha\rho\epsilon\acute{\iota}\sigma\alpha\kappa\tau o\varsigma$)

---

111) "$\pi\alpha\rho\epsilon\iota\sigma\acute{\alpha}\gamma\omega$"와 같은 접두어를 가진 단어들 in Henry G. Liddell and R. Scott, *Greek-English Lexicon With a Revised Supplement,* 9th ed. (LSJ, Oxford: Clarendon Press, 1996), 1333-34.

는 형용사로서 '가만히 끌어들이다'는 뜻의 동사인 '파레이스아고' (παρεισάγω)의 파생어. '파레이스아고'는 '인도하다, 갖고 들어오다'(to lead, bring in)라는 뜻의 동사 '아고'(ἄγω)에 '파레이스'(παρεισ-) 접두어가 추가된 형태다. '파레이스악토스'(παρείσακτος)는 형태상으로는 피동태 (passive voice)로 되어 있지만, 의미상으로는 중간태(middle voice)로 볼 수 있다. 그러므로 거짓 형제들이 누군가에 의해 몰래 '반입되었다'는 피동의 의미로 반드시 볼 필요는 없다.[112] '들어왔다'로 번역된 동사 '파레이스에르 코마이'(παρεισέρχομαι)도 '가다, 오다'라는 뜻의 '에르코마이'(ἔρχομαι) 동사 에 '파레이스'(παρεισ-) 접두어가 붙은 것이다. '슬며시 들어오다'(to slip in) 란 뜻이다. 바울이 유력한 자들과 만나고 있을 때 거짓 형제들이 슬그머니 들 어왔다. 이 대목에서 바울이 이렇게 '가만히'라는 뜻을 가진 형용사와 동사를 동시에 사용하는 이유는 무엇일까?

성경에서 '가만히' 혹은 '슬그머니'는 거짓 선지자, 거짓 형제, 거짓 선 생의 행동양식이다. 성경에서 그들은 '가만히' 공동체에 침투하거나 움직인 다. 신명기 13:6-7, "네 어머니의 아들 곧 네 형제나 네 자녀나 네 품의 아내나 너와 생명을 함께 하는 친구가 가만히 너를 꾀어 이르기를 너와 네 조상들이 알 지 못하던 다른 신들…을 우리가 가서 섬기자 할지라도"에서 배교를 부추기는 자는 '가만히'(בַּסֵּתֶר, λάθρα) 사람을 유혹한다. 베드로후서 2:1, "그러나 백성 가운데 또한 거짓 선지자들이 일어났었나니 이와 같이 너희 중에도 거짓 선생들 이 있으리라 그들은 멸망하게 할 이단을 가만히 끌어들여(παρεισάξουσιν) 자기 들을 사신 주를 부인하고 임박한 멸망을 스스로 취하는 자들이라"에서도 갈라 디아서 2:4과 마찬가지로 "거짓 선지자들"(ψευδοπροφῆται)과 "거짓 선생들" (ψευδοδιδάσκαλοι)이 '파레이스'(παρεισ-) 접두어를 가진 단어, '가만히 끌어 들이다'(παρεισάγω)가 함께 사용된다. '가만히'가 거짓 선지자, 거짓 선생이 의 행동양식으로 나타난다. 유다서 4절, "이는 가만히 들어온(παρεισέδυσαν) 사람 몇이 있음이라 그들은 옛적부터 이 판결을 받기로 미리 기록된 자니…"에 서도 '파레이스'(παρεισ-) 접두어를 가진 동사 '파레이스뒤노'(παρεισδύνω)가 사용되었다. 그 뜻은 '몰래 들어오다. 침투하다'(to slip in stealthily, sneak

---

112) Moo, *Galatians*, 128

in)이다.

초대교회의 위경인 도마행전(*Acts of Thomas*) 79의 '거짓 사도들과 무법한 선지자들'(false apostles and prophets of lawlessness)을 비판하는 대목에서 그들은 "남들 몰래 이 모든 일들 즉, 간음, 도둑질, 탐욕을 스스로 행한다"(secretly practice all these things[fornication, theft, and avarice] themselves)고 비난한다. 초대교회 위경인 '수도 클레멘타인'(Pseudo-Clementine) 문서에서도 비슷한 용례가 발견된다. 베드로로 대표되는 유대인 신자들은 바울이 율법의 내용을 자기 멋대로 해석한다고 고발하면서(*Homilies* 2.22.6), 바울은 경건을 가면으로 이용하여 그를 믿는 사람들로부터 "진리의 열매를 슬며시(secretly)" 취하는 사람이라고 비난한다(*Homilies* 2.22.7).

바울은 거짓 형제들과 "가만히" 움직이는 그들의 행동 양식을 연결시키면서 그들이 '가짜'라는 것을 부각시킨다. "가만히"는 2:1-10에서 바울이 언급하는 모임이 사도행전 15장의 예루살렘 공의회가 아니라는 것을 지지하는 또 다른 증거다. 만약 이 모임이 공의회였다면 거짓 형제들이 굳이 '가만히' 들어올 필요가 없었을 것이다. 왜냐하면 공의회는 문이 열려있는 공식적 모임이었기 때문이다.

거짓 형제들이 이렇게 슬며시 움직이는 목적은 무엇인가? "그리스도 예수 안에서 우리의 가진 자유"를 '엿보기' 위해서다. "엿보고"로 번역된 '카타스코페오'(κατασκοπέω, to spy out, lie in wait for) 동사는 "가만히"와 의미가 잘 통한다. 그들은 그리스도인의 자유를 호시탐탐 엿보면서 기회가 오면 그것을 빼앗아가려고 한다. "그리스도 예수 안에서 우리가 가진 자유"(τὴν ἐλευθερίαν ἡμῶν ἣν ἔχομεν ἐν Χριστῷ Ἰησου)를 관계대명사를 없애고 평서문으로 만들면 '우리는 예수 그리스도 안에서 자유를 갖고 있다'가 된다. 모든 성도는 그리스도 예수 안에서 자유를 갖고 있다. 이 자유는 율법으로부터의 자유이며, 죄와 죽음의 세력(power)의 지배로부터의 자유다.

갈라디아서에서 바울은 '자유'에 관해 자주 말한다. 갈라디아서 4:22-31에 나오는 두 여인의 비유에서 사라를 "자유 있는 여자"(갈 4:22-23, 30)로 부르면서 성도들은 모두 "위에 있는 예루살렘" 곧 "자유자"(갈 4:26)의 자녀라고 말한다. 두 여인의 비유의 결론은 갈라디아서 5:1, "그리스도에서 우리를 자유롭게 하려고 자유를 주셨으니 그러므로 굳건하게 서서 다시는 종의 멍에를 메지 말라"이다. '노예와 자유인'의 대조의 클라이맥스다. 갈라디아서 5:13, "형제들아 너희가 자유를 위하여 부르심을 입었으나 그러나 그 자유로 육체의 기회를 삼지 말고 오직 사랑으로 서로 종 노릇 하라"에서는 우리가 비록 자유인이지만 이 자유를 죄를 짓는 기회로 사용하지 않고, 대가(reward)를 바라지 않고 이웃을 위해 봉사(service)하는 '자발적 노예'로 살아야 한다고 말한다. 자유의 개념을 기독교 윤리에 적용한다.

자유에 관한 바울의 주장은 한 마디로 '우리는 그리스도 예수 안에 있는 자유인이다'라는 것이다. 그렇다면 그리스도 밖에 있으면 어떻게 되는가? 필연적으로 "이 세상의 초등학문 아래에 있어서 종 노릇"(갈 4:3)을 하게 된다. 여기서 '초등학문'(στοιχεῖα)은 헬라종교와 문화 그리고 유대교 율법과 문화를 다 포괄하는 개념이다.[113] 그리스도 안에 있지 않으면 모든 인간은 잘못된 문화와 종교 속에서 죄와 죽음의 세력의 노예로 살아갈 수밖에 없다.

바울은 '거짓 형제들은 성도들이 그리스도 예수 안에서 갖고 있는 자유를 엿보고, 자유를 박탈하여 다시 노예로 만들려고 한다'고 말한다. "우리를 종으로 삼고자 함이로되"에서 '종으로 삼다'로 번역된 동사는 '카타둘로오'(καταδουλόω)다. '노예로 삼다'라는 뜻의 동사 '둘로오'(δουλόω) 앞에 강세(intensity)의 접두어 '카타'(κατα-)가 붙어 있다. '완전히'(fully, completely) 노예로 만든다는 뉘앙스다. 이 단어는 고린도후서 11:20, "누가 너희를 종으로 삼거나 잡아먹거나 빼앗거나 스스로 높이거나 뺨을 칠지라도 너희가 용납하는도다"에서도 사용되었다. 성도들을 노예로 만드는 사람들은 바로 고린도후서 11:13에 나오는 "거짓 사도"들이다. '카타둘로오'(καταδουλόω) 동사가 갈라디아서 2:4에서도 "거짓"이란 접두어 과 함께 사용되고 있다는 점에 주목해야 한다. '거짓 사도,' '거짓 형제,' '노예로 삼다' 등의 단어들은 의미론적 범위(semantic field)가 서로 겹친다.

바울은 거짓 형제들이 디도를 노예로 만들려고 했다고 비판한다. 바울은 율법 아래에 있는 유대인과 이방인은 모두 노예 혹은 감옥에 갇힌 포로 혹은 죄수라고 본다(갈 4:23, "믿음이 오기 전에 우리는 율법 아래에 매인 바 되

---

113) 이 점에 대한 자세한 설명은 4:3의 주석을 참고하라.

고 계시될 믿음의 때까지 갇혔느니라"). 반면에 복음의 은혜 아래 있는 유대인과 이방인은 노예 상태에서 해방된 자유인이다. 이방인인 디도는 이미 복음 안에서 자유인이 되었다. 그런데 만약 디도가 할례를 받는다면 그는 다시 노예의 상태가 되어 버린다. 갈라디아서 4:22-23의 언어로 표현하면, 거짓 형제들은 "자유 있는 여자에게서" 태어난 디도로 하여금 "육체를 따라" 다시 태어나게 하되, "여종에게서" 태어나게 하여 노예로 만들려고 한다. 사라의 자손을 하갈의 자손으로 만들려고 한다. 바울에게 그것은 있을 수 없는 일이고, 있어서도 안 되는 일이다.

정말 율법 아래에 있는 사람들은 자유도 없고 죄의 세력의 노예가 되는 것일까? 바울은 그렇다고 본다. 왜 그럴까? 율법은 우리에게 무엇이 죄인 줄 알려주지만, 죄를 짓지 않을 능력을 주지는 않는다. 그러나 예수를 믿는 사람에게 하나님께서 주시는 성령은 우리에게 죄의 세력을 이길 수 있는 능력을 준다. 복음의 은혜 아래 있는 사람에게는 율법과 죄의 세력의 지배로부터 자유롭게 될 수 있는 길이 열린다. 이 점이 바로 고린도후서 3:17, "주는 영이시니 주의 영이 계신 곳에는 자유가 있느니라"에서 바울이 의미하는 바다.

2:5 그들에게 우리가 한시도 복종하지 아니하였으니 이는 복음의 진리가 항상 너희 가운데 있게 하려 함이라

거짓 형제들이 디도가 할례를 받을 것을 강요하였으나 바울과 바나바와 디도("우리")는 한순간도 그들에게 굴복하지 않았다. "한시도"(οὐδὲ πρὸς ὥραν)는 직역이며, 바울이 여기에서는 한 시간(ὥρα)을 가장 짧은 시간의 의미로 사용했으므로 '한순간도'로 번역하는 것이 좋다. 여기에서 사용된 동사 '에이코'(εἴκω)의 뜻은 '양보하다, 물러서다'(to yield, draw back)이다. 여기에 바울은 '복종, 굴종'(obedience, submission)이란 명사 '휘포타게'(ὑποταγή)의 여격을 덧붙여 '굴종하여 물러서다'(yield submissively)의 뜻으로 사용하고 있다. '휘포타게' 앞에 정관사가 붙어 있는 것(τῇ ὑποταγῇ)은 거짓 형제들이 요구한 '그' 복종에 바울이 무릎을 꿇지 않았다는 말이다. 이 모든 표현의 이면에는 거짓 형제들이 디도의 할례 문제를 둘러싸고 바울

에게 자신들의 요구에 순종할 것을 강요하였으나, 바울이 이 문제에 결코 굴종하여 물러서지 않았다는 뉘앙스가 있다.

바울이 한순간도 물러서지 않은 이유는 이 문제에 복음의 진리(ἡ ἀλήθεια τοῦ εὐαγγελίου)가 걸려 있기 때문이었다. 만약 바울이 굴종하여 물러서면 복음의 진리가 더는 이방인들에게 남아 있지 않게 된다. 바울이 물러서지 않아야 복음의 진리가 이방인들의 유익을 위해 계속 남아 있게 (διαμένω: to remain continually) 된다. 디도가 할례를 받아야 하는지, 아니면 받을 필요가 없는지, 이 문제는 단순한 문제가 아니다. 바울은 이것이 복음의 진리에 관한 문제이며, 복음의 핵심이 걸려 있는 이슈임을 즉각 알아차렸다. 오늘날 말로 표현한다면 '구원론의 핵심이 걸려 있는 문제'였다. 디도가 최후의 심판대에 서는 날 그가 할례를 받지 않았으므로 구원을 받지 못하느냐, 아니면 할례를 받고 율법을 지키지 않아도 믿음으로, 하나님의 은혜로 구원을 받을 수 있느냐, 이 문제에 대해 바울과 거짓 형제들은 서로 반대되는 대답을 하고 있었다. 바울이 전하는 복음은 할례로부터 자유로운 복음 (circumcision-free gospel), 율법으로부터 자유로운 복음(law-free gospel) 이었다.

그날 바울과 거짓 형제들 사이에 벌어진 논쟁은 사실 훗날 안디옥교회에서 벌어진 논쟁과 같은 종류의 논쟁이었다. 당시 논쟁에 대해 사도행전 15:1-2은 이렇게 말한다.

사도행전 15:1-2

[1]어떤 사람들이 유대로부터 내려와서 형제들을 가르치되 너희가 모세의 할례를 받지 아니하면 능히 구원을 받지 못하리라 하니 [2]바울 및 바나바와 그들 사이에 적지 아니한 다툼과 변론이 일어난지라 형제들이 이 문제에 대하여 바울과 바나바와 및 그 중의 몇 사람을 예루살렘에 있는 사도와 장로들에게 보내기로 작정하니라

사도행전 15장이 말하는 "다툼과 변론"은 바울이 기근 방문으로 예루살렘을 방문했을 때 이미 시작된 논쟁이다. 얼핏 보면 이 논쟁은 이방인이 할례를 받고 유대인이 되지 않고도 참 이스라엘이 될 수 있느냐 없느냐에 관한 것으로

보인다. 하지만 이 논쟁의 핵심은 '누가 참 이스라엘인가?'(Who are true Israelites?)라는 질문이다. 이 질문에 어떻게 대답하느냐에 따라 서로 입장이 갈라졌다.

이 질문은 사실 이미 예수의 공생애 시절 이전부터 유대교 내부에서는 매우 뜨거운 이슈였다. 세례요한은 모든 유대인이 다 이스라엘(하나님의 백성)이 아니라, 오직 요단강 건너편으로 와서 회개하고 세례를 받는 유대인만 참 이스라엘이고, 나머지는 유대인은 이방인과 똑같은 불의한 자들이라고 설교했다.

마태복음 3:7-10
[7]요한이 많은 바리새인들과 사두개인들이 세례 베푸는 데로 오는 것을 보고 이르되 독사의 자식들아 누가 너희를 가르쳐 임박한 진노를 피하라 하더냐 [8]그러므로 회개에 합당한 열매를 맺고 [9]속으로 아브라함이 우리 조상이라고 생각하지 말라 내가 너희에게 이르노니 하나님께서 능히 이 돌들로도 아브라함의 자손이 되게 하시리라 [10]이미 도끼가 나무 뿌리에 놓였으니 좋은 열매를 맺지 아니하는 나무마다 찍혀 불에 던져지리라

세례요한은 유대인으로 태어났다고 해서 자동적으로 참 이스라엘이 되는 것(구원을 받는 것)이 아니라고 가르쳤다. 자신의 가르침을 거부하는 자들은 다 "독사(사탄)의 자식들"이라고 주장했다. 세례요한은 유대인 중 극히 일부인 참 이스라엘만 구원을 받고 나머지 유대인들은 다 이방인들과 함께 심판받아 멸망할 것이라고 말했다. 유대인이냐 아니냐가 구원을 결정하지 않는다. 세례요한의 가르침에 따르면 그를 따르는 자들만 구원을 받고, 그들이 참 이스라엘이 된다.

당시 유대교 안에서 세례요한만 그런 주장을 한 것이 아니다. 당시 바리새파도 자신들의 방식대로 율법을 해석하고 지키는 유대인들만이 참 이스라엘이라고 주장했고 다른 유대인들을 율법을 제대로 지키지 않는 죄인들(이방인들)과 똑같다고 보았다. 에센파(the Essens)도 마찬가지였다. 에센파에 소속된 공동체인 사해근처의 쿰란공동체가 남긴 문서에 보면 쿰란 사람들은

자신들이야말로 참 이스라엘이라고 보았다. 그들은 바리새파와 심지어 예루살렘의 제사장들조차 모두 율법을 어기는 죄인들로 보았다. 당시 유대교 안에서는 "누가 참 이스라엘인가?"라는 질문에 각각의 그룹이 "우리야말로 참 이스라엘이다"라는 주장을 하면서 서로 논쟁을 벌였다.

예수 역시 이 질문에 대답했다. 그는 자신을 믿고 따르는 그의 제자들이 참 이스라엘이며, 그들이 하나님의 구원을 받게 된다고 가르쳤다. 예수는 그의 제자들을 향해 '이스라엘이 이 세상의 빛'이 아니라 "너희는 세상의 빛이라"(마 5:14)고 가르쳤다. "세상이 새롭게 되어 인자가 자기 영광의 보좌에 앉을 때에" 이스라엘이 열 두 보좌에 앉아 이방인을 심판하는 것이 아니라, "나를 따르는 너희도 열두 보좌에 앉아 이스라엘 열두 지파를 심판하리라"(마 19:28)고 가르쳤다. 이스라엘이 도리어 심판을 받고, 제자들이 이스라엘이 앉아야 할 자리에 앉게 된다. 예수가 그리스도라는 것을 믿고 그의 말씀에 순종하는 자들이 참 이스라엘이다. 우리는 바울의 주장을 이런 맥락에서 이해해야 한다.

바울도 '누가 참 이스라엘인가?'라는 질문에 대답했다. 그는 유대인으로 태어났다고 해서 참 이스라엘이 되는 것이 아니라고 말했다. 그는 참 이스라엘은 예수를 믿는 모든 유대인과 이방인이라고 대답했다. 이것이 로마서 2:28-29에서 그가 주장하는 바다.

로마서 2:28-29

[28]무릇 표면적 유대인이 유대인이 아니요 표면적 육신의 할례가 할례가 아니니라 [29]오직 이면적 유대인이 유대인이며 할례는 마음에 할지니 영에 있고 율법 조문에 있지 아니한 것이라 그 칭찬이 사람에게서가 아니요 다만 하나님에게서니라

유대인 부모에게서 태어나 유대인 여권을 갖고 있다고 진짜 유대인이 되는 것은 아니라는 주장이다. 진짜 유대인이 되려면 마음의 할례, 즉 성령을 받아야 한다. 성령을 받으려면 복음을 믿어야 한다. 그러므로 복음을 믿는 유대인만 진짜 유대인이다. 더 나아가 이방인이라 하더라도 성령을 받으면 진짜 유대인(새 이스라엘)이 된다.

지금 디도의 할례를 둘러싸고 거짓 형제들과 바울이 벌이는 논쟁은 바로 '누가 참 이스라엘인가?'라는 질문에 관한 것이다. 바울은 그때 이미 로마서 2:28-29에서 가르치는 바를 주장했었다고 보인다. 그렇다면 거짓 형제들은 '누가 참 이스라엘인가?'라는 질문에 어떤 대답을 했을까? 그들은 '예수를 믿는 모든 유대인'이라고 대답했을 것이다. 그들은 이방인이 예수를 믿는다고 해도 할례를 받고 유대인이 되지 않으면 참 이스라엘이 될 수 없다고 주장했을 것이다. 그들은 이방인이 할례를 받아 유대인이 되지 않고도, 이방인의 신분을 가진 채로, 참 이스라엘에 들어올 수 있다는 바울의 주장을 거부했다. 그들은 그것이 하나님의 뜻이라는 것을 깨닫지 못하고 있었다.

사도행전 15장에 나오는 예루살렘 공의회는 바울의 견해와 거짓 형제들의 견해가 공식적으로 충돌하게 되어 열렸다. 갈라디아서가 기록된 시점은 예루살렘 공의회가 열리기 전으로 보는 것이 옳다. 만약 이후였다면 갈라디아서에서 바울이 예루살렘 공의회에서 내려진 그에게 유리한 결정, 즉 이방인 성도가 할례를 받을 필요 없다는 결정을 언급하지 않았을 리가 없기 때문이다. 갈라디아서 2:3-5에 기록된 내용은 바울이 기근으로 인해 예루살렘을 방문했을 때 벌어진 그와 거짓 형제들 사이의 논쟁이다. 이 논쟁은 예루살렘 공의회 논쟁의 전주곡이었다.

2:6 유력하다는 이들 중에 (본래 어떤 이들이든지 내게 상관이 없으며 하나님은 사람을 외모로 취하지 아니하시나니) 저 유력한 이들은 내게 의무를 더하여 준 것이 없고

6절에서 바울은 2절의 주제, 즉 자신이 평소에 전하는 복음을 유력하다는 이들에게 제시한 것에 관한 이야기를 다시 이어간다. 2절에서 이미 "유력한 자들"(οἱ δοκοῦντες)이란 표현이 나타났다. 하지만 6절에서는 이 표현에 영어에 'to be something'에 해당하는 헬라어구(εἶναί τι)를 추가한다. 바울이 2절에서 자신이 사용한 표현(οἱ δοκοῦντες)이 약간 불충분하다고 판단하고 부연설명을 추가한 것 같다. 개역개정판 성경에서는 추가된 부분을 번역에 반영하지 않았다. "유력하다는 이들 중에"는 헬라어 원문을 직역하면 '그러

나(δέ) 무엇이라고 여겨지는 사람들로부터는(ἀπό)'으로 번역할 수 있다.

　개역개정판 번역본 괄호 안에 있는 문장은 "유력하다는 이들"에 관한 바울의 지나가는 생각을 적어 놓은 것이다. 괄호 안의 내용은 '그 때 그들이 어떤 종류의 사람이었는지는(ὁποῖοί ποτε ἦσαν) 나에게 아무런 중요성이 없었다(οὐδέν μοι διαφέρει). 하나님은 사람의 얼굴을 취하지 않으신다'(πρόσωπον ὁ θεὸς ἀνθρώπου οὐ λαμβάνει)로 되어 있다. '그 때 그들이 어떤 종류의 사람이었는지는(ὁποῖοί ποτε ἦσαν)에서 동사가 과거시제로 되어 있는 이유는 아마도 그 사도들이 과거에 예수 그리스도의 형제(야고보)와 제자(베드로, 요한)로서 갖고 있던 지위를 가리키려는 것이다.[114]

　'사람의 얼굴을 취하지 않는다'는 말은 구약성경에서 종종 나오는 표현이다(신 10:17; 대하 19:7; 욥 34:19), 하나님의 심판 때 사람의 지위 고하를 막론하고 똑같은 기준으로 심판을 받는다는 평등성(impartiality)을 나타내는 표현이다. '사람의 얼굴을 취하지 않는다'의 얼굴/외모는 얼굴 생김새가 아니라 교회 안에서 그 사람의 공식적 지위를 가리킨다. 갈라디아서 2:9절에 따르면 이 유력한 사람들은 예루살렘교회에서 기둥(στῦλος)으로 여겨지는 지도자들이다. 반면 바울은 예루살렘교회 안에서 어떤 지위도 갖고 있지 않다. 바울은 예루살렘교회에서 어떤 지위를 갖고 있건 없건, 그런 것은 하나님 앞에서 전혀 중요하지 않다고 말한다. 그런 표면적인 것이 인간에게는 중요할지 모르나, 하나님은 그런 관점에서 사람을 대하지 않으시기 때문이다. 바울은 그들의 외적 지위에 전혀 개의치 않고 그들을 대했다.

　괄호 안의 내용이 끝나는 부분에서 바울은 자신의 복음을 사도들에게 제시(presentation)했을 때 그들이 어떻게 반응했는지 드디어 이야기한다. 그들의 반응은 "내게 (의무를) 더하여 준 것이 없고"였다. '나에게'(ἐμοί)가 접속사인 '가르'(γάρ) 앞에 위치한 것은 강조를 위한 것이다. 그러므로 '나에게는'으로 번역하는 것이 더 좋다. 개역개정판 번역본에서 "의무를"은 번역자가 임의로 추가한 것이다. 헬라어 본문에는 "의무를"에 해당하는 말이 없다. 번역자가 생각하기에 목적어를 구체적으로 명시하는 것이 필요하다고 생각해서 임의로 이 말을 삽입했다. 이런 삽입은 불필요하며 오역에 가깝다.

---

114) Moo, *Galatians*, 132.

'더하다'로 번역된 동사 '프로스아나티떼미'(προσανατίθημι)는 갈라디아서 1:16, "내가 곧 혈육과 의논하지 아니하고"에서 이미 한 번 사용되었다. 1장 16절에서는 '~와 의논하다'(to consult with)라는 뜻으로 번역했으나, 여기에서는 '더하다'(to add, contribute)의 뜻으로 번역한다. 왜냐하면 '프로스아나티떼미'(προσανατίθημι)는 '~에게 제안하다'(to lay before)의 뜻인데, 바울이 자신의 복음을 프레젠테이션을 마쳤을 때 예루살렘의 사도들이 바울을 향해서 '아무것도'(οὐδέν) 말하지 않기 때문이다. 그런 뜻에서 사도들은 '아무것도 더하지/제안하지 않았다'고 말한다.

그들이 아무 말도 하지 않았다는 것은 무슨 뜻일까? 바울이 지금까지 전한 복음은 그 자체로 누락된 내용 없이 완전하며, 굳이 어떤 내용을 추가할 필요가 없다는 뜻이다. 다시 말해 예루살렘교회의 지도자들은 바울의 복음과 그들의 복음이 내용상 같다는 것을 인정했다. 상호 간에 같은 "복음의 진리" (갈 2:5)에 동의한 것이다. 바울의 복음을 예루살렘교회의 지도자들이 인정했다는 것은 이 시점의 바울에게 매우 중요하다. 왜냐하면 지금 거짓 형제들이 자신의 교회들을 찾아와 바울의 복음에 자신들의 가르침을 더하여 '복음의 진리'를 수정하려고 하기 때문이다.

2:7 도리어 그들은 내가 무할례자에게 복음 전함을 맡은 것이 베드로가 할례자에게 맡음과 같은 것을 보았고

"도리어"로 번역된 '투난티온'(τοὐναντίον)은 중성 정관사 '토'(τό)와 '반대의'(opposite)라는 뜻의 형용사 '에난티오스'(ἐναντίος)가 합성되어 생겨난 부사다. '정반대로'(on the contrary)라는 뜻이다. 예루살렘 사도들은 바울의 복음에 어떤 내용을 추가할 것을 요구하기는커녕, 정반대로 반응했다. 그들은 접속사(ὅτι) 이하를 보았다(ἰδόντες). '보았다'는 '인정했다'(to recognize)는 뜻이다. 그들은 '무할례자를 위한 복음'(τὸ εὐαγγέλιον τῆς ἀκροβυστίας)이 '나에게 위임되었다'(πεπίστευμαι)는 것을 인정했다.

"맡은 것이"에서 사용된 동사는 '피스튜오'(πιστεύω)다. 이 동사는 능동으로 사용되면 '믿다'(to have faith in)의 뜻이지만 수동형으로 사용되면 '위

임되다'(to be entrusted)의 뜻이다. 문장에서 사용된 '페피스튜마이'(πεπίστευμαι)는 현재완료 수동형이다. 여기에서 완료의 뉘앙스는 '계속'이다. 바울에게 무할례자를 위한 복음이 위임되었고, 그 위임 상태가 지금까지 지속되고 있다는 뉘앙스다.

'페피스튜마이'(πεπίστευμαι)는 신적(神的) 수동형(divine passive)이다. 능동형으로 바꾸면 위임의 주체가 하나님이 된다. 이 부분을 영어로 번역하면 'I have been entrusted with the gospel for the uncircumcised'다. 능동으로 바꾸면 'God had entrusted Paul with the gospel for the uncircumcised'가 된다. 예루살렘교회 사도들은 바울복음이 그들의 복음과 정확하게 일치한다는 것을 인정했기 때문에, 마치 베드로에게 '할례자를 위한 복음이 위임된 것과 마찬가지로'(καθώς) 무할례자를 위한 복음이 바울에게 위임되어 있다는 것을 인정했다.

예루살렘 사도들이 바울복음을 인정한 것은 바울의 사도직을 인정한 것이기도 하다. 하나님께서 그를 사도로 임명하셨다는 것을 인정한 것이다. 바울의 다메섹 경험의 합법성(legitimacy)을 인정한 것이다. 더 나아가 할례자에게 복음을 전할 책무를 가진 베드로의 사도적 지위와 무할례자에게 복음을 전할 책무를 가진 바울의 지위가 동등함을 인정한 것이다.

"무할례자의 복음"(τὸ εὐαγγέλιον τῆς ἀκροβυστίας)에서 사용된 단어 '아크로뷔스티아'(ἀκροβυστία)는 바울이 즐겨 사용하는 단어가 아니다. 이 단어의 뜻은 '포피'(包皮, foreskin)고, 이방인을 가리킨다. 바울이 평소에 이방인을 가리키기 위해 사용하는 단어는 '에뜨네'(ἔθνη, gentiles, nations)다. 7절에서 "게바"(Κηφᾶς)라는 아람어 이름 대신 "베드로"(Πέτρος)라는 헬라어 이름이 사용된 것도 특이하다. 갈라디아서 전체에서 2:7-8을 제외한 곳에서 바울은 "게바"라는 아람어 이름을 사용하면서도 왜 이 부분에서만 유독 "베드로"라는 이름을 사용하는 것일까? 우연히 그렇게 된 것이 아니라면 무슨 특별한 이유라도 있는 것일까?

바울은 이 문장에서 접속사 '호티'(ὅτι, 영어의 목적어절 접속사 that에 해당)를 동원하여 사도들과 함께 나눈 원래의 문장을 그대로 보존하려고 한 것 같다. 그래서 평소에 바울이 즐겨 사용하지 않은 '무할례자의 복음과 할례자의 복음'이라는 표현이 등장한 것 같다. 이런 흔적들은 당시 바울과 예루살렘 사도들 사이에 모종의 합의문이 만들어졌고, 바울이 그 합의문의 일부를 지금 인용하는 것이 아닌가 하는 생각이 들게 만든다.

2:8 베드로에게 역사하사 그를 할례자의 사도로 삼으신 이가 또한 내게 역사하사 나를 이방인의 사도로 삼으셨느니라

여기에서 "사도"로 번역된 헬라어 단어는 '아포스톨레'($\dot{\alpha}\pi o\sigma\tau o\lambda\acute{\eta}$)다. 이 명사는 '사도의 직분'(apostleship)이란 뜻이다. "베드로에게 역사하사 그를 할례자의 사도로 삼으신 이"는 하나님이시다. 그 하나님께서 '나에게도' ($\kappa\alpha\grave{\iota}$ $\dot{\epsilon}\mu o\iota$) 일하시어($\dot{\epsilon}\nu\epsilon\rho\gamma\acute{\epsilon}\omega$) 사도직을 갖게 하셨다. "내게"란 말 앞에 '카이' 가 있으므로 '나에게'가 아니라 '나에게도'라고 번역해야 한다. 같은 하나님 께서 베드로와 바울 각각에게 역사하셔서 베드로는 '할례자의 사도직'으로 바울은 '이방인의 사도직'으로 인도하셨다. 물론 헬라어 본문에서는 '이방인을 위하여($\epsilon\dot{\iota}\varsigma$ $\tau\grave{\alpha}$ $\ddot{\epsilon}\theta\nu\eta$) 역사하셨다'로 되어 있고, '사도직'($\dot{\alpha}\pi o\sigma\tau o\lambda\acute{\eta}$)이란 말은 없다. 하지만 독자가 읽을 때 생략된 '사도직'을 넣어서 읽어도 무방하다.[115]

이미 7절에서 바울은 자신과 예루살렘 사도들의 메시지(message)가 동일하고, 자신과 그들의 메신저(messenger)의 지위가 동등하다는 점을 말했다. 8절에서는 왜 그 지위가 동등한지 이유를 설명한다. 왜냐하면($\gamma\acute{\alpha}\rho$) 베드로와 바울 모두에게 하나님께서 그렇게 일하셨기 때문이다. 이런 점에서 보면 바울의 사도직과 베드로의 사도직은 서로 우열을 따질 수 없는 동등한 사도직이다. 단지 사역의 대상이 다를 뿐이다. 8절에서도 여전히 베드로라는 호칭이 사용되므로 8절은 7절의 연장으로 볼 수 있다. 7-8절에서 공식적인 합의문이 인용되고 있다고 볼 수 있다. 만약 정말 그런 합의문이 있었다면, 바울의 복음과 예루살렘 사도들의 복음이 일치한다는 것과 바울의 사도직과 그들의 사도직이 동등한 것을 공식적으로 인정하는 그런 합의문이 있었다면, 갈라디아서 2:7-8절은 아무리 늦어도 기근 방문 때 이미 이신칭의를 강조하는 바울복음이 존재했다는 것을 지지하는 합리적 증거가 될 수 있다.

---

115) 자세한 논의는 Moo, *Galatians*, 134를 보라.

2:9 또 기둥 같이 여기는 야고보와 게바와 요한도 내게 주신 은혜를 알므로 나와 바나바에게 친교의 악수를 하였으니 우리는 이방인에게로, 그들은 할례자에게로 가게 하려 함이라

"야고보와 게바와 요한"은 예루살렘교회의 사도들이며, 아마도 이들이 바로 2절의 "유력한 자들," 6절의 "유력하다는 이들," "저 유력한 이들"의 이름인 것으로 보인다. 여기에서 세 사람의 이름의 순서는 예루살렘교회에서 그들이 가진 권위(authority)의 순서(ranking)다. 야고보는 "주의 형제 야고보"(갈 1:19)다. 베드로가 열두 제자 중 수제자임에도 불구하고, 야고보의 권위는 베드로를 능가한다. 2장 12절에서 예루살렘교회에서 온 사람들을 "야고보에게서 온 어떤 이들"이라고 부르는 것도 역시 야고보가 예루살렘교회의 실질적 수석 지도자임을 보여준다. 그렇다면 언제부터 야고보가 예루살렘교회의 실질적인 수석 지도자가 되었을까? 예루살렘교회 초기에 베드로가 천사의 도움으로 기적적으로 감옥에서 빠져나온 뒤 예루살렘을 떠난 때부터(행 12:17, "또 야고보와 형제들에게 이 말을 전하라 하고 떠나 다른 곳으로 가니라")라고 볼 수 있다.

야고보, 게바, 요한, 이 세 명의 사도를 기둥에 비유하는 것은 당시 예루살렘교회가 자신을 하나의 건물로 보았기 때문이다. 여기에서도 2:2, 2:6절에서 사용된 '도케오'(δοκέω, to consider, appear) 동사가 사용되었다. '기둥으로 여겨지는 사람들'(οἱ δοκοῦντες στῦλοι εἶναι)이란 말은 2:6의 '무엇으로 여겨지는 사람들'(οἱ δοκοῦντες εἶναί τι)과 비교했을 때 부정대명사(τι) 대신 '기둥들'(στῦλοι)이 사용된 것을 제외하고 나머지는 다 똑같다. 바울이 세 명의 사도들을 '기둥으로 보이는 사람들'이라고 부르거나, '무엇으로 여겨지는 사람들'이라고 부르는 이유는 "거짓 형제들"(갈 2:4)과 "야고보에게서 온 어떤 이들"(갈 2:12)이 자신들의 권위를 예루살렘교회에 두면서 예루살렘교회를 지나치게 강조하기 때문으로 보인다.

예루살렘교회는 자신을 어떤 종류의 건물로 보았을까? 성전으로 보았을 것이다. 기둥이라는 표현은 초대교회가 자신을 하나님의 새 성전으로 보았다는 것을 보여준다(고전 3:16-17; 고후 6:16). 창세기 28:22, "내가 기둥으로 세운 이 돌이 하나님의 집이 될 것이요"에서 야곱은 돌기둥과 하나님의

집인 성전을 연결한다. 출애굽기 26-27장, 36장, 38장에서 성전과 성막에 관한 구절에서 기둥이란 단어는 자주 등장한다. 열왕기상 7장 솔로몬의 성전 건축 장면에서도 마찬가지다. 디모데전서 3:15, "이 집은 살아 계신 하나님의 교회요 진리의 기둥과 터니라"도 기둥과 교회가 함께 나타난다. 요한계시록 3:12, "이기는 자는 내 하나님 성전에 기둥이 되게 하리니"는 사람이 새 성전의 기둥이 된다고 말한다.

"내게 주신 은혜를 알므로"에서 "알므로"(γνόντες)는 7절의 "그들은 … 같은 것을 보았고"의 "보았고"(ἰδόντες)와 같은 역할을 한다. '알았다'는 것은 그 사도들이 알게 되었다는 뜻이다. 7절의 '보았다'와 마찬가지로 '인정했다'라는 뜻이다. 여기에서 말하는 "은혜"는 여러 가지로 해석이 가능하나, 다메섹에서 바울을 사도로 불러주신 하나님의 은혜의 부르심을 가리키는 것으로 보는 것이 좋다. 왜냐하면 7-8절에서 바울의 복음과 사도직을 인정하는 말이 나왔기 때문이다. 바울의 복음과 사도직의 근원이 다메섹 사건에 있으므로 바울의 복음과 사도직을 인정하는 것은 곧 다메섹 경험이 합법적인 (legitimate) 계시라는 것을 인정하는 셈이다. 바울은 다메섹 사건을 언급하거나 회상할 때 '은혜'를 거의 습관적으로 언급한다. 갈라디아서 1:15에서 다메섹 경험을 언급할 때 그는 하나님을 "그의 은혜로 나를 부르신 이"라고 말한다. 바울이 다메섹 경험을 머리에 떠올릴 때 제일 먼저 그의 머리에 떠오르는 단어는 '은혜'인 것 같다(더 자세한 논의는 1:15의 주석을 보라).

"주신"으로 번역된 헬라어 단어는 '주다'라는 뜻의 동사 '디도미'(δίδωμι)의 단순과거 수동분사(δοθεῖσάν)다. 이 수동태도 신적수동태(divine passive)로서 하나님에 의해 은혜가 바울에게 주어졌다는 뜻이다. 더 정확하게 번역하면 '(세 명의 사도들이) 나에게 주어진 은혜를 알고'(γνόντες τὴν χάριν τὴν δοθεῖσάν μοι)로 번역할 수 있다. "친교의 악수"는 직역하면 '친교의 오른손'(the right hand of fellowship)이다. 당시 오른손 악수는 친교를 다짐하거나 협약(agreement)을 맺는 것을 나타냈다.[116] 이 경우에는 협약에 더 가깝다고 볼 수 있다. 그 협약의 내용은 목적의 접속사 '히나'(ἵνα) 이하의 절에 나타난다. 그것은 "우리는 이방인에게로 그들은 할례자에게로"(ἵνα

---

116) W. Grundmann, *TDNT* 2:38.

ἡμεῖς εἰς τὰ ἔθνη, αὐτοὶ δὲ εἰς τὴν περιτομήν) 가는 것이었다. 협약의 내용
에서 "우리"(ἡμεῖς)와 "그들"(αὐτοί)이 대조되고 있고, 각각 가는 방향이 대조
되고 있다. 바울과 그의 동역자들은 "이방인에게로"(εἰς τὰ ἔθνη)에게로 가고,
그들은 "할례자에게로"(εἰς τὴν περιτομήν) 간다. 이 협약은 예루살렘 사도들
과 바울의 선교팀 사이의 일종의 분업(分業) 협정이다. 선교 대상을 기준으로
해서 서로 분업하는 것이다. 지도책을 펴놓고 지역을 양분한 것이 아니라 선
교 대상을 양분한 것으로 이해해야 한다. 만약 그렇다면 지금 갈라디아교회
에 들어와 할례를 주장하는 사람들은 이 협약을 위반한 것이 아닐까? 바울이
이 협약을 언급하는 목적이 그 약속의 위반을 지적하기 위한 것일 수도 있다.
　　갈라디아서 2:9의 협약은 종종 고린도후서 10:13-14의 내용과 관련이
있는 것으로 여겨진다. 고린도후서 10장에서 그는 이렇게 말한다.

고린도후서 10:13-14
[13]그러나 우리는 분수 이상의 자랑을 하지 않고 오직 하나님께서 우리
에게 나누어 주신 그 범위의 한계를 따라 하노니 곧 너희에게까지 이른
것이라 [14]우리가 너희에게 미치지 못할 자로서 스스로 지나쳐 나아간
것이 아니요 그리스도의 복음으로 너희에게까지 이른 것이라

　　바울은 자신이 맡은 경계 내에서 활동하였고 자신이 가지 말아야 할 경
계선을 넘어서 간 것이 아니라고 말한다. 물론 여기에서 말하는 경계란 지리
적 경계(geographical limit)가 아니라, 선교의 대상을 기준으로 한 경계선이
다. 문제는 이 경계선이 서로 겹치는 경우가 있다는 것이다. 회당 안에 들어와
있는 이방인들 즉, '하나님을 경외하는 이방인이므로 당연히 바울의 전도 대
상이다. 하지만 그들에게 복음을 전하기 위해 회당에서 복음을 전하면 자동
적으로 유대인들에게도 복음이 전해지므로 바울이 경계선을 넘어간 것처럼
보이게 된다. 바울의 입장에서는 유대인 선교를 포기할 수도 없고, 열정을 갖
고 있으므로(롬 9:3, "나의 형제 곧 골육의 친척을 위하여 내 자신이 저주를 받
아 그리스도에게서 끊어질지라도 원하는 바로라") 도착하는 도시마다 안식일
이 되면 회당에 가서 복음을 전한다. 유대인들에게 먼저 복음을 전하는 것은
바울 선교의 원칙이기도 했다(롬 1:16, "먼저는 유대인에게요 그리고 헬라인

에게로다"; 2:9-20). 고린도후서에 나타나는 바울의 적대자들(opponents)은 바울이 자신들의 영역을 침범한 것으로 말하는 듯하다. 그러나 바울의 입장에서는 전혀 그렇지 않다. 그는 예루살렘 사도들과 맺은 그 협약을 기준으로 했을 때 여전히 자신의 선교 대상의 범위 안에서 활동했다.

2:10 다만 우리에게 가난한 자들을 기억하도록 부탁하였으니 이것은 나도 본래부터 힘써 행하여 왔노라

협약에서 예루살렘 사도들이 바울에게 요청한 '단 한 가지'(μόνον)는 이방인의 할례가 아니었다. 예루살렘교회 안의 가난한 사람들을 기억하고 도와달라는 것이었다. 기억해 달라는 요청은 현재 가정법(μνημονεύωμεν)으로 되어 있으므로 일회적으로 도와달라는 것이 아니라, 지속적으로 도와달라는 요청으로 보아야 한다. 바울은 이 요청에 '바로 이 일을 나도 힘써 행하여 왔다'고 응답한다. '힘써 행하다'로 번역된 '스푸다조'(σπουδάζω) 동사는 '열정을 갖고, 어려움을 감수하면서, 할 수 있는 모든 노력을 다하다'(to be zealous or eager, take pains, make every effort)라는 뜻이다. 여기에서 단순 과거형(ἐσπούδασα)이 사용되었고, 단순 과거형은 바울이 이 일을 이미 시작했다는 것을 나타낸다. 바울은 예루살렘교회의 요청 때문에 이 일을 시작한 것이 아니다. 그 전부터 이 사역을 해왔다.

바울과 예루살렘 사도들 사이에 구제 헌금에 관한 이야기가 오고 가는 것도 이 방문이 기근 방문이라는 것을 지지하는 증거다. 만약 이 방문이 예루살렘 공의회 방문이라면 공의회 끝에 가난한 성도들을 기억해달라는 요청을 하는 건 좀 어색하다. 그러나 이 방문이 기근 방문이라면 가난한 성도들을 기억해달라는 요청이 별로 어색하지 않다. 예루살렘 사도들은 바울이 오래전부터 이 일을 해왔다는 것을 모르고 있었으므로 이 기회에 바울은 자신의 헌금 모금 사역을 소개했을 것이다.

이 구제 헌금 모금은 바울 사역의 초기부터 시작된 것 같다. 고린도전서 16장에는 이 헌금에 관한 중요한 정보가 나온다.

고린도전서 16:1-4

[1]성도를 위하는 연보에 관하여는 내가 갈라디아 교회들에게 명한 것 같이 너희도 그렇게 하라 [2]매주 첫날에 너희 각 사람이 수입에 따라 모아 두어서 내가 갈 때에 연보를 하지 않게 하라 [3]내가 이를 때에 너희가 인정한 사람에게 편지를 주어 너희의 은혜를 예루살렘으로 가지고 가게 하리니 [4]만일 나도 가는 것이 합당하면 그들이 나와 함께 가리라

갈라디아 지역에 교회를 개척한 뒤 바울은 갈라디아 교회들에게 예루살렘교회의 가난한 성도들을 위한 헌금을 시작하도록 지침을 주었다. 고린도교회에도 동일한 지침을 주고 있는 것을 볼 때 그는 자신이 세운 모든 교회에 동일한 지침을 준 것 같다. 그는 매주 첫째 날, 즉 '주일'에 정기적으로 성도들이 각자 헌금을 하게 했다.[117]

이 모금은 바울이 진행하는 사역이지만 그가 직접 돈을 관리하거나, 예루살렘으로 직접 헌금을 들고 가지 않는다. 이방 교회가 선발한 사람들이 돈을 관리하고, 그들이 직접 전달하게 한다. 필요하다면 바울이 동행할 수도 있다. 이것이 그가 세운 원칙이다. 이 원칙은 돈 문제로 인해 바울이 불필요한 공격을 받지 않기 위함이다(고후 8:20, "이것을 조심함은 우리가 맡은 이 거액의 연보에 대하여 아무도 우리를 비방하지 못하게 하려 함이니"). 바울이 마지막으로 예루살렘으로 갈 때 이방 교회의 대표자들을 데리고 그들이 헌금을 들고 가서 전달하게 한다(행 20:4).

로마서 15장에서 바울은 이 사역을 "성도를 섬기는 일"이라고 부른다.

로마서 15:25-27

[25]그러나 이제는 내가 성도를 섬기는 일로 예루살렘에 가노니 [26]이는 마게도냐와 아가야 사람들이 예루살렘 성도 중 가난한 자들을 위하여 기쁘게 얼마를 연보하였음이라 [27]저희가 기뻐서 하였거니와 또한 저희는 그들에게 빚진 자니 만일 이방인들이 그들의 영적인 것을 나눠 가졌으면 육적인 것으로 그들을 섬기는 것이 마땅하니라

---

117) 고린도전서 16:2은 바울서신에서 '주일'에 해당하는 표현이 언급된 유일한 곳이다.

이방인 성도들은 구원의 복음을 유대인 성도들로부터 전해 받았으므로 이방인 성도들은 유대인 성도들에게 영적인 빚을 졌다. 고대인들의 문화에서 상호 간에 혜택을 받은 사람은 반드시 그 혜택을 갚아야 한다는 윤리가 있었다. 그 윤리의 관점에서 보았을 때 이방인 신자들이 유대인 신자들에게 그 빚을 갚는 것은 당연하다. 예루살렘교회에 가난한 성도들이 많으므로 이방인 성도들이 물질로 도와주는 것은 그들이 받은 영적 혜택에 대한 빚을 갚을 수 있는 좋은 길이다.

그러나 그게 다가 아니다. 바울이 보기에 이 헌금에는 그것보다 훨씬 더 중요한 신학적인 이유가 있었다. 당시 교회는 이방인 성도들의 교회 멤버십을 놓고 의견이 갈라져 있었다. 문제의 핵심은 이방인의 할례였다. 그런데 만약 할례를 받지 않은 이방인 성도들이 모금한 구제 헌금을 예루살렘의 유대인 성도들이 받아준다면, 그건 유대인 성도들이 할례를 받지 않은 이방인 성도들을 형제자매로 인정하는 셈이 된다. 그렇게 되면 예루살렘교회가 바울의 복음을 인정하는 결과가 된다. 또 예루살렘교회와 여러 이방 교회들이 하나의 교회라는 것도 확인된다. 바울은 이 모금 사역에 이런 중요한 신학적 의미가 있다고 보았기 때문에 초기부터 이 사역에 힘을 쏟았다.

복음은 하나이므로 교회도 두 가지가 생겨나면 안 된다(롬 2:22, "모든 믿는 자에게 미치는 하나님의 의니 차별이 없느니라"). 그리스도를 머리로 하는 교회가 두 쪽이 나면 안 된다. 예루살렘교회가 바울이 모금한 헌금을 받아들이면 이 모든 문제가 해결된다. 과연 예루살렘교회는 그 헌금을 받아들였을까? 확실히 알 수는 없다. 로마서 15:31에서 바울은 로마교회 성도들에게 기도부탁을 하면서 "나로 유대에서 순종하지 아니하는 자들로부터 건짐을 받게 하고 또 예루살렘에 대하여 내가 섬기는 일을 성도들이 받을 만하게 하고"라고 말한다. 우리가 알 수 있는 것은 예루살렘교회가 그 헌금을 받지 않을지도 모른다고 바울이 염려하고 있었다는 것이다. 누가의 기록에 따르면 예루살렘교회의 다수는 바울에 대해 매우 적대적이었다(행 21:20-21). 바울이 예루살렘에서 체포된 뒤 예루살렘교회가 그의 석방을 위해 노력한 흔적이 없는 것을 놓고 판단할 때 예루살렘교회가 그의 헌금을 받아들이지 않았을 가능성이 크다.

그 헌금을 받아들였건 아니건, 예루살렘교회는 유대인 반란이 일어나

로마군이 예루살렘을 포위하기 전 '펠라'(Pella)라는 소도시로 피신했다(유세비우스, 『교회사』 3.5.3; Epiphanius, Panarion 29.7.7-8). 그 후 예루살렘 교회는 존재감을 잃어버리고 교회 역사에서 사라져버린다. 그 대신 로마교회, 에베소교회, 고린도교회, 안디옥교회 등과 같은 교회들이 주도권을 갖게 된다. 이 교회들은 바울의 서신들을 수집하고 보존했으며, 바울의 복음이 점차 교회의 정통 전승으로 자리 잡게 된다. 그러나 바울 생전에 그의 복음은 유대 기독교인 사이에서 결코 다수의견이 아니었다.

예루살렘교회를 위한 헌금은 유대인들이 정기적으로 내는 성전세를 대체하는 의미도 있었을 것이다. 율법 규정에 따라 유대인 성인 남자는 매년 반 세겔의 성전세를 낸다. 디아스포라 유대인들도 매년 성전세를 모아 예루살렘으로 보냈다. 유대인이 복음을 믿게 되면 그 사람은 성전세를 냈을까 안 냈을까? 예수의 가르침은 성전세를 내는 것이다(마 17:24-27). 그런데 바울서신에서는 어느 곳에서도 성전세와 관련된 언급이 없다. 디아스포라 유대인이 복음을 믿게 되었을 때에 바울은 그 사람에게 성전세도 계속 내고 예루살렘 교회를 위한 헌금도 하라고 가르쳤을까? 아마도 아닐 것 같다. 교회가 하나님의 성전이므로, 유대인 신자는 성전세 의무에서 자유롭다고 가르쳤을 것이다. 그 대신 예루살렘교회를 위한 헌금을 하고 그 헌금이 예루살렘교회로 간다면, 아마도 이 헌금이 성전세를 대체하는 것이었을 수도 있다.[118]

---

118) Keith F. Nickle, *The Collection: A Study in Paul's Strategy* (SBT 48; Naperville, IL: Allenson, 1966), 74ff.

5.
안디옥 사건
[2:11-14]

2:11 게바가 안디옥에 이르렀을 때에 책망 받을 일이 있기로 내가 그를 대면하여 책망하였노라

기근 방문(행 11:27-30)을 마친 바울과 바나바는 다시 안디옥으로 돌아왔고 얼마 후 제1차 선교여행을 떠난다(행 13:1-3). 우리가 안디옥 사건이라고 부르는 사건은 1차 선교여행을 마친 바울과 바나바가 안디옥에 돌아온 후에(행 14:26-28) 일어났다. 안디옥 사건 당시 그 자리에 바나바가 있었으므로 1차 선교여행 귀환 전에 이 사건이 일어났을 리는 없다. 또 이 사건은 바울이 갈라디아서를 쓰기 전에 일어났다. 남갈라디아설 입장에서 볼 때 안디옥 사건은 사도행전 15장의 예루살렘 공의회가 열리기 훨씬 전에 일어났다. 사도행전의 흐름에 대입하면 1차 선교여행에서 귀환을 기록한 14장 마지막 부분과 예루살렘공의회가 기록된 15장 사이에 일어난 사건이다.

우리는 베드로가 언제 안디옥에 도착했는지는 모른다. 사도행전에 따르면 베드로는 기적적인 방식으로 감옥에서 풀려난 뒤 예루살렘을 떠나 "다른 곳으로" 갔다(행 12:17). 그 뒤 베드로의 행적에 대해 사도행전은 별 언급이 없다. 사도행전 15장에 이르러 예루살렘 공의회 장면에서 베드로가 다시 등장한다. 베드로가 예루살렘을 떠난 뒤 안디옥교회로 온 것 같다. 베드로가

이방인 신자들과 함께 먹다가 식탁에서 물러났을 때 바울은 그 자리에 없었다. 나중에 그 이야기를 전해 듣고 베드로가 의심의 여지 없이 잘못한 일이기에 베드로의 얼굴을 마주하고 공개적으로 그의 잘못을 지적했다.

"책망하였노라"로 번역된 동사는 '대면하다'(to confront)라는 뜻이다. '안띠스테미'(ἀνθίστημι)는 '서다'(to stand)라는 뜻의 '히스테미'(ἵστημι) 앞에 '반대'의 뜻을 가진 접두어 '안티'(ἀντί)가 추가되어 만들어진 동사다. '반대편에 서다'라는 것이므로 '대면하다'(against+stand=confront)라는 뜻이 생긴다. 여기에 '얼굴을 마주하고'(face-to-face)의 뜻인 '카타 프로소폰' (κατὰ πρόσωπον)이라는 전치사구가 추가되었다. '얼굴을 마주보고 대면하다'를 한마디로 줄여 '맞서다'로 번역할 수 있다. "책망하였노라"는 번역은 좀 지나친 번역이다. '그와 맞섰다' 정도가 적절한 번역이다.

"책망 받을 일이 있기로"(ὅτι κατεγνωσμένος ἦν)는 직역하면 '그가 유죄평결을 받은 상태였기 때문에'로 번역할 수 있다. '카타기노스코' (καταγινώσκω)는 법정용어로서 '유죄판결을 내리다'(to condemn, convict)라는 뜻이다. 70인역 구약성경과 신약성경에서 이 단어는 유죄 판결의 의미로 사용되고 있다(LXX 신 25:1; 시락서 14:2; 19:5; 요일 3:20, 21). 바울은 베드로가 분명히 심각한 잘못을 저질렀으며 조금도 변명의 여지가 없는, 유죄 판결을 받은 것과 마찬가지의, 상태임을 확신하고 있다. 그렇다면 베드로는 어떤 법정에서 유죄 판결을 받았다는 의미일까? 아마도 최후의 심판대를 염두에 두고 그렇게 말했을 것이다. 물론 최후의 심판대의 법정은 아직 열리지 않았다. 하지만 베드로의 행동은 최후의 심판대에서 하나님에 의해 유죄평결을 받을 수밖에 없는 심각한 잘못이라고 바울은 판단했다. 그런 점에서 보면 '카테그노스메노스'(κατεγνωσμένος)가 완료수동분사라는 것은 매우 의미심장하다. 최후의 심판대는 아직 열리지 않았지만 베드로는 이미 유죄 평결을 받은 것과 다름없다. 그래서 바울은 베드로와 얼굴을 맞대고 그에게 맞섰다.

바울과 안디옥교회의 관계를 생각해보면 그가 안디옥교회에서 베드로와 맞선 것은 당연한 일이다. 바울은 다메섹 경험 이후 아라비아→예루살렘→길리기아(다소)의 순서로 이동했다(갈 1:17-21). 그가 길리기아에서 활동하던 중 바나바가 찾아와 그를 안디옥교회로 데리고 갔다. 바나바가 보기에 안디옥교회는 유능한 교사가 필요했고, 바울이 그 적임자라고 판단했다(행 11:25-26). 안디옥교회 성도들이 '그리스도인'이라는 호칭을 얻은 것도 바울이 일 년간 안디옥교회에서 가르치던 때였다(행 11:26). 그러므로 안디옥교회의 신학적 기초를 놓은 사람은 바울이다. 안디옥교회는 처음으로 이방인들이 복음을 믿고 교회에 들어온 첫 교회다(행 11:19-21). 이방인과 유대인이 믿음 안에서 하나의 교회를 이룰 수 있는지 그 여부가 결정되는 첫 사례다. 바울이 안디옥교회에서 가르칠 때 그는 당연히 이방인이 할례를 받지 않고도 믿음만으로 유대인 신자와 함께 새 이스라엘을 구성한다고 가르쳤을 것이다. 유대인 성도와 이방인 성도가 함께 성만찬을 나누도록 가르쳤을 것이다. 그런데 베드로가 안디옥에 와서 바울의 가르침에 역행하는 행동을 했다. 바울로서는 그에게 맞서지 않을 수 없었다.

베드로의 행동은 과거 바울과 이미 두 차례에 걸쳐 상호 확인한 복음의 진리를 무시하는 행동이었다. 아라비아 선교를 마치고 돌아온 바울이 예루살렘의 베드로 집에 보름간 머물 때(갈 1:18) 두 사람은 각자의 복음을 상호 교환하고 그 둘이 같다는 것을 확인했을 것이다. 그 뒤 기근 방문 때에도 바울과 베드로를 포함한 예루살렘 사도들은 서로의 복음이 일치한다는 것을 확인하였다(갈 2:6-8). 그런데도 베드로가 안디옥에서 이방인 성도들과의 식탁에서 물러났다. 바울로서는 그냥 묵과하고 넘어갈 수 없는 사안이었다. 더구나 이 문제는 할례당과 바울 사이의 논쟁의 핵심이기도 하다. 그러므로 바울로서는 갈라디아서에서 이 사건에 대해 이야기하지 않을 수 없다.

2:12 야고보에게서 온 어떤 이들이 이르기 전에 게바가 이방인과 함께 먹다가 그들이 오매 그가 할례자들을 두려워하여 떠나 물러가매

베드로는 "이방인과 함께 먹다가" 식탁에서 물러났다. 여기에서 "함께 먹다가"로 번역된 헬라어 동사(συνήσθιεν)의 시제는 미완료다. 미완료 시제는 반복, 지속, 진행의 뉘앙스가 있으므로, 베드로가 이방인과 함께 식탁에서 먹은 것은 일회적 동작이 아니라 반복되고, 지속되는 행동이었다. 다시 말해 "야고보에게서 온 어떤 이들"(τινας ἀπὸ Ἰακώβου)이 오기 전에(πρό) 베드로는

일상적으로 이방인 신자들과 식탁 교제를 갖고 있었다는 뉘앙스가 있다.

베드로가 이방인 신자들과 한 식사는 물론 일상적인 식사일 수도 있다. 그러나 예배의 일부분인 주의 만찬일 수도 있다. 예를 들어 사도행전 2:46, "날마다 마음을 같이하여 성전에 모이기를 힘쓰고 집에서 떡을 떼며 기쁨과 순전한 마음으로 음식을 먹고"은 가정교회(집)에서 예배를 드리면서 성만찬을 나누는 것을 가리킨다. 당시의 예배는 성만찬을 예배 순서 안에 포함하고 있었고, 성만찬은 실제 음식을 먹는 식사였다. 데살로니가후서 3:10, "너희에게 명하기를 누구든지 일하기 싫어하거든 먹지도 말게 하라 하였더니"는 일하기 싫어하는 사람이 밥을 먹지 못하게 숟가락을 빼앗으라는 명령이 아니다. 이 구절은 일하지 않고 교회의 성만찬에 참여하여 배만 채우려는 사람은 성만찬에 참여하지 못 하게 하라는 것이다. 오늘날 '수찬 정지'에 해당하는 책벌을 가하는 것이다. 베드로가 식탁에서 물러난 것이 예배를 드리다가 성만찬 중에 일어난 일이라면 더욱 심각한 사건이다.

"야고보에게서 온 어떤 이들"(τινας ἀπὸ Ἰακώβου)은 예루살렘교회에서 온 사람들이다. '그들이 야고보에게서 왔다'는 말이 곧 '야고보가 그들을 보냈다'는 뜻은 아니다. 전치사 '아포'(ἀπό, from)는 그들의 유래(由來)를 밝힐 뿐이다. 이들을 예루살렘교회에서 온 사람들이라고 부르지 않고 야고보에게서 온 사람들이라고 밝히는 이유는 이 사람들이 자신들의 권위를 야고보에게서 찾고 있기 때문이라고 보인다. 이들은 현재 갈라디아 교회들을 어지럽히는 사람들과 같은 사람들은 아니지만 같은 종류의 사람들일 가능성이 크다.

바울은 그들을 "할례자들"이라고 부른다. 이 말에서 '할례당'(circumcision party)이란 말이 유래한다. 헬라어로는 '호이 엑크 페리토메스'(οἱ ἐκ περιτομῆς)다. 이 표현은 신약성경에서 다섯 번 더 나온다(행 10:45; 11:2; 롬 4:12; 골 4:11; 딛 1:10). 그러나 갈라디아서 2:12을 제외한 다섯 번의 용례에서는 유대인 신자를 가리킬 뿐, '할례당'이라고 번역하지 않는다. 갈라디아서 2:12에서도 '유대인 신자'로 번역해야 한다는 주장도 가능하다. 그러나 갈라디아서 2:12은 갈라디아서 전체 문맥에서 읽을 때 '호이 엑크 페리토메스'(οἱ ἐκ περιτομῆς)를 '할례당'이라고 번역하는 것이 바울의 원래의 의도를 살리는 번역이 된다. 전치사 '에크'(ἐκ)는 '~로부터'의 뜻이며 유래의 뜻이 있다. 문자적으로 번역하면 '할례로부터 인 사람들'(those from the circumcision)이란 뜻이다. 즉 이들은 할례를 받은 유대인으로서 복음을 믿게 된 사람들이다. 그러나 여전히 이방인이 할례를 받고 율법을 지켜야 교회의 멤버가 될 수 있다고 주장하는 사람들이다. 영어로는 이들을 'Judaizers'(쥬다이저스)라고 부른다. 잊지 말아야 할 것은 우리가 할례당이라고 부르는 이 사람들이 교회 밖에 있는 세력이 아니라, 교회 내부의 세력이라는 점이다.

야고보에게서 온 사람들이 도착하자 베드로는 식탁에서 떠나 물러갔다. "떠나 물러가매"로 번역된 '아포리젠 헤아우톤'(ἀφώριζεν ἑαυτόν)에서 사용된 '아포리조'(ἀφορίζω) 동사는 분리의 뜻을 갖고 있는 접두어 '아포'(ἀπό-)가 동사 '호리조'(ὁρίζω) 앞에 붙어서 생겨난 동사다. '호리조'의 뜻은 '경계선으로 나누다, 분리하다'(to divide, separate from as a boundary)라는 뜻이다. 참고로 '경계선'이란 명사는 '호리온'(ὅριον)이며 영어의 horizon (지평선)이란 명사가 이 단어에서 유래한다. 그러므로 '아포리조' 동사는 '경계선을 넘지 않는다는 표시로 무엇으로부터 자기 자신을 분리하다'라는 뜻이다. 이 동사는 갈라디아서 1:15, "내 어머니의 태로부터 나를 택정하시고…"에서는 '택정하다'로 번역되었다. 이 경우에도 무엇인가를 따로 떼어 분리한다는 의미로 사용된 것이다. '아포리젠 헤아우톤'(ἀφώριζεν ἑαυτόν)은 재귀대명사(himself/herself)가 추가된 형태다. 유대교에서 부정을 피하는 행동을 나타내는 표현으로 보인다.

그렇다면 베드로는 왜 이방인 신자들과 밥을 먹다가 자신을 그들로부터 분리하여 떼어내었을까? 신학적 이유로 그렇게 한 것 같지는 않다. 왜냐하면 베드로는 이미 일상적으로 이방인 신자들과 식탁 교제를 나누고 있었기 때문이다. 갑자기 식탁 교제에 대한 그의 신학적 견해가 바뀐 것은 아니다. 당시 유대교에서는 '무엇을' '누구와' '어떻게' 먹는지에 대한 다양한 견해가 있었다.[119] 이런 문제에 대한 엄격한 견해는 사도행전 10:28, "이르되 유대인으로서 이방인과 교제하며 가까이 하는 것이 위법인 줄은 너희도 알거니와 …"(베드로가 고넬료에게 한 말)에 잘 나타나 있다(참고, *Letter of Aristeas* 142; *Jubilees* 22:16). 그러나 베드로는 고넬료 사건을 통해 "하나님께서 깨끗하게

---

119) Moo, *Galatians*, 142.

하신 것을 네가 속되다 하지 말라"(행 10:15)는 하나님의 계시를 들었다. 마치 오순절에 성령이 유대인 신자들에게 내렸던 것처럼 고넬료에게도 임하시는 것도 경험했다(행 11:15). 베드로가 이방인 신자들을 부정하다고 여기는 전통적 유대교의 관점을 여전히 갖고 있었다고 믿기도 어렵다. 베드로가 식탁에서 물러난 것은 순전히 "할례자들을 두려워"했기 때문이라고 보인다.

그렇다면 베드로는 왜 그들을 두려워했을까? 예루살렘교회에서 야고보 다음으로 지위가 높은 베드로가 왜 그들을 두려워했을까? 그 이유는 할례당이 베드로를 회당에 고발하면 베드로가 곤란해지기 때문이다. 이 문제와 관련해 갈라디아서 6:12, "무릇 육체의 모양을 내려 하는 자들이 억지로 너희에게 할례를 받게 함은 그들이 그리스도의 십자가로 말미암아 박해를 면하려 함뿐이라"는 우리에게 중요한 암시를 준다. 할례당이 이방인 신자들에게 할례를 강요하는 것은 자신들도 박해를 피하기 위해서다! 그렇다면 누가 할례당을 박해할까? 교회 안에 있는 사람들인가? 그럴 수도 있지만 아마도 할례당을 박해하는 사람들은 회당에 있는 율법을 엄격하게 지키는 유대인들이었을 것이다.

할례당은 믿지 않은 유대인과 교회 사이에 샌드위치 되어 있었을 것이다. 교회에서 유대 기독교인들이 할례 받지 않은 이방인 신자와 함께 예배드리고 식사를 하는 것 때문에 믿지 않는 유대인들로부터 심한 압박을 받았을 것이다. 적지 않은 학자들이 이 무렵 열심당 운동이 점점 고조되고 있었다는 것을 지적한다.[120] 이방인과 유대인 사이의 더 철저한 분리를 주장하는 열심당 운동의 상승은 팔레스타인뿐만 아니라, 디아스포라 유대교에서도 마찬가지였다. 고조된 열심당 운동은 결국 67/68년의 유대 반란으로 폭발한다. 그런 분위기였다면 할례당이 나타났을 때 베드로가 순간적으로 두려움 때문에 식탁에서 물러난 것을 어떤 면에서는 이해할만하다.

그러나 베드로의 그런 행동은 향후 복음의 진리가 무엇인지를 둘러싼

---

120) Moo, *Galatians*, 148; Robert Jewett, "The Agitators and the Galatian Congregations," New Testament Studies 17, 198-212; Richard Hays, "The Letter to the Galatians: Introduction, Commentary, and Reflection," in *New Interpreter's Bible*, eds. L. E. Keck et all (Nashville: Abingdon, 2000), 232-33; Ben Witherington, III, *Grace in Galatia: A Commentary on St. Paul's Letter to the Galatians* (Grand Rapids: Eerdmans, 1998), 155-56. 이 목록은 Moo의 것.

논쟁에서 중대한 사건이었다. 식탁 교제는 교회 생활의 중요한 부분이며, 특별히 주의 만찬에서 배제되는 것은 예나 지금이나 교회의 무거운 책벌이다 (살후 3:10). 교회에서 줄 수 있는 최고의 책벌인 출교는 영어로 'excommunication'이다. 'communion'(성만찬)에서 제외(접두어 'ex'은 out의 뜻)되는 것이다. 땅 위에서 성만찬에서 제외되면 하늘의 만찬에서도 제외된다(마 18:18, "진실로 너희에게 이르노니 무엇이든지 너희가 땅에서 매면 하늘에서도 매일 것이요 무엇이든지 땅에서 풀면 하늘에서도 풀리리라"). 만약 베드로가 먹고 있던 식탁이 주의 만찬이었다면, 베드로가 식탁에서 물러난 것은 이방 기독교인들을 출교하는 것, 즉 하나님의 회중에서 쫓아내는 것과 같은 행동이 된다.

2:13 남은 유대인들도 그와 같이 외식하므로 바나바도 그들의 외식에 유혹되었느니라

베드로가 식탁에서 물러나자 그와 함께 밥을 먹고 있던 유대인 신자들도 함께 자리에서 물러났다. 바울은 여기에서 '함께 외식하다'라는 동사(συνυποκρίνομαι)를 사용한다. 접두어 '쒼'(συν-)을 떼어내면 '~인 척하다, 연기를 하다'(to pretend, play a part)라는 뜻을 가진 동사 '휘포크리노마이'(ὑποκρίνομαι)가 된다. 명사형은 '휘포크리시스'(ὑπόκρισις)이고, 이 헬라어는 '외식, 위선'이란 뜻의 영어 명사 hypocrisy의 어원이다. 이 단어는 속마음과 겉으로 나타나는 행동의 불일치를 지적한다.

유대인 신자들이 베드로와 행동을 같이했다. 베드로가 갖고 있었던 영향력이 컸고, 그들은 베드로를 지도자로 생각하고 있었다. 1차 선교여행을 바울과 더불어 성공적으로 마치고 돌아온 바나바조차(καί) 그들과 함께 식탁에서 물러났다. 바울과 바나바는 선교 여행을 하면서 줄곧 복음에 대해 의견을 나누었을 것이다. 바나바와 바울은 일치된 복음을 갖고 있었을 것이 분명하다. 그런데도 바나바가 식탁에서 물러났다. "유혹되었다"는 말은 문자적으로 번역하면 '함께 끌려서 떨어져 나갔다'(to be led away)가 된다. 사용된 동사는 '쒼나파고'(συναπάγω)의 수동형이다. 접두어 '쒼'(συν-)을 떼어내면 '아파고'(ἀπάγω)가 된다. '아파고'는 '분리'를 나타내는 접두어 '아포'(ἀπο-)와 '인도하다, 이끌다'(to lead)라는 뜻의 동사인 '아고'(ἄγω)가 결합된 동사다. 바나바는 베드로와 다른 유대인 신자들의 위선적인 행동에 의해 끌려져 식탁에서 떨어져 나갔다.

이 사건으로 인해 바나바와 바울의 관계가 악화되었을 것이고, 제2차 선교여행 출발 시 그들이 갈라서게 되는 중요한 이유가 되었다고 보인다. 물론 사도행전 15:37-40에서는 "마가라 하는 요한"을 여행에 데리고 가는 것 때문에 두 사람이 갈라선 것으로 설명한다. 바울은 "밤빌리아에서 자기들을 떠나 함께 일하러 가지 아니한" 마가를 데리고 가는 것은 옳지 않다고 하여 바나바와 "서로 심히 다투어 피차 갈라서" 바나바는 마가를 데리고 구브로로 가고, 바울은 "바울은 실라를 택한 후에" 다른 경로로 선교여행을 갔다. 하지만 안디옥 사건도 바나바와 바울이 갈라서게 된 중요한 이유가 되었을 것으로 본다.

2:14 그러므로 나는 그들이 복음의 진리를 따라 바르게 행하지 아니함을 보고 모든 자 앞에서 게바에게 이르되 네가 유대인으로서 이방인을 따르고 유대인답게 살지 아니하면서 어찌하여 억지로 이방인을 유대인답게 살게 하려느냐 하였노라

바울은 안디옥 사건에 대해 자신이 베드로에게 한 말을 소개한다. "보고"로 번역된 '호테 에이돈'(ὅτε εἶδον)은 직역하면 '내가 ～을 보았을 때'라는 뜻이지만 여기서는 '내가 ～을 알게 되었을 때'의 의미로 본다. 바울이 안디옥 사건이 일어날 당시에 그 현장에 있지 않았다는 뜻이다.

바울은 "복음의 진리"를 언급하면서 베드로를 책망한다. 베드로가 복음의 진리를 따라 "바르게 행하지" 않았다고 말한다. '바르게 행하다'로 번역된 동사는 '오르또포데오'(ὀρθοποδέω)다. '오르또스'(ὀρθός)는 '똑바른'(straight)이란 뜻의 형용사다. 이 형용사는 '정통의'라는 뜻의 영어단어 orthodox의 어원이다. '포드'(ποδ-)라는 어간은 '발'(헬라어로 발은 '푸스,' πούς)이라는 뜻이다. 그래서 '똑바로 걷다'라는 뜻이 된다. 유대교 문화에서

'걷다'(to walk)는 '행하다'(to do)의 뜻으로 사용되기 때문에 '바르게 행하다'라고 번역한다. 바울은 베드로가 '복음의 진리와 합치하는 방식으로'(πρός τὴν ἀλήθειαν τοῦ εὐαγγελίου) 올바르게 행동하지 않았다고 말한다. 이 때 '복음'은 바울이 야고보, 베드로, 요한과 함께 그 내용을 확인한(갈 2:2, 6-8), 바로 그 복음이다. 그 복음은 이방인도 할례와 율법 준수 없이도 믿음과 은혜로 하나님의 구원을 받는다는 복음이다.

"모든 자 앞에서(ἔμπροσθεν πάντων) 게바에게 이르되"는 바울이 베드로와 단 둘이 만난 사적인 자리에서 책망하지 않고, 안디옥교회의 모든 성도들이 모여 있는 공개석상에서 그를 책망했다는 뜻이다. 베드로가 예수의 수제자고, 예루살렘교회의 지도자이지만, 그런 베드로라 하더라도 '복음의 진리를 따라 똑바로 행동하지' 않을 때 바울은 모든 안디옥교회 성도들이 모인 자리에서 공개적으로 그를 책망했다. 왜 그렇게 해야 했을까? 복음의 진리를 지키기 위해서다. 14절의 나머지 부분은 그때 바울이 베드로에게 한 질문을 보존하고 있다. 그 질문은 바로 "네가 유대인으로서 이방인을 따르고 유대인답게 살지 아니하면서 어찌하여 억지로 이방인을 유대인답게 살게 하려느냐"는 것이다.

이 질문에서 '이방인답게/처럼'(ἐθνικῶς)이라는 말과 '유대인답게/처럼'(Ἰουδαϊκῶς)이라는 말이 대조된다. "이방인을 따르고"(ἐθνικῶς)는 '이방인답게/처럼'으로 번역하는 것이 더 좋다. "네가 유대인으로서 이방인을 따르고 유대인답게 살지 아니하면서"는 '네가 유대인이면서, 이방인처럼 살고, 유대인처럼 살지 않으면서'로 번역할 수 있다. '유대인이 이방인처럼 산다'는 것은 유대교식 생활방식을 버리고, 이방인의 생활방식을 채용했다는 의미다. 베드로는 유대인이다. 그렇다면 당연히 유대인답게 살아야 한다. 그런데 그는 유대인처럼 살지 않고 이방인처럼 살았다. 그런데 야고보에게서 온 자들이 도착하자 갑자기 이방인의 생활방식을 버리고 유대인의 생활방식으로 돌아섰다. 그렇게 함으로 베드로는 성도들 앞에서 이방인과의 식탁 교제는 잘못된 것이며, 유대인과의 식탁 교제만 올바르다는 주장을 한 셈이다.

14절 마지막 부분에서 '유대인답게 살다'로 번역된 동사 '유다이조'(Ἰουδαΐζω)는 '유대인이 되다'(to become a Jew), 또는 '유대교를 받아들이다'(to embrace the Jewish faith)의 뜻이다(Josephus, *Jewish War*

2.454, 463; Plutarch, *Life of Cicero,* 7.5; Ignatius, *Epistle to the Magnetians.* 10.3).[121] 그러므로 '어찌하여 유대인이 될 것을 강요하느냐?' 혹은 '어찌하여 유대교로 개종할 것을 강요하느냐?'로 번역할 수 있다.

유대교 관습을 기준으로 하면, 이방인 신자들이 할례를 받고 유대교로 개종해야 베드로가 그들과 함께 식사를 할 수 있다. 일상적인 식사는 물론이고 유대인 신자들과 함께 성만찬을 먹으려면 그들이 먼저 유대인이 되어야만 했다. 당시 예배에 성만찬이 포함되어 있었고, 성만찬은 실제 음식을 먹는 식사였으므로, 베드로의 행동의 암묵적 메시지는 이방인 신자들이 유대인이 되지 않으면 교회에서 함께 예배드리는 것 자체가 불가능하다는 것이다. 그러므로 베드로의 행동은 이방 신자들에게 할례를 '강요하는'(ἀναγκάζω, to compel) 행동이 된다.

베드로는 이방인이 교회의 멤버십을 갖기 위해 반드시 할례를 받고 유대인이 되어야 한다고 행동으로 말했다. 그럼 이것이 "복음의 진리"인가? 결코 아니다. 바울은 베드로에게 양자택일을 요구한다. 1) 복음의 진리를 부정하고 유대교의 가르침대로 살려면 처음부터 끝까지 이방인과 식탁 교제를 나누지 말고 유대인답게 살던지, 아니면 2) 복음의 진리 안에서 살려면 이방인 성도에게 유대인이 될 것을 요구하지도 말던지, 양자택일을 하라고 요구한다.

---

121) Moo, *Galatians,* 151

6.
복음의 진리는 율법이 아니라
믿음이다
[2:15-21]

2:15-16	율법의 행위가 아니라 믿음으로 의롭다는 선언을 받는다
2:17-18	복음의 진리를 왜곡하면 엉뚱한 결과가 발생한다
2:19-20	과거의 나는 죽었고 이제 그리스도와 나는 하나다
2:21	하나님의 은혜와 그리스도의 죽음을 헛되이 하지 말라

15-21절은 안디옥 사건 때 바울이 베드로의 얼굴을 보고 대중 앞에서 공개적으로 한 말의 내용일 가능성이 크다. 물론 당시 한 말을 정확하게 직접 인용한다는 의미는 아니다. 바울이 회상하면서 당시 한 말에 지금 하고 싶은 말을 섞어가면서 풀어가는 것으로 생각된다. 그렇게 하면 자연스럽게 할례당의 주장을 반박하는 효과가 나타난다.

2:15 우리는 본래 유대인이요 이방 죄인이 아니로되

"우리는 본래 유대인이요"(ἡμεῖς φύσει Ἰουδαῖοι)에서 "본래"는 '퓌시스'(φύσις)의 여격(dative)인 '퓌세이'(φύσει)를 번역한 것이다. '퓌시스'는 '자연'(nature)이란 뜻이다. 여기에서는 '관점의 여격'(dative of respect)으로 사용되어 '자연의 관점에서 본다면'이란 뜻이다. 여기서 '자연의 관점'은 자연적 태생의 관점이다. 그러므로 '자연적 태생의 관점에서 본다면 우리는 유대인이요'라는 뜻이다. 바울과 베드로, 바나바, 그리고 식탁에서 함께 물러난 유대인 신자들은 모두 자연적 태생의 관점에서 보면 유대인이다.

"이방 죄인이 아니로되"(οὐκ ἐξ ἐθνῶν ἁμαρτωλοί)는 직역하면 '이방인 출신인 죄인이 아니로되'다. 전치사 '엑크'(ἐκ)는 출신(origin)을 밝힌다. 바울은 '우리 유대인은 죄인이 아니다'라고 말한다. 이 말은 바울 자신의 속내를 말한 것이 아니다. 유대인들이 즐겨하는 말을 그가 인용한 것이다. 이방인들은 율법을 모르고, 알더라도 지키지 않기 때문에 유대인들의 관점에서 볼 때 다 죄인이다. 마태복음 26:45에서도 이방인을 "죄인"이라고 부른다("보라 때가 가까이 왔으니 인자가 죄인의 손에 팔리느니라").

로마서 2:17-20은 당시 유대인들이 이방인들을 어떻게 생각했는지 잘 보여준다.

> ¹⁷유대인이라 불리는 네가 율법을 의지하며 하나님을 자랑하며 ¹⁸율법의 교훈을 받아 하나님의 뜻을 알고 지극히 선한 것을 분간하며 ¹⁹맹인의 길을 인도하는 자요 어둠에 있는 자의 빛이요 ²⁰율법에 있는 지식과 진리의 모본을 가진 자로서 어리석은 자의 교사요 어린 아이의 선생이라고 스스로 믿으니

유대인들은 이방인들을 "맹인," "어둠에 있는 자," "어리석은 자," "어린 아이"라고 인식하고 있었고, 자신들은 "맹인의 길을 인도하는 자," "어리석은 자의 교사," "어둠에 있는 자의 빛," "어린 아이의 선생"으로 여겼다. 이방인들을 낮추어 보고, 반대로 스스로를 높였다. 바울이 '우리는 유대인으로서 죄인이 아니다'라고 말할 때 그는 당시 유대인들이 갖고 있던 보편적인 관점을 인용한 것이다.

2:16 사람이 의롭게 되는 것은 율법의 행위로 말미암음이 아니요 오직 예수 그리스도를 믿음으로 말미암는 줄 알므로 우리도 그리스도 예수를 믿나니 이는 우리가 율법의 행위로써가 아니고 그리스도를 믿음으로써 의롭다 함을 얻으려 함이라 율법의 행위로써는 의롭다 함을 얻을 육체가 없느니라

'의롭게 하다'(to justify, 수동태는 '의롭게 되다')는 법정 용어다. '무죄로 판결하다'라는 뜻이다. '의롭게 하다'라는 뜻의 헬라어 동사 '디카이오오'(δικαιόω)에 해당하는 구약성경의 히브리어 동사는 '차닥'(צדק)의 '히필'(Hiphil)형이다. 이 때 뜻은 '죄 없다고 선언하다'(to pronounce someone not guilty, innocent), '죄 없는 사람으로 취급하다'(to treat someone not guilty, innocent)이다. 예를 들면 욥기 27:5, "나는 결코 너희를 옳다 하지아니하겠고"에서 '차닥'(צדק)의 '히필'(Hiphil)형 '아츠딕'(אצדיק)이 '내가 옳다고 선언하다'의 뜻으로 사용되었다. 명사형인 '체덱'(צדק) 혹은 '츠다카'(צדקה)와 같은 '의'라는 명사도 구약성경에서 법정의 판결과 관련되거나, 법정적 용어의 뉘앙스로 사용된다.

이 단어군은 주어가 사람이건 하나님이시건 재판과 법정을 배경으로 하여 사용되는 경우가 많다. 예를 들어 신명기 25:1, "사람들 사이에 시비가 생겨 재판을 청하면 재판장은 그들을 재판하여 의인은 의롭다 하고 악인은 정죄할 것이며"는 재판의 원리를 설명한다. 재판의 기본원리는 죄가 없는 사람은 '의롭다'라고 판결하고, 죄 있는 사람은 유죄로 판결하고 형벌을 내리는 것이다. 의로운 재판장이 이 원리에 따라 재판한다. 이사야 5:23, "그들은 뇌물로 말미암아 악인을 의롭다 하고 의인에게서 그 공의를 빼앗는도다"는 불의한 재판장이 재판을 하는 방식을 보여준다. 두 경우 모두 법정을 배경으로 하며, '의롭다 하다'는 판결 용어로 사용된다. '의롭다 하다' 즉, '의롭다고 선언하다'라는 동사와 그 파생어들은 기본적으로 법정적, 사법적(judicial or forensic) 용어다.

재판관이 사람이 아니라 하나님이 되어도 이 용어의 용법은 바뀌지 않는다. 출애굽기 23:7, "거짓 일을 멀리 하며 무죄한 자와 의로운 자를 죽이지 말라 나는 악인을 의롭다 하지 아니하겠노라"에서 재판관은 하나님이시다. 여기서도 '의롭다 하다'는 법정 용어다. 신약성경에서 바울이 구원을 설명하기 위해 사용하는 '의,' '의로운,' '의롭다 하다' 등의 개념은 법정적 개념(forensic concept)이며, 이때 바울이 염두에 두고 있는 법정은 최후의 심판대다. 그러므로 "사람이 의롭게 되는 것은 율법의 행위로 말미암음이 아니요 오직 예수 그리스도를 믿음으로 말미암는 줄 알므로"는 최후의 심판대에서 인간이 하나님으로부터 '의롭다'는 판결을 받는 길에 대해 말하는 것이다. 그것은 "율법의 행위로 말미암음"(ἐξ ἔργων νόμου)이 아니고, "예수 그리스도를 믿음으로 말미암는"(διὰ πίστεως Ἰησοῦ Χριστοῦ) 길이다.

"율법의 행위"(ἔργα νόμου, works of the law)라는 표현은 갈라디아서에서 모두 여섯 번 나오고(갈 2:16에서 3번; 3:2, 5, 10), 로마서에서 두 번 나온다(롬 3:20, 28). 이 표현은 70인역 헬라어 구약성경에 나오지 않으며, 기독교 이전의 어떤 헬라어 문서에도 나오지 않는다.[122] 갈라디아서 2:16; 3:10(개역개정판은 11절에 믿음이 나오게 번역함), 로마서 3:20(개역개정판은 22절에 믿음이 나옴), 3:28에서는 율법의 행위와 믿음을 대조하는 대목에서 이 표현을 쓴다. 갈라디아서 3:2, 5에서는 율법의 행위와 성령을 대조하면서 사용한다.[123] 주로 칭의의 근거가 무엇인지에 대해 논할 때 '율법의 행위'와 '믿음'을 대조하고 있다.

전통적으로 율법의 행위는 율법에 대한 순종과 행위를 가리키는 것으로 이해되었다. 다수의 학자들은 쿰란문서 4QMMT에 '율법의 행위'에 해당하는 표현이 등장하는 것으로 본다.[124] 히브리어로 '믹크차트 마아세 하토라'(מקצת מעשי התורה)라는 표현이 바로 그것이다.[125] 영어로는 통상 'some of the works of the law'(약간의 율법의 행위)로 번역되는 이 히브리어 표현에서 'some'으로 번역된 단어는 창세기 47:2, "그의 형들 중(מקצה) 다섯 명을 택하여"에서도 사용되었는데, 단순히 '약간의'라는 뜻이라기보다는 '가장 중요한'(the most important) 정도의 뜻으로 사용되었고, 탈무드(Babylonian Talmud) Yebamoth 47a-b에도 비슷한 용법이 있다.[126] 그러

---

122) Moo, *Galatians*, 158.
123) Moo, *Galatians*, 174.
124) Moo, *Galatians*, 175.
125) 4QMMT의 내용 중에서 관련된 구절인 c26-32을 영어로 번역하면 아래와 같다(밑줄은 필자의 것). "Now, we have written to you some of the works of the Law(מקצת מעשי התורה), those which we determined would be beneficial for you and your people, because we have seen that you possess insight and knowledge of the Law. Understand all these things and beseech Him to set your counsel straight and so keep you away from evil thoughts and the counsel of Belial. Then you shall rejoice at the end time when you find the essence of our words to be true. And it will be reckoned to you as righteousness, in that you have done what is right and good before Him, to your own benefit and to that of Israel." 영어 번역은 M. Wise, M. Jr. Abegg, E. Cook, *The Dead Sea Scrolls: A New Translation* (San Francisco: HarperSanFrancisco, 1996), 364.

므로 '약간의'로 번역하지 않고 '약간의 중요한'으로 번역하는 것이 더 좋다. 영국성서공회(British Bible Society)가 1976년에 신약성경을 현대 히브리어로 번역할 때 '율법의 행위'를 '마아세 하토라'로 번역했는데, 당시에는 4QMMT의 본문이 대중에게 공개되지 않고 있던 시절이었다. 다시 말해 이 표현은 바울이 사용하는 '율법의 행위'에 해당하는 가장 일반적인 히브리어 표현이다. 4QMMT에 이어져 나오는 부분인, "And it will be reckoned to you as righteousness, in that you have done what is right and good before Him"(네가 하나님 앞에서 옳고 선한 것을 행하였으므로 그것이 너에게 의로 여겨질 것이다)의 밑줄 친 부분은 시편 106:30-31, "그 때에 비느하스가 일어서서 중재하니 이에 재앙이 그쳤도다 이 일이 그의 의로 인정되었으니 (LXX 105:31, ἐλογίσθη αὐτῷ εἰς δικαιοσύνην) 대대로 영원까지로다"의 밑줄 친 부분을 반향(echo)한다.[127] 행위에 근거한 칭의 개념이 분명하게 나타난다. 쿰란에서는 일부 중요한 율법 규정을 지키는 행위에 의해 하나님 앞에서 의롭다고 여겨진다는 칭의 개념을 갖고 있었다. 물론 제임스 던(James Dunn)과 라이트(N. T. Wright) 같은 학자들은 이 일부 중요한 규정들이 쿰란의 경계표지(boundary markers)가 되는 율법들이라고 주장하지만, 그 규정들이 정말 경계표지인지는 분명하지 않다.[128] 아마도 율법 전체의 핵심들을 가리키는 것으로 보인다. 제2바룩서(2 Baruch) 57:2에도 '율법의 행위'와 비슷한 표현으로 '계명들의 행위'(the works of the commandments)가 나온다. 이 경우에도 율법을 지키는 일반적으로 행위를 가리키는 표현으로 보인다.[129] 그러므로 '율법의 행위'는 율법에 대한 순종적 행위, 율법을 행함의 뜻으로 보는 것이 좋다.

사실 '율법의 행위'라는 표현은 레위기 18:5, "너희는 내 규례와 법도를

---

126) Martin Abegg, "Paul, 'Works of the Law,' and MMT," *Biblical Archaeological Review*, 20:6 (November/December 1994), 52-55.

127) Abegg, "Paul, 'Works of the Law,' and MMT," 52-55.

128) 이 점에 대해 자세한 것은 Moo, *Galatians*, 175를 보라.

129) Moo, *Galatians*, 175. 제2바룩서 57:2의 영어 번역은 "Because at that time the unwritten law was named amongst them, And the works of the commandments were then fulfilled. And belief in the coming judgment was then generated, And hope of the world that was to be renewed was then built up, And the promise of the life that should come hereafter was implanted"다.

지키라 사람이 이를 행하면 그로 말미암아 살리라"에서 유래하는 표현일 가능성이 크다. '사람이 율법을 행하면 그것으로 말미암아 구원받는다'고 말할 때 '그것'은 바로 '율법의 행위'다. 헬라어로 읽으면 "그로 말미암아"(ἐν αὐτοῖς)는 직역하면 '그것들 때문에'다. 그것들은 사람이 지킨 "규례와 법도"다. 사람이 준수한 규례와 법도 때문에 인간이 구원받는다는 말은 곧 '율법의 행위'로 인간이 구원받는다는 말이다. 갈라디아서 2:16은 결국 레위기 18:5와 대화하고 있다.

우리는 바울이 지금 유대인 신자들을 향해 이야기 하고 있다는 것을 상기해야 한다(갈 2:15, "우리는 본래 유대인이요 이방 죄인이 아니로되"). 바울은 지금 '유대인인 우리도 율법의 행위(works of the law)로 의롭다는 판결을 받지 못한다'라고 말한다. 왜 그럴까? 아무리 신실한 유대인이라 할지라도 모든 율법을 다 지키는 것은 불가능하기 때문이다. 갈라디아서 5:3, "내가 할례를 받는 각 사람에게 다시 증언하노니 그는 율법 전체를 행할 의무를 가진 자라"는 모든 유대인에게 모든 율법을 다 지켜야 할 의무가 있다고 말한다(야고보서 2:10, "누구든지 온 율법을 지키다가 그 하나를 범하면 모두 범한 자가 되나니" 참고). 하지만 모든 율법은 고사하고 십계명의 열 번째 계명인 '탐하지 말라' 하나조차도 지키는 것이 가능하지 않다. 십계명 중 첫 번째 계명부터 아홉 번째 계명까지는 특정한 행동을 규제하거나 장려한다. 하지만 열 번째 계명인 '탐하지 말라'는 특정한 행동이 아니라 인간의 마음의 상태를 규제한다. 때문에 열 번째 계명을 평생에 걸쳐 완벽하게 지키는 것은 불가능하다. 사실 사람들은 탐심을 죄로 인식하지도 않는다. 현대사회에서도 인간의 욕망 추구는 경제활동의 기초이며 문명 발전의 원동력으로 인식될 뿐 죄라고 여겨지지 않는다. 로마서 7:7, "율법으로 말미암지 않고는 내가 죄를 알지 못하였으니 곧 율법이 탐내지 말라 하지 아니하였더라면 내가 탐심을 알지 못하였으리라"에서 바울이 말하고 있는 바가 바로 그것이다.

마가복음 10:17-22에 나오는 부자 청년의 이야기도 우리에게 마찬가지의 깨달음을 준다. 부자 청년이 예수를 찾아와 영생의 길을 물었을 때, 예수는 계명에 대해 말한다. 그러자 그 청년은 "이것은 내가 어려서부터 다 지켰나이다"(막 10:20)라고 대답한다. 예수께서 "가서 네게 있는 것을 다 팔아 가난한 자들에게 주라 …그리고 와서 나를 따르라"(막 10:21)고 말하자 그 청년은 근심하며 돌아갔다. 그 부자 청년은 예수를 만나기 전까지는 자신이 모든 계명을 다 지켰다고 믿고 있었다. 그러나 예수의 말씀 한마디에 그가 십계명의 열 번째 계명을 지키지 못하고 있었다는 것이 폭로되었다. 그가 재물을 팔아 가난한 자들에게 줄 수 없었던 이유는 재물에 대한 탐심 때문이었다.

재물에 대한 탐심은 부자뿐만 아니라 모든 인간이 다 공통적으로 갖고 있다. 남의 소유건 자신의 소유건 상관없이 모든 인간은 재물에 탐하고 있다. 가난한 거지라고해서 탐심이 없는 것도 아니다. 복권에 당첨된 거지는 다음 날부터 자신의 재물을 탐한다. "낙타가 바늘귀로 나가는 것이 부자가 하나님의 나라에 들어가는 것보다 쉬우니라"(막 10:25)에서 "부자"는 돈 많은 사람이 아니라, 탐심을 갖고 있는 모든 인간이다. 부자들은 물론이고, 모든 인간이 모든 계명을 다 지켜 하나님의 나라에 들어가는 것은 불가능하다. 제자들의 질문, "그런즉 누가 구원을 얻을 수 있는가?"(막 10:26)는 율법을 지키는 행위로는 절대로 인간이 구원을 받을 수 없다는 것을 깨달은 인간의 절규다. 이에 대한 예수의 대답, "사람으로는 할 수 없으되 하나님으로는 그렇지 아니하니 하나님으로서는 다 하실 수 있느니라"(막 10:27)는 율법 준수를 통한 구원은 불가능하지만, 하나님께서 은혜로 주시는 구원의 길이 있음을 암시한다. 그 길은 예수 그리스도가 우리를 대신하여 죽으심으로 열렸고, 그 길로 우리를 인도하는 것은 율법의 행위가 아니라 믿음이다.

율법 준수를 통해 인간이 구원을 받을 수 없다는 것은 구약성경이 이미 선언하고 있다. 예를 들어 에스겔 20:21은 "그들의 자손이… 사람이 지켜 행하면 그로 말미암아 삶을 얻을 나의 율례를 따르지 아니하며 나의 규례를 지켜 행하지 아니하였고"라고 말한다. 이 구절 안에는 레위기 18:5, "너희는 내 규례와 법도를 지키라 사람이 이를 행하면 그로 말미암아 살리라"가 포함되어 있다. 이스라엘이 시내산 언약을 통해 율법을 받았고, 이것을 지켜 행하면 구원을 받는다는 약속을 받았지만 지켜 행하지 않았다. 그런데 이것보다 더 근본적인 문제는 인간이 그 모든 율법을 지키는 것이 아예 불가능하다는 사실이다. 에스겔 20:25, "내가 그들에게 선하지 못한 율례와 능히 지키지 못할 규례를 주었고"은 바로 그 근본적 문제를 지적한다. "선하지 못한 율례"(לא טובים, not good)라는 말은 하나님의 율법/계명이 선하지 않다(악하다)는 의미가 아니다. 바울이 말하듯이 율법은 선하다(롬 7:12, "이로 보건대 율법은 거룩하고 계명도 거룩하고 의로우며 선하도다"). '율례가 선하지 않다'의 뜻은 댓구(對句)로 이어지는 그 다음 말에 나온다. "능히 지키지 못할 규례"가 바로 그것이다. 이스라엘에게 '능히 지킬 수 없는' 율법/규례를 주셨기 때문에 그것이 선하지 않다고 말씀하신 것이다. 여기에서 '선하지 않다'는 말은 '악하다'는 뜻이 아니라 '제대로 기능하지 않는다'는 뜻이다. '율법을 지킴으로 인간이 구원을 받는 구원론은 사실상 제대로 기능을 하지 않는다(not functioning)'라는 의미다. 하나님께서 일인칭 화법으로 율법의 준수 자체가 사실은 가능하지 않다는 것을 인정하신 셈이다.

그렇기에 이미 구약성경에서 율법 준수를 통한 구원의 길 외에 또 다른 구원의 길을 하나님께서 열어줄 것이며, 그 길은 곧 메시아의 희생을 통한 길이라는 것을 말하고 있다. 예를 들면 이사야서 52:13-53:12에 나오는 내용이 바로 그것이다(더 자세한 것은 3:11-12에서 다룬다). 신명기 29:4, "그러나 깨닫는 마음과 보는 눈과 듣는 귀는 오늘까지 여호와께서 너희에게 주지 아니하셨느니라"도 이스라엘이 율법을 지켜 언약을 준수하는 것에 실패할 것임을 암시하고 있다. 여기에서 분명하게 이해할 점은 구약성경에서 이미 율법 준수를 통한 구원이 불가능함과 하나님의 은혜를 통한 구원의 길에 대해 이야기하고 있다는 점이다. 그래서 바울은 '우리는 유대인으로서'(15절) "사람이 의롭게 되는 것은 율법의 행위로 말미암음이 아니요 오직 예수 그리스도를 믿음으로 말미암는 줄 알므로"(16절)라고 말한다. 이미 이런 내용이 구약성경에 나오고 있기 때문이다. 바울은 16절에서 3번이나 반복해서 "율법의 행위로 … 아니요"라고 강조한다.

그러므로 '그리스도를 믿는 믿음'에 '율법의 행위'를 추가하는 것은 무의미하다. 이 둘은 두 개의 구원의 길로서, 마치 '갈라진 두 개의 길'(two separated paths)와 같다. 바울과 할례당 사이의 논쟁을 이해할 때 중요 포인트는 바울도 할례당도 '예수 그리스도를 믿음'이 구원에 필요하다는 것을 부정하지 않는다는 점이다. 칭의를 받기 위해 '그리스도를 믿는 것이 필요하다'는 것에 할례당이 반대하지 않는다. 할례당이 반대하는 것은 '오직 믿음만 필요하다'는 것이다. 할례당은 그리스도를 믿음만으로는 인간이 구원받을 수 없고, 율법을 지키는 행위가 수반되어야 한다고 주장한다. 할례당은 믿음과 행위를 결합하려고 하고, 바울은 '믿음만으로'를 강조한다. 바울은 이미 그리스도의 십자가 죽음과 부활이 일어난 지금의 시점에서 이 두 가지를 결합하려는 시도는 무의미하다고 본다. 할례당은 믿음에 율법의 행위를 추가하여 '혼합형' 구원론을 만들어내려고 한다. 바울이 "사람이 의롭게 되는 것은 율법의 행위로 말미암음이 아니요 오직 예수 그리스도를 믿음으로 말미암는 줄 알므로"에서 '율법의 행위'와 '그리스도를 믿음'을 대조하고 있는 것을 고려할 때, 바울은 이 두 가지를 혼합할 것을 절대로 주장하지 않는다. 바울은 '그리스도를 믿음'에 '율법의 행위'를 추가하는 것에 반대한다.

현대의 '바울신학의 새 관점'은 이 혼합형 구원론이 바울의 구원론이라고 주장한다.[130] 바울신학의 새 관점을 주장하는 사람들이 그런 오해를 하는 까닭은 제임스 던(James Dunn)의 독특한 '율법의 행위'(works of the law) 해석 때문이다. 그는 '율법의 행위'의 '율법'을 할례법, 음식법, 안식일법, 유대교 명절에 관한 법 등으로 제한할 것을 주장한다. 전통적인 해석에서는 '율법'을 특정한 율법이 아니라 율법 전체를 가리키는 것으로 보지만, 그는 이런 해석을 거부한다. 그러므로 새 관점을 주장하는 사람들은 "사람이 의롭게 되는 것은 율법의 행위로 말미암음이 아니요"(οὐ δικαιοῦται ἄνθρωπος ἐξ ἔργων νόμου)를 '사람이 의롭게 되는 것은 할례법, 음식법, 안식일법 등을 행함으로 말미암음이 아니요'로 의미를 축소해서 해석한다. 바울은 그의 서신 어디에서도 자신이 '율법'이란 단어를 사용할 때 그 율법은 할례법, 음식법, 안식일법 등에 국한된다고 말한 적이 없다. 바울이 '율법'이란 단어를 사용할 때 그는 율법 전체를 염두에 두고 사용한다. 그런데도 제임스 던과 그를 추종하는 학자들은 '율법의 행위'의 '율법'을 세 가지 종류의 법으로 축소함으로써, 바울이 율법 전체를 부정하지 않았다고 주장한다. 이렇게 함으로 구원론에서 행위를 강조할 수 있는 여지를 열어놓는다.

제임스 던은 16절의 "사람이 의롭게 되는 것은 율법의 행위로 말미암음이 아니요 오직 예수 그리스도를 믿음으로 말미암는 줄 알므로"(εἰδότες ὅτι οὐ δικαιοῦται ἄνθρωπος ἐξ ἔργων νόμου ἐὰν μὴ διὰ πίστεως Ἰησοῦ Χριστοῦ)의 '에안 메'(ἐὰν μη)를 'A가 아니라 B다'라는 뜻의 대조가 아니라 '제외하고'

---

130) 바울신학의 새 관점에 관해서는 보충설명 14: "샌더스(E. P. Sanders)의 언약적 신율주의(Covenantal Nomism)와 제임스 던(James Dunn)의 바울신학의 새 관점(New Perspective on Paul)"을 보라.

로 해석하고, "a person is not justified by works of the law except when those works are accompanied by faith"로 번역한다.[131] 이렇게 번역하면, '사람이 율법의 행위로는 의롭게 되지 않지만, 그 행위가 믿음에 의해 행해지는 경우는 제외다'라는 뜻이 된다. 믿음에 행위가 추가되면 그것이 칭의의 조건이 된다는 뜻이 된다. 바울은 지금 믿음에 행위를 추가하는 것에 반대하기 위해 이 구절을 쓰고 있는데, 제임스 던은 바울이 말하는 것의 정반대로 해석하고 있다.

바울은 율법의 행위로 하나님의 최후의 심판대에서 의롭다는 판결을 받는 것은 불가능하다고 말한다. 유대인들은 이방인들과 마찬가지로 죄인의 범주에 들어가 있다. 15절에서 "우리는 본래 유대인이요 이방 죄인이 아니로되"는 16절에서 효과적으로 부정되고 있다. 유대인들은 자신들이 죄인이 아니라고 말하지만, 율법의 행위로 의롭다는 판결을 받을 수 없으므로 유대인들도 이방인들과 마찬가지로 죄인이다. 유대인과 이방인은 똑같은 지위를 갖고 있다. 그러므로 유대인과 이방인이 구원을 받는 방법도 똑같다. 그것은 '믿음'을 통한 길이다.

---

131) Dunn, *Galatians*, 137; cited in Moo, 163.

보충설명 14: "샌더스(E. P. Sanders)의 언약적 신율주의(Covenantal Nomism)와 제임스 던(James Dunn)의 바울신학의 새 관점(New Perspective on Paul)"[132]

현대 바울신학에서 가장 중요한 논쟁은 '바울신학의 새 관점'을 둘러싼 논쟁이다. '새 관점'은 '전통적 관점'과 대립하고 있다. 샌더스가 Paul and Palestinian Judaism을 출판하여[133] 1세기 유대교는 율법주의 종교가 아니라고 주장함으로 논쟁이 시작되었다. 바울신학에서 전통적 관점은 1세기 유대교를 율법주의 종교로 본다. 새 관점 논쟁은 바울신학에 대한 것이지만, 그 출발점은 특이하게도 1세기 유대교의 성격에 대한 논쟁이었다.

샌더스는 1세기 유대인들은 율법을 준수했으나, 하나님의 백성이 되거나 혹은 구원받기 위해 율법을 지킨 것은 아니라고 주장했다. 그에 따르면 유대인들은 하나님과의 언약을 통해 하나님의 백성으로 선택받아 이미 구원의 공동체에 소속되었다. 구원의 은혜에 대한 감사의 반응으로 율법을 지키는 것일 뿐이라고 그는 주장했다. 율법에 대한 유대인들의 이러한 태도를 율법주의와 구분하기 위해 그는 '카부넨탈 노미즘'(Covenantal Nomism)이라는 새로운 용어를 만들어냈다. '노미즘'은 '율법'이라는 뜻의 헬라어 단어 '노모스'(νόμος)를 사용하여 만든 단어다. 영어로 '노미즘'은 율법주의를 가리키는 '리걸리즘'(legalism)과 대조되는 개념이므로 율법주의로 번역할 수 없다. 우리말에 해당하는 단어가 없어 번역이 어렵다. 여기에서는 '신율주의'로 번역한다. '카부넌트'(covenant)는 '언약'이므로 '카부넨탈 노미즘'(Covenantal Nomism)은 '언약적 신율주의'다.

언약적 신율주의는 1세기에 유대인들이 율법주의자가 아니었다는 주장이다. 그렇다면 1세기 유대교는 어떤 종류의 종교였나? 샌더스는 종교적 패턴을 놓고 보았을 때 1세기 유대교는 오늘날의 개신교와 비슷한 종교였다고 본다. 그의 주장에 따르면 1세기 유대교는 하나님과의 언약, 선택, 은혜에 의한 구원을 믿었기 때문이다. 그는 유대인이 율법을 지키는 것은 구원받은 자들의 공동체인 유대 공동체에 들어가기 위한(getting-in) 것이 아니라, 그 공동체 안에 머물러 있기 위한(staying-in) 것이라고 주장했다. 그는 자신의 주장을 입증하기 위해 자신의 책에서 제2성전기 유대교 문서들의 내용 중 언약, 선택, 은혜를 보여주는 본문들을 수집, 분류, 분석하였다.

샌더스의 연구의 문제는 유대교 문서들 중에서 자신의 주장을 지지하는 자료들만을 모아 분석했다는 점이다. 그는 자신의 주장에 불리한 증거들, 즉 율법주의적인 경향을 보여주는 자료들을 정당하게 평가하지 않았다. 예를 들어 제2성전기 유대교 문서들 중 종말론, 특히 심판에 대한 구절들은 지극히 율법주의적인 행위 구원을 강조한다. 샌더스는 이런 본문들에 관심을 주지 않았다.

---

132) 이 논쟁에 대한 개요는 김철홍, "현대 바울신학 연구동향: 바울신학의 새 관점을 중심으로," 『성서마당』 86 (2008년 여름), 75-82를 참고할 것. 더 자세한 비판은 김세윤, "바울의 회심/소명, James D. G. Dunn, 그리고 바울에 대한 새 관점," 『바울신학과 새 관점』 (서울: 두란노, 2002), 19-141을 볼 것. 영어로는 Seyoon Kim, *Paul and the New Perspective: Second Thoughts on the Origin of Paul's Gospel* (Grand Rapids; Cambridge: Eerdmans, 2002).

133) E. P. Sanders, *Paul, the Law, and the Jewish People* (Philadelphia: Fortress, 1983).

그는 유대인들이 구원의 공동체 안에 머물러 있기 위해(staying-in) 율법을 지킨다고 주장한다. 만약 율법을 지키지 않으면 어떻게 될까? 그는 공동체에서 탈락한다고(falling-out) 대답한다. 율법을 지키지 않아서 구원의 공동체에서 탈락한다면 그것은 율법주의 구원관과 다를 것이 없다. 그러므로 언약적 신율주의는 사실상 1세기 유대교의 한 측면만을 묘사할 뿐이다. 다른 한 측면에는 여전히 율법주의가 존재한다. 언약, 선택, 은혜만 중요한 것이 아니라, 율법 준수도 매우 중요했다.

그러므로 1세기 유대교의 성격을 언약적 신율주의라고 주장하는 것은 지나친 주장이며, 1세기 유대교를 전체적으로 정당하게 묘사하는 개념이 아니다. 오늘날 적지 않은 학자들은 1세기 유대교의 구원관을 '신인협동설'(神人協同說, synergism)로 본다. 하나님의 선택과 은혜뿐만 아니라 인간의 자구적(自救的) 노력도 동시에 중요하다고 본다. 신인협동설은 원래 가톨릭의 구원관을 설명할 때 사용되어왔다. 1세기 유대교의 구원관을 신인협동설로 말할 때 강조되는 쪽은 은혜가 아니라 율법 준수라고 보인다.

그럼에도 샌더스의 연구는 1세기 유대교 이해에 중요한 공헌을 했다고 평가된다. 왜냐하면 이전에는 1세기 유대교에 존재하는 언약, 선택, 은혜 등의 개념이 많이 부각되지 못했는데, 그의 연구로 인하여 새롭게 조명되었기 때문이다. 그러나 그의 연구는 제대로 된 비판을 받기도 전에 적지 않은 학자들의 동의를 얻었고, 1세기 유대교를 넘어 구약성경을 연구하는 패러다임으로 사용되기에 이르러 상당한 학문적 혼란이 지속되고 있다. 그 혼란의 원인은 1세기 유대교에 있었던 율법주의적 특성을 무시하고 유대교를 개신교와 유사한 종교로 보려고 하는 것이다.

샌더스의 주장에 동의하면 바울신학에는 필연적으로 문제가 발생한다. 유대교를 율법주의 종교로 보는 전통적 견해가 부정되는 순간, '율법 준수를 통해 인간이 구원을 받는 것이 아니라면 왜 바울은 반복적으로 율법의 행위로는 구원을 받지 못한다고 말하는 것일까?'라는 질문이 생겨난다. 이 질문에 대한 가장 쉬운 대답은 '바울이 당시 유대교를 제대로 이해하지 못했기 때문이다'라는 것이다. 당시 유대교가 율법주의 종교가 아닌데도 바울은 율법주의라고 생각하고 율법주의 종교로 묘사했다는 것이다. 이 입장을 대변하는 레이젠넨(Heikki Räisänen)은 바울은 당시 유대교를 제대로 이해 못 했을 뿐 아니라 율법에 대한 바울의 주장은 매우 일관성이 없고(inconsistent) 자기 모순적(self-contradictory)이라고 주장한다.[134] 레이젠넨의 주장은 지나친 주장이다. 왜냐하면 1세기 유대교의 한복판에서 살았던 바울이 자신의 종교가 어떤 종교인지도 제대로 모르고 있었고, 2000년 후에 유대인도 아닌 레이젠넨은 자신이야말로 당시 유대교를 제대로 이해하고 있다고 주장하기 때문이다.

레이젠넨의 해결책보다 더 현실적인 해결책은 지금까지 교회가 바울을 해석하는 방법이 틀렸다고 보는 것이다. 바울이 '율법의 행위'로는 구원받지 못한다고 말하면서 율법에 대해 부정적인 이야기를 하는 이유에 대해 샌더스는 율법에 대한 바울의 비판이 신학적인(theological) 것이 아니라 사회학적인(sociological) 것이라고 주장한다.[135] 왓슨(Francis Watson)도 유사한 주장을 한다.[136] 이들은 이방인 선교를 위

---

134) Heikki Räisänen, *Paul and the Law* (Tübingen: Mohr, 1983). 레이젠넨의 주장에 대한 비판은 Teunis Erik van Spanje의 *Inconsistency in Paul?: A Critique of the Work of Heikki Räisänen* (Tübingen: Mohr Siebeck, 1999)을 볼 것.

135) E. P. Sanders, *Paul, the Law, and the Jewish People* (Philadelphia: Fortress, 1983).

해 실용적인 이유로, 혹은 사회학적인 이유로, 율법을 비판한 것으로 본다. 바울의 율법비판은 복음의 핵심과 거의 상관이 없다고 본다. 전통적인 바울신학이 바울의 율법비판을 신학적인 것으로, 복음의 핵심과 관련이 깊은 것으로 잘못 해석했다는 것이다. 바울신학의 새 관점의 대표적인 학자인 제임스 던(James Dunn)도 이들의 이런 주장의 연장선에 서 있다. 그는 '율법의 행위'로는 구원받지 못한다는 바울의 주장을 더 구체적으로 설명하려고 했다.

제임스 던도 샌더스의 주장을 받아들여 바울신학의 전통적인 해석은 유대교를 율법주의 종교로 잘못 이해하고 있다고 본다. 유대교는 행위의 종교가 아니고 은혜의 종교라고 그도 주장한다. 그에 따르면 바울은 유대인들이 율법 전체를 지키려고 하는 것을 비판한 것이 아니다. '율법의 행위'(the works of the law)에서 율법은 모든 율법을 가리키는 것이 아니라, 할례법, 음식물에 관한 율법, 안식일 법만을 가리킨다고 본다. 이 세 가지의 율법은 유대인들이 자신이 유대인이라는 점을 보여주는 민족적 배지(national badge)와 같다. 자신들의 정체성 표지(identity marker)인 할례, 음식 규정, 안식일 등을 강조하여 자신들을 다른 민족으로 분리하는 배타주의적 태도를 유대인들이 가지고 있었고, 바울은 이점을 비판한 것이라고 제임스 던은 주장한다.

유대인들은 유대교의 경계선(boundary makers)을 보여주는 율법들을 열심히 지킴으로 유대교 안에 머물러 있는 것(stay within)에만 노력했다고 제임스 던은 본다. 민족적 자만(national pride)을 키웠고, 하나님의 은혜가 다른 민족들에게로 확대되는 것을 방해했으므로 바울이 이 세 가지 율법을 비판했다고 본다. 이방인들과 유대인들 사이의 장벽을 없애고, 이방인에게 선교하기 위한 비판이었다는 주장이다.

바울신학의 새 관점의 위와 같은 주장을 들었을 때 일견 별로 문제가 될 것이 없어 보인다. 그러나 실제로 새 관점으로 인해 전통적인 바울신학은 여러 방면에서 도전을 받고 있다. 물론 그런 도전 때문에 전통적 관점이 더욱더 신학적으로 다듬어지는 결과가 생기기도 하지만 신학적 혼란이 지속되고 있다. 예를 들어 새 관점에서 할례법, 음식법, 안식일법을 제외한 나머지 율법에 대해 바울이 긍정적인 태도를 보이고 있었다고 보기 때문에 새 관점은 구원론에서 행위의 중요성을 더욱 강조하게 된다. 더 나아가 제임스 던의 2단계 칭의론은 바울의 칭의론의 핵심을 믿음이 아니라 믿음+행위로 묘사한다.[137]

제임스 던의 이런 주장은 바울을 친유대교적인(pro-Jewish) 인물로 만든다. 바울복음과 유대교 사이의 구분도 흐릿하게 된다. 기독교와 유대교 사이의 구분이 흐릿해지면서 로마 가톨릭과 개신교 사이의 구분도 점점 모호해진다. 행위가 구원의 결정적 요소가 되면 개신교의 구원관과 가톨릭의 구원관이 가까워지기 때문이다. 그 결과 종교개혁의 전통도 부정하게 된다. 예를 들어 제임스 던과 함께 바울신학의 새 관점을 대표하는 학자인 톰 라이트(Nicholas Thomas Wright)는 노골적으로 루터가 종교개혁을 시작한 것은 그가 바울을 오해한 데서 기인한 것이고, 종교개혁 자체가 실수라고 주장한다.[138]

---

136) Francis Watson, *Paul, Judaism and the Gentiles: A Sociological Approach* (Cambridge: Cambridge University Press, 1986).

137) 제임스 던의 2단계 칭의론에 관한 설명은 아래에 나온다.

138) 이 점에 대해서는 이 책의 부록, 김철홍, "루터의 칭의론을 둘러싼 논쟁: 루터가 실수한 것인가? 새 관점이 실수한 것인가?"를 보라.

이런 관점에서 보면 제임스 던이 바울의 다메섹 경험을 '개종'이 아닌 '소명' 사건으로 보려는 의도가 쉽게 이해된다. 그는 바울이 유대교의 경계선을 넘어가지 않았고, 그 안에 머물러 있었다고 보려고 한다. 바울이 율법 전체를 부정하지 않고 오직 세 가지만 부정했다는 그의 주장도 같은 의도다. 그렇게 하면 바울의 구원론을 율법과 행위에 연결시킬 수 있다. 제임스 던은 개혁주의 전통(reformed tradition)에서 태어났으나 성장하면서 스스로 장로교 개혁주의 전통을 부정하고 현재는 감리교회에 출석하고 있다. 톰 라이트는 영국 성공회의 신부이므로 그의 신학적 전통은 감리교 전통과 멀지 않다. 양쪽 다 전통적 개혁주의와 상당한 거리가 있고, 양쪽 다 구원에서 행위를 강조하는 전통이다.

그렇다면 개신교는 율법에 대해 어떤 관점을 갖는 것이 좋을까? 우선 '율법서'(Torah: 창세기-신명기까지의 다섯 권의 책)라는 용어보다는 '모세오경'(Pentateuch)이라는 호칭이 더 적절하다. 왜냐하면 개신교에서는 율법서를 율법으로 가르치지 않기 때문이다. 개신교에서는 모세오경의 내용을 가르칠 때 율법으로 가르치는 것이 아니라, 기독교 윤리(Christian Ethic)의 관점에서 가르친다. 개신교에서 율법은 구원론의 범주(category)가 아니며, 기독교 윤리의 범주에 속한다. 칼빈(John Calvin)이 말하는 율법의 사용도 마찬가지다. 제 1사용(하나님의 의를 드러내고, 인간을 정죄하는 기능), 제 2사용(악을 행하는 사람을 제어하는 기능), 제 3사용(성령의 조명 속에서 일상생활에서 성도가 따라가야 할 길을 보여주는 기능) 모두 기본적으로 율법을 기독교 윤리의 관점에서 접근하는 것이다. 다시 말해 그리스도를 통한 하나님의 은혜로 구원받은 기독교인들이 어떻게 살아가야 하는지(how to live as Christians)의 관점에서 모세오경을 접근한다. 어떻게 구원받을 것인지(how to be saved)의 관점에서 모세오경을 읽지 않는다. 개신교는 구약의 율법을 선택적으로 신앙생활에 적용한다. 이 점에서 개신교는 유대교의 율법주의와 다르다. 율법주의는 율법을 취사선택하여 준수하지 않는다. 개신교는 신앙생활에 율법을 윤리의 관점에서 적용할 뿐이다.

최근 바울신학의 새 관점으로 인해 구원에 있어서 믿음보다 행위를 더 강조하는 경향이 보편적으로 나타나고 있다. 제임스 던은 바울의 칭의론을 설명하면서 2단계 칭의론을 주장한다. 그의 주장에 따르면 성도는 '믿음으로 받는 첫 번째 칭의'(initial justification by faith)를 받는다. 이 칭의는 우리가 복음을 받아들이고 거듭날 때 받는 칭의다. 성도는 '행위에 의해 받는 최후의 칭의'(final justification by works)를 받아야 궁극적으로 구원받는다. 이것은 최후의 심판대에서 받는 칭의다. 이런 식으로 칭의를 두 단계로 설명하면 첫 번째 칭의는 임시적인(tentative, provisional) 칭의에 불과하게 된다. 첫 번째 칭의는 최후의 심판대에서 얼마든지 취소·번복될 수 있다는 의미다. 믿음을 갖고 난 뒤에 성도가 올바른 삶을 살지 않으면 구원을 받지 못한다. 결국 믿음은 임시적인 칭의를, 행위는 영원한 칭의를 주므로 이런 설명은 오직 믿음과 은혜로 받는 칭의를 부정하고, 행위를 강조하는 길로 나아간다. 결국 바울의 복음 자체를 왜곡시킨다.

바울은 한 번도 칭의가 이렇게 2단계로 이루어진다고 말한 적이 없다. 칭의는 법정 용어고 그 법정은 최후의 심판대다. 최후의 심판을 받을 때 재심, 항소심 같은 것은 없다. 심판자이신 하나님의 단 한 번의 결정으로 종결된다. 마태복음 13:47-50의 물고기 비유에서 물고기가 물고기를 두 부류로 나누는 어부를 향해 그의 분류에 문제가 있다고 항의할 수 없는 것과 마찬가지다. 어부는 어부의 기준으로 물고기를 분류한다. 바울은 그 기준이 행위가 아니라, 믿음이라고 말한다. 바울신학의 새 관점은 믿음에 행위를 더한 것(믿음+행위)가 바울이 말한 구원의 기준이라고 주장한다.

바울신학의 새 관점이 유행하면서 '믿음만으로 구원받을 수 없고, 의로운 행위를 추가해야 한다'고 설교하는 목회자들이 많아지고 있다. 그들은 믿음만으로 구원받는다고 가르치면 성도들의 도덕적 수준이 하락하므로 행위를 강조하는 것이 필요하다고 생각한다. 성도들의 유익을 위해 행위를 강조하는 것이 더 안전하므로 그렇게 가르치는 것이 유익하다고 생각한다. 어떤 사람들은 현대 교회의 도덕적 수준이 바닥에 떨어졌으므로 이런 때일수록 행위를 강조하는 것이 더 많이 필요하다고 생각한다. 과연 이런 식의 사고가 올바른 것일까?

만약 각 시대의 도덕적 수준에 따라 구원론이 인위적으로 수정·변경되어야 한다면 그것은 영원한 진리가 아니다. 진리는 시대적 상황에 따라 그 내용이 변경되는 것이 아니라, 시대적 상황에 상관없이 변함없는 것이다. 하나님의 말씀을 가르치는 올바른 태도는 성경이 A를 복음으로 가르치면 어떤 시대적 조건 속에서도 A를 복음으로 가르치는 것이다. 만약 성경이 행위 구원을 가르치면 어떤 조건 속에서도 행위 구원을 가르치고, 믿음을 통한 구원을 가르치면 어떤 상황 속에서도 믿음을 통한 구원을 가르쳐야 한다. 진리는 상황에 따라 조변석개(朝變夕改)할 수 없다.

성도의 유익을 위해 목회자가 복음의 내용을 바꾸거나 강조점을 바꿀 수 있다고 생각한다면 그것은 목회자의 교만이다. 성서적 진리를 자신의 주관적 판단에 따라 마음대로 수정하겠다는 것이다. 자신이 하나님 노릇하겠다고 덤빈 아담과 다를 바가 없다. 행위를 강조하여 성도들의 도덕적 수준을 높이겠다는 발상을 하기 전에, 자신의 주장이 성도들에게서 복음을 회수하여 폐기하는 짓이 아닌지 반성해야 한다. 또한 과연 행위를 강조하는 로마 가톨릭 신자들이 개혁주의 전통을 따르는 장로교 신자들보다 도덕적으로 더 우월한지 따져보아야 한다. 또 개신교 교파 안에서 상대적으로 행위를 강조하는 감리교나 성결교 신자들이 장로교 신자들보다 윤리적으로 더 우월하게 되는 것일까? 인간은 교파와 전통을 불문하고 모두 다 죄인일 뿐, 교리를 바꾼다고 쉽게 도덕군자가 되지는 않는다. 율법, 윤리, 도덕, 행위를 강조하면 사람들의 도덕적 수준이 고양될 것이라는 생각은 인간에 대한 낭만적인 평가에 기초한다. 마치 학교에서 도덕과 윤리를 잘 가르치면 모든 사람이 도덕적 인간이 된다고 생각하는 것만큼 낭만적인 생각이다.

믿음과 행위의 콤보(combo) 구원 플랜(plan)을 주장하는 사람들은 결국 구원의 결정적 요인으로 행위를 강조하는 방향으로 나아간다. 이 주장의 아이러니는 행위를 기준으로 구원이 결정된다고 했을 때 인간 중 그 누구도 자신이 구원받을 수 있다고 자신할 수 없다는 것이다. 제임스 던이 주장하는 두 단계 칭의론을 설교하는 목회자들 중, 행위를 기준으로 심판을 받는다면 과연 '행위에 의해 받는 최후의 칭의'(final justification by works)를 받을 수 있는 사람이 한 사람이라도 있을까? 나는 행위로 심판받아도 충분히 구원받을 수 있다고 주장할 수 있는 크리스천이 과연 몇이나 있을까? 설사 나는 구원받을 수 있다고 주장하는 사람이 있다고 해도 그것은 착각일 뿐이다.

교회와 신학자들은 이처럼 신학과 진리의 이름으로 하나님께서 은혜로 주시는 구원을 부정하고 끊임없이 예수 그리스도의 복음을 윤리와 도덕, 행위의 수준으로 끌어내리려고 노력한다. 왜 이런 일이 일어날까? 그 이유는 복음의 원리가 인간의 도덕·윤리의 원리와 충돌하기 때문이다. 세속사회의 윤리와 도덕의 원리는 한 마디로 '착한 사람은 천국에 가고 나쁜 사람은 지옥에 간다'는 것이다. 복음의 원리는 이와 다르다. 복음은 '아무리 착한 사람이라도 하나님 앞에서는 다 죄인이고, 아무리 악한 사람이라도 예수 그리스도를 믿으면 구원받는다'는 원리다. 세속의 윤리·도덕의 입장에서 복음의 원리를 받아들일 수 없다. 복음은 말도 안 되는 비윤리적 억지로 들린다. 그래서 교회의 신학자들은 세속사회의 도덕의 원리와 복음을 화해시키고, 융합하고, 타협시켜(compromise) 세속사회도 인정할 수 있는, 그럴듯한 구원론을 만들어낸다. 사실 이것이 교회와 신학이 지난 2000년 동안 해온 일이다. 그렇게 복음을 왜곡시키고 은혜로 주시는 구원을 거부하려고 끊임없이 노력해왔다(이 점에 관해서는 보충설명 15, "2000년 동안 교회가 반복한 일: 복음을 윤리로 끌어내리는 일"을 보라).

보충설명 15: "2000년 동안 교회가 반복한 일: 복음을 윤리로 끌어내리는 일"[139]

1. 바울 사후(死後) 불과 100년도 되지 않아 바울복음은 망각되었다

레이먼드(Robert L Reymond)는 그의 책 『바울의 생애와 신학』에서 2세기 초, 중반 전후에 등장한 초기 교부들(Apostolic Fathers)의 글에 이미 교회가 선행을 통해 구원받게 된다는 율법주의로 회귀했다는 증거가 있다고 말한다. 그는 이렇게 말한다.

> 교회가 점점 더 심각하게 구원론적 오류에 빠져들어서, 은혜와 믿음을 저버리고 율법주의를 취하며 선행을 행하는 것을 구원의 길로 선언하게 되었다는 것이야말로 사도시대 이후 계속된 교회사에서 가장 가슴 아픈 사건 가운데 하나다. 교부들의 저작을 통하여 비복음적인 율법관이 사실상 계속 이어져 내려왔다.[140]

이 말보다 더 놀라운 말은 커크(Kenneth Kirk)의 말이다.

> 그런데 만일 그[바울]가 50년이나 1세기 후에 살았더라면 깜짝 놀랄 일이 백배는 더 많았을 것이다. 갈라디아 교인들이 보여준 모습이 온 기독교 교회에 전염되었다고 생각할 수 있을 것이다. 저자들마다 온통 율법과 순종, 상급과 형벌로 기독교를 표현하는 것 이외에는 별달리 관심이 없었던 것 같다.[141]

이런 평가는 초대교회 역사를 전문적으로 연구하는 학자들이 공통적으로 지적하는 바다. 예를 들어 니브(J. L. Neve)는 『헤르마스의 목자(The Shephard of Hermas)』와 같이 초대교회에서 널리 읽혔던 책에서 그리스도가 새 율법(nova lex)을 주신 분으로 취급되는 것을 지적한다.[142] 그는 클레멘트(Clement of Rome)의 글

---

139) 이 글은 필자가 『월드뷰』 제 30권 10호, 통권 208호 (2017년 10월), 15-19에 기고한 글이며, 게재된 전문이다.

140) 로버트 L. 레이먼드 (Robert L Reymond), 『바울의 생애와 신학』 (*Paul Missionary Theologian: A Survey of His Missionary Labours and Theology*). 원광연 역 (서울: 크리스챤다이제스트, 2003). 552, no 35.

141) Kenneth E. Kirk, *The Vision of God: The Christian Doctrine of the Summum Bonum* (London: Longmans, Green, 1931), 111 (위의 책에서 재인용).

142) J. L. Neve, *A History of Christian Thought* (Philadelphia: Muhlenberg, 1946), 『기독교교리사』, 서남동 옮김 (서울: 대한기독교서회, 1992), 93. 또 다른 예를 들자면 토렌스(Thomas F. Torrance)는 *Sim.* 1.1.7, 8.3.2.3, 8.3f., *Man.* 12.4.3 등을 지적

의 일부를 제외하고[143] 당시 초대교회 교부들의 글은 도덕주의로 치우쳐 있다고 평가한다. 토렌스(Thomas F. Torrance)는 이렇게 말한다. "목자 책(the Shepherd) 전체를 통해 도덕적 행위와 율법에 합하는 삶을 살기 위한 노력이 강조된다."[144] 이점에 대해서 켈리(John Norman Davidson Kelly)도 아래와 같이 비슷한 결론을 내린다.

> 따라서 그들[사도 교부들]의 글들은 속죄 개념이 현저하게 약화된 모습을 보여준다는 것이 인정되어야 할 것이다. 사도 교부들은 그리스도가 우리를 위하여 죽으셨다는 것을 확신하고 있었지만 … 그리스도의 죽음이 지닌 속죄적 가치에 대해서 별 관심을 갖지 않았다. 그들의 생각 속에 훨씬 크게 자리 잡고 있었던 것은 율법 수여자, 지식, 불멸, 하나님과의 교제의 수여자로서의 그리스도상(像)이었다.[145]

니브는 "당시의 전체적 생활 분위기는 스토아 사상과 유대교를 통해서 도덕주의에 젖어 있었기 때문에 기독교적 생활을 강조한 결과는 그와 같은 도덕주의의 경향으로 흐르게 되었으며, 따라서 그리스도로 말미암은 구속은 차츰 희미하게 되어 갔던 것"[146]이라고 말하면서, "은총과 신앙과 용서는 이제 새 율법과 선행(善行)에게 그 터전을 빼앗기게 되었다"[147]고 결론짓는다. 토렌스(Thomas F. Torrance)는 사도적 교부들의 글에서 나타나는 '은혜'에 대해 이렇게 결론 내린다.

> 절대적으로 우선하는 것은 계시된 진리에 대해 순종하는 새로운 삶을 살라는 하나님의 요구였다. 은혜란 그것을 <u>보조하는 정도에 그치는 것</u>이었다. 그리하여 신앙이라는 것을 주로 칭의를 향하여 열심히 나아가는 가운데 하나님을 향하여 사람이 행하는 <u>행위로 생각하였고</u>, 하나님께서 사람을 단번에 하나님 자신과 올바른 관계 속에 세우고자 <u>하나님께서 사람을 위해 행하시는 행위로는 별로 생각하지 않은 것이다</u>(밑줄은 필자의 것)[148]

당시 교회의 주된 관심은 새로운 율법을 어떻게 하면 지켜 순종할 수 있을까에 있었기 때문에 은혜는 그리스도 안에서 이루어진 하나님의 구원의 행동이라기보다는 하나님의 도움을 받는 것 정도로 이해되었다.[149] 2세기 초·중반의 교부들조차 바울이

한다. Thomas F. Torrance, *The Doctrine of Grace in the Apostolic Fathers* (Grand Rapids: Eerdmans, 1959), 116.

143) 예를 들면, *1 Clement*, 32.3-4처럼 하나님의 의에 의해 신자가 의롭게 된다는 것을 분명하게 말하는 구절과 같은 것.

144) "Strong emphasis is laid throughout the *Shepherd* on moral activism, and the striving for legal conformity." Ibid.

145) J. N. D. Kelly, *Early Christian Doctrines*, 5th edition, 『고대 기독교교리사』(한국어 번역본은 1977년 4판 번역), 박희석 역 (서울: 크리스챤다이제스트, 2004), 181-82.

146) J. L. Neve, *A History of Christian Thought* (Philadelphia: Muhlenberg, 1946), 『기독교교리사』, 서남동 옮김 (서울: 대한기독교서회, 1992), 94.

147) 니브, 『기독교교리사』, 95.

148) Thomas F. Torrance, *The Doctrine of Grace in the Apostolic Fathers* (Grand Rapids: Eerdmans, 1959), 133. 번역은 레이먼드, 『바울의 생애와 신학』, 553, n.35의 것.

149) Torrance, *The Doctrine of Grace*, 139-41.

말한 그리스도의 죽음의 중요성을 이해하지 못하고 결국 바울이 말하는 십자가 복음으로부터 이탈했다는 점과 2세기 교회 안에 진정한 은혜의 교리(genuine doctrine of grace)가 없었다는[150] 충격적인 사실은 충분히 우리를 당황하게 만든다.

2. 교회의 신학은 끊임없이 복음을 윤리의 수준으로 끌어내리려고 노력한다.

그렇다면 2세기 교부들의 이런 경향은 그 이후 교정되었을까? 안타깝게도 어거스틴(Augustine, 354-430년)이 살아있던 시절에 그가 '은혜'를 '비교적 더' 강조하는 신학을 한 것을 제외하고 이런 경향은 결코 수정되지도, 교정되지도 않았다. 16세기 종교개혁이 시작되기 전까지 로마가톨릭교회의 신학은 이런 경향에서 결코 벗어난 적이 없었다. 충격적인 사실은 바울 사후 거의 1500년 동안 그의 십자가 복음은 잊혀지고, 무시되고, 왜곡되어져 왔다는 것이다. 그렇다면 마틴 루터의 종교개혁은 무엇인가? 종교개혁은 1500년 동안 교회에서 잊힌 바울의 십자가 복음을 재발견하고, 십자가 복음의 내용을 교회의 가르침으로 다시 회복한 사건이다. 그래서 위대한 사건이다.

그렇다면 왜 교회는 1500년 동안 복음을 왜곡하고, 행위를 강조하는 행위 심판론, 행위 구원론을 가르쳐왔을까? 그것은 세속사회의 도덕철학과 윤리학을 교회 안에 끌어들이고 복음과 도덕/윤리를 조화시키려고(harmonize) 했기 때문이다. 복음과 도덕/윤리는 근본적으로 다르고, 이 두 가지는 결코 쉽게 조화될 수 없다. 그런데도 이 두 가지를 억지로 결합하면 은혜의 복음은 사라진다. '선한 사람은 구원받고, 악한 사람은 구원받지 못한다'라는 병리적 현상(good-person-goes-to-heaven syndrome)이 교회에 나타나게 된다. 믿음만으로 구원받는다고 가르치면 곤란하다고 생각하고 복음에 윤리와 행위를 추가하는 것은 갈라디아서에 등장하는 할례당이 주장하던 것이다.

루터가 스콜라 신학에 반대한 기본적 이유는 스콜라 신학이 성경에 근거하지 않고 헬라 철학의 인간관에 기초해 있기 때문이다. 루터는 로마서 7장에 나오는 바울의 인간관에 대한 분석을 하면서 "이런 이유로 아리스토텔레스를 해석하는 방식으로 가르치는 것은 헛되고 해로운 것이다. 그들이 사용하는 언어와 비유들은 너무나 미숙하다. … 그들이 영과 육의 차이를 이해하는 것에 완전히 실패했기 때문이다"라고 말한다. 루터는 아리스토텔레스의 인간론과 도덕론이 스콜라 철학에 끼친 악영향에 대해 매우 심각하게 비판한다.

> 그러므로 아리스토텔레스의 방법처럼 미덕을 정의하는 것은 잘못되었다. 그 방법은 우리를 완벽하게 하고 우리의 행위들을 사람들 앞과 우리 눈앞에서 칭찬받게 한다는 점에서 우리를 완벽하게 하고 논쟁을 좋아하게 유발한다. 하나님 앞에서 이것은 혐오스럽고 그 반대가 그를 훨씬 더 기쁘게 할 것이다"

성경과 그리스도의 사건을 통해 우리에게 주어진 복음을 끊임없이 인간의 윤리의 수준으로 끌어내리고, 신학의 이름으로 도덕철학과 복음을 조화시키려는 이런 지긋지긋한 신학자들의 노력은 종교개혁 이후에도 사라지지 않았다. 2000년 교회사에서 교회가 제정신을 차리고 성경이 말하고 있는 바를 제대로 이해하고 가르치기 시작한 것은 겨우 500년 정도에 불과한데도, 루터(1483-1546)가 죽은 뒤 약 150년이 지난 17세기 말부터 이미 종교개혁의 결과를 다시 뒤집는 노력이 시작된다. 장미전쟁과 30년 전쟁과 같은 개신교와 로마 가톨릭 사이의 종교전쟁이 끝난 17세기 말에 루터

---

150) Torrance, *The Doctrine of Grace*, 137-38.

파 교회는 독일의 국가교회가 되지만, 역설적으로 독일 사회는 도덕적으로 가장 많이 타락했다. 이런 상황에서 등장한 독일의 경건주의(pietism) 운동은 교회를 새롭게 하려 노력했다는 긍정적 측면이 있지만 동시에 루터의 신학적 성과를 부분적으로 부정하고 로마 가톨릭 쪽으로 옆걸음질하여 다가갔다. 다시 행위를 강조하는 신학이 등장했고 개신교 안에서 아르미니안주의(Arminianism)가 등장함으로 이런 경향은 그 정점에 도달했다.

루터와 칼빈이 1500년 동안 묻혀 있던 십자가 복음을 다시 꺼내 그 녹을 닦아 그 빛이 세상을 비추게 한 지 얼마 지나지 않았는데도 그들의 모든 노력을 뒤집으려는(undo) 시도는 그때부터 시작하여 지금까지 중단된 적이 없다. 근래에 일어난 '바울신학의 새 관점(New Perspective on Paul)' 논쟁 역시 그 연장선 위에 있다. 결국 핵심은 '오직 믿음,' '오직 은혜'만으로 구원받을 수 있다고 가르칠 것인지, 아니면 이것에 윤리와 행위를 추가한 복음을 가르칠 것인지, 그 여부다. 복음을 복음으로 가르칠 것인지 아니면 윤리로 바꿔칠 것인지 우리는 결정해야 한다.

3. 종교개혁 500주년을 기념하는 우리는 다시 복음으로 돌아갈 수 있을까?

로마서 4:4-5에서 바울은 "일하는 자"와 "일을 하지 않는 자"를 대조한다. "일을 하지 않는 자"는 '경건하지 않은 자'다. 그러므로 이 대조는 '경건한 자'와 '경건하지 않은 자' 사이의 대조다. 우리가 가진 윤리적 상식에 따르면 경건한 자는 마땅히 구원받아야 하고, 경건하지 않은 자는 심판받고 멸망해야 한다. 그런데도 바울은 여기서 "일한 것 없이 하나님께 의로 여기심을 받는 사람" 즉, 경건한 삶을 살지 않았음에도 불구하고 구원받은 사람을 언급하여 두 개의 구원론을 충돌시킨다.

"일하는 자"의 구원의 길은 레위기 18:5, "너희는 내 규례와 법도를 지키라 사람이 이를 행하면 그로 말미암아 살리라"가 가리키는 길이다. "일하지 않았으나 칭의를 받은 사람"의 구원의 길은 하박국 2:4, "의인은 그의 믿음으로 말미암아 살리라"가 가리키는 길이다. 첫째는 행위를 통한 구원이고, 둘째는 믿음을 통한 구원이다. 바울은 갈라디아서 3:11-12에서 위의 두 구약성경 구절을 연달아 인용함으로 두 개의 구원론을 명확히 대조한다. 즉, 바울은 구약성경이 첫 번째 구원의 길에 대해서만 말하는 것이 아니라, 은혜와 믿음을 통한 구원의 길에 관해서도 이미 말하고 있다고 본다.

이 두 개의 길을 연결해서 서로 모순되지 않게 설명하는 두 가지 길이 있다. 곧 행위와 구원을 설명하는 두 가지 길이 있다. 하나는 "구원받기 위해 이렇게 행해야 한다"는 설명법이다. 이 설명법은 선한 행위가 구원의 조건이다. 구원은 행위(work)의 대가/삯(reward)으로 지불된다. 이 길은 율법주의 종교, 도덕주의, 펠라기우스주의(Pelagianism), 로마 가톨릭, 신인(神人)협력설(synergism)의 길이고, 복음에 할례와 율법을 추가할 것을 주장하는 할례당(갈 2:12)의 설명법이다. 다른 길은 "우리는 이미 구원받았으므로 이렇게 행해야 한다"는 설명법이다. 이 설명법에서 선한 행위는 구원의 결과다. 은혜로 구원을 받은 사람이 하는 선한 행위는 대가(reward)를 요구하지 않는다. 왜냐하면 그것은 기쁨으로 하는 봉사(service)이기 때문이다. 여기서 행위는 구원론(soteriology)의 범주가 아니라 기독교 윤리(Christian ethic)의 범주가 된다. 이 설명법은 복음의 길이고, 바울과 루터가 제시하는 설명법이다.

오늘날 한국교회의 윤리적 수준이 떨어졌으므로 두 번째 설명법을 포기하고 첫 번째 설명법을 사용해야 한다는 의견이 많다. 기독교인의 선한 행위의 중요성은 아무리 강조해도 부족함이 있지만, 행위가 구원 여부와 연결되는 순간 하나님의 은혜로 구원을 주시는 복음은 없어진다는 것을 기억해야 한다. 『그리스도인의 자유』(1520)에 바울은 16절에서 "율법의 행위"와 "그리스도를 믿음"을 3번 대조한다. 그 첫 번째와 세 번째에서 '피스티스 크리스투'(πίστις χριστοῦ)라는 '주격 명사+소유격 명사'의 형태가 사용되었다. '피스티스'는 주격 명사고, 이 명사에는 '믿음'(faith)이란 뜻도 있고, '신실함'(faithfulness)이란 뜻도 있다. 로마서 3:3, "어떤 자들이 믿지 아니하였으면 어찌하리요 그 믿지 아니함이 하나님의 미쁘심을 폐하겠느냐"에서 "미쁘심"으로 번역된 단어는 '피스티스'(πίστις)다. "하나님의 미쁘심"(πίστις τοῦ θεοῦ)도 '주격 명사+소유격 명사'의 형태로 되어 있다. 이 경우에는 '하나님의 믿음'으로 번역하지 않고 '미쁘심/신실함'(faithfulness)으로 번역한다. 왜냐하면 하나님은 믿음의 대상은 되실 수 있지만 믿음을 갖는 주체로 보기는 어렵기 때문이다.

    '피스티스 크리스투'(πίστις χριστοῦ)는 문법적으로만 보면 '그리스도를 믿음'(faith in Christ)으로 번역할 수도 있고, '그리스도의 미쁘심/신실함'(faithfulness of Christ)으로 번역할 수도 있다. 실제로 일부 학자들은 갈라디아서 2:16, 3:22, 로마서 3:22, 26, 빌립보서 3:9, 에베소서 3:12에 나오는 '피스티스 크리스투'(πίστις χριστοῦ, pistis christou)를 '그리스도를 믿음'으로 번역하는 것에 반대하고, '그리스도의 신실함'으로 해석할 것을 주장한다.[151] '그리스도를 믿음'으로 번역하는 전통적 해석법을 거부하면서 소위

---

    151) 대표적인 학자는 리처드 헤이스(Richard Hays)다. Richard Hays, *The Faith of Jesus Christ The Narrative Substructure of Galatians 3:1-4:11* (Society of

말하는 '피스티스 크리스투(pistis christou) 논쟁'이 일어났다. 전통적인 해석은 '크리스투'를 목적격으로 보아 '그리스도를' 믿음으로 해석하지만, 현대의 유행하는 해석은 '크리스투'를 주격으로 보아 '그리스도가' 신실하심으로 해석한다. 양측의 주장을 표로 만들어 대조하면 아래와 같다.

전통적인 해석	현대의 유행하는 해석
'그리스도를 믿는 믿음'으로 칭의	'그리스도의 신실함'으로 칭의
faith in Christ	faithfulness of Christ
'크리스투'(소유격)을 목적격으로 해석	'크리스투'(소유격)을 주격으로 해석
'그리스도<u>를</u> 믿다.'	'그리스도<u>가</u> 신실하시다.'
믿음을 강조	신실한 행동을 강조

현대의 유행하는 해석을 주장하는 대표적인 학자는 리차드 헤이스(Richard Hays)와 톰 라이트(Nicholas Tom Wright/N. T. Wright) 같은 사람이다(제임스 던은 이 사안에 대해서는 톰 라이트와 의견을 달리한다).

이들은 칭의의 근거가 믿음만이 아니라, 그리스도가 하나님의 뜻에 순종하여 끝까지 신실하게 행동한 것이라고 주장한다. 칭의에서 믿음의 중요성을 완전히 부정하지는 않지만, 결국 믿음의 중요성을 깎아내린다. 각각의 개인이 개별적으로 복음을 듣고, 믿음을 갖고, 믿음을 고백함으로 구원을 받는다는 점의 중요성을 부정하는 방향으로 나아간다. 궁극적으로 개별적 개인의 믿음 없이도 십자가 위의 예수 그리스도의 신실한 행동으로 구원을 받는다는 일종의 '보편구원론(Universalism)'으로 나아갈 위험성이 다분히 있다.

그리스도를 믿는 믿음을 은근히 부정하고 그리스도의 신실한 순종을 강조하는 것은 궁극적으로 구원의 필수 불가결한 조건으로 신실한 순종, 즉 행위를 더 강조하려는 의도가 배경에 있다. 믿는 것(believing)보다 행하는 것(doing)을 구원의 더 중요한 결정적 요소로 보려는 것이다. 이런 주장이 '율법의 행위'를 율법 전체를 지키려는 행동이 아니라, 유대인과 이방인을 구분하는 민족적 표지를 가리키는 일부 율법을 지키려는 행동으로 축소 해석하는 바울신학의 새 관점의 주장과 결합되면 그 파괴력이 배가(倍加)된다.

Biblical Literature Dissertation Series 56; Chico, CA: Scholars Press, 1983). 2002년에 이 책의 개정판이 Eerdmans 출판사에서 나왔다.

그러나 이런 주장은 갈라디아서 2:16에서부터 심각한 문제를 만난다. 16절에서는 "오직 예수 그리스도를 믿음으로 말미암는 줄 알므로"와 "그리스도를 믿음으로써 의롭다 함을 얻으려 함이라"는 모두 '피스티스 크리스투'(πίστις χριστοῦ)로 되어 있는데 그 둘 사이에 있는 "우리도 그리스도 예수를 믿나니"(καὶ ἡμεῖς εἰς Χριστὸν Ἰησοῦν ἐπιστεύσαμεν)는 '주격 명사+소유격 명사'의 형태가 아니다. 주어+동사+목적어로 되어 있는 문장이다. 이 문장은 '우리는 그리스도 예수를 믿었다'고 말한다. 이 문장은 '그리스도의 신실함'으로 우리가 칭의를 받는 것이 아니라 '그리스도를 믿었음'으로 칭의를 얻는다는 점이 분명하게 나타낸다. 이 문장을 '그리스도의 신실함'을 지지하는 근거로 사용할 수 없으므로 현대적 해석을 주장하는 사람들은 '우리가 결코 믿음을 부정하지 않으며, 믿음도 중요하다'라고 말한다. 그러면서 여전히 '피스티스 크리스투'를 그리스도의 신실함으로 해석해야 한다는 주장에서 물러나지 않는다. 16절에서 바울이 '믿음으로 칭의를 얻는다'는 똑같은 말을 세 번이나 했을 리가 없다고 주장한다.

갈라디아서 3:6, "아브라함이 하나님을 믿으매 그것을 그에게 의로 정하셨다 함과 같으니라"(Καθὼς Ἀβραὰμ ἐπίστευσεν τῷ θεῷ, καὶ ἐλογίσθη αὐτῷ εἰς δικαιοσύνην)도 그들의 해석에 문제가 있다는 또 다른 증거다. 여기에서도 주어+동사+목적어가 나오고, 바울은 매우 분명하게 '아브라함이 하나님을 믿으므로 그것이 아브라함에게 의로 여겨졌다'라고 말하고 있다. '아브라함이 하나님을 믿었다'는 문장에 아브라함의 신실함이나, 하나님의 신실함 같은 개념이 끼어 들어갈 자리가 없다. 그러므로 '피스티스 크리스투'는 '우리가 그리스도를 믿었다'는 문장의 축약형으로 보아야 하며, '피스티스 크리스투'는 '그리스도를 믿음'으로 보는 것이 좋다.[152] 믿음(faith)은 '예수 그리스도를 믿음'(faith in Jesus Christ)의 축약된 표현이고, '예수를 믿는다'(I believe in Jesus Christ)는 '예수가 나의 죄를 위해 돌아가신 하나님의 아들(메시아/그리스도)임을 믿는다'(I believe that Jesus Christ, Son of God, died for my sin)의 축약된 표현이다. 믿음은 '하나님의 의'('하나님께서 주시는 의')를 인간이 받을 수 있는 통로다(롬 3:22, "예수 그리스도를 믿음으로

---

152) Moo, *Galatians*, 161.

말미암아 모든 믿는 자에게 미치는 하나님의 의"). 믿음은 '구원의 수단' (means of salvation)이며 구원이 주어지는 '통로'다.

16절의 마지막 부분 "율법의 행위로써는 의롭다 함을 얻을 육체가 없느니라"에는 매우 심오한 뜻이 담겨있다. 이 부분은 시편 143:2, "주의 종에게 심판을 행하지 마소서 주의 눈 앞에는 의로운 인생이 하나도 없나이다"의 밑줄 친 부분을 반향하고 있는 것으로 보인다.[153] 이 시편에서 다윗이 "주의 종에게 심판을 행하지 마소서"라고 간구하는 이유는 만약 하나님께서 인간의 행위를 기준으로 하여 심판하신다면 하나님의 심판대 앞에서 의롭다는 판결을 받을 인간이 한 명도 없기 때문이다. 다윗은 심판 자체를 하지 말아 달라고 호소하는 것이 아니다. 다윗이 간구하는 것은 행위를 기준으로 하는 심판을 하지 말아 달라는 것이다. 시편 143:1, "주의 진실과 의로 내게 응답하소서"의 '주의 의'는 바로 '하나님의 의'다. 이 '하나님의 의'는 심판의 의가 아니다. 다윗은 죄인에게 유죄판결을 내리는 심판의 의를 간구하는 것이 아니다. 다윗이 간구하는 것은 하나님께서 인간에게 은혜로 주시는 의, 즉 구원의 의다. 다윗이 간구하는 구원의 의와 바울이 말하는 칭의는 그 본질이 같다. 둘 다 하나님께서 은혜로 주시는 의에 대해 말하고 있다. 둘 사이에 차이가 있다면 바울은 십자가 사건이 이미 일어난 시점에 이 점을 말하고 있고, 다윗은 그 이전에 말하고 있다는 것이다.

시편 143:2의 하반절의 히브리어 본문을 직역하면 '모든 인생은 당신 앞에서 의롭지 않기 때문입니다'이다. '모든 인생'(כל־חי)이란 말이 사용되었다. 70인역 헬라어 성경에서도 'πᾶς ζῶν'(모든 인생)이 사용되었다. 갈라디아서 2장 16절 마지막 부분인 "율법의 행위로써는 의롭다 함을 얻을 육체가 없느니라"는 직역하면 '모든 육체는/어떤 육체도(πᾶσα σάρξ) 율법의 행위로 의롭다는 판결을 받지 않을 것이기 때문이다'이다. 바울은 70인역 헬라어 성경의 '파스 존'(πᾶς ζῶν, 모든 인생)을 사용하지 않고 '파사 사르크스'(πᾶσα σάρξ, 모든 육체)를 사용했다. 그 의도는 인간의 근본적인 연약함을 강조하려는 것이다.[154] 여기에서 바울은 '의롭다고 선언하다'라는 뜻의 동사 '디카이오오'

---

153) Moo, *Galatians*, 159; Dunn, *Galatians*, 140.
154) Frank Thielman, *From Plight to Solution: A Jewish Framework for Understanding Paul's View of Law in Galatians and Romans* (Novum

(δικαιόω)의 미래 수동형(δικαιωθήσεται)을 사용한다. 다윗도 바울도 둘 다 미래에 있을 최후의 심판대에서(לְפָנֶיךָ, "주의 눈 앞에는") 행위를 기준으로 하여 하나님께서 심판하시면 아무도 의롭다는 판결을 받을 수 없다는 점을 말하고 있다.

시편의 다른 부분에서 다윗은 비슷한 말을 한다. 시편 51:4, "내가 주께만 범죄하여 주의 목전에 악을 행하였사오니 주께서 말씀하실 때에 의로우시다 하고 주께서 심판하실 때에 순전하시다 하리이다"는 그 좋은 예다. 다윗은 하나님 앞에서 우리아를 죽이고 그의 아내, 밧세바를 빼앗는 범죄를 저질렀다. 다윗이 용서를 구해야 하는 대상은 우리아라기 보다는 하나님께서다. 왜냐하면 우리아는 심판의 주가 아니고, 하나님이 심판장이시기 때문이다. 그것이 바로 다윗이 "주의 목전에 악을 행하였습니다"라고 말하는 이유다. 하나님께서 최후의 심판대에서 다윗을 향해 '너는 유죄고, 그 죄에 대한 형벌은 사형이다'라고 판결을 내리신다면 다윗은 어떻게 반응할까? 그는 '하나님의 심판은 의롭습니다. 하나님의 판결은 순전하십니다'("주께서 말씀하실 때에 의로우시다 하고 주께서 심판하실 때에 순전하시다 하리이다")라고 반응할 거라고 말한다. 다윗은 거두절미하고 무조건 살려달라고 말하지 않는다. 그는 하나님의 판결에 먼저 순복한다. 그것이 정상적인 반응이다.

하나님은 의로우신 재판장이시므로 죄인에게 유죄판결을 내리고 형벌을 주시는 것은 매우 당연하다. 만약 하나님께서 아무런 정당한 이유 없이 죄인에게 무죄 판결을 내리신다면 어떻게 될까? 하나님은 불의한 재판관이 된다. 시편 119:7, "내가 주의 의로운 판단을 배울 때에는 정직한 마음으로 주께 감사하리이다"도 같은 맥락이다. "주의 의로운 판단"은 하나님의 심판은 의롭다는 말이다. 하나님의 심판은 하나님께서 의로우신 분이라는 것을 보여준다. "주께 감사하리이다"는 하나님을 찬양하겠다는 말이다. 하나님의 의로운 심판에 대해 인간은 정직한 마음으로 하나님을 찬양하는 것이 옳다. 하나님은 사랑이시므로 무조건 죄인을 용서해야 한다고 주장한다면 그것은 하나님에 대한 정확한 설명이 아니다. 하나님은 나에게 유죄판결을 내리시고, 죽음이라는 형벌을 내리신다고 먼저 말씀하신다. 하나님의 심판의 의를 먼저 말씀

Testamentum Supplement 61; Leiden: Brill, 1989), 62-65; Moo, *Galatians,* 159, n.5에서 재인용.

하신다. 그래야 은혜로 주시는 의의 가치가 드러난다. 바울이 로마서 3장 26절, "곧 이 때에 자기의 의로우심을 나타내사 자기도 의로우시며 또한 예수 믿는 자를 의롭다 하려 하심이라"에서 구원의 의("예수 믿는 자를 의롭다 하려 하심이라")를 말하기 전에 하나님의 심판의 의를 두 번이나 말하는 것도("자기의 의로우심을 나타내사," "자기도 의로우시며") 같은 이유다.

　　현대 바울신학에서 하나님의 언약적 신실함(covenantal faithfulness)을 강조하는 흐름은 마치 하나님에게 이스라엘을 구원해야 할 의무가 있는 것처럼 말한다. 이스라엘을 구원해야만 하나님께서 신실하신 분이 되는 것처럼 말한다. 그러나 잊지 말아야 할 것은 이스라엘이 언약 관계 속에 있음에도 불구하고 이스라엘 백성이 범죄하여 언약을 파기하면 그 죄에 대해 심판하는 것이 하나님께서 언약에 대해 신실한(faithful) 것이 된다는 점이다. 언약에는 심판이 포함되어 있다. 하나님의 신실하심(faithfulness)은 심판과 상반된 것이 아니라 신실하시므로 심판하신다. 그러므로 누구도 하나님께서 심판하시는 것을 비난할 수 없다. 오히려 언약에 신실하시므로 다윗처럼 심판을 받고 주를 찬양하는 것이 옳다("주께 감사하리이다," 시 119:7). 그러므로 하나님의 의를 사법적, 법정적(forensic, legal) 개념으로 보지 않고 언약적 개념으로 보려는 태도는 문제가 있다. 왜냐하면 하나님께서 언약에 신실하신 분이라면 반드시 심판을 통해 자신의 의/신실함을 드러내시기 때문이다.

　　시편 51편에서 다윗은 먼저 하나님의 심판의 의를 찬양한 뒤 자신을 살려달라고 간구한다. 시편 51:14, "하나님이여 나의 구원의 하나님이여 피 흘린 죄에서 나를 건지소서 내 혀가 주의 의를 높이 노래하리이다" 다윗은 하나님을 "구원의 하나님"이라고 부른다. 자신이 저지른 죄에서 구원해달라고 기도한다. 자신이 유죄고 형벌을 받는 게 당연하지만, 그래도 형벌을 면제해달라고 간구한다. 만약 하나님께서 은혜로 그렇게 해주시면 "주의 의" 즉 '하나님의 의'를 찬양하겠다고 말한다. 여기에서 다윗이 언급하는 '하나님의 의'는 심판의 의가 아니다. 구원의 의다. 바울이 말하는 칭의가 바로 이 구원의 의를 받는 것이다. 의가 없는 죄인에게 하나님께서 자신의 의를 주셔서, 최후의 심판대에서 불의함에도 불구하고 의롭다고 선언해 주시는 것이다. 시편 51편은 하나님의 심판의 의에 의해 심판받는 것이 당연하지만, 그래도 은혜로 구원의 의를 달라는 간구다. 시편 143:1-2, "… 주의 진실과 의로 내게 응답하소서 주의 종에게 심판을 행하지 마소서 주의 눈 앞에는 의로운 인생이 하나도 없나이다"와 내용이 일치한다. 16절의 마지막 부분인 "율법의 행위로써는 의롭다 함을 얻을 육체가 없느니라"는 이처럼 칭의에 대해 말하는 시편의 중요한 구절의 지지를 받고 있다.

2:17 만일 우리가 그리스도 안에서 의롭게 되려 하다가 죄인으로 드러나면 그리스도께서 죄를 짓게 하는 자냐 결코 그럴 수 없느니라

17절에서 바울은 먼저 질문을 던지고, "결코 그럴 수 없느니라"고 강하게 부정한다. "우리가 그리스도 안에서 의롭게 되려 하다가"에서 "그리스도 안에서"(ἐν Χριστῷ)가 나오는 점에 주목할 필요가 있다. 칭의(justification)가 '그리스도와 연합'(union with Christ)과 함께 등장하기 때문이다. 흔히 법정적 칭의 개념과 그리스도와의 연합이 서로 대립하는 구원의 메타포라고 생각하는 경향이 있다. 이런 오해가 생긴 것은 그리스도와의 연합을 강조하는 사람들이 법정적 칭의의 중요성을 폄하하고 그리스도와의 연합으로 법정적 칭의를 대체하려고 하기 때문이다. 그러나 바울에게 있어서 이 두 가지의 개념은 전혀 대립되지 않는다. 20절, "이제는 내가 사는 것이 아니요 오직 내 안에 그리스도께서 사시는 것이라"는 선언은 그리스도와의 연합을 보여주는 대표적인 구절이다. 이 선언은 "그리스도를 믿음으로써 의롭다 함을"(16절) 받은 사람에게서만 나올 수 있다. 그리고 칭의는 "그리스도 안에서" 이루어진다.

대체로 그리스도와의 연합은 성화(sanctification)를 가리킨다고 본다. 하지만 "그리스도 안에서"(in Christ)는 기본적으로 '영역'의 개념이다. 이 영역은 성도가 발을 딛고 서 있는 존재의 영역이다. 예수를 믿기 전의 인간은 '그리스도 밖에' 있었다. 그리스도를 믿음으로 그는 그리스도 밖에서 안으로 들어왔다. 그가 속한 영역, 나라, 세계가 바뀌었다. 마치 나무를 한 곳에서 다른 곳으로 옮겨 심듯이(to transplant), 그는 이제 사탄의 나라에서 그리스도의 나라로 옮겨 심어졌다(골 1:13, "그가 우리를 흑암의 권세에서 건져내사 그의 사랑의 아들의 나라로 옮기셨으니"). 그의 영원한 운명이 바뀌었고, 하나님의 자녀가 되었다. 여기에서 '그리스도 안에서'는 이런 신분의 변화, 소속의 변화

를 가리킨다. 그 사람의 행동이 얼마나 더 거룩하게 되었는지를 직접적으로 가리키는 표현이 아니다.

17절의 해석에서 첫 번째 갈림길은 "우리"를 유대 기독교인으로 볼 것인지, 이방 기독교인으로 볼 것인지, 아니면 모든 기독교인으로 볼 것인지 결정하는 것이다. 15절, "우리는 본래 유대인이요 이방 죄인이 아니로되"의 연장선에서 이 구절을 보면 "우리"는 유대인 혹은 유대 기독교인이다. 또한 이 구절이 안디옥 사건 때 바울이 한 말로 본다면, "우리"는 베드로, 바나바와 같은 유대 기독교인들이다. 베드로를 예를 들어 말하면, 그는 유대인으로서 율법이 아니라 믿음으로 "그리스도 안에서 의롭게 되려"고 했다. 같은 믿음을 가진 이방 기독교인들과 함께 주의 만찬을 먹을 정도로 그들의 믿음은 확실했다. 그런데 할례당이 나타나자 두려움에 식탁에서 물러났다. 그것은 이방 기독교인들은 칭의를 받은 참 이스라엘이 아니라고 선언하는 것이다. 동시에 자신들이 율법을 어기고 이방인들과 교제를 나누는 죄를 지었다는 것을 자인하는 것이다. 결국 어떻게 되었나? 베드로는 죄인이 되었고, 그리스도는 베드로를 죄짓게 만드는 '죄의 일꾼'이 되었다. 베드로는 '나는 (유대인이므로) 죄인이 아니다'에서 시작했지만, 식탁에서 물러남으로 결국 율법을 어긴 죄인이 되어버렸다. 겉으로 보면 복음이 베드로를 죄인으로 만든 것처럼 보인다. 마치 그리스도가 멀쩡한 사람을 죄인으로 만든 것처럼 보인다.

"그리스도께서 죄를 짓게 하는 자냐"는 헬라어를 직역하면 '그리스도가 죄의 일꾼(디아코노스)이냐?'(Χριστὸς ἁμαρτίας διάκονος;)다. 이 질문은 그리스도에 관한 질문이지만, 동시에 바울 자신에 관한 질문처럼 들린다. 만약 모든 유대 기독교인이 할례당을 두려워해서 베드로처럼 행동한다면, 바울은 결국 '죄의 일꾼'이 되는 셈이다. 그러므로 이 질문은 '그러면 내가 죄의 일꾼이냐?'의 뉘앙스를 갖고 있다. '내가 지금까지 유대인들로 하여금 죄를 짓게끔 유혹하는 일을 해왔다는 말이냐?'는 질문은 바울과 할례당 사이의 거짓 사도 논쟁의 맥락에서 읽으면 '내가 거짓 예언자, 거짓 사도란 말이냐?'는 질문으로 들린다.

'그리스도가 죄의 일꾼이냐?'라는 질문은 예수와 그의 적들(enemies/opponents) 사이의 거짓 선지자 논쟁과도 관련이 있다고 보인다. 예수는 거짓 선지자라는 공격을 받았었다. 대표적인 것이 예수가 바알세불에 빙의(憑

依)되었다는 공격이다(마 12:22-32; 막 3:20-30; 눅 11:14-23; 12:10). 예수는 대중들의 눈에 선지자로 보였다(마 16:14). 만약 예수가 악한 영에 사로잡혔다면 그는 거짓 선지자다. 왜냐하면 참 선지자는 하나님의 성령에, 거짓 선지자는 악한 영에 사로잡혀 있기 때문이다.

마태복음 27:63, "주여 저 속이던 자가 살아 있을 때에 말하되 내가 사흘 후에 다시 살아나리라 한 것을 우리가 기억하노니"의 "속이던 자"로 번역된 '플라노스'(πλάνος)는 전형적으로 거짓 선지자에게 사용되던 단어다. 64절, "그가 죽은 자 가운데서 살아났다 하면 후의 속임이 전보다 더 클까 하나이다"의 "속임"(플라네, πλάνη)도 거짓 선지자의 활동을 가리킨다. 산헤드린 재판에서 예수에게 유죄평결을 내린 죄목은 신성모독 죄였다(막 14:64, "그 신성모독 하는 말을 너희가 들었도다"). 하지만 그보다 오래전 산헤드린은 예수를 거짓 선지자로 판단하고 있었다고 보인다.

대제사장은 백성들이 거짓 선지자에게 유혹되는 것을 막아야 할 책임이 있었다(렘 29:26-27, "여호와께서 너를 제사장 여호야다를 대신하여 제사장을 삼아 여호와의 성전 감독자로 세우심은 모든 미친 자와 선지자 노릇을 하는 자들을 목에 씌우는 나무 고랑과 목에 씌우는 쇠 고랑을 채우게 하심이어늘 이제 네가 어찌하여 너희 중에 선지자 노릇을 하는 아나돗 사람 예레미야를 책망하지 아니하느냐"). 예수 당시에는 그 책임을 산헤드린이 지고 있었을 것이다. 선지자가 나타나 적지 않은 백성들이 그 선지자를 추종하면 산헤드린은 조사단을 파견하여 그 선지자가 진짜인지 가짜인지 정보를 수집한 것 같다(요 1:19, "유대인들이 예루살렘에서 제사장들과 레위인들을 요한에게 보내어 네가 누구냐 물을 때에"; 1:22, "누구냐 우리를 보낸 이들에게 대답하게 하라"). 사도행전 5장에서 가말리엘이 산헤드린에서 사도들을 어떻게 처리할지 의논하는 대목에서 하는 말 중, "이 사상과 이 소행이 사람으로부터 났으면 무너질 것이요 만일 하나님에게서 났으면 너희가 그들을 무너뜨릴 수 없겠고 도리어 하나님을 대적하는 자가 될까 하노라"(행 5:38-39)는 예수의 제자들을 이단에 빠진 자들로 볼 것인지 산헤드린이 고민했음을 보여준다.

산헤드린이 예수를 거짓 선지자로 판단하고 그를 제거하기로 할 때 결정적인 증거는 예수가 율법을 어긴다는 점이었을 것이다. 예를 들면 예수가 안식일 율법을 반복해서 어겼기 때문에(마 12:1-14; 눅 13:10-17; 14:1-6;

요 5:1-18) 산헤드린은 그를 거짓 선지자로 판단할 수밖에 없었을 것이다. 왜냐하면 하나님이 보내신 선지자(prophet)가 가장 큰 선지자(the Prophet)인 모세를 통해서 주신 율법을 어길 리가 없기 때문이다.

오늘날에 비유한다면 예수는 극악무도한 죄로 고발되어 우리나라의 최고법정인 대법원에서 유죄판결을 받고 바로 사형당한 중죄인이다. 그런 관점에서 본다면 산헤드린이나 산헤드린의 판결을 존중하는 유대인이 십자가에서 처형당한 예수를 메시아/그리스도로 받아들이는 것은 매우 어렵다. 예수가 처형된 뒤 그의 부활을 주장하는 제자들이 복음을 전할 때 복음을 믿지 않는 유대인들은 복음을 이단적인 가르침으로 보고, 예수는 사람들이 죄를 짓게 만드는(leading people astray to commit sins) '죄의 일꾼'으로 보았을 것이다.

2:18 만일 내가 헐었던 것을 다시 세우면 내가 나를 범법한 자로 만드는 것이라

개역성경은 '가르'(γάρ)를 번역에 누락했다. '왜냐하면'을 문장 제일 앞에 추가해야 한다. 여기에서 "나"는 바울이다. 그런데 '나' 대신 베드로를 넣어서 '만일 베드로가 헐었던 것을 다시 세우면 베드로는 자기 자신을 범법한 자로 만든다'로 읽어도 말이 된다. '나' 대신 '우리'를 넣어서 읽어도 된다. 베드로는 자신이 지금까지 해 온 복음의 사역을 스스로 부정했다. 베드로가 식탁에서 물러난 것은 결국 자기 자신을 율법을 어긴 범죄자로 만들었다. 거기에 복음을 부정한 것은 덤이다.

바울("나")은 베드로처럼 절대로 자신이 무너뜨린 것(ἃ κατέλυσα)을 "다시"(πάλιν) 건축하지 않는다. 여기에서 바울은 적극적으로 자신과 베드로를 대조한다. 여기서 바울은 정반대의 뜻을 갖고 있는 '파괴하다'(καταλύω)와 '건축하다'(οἰκοδομέω)라는 동사를 함께 사용한다. 이 두 개의 동사는 예레미야의 소명을 대표하는 4개의 동사 중 2개며(렘 1:10, "너를 뽑으며 파괴하며 파멸하며 넘어뜨리며 건설하며 심게 …"), 바울은 이 4개의 동사들을 자신의 소명과 연결해서 사용한 것으로 보인다(이 점에 대해서는 1:15의 주석을 참

고하라).

고린도후서 10:8, "주께서 주신 권세는 너희를 무너뜨리려고 하신 것이 아니요 세우려고 하신 것이니"에서 바울은 사도의 "권세"('권한, 권위,' ἐξουσία)를 언급하면서 파괴(καθαίρεσις)와 건축(οἰκοδομή)이라는 명사를 동시에 사용한다. 사도적 권위란 사도로서 위임받은 그의 소명을 가리킨다. 그 소명은 예레미야처럼 파괴하고 다시 세우는 것이다. 고린도후서 13:10, "주께서 너희를 넘어뜨리려 하지 않고 세우려 하여 내게 주신 그 권한을 따라 엄하지 않게 하려 함이라"에서 "내게 주신 그 권한"에서 "권한"은 10:8에서 "권세"로 번역된 '엑쑤시아'(ἐξουσία)다. "넘어뜨리려"와 "세우려" 모두 10:8에 나온 파괴(καθαίρεσις)와 건축(οἰκοδομή)이라는 뜻의 명사다. 바울이 거짓 사도와 본격적으로 논쟁을 벌이는 대목인 고린도후서 10-13장에서 바울이 자신의 사도적 권한, 즉 소명을 언급하면서 파괴와 건설을 두 번이나 같은 방식으로 언급한 것은 그가 이 단어들을 어떤 맥락에서 사용하는지 잘 보여준다.

바울이 사도로 일하면서 무너뜨리는 것(파괴한 것)은 무엇일까? 한 마디로 비복음적인 세계관, 가치관, 종교관이라고 말할 수 있다. 헬라문화의 맥락에서는 헬라문화의 핵심인 우상숭배의 신학 같은 것이 그가 무너뜨리는 핵심적 사안이다. 유대문화의 맥락에서는 율법주의적인 구원관, 심판관 같은 것이 그가 무너뜨리는 중요한 종교관이다. 특별히 갈라디아서의 맥락에서 '이방인이 하나님의 백성이 되려면 할례를 받고 율법을 지켜야 한다'는 가르침이 바울이 평소에 무너뜨리는 것이다. 무너뜨리는 것은 그의 전도활동의 일상적인 부분이었고, 이런 그의 '파괴자'(demolition man)모습은 고린도후서 10:4-5에 잘 나타나 있다(이 점에 대해서도 1:15의 주석을 참고하라). 바울의 전도 활동은 헬라식 가치관/세계관과 유대식 가치관/세계관을 무너뜨리고, 복음의 가치관/세계관을 건설하는 것이다. 전도는 무작정 건설만 하는 것이 아니다. 파괴하고 그 뒤에 건설하는 것이다. 그래야 A가 B로 변화하는 급진적 개종이 일어날 수 있다.[155]

"내가 헐었던 것"(ἃ κατέλυσα)은 단수가 아니라 복수다. '내가 헐었던 것들'이라고 번역해야 맞다. '이것들'의 뜻을 갖고 있는 '타우타'(ταῦτα)가 개

---

155) 이 점에 대해서는 김철홍, "바울의 소명의식과 복음 선포에 나타난 그의 전도, 개종, 교회 개척의 특징,"『신약연구』14(2015), 206-43을 보라.

역성경에 번역되어 있지 않다. 18절을 아래와 같이 다시 번역할 수 있다. '왜냐하면 만약 내가 헐었던 것, 이것들을 다시 세운다면 내가 나 자신을 범법한 자로 만드는 것이기 때문이다.' 바울은 무언가 복수의 것들을 허물었다. 바울은 구체적으로 무엇을 파괴했다는 것일까? 문장 전후의 맥락을 살필 때 그것들은 율법의 규정들(provisions of the law)이라고 보인다.[156] 더 구체적으로 생각하면 이방인과 유대인이 함께 식사할 수 없게 만드는 규정들일 것이다. 설마 바울이 율법의 폐지를 주장했을까? 그럴 리가 없다고 생각하는 사람도 있지만, 신약성경에는 율법의 폐지를 언급하는 구절들이 있다. 에베소서 2:15, "법조문으로 된 계명의 율법을 폐하셨으니"(τόν νόμον τῶν ἐντολῶν ἐν δόγμασιν καταργήσας)는 '율법의 폐지'를 말하고 있다. 히브리서 7:18, "전에 있던 계명은 연약하고 무익하므로 폐하고"에서도 '계명의 폐지'(annulment of the commandment, ἀθέτησις ἐντολῆς)가 언급된다.

마태복음 5:17, "내가 율법이나 선지자를 폐하러 온 줄로 생각하지 말라 폐하러 온 것이 아니요 완전하게 하려 함이라"에는 '율법을 폐하다'(καταλῦσαι τὸν νόμον)라는 표현이 나온다. 여기에서 사용된 '카타루오'(καταλύω)동사는 "내가 헐었던 것"(ἃ κατέλυσα)에 나오는 바로 그 동사다. 예수의 말씀에서 '율법과 선지자'는 율법서(Torah, 창세기부터 신명기)와 예언서(대·소선지서, 여호수아, 사사기, 사무엘, 열왕기도 포함됨)를 가리킨다. 물론 시문서가 누락되었지만 '율법과 선지자'는 구약성경 전체를 가리키는 용어다(마 7:12; 11:13; 22:40; 눅 16:16; 요 1:45; 참고, 눅 24:44, "모세의 율법과 선지자의 글과 시편"). 예수는 '내가 구약성경을 폐하러 온 것은 아니다. 완전하게 하려고/성취하려고(πληρόω, to complete or to fulfill) 왔다'고 말한 것이다. 마태복음 5장의 산상수훈의 내용을 보면 예수는 자신의 가르침으로 율법을 완전하게 한다. 그러므로 마태복음 5:17을 근거로 바울이 율법의 폐지를 말하지 않는다고 주장할 수 없다. 마태복음 5:18, "천지가 없어지기 전에는 율법의 일점 일획도 결코 없어지지 아니하고 다 이루리라"도 율법의 영원성을 말하는 것이 아니다. 마태복음 24:35에서 예수는 "천지는 없어질지언정 내 말은 없어지지 아니하리라"(막 13:31; 눅 21:33)고 말하기 때문이다. 영원한 것은 예수

---

156) Moo, *Galatians*, 166.

의 말씀이지 율법이 아니다. 바울은 율법에 유효기간이 있다고 본다(이 점에 대한 추가적인 논의는 갈라디아서 3:25의 주석을 보라).

물론 바울은 복음이 성취된 이후에도 율법의 기능이 일부 남아 있다고 본다(롬 3:20, "율법으로는 죄를 깨달음이니라"; 롬 7:7, "율법으로 말미암지 않고는 내가 죄를 알지 못하였으니"). 하지만 인간이 구원을 얻기 위한 길로서 율법은 유효하지 않다고 본다(갈 3:24-25). 사도행전 21:21, "네가 이방에 있는 모든 유대인을 가르치되 모세를 배반하고 아들들에게 할례를 행하지 말고 또 관습을 지키지 말라 한다 함을 그들이 들었도다"라는 말에 있는 바울에 대한 고발은 전혀 근거 없는 것이 아니었을 것이다. 상당 부분은 사실이었을 것이다.

그렇다면 로마서 3:31, "그런즉 우리가 믿음으로 말미암아 율법을 파기 하느냐 그럴 수 없느니라 도리어 율법을 굳게 세우느니라"는 말씀은 어떻게 이해하면 좋을까? 바울은 현세대가 끝나고 오는 세대가 시작되었다고 본다(이 점에 대해서는 1:4의 주석을 보라). 이런 변화는 오늘날의 페러다임 전환 (paradigm shift)에 해당한다. 과거의 패러다임(이 세대)에서 율법이 갖고 있던 위치는 새로운 패러다임(오늘 세대)에서 그 위치가 바뀐다. 복음이 성취되기 전에 율법은 유대교적 세계관의 중심에 있었다면, 복음의 세계관에서 율법은 이제 중심에 있지 않다. 바울이 하는 일은 복음의 세계관에서 율법을 추방하는 것이 아니라, 율법이 서 있어야 할 자리에 정확하게 세우는(ἵστημι, to place) 일이다. 복음 안에서 율법이 하는 기능이 있으므로 율법의 기능을 과장하지 않고 정확하게 정의하는 것이다. 그럼 의미에서 바울은 '나는 율법을 파기하지(καταργέω, to abolish) 않는다'라고 말한 것이다. "율법을 굳게 세우느니라"는 말을 과대평가하고 바울이 율법을 수호한 유대인인 것처럼 묘사하는 것은 바울서신 전체의 내용을 왜곡하는 것이다.

베드로는 식탁에서 물러남으로써 자신이 무너뜨린 것을 다시 세웠다. 그 결과 자신을 범죄자로 만들었다. "범법한 자"로 번역된 '파라바테스' (παραβάτης)라는 단어는 율법을 어기는 사람이라는 뜻으로 'παραβάτης νόμου'(파라바테스 노무)이 형태로 자주 사용된다(롬 2:25, "율법을 범하면", 2:27, "율법을 범하는"; 약 2:11, "율법을 범한 자"; 참고, 약 2:9, "율법이 너희를 범법자로 정죄하리라"[ἐλεγχόμενοι ὑπὸ τοῦ νόμου ὡς παραβάται]).

"범법한 자로 만드는 것이라"에서 사용된 동사 '쒸니스테미'(συνίστημι)는 '행동으로 무엇인가가 드러나게 만들다'(to cause something to be known by action)의 뜻이다.[157] 로마서 5:8, "그리스도께서 우리를 위하여 죽으심으로 하나님께서 우리에 대한 자기의 사랑을 확증하셨느니라(συνίστησιν)"와 고린도후서 6:4, "오직 모든 일에 하나님의 일꾼으로 자천하여(συνιστάντες)"[158] 등은 이 동사가 그런 뜻으로 사용된 용례다. 그리스도가 베드로를 죄인으로 만든 것이 아니다. 아이러니하게도 베드로는 율법을 세움으로써 스스로를 범죄자로 만들었다.

2:19 내가 율법으로 말미암아 율법에 대하여 죽었나니 이는 하나님에 대하여 살려 함이라

19절에서 바울은 복음으로 인해 자신과 율법의 관계에 일어난 변화에 대해 말한다. 한 마디로 바울은 율법에 대하여 죽었다. '~에 대하여 죽었다'에서 '여격'(νόμῳ, νόμος의 여격)이 사용된다. '~에 대하여 죽었다'는 '나는 더는 그것과 아무런 관계가 없다'라는 뜻이다. 바울은 로마서 6:2에서 "죄에 대하여 죽은 우리"(ἀπεθάνομεν τῇ ἁμαρτίᾳ)라는 말을 한다. 평서문으로 바꾸면 '우리는 죄에 대해 죽었다'가 된다. 여기에서도 여격이 사용되었고, '죽었다'가 나온다. "하나님에 대하여 살려"(θεῷ ζήσω)에서도 여격이 나온다. 로마서 6:10에도 "죄에 대하여 … 죽으심이요 … 하나님께 대하여 살아 계심이니"은 여격이 두 번 나오고 '죽다'와 '살다'가 나온다. A를 향해서 죽고 B를 향해서 살아있다는 것은 A의 지배에서 벗어나 B의 지배로 옮겨졌다는 뜻이다. A와는 완전히 관계가 끊어졌고, B와의 관계로 들어갔다는 뜻이다. 죽음의 지배에서 벗어나 "그리스도 안"(17절)으로 들어왔다는 뜻이다.

19절에서 어려운 문제는 '율법을 통해서'(διὰ νόμου, "율법으로 말미암아") "율법에 대하여"(νόμῳ) 죽었다는 말(through the law I died to the

---

157) Moo, *Galatians,*166.
158) '자천하다'는 하나님의 일꾼으로 '자기 자신을 드러나게 만들다'로 번역하는 것이 좋다.

law, διὰ νόμου νόμῳ ἀπέθανον)을 어떻게 설명할 것이냐. 이것을 갈라디아서 3:24, "율법이 우리를 그리스도께로 인도하는 초등교사가 되어"에 연결하거나, 3:13, "그리스도께서 우리를 위하여 저주를 받은 바 되사 율법의 저주에서 우리를 속량하셨으니"와 연결해서 해석하는 시도가 있다.[159] 하지만 "내가 율법으로 말미암아 율법에 대하여 죽었나니"의 해석에 가장 큰 참고가 되는 구절은 로마서 7:4, "그리스도의 몸으로 말미암아 율법에 대하여 죽임을 당하였으니"(ὑμεῖς ἐθανατώθητε τῷ νόμῳ διὰ τοῦ σώματος τοῦ Χριστοῦ)인 것 같다. '죽었다'(갈 2:19)와 '죽임을 당했다'(롬 7:4)가 같은 의미라고 보면 차이점은 갈라디아서 2:19은 "율법으로 말미암아"인데, 로마서 7:4은 "그리스도의 몸으로 말미암아"로 되어 있다는 것이다.

로마서 7:4에서 바울은 그리스도의 십자가 죽음을 통해 우리가 율법에 대해 죽었다고 말하므로, 갈라디아서 2:19의 "율법으로 말미암아"도 같은 의미로 사용했다고 볼 수 있다. 그리스도의 십자가 죽음과 율법 사이의 긴밀한 관계는 갈라디아서 4:4-5, "때가 차매 하나님이 그 아들을 보내사 여자에게서 나게 하시고 율법 아래에 나게 하신 것은 율법 아래에 있는 자들을 속량하시고"에 잘 나타나 있다. 그리스도는 영원하신 하나님의 아들임에도 불구하고 "율법 아래에" 태어나셨다. 그 목적은 "율법 아래에 있는 자들을 속량"하는 것이다. 그 목적을 달성하기 위해 그리스도는 율법 아래에 있는 유대인으로 태어나, 율법을 집행하는 최고기관인 산헤드린에서 '율법에 의해' 정죄 받고, '율법에 의해' 처형당하셨다. 심지어 나무에 달려 죽는 처형을 당했다(갈 3:13, "기록된 바 나무에 달린 자마다 저주 아래에 있는 자라 하였음이라"; 신 21:13 참고). 율법이 예수를 처형하는 실질적 주체의 역할을 했다.

인류 역사 최고의 아이러니는 모세의 율법이 하나님 보좌 우편의 그리스도(롬 8:34; 골 3:1)를 유죄로 판결하고 죽인 것이다. 일어날 수도 없고, 일어나서도 안 되는 일이 일어난 것이다. 율법이 성육신한 하나님의 영원하신 지혜(고전 1:24, 30)를 죽였다면, 과연 율법은 여전히 유효한 것일까? 아마도 바울도 다메섹 경험 직후에 이런 고민을 했을 것이다. 그가 내린 결론은 구원의 문제에 관한 한 율법은 우리의 연합군(聯合軍)이 아니라 동맹군(同盟軍)

---

159) 자세한 것은 Moo, *Galatians*, 169를 보라.

이라는 점이다(롬 7:8, "죄가 기회를 타서 계명으로 말미암아 내 속에서 온갖 탐심을 이루었나니").

하나님은 그리스도가 율법 아래에 태어나, 율법에 의해 유죄판결 받고, 율법에 의해 처형당하게 하심으로 '율법의 저주'(갈 3:13)를 우리를 대신하여 받게 하심으로 율법의 저주에서 우리가 벗어나 율법에 대해서는 '죽게' 하셨다. 율법이 그리스도를 처형함으로 우리는 율법의 지배에서 벗어나 자유의 나라로 이민할 수 있게 되었다. 율법에서 풀려나, 율법과는 아무런 관계가 없게 되었다. 로마서 7:6, "이제는 우리가 얽매였던 것에 대하여 죽었으므로 율법에서 벗어났으니"(νυνὶ δὲ κατηργήθημεν ἀπὸ τοῦ νόμου ἀποθανόντες ἐν ᾧ κατειχόμεθα)는 제대로 번역하면 '우리가 얽어매어져 있는 율법에 대해 우리가 죽었으므로, 이제 우리는 율법에서 풀려났다'가 된다. 이런 의미로 19절 앞부분, "내가 율법으로 말미암아 율법에 대하여 죽었나니"을 어감을 살려 다시 의역하면 '그리스도를 정죄하고 처형해준 율법 덕분에 내가 율법에서 완전히 자유롭게 되었나니'로 할 수 있다.

"이는 하나님에 대하여 살려 함이라"는 목적을 나타낸다. '하나님을 향해 산다'는 말에는 윤리적 삶을 산다는 의미도 포함되어 있다. 하나님을 향해서 살기 위해 율법을 향해서는 죽었다. 하나님 앞에서 살아있는 자로 서려면 율법을 향해서는 죽어야 한다. 반대로 율법을 향해 죽은 사람이 되지 않으면 하나님을 향해서 살아 있는 사람이 될 수 없다. 무릇 율법 아래에 있는 인간은 살아있으나 사실은 죽은 자들이다(롬 1:32, "그들이 이같은 일을 행하는 자는 사형에 해당한다고"; 롬 2:9, "악을 행하는 각 사람의 영에는 환난과 곤고가 있으리니 먼저는 유대인에게요 그리고 헬라인에게며"). 그들의 영원한 운명은 이미 죽음으로 결정되었고, 하나님은 죄 속에서 살아가는 그들을 상관하지 않고 그냥 그대로 내버려 두신다. 로마서 1:26, "하나님께서 그들을 부끄러운 욕심에 내버려 두셨으니(παρέδωκεν)"과 1:28, "하나님께서 그들을 그 상실한 마음대로 내버려 두사(παρέδωκεν)"에서 '파라디도미'(παραδίδωμι, to hand over, 넘겨주다) 동사가 사용되었다. 하나님은 우리의 죄를 위해 그리스도를 내어주셨다/넘겨주셨다(롬 4:25, "예수는 우리가 범죄한 것 때문에 내줌이 되고[παρεδόθη]"; 롬 8:32, "자기 아들을 아끼지 아니하시고 우리 모든 사람을 위하여 내주신[παρέδωκεν] 이가"). 아들을 넘겨주신 하나님의 복음을 믿으면 율법에서 풀려나 하나님 앞에서 살아있는 자가 되지만, 그 복음을 거부하고 율법 아래에서 살아갈 것을 고집하면 하나님은 그 사람을 죄 가운데 내버려 두시고 결국 하나님 앞에서 죽은 자와 다름없이 된다. 성도들은 율법에 대해서는 이미 죽었는데도 불구하고 베드로는 마치 율법을 향해 죽지 않은 것처럼 행동했다.

"내가 그리스도와 함께 십자가에 못 박혔나니"는 개역개정판 번역에서는 20절에 포함되었으나, 헬라어 원문에서는 19절에 있다. 여기에서 사용된 동사는 '함께'라는 뜻을 가진 접두어 '쓴'(συν-)이 '십자가에 처형하다'라는 뜻의 동사 '스타우로오'(σταυρόω)에 붙은 '쒸스타우로오'(συσταυρόω, to crucify together with)다. 왜 바울은 그리스도가 십자가에 못 박혔을 때 자신도 함께 십자가에 못 박혔다고 말하는 걸까? 다들 '그리스도와의 연합'(union with Christ) 때문이라고 말한다. 모호한 대답이다. 구체적으로 무엇이 그리스도와 바울 자신을 불가분의 관계로 묶는 것일까? 그 해답은 속죄론(atonement theory)에 있다.

바울의 속죄론의 두 가지 핵심 개념 중 하나는 '대체'(substitution)다. 마땅히 내가 받아야 할 죄의 형벌을 예수가 나를 대신하여 받으셨다(to substitute)는 의미다. 십자가에 달리신 예수를 바라볼 때 우리가 깨달아야 할 첫 번째 사실은 저 십자가에 원래 매달려 있어야 할 죄인은 예수가 아니라 바로 '나'라는 점이다. 내가 저 십자가에 달려서 나의 죄를 향한 하나님의 진노를 받고 있어야 한다. 그런데 내가 있어야 할 저 자리에 나 대신 예수가 달려서 하나님의 진노를 받았다. 여기에 바울 속죄론의 두 번째 핵심인 '진노의 해소'(propitiation) 개념이 연결된다. 예수가 하나님의 진노를 대신 받음으로 최후의 심판대에서 내가 받을 하나님의 진노가 없어졌다. 이렇게 생각하면서 십자가 위의 예수를 바라보면 예수와 내가 서로 겹쳐 보인다. 예수가 무덤에 묻힌 것도 마찬가지다. 죽어서 무덤에 묻혔어야 할 죄인은 예수가 아니라 나다. 수의에 쌓여 무덤에 묻힌 예수의 모습과 나 자신의 모습이 겹쳐 보이게 된다. 부활도 마찬가지다. 하나님은 예수를 죽음으로부터 다시 살려내어 하나님의 영광 안으로 들어가게 하셨다. 마찬가지로 미래에 하나님은 나를 죽음으로부터 부활시켜 빛나는 하나님의 나라에 들어가게 하실 것이다. 여기에서도 부활하신 그리스도와 그리스도를 닮은 모습으로 부활한 나의 모습이 겹쳐 보이게 된다. 로마서 6:3-5, "우리가 그의 죽으심과 합하여 세례를 받음으로 그와 함께 장사되었나니 … 그의 부활과 같은 모양으로 연합한 자도 되리라"에서 세례를 설명하면서 그리스도와 함께 죽고, 함께 묻히고, 함께 부활하는 것으로 말하는 것도 같은 맥락이다. 이런 의미에서 바울은 "내가 그리스도와 함께 십자가에 못 박혔나니"라고 말한다.

2:20 내가 그리스도와 함께 십자가에 못 박혔나니 그런즉 이제는 내가 사는 것이 아니요 오직 내 안에 그리스도께서 사시는 것이라 이제 내가 육체 가운데 사는 것은 나를 사랑하사 나를 위하여 자기 자신을 버리신 하나님의 아들을 믿는 믿음 안에서 사는 것이라

("내가 그리스도와 함께 십자가에 못 박혔나니"에 대한 주석은 19절을 보라). "이제는 내가 사는 것이 아니요 오직 내 안에 그리스도께서 사시는 것이라"는 바울이 그리스도를 만난 뒤 얼마나 철저한 변화가 그에게 일어났는지를 보여준다. 종교사회학에서 개종을 분류할 때 종종 '약한 개종'(weak conversion)과 '강한 개종'(strong conversion)으로 분류한다. 약한 개종은 A가 A'로 변하는 것이라면, 강한 개종은 A가 B로 변하는 것이다. 약한 개종은 연속성(continuity)이 강하다면, 강한 개종은 비연속성(discontinuity)이 강하다. 약한 개종은 '과거의 나'가 완전히 죽지 않고 여전히 살아있는 채로 변화가 일어난 개종이라면, 강한 개종은 '과거의 나'는 완전히 죽어서 땅에 묻히고 '새로운 나'로 다시 태어나는 개종이다. 대체로 약한 개종은 상당한 기간에 걸쳐 진행되는 '점진적 개종'(progressive conversion)의 특징이고, 강한 개종은 매우 짧은 기간에 집중적으로 일어나는 '급격한 개종'(radical conversion)의 특징이다(물론 점진적 개종을 통해서도 강력한 개종이 일어날 수 있다). 약한 개종은 세계관에 일부 수정이 일어나지만, 강한 개종은 세계관 자체가 다른 세계관으로 교체된다.

"이제는 내가 사는 것이 아니요 오직 내 안에 그리스도께서 사시는 것이라"는 분명히 강한 개종의 묘사다. 기존의 '나'는 죽고, 새로 태어난 '내' 안에 있는 게 '나'인지 그리스도인지 분간하기 어려울 정도로 새로운 자아가 생겨

났다. 바울이 다메섹에서 경험한 것은 약한 개종이 아니라 강한 개종이었다. 그것은 점진적 개종이 아니라 급격한 개종이었다. 바울이 추구하는 개종도 강력한 개종이다. 왜냐하면 바울은 복음 그 자체가 강력한 개종을 요구한다고 보기 때문이다. 바울이 전도를 '파괴'와 '건설'의 관점에서 이해하는 것은 그 증거다(이 점에 대해서는 1:15, 2:18의 주석을 보라). 기존의 세계관을 파괴하고 새로운 세계관을 건설해야 A가 죽고 B로 태어나는 강력한 개종이 일어난다. 기존의 세계관, 가치관을 그대로 둔 채 새로운 세계관을 건설하면 A가 A'로 되는 변화밖에 일어나지 않는다. 갈라디아서 6:14, "그리스도로 말미암아 세상이 나를 대하여 십자가에 못 박히고 내가 또한 세상을 대하여 그러하니라"는 다메섹 사건으로 인해 바울에게 근본적인 세계관의 변환이 일어났다는 것을 보여준다.

더 나아가 복음 자체가 기존의 내가 죽고 새로운 나로 다시 태어나는 것을 그 핵심으로 하고 있다. 고린도전서 15:3-4, "내가 받은 것을 먼저 너희에게 전하였노니 이는 성경대로 그리스도께서 우리 죄를 위하여 죽으시고 장사지낸 바 되셨다가 성경대로 사흘 만에 다시 살아나사"에서 바울은 자신이 사도가 되기 이전에 이미 존재했던 초대교회의 '원복음'(original gospel)을 소개한다. 이 원복음은 아래와 같은 세 가지의 내용으로 되어 있다: 1) 그리스도께서 우리 죄를 위해 죽으셨다, 2) 장사되셨다, 3) 사흘 만에 부활하셨다. 원래의 복음은 예수의 1) 죽음, 2) 매장, 3) 부활, 이 세 가지로 되어 있다. 바울은 우리가 복음을 믿을 때 기존의 내가 죽고, 매장되고, 새로운 나로 부활하는 변화가 동시에 일어난다고 본다. 이 변화를 종교적 의식(ritual)으로 표현한 것이 세례인데, 로마서 6장에서 바울은 세례 안에 이 세 가지 모티브가 있다고 말한다.

로마서 6:3-5, 8

³무릇 그리스도 예수와 합하여 세례를 받은 우리는 그의 죽으심과 합하여 세례를 받은 줄을 알지 못하느냐 ⁴그러므로 우리가 그의 죽으심과 합하여 세례를 받음으로 그와 함께 장사되었나니 … 또한 그의 부활과 같은 모양으로 연합한 자도 되리라 … ⁸만일 우리가 그리스도와 함께 죽었으면 또한 그와 함께 살 줄을 믿노니

복음 안에서 그리스도와 함께 죽고, 함께 매장되고, 함께 다시 살아났기 때문에 과거의 나는 죽었고, 지금의 내 안에는 내가 있는 것이 아니라 그리스도가 계신다. 나의 주인은 내가 아니라 그리스도시다. 여기에서 바울은 매우 강력한 '그리스도와의 연합'(union with Christ)을 보여준다.

"나를 사랑하사 나를 위하여 자기 자신을 버리신 하나님의 아들"이란 표현에서 바울은 1인칭 단수 주어를 사용하여 인격적인(personal) 신앙고백을 한다. '우리'를 사랑하사 '우리'를 위하여 그리스도께서 자신을 주셨다고 말하지 않는다. "나(με)를 사랑하사 나를 위하여(ὑπὲρ ἐμοῦ)" 그리스도께서 자신을 넘겨주셨다고 말한다. "버리신"으로 번역된 '파라디도미'(παραδίδωμι)는 '넘겨주다'(to hand over)라는 뜻이다. 바울은 이미 1:4에서 '그리스도께서 우리 죄를 위하여 자신을 주셨다'(τοῦ δόντος ἑαυτὸν ὑπὲρ τῶν ἁμαρτιῶν ἡμῶν)고 말한 바가 있다.

그리스도가 자신을 넘겨주셨다는 것은 하나님께서 아들을 우리를 위해 넘겨주셨다는(롬 4:25; 8:32) 양식에서 유래한다. 그리고 이런 '넘겨줌의 양식'(surrender formula)은 70인 역 구약성경 이사야서 53:12에 그 뿌리를 두고 있다. 헬라어 본문은 히브리어 본문과 약간 뉘앙스가 다르다. 그 일부인 "παρεδόθη εἰς θάνατον ἡ ψυχὴ αὐτοῦ καὶ ἐν τοῖς ἀνόμοις ἐλογίσθη καὶ αὐτὸς ἁμαρτίας πολλῶν ἀνήνεγκεν καὶ διὰ τὰς ἁμαρτίας αὐτῶν παρεδόθη"를 우리말로 번역하면 '그[주의 종]의 영혼은 죽음으로 넘겨지고, 그는 무법한 자들 가운데 있다고 여겨지고, 그는 많은 사람의 죄를 어깨에 짊어지고 그들의 죄 때문에 넘겨진다'로 할 수 있다. 여기에서 '파라디도미'(παραδίδωμι)의 과거 수동형인 '파레도떼'(παρεδόθη)가 두 번 사용되었다.[160] 하나님은 '주의 종'에게 "상함을 받게 하시기를"(사 53:10) 원하시므로, 주의 종은 자발적으로 "그의 손으로 여호와께서 기뻐하시는 뜻을 성취"(사 53:10)한다. 20절의 "자기 자신을 버리신 하나님의 아들"은 하나님의 뜻에 순종해 스스로 자신을 넘겨주시는 그리스도의 순종을 부각시킨다.

우리가 복음을 믿는 순간 육체를 벗어나 부활의 몸을 입는 것은 아니다. 여전히 우리는 육체를 입고 살아가야 한다. "이제 내가 육체 가운데 사는

---

160) 로마서 4:25, "예수는 우리가 범죄한 것 때문에 내줌이 되고"에서도 '파레도떼'(παρεδόθη)가 사용되었고, 이 구절은 LXX 이사야 53:12을 직접적으로 연상하게 한다.

것은"란 말은 이런 현실을 가리킨다. "육체"는 인간의 욕망이 그 보금자리를 틀고 있는 곳이다. 이 '육체'라는 단어에는 육체의 욕망 때문에 죄의 세력의 공격에 연약할(vulnerable) 수밖에 없는 인간의 한계성이 들어 있다. 육체의 욕망과 전쟁을 하면서도 성도가 지치거나 낙심하지 않는 이유는 매번의 전쟁에서 승리하기 때문이 아니라, 믿음 안에서 살아가기 때문이다("하나님의 아들을 믿는 믿음 안에서 사는 것이라"). 여기에서도 '피스티스'(πίστις) + 소유격(τοῦ υἱοῦ τοῦ θεοῦ)의 형태가 나온다. 문법적으로 보면 '하나님의 아들을 믿는 믿음'으로 번역할 수도 있고, '하나님의 아들의 신실함'으로도 번역할 수 있다. 물론 여기에서는 당연히 전자로 번역한다. 왜냐하면 16절의 '피스티스 크리스투'(πίστις Χριστοῦ)와 같은 의미로 보기 때문이다. 육체 가운데에서 성도의 삶을 지탱해주는 것은 믿음을 통해 얻게 될 미래의 칭의다.

2:21 내가 하나님의 은혜를 폐하지 아니하노니 만일 의롭게 되는 것이 율법으로 말미암으면 그리스도께서 헛되이 죽으셨느니라

21절은 15-20절에서 바울이 말한 바를 요약한다고 볼 수 있다. "내가 하나님의 은혜를 폐하지 아니하노니"는 베드로와 할례당을 겨냥한 말로 보인다. 그들은 하나님의 은혜를 폐하는 행동과 주장을 했다. 그러나 바울은 끝까지 하나님의 은혜를 폐하는 행동이나 주장을 하지 않는다. 그들은 사람이 의롭게 되려면 믿음뿐만 아니라 할례를 받고 율법을 지키는 행위가 추가되어야한다고 주장한다. 그것은 결국 율법 준수가 의롭게 되는 길이라는 유대교 율법주의의 가르침과 본질적으로 별 차이가 없다. 이런 주장은 "하나님의 은혜"를 폐하고, "그리스도께서" 돌아가신 것을 "헛되이" 만드는 것이다.

"만일 의롭게 되는 것이 율법으로 말미암으면"(εἰ γὰρ διὰ νόμου δικαιοσύνη)은 직역하면 '왜냐하면 만약 의가 율법을 통하는 것이라면 … 이기 때문이다'가 된다. 유대교에서 의는 율법을 통해서 생기고(신 6:25, "이 모든 명령을 우리 하나님 여호와 앞에서 삼가 지키면 그것이 곧 우리의 의로움이니라"), 구원의 길은 율법 준수다(레 18:5, "너희는 내 규례와 법도를 지키라 사람이 이를 행하면 그로 말미암아 살리라"). 다메섹 경험 이전의 바울도 의는

율법을 통해 생긴다고 확신하고 있었다. 하지만 다메섹 경험을 통해 그는 '나는 율법에서 유래하는 의를 갖고 있지 않다'(빌 3:9, "내가 가진 의는 율법에서 난 것이 아니요," μὴ ἔχων ἐμὴν δικαιοσύνην τὴν ἐκ νόμοῦ)는 것을 깨달았다. 그에게는 애초부터 율법에서 온 의가 없었고, 그는 불의한 사람이었다. 대신 바울은 새로운 의를 갖게 되었는데, 그것은 '율법을 통해서' 얻은 의가 아니라, '그리스도를 믿는 믿음에서 유래하는 의'("그리스도를 믿음으로 말미암은 것이니," ἀλλὰ τὴν διὰ πίστεως Χριστου)였다.

그리스도는 하나님의 은혜와 믿음을 통한 구원을 주시기 위해 죽으셨다. 그런데도 베드로와 할례당은 그리스도의 죽음을 "헛되이" 만드는 행동과 주장을 한다. "헛되이"로 번역된 '도레안'(δωρεάν)은 로마서 3:24, "하나님의 은혜로 값 없이 의롭다 하심을 얻은 자 되었느니라"에서는 "값 없이"(freely, as a gift)로 번역되었다. 그러나 여기에서는 "헛되이"(in vain, of no effect)로 번역한다. 원래 '도레안'은 그리스도를 통해 주시는 하나님의 은혜를 상징한다. 왜냐하면 '은혜'(χάρις)는 대가 없이 선물로 주는 것이기 때문이다. 그런데 바울은 여기에서 같은 단어를 "헛되이"라는 뜻으로 사용해서, 하나님이 주시는 은혜를 거부하게 만드는 할례당의 가르침이 얼마나 그리스도의 죽음을 무용지물로 만드는 어리석은 짓인지 강조한다. 갈라디아서 5:4, "율법 안에서 의롭다 함을 얻으려 하는 너희는 그리스도에게서 끊어지고 은혜에서 떨어진 자로다"도 똑같은 내용을 말하고 있다.

7.
성도들의 경험도, 아브라함의 경험도, 이신칭의를 지지한다
[3:1-9]

3:1　　　도대체 누가 너희를 유혹했느냐
3:2-5　　믿음인지 행위인지 너희 자신의 경험을 되돌아보라
3:6-9　　아브라함의 후손이 되는 길은 믿음이다

3:1 어리석도다 갈라디아 사람들아 예수 그리스도께서 십자가에 못 박히신 것이 너희 눈 앞에 밝히 보이거늘 누가 너희를 꾀더냐

　　3장 1절에서부터 바울은 논조를 바꾼다. 2장에서 안디옥 사건과 당시 자신이 했던 말과 생각을 이야기했다. 이제부터 갈라디아 성도들의 생각을 바꾸기 위해 적극적으로 설득하기 시작한다. 한 편으로는 책망하면서 다른 한 편으로는 호소한다. "어리석도다 갈라디아 사람들아!"에서부터 바울의 질책이 시작된다. "어리석도다"로 번역된 '아노에토스'(ἀνόητος, foolish, senseless) 는 '노에마'(νόημα, mind, 생각과 판단을 할 수 있는 능력)가 없는 상태를 가리킨다. 3절, "너희가 이같이 어리석으냐"에서 이 단어가 한 번 더 사용된다.

　　헬라어 본문에서는 "누가 너희를 꾀더냐"(τίς ὑμᾶς ἐβάσκανεν)가 이어서 나온다. '꾀다, 유혹하다'로 번역되는 '바스카이노'(βασκαίνω)는 헬라인들 사이에서 유행하던 '악한 눈 미신'(Evil Eye Superstition)에서 사용되던 기술적 용어다. 악한 눈 미신은 고대뿐 아니라 현대에 이르기까지 매우 광범위한 지역에서 유행했던 미신이다.[161] 고대 유대인들에게서도 이 미신은 널리

알려져 있었고,[162) 기독교인들에게도 마찬가지다.[163)

현대인은 눈을 수동적인 감각 기관으로 인식한다. 하지만 고대 악한 눈 미신에서 악한 눈을 가진 사람(βάσκανος, evil-eyed person)의 눈은 악한 힘을 방출하여 다른 사람을 공격할 수 있다고 생각했다. 만약 악한 사람의 눈의 공격을 받으면 그 사람에게 재앙이 일어난다고 믿었다. 그래서 혹시라도 그런 사람과 만나 발생할 악한 눈의 공격을 대비하여 그 사람의 시선을 강하게 끌 수 있는 인간의 성기(性器)라든가, 혹은 특이한 색과 모양의 장식물을 호부(護符, 호신용 부적)로 몸에 걸고 다녔다.

'바스카이노'(βασκαίνω)는 바로 악한 눈을 가진 사람이 그 눈빛으로 다른 사람을 홀리고 결국은 악한 영향을 끼치는 행동을 가리키는 동사다. 라이트풋(B. Lightfoot)의 1905년 갈라디아서 번역본에서 그는 '티스 휘마스 에 바스카넨'(τίς ὑμᾶς ἐβάσκανεν, "누가 너희를 꾀더냐")를 "Who has fascinated you?"라고 번역했다. 헬라어의 뉘앙스를 가장 잘 살린 영어 번역

---

161) 악한 눈 미신에 대한 더 자세한 논의는 김철홍, "바울은 제정신이 아니다?(고후 11:23): 바울의 영적 근원에 대한 논쟁," 『장신논단』 (2008년, 32집), 11-43을 참고하라. 영문 자료는 Ben Witherington III, *Grace in Galatia: A Commentary on St. Paul's Letter to the Galatians* (Grand Rapids: Eerdmans, 1998), 200-205와 John K. Elliott, "The Fear of the Leer. The Evil Eye From the Bible to Li'l Abner," *Forum* 4/4 (1988): 46-52을 보라. 한국어 자료는 류봉선, 『갈라디아서 3장 1절에 나타난 악한 눈 미신을 배경으로 한 바울과 그의 적대자들 사이의 논쟁의 재해석』, 장로회신학대학교 대학원 석사논문 (2009)을 참고하라.

162) 신명기 15:9, 28:54, 56, 잠언 23:6, 28:22에 악한 눈(עַיִן רָע)에 대한 내용이 나온다. 칠십인역 헬라어 구약성경에서는 이 구절들을 "πονηρεύσηται ὁ ὀφθαλμός σου"("your eye shall be evil," 신 15:9), "βασκανεῖ τῷ ὀφθαλμῷ"("to injure with the evil eye," 신 28:54, 56), "βάσκανος" ("the one who has the evil eye," 잠 23:6; 28:22) 등으로 번역했다. 칠십인 역 구약성경에서 지혜서 4:12, 시락서ir 14:3, 6, 8, 9, 10, 18:18, 31:13, 37:11, 토빗서 4:7, 16 등이 악한 눈 미신과 관련되어 있는 것으로 보인다. 구약성서 외경(Pseudepigrapha) 중 *T. Iss.* 3:2-3, 4:1-6, *T. Ben.* 4:2-4, *T. Dan.* 2:5, *T. Simeon*, 그리고 쿰란문서 CD 2.16 등이 악한 눈 미신과 관련되어 있다. 이상은 John K. Elliott, "The Fear of the Leer. The Evil Eye From the Bible to Li'l Abner," *Forum* 4/4 (1988): 54-55에서 재인용.

163) 복음서에서 예수도 악한 눈(ὀφθαλμὸς πονηρός)에 대해 언급한다(마 6:22-23// 눅 11:33-34; 마 20:15;, 막 7:22). 마태복음 6:22-23에 대한 상세한 주석은 John K. Elliott, "The Evil Eye and the Sermon on the Mount: Contours of a Pervasive Belief in Social Scientific Perspective," *Biblical Interpretation* 2, 1 (1994): 51-84을 보라. 초대교회 교부도 악한 눈에 관해 언급한 기록이 있다(Ign. *Rom* 3:1, 7:2과 *Mart Pol* 17:1)이 있다.

으로 보인다.[164] 우리말로는 '누가 너희를 홀렸느냐?'가 적당한 번역이다.

바울이 3:1의 '바스카이노'(βασκαίνω) 동사를 악한 눈 미신과 연결해서 사용한다고 볼 수 있는 근거는 갈라디아서 4:14, "너희를 시험하는 것이 내 육체에 있으되 이것을 너희가 업신여기지도 아니하며 버리지도 아니하고"에 있다. '버리다'로 번역된 '엑크프튀오'(ἐκπτύω)의 뜻은 '침을 내뱉다'(to spit out)이다. 접두어 '엑크'(ἐκ-, out)가 '침을 뱉다'라는 뜻의 '푸튀오'(πτύω)가 결합된 형태다. 은유적 뜻으로 '경멸하다'(to despise)로 번역할 수도 있지만, 같은 뜻의 동의어 '엑쑤떼네오'(ἐξουθενέω, to despise, 업신여기다, 경멸하다)가 이미 먼저 사용되었다("업신여기지도"). '엑크프튀오'(ἐκπτύω)를 '버리다'로 번역하는 것은 별로 설득력이 없다.

바울이 실제로 '너희는 나에게 침을 뱉지 않았다'고 말했을 가능성이 큰 이유는 고대인들은 악한 눈의 공격을 당했을 때 긴급 처방으로 침을 세 번 뱉으면 '악한 영향'(βασκανία)을 막을 수 있다고 생각했기 때문이다.[165] 고대문서인 Theophrastus Charactees 16.15에는 이런 말이 있다; "어떤 미친 사람(μαινόμενον) 혹은 발작을 하는 사람을 보았을 때[166] 그는 몸서리를 치거나, 그 사람의 가슴에 침을 뱉었다(πτύσαι)"[167] 이 예는 '침을 뱉다'는 뜻의 동사 '프튀오'(πτύω)가 어떤 의미로 사용되었는지를 보여준다. 갈라디아서 4:14에서 바울이 '엑크프튀오'(ἐκπτύω)를 "흉조를 피하다 혹은 마술을 무효로 만들다(to avert a bad omen or disarm magic)는 뜻으로 사용했다면 그가 3:1에서 바울이 '바스카이노'(βασκαίνω) 동사를 수사적, 은유적인 뜻으로 사용한 것이 아니라, 악한 눈 미신의 기술적 용어로 사용한 것으로 볼 수 있다.

그렇다면 바울은 왜 이런 동사들을 사용하는 걸까? 아마도 바울을 공

---

164) John K. Elliott, "Paul, Galatians, and the Evil Eye," *Currents in Theology and Mission* 17 (1990), 267.

165) βασκανία는 Wisdom 4:12와 4 Macc 1:26에 나타난다.

166) 악한 눈 미신에서 기형(disfigurement), 불구(impairment), 특이한 눈의 모습(unusual ocular features), 혹은 간질(epilepsy)과 같이 흔하지 않은 육체적 특징을 가진 사람들은 악한 눈을 가진 사람은 인식되었다. Elliott, "The Fear," 65.

167) "He shudders when he sees someone who is mad (μαινόμενον) or has fits and he spits (πτύσαι) on his chest." BDAG, "ἐκπτύω," 309에 인용되어 있음. 이러한 마술적 행동에 관한 보다 더 자세한 정보는 LSJ "πτύω," s.v.4. 혹은 John Elliot, "The Fear of the Leer," 42-71을 보라.

격하는 사람들(할례당과 복음을 믿지 않는 유대인들)이 헬라인 청중들을 향해 '바울은 악한 눈을 갖고 있는 사람이다'(Paul is an evil-eyed person)라고 공격했기 때문인 것 같다. 바울을 공격하는 유대인들은 바울을 거짓 선지자로 보았다. 거짓 선지자는 하나님의 영이 아니라 악한 영을 갖고 있다(슥 13:2, "만군의 여호와가 말하노라 그 날에 내가 우상의 이름을 이 땅에서 끊어서 기억도 되지 못하게 할 것이며 거짓 선지자와 더러운 귀신을 이 땅에서 떠나게 할 것이라"). 복음서의 바알세불 논쟁의 본질은 유대교 지도자들이 예수를 악한 영을 가진 선지자, 즉 거짓 선지자로 공격한 것이다. 바울에 대해서도 그런 공격이 있었던 것으로 보인다.

고린도후서 5:13, "우리가 만일 미쳤어도 하나님을 위한 것이요 만일 정신이 온전하여도 너희를 위한 것이니"의 "우리가 만일 미쳤어도"는 단순한 수사적 표현으로 보기 어렵다. 옛 언약의 사역자들과 논쟁을 하는 와중에 자신에게 절대적으로 불리한 이런 가정을 바울이 수사(rhetoric)로 일부러 사용했을 가능성은 거의 없다. 고린도후서 11:22, "그들이 그리스도의 일꾼이냐 정신 없는 말을 하거니와 나는 더욱 그러하도다"도 마찬가지다. 그냥 '그들이 그리스도의 일꾼이냐 나는 더욱 그러하도다'라고 말하는 것이 더 자연스러운데 왜 "정신 없는 말을 하거니와"(παραφρονῶν λαλῶ)를 추가한 걸까? "정신 없는"으로 번역된 '파라프로네오'(παραφρονέω) 동사는 '제정신이 나가 있는 상태(παραφρονία)에 빠져있다'(to be beside)라는 뜻이다. 고린도후서 5장 13절에서 "미쳤어도"로 번역된 '엑씨스테미'(ἐξίστημι)의 뜻도 '정신없는 상태(ἔκστασις, 엑스타시스, 영어의 ecstasy의 어원)에 있다'(be out of one's senses)이다. 고린도후서 10-13장에서 사도적 진정성(apostolic authenticity)을 놓고 한 치도 물러설 수 없는 논쟁을 진행하는 와중에 '내가 정신이 나갔다,' 혹은 '내가 미쳤다'는 말을 수사로 사용하는 것은 오히려 그의 적들에게 공격의 빌미만을 줄 뿐이다. 이런 표현은 수사가 아니다. 논쟁의 와중에 '바울은 미쳤다'는 공격을 실제로 당했을 가능성이 훨씬 더 크다.[168)]

---

168) 마이어(H. A. W. Meyer)와 플루머(A. Plummer)는 복음을 믿지 않는 유대인들이 다메섹 경험 때문에 바울이 정신이상 상태가 되었다고 주장했을 가능성을 언급한다. H. A. W. Meyer, *Critical and Exegetical Handbook to the Epistles to the Corinthians II*, trans. W. P. Dickson (Edinburgh: T. & T. Clark, 1879), 277; A. Plummer, *A Critical and Exegetical Commentary on the Second Epistle of Paul to*

즉 바울이 더러운 영에 사로잡힌 거짓 선지자라는 공격을 받았다는 뜻이다. 데살로니가전서 2:3, "우리의 권면은 간사함이나 부정에서 난 것이 아니요"는 바울의 복음("우리의 권면")이 '더러운 영'("부정")에서 유래하는 것이라고 공격받았다는 증거로 볼 수 있다.[169] 갈라디아서 3:2-5에서 바울이 계속 '성령'을 언급하는 것도 이와 관련이 있다고 보인다.

갈라디아서 4:14에서 "너희를 시험하는 것이 내 육체에 있으되" '너희가 나에게 침을 뱉지 않았다'라고 말하는 것도 의미심장하다. 바울의 육체에는 "너희를 시험하는 것"(ὁ πειρασμός ὑμῶν)이 있었다. 바울의 몸에 외견상 쉽게 눈에 띄는 어떤 문제가 있었고, 그것이 청중이 바울의 복음을 받아들이는데 상당한 장애요인이 되었다는 뜻이다. 아마도 그것은 바울의 육체에 있었던 불치병과 관련이 있었던 것 같고(고후 12:7, "내 육체에 가시 곧 사탄의 사자를 주셨으니" 그것 때문에 하나님의 저주를 받았다는(신 28:28, "여호와께서 또 너를 미치는 것과 눈 머는 것과 정신병으로 치시리니") 공격을 받았다고 보인다(더 자세한 논의는 4:14의 주석을 보라).

바울을 공격하는 입장에서 문제는 이런 설명들이 너무나 유대교적이라 헬라 청중에게 설명하기가 쉽지 않았다는 것이다. 바울이 악한 영에 사로잡힌 거짓 선지자라는 것을 헬라인들이 쉽게 알아들을 수 있도록 문화적으로 번역할 필요가 있었다. 악한 눈 미신은 유대교의 거짓 선지자를 문화적으로 번역해줄 수 있는, 거의 등가적인(equivalent) 개념이었다. 바울은 악한 눈(악한 영)을 갖고 있고, 그와 접촉하는 것은 재앙(하나님의 저주)을 가져오므로 그를 피할 뿐 아니라 그의 메시지도 받아들이지 말아야 한다고 선동했을 것이다. 복음을 받아들인 사람들은 바울이 악한 눈으로 그들에게 주문을 걸어서, 혹은 홀려서(βασκαίνω, '바스카이노') 그들이 순간적으로 판단력을 잃었기 때문이라고 주장했을 것이다.

바울이 처음 갈라디아에서 복음을 전할 때 이런 공격이 있었지만(갈 4:14, "너희를 시험하는 것이 내 육체에 있으되"), 그의 청중들은 바울에게 침

---

the Corinthians (ICC.; Edinburgh, T. & T. Clark, 1915), 172.

169) William Horbury, "1 Thessalonians 2:3 as Rebutting the Charge of False Prophecy," *Journal of Theological Studies* 33 (1982): 492-508, Reprinted. pages 111-26 in *Jews and Christians: In Contact and Controversy.* (Edinburgh: T&T Clark, 1998), 118-22.

을 뱉지 않았다. 그를 악한 눈을 가진 사람으로 보지 않았다. 오히려 바울을 "하나님의 천사와 같이 또는 그리스도 예수와 같이 영접하였다"(갈 4:14). 바울을 공격하던 사람들의 주장을 거절하고, 바울의 주장 즉, 바울은 하나님과 그리스도의 사도라는 것을 받아들였다. 그런데 지금 그 성도들이 바울과 그의 복음을 버리고 할례당의 가르침을 따라가려고 한다. 그래서 바울은 그를 공격할 때 그의 적들이 사용했던 동사 '바스카이노'(βασκαίνω)를 역으로 사용한다. "누가 너희를 꾀더냐"는 '내가 너희를 홀린 게 아니다. 할례당이 너희를 홀려서 나의 복음으로부터 떠나가게 만들고 있다'는 뜻으로 말한 것이다. '꾀는 자'(βάσκανος, evil-eyed person)는 바울이 아니라 할례당이다.

"예수 그리스도께서 십자가에 못 박히신 것이 너희 눈 앞에 밝히 보이거늘"에서 "밝히 보이거늘"은 '프로그라포'(προγράφω) 동사의 과거수동형이다. 이 동사의 뜻은 접두어 '프로'(προ-)를 시간의 뜻으로 보면 '미리 그리다'(to write beforehand)가 되고, 공간의 뜻으로 보면 '(사람들 앞에서) 공개적으로 그리다'(to placard publicly)가 된다. "눈 앞에"(κατ᾽ ὀφθαλμοὺς)라는 전치사구가 있으므로 시간적 뜻(롬 15:4; 엡 3:3)이 아니라, 공간적 뜻으로 사용된 것이 분명하다. 상당수의 현대어 번역본들은 '(사람들 앞에서) 생생하게 (vividly) 보여주다'의 뜻으로 많이 해석한다. 바울은 '너희들에게 눈으로 보이게끔 그리스도가 십자가에 달리신 모습이 생생하게 그림을 보여주듯 보여주었는데도 왜 어리석게 할례당을 쫓아가는가?'라는 뉘앙스로 말한다.

'프로그라포'(προγράφω) 동사의 수동형(προεγράφη)을 능동형으로 바꾸었을 때 주어는 바울이 된다. 그렇다면 과연 바울이 갈라디아 성도들 앞에서 그리스도가 십자가에 달리신 모습을 마치 그림을 보여주듯 말로 (verbally) 생생하게 묘사해서 청중들의 머릿속에 그 장면이 떠오르게 했을까? 아마도 아닌 것 같다. 왜냐하면 바울은 헬라어로 글을 쓰는 데에는 달필 (達筆)이었지만, 헬라어로 설교(연설)를 하는 데에는 자타가 인정하듯 그리 뛰어나지 않았기 때문이다. 고린도후서 10:10, "그들의 말이 그의 편지들은 무게가 있고 힘이 있으나 그가 몸으로 대할 때는 약하고 그 말도 시원하지 않다 하니"는 그의 청중들이 바울의 문어체 헬라어(written Greek)를 높이 평가하면서도, 구어체 헬라어(spoken Greek)는 낮게 평가했다는 것을 보여준다. 고린도후서 11:6, "내가 비록 말에는 부족하나(ἰδιώτης) 지식에는 그렇지 아니하나"를 보면 바울 자신도 그의 구어체 헬라어 설교에 대한 그들의 평가를 반박하지 않는다. 여기에서 사용된 '이디오테스'(ἰδιώτης, a layperson in contrast to an expert)는 전문가도 아니고 문외한(門外漢)도 아닌 중간 정도의 숙련을 가진 사람을 가리키는 명사다. 이 단어를 헬라 수사학(rhetorics)을 전문적으로 숙련한 사람이 아니라 어중간한 정도의 숙련밖에 없는 사람이라는 뜻으로 해석한다면 바울의 헬라어 구어체 구사 능력에 의문이 생긴다. 대부분의 주석가들은 갈라디아서 3:1에서 바울이 말로 십자가 위의 예수를 생생하게 보여주었다는 것에 의문을 갖지 않는다. 하지만 바울의 헬라어 설교 능력에 대한 자타의 평가를 고려한다면 바울이 말로 십자가 위의 그리스도를 생생하게 보여주었다는 건 아무래도 설득력이 떨어진다.

그렇다면 바울은 사진이나 비디오가 없던 당시 청중들에게 예수 그리스도가 십자가에 달린 모습을 어떻게 보여주었을까? 아마도 자신의 고난을 통해 그리스도의 고난을 간접적으로 보여주었다는 뜻인 것 같다. 바울은 갈라디아에서 복음을 전하면서 고난을 경험했다. 갈라디아서 4:19, "나의 자녀들아 너희 속에 그리스도의 형상을 이루기까지 다시 너희를 위하여 해산하는 수고를 하노니"에서 해산의 수고는 갈라디아 성도들을 하나님의 자녀로 개종시키기 위해 그가 겪은 고난이다. 만약 갈라디아 성도들이 할례를 받고 형식적으로 유대교 개종의 절차를 밟는다면 바울은 다시 그들을 복음으로 개종하기 위해 출산의 고통을 겪어야 한다. 갈라디아서 6:17, "내 몸에 예수의 흔적을 가졌노라"는 바울이 복음을 전하기 위해 겪은 고난의 흔적이다. 갈라디아서 말미 6:16의 "이 후로는 누구든지 나를 괴롭게 하지 말라"는 호소는 할례당을 추방하고 바울복음을 지켜서 그가 다시 갈라디아에 가서 고난을 받으며 복음을 전하는 수고를 면하게 해달라는 호소다.

바울은 말재주로 십자가에 달린 예수를 보여준 것이 아니라, 자신의 몸으로 고난을 통해 보여줬다. 갈라디아서 2:20, "내가 그리스도와 함께 십자가에 못 박혔나니"도 이런 추론을 더욱 설득력 있게 한다. 그래서 지금 갈라디아에서 복음을 전할 때 그가 받은 고난을 상기시키면서("예수 그리스도께서 십자가에 못 박히신 것이 너희 눈 앞에 밝히 보이거늘") 다시 복음으로 돌아올 것을 호소한다("어리석도다 갈라디아 사람들아 … 누가 너희를 꾀더냐"). 데살로니가전서 2:2, "너희가 아는 바와 같이 우리가 먼저 빌립보에서 고난과 능욕을 당하였으나 우리 하나님을 힘입어 많은 싸움 중에 하나님의 복음을 너희에게 전하였노라"에서도 바울은 과거에 복음을 전할 때 자신이 당한 고난을 언급하는데, 그 맥락은 갈라디아서와 마찬가지로 논쟁적인 맥락이다. 과거의 고난받은 자신의 모습을 상기시키는 것은 설득 과정에서 긍정적인 결과를 가져왔을 것이다.

3:2 내가 너희에게서 다만 이것을 알려 하노니 너희가 성령을 받은 것이 율법의 행위로냐 혹은 듣고 믿음으로냐

2절에서 바울은 갈라디아 성도들이 성령을 받게 된 유래(origin)에 대해 질문한다. 뒤집어 말하면 그들은 이미 성령을 받았다는 뜻이다. 성령은 새 언약의 징표(sign)이며(렘 31:31-33; 겔 36:26-27; 욜 2:28-32), 오순절 사건 때 성령이 임함으로 새 언약의 약속은 완성되었다(행 1:4, "아버지께서 약속하신 것을 기다리라"). 성령은 이 세대가 지나가고 다가오는 세대가(갈 1:4) 성도에게 임했다는 증거다(새 언약과 새 언약의 징표인 성령에 관해서는 보충설명 19: "옛 언약과 새 언약"을 참고하라). 바울이 지금 성령을 언급하는 이유는 성령은 추상적 개념이 아니라, 갈라디아 성도들이 직접 경험한 사례이기 때문이다. 그 경험을 기초로 해서 과연 할례당이 옳은지 바울이 옳은지 판단하라는 호소다.

"듣고"로 번역된 '아코에'(ἀκοή)는 '듣다'라는 뜻의 동사 '아쿠오'(ἀκούω)의 명사형이다. '들음'(listening)이란 뜻도 있고, '들은 것'(what is heard, message)이라는 뜻도 있다. 소유격으로 연결된 '피스티스'(πίστις)는 '믿음'(faith)이란 뜻도 있고 '신실함'(faithfulness)이란 뜻도 있다. 주격+소유격의 형태인 '아코에 피스테오스'(ἀκοὴ πίστεως)를 어떤 조합으로 맞추어 번역할 것인지 상당히 어려운 대목이다(주격+소유격의 번역에 대해서는 2:16의 주석 중 pistis christou 논쟁에 대한 설명을 보라). '아코에'(ἀκοή)는 '들음'으로 해석해도 되고 '들은 것' 즉 메시지로 해석해도 된다. 문제는 '피스티스'(πίστις)다. '믿음'으로 해석하는 것이 맞는다고 보이지만, 인간의 '믿음'이라고 보면 '아코에'와 어떻게 연결되는지 설명이 어렵다. '믿음을 만들어내는 들음'(hearing creating faith/hearing accompanied by faith)으로 번역할 수는 있지만 좀 부자연스럽다.

여기에서 '믿음'은 복음의 별명으로 보는 것이 더 좋다. 이미 갈라디아서 1:23, "다만 우리를 박해하던 자가 전에 멸하려던 그 믿음을 지금 전한다 함을 듣고"에서 바울은 '믿음'을 복음의 동의어로 사용한 바가 있다. 그렇게 해석하면 "듣고 믿음으로냐"(ἐξ ἀκοῆς πίστεως)를 '복음을 들음으로냐' 혹은 '복음의 메시지로냐'로 새롭게 번역할 수 있다.

로마서 10:14, "듣지도 못한 이를 어찌 믿으리요"와 로마서 10:17, "믿음은 들음에서 나며(ἡ πίστις ἐξ ἀκοῆς) 들음은 그리스도의 말씀으로 말미암았느니라(ἡ ἀκοὴ διὰ ῥήματος Χριστοῦ)"은 복음을 듣는 것과 믿음이 매우 긴밀한 관계에 있다는 것을 보여준다. 특이한 것은 로마서 10:15에서 '고난받는 주의 종의 노래'(사 52:13-53:12)의 서론에 해당하는 이사야 52:7-12의 첫 절인 이사야 52:7, "아름답도다 좋은 소식을 전하는 자들의 발이여"를 인용하고, 그 다음절 10:16에서는 이사야 53:1, "주여 우리가 전한 것을 누가 믿었나이까"를 인용하는 점이다. 로마서 15:21의 "주의 소식을 받지 못한 자들이 볼 것이요 듣지 못한 자들이 깨달으리라"가 이사야서 52:15의 인용이며, 이 구절에서 바울이 "그리스도의 이름을 부르는 곳에는 복음을 전하지 않기"라는 그의 선교 원칙을 유추하고 있기에 더욱 흥미롭다.

이사야 52:13-53:12의 주인공인 '주의 종'(the Servant of the Lord)은 원래 기쁜 소식을 전하기 위해 하나님이 파견하신 종이다. 그가 전하는 기쁜 소식, 즉 복음의 구체적인 내용은 '고난받는 주의 종의 노래'에 있다. 그것은 주의 종이 많은 사람의 죄를 어깨에 짊어지고 속죄의 제물로 죽어 많은 사람을 의롭게 한다는 것이다. 주의 종이 그 복음을 전할 때 사람들은 복음을 '듣고' 또 '본다.' 이사야 52:15에 "그들이 아직 그들에게 전파되지 아니한 것을 볼 것이요 아직 듣지 못한 것을 깨달을 것임이라"에 '보다'와 '듣다'가 나오는 것에 주목해야 한다. 바로 다음 절인 이사야 53:1, "우리가 전한 것을 누가 믿었느냐 여호와의 팔이 누구에게 나타났느냐"에도 '듣다'와 '보다'에 해당하는 표현이 나온다. 전하므로 듣고, 나타나므로 본다.

"우리가 전한 것"으로 번역된 히브리어 단어 '스무아'(שְׁמוּעָה, message)에는 '듣다'라는 뜻의 히브리어 동사 '샤마흐'(שָׁמַע)가 들어 있다. 70인역 구약성경에서도 '아코에'(ἀκοή, listening, message)로 번역했다. "나타났느냐"에서 사용된 히브리어 동사 '깔라'(גָלָה)는 '공개하다'(to uncover), '계시하다'(to reveal)이 사용되었고, 70인역 구약성경에서는 전형적인 계시 동사인 '아포칼립토'(ἀποκαλύπτω, to reveal)가 사용되었다. 계시의 특징은 청각적일 뿐만 아니라 시각적이라는 것이다. 계시는 기본적으로 보는 것이다. 그러므로 이사야 52:15과 그 다음 절 53:1에는 '보다'와 '듣다' 동사가 나오는 것으로 볼 수 있다.

주의 종은 복음을 선포하여 사람들이 그 복음을 듣고 볼 수 있게 해주어야 한다. 예수 그리스도의 사역도 하나님의 나라 복음을 듣고 볼 수 있게 해주는 것이었다. 예수는 행동으로 복음을 보여주셨다. 예를 들어 세리와 창녀와 같은 죄인들과 식사를 한 것은 죄인도 회개하고 예수의 메시지를 받아들이면 하나님의 나라 잔치에 들어갈 수 있다는 복음을 행동으로 선포한 것이다. 예수가 행한 이적들은 모두 자신이 누구인지를 드러내거나, 자신이 주는 구원을 선포한 것이다. 이렇게 복음을 듣게 하고, 보게 하는 주의 종의 사명은 사도들에게 위임되었다. 이제는 바울과 같은 사도가 복음을 보여주고 듣게 해주어야 한다. 이런 관점에서 보면 바울이 갈라디아서 3:1에서 "너희 눈 앞에 밝히 보이거늘"에서는 보여주었다고 말하고, 2절에서 "듣고 믿음으로냐" 듣게 해주었다고 말하는 것은 우연의 일치가 아닌 것 같다. 5절에서 갈라디아 성도들 가운데서 일어난 이적을 언급하는데("너희 가운데서 능력을 행하시는 이의 일") 이적도 복음을 직접 보게 해주는 바울의 사역의 한 부분이다.

이 구절에서는 전치사 '엑크'(ἐκ, from)가 매우 중요한 역할을 한다. 이 전치사는 근원(source)과 유래(origin)를 나타낸다. 바울은 이 전치사를 사용해 '무엇으로부터(from) 성령을 받았느냐?'고 묻는다. "율법의 행위로냐"(ἐξ ἔργων νόμου)와 "듣고 믿음으로냐"(ἐξ ἀκοῆς πίστεως)는 "혹은"(ἤ, or)으로 연결되어 있다. 'A냐 아니면 B냐' 양자 중 하나를 선택하라고 요구한다. 갈라디아 성도들이 성령을 받은 경위를 묻는 이 질문은 아래의 질문들을 동시에 묻는 것이다.

1) 성령을 받은 계기(occasion)가 무엇이었나? 율법의 행위인가? 복음을 듣고 믿음인가?

2) 성령을 받은 장소(place)가 어디였나? 바울의 교회였나? 유대인의 회당 이었나?
3) 성령을 받은 시점(time)이 언제였나? 바울을 만나기 전인가? 만난 후인 가?

갈라디아 성도들의 상당수는 복음을 듣기 이전에 회당을 들락거리며 유대교 율법을 부분적으로 배우고 유대교에 호감을 품고 있었던 '하나님을 경외하는 자들'이었을 것이다. 그렇지 않다면 그들에게 할례당이 할례를 강요하는 게 쉽지 않았을 것이다. 바울은 특별히 그들을 향해 너희가 회당에서 율법을 부분적으로 행하던 시절에 성령을 받은 적이 있는지 묻는다. 또한 회당에 가본 적이 없는 이방인 성도들을 향해서는 할례당의 가르침에 따라 율법을 행함으로 성령을 받은 적이 있는지 묻는다.

바울은 2절에서 "율법의 행위"와 "듣고 믿음"(ἀκοῆ πίστεως, 믿음을 들음, 복음을 들음)을 대조한다. 2장 16절에서 바울이 "율법의 행위"와 "그리스도를 믿음"을 대조한 것과 유사하다. 그리스도를 믿으려면 믿음(복음)을 들어야 하기 때문이다. 3장 2절에서 '복음'이란 단어 대신 '믿음'을 사용한 것은 율법의 행위와 믿음을 대조해온 것을 연장하려는 의도로 보인다. '들음'이 새롭게 등장한 것은 지금 성령을 받게 된 계기를 묻기 때문이다.

3:3 너희가 이같이 어리석으냐 성령으로 시작하였다가 이제는 육체로 마치겠느냐

"시작하였다가"(ἐναρξάμενοι)는 단순과거 시제로 되어 있으므로 과거의 일회적 동작을 가리킨다. 이것은 그들이 바울의 복음을 믿고 개종한 과거의 사건을 가리킨다. 갈라디아 성도들이 갈라디아 성도들이 복음으로 개종할 때 그들은 성령을 받았다("성령으로 시작하였다가"). '시작하다'(ἐνάρχομαι)와 '마치다'(ἐπιτελέω)는 반대말이다. "성령으로"(πνεύματι)와 "육체로"(σαρκί)도 반대 개념이다. 육체로 마치는 것은 첫째로 육체의 할례로 마치는 것이다. 할례로 시작했다가 성령으로 마치는 것은 하나님의 구원 섭리에 맞다. 하지만 성령으로 시작했다가 육체의 할례로 마치는 것은 하나님의 구원 섭리에 역행한다. 육체로 마치는 것은 둘째로 율법의 행위로 마치는 것이다. 할례를 받은 사람은 당연히 율법을 지켜야 하고, 준법 준수가 칭의의 결정적 기준이 된다고 믿게 된다. 셋째로 육체로 마치는 것은 육체의 욕망과 죄의 세력의 노예가 되는 것으로 끝나는 것이다. 성령의 지배 아래에 있지 않고 율법의 지배 아래로 가는 것은 죄와 욕망의 세력과 싸워서 이길 가능성을 아예 없애버리는 짓이다. 육체로 마치면 육체 즉, '죄악에 노출된 연약한 인간 본성' 상태로 되돌아간다.

"이제는"(νῦν)은 과거와 현재를 대비하므로 개종언어로 볼 수 있다. 지금 육체로 마치는 것은 실제로 복음을 버리고 유대교로 개종하는 수준의 행동이 된다. 갈라디아 성도들은 성령을 주시는 새 언약을 버리고 율법을 주신 옛 언약으로 돌아서려고 한다. 이것은 어리석은 행동이다. "이같이 어리석으냐"의 "이같이"(οὕτως)는 갈라디아 성도들이 너무나 예상 밖으로 어리석은 판단을 한다고 본다.

3:4 너희가 이같이 많은 괴로움을 헛되이 받았느냐 과연 헛되냐

"괴로움을 헛되이 받았느냐"에서 사용된 동사는 '파스코'(πάσχω)다. 이 동사는 '고난을 겪다'(to suffer)라는 뜻도 있지만, '경험하다'(to experience)라는 뜻도 있다. 이 동사는 복음서에서 예수의 고난 받으심을 표현하기 위해 많이 사용된다. 개역개정판에서는 첫 번째 뜻으로 보고 "괴로움을 … 받았느냐"로 번역했다. 사실 이 번역을 지지하는 주석가들도 여럿 있다. 그러나 이 구절에서는 '경험하다'로 번역하는 것이 더 자연스럽다. 왜냐하면 바울은 지금 복음을 믿을 때 갈라디아 성도들이 성령을 경험한 것에 대해서 말하고 있으므로 '고난을 겪다'라는 뜻이 적용될 여지가 없기 때문이다. 그러므로 "너희가 이같이 많은 괴로움을 헛되이 받았느냐"(τοσαῦτα ἐπάθετε εἰκῇ;)는 '너희가 이같이 많은 것을 헛되이 경험했느냐?'로 번역하는 것이 좋다.

'경험하다'의 목적어는 '이같이 많은 것'(τοσαῦτα)이다. 갈라디아 성도들은 바울의 복음을 믿은 뒤부터 할례당을 만날 때까지 상당히 많은 경험을 했다. 어떤 종류의 경험일까? 5절에서 바울이 "능력"(δύναμις)을 언급하므로 그 경험은 성령의 능력으로 나타나는 각종 이적일 것이다. 방언과 예언은 물론이고 귀신을 쫓고 병을 고치는 이적들이 교회 안에서 일어났고, 갈라디아 성도들은 이런 이적을 많이 보고 들었을 것이다. 이적들은 하나님께서 바울의 복음이 올바른 것이라는 것을 증명해주는(to validate) 역할을 했다. 그렇다면 그들은 바울복음이 하나님의 뜻에 합한 것이라는 것을 반복해서 깨달았을 것이다.

그런데도 그들은 할례당의 가르침을 따라가려고 한다. "과연 헛되냐"에서 바울은 '에이케'(εἰκῇ, in vain)를 다시 사용한다. "과연 헛되냐"에서 바울은 '정말 그 많은 경험을 헛되이 한 거냐?'라고 다시 묻는다. 갈라디아서 4:11에서도 바울은 "내가 너희를 위하여 수고한 것이 헛될까(εἰκῇ) 두려워하노라"고 말한다. 바울이 고난을 당하면서 복음으로 개종시킨 사람들이 할례를 받고 율법 아래로 들어간다면, 바울의 모든 고난과 노력은 다 헛된 것이 되고 만다. 갈라디아 성도들에게도 복음과 하나님의 은혜가 헛된 것이 되어버리고, 바울에게도 모든 노력이 헛된 것이 된다. 더 나아가 그리스도의 죽음까지 헛된 것이 되어버린다(갈 2:21, "그리스도께서 헛되이[δωρεάν] 죽으셨느니라").

바울은 자신의 노력과 희생이 아무런 열매도 없이 헛수고가 되는 것을 항상 염려했다. 고린도후서 6:1, "하나님의 은혜를 헛되이 받지 말라," 빌립보서 2:16, "나의 달음질이 헛되지 아니하고 수고도 헛되지 아니함으로," 데살로니가전서 3:5, "혹 시험하는 자가 너희를 시험하여 우리 수고를 헛되게 할까 함이나" 이 구절들에서는 '헛되이'의 뜻으로 '에이스 케논'(εἰς κενὸν)이 사용되었다. '케노스'(κενός)는 '빈, 빈손의'(empty, empty-handed)의 뜻이다. '에이스 케논'(εἰς κενὸν)은 '에이케'(εἰκῇ, in vain)와 뉘앙스가 비슷하다. 열심히 농사를 지었으나 열매가 없어서 '빈손으로 되어 버리는'(εἰς κενὸν) 것을 그는 항상 경계했다. 고린도전서 3:14-15에서 그는 제대로 된 복음을 전하지 않는 사도는 공적이 다 불에 타버려서 받을 상이 없게 될 것이라고 경고한다("누구든지 그 위에 세운 공적이 그대로 있으면 상을 받고 누구든지 그 공적이 불타면 해를 받으리니"). 공적이 다 불탄 사도는 빈손이 된 건축가, 농부와 같다. 로마서 4:14, "만일 율법에 속한 자들이 상속자이면 믿음은 헛것이 되고"에서는 '케노스'의 동사형 '케노오'(κενόω)가 사용되었다. '비우다, 헛된 것으로 만들다'(to empty, to render void)라는 뜻이다. 복음의 사역을 헛된 것으로 만드는 것은 복음을 변질시키는 것이고, 할례당이 지금 변질된 복음으로(갈 1:7, "그리스도의 복음을 변하게 하려 함이라") 성도들을 현혹하고 있다(갈 3:1, "누가 너희를 꾀더냐").

3:5 너희에게 성령을 주시고 너희 가운데서 능력을 행하시는 이의 일이 율법의 행위에서냐 혹은 듣고 믿음에서냐

접속사 '운'(οὖν, then, therefore)이 개역개정판 번역에 누락되었다. 이것을 추가해 '그렇다면 너희에게 …'로 번역해야 한다. 성령을 주신 분도 하나님이시고, 능력을 행하시는 분도 하나님이시다. "능력"으로 번역된 '뒤나미스'(δύναμις)는 이 구절에서 '이적'(miracle)이란 뜻으로 사용되었다. "주시고"(ἐπιχορηγῶν)와 "행하시는"(ἐνεργῶν)은 모두 현재분사이므로 진행과 계속의 뉘앙스가 포함되어 있다. 하나님은 일회적이 아니라 지속적으로 성령을 공급해주시고 능력을 행하신다. 악한 영도 이적을 일으킬 수 있지만, 신앙의 영역에서 일어나는 이적은 하나님과 성령께서 하시는 일이다. 물론 하나님의 이적은 사람을 통해서 일어난다. 고린도전서 12:28에서 바울은 사도, 선지자, 교사, 다음으로 "능력을 행하는 자"(δυνάμεις)를 꼽는다(고린도전서 12:10, "어떤 사람에게는 능력 행함을").

바울이 갈라디아에서는 전도할 때도 이적이 일어났다. 바울의 사역에는 이적이 포함되어 있다. 고린도후서 12:12, "사도의 표가 된 것은 내가 너희 가운데서 모든 참음과 표적과 기사와 능력을 행한 것이라"에서 "사도의 표"(τὰ μὲν σημεῖα τοῦ ἀποστόλου)는 '참 사도라는 것을 보여주는 표지들'(the signs of a true apostle)로 번역할 수 있다. 바울은 "모든 참음" 외에 사도의 표지로 표적(σημεῖον), 기사(τέρας), 능력(δύναμις), 이 세 가지를 꼽는다. 이 세 가지는 동의어고, 모두 이적을 가리킨다. 참 사도의 표지는 고난을 견디는 인내와 이적을 행하는 것이다. 데살로니가전서 1:5에서 바울은 "이는 우리 복음이 너희에게 말로만 이른 것이 아니라 또한 능력과 성령과 큰 확신으로 된 것임이라"고 말한다. 말로만 복음을 전한 것이 아니라 "능력과 성령과 큰 확신으로"

도 복음을 전했다. "능력과 성령"이 이적을 가리킨다는 것은 쉽게 이해할 수 있다. "확신"(πληροφορία, full assurance, certainty)은 이적을 통해서 갖게 된 확신을 말하는 것 같다. "큰 확신"(πληροφορία πολλῇ)은 '많은 확신'으로 번역하는 것이 더 좋다. 데살로니가전서 1:5은 바울의 사역에서 이적이 일상적으로 일어났다는 것을 보여주는 증거다. 사도행전에는 바울이 이적을 행한 기록들이 적지 않다. 사도행전 19:12에 따르면 "심지어 사람들이 바울의 몸에서 손수건이나 앞치마를 가져다가 병든 사람에게 얹으면 그 병이 떠나고 악귀도 나가더라"고 한다.

그렇다면 왜 이적이 바울의 사역에 빠질 수 없는 항목이었을까? 말로 복음을 전하는 것으로는 부족한 걸까? 그 이유는 하나님이 보내시는 선지자나 사도가 진짜인지 아니면 가짜인지 청중이 분별할 때 이적이 중요한 기준이었기 때문이다. 신명기 13:1, "너희 중에 선지자나 꿈 꾸는 자가 일어나서 이적과 기사를 네게 보이고"는 거짓 선지자에 대한 경고의 앞부분이다. "선지자"와 "꿈꾸는 자"는 동격이다. 거짓 선지자의 특징이 하나님의 계시가 아닌 헛된 환상이나 꿈을 보고 자신이 선지자라고 착각하기 때문이다. 유대인 마을에 어느 날 선지자가 나타나 '하나님이 나를 선지자로 세워 너희에게 이런 메시지를 전하라고 명하셨다'고 말한다면 어떻게 해야 할까? 먼저 그 선지자에게 이적을 요구해야 한다. 그것이 첫 번째 단계다.

모세도 하나님께 만약 이스라엘 백성이 "여호와께서 네게 나타나지 아니하셨다"(출 4:1)고 하면서 자신을 신뢰하지 않으면 어떻게 하냐고 걱정한다. 하나님은 모세에게 지팡이가 뱀이 되게 하고 뱀이 다시 지팡이가 되게 하는 이적과 손에 나병이 생기고 다시 낫게 하는 이적을 직접 행하게 하고난 뒤, "만일 그들이 너를 믿지 아니하며 그 처음 표적의 표징을 받지 아니하여도 나중 표적의 표징은 믿으리라"(출 4:8)고 말씀하신다. 이적은 모세같은 선지자가 하나님께서 보내신 자임을 청중에게 증명하는 표적이다.

예수도 청중들로부터 이적을 지속적으로 요구받았다(마 12:38, "선생님이여 우리에게 표적 보여주시기를 원하나이다"; 요 6:30, "우리가 보고 당신을 믿도록 행하시는 표적이 무엇이니이까, 하시는 일이 무엇이니이까"). 예수가 아무리 많은 이적을 보여주어도(요 20:30, "예수께서 제자들 앞에서 이 책에 기록되지 아니한 다른 표적도 많이 행하셨으나") 계속해서 하늘로부터 오는 큰 이적을 요구받았던(막 8:11, "그를 시험하여 하늘로부터 오는 표적을 구하거늘";//마 16:1//눅 11:6) 이유는 끝까지 그를 참 선지자로 보지 않고 거짓 선지자로 보는 사람들이 있었기 때문이다.

그렇다면 만약 선지자로 주장하는 자가 이적을 행하면 그를 참 선지자로 받아들여도 괜찮은 걸까? 신명기 13:2, "그가 네게 말한 그 이적과 기사가 이루어지고 너희가 알지 못하던 다른 신들을 우리가 따라 섬기자고 말할지라도"는 두 번째 단계가 있다고 말한다. 두 번째 관문은 선지자의 메시지를 일단 듣고 그 내용을 율법에 비추어 분별하는 것이다. 만약 그의 메시지가 모세를 통해 주신 기록된 말씀에 위배된다면 거짓 선지자이므로 그의 말을 들으면 안 된다(신 13:3, "너는 그 선지자나 꿈 꾸는 자의 말을 청종하지 말라"). 이적은 거짓 선지자도 행할 수 있으므로(막 13:22, "거짓 그리스도들과 거짓 선지자들이 일어나서 이적과 기사를 행하여") 결정적 기준이 아니다. 메시지를 기록된 말씀에 비추어보는 것이 궁극적 기준이다.

바울도 예언에 대해 같은 기준을 갖고 있었다. 데살로니가전서 5:20-22, "예언을 멸시하지 말고 범사에 헤아려 좋은 것을 취하고 악은 어떤 모양이라도 버리라"도 선지자를 만났을 때 청중의 대처 방안이다. 예언자가 나타나면 그 예언을 무시하지 말고 일단 들어야 한다("예언을 멸시하지 말고"). 듣고 나서 모든 것의 '진위(眞僞)'를 분별하여야(δοκιμάζω, "헤아려") 한다. '도키마조'(δοκιμάζω) 동사는 마치 보석상이 진품(authentic one)과 가품(fake one)을 분별하는 행동을 묘사한다. 분별한 결과, "좋은 것," 즉 선한 것, 하나님에게서 온 예언이라고 판단되면 받아들이고, "악" 즉, 사탄에게서 온 예언이라고 판단되면 그 내용(content)은 물론이고 심지어 "모양"(형식, 겉모습)도 받아들이면 안 된다("어떤 모양이라도 버리라").

바울이 행한 이적은 그가 하나님이 보내신 참 사도라는 것을 인증해주었고, 그가 전하는 메시지가 참된 것이라는 것도 증명해주었다. 그리고 교회 안에서 지속적으로 일어나는 이적은 교회가 하나님의 참된 새 성전이며, 성도들은 하나님의 참 백성이라는 것을 증언해주었다. 바울이 이적을 행하시는 하나님의 사역이 "율법의 행위에서냐 혹은 듣고 믿음에서냐"고 물을 때 자신의 복음과 할례당의 복음을 대비하고, 더 나아가 자신의 복음과 유대교의 가르침을 비교한 것이다. 바울은 자신의 교회가 합법성(legitimacy)을 가진 하나님 백성의 모임이라고 주장한 것이다. 이런 주장은 교회와 유대교 회당 사이에, 더 나아가 기독교인들과 유대인들 사이에 이적을 둘러싼 논쟁이 미래에 일어날 것을 예상하게 한다.

순교자 저스틴(Justin Martyr)의 글에 따르면 "기독교인들의 이적은 종종 마술을 행한 것으로 혹은 악마의 일로 비난당했다(Christian miracles were some times vilified as the work of magic or the devil)"고 한다 (Justin Martyr, Apol. I 30).[170] 그런 공격은 주로 유대인들에 의해 행해졌을 것이다. 마태복음 10:25의 예수의 말씀, "집 주인을 바알세불이라 하였거든 하물며 그 집 사람들이랴"는 교회와 회당 사이의 이적을 둘러싼 논쟁을 예상하게 한다. 바울을 거짓 선지자/거짓 사도로, 혹은 악한 눈을 가진 사람으로 공격하던 사람들은 그가 행했던 이적이 성령의 역사라고 말하지 않았을 것이다. 이적이 성령의 역사인지 아니면 악한 영의 역사인지를 둘러싼 논쟁은 예수가 이적을 행했을 때에도 일어났고, 바울에게도 일어났고, 초대교회에서도 일어났다.

3:6 아브라함이 하나님을 믿으매 그것을 그에게 의로 정하셨다 함과 같으니라

6절 제일 앞의 '카또스 아브람'(Καθὼς Ἀβραάμ)은 "아브라함의 경우와 같이"란 뜻이다. "율법의 행위"가 아니라 "듣고 믿음"이라는 것은 아브라함의 경우에도 그대로 적용된다. 아브라함의 경우를 보면 율법의 행위가 아니라 믿음으로 의롭게 된다는 것을 쉽게 알 수 있으니 갈라디아 성도들은 잘 생각해보아야 한다. 바울은 6절에서 2:16의 "율법의 행위로써가 아니고 그리스도를 믿음으로써 의롭다 함을 얻으려 함이라"는 주제를 계속 이어간다.

바울은 '카또스'(Καθὼς) 뒤에 창세기 15:6, "아브람이 여호와를 믿으니 여호와께서 이를 그의 의로 여기시고"를 인용한다. 우리는 창세기 15:6에 집

---

170) N. C. Coy, "Religion, Personal," in *Dictionary of New Testament Background,* eds. Craig A. Evans and Stanley E. Porter, (Downers Grove: InterVarsity Press, 2000), 928에서 재인용.

중하기 전에 창세기 전체에서 아브라함과 믿음, 언약, 할례, 율법에 대해 무엇을 말하는지를 먼저 살펴볼 필요가 있다. 창세기 15:5에서 하나님은 "하늘을 우러러 뭇별을 셀 수 있나 보라 또 그에게 이르시되 네 자손이 이와 같으리라"고 말씀하시고, 아브라함을 그 자리에서 하나님의 약속을 믿었다. 하나님은 아브라함의 믿음을 그의 의로 여기셨다. 그날 밤 아브라함이 쪼개어 놓은 제물 사이에 횃불이 지나감으로 "그 날에 여호와께서 아브람과 더불어 언약을"(창 15:18) 맺으셨다. 15장에 아브라함의 믿음, 의, 언약이 한꺼번에 나온다. 그런데 이와 유사한 사건이 17장에도 나온다.

아브라함이 99세였을 때 하나님이 나타나 그의 이름을 아브라함으로 바꾸어주시면서 "너는 여러 민족의 아버지가 될지라"(창 17:4)고 축복하신다. 기억할 것은 창세기 17장에서는 하나님께서 아브라함에게 할례를 명하시면서, "너희 중 남자는 다 할례를 받으라 이것이 나와 너희와 너희 후손 사이에 지킬 내 언약이니라"(창 17:10)고 말씀하신 것이다. 창세기 17장에도 아브라함에 대한 언약과 축복이 나오지만 여기에서는 믿음 대신 할례가 나온다. 창세기 17장에는 할례가 나오기 때문에 전통적으로 유대교 랍비들은 창세기 15장보다 17장을 더 중요하게 보았다. 여기에 더해 창세기 26:5, "이는 아브라함이 내 말을 순종하고 내 명령과 내 계명과 내 율례와 내 법도를 지켰음이라 하시니라"에서는 아브라함의 율법을 준수하는 순종을 말한다. 그래서 유대교 랍비들이 아브라함을 평가할 때 창세기 17장의 할례와 26:5의 율법 준수가 그 평가의 기초가 된다. 유대인들은 창세기 15장에서 아브라함이 의롭다는 선언을 받은 것은 그 전에 그가 의로운 행위를 했기 때문이라고 본다. 한 마디로 유대교 랍비들에게는 창세기 17장이 15장보다 더 중요하다. 할례당에게도 마찬가지였을 것이다.

다메섹 경험 이전의 바울도 아마 창세기 17장과 26:5의 관점에서 아브라함을 바라보았을 것이다. 하지만 다메섹 경험 이후 바울은 창세기 17장보다 15장이 더 중요하다고 보기 시작했을 것이다. 왜냐하면 창세기 15장의 사건이 17장보다 더 앞서 일어났고, 무엇보다도 15장에서 아브라함은 할례를 받지 않을 상태였는데, 이미 믿음으로 의롭다는 선언을 받았기 때문이다(롬 4:11, "그가 할례의 표를 받은 것은 무할례시에 믿음으로 된 의를 인친 것이니"). 바울이 창세기 17장이나, 26:5을 인용하지 않고 창세기 15:6, "아브람이 여호와를 믿으니 여호와께서 이를 그의 의로 여기시고"를 인용하는 것은 왜 아브라함이 위대한지에 대한 유대교 랍비들의 설명법을 버리고 자신이 발견한 새로운 설명법을 채용했기 때문이다.

바울이 창세기 15장을 읽는 방식은 갈라디아서 3:6-29과 로마서 4장 전체에 잘 나타난다. 바울은 율법의 행위가 아니라, 믿음으로 칭의를 얻을 수 있다는 복음의 근거를 창세기 15:6에 연결한다. 아브라함을 모든 믿는 자들의 조상으로 보게 되면 아브라함은 단순히 유대인의 조상이 아니라, 모든 민족의 조상이 된다(롬 4:16, "아브라함의 믿음에 속한 자에게도 그러하니 아브라함은 우리 모든 사람의 조상이라"). 아브라함에게서 발견되는 칭의의 원리는 그리스도를 믿는 모든 사람에게도 똑같이 적용된다. 창세기 15:5의 "네 자손이 이와 같으리라"에서 자손(히브리어로는 '제라하'[זֶרַע], '씨')은 복수가 아니고 단수 명사인데, 이 "자손"은 유대민족이 아니라, 예수 그리스도다(갈 3:16, "그 자손들이라 하지 아니하시고 오직 한 사람을 가리켜 네 자손이라 하셨으니 곧 그리스도라"). 그러므로 하나님께서 창세기 15장에서 아브라함에게 준 언약은 바로 그리스도에 관한 언약이다. 아브라함 언약은 새 언약을 통해 성취되었다.

갈라디아서 3:6에서 바울이 인용하는 "ἐπίστευσεν τῷ θεῷ, καὶ ἐλογίσθη αὐτῷ εἰς δικαιοσύνην"은 70인역 구약성경 창세기 15:6이다. 아브라함이 믿은 것은 아브라함의 자손이 하늘의 별과 같을 것이라는 하나님의 약속이다. 하나님의 말씀, 그 약속 자체를 믿었다. 그러자 하나님은 "그것을 그에게 의로 정하셨다"(καὶ ἐλογίσθη αὐτῷ εἰς δικαιοσύνην). 동사는 '로기조마이'(λογίζομαι)고, 뜻은 '여기다, 간주하다'(to think, reckon, consider)이다. 개역개정판의 번역은 능동으로 되어있지만, 수동태로 사용되었다. 주어는 '그것' 즉, '아브라함이 하나님의 약속을 믿은 것'이다. 3인칭 인칭대명사 여격 '아우토'(αὐτῷ)는 '그에게' 즉, '아브라함에게'가 된다. 다시 번역하면 '그것이 그에게 의로 여겨졌다'(it was counted to him for righteousness)가 된다. 수동태를 능동태로 바꾸면 이 동사의 주어는 하나님이 된다. 하나님이 그렇게 '여기신' 것이다.

창세기 15:6의 뒷부분, 'וַיַּחְשְׁבֶהָ לּוֹ צְדָקָה'의 동사는 '하샵'(חָשַׁב)이다. 이 동사는 능동태로 사용되었고, 뜻은 마찬가지로 '여기다'이다. 주어는 하나님이다. 히브리어 문장을 번역하면 '그리고 하나님께서는 그것을 그(아브라함)에게 의로 여기셨다'(the Lord reckoned it to him righteousness)가 된다. 히브리어 문장이건 헬라어 문자이건, 수동태건 능동태건, 뜻은 동일하다. 하나님은 아브라함이 그의 약속을 믿는 것을 보시고 그것을 의로 여겨주셨다. '의로 여겨주셨다'는 것은 '의로운 지위(righteous status)를 갖고 있다고 여겨주셨다' 혹은 '의로운 관계(righteous relationship) 안에 있다고 여겨주셨다'는 뜻이다. 둘 중 전자로 보는 것이 더 좋다.

여기에서 우리가 관심을 가져야 할 것은 동사 '로기조마이'(λογίζομαι)의 용법이다. 'A를 B로 여기다'는 무슨 뜻일까? 첫째로 A와 B는 서로 같지 않다는 것이다. A를 A로 여기는 것은 말이 되지 않는다. 믿음은 의가 아니다. 둘째로 A와 B가 서로 같지 않지만, 동등한(equivalent) 것으로 인정해준다는 뜻이다. '로기조마이'(λογίζομαι)는 우리말로 '여기다,' 영어로는 'to regard A as B'로 번역하는 것이 적절하다. 이 동사는 로마서 4:3-11에서 이신칭의를 설명하기 위해 집중적으로 나타나며, 헬라어 본문 기준으로 총 8번 사용되었다. 개역개정판 번역에서는 로마서 4:8에서 '인정하다'로 번역된 것을 제외하고 모두 '여겨지다'로 번역되었다.

영어에서 'A를 B의 탓으로 돌리다'는 뜻을 갖고 있는 'to attribute A to B'은 헬라어 '로기조마이'(λογίζομαι) 동사와 관련이 있다. 이 동사의 명사형 attribution은 '전가'(轉嫁)로 번역되고, '죄의 전가' 혹은 '의의 전가'와 같은 개념으로 사용된다. 종교개혁가들(Reformers)의 신학에서 죄의 전가는 '나의 죄'가 '그리스도'에게로 옮겨진다(to attribute my sin to Christ)는 뜻이고, 의의 전가는 그리스도의 의 혹은 하나님의 의가 나에게로 옮겨진다(to attribute God's 혹은 Christ's righteousness to me)는 뜻이다. 원래 나의 죄고 그리스도의 죄가 아님에도 불구하고 죄는 그리스도의 것으로 여겨지고, 의는 하나님의 것이고 나의 것이 아니지만 나의 의로 여겨진다. 전가의 개념이 성경에는 정확하게 나타나지 않지만, 바울이 '로기조마이'(λογίζομαι) 동사를 사용해 설명한 것을 더 쉽게 설명하기 위해 종교개혁가들이 개발한 설명방식으로 볼 수 있다.

3:7 그런즉 믿음으로 말미암은 자들은 아브라함의 자손인 줄 알지어다

"알지어다"(γινώσκετε)는 명령형으로 보면 '알아라,' 서술형으로 보면 '너희가 알고 있다'로 번역할 수 있다. 아마도 명령형으로 사용할 것 같다. '알다'의 목적어는 '호티'(ὅτι)가 이끄는 명사절이다. "믿음으로 말미암은 자들은 아브라함의 자손"이라는 것을 알라는 명령이다. "믿음으로 말미암은 자들"(οἱ ἐκ πίστεως)에서 전치사 '엑크'(ἐκ, out of, from)는 어떤 뜻일까? 아마도 출생의 근원을 가리키는 것 같다. 직역하면 '믿음으로부터 태어난 자들'이다.

갈라디아서에는 출산(出産)의 모티브가 분명하게 나타난다. 갈라디아서 4:19에서 바울은 갈라디아 성도들을 다시 해산의 고통을 하여 낳는다고 말한다(갈 4:19, "다시 너희를 위하여 해산하는 수고를 하노니"). 바울은 과거에 이미 한 번 해산의 수고를 하여 갈라디아 성도들을 낳았다. 갈라디아서 4장의 두 여인의 비유에서 사라와 위에 있는 예루살렘을 하나로 보면서, 성도들의 어머니는 위에 있는 예루살렘이라고 말한다. 출산 모티브는 4:27에서 이사야 54:1, "잉태하지 못한 자녀 즐거워하라 산고를 모르는 자녀 소리 질러 외치라 이는 홀로 사는 자의 자녀가 남편 있는 자의 자녀보다 많음이라 하였으니"을 인용함으로 계속된다. 갈라디아서 4:28에서 바울은 "형제들아 너희는 이삭과 같이 약속의 자녀라"고 선언한다. 성도들은 믿음으로부터 태어난 자녀들이다.

"믿음으로 말미암은 자들"(οἱ ἐκ πίστεως)은 2:12의 "할례자들"(οἱ ἐκ περιτομῆς), 직역하면 '할례로부터 태어난 자들'에 대항하는 호칭이다. 개역개정판의 번역에서는 그 대조가 잘 느껴지지 않지만, 헬라어로는 매우 대조되는 호칭이다. 할례당은 4장의 두 여인의 비유에서 하갈에 해당하며, 하갈이 노예를 자녀로 낳았듯이 할례당도 열심히 전도해서 할례당의 복음으로 사람들을 개종시켜 자녀를 낳는다. 바울이 자녀를 낳으면 그들은 '호이 엑크 피스테오스'(οἱ ἐκ πίστεως, 믿음으로부터 태어난 자들)가 되지만, 할례당이 자녀를 낳으면 그들도 '호이 엑크 페리토메스'(οἱ ἐκ περιτομῆς, 할례로부터 태어난 자들, 할례당)가 된다.

οὗτοι υἱοί εἰσιν Ἀβραάμ은 직역하면 '이 사람들이 아브라함의 아들들이다'이다. '호티'(ὅτι) 이하의 명사절을 다시 번역하면 '믿음으로부터 태어난 사람들, 이 사람들이 아브라함의 자녀들이다'가 된다. 이 문장은 유대인들

에게는 매우 불쾌한(offensive) 내용이다. 아브라함의 자녀들은 민족적으로는 유대인이며, 유대인 부모에게서 태어나 남아의 경우 7일째에 할례를 받아야 아브라함의 자녀가 된다. 만약 헬라인으로 태어났다면 할례의식과 정결예식을 통해 정식 개종 절차를 밟아야 비로소 아브라함의 자녀가 된다. 그런데도 바울은 그런 절차를 통째로 무시하고 '믿음'을 가지면 곧바로 아브라함의 자녀가 된다고 주장한다. 더 나아가 유대인이라 하더라도 믿음으로부터 태어나지 않으면 그 사람은 아브라함의 자녀가 아니라고 주장한다.

오늘날 한국 사람에게 '한국 사람의 자녀로 태어났다고 다 한국 사람이 되는 것은 아니다.' '일본인도 믿음을 가지면 곧바로 한국인이 된다.' '한국 사람이라 할지라도 믿음이 없으면 한국 사람이 아니다'라고 말하는 것과 같다. 당시 유대인이 듣기에는 너무 파격적이며 받아들이기 어려운 주장이다. 로마서 2:28-29, "무릇 표면적 유대인이 유대인이 아니요 표면적 육신의 할례가 할례가 아니니라 오직 이면적 유대인이 유대인이며"도 같은 맥락의 말이다. 원래 유대인 부모 아래서 유대인으로 출생한 사람이 유대인이다. 그런데 바울은 이것을 부정한다. 성령으로 할례를 받은 이면적 유대인이 진짜 유대인이라고 주장한다. 유대인들에게 받아들이기 어려울 뿐 아니라 불쾌한 말이다.

로마서 2:28-29에서는 "유대인"이라는 표현을 사용했는데, 왜 갈라디아서 3:7에서는 "아브라함의 자손"이라는 표현을 사용할까? 아마도 할례당이 이 표현을 즐겨 사용했기 때문일 것이다. 갈라디아서 3:16에서 바울은 '그의 씨'(ὁ σπέρμα αὐτοῦ, "그 자손")라는 표현을 사용한다. '씨앗'(seed)이라는 뜻의 단어 '스페르마'(σπέρμα)를 '자녀'의 뜻으로 사용한 것은 창세기 15장의 히브리어 표현을 그대로 반영한다. 이 표현도 할례당이 사용했을 거라고 보인다.[171] 그래서 바울도 여기에서 '아브라함의 씨'라는 표현을 사용하여 할례당의 주장을 정면으로 반박하고 있다고 보인다. 헬라인이라 할지라도 믿음을 갖게 되면 아브라함의 자손이 되며 더불어 유대인이라 하더라도 믿음을 갖지 않으면 아브라함의 자손이 될 수 없다. 유대인을 대표하는 아브라함도 할례를 받지 않고 믿음으로 의롭다하심을 받았다면, 지금 이방인들이 믿음으로 의롭다하심을 받아 하나님의 백성이 되는 것은 매우 자연스러운 일이다.

---

171) Moo, *Galatians*, 197.

3:8 또 하나님께서 이방을 믿음으로 말미암아 의로 정하실 것을 성경이 미리 알고 먼저 아브라함에게 복음을 전하되 모든 이방인이 너로 말미암아 복을 받으리라 하였느니라

8절에서는 "성경"이 주어로 나온다. 성경이 "미리 알고"(προϊδοῦσα), 성경이 "먼저 … 복음을" 전했다(προευηγγελίσατο)고 말한다. 둘 다 '먼저, 미리'라는 뜻을 가진 '프로'(προ-)라는 접두어가 붙은 동사들이 사용되었다. "미리 알고"로 번역된 동사 '프로오라오'(προοράω)의 직접적 뜻은 '미리 보다'(to foresee)이지만, '미리 알다'로 번역한다. "먼저 … 복음을 전하되"로 번역된 '프로유앙겔리조마이'(προευαγγελίζομαι) 동사는 '복음을 전하다'라는 뜻의 동사 '유앙겔리조마이'(εὐαγγελίζομαι)에 접두어 '프로'(προ-)가 붙어서 '미리 복음을 전하다'의 뜻이다. 성경은 마치 선지자(先知者)처럼 미리 보고, 미리 알고 인간을 향한 하나님의 구원 계획을 기록했다.

바울 당시에는 아직 신약성경이 없었으므로 바울이 말하는 성경은 구약성경이다. 구약성경은 "하나님께서 이방을 믿음으로 말미암아" 의롭게 하신다는 것을 인간이 깨닫기 훨씬 전부터 말하고 있었다. 바울은 '하나님께서 이방을 믿음으로 의롭게 하신다'는 것을 복음이라고 보고 있다. 그 복음을 미리 알고 있는 성경이 아브라함에게 그 복음을 미리 선포했다(προευαγγελίζομαι). 바울의 논리에 따르면 복음을 가장 먼저 들은 사람은 아브라함이다. 여기에서 "믿음으로"로 번역된 헬라어 구는 '엑크 피스테오스'(ἐκ πίστεως)다. 여기에 정관사 '호이'(οἱ)만 붙이면 바로 앞 7절의 "믿음으로 말미암은 자들"(οἱ ἐκ πίστεως)이 된다. '믿음으로부터 태어난 사람들'은 바로 '믿음으로 말미암아 의롭다함을 얻은 자들'이다.

그런데 아브라함이 들은 말은 "모든 이방인이 너로 말미암아 복을 받으리라"였다. 바울은 이 말에 담긴 뜻은 '하나님께서 이방인을 믿음으로 말미암아 의롭게 하신다'라고 본다. 이 구절은 하나님께서 아브라함에게 부모의 집을 떠나라고 명령하시면서 그를 축복한 창세기 12:2-3의 마지막 부분이다. 갈라디아서 3:6에서 창세기 15:6, "아브라함이 하나님을 믿으매 그것을 그에게 의로 정하셨다"를 인용했는데, 그 뒤쪽 17장으로 가지 않고 더 앞쪽인 12장으로 갔다. 개역개정판 창세기 12:3의 번역에 나오는 하나님의 축복은 "땅

의 모든 족속이 너로 말미암아 복을 얻을 것이라"다. 70인역 창세기의 "땅의 모든 족속"(πᾶσαι αἱ φυλαὶ τῆς γῆς) 대신 바울은 "모든 이방인"(πάντα τὰ ἔθνη)이란 표현을 채용한다. 그 외 나머지 부분은 동일하다.

"너로 말미암아"로 번역된 헬라어 원문은 '너 안에서'(ἐν σοὶ)다. 히브리어 본문에서는 '브카'(בְּךָ)가 사용되었는데, 전치사 '쁘'(בְּ)에 2인칭 남성 단수 전치사 어미 '카'(ךָ)가 결합된 형태다. 뜻은 마찬가지로 '너 안에서'가 된다. 창세기 12:3의 축복문은 18:18, "천하 만민은 그로 말미암아(ἐν αὐτῷ) 복을 받게 될 것이 아니냐," 22:18, "네 씨로 말미암아(ἐν τῷ σπέρματί σου) 천하 만민이 복을 받으리니," 26:4, "네 자손으로 말미암아(ἐν τῷ σπέρματί σου) 천하 만민이 복을 받으리라," 28:14, "땅의 모든 족속이 너와 네 자손으로 말미암아(ἐν τῷ σπέρματί σου) 복을 받으리라" 등에서 계속 반복적으로 나타난다.

'너 안에서'(in you)라는 표현은 '그리스도 안에서'(in Christ)와 비슷한 뉘앙스를 갖고 있다. '그리스도 안에서'는 2:17, "만일 우리가 그리스도 안에서 의롭게 되려 하다가"에서 나타난 적이 있다. '그리스도 안에서 의롭게 되다'와 '아브라함 안에서 축복을 받다'는 뉘앙스가 비슷하다. 모든 사람이 아브라함 안에서 하나님의 백성이 되는 축복받을 것은 미래형으로(ἐνευλογηθήσονται, ἐνευλογέω의 미래수동형) 되어 있다. 그리고 "하나님께서 이방을 믿음으로 말미암아 의로 정하실 것"의 동사는 현재형(δικαιοῖ, δικαιόω 동사의 현재형)으로 되어 있다. 여기에서 현재형은 칭의의 시점을 정확하게 집어서 말할 수 없는 현재형이다. 그러나 미래에 일어나리라고 창세기 12:3에 예언된 말씀은 예수 그리스도의 십자가 사건으로 이미 성취되었고, 지금은 바울이 그 성취된 말씀을 전하고 있다. 그런 의미에서 성경은 복음을 미리 알았고, 그 복음을 아브라함에게 미리 알려주었다.

8절의 한 가지 특이한 점은 사실 창세기 12:2-3에서 아브라함에게 축복의 말씀을 하신 것은 하나님이신데, 구약성경이 미리 복음을 전했다고 말하는 점이다. 이것은 무생물인 성경을 의인화(personification)하는 것이다. 이런 표현은 유대교에서 토라를 의인화하는 것과 일맥상통한다. 바울이 이런 표현을 하는 의도는 무엇일까? 할례당이 자신들의 주장의 근거로 구약성경을 들고나오기 때문일 수도 있다. 더불어 바울은 자신의 복음의 근거를 한 편으로는 직접 계시에 두면서도(갈 1:12), 다른 한 편으로는 구약성경에, 그것도 첫 번째 책인 창세기에서 하나님이 1인칭으로 말씀하신 것에 그 근거를 두려고 한다. 구약성경과 하나님의 계시에 근거하여 자신의 복음을 방어하는 것은 가장 효과적이고 강력한 방법이다.

3:9 그러므로 믿음으로 말미암은 자는 믿음이 있는 아브라함과 함께 복을 받느니라

7절에 나왔던 "믿음으로 말미암은 자"(οἱ ἐκ πίστεως)가 다시 나온다. "믿음이 있는 아브라함"에서 "믿음이 있는"으로 번역된 헬라어 형용사는 '피스토스'(πιστός)다. '신실한'(faithful)이라고 번역할 수도 있지만 "믿음이 있는"(believing)이 더 좋은 번역으로 보인다. 아브라함은 하나님의 약속을 믿었기 때문에 "믿음이 있는"이란 형용사(πιστός)의 수식을 받을 수 있다. 그는 믿음의 사람(a man of faith)이다. '믿음으로부터 태어난 자'는 "믿음이 있는"아브라함과 함께(σύν) 복을 받는다. 아브라함과 함께 복음을 받는다는 것은 아브라함이 받은 축복과 같은 축복을 받게 된다는 뜻이다. 그 축복은 어떤 축복인가? 바로 하나님의 백성이 되는 축복이다.

만약 아브라함이 하나님이 주신 축복을 믿지 않았다면 어떻게 되었을까? 그는 하나님의 백성이 조상이 되지 못하는 것은 물론, 하나님의 백성조차 될 수 없었을 것이다. 만약 아브라함이 약속을 믿음으로 의롭다는 선언을 받아 하나님의 백성이 되었다면 "땅의 모든 족속"(πᾶσαι αἱ φυλαὶ τῆς γῆς, LXX 창 12:3) 혹은 "모든 이방인"(πάντα τὰ ἔθνη, 갈 3:8)도 똑같이 믿음으로 의롭다는 선언을 받아 하나님의 백성이 될 수 있다는 것은 자명하다.

안타깝게도 유대인들은 육체로는 유대인 부모에게 태어나 할례를 받고 율법을 지키지만 아브라함처럼 하나님의 구원 계획과 약속의 핵심인 그리스도를 믿지 않는다면 "믿음으로 말미암은 자"(οἱ ἐκ πίστεως)가 될 수 없다. 육체를 기준으로 하면 아브라함의 후손이지만, 성경의 원리를 기준으로 하면 아브라함의 후손이 될 수 없다.

8.
행위냐 믿음이냐
[3:10-14]

3:10	율법의 행위에 속한 자는 저주 아래 있다
3:11-12	구약성경에 나타나는 두 개의 구원의 길
3:13-14	그리스도는 율법의 저주 아래 있는 우리의 몸값을 지불하셨다

10-13절에서는 모든 절에서 구약성경 구절이 하나씩 인용된다. 6-9절에서는 창세기 15:6(6절), 12:3(8절)의 아브라함에 관한 말씀을 이신칭의의 복음에 연결하여 설명했다. 10-13절에서는 신명기 27:26(10절), 하박국 2:4(11절), 레위기 18:5(12절), 신명기 21:23(13절)이 차례대로 설명된다. 이 구약성경 구절들은 각각 순서대로 '율법의 저주,' '믿음으로 칭의,' '행위 구원,' '십자가 처형'의 주제를 다루고 있는 중요한 구절들이다. 10-13절에서는 위의 네 개의 구약성경 구절이 무슨 뜻인지 잘 분석해야 바울의 의도를 정확하게 이해할 수 있다. 바울은 왜 율법으로는 구원받을 수 없는지, 왜 십자가에서 예수가 죽었는지, 구약성경을 근거로 해서 설명한다.

3:10 무릇 율법 행위에 속한 자들은 저주 아래에 있나니 기록된 바 누구든지 율법 책에 기록된 대로 모든 일을 항상 행하지 아니하는 자는 저주 아래에 있는 자라 하였음이라

"무릇 율법 행위에 속한 자들"(Ὅσοι ἐξ ἔργων νόμου)은 직역하면 '율법의 행위로부터인 자들이 많으면 많을수록 그들 모두는'이다. '호소이'(ὅσοι)

는 여기에서는 양적으로 번역해서 '~인 사람들이 많을수록 그들 모두는'(as many as)로 번역한다. 바울이 그냥 정관사 '호이'(ὁι)를 쓰지 않고 '호소이'(ὅσοι)를 사용하는 이유는 아마도 갈라디아 성도 중 할례당의 주장에 동조하여 할례를 받으려는 사람들의 숫자가 증가하고 있기 때문일 수도 있다. 30명이 되건, 한 명 더 늘어서 31명이 되건, 그들은 모두 다 한 사람도 빠짐없이 저주 아래에 있다.

바울은 지속적으로 전치사 '엑크'(ἐκ)를 사용하여 '어떤 사람들'이란 집단 호칭을 만들어낸다. 아래의 예를 보자.

2:12, "할례자들"(οἱ ἐκ περιτομῆς) / '할례로부터 태어난 자들'
3:7, "믿음으로 말미암은 자들"(οἱ ἐκ πίστεως) / '믿음으로부터 태어난 자들'
3:9, "믿음으로 말미암은 자"(οἱ ἐκ πίστεως) / '믿음으로부터 태어난 자들'
3:10, "무릇 율법 행위에 속한 자들"(Ὅσοι ἐξ ἔργων νόμου) / '무릇 율법의 행위로부터인 자들'

10절의 3:10, "무릇 율법 행위에 속한 자들"(Ὅσοι ἐξ ἔργων νόμου) 2:12의 "할례자들"(οἱ ἐκ περιτομῆς)과 같은 그룹이다. 그들은 "저주 아래에"(ὑπό κατάραν) 있다. '저주 아래에'에 복수 정관사를 붙이면, '저주 아래에 있는 자들'(οἱ ὑπό κατάραν)이 된다. "저주 아래에"(ὑπό κατάραν)는 "율법 아래에"(ὑπό τοῦ νόμου, 갈 3:23; 4:4, 5, 21; 5:18)와 사실상 동의어다. 여기에 복수 정관사를 붙인 표현이 아래와 같이 또 나온다.

4:5, "율법 아래에 있는 자들"(οἱ ὑπὸ νόμον)
4:21, "율법 아래에 있고자 하는 자들"(οἱ ὑπὸ νόμον θέλοντες εἶναι)

4:21, "율법 아래에 있고자 하는 자들"이 이제 곧 할례를 받으려고 하는 갈라디아 성도들을 가리킨다면, 4:5, "율법 아래에 있는 자들"은 유대인 일반을 가리킨다.

왜 율법 아래에 있는 사람은 저주 아래에 있는 걸까? 바울은 이 질문에 대답하기 위해 신명기 27:26, "이 율법의 모든 말씀을 실행치 아니하는 자는 저주를 받을 것이라"(신 28:61; 29:21, 27)를 인용한다. 신명기 27-28장의 역사적 배경은 그리심산(Mount Gerizim)과 에발산(Mount Ebal)에 이스라엘이 서고 모세가 율법을 지키는 자에게 내리는 축복과 지키지 않는 자에게 내리는 저주 목록을 발표한 것이다. 신명기 27:26은 축복과 저주 목록이 등장하기 바로 직전에 나온다. 신명기 28장 전체는 축복과 저주 목록이며, 1-19절이 축복 목록이고, 20-68절이 저주 목록이다. 한눈에 축복 목록은 짧고 저주 목록은 매우 길다는 것이 보인다(20-68절의 저주 목록이 얼마나 길고 다양한지 다시 일독해볼 만하다. 그러면 바울이 하는 말이 더 실감이 난다).

"이 율법의 모든 말씀을" 행하지 않으면 신명기 28:20-68절의 저주가 "율법 행위에 속한" 모든 사람 위에 내린다. "저주 아래에"(ὑπὸ κατάραν)는 부사구이지만 형용사구로 보면 "저주 아래에 있는"(ἐπικατάρατος)의 동의어로 볼 수 있다. 여기에서 바울이 말하는 저주는 '율법의 저주'다. 바울은 3:13에서 "율법의 저주"(ἡ κατάρα τοῦ νόμου)라는 말을 실제로 한다. 물론 모든 율법을 지킨다면 아무 문제가 없고, 오히려 신명기 28:1-19의 축복을 받는다. 그렇다면 모든 율법을 다 지켜 행하는 것이 과연 가능한 일일까? 물론 이론적으로는 가능하다. 극단적인 경우로 바울처럼 "율법의 의로는 흠이 없는 자"(빌 3:6)고 주장하는 유대인도 있다.

그러나 인간이 율법의 모든 규정을 다 지키는 것은 현실적으로 불가능하다. 일부 유대교 랍비들도 이점을 인정했다.[172] 물론 당시 다수 의견은 비관론이 아니라, 모든 율법을 지키는 것이 가능하다는 낙관론이었다. 개종 전의 바울처럼 극도로 예민하게 율법을 지키려고 해도, 로마서 7장에서 다메섹 경험 후의 바울이 말하듯이, '탐하지 말라'는 십계명의 열 번째 계명조차 다 지키는 것은 불가능하다. 율법은 무엇이 죄인지 알려줄 뿐이며(롬 7:7, "율법으로 말미암지 않고는 내가 죄를 알지 못하였으니"), 율법은 죄에 대해 무력하고 오히려 "죄가 기회를 타서 계명으로 말미암아 내 속에서 온갖 탐심을" 이루게 된다. 어차피 하나님께서 율법을 주실 때 하나님도 인간이 율법을 다 지켜 구원을 받을 수 없다는 것을 알고 계셨다(겔 20:25, "또 내가 그들에게 선하지 못한 율례와 능히 지키지 못할 규례를 주었고").

---

172) Richard N. Longenecker, *Paul, Apostle of Liberty* (New York: Harper and Row, 1964), 40-43, 120, 124; Longenecker, *Galatians*, 118에서 재인용.

"율법 책에 기록된 대로 모든 일을"은 직역하면 '율법 책에 기록된 모든 일을'이다. "율법 책"(율법서, Torah)은 창세기에서 신명기까지의 다섯 권의 책이다. 모세오경에 있는 율법 규정들뿐만 아니라 족장들의 이야기(story)같은 서사(narrative)도 율법으로 간주한다. 개역개정판의 "항상"은 '엠메노'(ἐμμένω, to stand by, abide by)에 지속의 뜻이 있다고 보고 '언제나'로 번역한 것으로 보인다. 하지만 지속의 뜻이라면 '계속해서,' '지속적으로' 정도로 번역하는 것이 더 좋을 듯하다. 또 '파스 호스'(πᾶς ὅς, everyone who~)는 '~을 하는 사람은 누구나 다'이므로, "항상 행하지 아니하는 자는"은 '지속적으로 행하지 아니하는 사람은 누구나 다'로 수정하는 것이 좋다.

바울은 신명기 27:26을 인용하면서 'τοῦ ποιῆσαι αὐτά'까지만 인용한다. 신약성경 본문에서 'τοῦ ποιῆσαι αὐτά'는 부정사구로 '엠메노'(ἐμμένω, to stand by, abide by) 동사에 연결되어 '지속적으로 그것들을 행하다'로 번역된다. 원래 70인역에서는 'τοῦ ποιῆσαι αὐτούς'로 되어 있지만 바울은 남성복수 대명사 '아우투스'(αὐτούς) 대신 중성복수 대명사 '아우타'(αὐτα)를 사용했다. 둘 다 '그것들'이라는 뜻이기 때문에 왜 바울이 중성복수 대명사를 사용했는지 대부분의 주석가들은 별로 관심을 갖지 않는다.

바울은 3:12에서 인용하는 레위기 18:5의 'ὁ ποιήσας αὐτὰ ζήσεται ἐν αὐτοῖς'("율법을 행하는 자는 그 가운데서 살리라")의 앞부분인 'ὁ ποιήσας αὐτὰ'를 10절에서 사용하려고 한 것 같다. 이 부분은 레위기 18:5의 일부로서 직역하면 '이것들[율법의 규례]을 행하는 자들은 그것들[그 율법준수들]로 인하여 살 것이다'이다. 바울은 남성복수 대명사 '아우투스'(αὐτούς) 대신 중성복수 대명사 '아우타'(αὐτα)를 사용함으로 10절에서 인용하는 신명기 27:26 "누구든지 율법 책에 기록된 대로 모든 일을 항상 행하지 아니하는 자는 저주 아래에 있는 자라"와 12절에서 인용하는 레위기 18:5, "율법을 행하는 자는 그 가운데서 살리라"를 연결하려고 한 것 같다. 왜냐하면 70인역 구약성경에 익숙한 유대인이라면 'τοῦ ποιῆσαι αὐτά'에서 레위기 18:5을 쉽게 연상할 수 있기 때문이다. 바울의 의도는 율법을 행하는 자는 율법의 규정을 다 행함으로 구원을 받을 수 있지만, 현실적으로는 율법의 저주 아래에 떨어질 수밖에 없다는 것을 말하려고 한다. 여기에서 바울이 말하는 율법이 음식법, 할례법, 안식일 법만을 가리키는 것이라고 볼 수 있는 해석의 단서는 없다. 바울은 지금 모든 율법을 준수하는 것에 대해 말하고 있다.

믿음을 선택하면 믿음이 있는 아브라함과 더불어 아브라함에게 주신 축복(εὐλογία)을 받는다. 반대로 율법을 선택하면 축복 대신 율법의 저주(ἡ κατάρα τοῦ νόμου, 갈 3:13)를 받는다. 축복을 받을지 아니면 저주를 받을지 이것은 순전히 선택의 문제다. 만약 갈라디아 성도들이 할례를 받고 유대교로 개종한다면 그것은 복음을 통해서 갖게 된 아브라함의 축복을 차버리고 자신을 율법의 저주 아래 자신을 두는 어리석은 행동이다.

3:11 또 하나님 앞에서 아무도 율법으로 말미암아 의롭게 되지 못할 것이 분명하니 이는 의인은 믿음으로 살리라 하였음이라

이 구절에서 '호티'(ὅτι)가 두 번 사용되었다. 첫 번째 것은 명사절을 끌고 나오는 접속사고(영어의 that에 해당), 두 번째 것은 이유를 밝히는 (causal) 접속사다(영어의 because에 해당). 앞의 명사절은 주어의 역할을 한다. '분명하다'(δῆλον)는 서술어다. 바울은 "하나님 앞에서 아무도 율법으로 말미암아 의롭게 되지 못한다"고 단언한다. 여기에서 동사는 현재 수동태 (δικαιοῦται)다. 여기에서 현재 시제는 시간에 의해 규제받지 않는 일반적 진리를 서술할 때 사용되는 현재 시제다. "하나님 앞에서"에서 사용된 전치사 '파라'(παρά)는 칭의의 장소가 하나님의 심판대 '앞'이라는 것을 암시한다.

"율법으로 말미암아"에서 사용된 전치사는 '엔'(ἐν)이다. '엔'은 여기에서 수단(means)의 뜻으로 사용되었다. 영어로 번역하면 'by means of the law'로 번역할 수 있다. 율법을 수단으로 삼으면 절대로 하나님 앞에서 의롭다는 선언을 받을 수 없다. 바울은 그 이유를 설명한다. 놀랍게도 그 설명은 하박국서 2:4이다. 우리로서는 왜 하박국서 2:4이 그 이유인지 설명하기 위해 노력해야 한다. 하지만 바울은 마치 '하박국서 2:4이면 충분하지, 무슨 설명이 더 필요한가?'라는 투로 그냥 인용만 할 뿐 추가적인 설명이 없다. 아마도 갈라디아 성도들에게 하박국 2:4이 매우 친숙했고, 바울이 이미 그들에게 하박국 2:4이 무슨 뜻인지 잘 설명해주었기 때문에 추가적인 설명이 불필요했기 때문인 것 같다.

하박국 2:4, "의인은 믿음으로 살리라"는 히브리어 혹은 헬라어 구약 성경 본문을 읽는 방법에 따라 약간 해석 방법이 달라질 수 있다. 히브리어 본문과 70인역 헬라어 본문을 영어로 옮기면 아래와 같다.

히브리어: The righteous one by his faith/faithfulness will live

(וְצַדִּיק בֶּאֱמוּנָתוֹ יִחְיֶה)

헬라어: The righteous one on the basis of my faith/faithfulness will live

(ὁ δὲ δίκαιος ἐκ πίστεώς μου ζήσεται)

히브리어 본문과 헬라어 본문 둘 다 화자(話者)는 하나님이시다. 히브리어 단어 '에무나'(אֱמוּנָה)는 '믿음'으로 번역할 수도 있고 '신실함'으로 번역할 수도 있다. 그러므로 '의로운 자는 '그의 믿음'(his faith) 살리라'도 가능하고, '의로운 자는 '그의 신실함'(his faithfulness)으로 살리라'도 가능한 번역이다. 헬라어 본문에서 '피스티스 무'(πίστις μου)는 '하나님의 믿음'(the faith of God)으로 번역하는 것은 가능하긴 하지만, '하나님께서 믿음을 갖는다'는 것이 어폐가 있으므로 적절하지 않다. '하나님의 신실함'(the faithfulness of God)으로 번역하는 것이 맞다.

그런데 갈라디아서 3:11의 'ὁ δίκαιος ἐκ πίστεως ζήσεται'와 70인역 하박국 2:4의 해당본문을 비교해보면 한 가지 차이점이 있다. 갈라디아서에는 1인칭 소유격 대명사 '나의'(μου)가 삭제되고 없다. 이런 현상은 하박국 2:4이 인용된 로마서 1:17에서도 똑같이 나타난다. 그러므로 바울이 우연히 실수로 1인칭 소유격 대명사를 누락한 건 아닌 것 같다. 의도적으로 뺐을 가능성이 더 크다. 만약 바울이 '나의'라는 소유격 대명사를 빼지 않았더라면 '나의 신실함' 즉 하나님의 신실함으로 말미암아 구원을 받게 된다는 의미가 되었을 것이다. 신자의 믿음이 아니라 하나님의 신실함으로 구원받는다는 뜻이 명확해지기 때문이다. 만약 그랬다면 하나님의 의를 하나님의 신실함으로 주장하는 라이트(N. T. Wright)같은 학자에게는 더없이 좋은 주장의 근거가 되었을 것이다.

그러나 안타깝게도 '나의'라는 소유격을 바울이 생략했기 때문에 해석의 무게 추는 '신실함'보다 '믿음'으로 해석하는 쪽으로 좀 더 기울어진다. 바울이 실수로 생략한 것이 아니라면 그의 의도가 무엇인지 새삼 설명할 필요도 없다. 하박국서 2:4의 '피스티스'(πίστις)를 하나님의 신실함이 아니라 '신자의 믿음'(belief of the believers)으로 읽게 하려는 것이 바울의 의도다. 물론 바울이 '그의'라는 3인칭 단수 인칭대명사 소유격을 추가한 것은 아니다. 만약 그렇게 했다면 히브리어 본문과 똑같은 내용이 되었을 것이다.

하박국 2:4의 역사적 맥락은 갈라디아서의 맥락과 상당히 다르다. 하박국 2:4은 하박국의 질문에 대한 대답의 일부였다. 그의 질문은 "여호와여 내가 부르짖어도 주께서 듣지 아니하시니 어느 때까지리이까?"(합 1:2), "어찌하여 거짓된 자들을 방관하시며 악인이 자기보다 의로운 사람을 삼키는데도 잠잠하시나이까?"였다. 하나님의 대답은 "이 묵시는 정한 때가 있나니 그 종말이 속히 이르겠고 결코 거짓되지 아니하리라 비록 더딜지라도 기다리라"(합 2:3)는 것이었고, 2:4에서 하나님은 악인과 의인을 비교하시면서 "보라 그의 마음은 교만하며 그 속에서 정직하지 못하나 의인은 그의 믿음으로 말미암아 살리라"고 말씀하셨다. 여기에서 의인과 악인은 그의 행위를 기준으로 한 구분이다. 예를 들면 하박국 선지자는 의인이다. 악인의 운명은 멸망이다. 그 이유는 그의 내면에 있다. 반면에 의인의 운명은 구원이다. 히브리어 성경으로 읽으면 그 이유는 '그의 믿음' 혹은 '그의 신실함'에 있다. 둘 다 해석이 가능하다. 하박국서의 맥락에서는 '그의 신실함'으로 해석하는 것도 우세하다. 의인은 계속해서 하나님의 뜻에 신실한 삶을 살아감으로 구원받는다고 해석할 수 있다.

하지만 '믿음'으로 해석하는 것도 가능하다. 세상에서 악이 판을 치고 있지만, 하나님의 정의가 결국은 승리할 것이라는 약속의 말씀을 '신뢰하고' 살아가는 것, 그것이 의인에게는 구원이 된다. 이렇게 해석하면 '믿음'으로 해석할 수 있다. 하박국 2:4b의 '에무나'(אֱמוּנָה)가 '믿음'을 말하는 것인지, '신실함'을 말하는 것인지 확정할 수 없는 어려움이 있다. 마찬가지로 갈라디아서 3:11의 '피스티스'(πίστις)가 '믿음'을 말하는 것인지 '신실함'을 말하는 것인지 확정하는데, 우리로서는 어려움이 있다. 그렇다면 당시 갈라디아 성도들은 이 편지를 받고 나서 갈라디아서 3:11의 '피스티스'(πίστις)가 '믿음'을 말하는 것인지 '신실함'을 말하는 것인지를 놓고 양편으로 갈라져서 논쟁을 벌였을까? 아마도 아닐 것이다. 그들은 평소에 하박국 2:4b에 대한 교육을 많이 받아서 바울이 무슨 말을 하는 건지 분명히 알고 있었을 것이다.

바울은 갈라디아서 3:6에서 창세기 15:6, "아브라함이 하나님을 믿으매 그것을 그에게 의로 정하셨다"를 인용했다. 여기에서 바울은 '피스티스'(πίστις)라는 명사를 사용하지 않고 '피스투오'(πιστεύω)라는 동사를 사용했다. 이 동사는 '신실함'이 아니라 '믿음'의 뜻을 갖고 있다. 불명확하지 않고, 매우 명확하다. 바울은 3:6에서 시작해서 11절에 이르기까지 율법이나 율법의 행위가 칭의의 근거가 될 수 없다는 것을 주장하고, 믿음이 칭의의 근거가 된다는 것을 주장한다. 이런 맥락에서 본다면 바울이 하박국서 2:4b를 인용할 때 '믿음'의 뜻으로 인용하고 있다는 것은 의심의 여지가 별로 없다.

어떤 사람들은 바울이 하박국서의 맥락에 무지해서 하박국 2:4b를 엉뚱한 내용에 적용한다고 생각한다. 유대인 랍비 수준의 교육을 받은 바울이 하박국서의 맥락 정도도 몰랐다고 가정하는 것은 어리석은 일이다. 그런 사람들은 만약 바울이 하박국서의 맥락을 알았다면 왜 하박국 2:4b를 굳이 맥락이 다른 이신칭의의 복음에 적용하는 건지 의아해한다. 또 하박국 2:4b에서 '살리라'는 구원의 뜻이 아니고, '삶을 살아가다'(to live a life)의 뜻인데, 바울은 이것을 오해하고 '구원받다'(to be saved)의 뜻으로 잘못 사용하고 있다고 생각하는 사람들도 있다. 하지만 고대 유대교 랍비들이 자신의 주장을 지지하기 위해 구약성경을 사용할 때 우리가 이해하는 맥락과 전혀 관계없이 성경 구절을 인용하고 해석하는 것은 매우 흔한 일이다. 유대교 랍비들은 우리처럼 역사비평(Historical Criticism)의 관점에서 본문을 해석하고 다루지 않는다. 매우 자유롭게 성경 구절을 인용하고 해석하는 것은 당시 유대교 내부의 관행이었고, 바울은 그런 관행의 연장선에 서있다고 보인다.

3:12 율법은 믿음에서 난 것이 아니니 율법을 행하는 자는 그 가운데서 살리라 하였느니라

12절에서 "율법은 믿음에서 난 것이 아니니"는 바울의 말이고, "율법을 행하는 자는 그 가운데서 살리라"는 레위기 18:5, "너희는 내 규례와 법도를 지키라 사람이 이를 행하면 그로 말미암아 살리라"의 뒷부분을 인용한 것이다.

'율법은 믿음에서 유래한(ἐκ πίστεως) 것이 아니다'는 율법과 믿음은 서로 같은 범주에 속하지 않으며 서로 배타적이라는 뜻이다. 11절에서 바울은 '믿음으로 살리라'고 말했다. 그 말은 '율법/율법의 행위로 사는 것이 아니다'라는 것이다. 바울은 믿음과 율법을 대조하려고 한다. 그런 의미에서 '율법은 믿음에서 난 것이 아니다'라고 말한 것이다.

개역개정판에서는 접속사 '알라'(ἀλλά)가 번역에서 누락되었다. '알라'를 추가해서 번역하면 '율법은 믿음에서 유래하는 것이 아니다. 그러나 율법을 행하는 자는 그 가운데서 살리라(고 기록되어 있다)'가 된다. 괄호 안의 것은 헬라어 원문에는 없지만, 이 부분이 레위기 18:5의 인용이 확실하므로 번역에 추가할 수 있다. '알라'는 이런 뉘앙스를 갖는다: '인간은 율법의 행위가 아니라 믿음으로 구원을 받는다. 율법과 믿음은 전혀 다른 것이다. 그러나 아이러니하게도 레위기 18:5은 율법을 행하면 그것으로 말미암아 구원받는다고 되어 있다.' 구약성경을 읽어서 그 내용을 아는 사람이라면 도대체 레위기 18:5의 명령과 이신칭의의 복음을 어떻게 이해하면 좋을지 고민거리가 아닐 수 없다. 바울은 '그러나'라는 접속사로 사용하여 지금 그 딜레마를 독자들에게 상기시킨다.

레위기 18:5의 히브리어 문장과 갈라디아서 3:12의 헬라어 문장을 비교하면 아래와 같다. 괄호 안은 직역이다.

> 히브리어: יַעֲשֶׂה אֹתָם הָאָדָם וָחַי בָּהֶם (사람이 그것들을 행하면, 그것들로 살리라)
> 헬라어: ὁ ποιήσας αὐτὰ ζήσεται ἐν αὐτοῖς (그것들을 행하는 사람은 그것들로 살리라)

70인역 구약성경의 해당 부분 헬라어 번역은 다소 길다(ποιήσετε αὐτά ἃ ποιήσας ἄνθρωπος ζήσεται ἐν αὐτοῖς). 갈라디아서 3:12은 히브리어 본문을 가능한 한 그대로(word by word) 번역하되 조건절을 없애고 정관사 '호'(ὁ)를 넣어서 '~하는 사람은'의 형태로 바꾸었다. '행하다'의 목적어인 '오탐'(אֹתָם)은 '아우타'(αὐτὰ)로 번역했다. '그것들을'로 번역한다. '그것들로'로 번역된 '빠헴'(בָּהֶם, 전치사+대명사 어미)은 '엔 아우토이스'(ἐν αὐτοῖς)로 번역했다. 개역개정판은 '엔 아우토이스'(ἐν αὐτοῖς)의 전치사 '엔'(ἐν)을 장소로 보고 "율법을 행하는 자는 그 가운데서 살리라 하였느니라"로 번역했다. 이 것은 오역이다. 장소가 아니라 수단의 뜻이므로 '그것들로'로 번역해야 한다. 개역개정판 레위기 18:5에서는 "그로 말미암아"로 번역했다. '행하다'의 목적 어인 '그것들'(αὐτά)은 율법의 규정들이고, '그것들로'(ἐν αὐτοῖς)는 '율법의 규정을 지키는 행위들로'란 뜻이다. 바울이 애용하는 '율법의 행위'(works of the law)라는 표현이 바로 "그로 말미암아"(ἐν αὐτοῖς)의 '그것들'이다.

11절과 12절은 연결되는 하나의 세트(set)로 읽어야 한다. 바울은 11절에서 하박국 2:4을, 12절에서는 레위기 18:5을 인용한다. 갈라디아서에 나온 인용대로 비교하면 아래와 같다.

11절, ὁ δίκαιος ἐκ πίστεως ζήσεται (의인은 믿음으로 살리라, 하박국 2:4:)
12절, ὁ ποιήσας αὐτὰ ζήσεται ἐν αὐτοῖς
  (율법을 행하는 자는 그 가운데서 [그 행위들로] 살리라, 레위기 18:5)

먼저 눈여겨볼 점은 양쪽 다 "살리라"(ζήσεται)가 나온다는 것이다. 바울이 '인생을 살다'(to live a life)라는 뜻이 아니라, '구원을 받는다'는 뜻으로 '자오'(ζάω, to live) 동사를 사용했다는 것은 명확하다. 바울은 지금 구약성경에 등장하는 두 가지 구원의 길을 토론하고 있다. 바울은 로마서 1:17에서도 하박국서 2:4을 인용한다. 대부분의 학자들은 로마서 1:17의 "복음에는 하나님의 의가 나타나서 믿음으로 믿음에 이르게 하나니 기록된 바 오직 의인은 믿음으로 말미암아 살리라 함과 같으니라"가 로마서 전체의 주제문(Thesis)라고 본다. 바울은 하박국 2:4이 로마서에서 바울이 제시하는 구원의 길을 한마디로 요약하는 구약성경 구절이라고 보고 있다.

레위기 18:5도 마찬가지로 구원의 길을 보여주는 구약성경의 중요 구절이다. 유대교에서도 레위기 18:5은 자주 인용되는 구절이었고,[173] 유대교 안에서 매우 널리 알려진 구절이었다. 그 길은 율법을 준수함으로 '그 율법 준수 행위를 수단으로 하여' 구원받는 길이다. 바울이 로마서 10:5에서 '율법으로부터 오는 의'(τήν δικαιοσύνην τὴν ἐκ νόμου)에 대해 말하면서 레위기

---

173) Moo, *Galatians*, 208.

18:5을 인용하는 것도 레위기 18:5의 유대교의 구원론을 요약하는 대표적인 구절이기 때문이다. 로마서 10:5의 개역개정판 번역, "모세가 기록하되 율법으로 말미암는 의를 행하는 사람은 그 의로 살리라 하였거니와"는 '모세가 율법으로부터 오는 의에 대하여 기록하되, 이런 것들을 행하는 사람은 그것들로 말미암아 살리라(ὁ ποιήσας αὐτὰ ἄνθρωπος ζήσεται ἐν αὐτοῖς) 하였거니와'로 번역하는 것이 좋다. 물론 신명기 8:1, "내가 오늘 명하는 모든 명령을 너희는 지켜 행하라 그리하면 너희가 살고 번성하고 여호와께서 너희의 조상들에게 맹세하신 땅에 들어가서 그것을 차지하리라"와 같은 구절도 여럿 있지만, 이것은 레위기 18:5, "너희는 내 규례와 법도를 지키라 사람이 이를 행하면 그로 말미암아 살리라 나는 여호와이니라"를 기본 형태로 해서 내용이 더 확장된 것이다. 또 다른 예로 에스겔 18장에는 레위기 18:5의 내용이 여러 번 반복하여 나온다. 아래의 구절들 중 밑줄 친 부분은 레위기 18:5을 반영하고 있다.

> 에스겔 18:9, 내 율례를 따르며 내 규례를 지켜 진실하게 행할진대 그는 의인이니 반드시 살리라 주 여호와의 말씀이니라
>
> 에스겔 18:19, 그런데 너희는 이르기를 아들이 어찌 아버지의 죄를 담당하지 아니하겠느냐 하는도다 아들이 정의와 공의를 행하며 내 모든 율례를 지켜 행하였으면 그는 반드시 살려니와
>
> 에스겔 18:21, 그러나 악인이 만일 그가 행한 모든 죄에서 돌이켜 떠나 내 모든 율례를 지키고 정의와 공의를 행하면 반드시 살고 죽지 아니할 것이라

이런 구절들에서 '살다'라는 동사는 '구원받는다'라는 의미라는 것은 명확하다. 왜냐하면 에스겔 18:30, "주 여호와의 말씀이니라 이스라엘 족속아 내가 너희 각 사람이 행한 대로 심판할지라"는 매우 명확하게 행위와 심판을 직접 연결하여 "행한 대로" 심판한다고 말하기 때문이다. 제2성전기 유대교에서 나타나는 율법주의는 구약성경 자체에 그 근거를 두고 있다. 구약성경에 율법주의적 요소가 전혀 없는데 뜬금없이 유대교 랍비들이 율법주의적 가르침을 한 것이 아니다. 물론 구약성경 전체가 율법주의인 건 아니다. 하지만 구약성경에 율법주의가 이처럼 매우 명확하게 나타난다는 것도 부정할 수 없다.

레위기 18:5은 에스겔 20장에서도 나타난다. 아래의 밑줄 그은 부분을 평서문으로 바꾸면 '사람이 내 율례를 준행하면 그로 말미암아 살리라'가 된다.

> 에스겔 20:11, 사람이 준행하면 그로 말미암아 삶을 얻을 내 율례를 주며 내 규례를 알게 하였고
>
> 에스겔 20:13, 그러나 이스라엘 족속이 광야에서 내게 반역하여 사람이 준행하면 그로 말미암아 삶을 얻을 나의 율례를 준행하지 아니하며 …
>
> 에스겔 20:21, 그러나 그들의 자손이 내게 반역하여 사람이 지켜 행하면 그로 말미암아 삶을 얻을 나의 율례를 따르지 아니하며 나의 규례를 지켜 행하지 아니하였고 …

레위기 18:5이 사실 구약성경 전체에 흐르고 있는 하나의 구원론을 요약한다고 말할 수 있다. 그런데 에스겔 20:25, "또 내가 그들에게 선하지 못한 율례와 능히 지키지 못할 규례를 주었고"는 매우 충격적이다. 이 구절의 히브리어 본문을 직역하면 '내가 그들에게 선하지 못한 율례들을 주었다(חֻקִּים לֹא טוֹבִים וּמִשְׁפָּטִים). 그것들을 지킴으로써 살 수 없는 규례들을(לֹא יִחְיוּ בָּהֶם וְגַם־אָנִי נָתַתִּי לָהֶם) (주었다)'가 된다. "능히 지키지 못할 규례"는 의역이고, '그것들을 지킴으로써 살 수 없는 규례들'이 직역이다. 이것을 평서문으로 바꾸면 '(사람이) 그 규례들을 지킴으로써 살지 못하리라'가 된다. 이것은 레위기 18:5b, "사람이 이를 행하면 그로 말미암아 살리라"를 반영하고 있다. 다시 말해 에스겔 20:25은 레위기 18:5b를 포함하고 있다.

에스겔 20:25와 레위기 18:5b 사이엔 결정적 차이점이 한 가지 있다. 레위기 18:5b에는 부정(否定)을 표시하는 '로'(לֹא, not)가 없지만, 에스겔 20:25b에는 '아니다'라는 부정을 표시하는 '로'(לֹא, not)가 있다. 에스겔 20:25에서 하나님께서는 1인칭 화법으로 '인간이 행함으로 살 수가 없는 규례들을 주었다'고 말씀하신다. 이것은 하나님이 레위기 18:5b, "사람이 이를 행하면 그로 말미암아 살리라"를 정면으로 부정하신 것이다. 인간이 충분히 행할 수 있음에도 불구하고 행하지 않았으므로 인간을 심판하신 게 아니다. 인간이 행하여 그 행위로써 구원을 받으려야 받을 수 없는, 그런 종류의 규례

/율법을 주었다는 것이다. 생명을 주기로 되어 있는 율법이 생명을 주지 않고 뜻밖에도 저주를 주는 결과가 생긴다.

그렇다면 우리는 레위기 18:5과 에스겔 20:25, 하박국 2:4을 어떻게 일관성 있게, 서로 모순되지 않게 이해할 수 있을까? 이 대목에서 자칫 잘못 설명하면 하나님이 매우 무책임하고, 일관성도 없고, 변덕이 심한 분처럼 되어버릴 수 있다.

첫째로, 이신칭의(justification by faith)의 진리가 신약성경만의 가르침이 아니라 구약성경에 이미 나와 있는 가르침이라는 것을 제대로 인식해야 한다. 하박국 2:4은 물론이고, 그보다 훨씬 이전에 이미 창세기 15:6에서 아브라함을 통해서 하나님은 믿음을 보시고 의롭다고 선언해 주신다고 구약성경은 증거한다. 메시아의 죽음을 통해서 죄인이 의롭게 된다는 가르침도 구약성경에 이미 나오는 진리라는 것도 명확히 알아야 한다. 이사야 53:11, "나의 의로운 종이 자기 지식으로 많은 사람을 의롭게 하며 또 그들의 죄악을 친히 담당하리로다." 의로운(צדיק) 하나님의 종(메시아)이 모든 사람("많은 사람")의 죄를 어깨에 짊어지고(סבל, "담당하리로다") 죽어 그들을 의롭게 한다(יצדיק, δικαιῶσαι). 여기에서 바울이 칭의를 언급할 때 사용하는 동사 '디카이오오'(δικαιόω, to justify)가 사용되고 있다. 창세기 15:6과 하박국 2:4이 말하는 '믿음'은 고난받는 주의 종을 향한 믿음이 된다.

구약성경은 율법의 준수를 통한 구원을 말하고, 신약성경은 이신칭의의 구원을 말한다고 생각하면 그것은 잘못된 생각이다. 복음은 이미 구약성경에서 설명되고 있고, 심지어 바울이 말하는 이신칭의의 복음도 구약성경에 이미 다 나타나 있다. 예를 들어 이사야서에는 바울복음의 원형(prototype)이 나와 있다. 인간은 하나님께서 정하신 의의 기준에서 멀리 떨어져 있다(사, 59:9, "정의가 우리에게서 멀고 공의가 우리에게 미치지 못한즉"; 사 46:12, "마음이 완악하여 공의에서 멀리 떠난 너희여"). 이사야서에서 '공의'(משפט)와 '정의'(צדקה)는 동의어다. 모두 다 '의'로 번역하는 것이 옳다. 여기에서 의는 곧 구원이다(사 59:11, "정의를 바라나 없고 구원을 바라나 우리에게서 멀도다"). 의의 부재(不在) 상태는 곧 '불의'다. 인간에게는 의가 없고 인간은 불의하다. 죄인이다.

하나님은 인간이 불의한 상태에서 멸망하는 것을 원하지 않으신다(사

59:15, "여호와께서 이를 살피시고 그 정의가 없는 것을 기뻐하지 아니하시고"). 하나님은 의와 구원으로 중무장한 전사(戰士)의 모습으로 인간을 구원하러 오신다(사 59:17, "공의를 갑옷으로 삼으시며 구원을 자기의 머리에 써서 투구로 삼으시며"). '하나님의 의'가 불의한 우리를 향해 온다(사 46:13, "내가 나의 공의를 가깝게 할 것인즉 그것이 멀지 아니하나니 나의 구원이 지체하지 아니할 것이라"). 하나님의 의는 하늘에게 마치 물을 부어주듯이 불의한 인간들에게 주어진다(사 45:8, "하늘이여 위로부터 공의를 뿌리며 구름이여 의를 부을지어다"). 그래서 하나님의 의가 없는 자들에게 하나님의 의가 가득하게 된다(마태복음 5:6, "의에 주리고 목마른 자는 복이 있나니 그들이 배부를 것임이요"). 인간이 주리고 목말라하는 의는 정치 경제적 의, 사회적 의(justice)가 아니다. 하나님께서 주시는 구원의 의(righteousness)다.

하나님이 주시는 의는 단순히 이스라엘 민족에게만 주시는 것이 아니다. 하나님은 모든 이방 민족들에게도 의를 주신다(사 51:4-5, "내가 내 공의를 만민의 빛으로 세우리라 내 공의가 가깝고 내 구원이 나갔은즉 … 섬들이 나를 앙망하여 내 팔에 의지하리라"; 사 62:2, "이방 나라들이 네 공의를, 뭇 왕이 다 네 영광을 볼 것이요"). 그렇다면 하나님은 자신의 의를 어떻게 우리에게 주시는 걸까? 이사야서 52:13-53:12의 '고난받는 주의 종의 노래'에는 바로 주의 종이 자신의 생명을 희생하여 인간의 죄를 자신의 어깨에 짊어지고 속죄의 제물로 죽음으로써 죄인을 의롭게 하신다고 말한다(사 53:10, "여호와께서 그에게 상함을 받게 하시기를 원하사 질고를 당하게 하셨은즉 그의 영혼을 속건제물로 드리기에 이르면 … 나의 의로운 종이 자기 지식으로 많은 사람을 의롭게 하며 또 그들의 죄악을 친히 담당하리로다").

주의 종의 생명을 속죄 제물로 바쳐 불의한 죄인에게 하나님의 의를 주어 구원하신다는 이사야서의 메시지와 "예수 그리스도를 믿음으로 말미암아 모든 믿는 자에게 미치는 하나님의 의"(롬 3:22)를 받아 의롭다하심, 즉 구원을 받는다는 바울의 메시지가 서로 무엇이 다른가?

둘째로, 구약성경에는 두 개의 구원의 길이 공존한다는 것을 인지해야 한다. 쉽게 말하면 하박국서 2:4과 레위기 18:5은 구약성경에 나오는 두 개의 구원의 길을 대표한다.

하박국 2:4: 의인은 믿음으로 살리라 (갈 3:11)
레위기 18:5: 사람이 이를 행하면 그로 말미암아 살리라 (갈 3:12)

얼핏 보면 이 두 개의 구원의 길은 상반된 것처럼 보이지만 둘 다 하나님의 약속이다. 그렇다면 하나님은 어떤 뜻으로 이 두 구원의 길을 말씀하신 것일까? 정반대의 것처럼 보이는 이 두 길을 어떻게 하면 서로 모순되지 않으면서도 일관된 하나님의 뜻으로 설명할 수 있을까? 지금 바울이 갈라디아서 3장에서 이 문제를 해결하는 길을 우리에게 보여주고 있다. 바울의 설명을 요약하면 아래와 같다.

하나님은 율법을 주시고 율법을 행하면 그 율법의 행위로 말미암아 구원받는다고 말씀하셨다(레 18:5, "사람이 이를 행하면 그로 말미암아 살리라"). 인간은 율법을 지키기 위해 노력한다. 그런데 그 율법을 다 지키는 것은 불가능하다는 것을 깨닫는다. 율법의 저주 아래에 있는 자신을 발견한다. 하나님이 은혜로 자신의 의를 주시는 것 외에 다른 구원의 길이 없다는 것을 알게 된 인간은 하나님을 향해 서서 율법과 상관없이 하나님의 은혜로 구원받는 새로운 길을 열어달라고 간구한다(시 143:2, "주의 종에게 심판을 행하지 마소서 주의 눈 앞에는 의로운 인생이 하나도 없나이다"; 갈 2:16, "율법의 행위로써는 의롭다 함을 얻을 육체가 없느니라"). 이 간구에 응답하여 하나님은 자신의 의를 하늘에서 물로 붓듯이 부어주시듯 은혜의 구원을 주시겠다고 약속하신다(사 45:8, "하늘이여 위로부터 공의를 뿌리며 구름이여 의를 부을지어다"). 그리고 그 길은 주의 종이 고난을 받고 죽음으로 열릴 것이라고 약속하신다.

그래서 율법 아래 있는 모든 인간은 주의 종을 통한 구원의 길이 열리기만을 기다리게 된다. 율법이 "우리를 그리스도께로 인도하는 초등교사"가 되는 이유가 바로 이것이다. 그 주의 종이 바로 예수 그리스도고, 그리스도의 십자가 사건으로 하나님은 이제 새로운 구원의 길을 열어주셨다. 그 길은 그리스도를 믿음으로 구원받는 길이다. 바울은 갈라디아서 3:11에서 인용되는 하박국 2:4, "의인은 믿음으로 살리라"가 구약성경의 은혜와 믿음으로 주시는 구원의 길을 한마디로 요약한다고 보았고, 그래서 이 구절을 레위기 18:5, "사람이 이를 행하면 그로 말미암아 살리라"와 병렬하여 비교한 것이다. 얼핏 보면 서로 모순된 것처럼 보이지만, 구약성경 전체의 메시지를 놓고 찬찬히 살펴보면 서로 모순되지 않는다. 레위기 18:5이 없다면 왜 인간이 하나님의 은혜로, 믿음으로 구원받는 것이 맞는 것인지 이해할 수 없다. 레위기 18:5과 하박국 2:4은 도입과 결론의 관계고, 조연(助演)과 주연(主演)의 관계다. 두 구절은 구약성경에 있는 두 개의 구원의 길이며, 이 두 개의 길은 갈림길이 아니고 하나로 연결되는 길이다. 마치 옛 언약이 없으면 새 언약이 있을 수 없고, 옛 언약의 기초 위에 새 언약이 서 있는 것과도 같다. 하나님은 모순된 두 개의 길을 제시하신 것이 아니다. 깊은 뜻을 갖고 섭리 가운데에서 인간이 스스로 자신의 한계(limitedness)와 무력함(powerlessness)을 깨닫고 하나님만을 바라보며 그의 은혜를 간절히 간구하는 모습으로 서 있게 만드신다.

3:13 그리스도께서 우리를 위하여 저주를 받은 바 되사 율법의 저주에서 우리를 속량하셨으니 기록된 바 나무에 달린 자마다 저주 아래에 있는 자라 하였음이라

"나무에 달린 자마다 저주 아래에 있는 자라"는 신명기 21:23의 인용이다. 신명기 21:22, "사람이 만일 죽을 죄를 범하므로 네가 그를 죽여 나무 위에 달거든"은 만약 사람이 사형에 해당하는 극악무도한 죄를 지으면 그 사람을 처형하고, 그 시체를 나무에 달아놓으라는 율법이다. 물론 그 시체를 밤새 달아두는 것은 아니다(신 21:23, "그 시체를 나무 위에 밤새도록 두지 말고 당일에 장사하여"). 해가 지기 전에 그 시체를 땅에 묻어야 한다. 시체를 나무에 달아두는 것은 사람들에게 율법의 엄중함을 경고하기 위함이다. "나무에 달린 자는 하나님께 저주를"(23절) 받아 죽은 것이라고 선언하여 그 죄인이 하나님이 말씀하신 율법의 저주로 죽었다고 명시한다. 그렇다면 바울은 왜 이 신명기 법을 이곳에서 인용하는 것일까? 신명기 21:23이 예수의 십자가 죽음에 연결되어 있기 때문이다.

70인역 구약성경 신명기 21:22에서 '달다'(to hang)라는 뜻으로 사용된 동사 '크레만뉘미'(κρεμάννυμι)는 사도행전에서 예수의 십자가 처형의 뜻으로 사용되었다(행 5:30, "너희가 나무에 달아 죽인 예수"; 10:39, "그를 그

들이 나무에 달아 죽였으냐"). 이 동사는 '달다'라는 뜻이지만 '나무에' 달면 처형의 뜻이므로 번역할 때 '죽이다'를 추가했다. 누가는 누가복음 23:39, "달린(κρεμασθέντων) 행악자 중 하나는 비방하여 이르되"에서도 이 동사를 십 자가 처형의 뜻으로 사용한다. 문제는 신명기에서는 죄인을 처형해서 그 죽 은 시체를 나무에 달라고 되어 있는데, 신약성경에서는 살아있는 사람을 '십 자가 달아서 처형하다'는 뜻으로 '크레만뉘미'(κρεμάννυμι) 동사가 사용되었 다는 것이다. 누가가 신명기 법을 잘 몰라서 누가복음과 사도행전에서 이 동 사를 잘못 사용하는 것일까? 그렇지 않다.

전통적으로 유대교에서 죄인을 처형한 방식은 화형, 나무에 달아 죽이 는 것, 돌로 쳐 죽이는 것, 목을 자르는 것, 네 가지가 있었다. 사람들은 십자 가 처형이 유대교의 처형 방식과 아무런 관계가 없다고 생각한다. 기원전 63 년에 로마가 팔레스타인을 점령하고 난 후에 처음으로 유대교에 십자가 처 형, 즉 사람을 나무에 달아 죽이는 처형법이 도입되었다고 생각한다. 그러나 이것은 사실이 아니다. 로마인들이 팔레스타인을 지배하기 훨씬 그 이전부터 유대인들은 살아있는 사람을 나무에 달아서 죽이는 처형을 하고 있었다.

사람을 나무에 달아서 죽이는 것은 민수기 25:4, "여호와께서 모세에게 이르시되 백성의 수령들을 잡아 태양을 향하여 여호와 앞에 목매어 달라"에 나 와 있다. 여기에서 "목매어"는 히브리어 본문에 없는 단어다. 번역자가 교수 형이라고 생각하고 임의로 첨가한 것이다. 하나님의 명령은 교수형으로 죽이 라가 아니라 나무에 달아 죽이라는 것이었다. 70인역 구약성경 번역 외에 또 다른 헬라어 번역본인 '심마쿠스'(Symmacus)에서는 70인역과 똑같이 '달 다'(to hang)라는 뜻의 동사 '탈라'(תָּלָה)를 '크레만뉘미'(κρεμάννυμι)를 사용 해 번역했다. 라틴어 성경에서는 '매달다'라는 뜻의 *suspende*로 번역했다. 또 다른 고대 헬라어 성경본인 '아퀼라'(Aquila)에서는 '아나페그뉘미' (ἀναπήγνυμι)를 사용했는데, 이 동사의 뜻은 '못 박다, 십자가에 매달다'(to impale or crucify)이다. 민수기의 기록에 따르면 출애굽 한 이스라엘이 모 압에 도착했을 때 이미 이스라엘은 사람을 나무에 달아 처형하는 사형 집행 법을 시행하고 있었다.

쿰란문서에서도 유대인들이 사람을 나무에 달아 처형한 흔적이 남아 있다. *11Q Temple Scroll*(성전문서) 64.6-13에 "너는 그를 나무에 달지니 그가 죽을 것이다"("You shall hang him upon the tree and he shall die")
라는 말이 나온다. 이것은 신명기 21:22의 명령을 해석한 것인데, '죽다'와
'달다' 동사의 순서가 거꾸로 되어 있다. 쿰란에서는 신명기 21:22의 "그를
죽여 나무 위에 달거든"을 사람을 죽여서 그 시체를 나무에 다는 것이 아니라,
살아 있는 사람을 나무에 달아 죽이라는 뜻으로 해석한다.

쿰란의 나훔서 주석이라고 볼 수 있는 *4QpNah* 7에는 "진노의 사자가
살아 있는 사람을 달아 죽이곤 했다"(Lion of Wrath used to hang men
alive)라는 말이 나온다.[174] '진노의 사자'는 하스모니안 왕조(Hasmonean
Dynasty)의 왕 알렉산더 얀네우스(Alexander Janneus, 주전 103-76년 재
위)를 가리키는 것으로 본다. 하스모니안 왕조는 주전 2세기 시리아와 전쟁
에서 승리하여 세워진 이스라엘의 왕조로서 로마가 팔레스타인을 정복할 때
까지 유지되었다. 얀네우스는 백성들이 반란을 일으키면 용병들을 사용해서
진압한 잔인한 군주였다. 유대 역사가 요세프스(Josephus)의 책 『유대전쟁
사』 1.92-97와 『유대고대사』 13.376-81에는 얀네우스 왕 시절에 그에게 반
대하던 800명의 정적들이 시리아의 왕 디메트리우스 3세(Demetrius III)에
게 도움을 요청하며 자신을 반대했을 때, 외교적 수단을 동원해 그들을 잡아
다가 십자가에 처형한 사건이 나온다. 쿰란의 나훔서 주석(*4QpNah*)은 바로
이 사건에 대해 말하고 있다.

미슈나 산헤드린(*m. Sanh.* 6.5)에는 바리새 랍비 '시몬 밴 셰타'
(Simon ben Shetah)가 '아쉬켈론'(Ashkelon)에서 80명의 마녀들을 나무에
달아 죽였다는 기록이 있다. 이 마녀들은 사실 여자가 아니 남자들로 본다. 얀
네우스 왕이 죽고, 알렉산더 살로메(Alexander Salome) 여왕(얀네우스의
왕비며 후계자)이 즉위하자 바리새인인 시몬은 여왕을 설득하여 얀네우스 때
800명을 죽인 사건에 가담한 그의 정적들을 똑같이 나무에 달아 죽여 보복했
다. 이 사건에 대해서는 '시프라'(*Sif. Deut* 22:22)와 예루살렘 탈무드(*y.
Hag.* 2.2, 77d 28f)에도 그 기록이 나온다. 미슈나, 시프라, 탈무드 등은 기

---

174) 쿰란문서와 기타 유대교 문서에서 나무에 달아 처형한 근거 본문들에 대한
것은 Otto Betz, "Jesus and the Temple Scroll," in *Jesus and the Dead Sea Scrolls,*
ed. James H. Charlesworth (New York, London, Toronto, Sydney, Auckland:
Doubleday, 1992), 21-103을 참고하라.

록연대가 늦지만 주전 2세기의 전승을 전하고 있다.

이런 역사적 자료를 기초로 하여 판단한다면 로마인들이 십자가 처형을 팔레스타인에 도입하기 훨씬 이전부터 유대인들은 죄인을 나무에 달아 처형했다는 것은 분명하다. 당시 유대인들은 신명기 21:22-23의 율법을 죄인을 처형한 뒤 시체를 나무에 다는 것이 아니라, 살아있는 죄인을 나무에 달아 죽이는 것으로 해석하고 있었다. 유대인들은 로마인들의 십자가 처형도 신명기 법의 관점에서 바라보았을 것이다. 유대인들의 눈에 십자가 처형으로 죽는 사람은 하나님의 저주를 받아 처형당하는 "저주 아래에 있는 자"(신 21:22)로 보였을 것이다.

유대인 지도자들은 예수를 암살하거나, 돌로 쳐서 죽일 수도 있었다. 하지만 그런 방법을 사용하지 않았다. 심지어 빌라도를 협박하면서까지 예수를 오로지 십자가 처형으로 죽이려고 노력했다(요 19:12, "이 사람을 놓으면 가이사의 충신이 아니니이다"). 왜냐하면 예수를 나무에 달아 죽여야 유대인 대중의 눈에 예수는 선지자도 아니고 메시아도 아님에도 불구하고, 메시아를 사칭하다가 하나님의 저주를 받아 죽은 것으로 보이게 된다. 예수를 체포할 때 그의 제자들을 일망타진하지 않은 것도, 그를 나무에 달아 죽이기만 하면 자연히 그의 제자들이 실망하여 해산하고 집으로 각자 돌아갈 것이기 때문이다. 누가복음 24장의 엠마오로 가는 두 제자도 바로 그런 이유로 귀가하던 중이었다. 그들은 예수가 메시아라고 믿었으나 그가 나무에 달려 죽자 그가 하나님의 저주를 받아 죽은 거짓 선지자라는 대제사장과 서기관들의 주장이 결국 옳은 것임이 증명된 것으로 보고 실망하여 집으로 돌아가는 중이었다.

예수가 나무에 달려 처형당해 죽었기 때문에 유대인들에게 복음을 전도하는 것은 어려움이 컸다. 바울이 십자가에서 죽은 예수가 메시아라고 전하면 유대인들은 신명기 21:23에 의거하여 '예수는 하나님의 저주를 받아 나무에 달려 죽은 자가 어찌 메시야가 될 수 있는가?'라고 말하며 복음을 거부했을 것이다. 갈라디아서 3:13, "그리스도께서 우리를 위하여 저주를 받은 바 되사 율법의 저주에서 우리를 속량하셨으니"는 이런 질문을 받았을 때 바울의 대답처럼 들린다. 바울은 예수가 하나님의 저주를 받아 나무에 달려죽었다는 것을 부정하지 않는다. 바울은 '그렇다 예수가 하나님의 저주를 받아 죽은 것은 사실이다'라고 말한다. 그리고 바울은 예수가 하나님의 저주를 받은 것은

"율법의 저주에서 우리를 속량"하기 위해 "우리를 위하여 저주를" 받으셨다고 말한다. 예수가 나무에 달려 돌아가신 것은 "그리스도 예수 안에서 아브라함의 복이 미치게 하고 또 우리로 하여금 믿음으로 말미암아 성령의 약속을"(갈 3:14) 받게 하시기 위해 돌아가신 거라고 말한다. 예수는 우리의 죄로 인해 십자가에서 하나님의 형벌을 자신의 몸으로 다 받아내고, 온 세상은 아브라함의 축복을 받게 되었다.

　"율법의 저주에서 우리를 속량하셨으니"에서 "율법의 저주"는 일차적으로는 신명기 28장에 나오는 각종의 저주를 가리키지만, 동시에 '죄에 대한 형벌'을 가리킨다. 그리스도는 우리를 우리의 죄에 대한 하나님의 형벌로부터 우리를 구하셨다. '속량하다'로 번역된 헬라어 동사는 '엑싸고라조'(ἐξαγοράζω)다. 이 동사에는 '시장'(market)이라는 뜻의 명사 '아고라'(ἀγορά)가 들어 있다. '아고라'의 동사형은 '아고라조'(ἀγοράζω)고 그 뜻은 '사다, 구입하다'(to buy, purchase)가 된다. 고린도전서 7:30, "우는 자들은 울지 않는 자 같이 하며 기쁜 자들은 기쁘지 않은 자 같이 하며 매매하는 자들(οἱ ἀγοράζοντες)은 없는 자 같이 하며"에서 '아고라조' 동사가 사용되었고, '매매하다'로 번역되었다. 이 동사 앞에 접두어 '엑크'(ἐκ-)가 붙으면 '엑싸고라조'(ἐξαγοράζω)가 된다. 그 뜻은 '되사다'(to buy back)이다. '되사다'는 '재(再) 구입하다/다시 구입하다'라는 뜻도 있지만 우리말의 '사들이다'의 뉘앙스가 더 강하다. 값을 지불하고 상품을 사서 이제 자신의 소유물로 만든다는 뜻이다. 이것들은 모두 상거래 용어다. 바울은 그리스도의 십자가 죽음이 영적으로 우리에게 어떤 결과를 갖고 왔는지를 설명하기 위해 당시 사람들이 세속(世俗)의 시장에서 쉽게 접하는 단어를 동원한다.

　"율법의 저주에서 우리를 속량하셨으니"는 직역하면 '그가 율법의 저주로부터 우리를 사들이셨다'가 된다. '엑싸고라조'(ἐξαγοράζω)를 굳이 '되사다'로 번역하지 않고 '사다'로 번역해도 사실 무관하다. 왜냐하면 고린도전서 6:20, "값으로 산 것이 되었으니(ἠγοράσθητε) 그런즉 너희 몸으로 하나님께 영광을 돌리라"와 7:23의 "너희는 값으로 사신 것이니(ἠγοράσθητε) 사람들의 종이 되지 말라"에서 '엑크'(ἐκ-) 접두어가 없는 '아고라조'(ἀγοράζω)가 사용되었는데, 의미상 '엑싸고라조'(ἐξαγοράζω)와 별 차이가 없기 때문이다. 둘 다 '사다'라는 뜻이고, '속량하셨으니'로 번역해도 무방하다. 흥미로운 것은 누가가 사도행전 20:28, "하나님이 자기 피로 사신 교회를 보살피게 하셨느니라"에서 '보존하다'(to preserve) 혹은 '얻다'(to acquire, obtain)라는 뜻의 동사 '페리포이에오'(περιποιέω)를 같은 '사다'와 같은 의미로 사용하고 있다는 점이다. '값을 지불하고 사신'으로 번역하면 뜻이 더 명확해진다. 바울은 갈라디아서 4:5, "율법 아래에 있는 자들을 속량하시고(ἐξαγοράσῃ) 우리로 아들의 명분을 얻게 하려 하심이라"에서 다시 '엑싸고라조'(ἐξαγοράζω) 동사를 사용한다.

'아고라조'(ἀγοράζω)와 '엑싸고라조'(ἐξαγοράζω)를 영어로 번역할 때는 주로 '리딤'(redeem)이라는 단어로 번역한다. '리딤'의 우리말 뜻은 '구원하다'이다(명사형 redemption은 '구원'). 왜 '구입하다'라는 동사가 '구원하다'라는 뜻을 갖게 되는 걸까? 그 이유는 '몸값을 지불하고 포로나 노예를 구해내다'라는 의미가 있기 때문이다. 현대 영어에서 '랜섬'(ransom)이라는 단어는 '인질의 몸값'이라는 뜻이다. 유괴범이 어린아이를 납치해서 '몸값'(ransom)을 요구할 때 그 몸값을 지불하고 아이를 구해내는 것은 '리딤'(redeem)에 해당한다. 돈을 지불하고 인질을 구해내는 것(명사)은 영어에서 '리뎀션'(redemption)이다. 오늘날 돈을 지불하고 사람을 구원하는 것은 납치, 인질 사태에서만 발생한다. 하지만 고대에는 전쟁 포로와 노예에게 몸값(ransom)이 있어서 이 몸값을 지불하고 구원하는 경우가 있었다.

만약 전쟁에서 사로잡힌 포로가 부유한 귀족의 아들이면, 그 포로를 노예로 파는 것보다 그 아버지에게 몸값을 받고 풀어주는 것이 더 큰 돈을 받을 수 있다. 아버지가 전쟁에서 포로로 사로잡힌 아들의 몸값을 지불하고 아들을 사오면(redeem) 그 아들을 자유인으로 만들게 된다. 또 경제적으로 파산하여 빚을 갚기 위해 자신의 자녀를 노예로 판 아버지가 나중에 돈을 벌어 노예의 주인을 찾아가 노예가 된 자녀의 몸값을 지불하고 그 자녀를 '되사고'(ἐξαγοράζω, to buy back) 자유인으로 만든다고 가정해보자. 형식적으로는 가격을 지불하고 노예를 구입하는 거지만, 자신의 자녀를 노예 상태에서 구해내어 자유인으로 만드는 것이다. 다시 말해 구원하는(to redeem) 것이다.

바울은 죄악 가운데서 살아가는 인간은 죄와 악의 세력의 포로, 혹은 노예 상태에 있다고 보았다(갈 3:23, "믿음이 오기 전에 우리는 율법 아래에 매인 바 되고 계시될 믿음의 때까지 갇혔느니라"; 롬 6:6, "우리가 죄에게 종 노릇 하지 아니하려 함이니"; 롬 6:9, 12, 14, 16-17). 그리스도의 죽음은 그들을 자유인으로 만들기 위해 자신의 생명으로 죄인의 몸값을 지불하고 자신의 소유로 만든 것과 같다고 보았다. 그래서 당시 사람들에게 매우 친숙한 상거래 단어들을 동원해서 그리스도를 통해 주시는 구원을 설명한 것이다.

원래 위의 뜻으로 사용되던 헬라어 동사로 '뤼트로오'(λυτρόω) 동사가 있다. 이 동사의 뜻은 '몸값을 받고 풀어주다'(to release on receipt of ransom) 혹은 '몸값을 지불함으로써 자유인으로 만들다'(to free by paying a ransom)이다. 신약성경의 아래와 같은 구절에서 이 단어가 사용되었다.

> 누가복음 24:21, "우리는 이 사람이 이스라엘을 속량할 자(ὁ μέλλων λυτροῦσθαι τὸν Ἰσραήλ)라고 바랐노라 …"
> 디도서 2:14, "그가 우리를 대신하여 자신을 주심은 모든 불법에서 우리를 속량하시고(λυτρώσηται) …"
> 베드로전서 1:18, "너희 조상이 물려 준 헛된 행실에서 대속함을 받은 것은(ἐλυτρώθητε) …"

'뤼트로오'(λυτρόω)는 '대속하다' 혹은 '속량하다'로 번역되었다. 대속(代贖)은 한자말이며 그 뜻은 '대신하여 값을 지불하다' 혹은 '속전(贖錢)을 지불하다'이다. 속전은 몸값(ransom)이다. 속량(贖良)은 현대인에게는 좀 어려운 한자말이다. 뜻은 '몸값을 받고 종(노예)을 풀어주어 양민(良民)이 되게 하다'이다. 양민은 오늘날의 자유인이다. '속량(贖良)하다'는 '뤼트로오'(λυτρόω) 동사의 뜻인 '몸값을 지불함으로써 자유인으로 만들다'(free by paying a ransom)를 정확하게 한자말로 옮긴 것이다. '구속'(救贖)도 우리가 자주 사용하는 한자말인데, 그 뜻은 '값을 지불하여 구원하다'이다. 하지만 이런 한자말이 현대인들에게는 친숙하지 않기 때문에 오히려 성경말씀의 뜻이 잘 전달되길 어렵다. 원래 바울이 무슨 뜻으로 한 말인지 풀어서 설명해주는 것이 필요하다.

'뤼트로오'(λυτρόω)의 명사형은 '뤼트로시스'(λύτρωσις), '뤼트론'(λύτρον), '아포뤼트로시스'(ἀπολύτρωσις), 모두 세 가지가 있다. 뜻은 다 '속량'(몸값을 지불함)이다. 그런데 개역개정 번역에서는 이 단어들을 매우 다양한 단어로 번역하고 있다. '뤼트로시스'(λύτρωσις)는 '속량'(눅 1:68; 2:38) 혹은 '속죄'(히 9:12)로 번역했고, '뤼트론'(λύτρον)은 '대속물'(막 10:45; 마 20:28)로, '아포뤼트로시스'(ἀπολύτρωσις)는 '속량'(눅 21:28; 롬 3:24; 8:23; 골 1:14; 엡 1:7, 14; 히 9:15), '구원'(엡 4:30)으로, '구원함'(고전 1:30), 혹은 '풀려나기'(히 11:35) 등으로 번역했다. 번역의 일관성이 없어서 한국어 번역으로 읽으면 원래 뜻이 '값을 지불하고 구입하여 자유인으로 만듦'이라는 것이 쉽게 이해되지 않는다.

'속량'(redemption)은 구원을 설명하는 상업적 메타포(commercial metaphor)다. 이 상업적 메타포의 핵심은 그리스도가 자신의 생명으로 노예/포로인 인간의 몸값을 지불하여 자유인으로 만드셨다는 것이다. 그런데 만약 인간이 사탄의 노예 상태라고 생각하고, 그리스도가 자신의 생명으로 사탄에게 몸값을 지불하고 노예인 인간을 구입한 것이라고 설명한다면, 그건 이 메타포를 지나치게 확장한 것이다. 그리스도께서 사탄과 거래를 한 것처럼 설명해선 안 된다. 속량은 그리스도가 우리를 대신하여 우리 죄에 대한 하나님의 진노를 받고 죽으심(substitutionary death)으로 우리가 율법 저주인 하나님의 형벌에서 자유롭게 된 것을 강조하는 메타포다. 사탄과의 거래를 강조하는 메타포가 아니다.

"우리를 위하여 저주를 받은 바 되사"에서 "위하여"로 번역된 전치사 '휘페어'(ὑπέρ)는 '대신하여'(on behalf of, in place of)로 번역하는 것이 좋다. 이 전치사는 우리가 받아야 할 형벌을 그리스도가 대신 받으셨다는 것(substitution)을 의미하는 전치사다. "저주를 받은 바 되사"(γενόμενος κατάρα)는 직역하면 '저주가 되셨다'이다. '저주받은 자가 되사'라는 뜻이다.

13절에서 "우리"는 일차적으로는 유대인들과 유대 기독교인들을 가리킨다. 하지만 바울은 유대인만 율법 아래에 있다고 보지 않는다. 로마서 2:14에서 바울은 "율법 없는 이방인이 본성으로 율법의 일을 행할 때에는 이 사람은 율법이 없어도 자기가 자기에게 율법이 되나니"라고 말한다. 최후의 심판대에서 유대인들에게는 율법이 검사의 역할을 하지만, 이방인들은 "양심이 증거가 되어 그 생각들이 서로 혹은 고발하며 혹은 변명"(롬 2:15)한다. 왜냐하면 그들의 마음에 유대인의 율법에 해당하는 것들이 기록되어 있기 때문이다.

이런 관점에서 보면 13절의 "우리"는 이방인을 포함한 모든 인류라고 볼 수 있다.

3:14 이는 그리스도 예수 안에서 아브라함의 복이 이방인에게 미치게 하고 또 우리로 하여금 믿음으로 말미암아 성령의 약속을 받게 하려 함이라

14절에서 주로 목적을 나타내는 '히나'(ἵνα)가 이끄는 부사절 두 개가 연달아 나온다. 첫 번째 부사절은 그리스도가 저주받은 자가 되신 목적을 말하고, 두 번째 부사절은 목적으로 볼 수도 있지만, 결과를 나타내는 부사절로 볼 수도 있다.[175] 그렇게 보면 14절은 이런 의미가 된다: "아브라함의 복이 이방인에게 미치게" 하기 위해 예수가 십자가에서 죽으셨고, 그 결과 이방인들도 "성령의 약속"을 받는 결과가 생긴다. "이방인에게 미치게 하고"(εἰς τὰ ἔθνη …γένηται)는 헬라어 본문을 직역하면 '이방인을 위한 것이 되게 하고'다. 아브라함의 축복이 그리스도 예수 안에서 이방인을 위한 것이 되게 하려고 그리스도가 율법의 저주를 받으셨다.

아브라함의 축복은 "그리스도 예수 안에서"(in Christ Jesus) 이방인을 위한 것이 된다. 이방인이 그리스도 안으로 들어오면 아브라함의 축복이 그들의 것이 된다. 하지만 그리스도 밖에 있는 이방인들에게 그 축복은 적용되지 않는다. "아브라함의 복"(ἡ εὐλογία τοῦ Ἀβραάμ, 아브라함의 축복)은 구체적으로 무엇일까? 아브라함의 축복은 바로 아브라함의 자손이 번성하여(창 15:5, "하늘을 우러러 뭇별을 셀 수 있나 보라 또 그에게 이르시되 네 자손이 이와 같으리라"; 17:2, "내가 내 언약을 나와 너 사이에 두어 너를 크게 번성하게 하리라"), 약속의 땅을 차지하는 것이다(창 12:7, "내가 이 땅을 네 자손에게 주리라"; 창 15:18, "내가 이 땅을 애굽 강에서부터 그 큰 강 유브라데까지 네 자손에게 주노니"; 창 17:8, "너와 네 후손에게 네가 거류하는 이 땅 곧 가나안 온 땅을 주어 영원한 기업이 되게 하고"). 한 가지 더 기억할 것은 아브라함의 후손뿐만 아니라 모든 이방 민족들도 '아브라함 안에서'(창 12:3, "너로 말미암아", in Abraham, בְּךָ, ἐν σοὶ) 똑같은 복을 함께 누리게 된다(창 12:3,

---

175) Moo, *Galatians*, 214.

"땅의 모든 족속이 너로 말미암아 복을 얻을 것이라 하신지라").

　　대부분의 주석가들은 "그리스도 예수 안에서 아브라함의 복이 이방인에게 미치게 하고"의 배후에 창세기 22:18이 있다는 것을 보지 못한다. 창세기 12:3에서 하나님은 "땅의 모든 족속이 너로 말미암아(בְּךָ, ἐν σοὶ) 복을 얻을 것이라"고 말씀하셨다. 이때 '너로 말미암아'에서 사용된 전치사는 히브리어 전치사(בְּ)이건, 헬라어 전치사(ἐν)이건 번역할 때 '너로 말미암아'(수단, by you)로 번역해도 되고, '너 안에서'(장소, in you)로 번역해도 된다. 아브라함에게 준 이 축복은 창세기 22장에서 모리아산에서 아브라함이 이삭을 아끼지 않고 바치려고 한 사건 뒤에 한 단계 더 구체화된다. 창세기 22:18에서 하나님은 "네 씨로 말미암아(בְזַרְעֲךָ, ἐν τῷ σπέρματί σου) 천하 만민이 복을 받으리니"고 말씀하신다. 창세기 12:3의 "너로 말미암아"가 창세기 22:18에서는 "너의 씨로 말미암아"로 한 단계 더 구체화되었다는 것에 우리는 주목해야 한다. 그런데 여기에서도 창세기 12:3에서 사용된 똑같은 전치사가 사용되었다. 그러므로 "네 씨로 말미암아"는 '네 씨 안에서'로 번역해도 무방하다. 갈라디아서 3:16, "이 약속들은 아브라함과 그 자손에게(τῷ σπέρματι αὐτοῦ) 말씀하신 것인데 여럿을 가리켜 그 자손들이라 하지 아니하시고 오직 한 사람을 가리켜 네 자손(τῷ σπέρματι αὐτοῦ)이라 하셨으니 곧 그리스도라"에서 바울은 아브라함의 씨/자손을 집단으로 보지 않고, 특정한 인물로 보는데, 곧 예수 그리스도다. 그러므로 갈라디아서 3:14, "그리스도 예수 안에서(ἐν χριστῷ Ἰησοῦ) 아브라함의 복이 이방인에게 미치게 하고"는 창세기 22:18, "네 씨로 말미암아(בְזַרְעֲךָ, ἐν τῷ σπέρματί σου) 천하 만민이 복을 받으리니"를 풀어서 설명(paraphrase)한 것이다. "네 씨로 말미암아"를 '네 씨 안에서'로 읽으면 두 구절이 연결되어 있다는 것을 더 쉽게 볼 수 있다.

　　이 대목에서 우리가 기억할 것은 다윗 왕조의 몰락과 국가의 멸망으로 인해 이스라엘 민족이 땅을 잃어버렸다는 점이다. 바벨론 포로기를 거쳐 일부 유대인들이 팔레스타인으로 귀환했지만 기대하던 다윗 왕조가 회복된 이스라엘 왕국은 건설되지 않았다. 바벨론 귀환 이후 유대인들은 여전히 땅에 대해 기대를 하고 있었다. 하지만 이미 그때부터 '땅의 회복'은 단순한 토지의 회복으로 생각되지 않았다. 회복되는 땅은 거룩한 시온산으로 여겨졌고 (사 57:13, "나를 의뢰하는 자는 땅을 차지하겠고 나의 거룩한 산을 기업으로 얻으리라"), 일시적 소유가 아니라 영원한 소유로, 의롭게 되는 것이 영원한 소유의 조건으로 이해되었다(사 60:21, "네 백성이 다 의롭게 되어 영원히 땅을 차지하리니"). 바벨론 포로 귀환 이후 단순히 물리적 토지를 회복하는 것이 아니라, 거룩한 땅을 영원히 소유하는 것으로 해석을 하게 되었다. 종말론적으로 해석한 것이다.

더 나아가 이스라엘 나라의 회복은 단순히 민족 국가의 성립이 아니라, 하나님의 통치가 이루어지는 "새 하늘과 새 땅"으로 이해되기 시작했다(사 65:17, "보라 내가 새 하늘과 새 땅을 창조하나니 이전 것은 기억되거나 마음에 생각나지 아니할 것이라"; 사 66:22, "내가 지을 새 하늘과 새 땅이 내 앞에 항상 있는 것 같이 너희 자손과 너희 이름이 항상 있으리라"). 이스라엘 민족 국가의 재건이 구원이 아니라, 종말에 온 세상이 새롭게 되어 이룩되는 하나님의 나라가 구원의 표상이 되었다. 물론 1세기 유대인 중 여전히 메시아가 민족 국가를 재건할 것을 꿈꾸는 사람들이 대부분이었지만, 구약성경은 이미 하나님이 주시는 구원은 그런 것이 아니라고 말하고 있었다. 예수는 이런 이사야서의 전통에 서서 복음을 전했다. 산상수훈 중 "온유한 사람은 복이 있다. 그들이 땅을 차지할 것이다"(마 5:5)의 "땅"을 실제 물리적 '토지'로 이해하고 온유한 사람에게는 그 사람 이름으로 등기가 된 땅이 생긴다는 뜻으로 해석하는 사람은 없다. 또 "마음이 가난한 사람은 복이 있다. 하늘 나라가 그들의 것이다"에서 "하늘 나라"를 이스라엘 민족 국가로 생각하는 사람도 많지 않다. 왜냐하면 이미 이사야서가 기록되던 시기에 이미 그런 해석이 옳지 않다고 구약성경이 말하고 있기 때문이다.

바울은 창세기에서 하나님께서 아브라함에게 주신 축복 세 가지가 아래와 같이 성취되었다고 본다. 1) 이방인이 할례가 아니라 믿음으로 '아브라함 안'으로 들어와 아브라함의 후손이 된다. 2) 아브라함 후손의 숫자는 점점 더 많아지게 되고, 하나님의 교회는 이 세상에 점점 더 퍼져간다. 3) 그들에게 약속된 땅은 토지가 아니라 영원한 하나님의 나라이며, 그 하나님의 나라가 모든 아브라함 자손의 유산이 되고, 그들은 하나님의 나라의 상속자가 된다(갈 3:29, "너희가 그리스도의 것이면 곧 아브라함의 자손이요 약속대로 유업을 이을 자니라"; "유업을 이을 자"[κληρονόμος]는 '상속자'다).

바울은 이 문단의 마지막 절에서 다시 "성령"을 언급한다. 즉 그리스도의 죽음으로 인하여 이제는 믿음의 시대, 즉 새 언약의 시대가 열렸고 그래서 우리는 성령을 그 약속으로 받았고, 실제로 갈라디아 성도들은 이미 약속된 그 성령을 받았다. 바울은 아브라함의 축복에 성령 주심이 포함되어 있다고 보는 듯하다. 아브라함의 축복과 성령이 어떻게 연결되는지 구약성경의 구절을 통해 설명하는 건 쉽지 않다. 아브라함 언약이 새 언약을 통해 성취되는 것이라면, 새 언약의 때에 성령을 주신다는 하나님의 약속이 아브라함 언약에 연결될 수 있다. 이사야 59:21은 새 언약의 때에 성령이 영원히 새 언약의 백성에게 머물 것이라고 말한다("내가 그들과 세운 나의 언약이 이러하니 곧 네 위에 있는 나의 영과 네 입에 둔 나의 말이 이제부터 영원하도록 … 떠나지 아니하리라"). 이사야 44:3, "나의 영을 네 자손에게, 나의 복을 네 후손에게 부어 주리니"에는 '축복'이란 말과 '성령'이 함께 나온다.[176] 이사야서는 하나님께서 하늘에서 '의'(righteousness)와 성령을 부어주신다고 말한다(사 45:8, "하늘이여 위로부터 공의를 뿌리며 구름이여 의를 부을지어다"; 사 32:15, "마침내 위에서부터 영을 우리에게 부어 주시리니").

바울은 아브라함 언약이 예수 그리스도의 새 언약을 통해 이루어졌다고 본다(갈 3:16, "이 약속들은 아브라함과 그 자손에게 말씀하신 것인데 … 오직 한 사람을 가리켜 네 자손이라 하셨으니 곧 그리스도라"). 새 언약은 하나님께서 성령을 주시겠다고 약속한 언약이다(렘 31:33; 겔 36:27; 자세한 것은 보충설명 19: "옛 언약과 새 언약"을 참고하라). 아브라함의 축복은 새 언약의 성취 속에서 다 이루어졌다. 그래서 그리스도 안으로 들어와 그리스도를 믿는 믿음을 갖게 된 유대인과 이방인은 모두("우리로 하여금 믿음으로 말미암아") "성령의 약속을 받게" 된다. 새 언약의 백성인 성도들은 성령을 주시겠다는 약속대로 예수를 믿어 하나님과 언약의 관계로 들어가 성령을 받는다. 갈라디아 성도들은 이미 그 성령을 받았다(갈 3:2-5).

---

176) Moo, *Galatians*, 216.

9.
언약은 율법보다 상위(上位)의 것이다
[3:15-20]

3:15	사람의 유언장도 마음대로 못 바꾼다
3:16	아브라함의 자손은 그리스도다
3:17-18	율법이 언약을 폐할 수 없다
3:19-20	율법의 목적은 무엇인가?

이제 바울은 언약과 율법의 관계에 대해 말한다. 바울이 언약과 율법을 비교할 때 그가 비교하는 것은 아브라함 언약과 시내산 언약이다. 바울은 아브라함 언약이 새 언약으로 성취되었다고 보므로 바울이 실제로 비교하는 것은 옛 언약과 새 언약이다. 그는 갈라디아서 4:21-28에서 "두 언약"(갈 4:24)에 대해서 말하면서 옛 언약과 새 언약을 대조한다. 하지만 옛 언약과 새 언약의 비교는 3:15-21에서 이미 시작하고 있다.

3:15 형제들아 내가 사람의 예대로 말하노니 사람의 언약이라도 정한 후에는 아무도 폐하거나 더하거나 하지 못하느니라

바울은 주제를 전환하면서 "형제들아"라는 성도들의 관심을 집중시킨다. "내가 사람의 예대로 말하노니"(κατά ἄνθρωπον λέγω)는 '인간의 관점에서 말한다'는 뜻이다. 로마서 3:5, "내가 사람의 말하는 대로 말하노니," 6:19, "너희 육신이 연약하므로 내가 사람의 예대로 말하노니," 고린도전서 9:8, "내가 사람의 예대로 이것을 말하느냐," 등에서도 유사한 말을 한다. '인간의 관점

에서' 말하겠다는 것은 성도들의 일상적인 경험으로부터 예를 들어 설명하겠
다는 뜻이다.

"언약"으로 번역된 헬라어 명사 '디아떼케'(διαθήκη)는 언약(covenant)
이란 뜻도 있지만 '유언(遺言, last will)이란 뜻도 있다. 히브리서 9:16-18에
서 "유언"으로 번역된 헬라어 명사와 "언약"으로 번역된 헬라어 명사는 모두
같은 단어, '디아떼케'(διαθήκη)다.[177]

> [16]유언은 유언한 자가 죽어야 되나니 [17]유언은 그 사람이 죽은 후에야
> 유효한즉 유언한 자가 살아 있는 동안에는 효력이 없느니라 [18]이러므로
> 첫 언약도 피 없이 세운 것이 아니니

히브리서의 저자도 언약을 설명하기 위해서 일상생활의 예를 들어 설명하려
고 한다. 그 예는 세속사회에서 유언장이 효력을 얻게 되는 조건이다. 바울도
마찬가지로 언약을 설명하기 위해 세속사회에서 유언장이 일단 만들어지면
절대로 그것을 무효로 만들거나 쉽게 내용을 바꿀 수 없다는 것을 예로 들고
있다. 그러므로 갈라디아서 3:15에서 '디아떼케'(διαθήκη)는 '언약' 대신 '유
언'으로 번역하는 것이 맞다.

15절에서 사용된 '정하다,' '폐하다,' '더하다' 등의 동사는 모두 사법적
의미를 갖고 있다. '정하다'(κυρόω, to ratify)는 오늘날의 '공증하다'에 해당
하는 의미다. 고대 아테네 같은 도시에서는 전쟁이 나면 평민들부터 귀족들
까지 모두 무장을 하고 전쟁터에 나가 싸워야 할 책임을 갖고 있었다. 당시에
는 평균수명도 오늘날보다 훨씬 짧아서 고대 로마의 평균수명은 27세에 불
과했다.[178] 오늘날처럼 80세, 90세까지 사는 것은 기대하기 어려웠다. 집안
의 가장인 아버지가 전쟁이나 다른 이유도 갑자기 죽게 된다면 그가 소유하
고 있던 재산과 권리를 누구에게 상속할 것인지를 정해놓은 유언장이 반드시
있어야 한다. 만약 유언장이 없으면 그 재산과 권리는 직계 가족이 아닌 다른

---

177) 히브리서 9:18에 '디아떼케'(διαθήκη)라는 단어가 나오지 않지만 생략되어
있는 것으로 보아, '디아떼케'를 넣어서 번역한다.
178) Jo-Ann Shelton, *As the Romans Did: A Sourcebook in Roman Social
History* (New York/Oxford: Oxford University Press, 1998), 16.

사람에게로 넘어갈 수도 있다. 재산이 많은 귀족은 평소에 유언장을 미리 작성했다. 유언장 작성 시 복수의 증인들을 세워 그 유언장이 당사자의 것이 맞는지 확인할 수 있게 했다. 당시에도 서류에 공증을 했고, 공증된 유언장을 여러 부 만들어 자신의 집과 믿을 수 있는 친지들에게 맡겨 보관했다. 혹시라도 집에 화재가 발생해 유언장이 불에 타서 없어질 경우를 대비하기 위해서였다.

일단 유언장이 정식 절차를 밟아 만들어지고 난 뒤에는 아무리 유언장을 만든 당사자라 할지라도 그 유언장의 내용을 사적으로 마음대로 고쳐 쓰거나 내용을 추가할 수 없었다. 법적인 절차를 밟아 새로 유언장을 만들어야 했다. 그래서 유언장을 만든 당사자라 하더라도 마음대로 유언장을 '폐하거나'(무효로 만들거나) '더하거나'(수정하거나) 할 수 없다고 바울이 말한 것이다.

심지어 사람이 만든 유언장도 일단 만들어진 후엔 아무리 그 유언장을 만든 당사자라 하더라도 그 유언장을 무효로 만들거나 수정할 수 없듯이 (ὅμως, '호모스'는 여기에서 '마찬가지로'의 뜻으로 본다) 하나님의 언약도 그러하다. 하나님께서 아브라함에게 주신 언약은 절대로 취소되거나 수정될 수 없다. 바울이 이런 말을 하는 이유는 아브라함에게 주신 언약을 그 후에 생긴 시내산 언약이 폐기하거나, 그 내용을 수정할 수 없다는 것을 주장하기 위함이다. 바울은 예수 그리스도를 통해 맺어진 새 언약이 바로 아브라함 언약의 성취이기 때문에 모세를 통해 맺어진 옛 언약(시내산 언약)으로 새 언약을 부정해서는 안 된다고 논증한다. 바울은 15절에서는 이런 말을 함으로써 16절부터 그가 주장하려고 하는 바를 위한 논리의 근거를 만들고 있다.

3:16 이 약속들은 아브라함과 그 자손에게 말씀하신 것인데 여럿을 가리켜 그 자손들이라 하지 아니하시고 오직 한 사람을 가리켜 네 자손이라 하셨으니 곧 그리스도라

바울은 아브라함 언약은 하나님께서 아브라함과 그의 후손들에게 하신 "약속들"이라고 본다. 그 약속은 하나님께서 "말씀하신" 것이다. '약속'이 아니라 복수인 "약속들"(갈 3:21에서도 "약속들")이라고 말한 것은 창세기에서 하나님이 여러 번 아브라함에게 약속을 주셨기 때문이다(이에 대해서는 14

절의 주석을 보라). "자손"으로 번역한 단어는 '씨'(seed)라는 뜻은 가진 헬라어 단어 '스페르마'(σπέρμα)다. 히브리어로도 '씨'라는 뜻을 가진 '제라'(זרע)가 창세기에서 자손의 뜻으로 사용된다. 바울이 구약성경 어느 곳을 염두에 두고 "아브라함과 그 자손에게"고 말하는지 결정하는 것은 어렵다. 창세기 여러 곳에 유사한 표현이 나오기 때문이다. 아마도 창세기 15:18("내가 이 땅을 애굽 강에서부터 그 큰 강 유브라데까지 네 자손에게 주노니") 혹은 17:8("내가 너와 네 후손에게 네가 거류하는 이 땅 곧 가나안 온 땅을 주어")을 염두에 둔 것 같다. 왜냐하면 창세기 15장과 17장에는 '언약'이라는 말이 나오기 때문이다(창세기 15장과 17장의 비교는 3:6의 주석을 보라).

유대인들은 '씨'라는 뜻을 가진 '제라'(זרע) 혹은 '스페르마'(σπέρμα)를 아브라함의 자손을 가리키는 집단명사로 사용했다(b. Sabb. 146a; b. Pesah. 56a, 119b; b. Ned. 31a; Gen. Rab. 4.5).[179] 단수 명사이지만 복수인 집단을 표현하기 위해 사용한다. 그러나 바울은 "씨"(σπέρμα)를 집단명사로 보지 않고, 일반 단수 명사로 본다("여럿을 가리켜 그 자손들이라 하지 아니하시고"). 하나님께서 약속하신 그 "씨"는 유대민족이 아니라 예수 그리스도라고 주장한다("오직 한 사람을 가리켜 네 자손이라 하셨으니 곧 그리스도라"). 하나님은 '유대민족'을 통해서 축복하신다고 말한 게 아니라, "그리스도"를 통해서 축복하신다고 말한 것이다.

그렇다면 바울은 당시 유대인 사이에서 '씨'라는 단어가 단수이지만 집단명사로 사용되어 유대민족을 가리킨다는 사실을 모르고 있었을까? 그럴리는 없다. 바울이 당시 유대교의 통상적인(conventional) 해석을 부정하고 새로운 해석을 시도하는 것이 우리로서는 매우 낯선 모습이지만 당시 랍비들 사이에서는 흔한 종류의 일이었다.[180] 당시 랍비들은 역사비평(Historical Criticism)을 통해 성경 본문을 해석하는 학자들이 아니었다. 랍비들은 자신의 주장을 강화하기 위해 성경 구절을 매우 독특한 방식으로 달리 해석한다. 바울이 지금 하고 있는 해석도 그들이 하는 것과 다르지 않다. 또한 '씨'라는 단어가 반드시 집단명사로 사용되어야 하는 것도 아니다. 창세기 15:3, "아브람이 또 이르되 주께서 내게 씨를 주지 아니하셨으니 내 집에서 길린 자가 내 상

---

179) Longenecker, *Galatians*, 131.
180) Moo, *Galatians*, 229-30.

속자가 될 것이니이다"에서 "씨"는 집단명사가 아니라 '자식'이라는 뜻의 단수 일반명사다. 창세기 21:13, "그러나 여종의 아들도 네 씨니 내가 그로 한 민족을 이루게 하리라 하신지라"에서 "네 씨"는 아브라함의 후손 전체를 가리키는 집단명사가 아니라 이스마엘이라는 한 명의 개인이다.

바울이 아브라함의 씨를 그리스도에게 연결할 때, 그 뉘앙스는 대표적인 메시아 텍스트인 사무엘하 7:12, "네 수한이 차서 네 조상들과 함께 누울 때에 내가 네 몸에서 날 네 씨를 네 뒤에 세워 그의 나라를 견고하게 하리라"의 "네 씨"와 유사하다. 이 구절에서 "네 씨"는 솔로몬을 가리키지만, 궁극적으로는 메시아를 가리키는 것으로 해석된다(이점에 대해서는 보충설명 11: "왜 메시아는 '하나님의 아들'이란 호칭을 갖게 되었나?"를 참고하라). 양쪽 다 '그 씨'는 메시아(그리스도)를 가리킨다. 바울이 16절에서 "오직 한 사람을 가리켜 네 자손이라 하셨으니 곧 그리스도라"는 사무엘하 7:12을 은근히 에둘러서 언급하는 듯하다.

아브라함 언약을 다윗 언약과 연결하면서 직접적으로 예수 그리스도의 새 언약에 연결하면서 시내산 언약은 은연중에 우리의 시야에서 사라져버린다. 유대인들이 언약이라는 말을 들었을 때 제일 먼저 머리에 떠오르는 언약은 시내산 언약이지만, 바울의 논점에서 시내산 언약은 점점 사라지고 있다. 그것이 바로 바울이 여기에서 의도하는 바다. 그렇게 함으로써 바울은 율법의 중요성이 약화되고, 아브라함 언약과 새 언약이 그 상위의 것으로 확립되게 한다.

3:17 내가 이것을 말하노니 하나님께서 미리 정하신 언약을 사백삼십 년 후에 생긴 율법이 폐기하지 못하고 그 약속을 헛되게 하지 못하리라

바울은 15절에서 "사람의 예대로" 설명한 것을 17절에 연결하여 마무리한다. 마치 사람이 만든 유언장도 한 번 효력을 발생하면 마음대로 그것을 무효로 하거나 내용을 수정하지 못하는 것처럼, 하나님이 주신 아브라함 언약도 무효로 할 수 없다. "내가 이것을 말하노니"는 '내가 말하고자 하는 바는 이것이다'(What I am saying is this)라는 뜻이다. 바울이 하고 싶은 말은 그

뒤에 나오는 말이다.

"하나님께서 미리 정하신 언약"은 아브라함 언약이다. '미리 정하다'로 번역된 동사는 '프로퀴로오'(προκυρόω, to ratify previously)다. 15절에서 사용한 동사 '퀴로오'(κυρόω, to ratify) 동사에 접두어 '프로'(προ-)가 추가된 형태다. '퀴로오'가 '정식 법적 절차를 밟아서 유언장 같은 문서를 비준하다'라는 뜻이므로 '프로퀴로오'는 '먼저 비준하다'라는 뜻이 된다. 여기에서 이 동사는 완료수동 분사형(προκεκυρωμένην)이므로 '이미 먼저 비준된'이란 뜻이다. '휘포 투 떼우'(ὑπό τοῦ θεοῦ)는 '하나님에 의해'(by God)이며, 수동형에서 의미상의 주어를 나타낸다. 개역개정판에서는 능동형으로 번역했지만 '하나님에 의해 이미 먼저 비준된 언약'으로 번역할 수 있다.

'폐기하다'로 번역된 '아퀴로오'(ἀκυρόω)는 '퀴로오'(κυρόω, to ratify)에 접두어 '아'(ἀ-)가 붙어 '퀴로오'의 반대말이 된다. '비준된 것을 비준 전 상태로 만들다'는 뜻에서 '폐기하다'로 번역되었다. "폐기하지 못하고 그 약속을 헛되게 하지 못하리라"(οὐκ ἀκυροῖ εἰς τὸ καταργῆσαι τὴν ἐπαγγελίαν)는 정확히 번역하면 '그 약속을 무효로 하기(καταργέω, to nullify) 위해 폐기하지 못하리라'이다.

유대인의 입장에서 '언약'이란 말은 시내산 언약을 떠오르게 하지 아브라함을 언약을 먼저 떠오르게 하지 않는다. 바울은 일관성을 갖고 언약이란 단어를 아브라함 언약과 연결한다. "사백삼십 년 후에 생긴 율법"은 시내산 언약 때에 모세를 통해 받은 것이므로 사실 시내산 언약과 율법은 불가분의 관계다. 바울은 시내산 언약을 굳이 언급하지 않고 "율법"이란 말을 사용한다. 율법의 행위로 의롭다는 선언을 받을 수 없다는 것을 강조하는 맥락이기 때문이 율법을 사용하는 것이 더 효과적이다. 하지만 실제 바울이 하는 말은 '430년 후에 받은 시내산 언약이 아브라함 언약을 무효로 할 수 없다'이다.

사실 율법도 따지고 보면 '하나님에 의해'(ὑπό τοῦ θεοῦ) 주어졌다. 하지만 바울은 '하나님에 의해'란 표현은 아브라함 언약에만 적용하고 율법에 적용하지 않는다. 19절에서 율법이란 "천사들을 통하여 한 중보자의 손으로 베푸신 것"에 불과하다고 말한다. 아브라함 언약은 하나님과 아브라함 사이에 직접 말을 주고받으며 맺은 약속이지만, 율법은 세 단계의 전달과정을 거쳐 간접적으로 주어진 것이라고 말한다. 바울의 의도는 분명하다. 노골적으로 말하면 바울의 의도는 시내산 언약의 중요성을 최대한 감소시키는 것이다.

"사백삼십 년 후에 생긴 율법"이라고 심지어 숫자를 명기하는 이유는 무엇일까? 아브라함 언약이 율법의 수여보다 심지어 430년이나 앞서 있음을 강조하려는 의도다. 시간적으로도 아브라함 언약이 모세의 율법보다 앞서 생긴 것이므로 모세의 율법이 아브라함과 맺은 언약을 폐지할 수 없다. 당시 유대교에서도 아브라함으로부터 율법의 수여까지의 기간을 430년으로 보았다. 창세기 15:13, "네 자손이 이방에서 객이 되어 그들을 섬기겠고 그들은 사백 년 동안 네 자손을 괴롭히리니"와 출애굽기 12:40, "이스라엘 자손이 애굽에 거주한 지 사백삼십 년이라" 사이에는 숫자상의 불일치가 있다. 랍비들은 이 불일치를 이집트에 머문 기간은 400년, 출애굽에서 율법 수여까지 기간은 30년으로 봄으로써 해결한다.[181] 바울도 여기에서 유대교의 전승을 그대로 인용하고 있다.

"생긴"은 '생기다'라는 뜻의 동사 '기노마이'(γίνομαι)의 완료분사 (γεγονώς)를 번역한 것이다. '율법이 생기다'라는 표현은 우리가 듣기에는 당연한 것으로 들리지만, 유대인들의 귀에는 매우 듣기 불편한 말이었을 것이다. 왜냐하면 당시 유대교 안에는 율법이 천지창조 이전부터 이미 존재했다고 가르치는 율법의 선재(pre-existence of the law) 사상이 있었기 때문이다. 예를 들면 요세푸스는 *Against Apion* 2:277에서 "… 우리가 비록 우리의 재산을 빼앗기고, 우리의 도시들, 그리고 우리가 갖고 있는 다른 혜택들을 빼앗긴다 할지라도, 우리의 율법은 여전히 영원하다"[182]고 말한다(*Jubilee* 1:26-28 참고). 율법이 영원하다는 말은 시작도 없고 끝도 없다는 말이다. 시작이 없다는 말은 천지창조 이전부터 이미 율법은 존재한다는 뜻이다. 유대인들은 하나님의 영원하신 지혜와 율법을 동일시한다.

그러나 바울은 율법의 선재(先在) 사상을 인정하지 않는다. 로마서 5:13, "죄가 율법 있기 전에도 세상에 있었으나 율법이 없었을 때에는 죄를 죄로 여기지 아니하였느니라"에서 바울은 율법이 없었을 때가 있었다고 말한다.

---

181) Longenecker, *Galatians*, 131-32.
182) "… for though we be deprived of our wealth, of our cities, or of the other advantages we have, our law continues immortal…."

천지창조가 먼저 있었고 율법은 나중에 생겼다고 말한다. 율법은 시작도 없고 끝도 없다고 믿는 유대인들에게 17절처럼 율법이 '생겨난' 정확한 시점을 말하는 것은 도발적인 행동으로 보였을 것이다(이 점에 대해서는 19절의 주석을 보라). 율법이 생겨난 시점을 말하는 것은 율법이 끝나는 시점도 있다는 예상을 하게 한다. 실제로 바울은 19절에서 "약속하신 자손이 오시기까지 있을 것이라"는 말로 율법의 종결 시점이 있다고 못을 박는다.

3:18 만일 그 유업이 율법에서 난 것이면 약속에서 난 것이 아니리라 그러나 하나님께서 약속으로 말미암아 아브라함에게 주신 것이라

이 구절에서 바울은 "유업"(κληρονομία, inheritance, 상속)의 개념을 도입한다. '유업'(상속) 혹은 상속자의 개념은 이후 3:29, 4:1, 7, 30에서 계속 사용되고, 5:21에서도 사용된다. 바울은 15절에서 일상생활의 예로 유언(유언장)을 언급했다. 유언에서 유업이란 개념이 자연스럽게 이어진다. 하나님께서 아브라함에게 주신 약속에는 땅이 포함되어 있었다(예, 창 28:4). 약속된 땅은 아브라함의 후손들에게 주어졌고, 주어진 모든 땅은 그 이후 계속 그 후손들의 소유로 상속되었다. 지금 바울은 땅을 유업으로 보고 말하는 것이 아니다. 바울은 아브라함의 자손이 상속해야 할 것은 지상의 토지가 아니라, 하나님의 나라다.

바울은 "유업"이 "율법에서 난 것이면 약속에서 난 것이 아니리라" 말한다. 바울은 'A가 아니면 B다'(either A or B)라는 틀(frame)을 사용하고 있다. 'A와 B 둘 다이다'(both A and B)라는 관점이 아니다. 아브라함 자손의 상속은 아브라함 언약에서 유래하던지, 아니면 시내산 언약에서 유래하던지, 둘 중 하나다. 아브라함 언약과 시내산 언약 사이에 공통분모는 없다. 둘 사이에 교집합도 없다. 두 언약은 완전히 별개의 것이다. 유업이 율법과 약속에서 동시에 왔다고 보지 않는다. 그래서 만약 유업이 율법에서 온 것이라면, 이것은 약속과는 상관없이 온 것이 된다고 본다.

유업은 본질적으로 율법에서 올 수가 없다. 왜냐하면 율법에서 상은 행위에 대한 보상/상급(reward)으로 주어지기 때문이다. 로마서 11:6, "만일

은혜로 된 것이면 행위로 말미암지 않음이니"도 마찬가지 맥락이다. 우리의 구원이 은혜로 된 것이면, 행위나 율법에 의한 것이 될 수 없다. 바울은 은혜와 행위에서도 'A가 아니면 B다'(either A or B)라는 틀(frame)을 사용하고 있다. 'A와 B 둘 다이다'(both A and B)라는 관점이 아니다. 바울신학의 새 관점을 주장하는 학자들이 바울의 구원론을 '은혜와 행위 둘 다 중요하다'로 보고 있지만 바울의 말을 꼼꼼히 살펴보면 바울은 '은혜와 행위 둘 다가 될 수 없다'고 말한다.

"주신 것이라"로 번역된 동사는 '카리조마이'(χαρίζομαι, to give as a gift)고, 뜻은 '선물로/은혜로 주다'이다. 명사형은 '카리스'(χάρις, grace, 은혜)다. 아브라함 언약은 아브라함이 하나님의 약속을 믿었을 때 그것을 의로 간주하셔서 세워졌다. 그 언약의 약속은 순전히 하나님의 은혜로 주신 것이다. 바울은 '카리조마이' 동사를 사용하여 하나님의 약속은 처음부터 은혜였고, 우리가 하나님의 나라를 상속하는 것도 하나님의 은혜라는 것을 암시한다.

3:19 그런즉 율법은 무엇이냐 범법하므로 더하여진 것이라 천사들을 통하여 한 중보자의 손으로 베푸신 것인데 약속하신 자손이 오시기까지 있을 것이라

"그런즉 율법은 무엇이냐"(Τί οὖν ὁ νόμος;)는 문자적으로 번역하면 '그럼 왜 율법인가?'(Then, why the law?)다. 여기에서는 '왜 율법을 주셨는가?'로 번역하는 것이 더 자연스럽다. 왜냐하면 18절에서 유업은 율법에서 유래하지 않고, 약속에서 유래한다고 말했기 때문이다. 그렇다면 왜 하나님은 굳이 율법을 주셨을까? 하나님은 왜 언약을 주신 것으로 만족하지 않고 430년 후에 무슨 목적으로 율법을 주셨을까? 하나님의 구원사(Salvation History)에서 율법의 자리는 어디인가? 바울은 "범법"(παράβασις) 때문에 주셨다고 말한다. '파라바시스'(παράβασις)는 '범죄'(transgression)라는 뜻이다. 여기에서 "하므로"로 번역된 전치사 '카린'(χάριν)의 뜻은 '때문에'(on account of)이다. 인간이 죄를 짓기 때문에 율법이 주어졌다는 말은 인간의 죄를 방지하기 위해, 혹은 죄를 처벌하기 위해 주어졌다고 해석할 수 있다.

로마서 3:20에서 바울은 "율법으로는 죄를 깨달음이니라"고 말한다. 율법의 목적은 무엇이 죄이고 무엇이 죄가 아닌지를 알게 해주는 것이다. 로마서 7:7, "율법이 탐내지 말라 하지 아니하였더라면 내가 탐심을 알지 못하였으리라"은 만약 율법이 없다면 인간이 탐내는 것을 죄로 인식할 수 없었을 것이고 말한다. 실제 대부분 문화에서 탐내는 것 자체를 죄로 인식하지 않는다. 그러나 율법은 탐하는 것조차 죄라고 말한다.

바울은 인간이 죄를 범하므로 하나님께서 율법을 추가하셨다("더하여진 것이라")고 말한다. '더하다/추가하다'(to add)로 번역된 '프로스티떼미'(προστίθημι)는 갈라디아서 2:6, "저 유력한 이들은 내게 [의무를] 더하여 준 것이 없고"에서도 사용되었다. 바울이 율법은 인간의 범죄 때문에 '추가된 것이다'라고 말하는 것은 당시 율법을 준수하는 유대인이 들었을 때 기분이 언짢아지는 말이다. 마치 물건을 사고팔 때 끼워 팔기를 하는 것처럼 율법이 본문에 첨부된 부록(appendix)처럼 보이기 때문이다. '율법이 추가되었다'는 말은 17절의 '율법은 430년 후에 생겨났다'라는 말만큼이나 유대인들에게는 자극적인 말이다.

구약성경에 율법이 "천사들을 통하여" 주어졌다고 말하는 곳은 없다. 70인역 구약성경 신명기 33:2에 "그와 함께 오른 편에 그의 천사들이 있었다"(ἐκ δεξιῶν αὐτοῦ ἄγγελοι μετ' αὐτοῦ)는 말이 있을 뿐이다. 해당 구절의 히브리어 성경 개역개정판 번역은 "그의 오른손에는 그들을 위해 번쩍이는 불이 있도다"(신 33:2)이다. 율법이 천사를 통해 전달되었다는 것은 오래된 유대교 전승이다(Jub. 1.27-2:1; Philo *Somn.* 1.143; Josephus, *Ant.* 15.136).[183] 율법이 천사를 통해 모세에게 전달되었다는 전승은 사실 신약성경에도 나온다. 사도행전 7:38, "시내 산에서 말하던 그 천사와 우리 조상들과 함께 광야 교회에 있었고…," 7:53, "너희는 천사가 전한 율법을 받고도 지키지 아니하였도다," 히브리서 2:2, "천사들을 통하여 하신 말씀이 견고하게 되어…" 등에는 이 전승이 반영되어 있다.

율법은 "한 중보자의 손으로" 전달되었다. '중보자'(μεσίτης, mediator, 딤전 2:5; 히 8:6)라는 단어는 디모데전서 2:5, 히브리서 8:6, 9:15, 12:24

---

183) Moo, *Galatians*, 235.

등에서 사용되었고, 모두 그리스도에 대하여 사용되었다. 여기에서 중보자는 모세다. 필로(Philo)는 모세를 '중보자,' '화해자,' '언약의 중보자' 등으로 불렀다.[184] 당시 유대인들은 모세를 하나님과 이스라엘 사이에 있는 중보자로 이해했다. 율법이 전달될 때 하나님-천사들-모세의 손을 거쳐 전달되었다. 왜 바울은 율법이 직접 전달되지 않았다는 것을 여기서 강조하는 걸까? 아마도 율법이 하나님으로부터 직접 온 것이 아니고 천사들과 중보자인 모세의 손을 거친 것이라면, 하나님께서 직접 주신 아브라함 언약에 비해 열등하다는 것을 말하기 위해서다.

율법은 "약속하신 자손이 오시기까지 있을 것"이다. "약속하신 자손"은 '약속된 그 씨'(τό σπέρμα ᾧ ἐπήγγελται)다. 약속된 그 '씨'(자손)는 아브라함의 씨, 다윗의 씨, 바로 예수 그리스도다. "오시기까지"는 전치사 '아크리스'(ἄχρις, until)가 사용되었다. 이 전치사는 특정 시점까지의 기간을 지정하며, 영어 전치사 until에 해당한다. '율법은 그리스도가 올 때까지다'(ἄχρις οὗ ἔλθη τὸ σπέρμα ᾧ ἐπήγγελται). 17절에서 바울은 아브라함 언약으로부터 430년 후에 율법이 생겼다고 말했다. 19절에서는 율법이 종료하는 시점은 그리스도가 오실 때라고 말한다. 율법은 시작하는 시점과 끝나는 시점이 있다고 말한 것이다. 율법은 영원무궁한 것이 아니고, 그리스도가 영원하다(골 1:17, "또한 그가 만물보다 먼저 계시고"). 율법에는 유효기간이 있고, 그리스도를 믿는 성도들에게 그 유효기간은 끝났다(이 점에 대해서는 3:24-25의 주석을 보라).

3:20 그 중보자는 한 편만 위한 자가 아니나 하나님은 한 분이시니라

이 구절 앞부분(ὁ δὲ μεσίτης ἑνὸς οὐκ ἔστιν)은 해석이 어렵다. '헤노스'(ἑνός)는 '하나'라는 수사(數詞) '헤이스'(εἷς)의 속격이다. 중보자는 양편의 사이에서 일하는 것이므로, '하나의'(ἑνός)가 아니다(not of one). 무슨 뜻일까? 중보자가 '하나의'가 아니라는 것은 양편을 위해 일한다는 뜻인 것 같다. 사실 바로 앞 19절에서도 수사(數詞)가 하나 나왔다. "한 중보자의 손으로"의

---

184) Longenecker, *Galatians*, 391

"한"은 바로 '헤노스'(ἑνός)의 번역이다. 바울은 중보자도 하나라고 말했고 (19절), 하나님도 한 분이라고 말한다(20절). 왜 바울은 이 대목에서 '하나'라는 것을 강조하는 것일까?

하나님이 한 분이시라는 것은 신명기 6:4, "이스라엘아 들으라 우리 하나님 여호와는 오직 유일한 여호와이시니"의 메아리다. 70인역 구약성경 신명기 6:4에서도 수사(數詞) '헤이스'(εἷς)가 사용되었다. 이 구절은 소위 '쉐마'라고 하여 유대인들이 매일같이 암송하고 말하기 좋아하는 구절이다. 그렇다면 바울은 왜 '하나님도 한 분이시고, 모세도 하나다'라는 말을 하는 걸까? 이 말은 당시 유대교 안에서 율법의 수여자로서 모세를 높이는 표현일 가능성이 있다. 1세기 유대교에서 모세의 위치는 선지자들보다 높았다. 모세는 선지자 중의 선지자(the Prophet of the prophets)였고, 그냥 '그 선지자'(the Prophet)이라고 불렸다(요 1:21, "또 묻되 네가 그 선지자냐 대답하되 아니라"). 신명기 18:18에서 하나님께서 "내가 그들의 형제 중에서 너와 같은 선지자 하나를 그들을 위하여 일으키고 내 말을 그 입에 두리니 내가 그에게 명령하는 것을 그가 무리에게 다 말하리라"고 말씀하셨기 때문에 모세와 같은 선지자가 다시 나타날 것이라는 기대가 있었다. 그 기대는 메시아 기대와 연결되어 있었던 것으로 보인다. 1세기 유대교에서 모세의 위상은 하나님 바로 아래였고, 모든 선지자보다 지위가 더 높았다.

그런 의미에서 '하나님도 한 분이시고, 모세도 하나다'라는 말은 모세를 높이려는 할례당이 선호하는 표현이었을 수 있다. 모세를 높이면 곧 율법의 위치를 높아지는 결과가 생기기 때문이다. 바울은 이 대목에서 모세의 위상을 낮추려고 노력한다. 모세가 한 사람이지만, 그 모세는 양쪽을 위해 일하는 중보자에 불과하다. 한쪽에는 하나님이 있으시고, 다른 한쪽에는 이스라엘이 있었다. 그런 점에서 모세를 신적인 위상으로 높이면 안 된다는 의미로 "한 편만 위한 자"가 아니라고 말한 것 같다. 모세는 언약의 당사자인 '한쪽이 아니다.' 반면에 아브라함 언약은 중보자도 없고, 아브라함은 언약의 당사자였다. 그런 점에서 모세보다 아브라함이 우월하고, 시내산 언약보다 아브라함 언약이 더 우월하다. 아브라함 언약은 새 언약에 의해 성취되었으므로 새 언약이 시내산 언약보다 더 우월하다. 약속이 율법보다 더 우월하고, 그리스도가 모세보다 더 우월하다.

10.
율법에는 유효기간이 있다
[3:21-25]

3:21 그러면 율법이 하나님의 약속들과 반대되는 것이냐 결코 그럴 수 없느니라 만일 능히 살게 하는 율법을 주셨더라면 의가 반드시 율법으로 말미암았으리라

"그러면 율법이 하나님의 약속들과 반대되는 것이냐"는 사람들이 쉽게 빠지는 오해를 풀어주려는 질문이다. 율법과 약속은 모두 구약성경에 함께 나온다. 유대인들이 '토라'(Torah, 율법)라고 부르는 창세기~신명기까지 다섯 권의 책에 율법도 나오고 약속도 나온다. 만약 율법과 약속이 반대되는 것이고 서로 양립 불가능한 것이라면, 성경이 서로 조화될 수 없는 말들을 횡설수설한 것이 된다. 아무 생각 없이 조변석개(朝變夕改) 하듯 성경이 여기서는 이 말을, 저기서는 저 말을 한 것일까? 바울은 "결코 그럴 수 없느니라"라고 말한다. 하나님께서 약속도 주시고 율법도 주신 것은 결코 자기 모순적 행동이 아니다. 하나님께서는 처음부터 일관된 계획을 갖고 계셨고, 하나님의 뜻 안에서 때가 되었을 때 약속도 주셨고, 율법도 주셨다. 문제는 하나님께서 어떤 의도로 약속과 율법을 주셨는지 잘 분별하고 설명하는 것이다. 지금 바울이 21-25절에서 하는 일이 바로 그것이다.

"만일 능히 살게 하는 율법을 주셨더라면 의가 반드시 율법으로 말미암았으리라"는 사실과 반대되는 가정을 하는 'εἰ ~ ἄν ~' 형태의 가정문이다. "만일 능히 살게 하는 율법을 주셨더면"은 사실과 반대의 가정이다. '하나님께서 능히 살게 하는 율법을 주시지 않았다'가 진실이다. 또 "의가 반드시 율법으로 말미암았으리라"도 사실과 반대다. '의는 율법으로 말미암지 않는다'가 진실이다.

"만일 능히 살게 하는 율법을 주셨더면"(εἰ γὰρ ἐδόθη νόμος ὁ δυνάμενος ζωοποιῆσαι)에서 '살게 하다'라는 뜻을 가진 '조오포이에오'(ζωοποιέω)가 사용되었다. 이 동사는 바울서신에서 '부활시키다' 혹은 '영원한 생명을 주다'의 뜻으로 사용되었으므로(롬 4:17, 8:11; 고전 15:22, 36, 45; 고후 3:6), '구원'을 나타내는 동사다. '영원한 생명을 줄 수 있는 율법'이란 말은 기본적으로 레위기 18:5, "너희는 내 규례와 법도를 지키라 사람이 이를 행하면 그로 말미암아 살리라"를 연상시킨다. 왜냐하면 사람이 율법을 행하면 그 행위로 말미암아 산다, 즉 영원한 생명을 얻는다고 되어 있기 때문이다.

동시에 에스겔 20:25, "또 내가 그들에게 선하지 못한 율례와 능히 지키지 못할 규례를 주었고"도 연상시킨다(이 구절에 대한 논의는 3:12의 주석을 보라). "능히 지키지 못할 규례"는 70인역 구약성경의 이 부분(δικαιώματα ἐν οἷς οὐ ζήσονται ἐν αὐτοῖς)을 직역하면 '그것들을 행함으로 살지 못할 규례들'이다. 이 말을 평서문으로 바꾸면 '그들이 그 규례들을 행함으로 살지 못할 것이다'이다. 이 말은 레위기 18:5의 "사람이 이를 행하면 그로 말미암아 살리라"를 정면으로 부정하고 있다. 정리하면 에스겔 20:25에는 레위기 18:5이 포함되어 있는데, 레위기 18:5을 부정한다. 에스겔 20:25, "능히 지키지 못할 규례"와 갈라디아서 3:21, "만일 능히 살게 하는 율법을 주셨더면"은 둘 다 레위기 18:5을 암시하면서 동시에 부정한다는 점 매우 유사하다.

만약 레위기 18:5의 약속이 제대로 작동할 수 있었더라면, '당연히 의가 율법으로부터 일 것이다'(ὄντως ἐκ νόμου ἂν ἦν ἡ δικαιοσύνη). 이 문장에는 '율법으로부터 오는 의'(ἡ δικαιοσύνη ἐκ νόμου)가 들어 있다. 만약 레위기 18:5이 작동할 수 있었다면, 율법으로부터 오는 의가 있었을 것이다. 빌립보서 3:9, "내가 가진 의는 율법에서 난 것이 아니요"에도 '율법으로부터 오는 의'가 나온다. 바울은 '나는 율법으로부터 오는 의를 갖고 있지 않다'고 말한다. 왜냐하면 레위기 18:5의 약속이 제대로 작동이 되지 않기 때문이다. 그래서 의는 율법으로부터 오지 않고, 믿음을 통하여 하나님으로부터 온다(빌 3:9, "곧 믿음으로 하나님에게서 난 의라").

3:22 그러나 성경이 모든 것을 죄 아래에 가두었으니 이는 예수 그리스도를 믿음으로 말미암는 약속을 믿는 자들에게 주려 함이라

여기서 율법 대신 "성경"(ἡ γραφή)이란 말을 쓴다. 성경은 물론 구약성경이고, 구약성경은 율법을 포함한다. '가두다'(to confine, shut)로 번역된 '쑹클레이오'(συγκλείω)는 군사용어로 사용되면 '둘러싸다, 포위하다'(to enclose, encircle)라는 의미다. 이 동사는 누가복음 5:6, "그렇게 하니 고기를 잡은 것이 심히 많아 그물이 찢어지는지라"에서 '잡다'로 번역되었다. 그물을 쳐서 물고기들을 둘러싼 뒤에 그물을 당겨 고기를 잡기 때문에 '둘러싸다'가 '잡다'라는 뜻으로 사용된다. 이 동사는 '감옥에 가두다'(to imprison)로 번역되기도 한다. 마치 전쟁터에서 적군이 우리를 포위하여 가두어 생포하듯이 율법은 "모든 것을 죄 아래에" 가두었다.

"죄 아래에"(ὑπό ἁμαρτίαν)는 죄의 지배(rule) 아래에 포로로 잡혀 있는 인간의 실존을 바로 보여준다. 율법 아래에 있는 것은 '죄 아래에' 있는 것과 같다. 율법은 무엇이 죄인지 알려주지만, 죄를 이길 수 있는 능력은 주지 않는다. 그래서 율법 아래 있으면 결국 죄 아래에 있게 된다. 바울이 '죄 아래에 있다'고 말할 때 이 '죄'는 과거에 내가 행한 잘못된 행동을 가리키는 말이 아니다. 여기에서 죄는 하나의 '세력'(power, force)이다. 로마서 7:17, 20의 "내 속에 거하는 죄"도 잘못된 행동이 아니라 세력이다. 죄의 세력이 인간을 내면으로부터 지배하고 있다. "저주 아래에"(ὑπὸ κατάραν, 3:10; 3:13), "율법 아래에"(ὑπό νόμον, 3:23; 4:4, 5, 21; 5:18), "초등교사 아래에"(ὑπό παιδαγωγόν, 3:25), "후견인과 청지기 아래에"(ὑπό ἐπιτρόπους ··· καὶ οἰκονόμους, 4:2), "초등학문 아래에"(ὑπὸ τὰ στοιχεῖα, 4:3) 등은 모두 '휘포'(ὑπό) 전치사 구로써, 복음을 믿지 않는 인간의 영적 현실을 다양한 각도에서 묘사하고 있다.

"모든 것"(τά πάντα)은 인간을 포함한 모든 창조 세계를 가리킨다. 아담의 범죄로 인해 인간만 죽음 아래에 갇힌 것이 아니다. 온 세상 만물은 아무런 잘못도 없이 아담과 함께 죽음의 지배 아래 갇혔다. 왜냐하면 아담은 모든 피조물의 왕이었기 때문이다(창 1:28, "바다의 물고기와 하늘의 새와 땅에 움직이는 모든 생물을 다스리라 하시니라"; 시 8:6, "주의 손으로 만드신 것을 다스리게 하시고 만물을 그의 발 아래 두셨으니"). 아담은 왕이었고 만물이 그의 발 '아래' 있었지만, 범죄를 저지름으로 '죽음 아래'에 놓이게 되었다. 만물도 아담과 더불어 "죄 아래에" 갇히게 되었다. 세상 만물은 인간과 더불어 "이제까지 함께 탄식하며 함께 고통을 겪고"(롬 8:22) 있고, 죽음의 "종 노릇 한 데서 해방되어 하나님의 자녀들의 영광의 자유에"(롬 8:21) 이르기를 고대하고 있다. 그들은 "하나님의 아들들이 나타나는 것"(롬 8:19)을 기다리고 있는데, 이제 그 하나님의 아들들이 나타났다(갈 3:26, "너희가 … 하나님의 아들이 되었으니"; 4:6, "너희가 아들이므로 … 아빠 아버지라 부르게 하셨느니라"; 4:7, "네가 이 후로는 종이 아니요 아들이나").

"이는 예수 그리스도를 믿음으로 말미암는 약속을 믿는 자들에게 주려 함이라"는 목적을 나타내는 '히나'(ἵνα)가 이끄는 절의 번역이다. "약속을 … 주려함이라"에서 "약속"(ἡ ἐπαγγελία)은 약속 그 자체를 주는 것이 아니라, '약속된 것'을 준다는 뜻이므로, '약속된 것'으로 번역하는 것이 좋다. 대부분의 영어 성경도 'what was promised'로 번역한다. 개역개정판 번역에서는 "믿음으로 말미암는"(ἐκ πίστεως)을 "약속"을 수식하는 형용사구로 해석했다. 그러나 이 전치사구는 '주다'라는 동사를 수식하는 부사구로 보는 것이 더 좋다. 믿음은 은혜를 받는 통로다. 직역하면 '약속된 것이 예수 그리스도를 믿음을 통하여 신자들에게 주어지게 함이라'다. 이 수동태 문장을 능동으로 번역하면 '신자들이 예수 그리스도를 믿음으로 약속된 것을 받게 함이다'로 바꿀 수 있다.

아담의 범죄가 모든 피조물과 인간을 죽음의 지배 아래로 떨어지게 하였지만, 바울은 그것조차도 하나님의 구원 계획의 일부였다고 말한다. 그리스도를 통해서 주시는 구원의 은혜는 믿음이라는 통로를 통해 믿는 자들에게 주어진다. 하나님은 처음부터 그렇게 계획하셨다. 천지창조부터 종말의 모든 일이 이런 하나님의 구원 계획 속에 있다.

3:23 믿음이 오기 전에 우리는 율법 아래에 매인 바 되고 계시될 믿음의 때까지 갇혔느니라

"믿음이 오기 전에"라는 표현은 약간 생경하게 느껴진다. '믿음이 오다'에서 '믿음'은 '복음'의 별명이라고 볼 수 있다. 갈라디아서 1:23에서 바울은 '복음'의 별명으로 '믿음'을 사용한다("다만 우리를 박해하던 자가 전에 멸하려던 그 믿음을 지금 전한다 함을 듣고"). 3:2, "듣고 믿음으로냐"(ἐξ ἀκοῆς πίστεως)도 '믿음을 들음으로부터'의 뜻으로 보면 믿음은 복음의 별명으로 볼 수 있다. "믿음이 오기 전에"는 '복음이 도착하기 전에'로 이해할 수 있다. "믿음의 때까지"도 '복음의 때까지'로 볼 수도 있지만, 여기에서는 '믿음의 시대가 시작할 때까지'의 뜻으로 보는 것이 더 좋다. 복음이 도착하여 믿음의 시대가 시작되기 때문이다.

여기서 중요한 것은 "믿음이 오기 전에"에 나오는 전치사 '프로'(πρό, before, ~전에)와 "믿음의 때까지"에 나오는 전치사 '에이스'(εἰς, up to the time of, ~때까지)다. 이 전치사들은 모두 어떤 특정 시점을 기준으로 그 전과 후를 양분할 때 사용한다. 사실 이미 19절, "약속하신 자손이 오시기까지 있을 것이라"에서도 전치사 '아크리'(ἄχρι)가 사용되었다. 그 뜻은 '~까지'(until)다. 25절, "믿음이 온 후로는"(ἐλθούσης δὲ τῆς πίστεως)"에서는 전치사가 사용되지는 않았지만 시간을 나타내는 분사구문이 사용되었다. '에르코마이'(ἔρχομαι, '오다')의 과거분사(ἐλθούσης)를 "온 후로는"으로 번역한다. 전치사를 사용하지 않았지만, 전치사를 사용한 것과 같은 효과가 있다. 특정 시점을 기준으로 하여 기간을 양분하는 이런 표현은 4:1, "어렸을 동안에는"(ἐφ᾽ ὅσον χρόνον, as long as), 4:2, "그 아버지가 정한 때까지"(ἄχρι), 4:3, "우리도 어렸을 때에"(ὅτε ἦμεν νήπιοι)에도 계속해서 나온다. 이렇게 특정 시점을 기준으로 하여 그 앞과 뒤가 다르다는 것을 강조하는 기본적인 이유는 복음의 도착으로 인해 믿음을 가진 사람에게는 율법의 유효기간이 끝났다는 것을 강조하려는 것이다.

바울은 여기에서 사용하는 두 개의 동사 중 "갇혔느니라"는 이미 22절에서 한 번 사용한 '쒕클레이오'(συγκλείω, to confine, enclose)다. 22절, "죄 아래에 가두었으니"에서 사용되었다. "매인 바 되고"로 번역된 동사는 '프

루레오'(φρουρέω)다. '프루레오'의 뜻은 '지키다'(to guard) 혹은 '가두다'(to hold in custody, confine)이다. 고린도후서 11:32, "다메섹에서 아레다 왕의 고관이 나를 잡으려고 다메섹 성을 지켰으나"에서 이 동사가 사용되었다. 그 명사형 '프루로스'(φρουρός)는 '파수꾼, 간수'(watcher, guard)이다. '프루레오'가 '지키다'라는 뜻을 갖고 있지만, '구금하다'라는 뜻도 있다. 이 경우에는 '쓍클레이오'와 동의어로 사용된 것이다. 강조를 위해 바울이 동의어를 반복했을 수도 있다. 개역개정판은 동의어로 보고 번역했다. 믿음의 때가 시작되기 전까지 모든 인간은 감옥에 갇혀(συγκλειόμενοι) "율법 아래에" 구금되어 있다(ἐφρουρούμεθα, "매인 바 되고").

　'갇히다'와 '구금되다'는 모두 수동형으로 되어 있다. 능동형으로 바꾼다면 '가두다'와 '구금하다'의 주어는 무엇일까? 아마도 성경을 포함한 율법인 것 같다. 왜냐하면 22절에서 "성경이 모든 것을 죄 아래에 가두었으니"라고 말하기 때문이다. 최후의 심판대에서 율법은 인간이 지은 죄를 고발한다. 이미 모든 인간은 고발당하여 심판을 기다리고 있는 신세다. 지금 자유롭게 돌아다니면서 살고 있지만, 영적으로 보면 경찰에 체포되어 구금되어 재판 날짜를 기다리고 있는 죄수의 상태다. '율법의 저주'(갈 3:13), 즉 하나님의 형벌 아래에 이미 놓여 있다. 바울은 율법이 마치 감옥의 간수처럼 우리를 가두고 우리를 감시하고 있다고 말한다.

3:24 이같이 율법이 우리를 그리스도께로 인도하는 초등교사가 되어 우리로 하여금 믿음으로 말미암아 의롭다 함을 얻게 하려 함이라

　바울은 '율법이 우리들의 초등교사가 되었다'(ὁ νόμος παιδαγωγὸς ἡμῶν γέγονεν)고 말한다. '게고넨'(γέγονεν)은 완료형이므로 지속의 뜻이 포함되어 있다. 율법이 초등교사가 되었고, 그 이후 지금까지 그 역할을 계속해 왔다. 초등교사로 번역된 단어는 '파이다고고스'(παιδαγωγός)다. 이 단어는 '어린아이'라는 뜻의 '파이스'(παῖς; 소유격은 '파이도스,' παιδός)와 '인도자'(guide)라는 뜻의 '아고고스'(ἀγωγός; '이끌다'라는 뜻의 동사 '아고,' ἄγω 의 명사형)가 만난 합성어다. 어린아이를 이끌어주는 사람이란 뜻이다. 개역

개정판에서는 '초등교사'로 번역했고, 그 전에는 '몽학선생'이라고 번역했다. 파이다고고스를 오늘날 현대어로 번역하는 것은 불가능하다. 왜냐하면 파이다고고스는 노예제도가 있던 시대에 어린아이를 돌보던 노예였고, 노예제도가 없어진 현대에 이에 해당하는(equivalent) 단어가 없기 때문이다. 영어에서도 사정은 마찬가지다. '선생'(teacher), '개인 교사'(tutor) 등 어떤 말로 번역해도 의미 전달이 어렵다. 노예제도가 있던 시절 미국 남부에서는 주인의 어린아이를 돌보는 '내니'(nanny)라고 불리는 흑인 여자 노예가 있었다. 파이다고고스를 '내니'에 해당한다고 볼 수도 있지만, 내니는 여자 노예고 파이다고고스는 남자 노예였다.

그레코 로마 시대에 자녀 교육의 책임은 어머니가 아니라 아버지에게 있었다. 상류층 가정의 아버지들은 공무로 바빴기 때문에 자신을 대신해 아이를 가르치고 돌볼 노예를 따로 두었다. 이 노예를 '파이다고고스'라 불렀다. 파이다고고스를 현대어로 옮긴다면 '훈육(訓育) 노예' 정도가 적당하다. 초등교사는 상당한 오해를 불러일으키는 번역이다. 파이다고고스는 아이에게 예절을 가르치고, 아이가 학교에서 배운 읽기와 쓰기를 잘 할 수 있도록 도와주어야 했기 때문에 헬라어를 제대로 구사할 줄 알고 예의범절을 아는 배운 노예라야 될 수 있었다. 아이가 아침에 일어나면 세수를 하고 옷을 입혀 학교에 데려다주고, 점심시간에는 다시 집에 데리고 와서 점심을 먹게 하고, 다시 학교에 데려가 오후 수업을 받게 했다. 귀가 후에는 아이와 놀아주기도 하고, 친구들과 놀 때는 아이를 계속 관찰하다가 잘못된 말이나 행동을 하면 하지 않도록 도덕적 지도를 했다.

파이다고고스는 끊임없이 아이를 지켜보면서(monitoring) 아버지를 대신해 아이의 행동을 규제하고 교정했다. 만약 아이가 그의 가르침에 순종하지 않으면 체벌도 줄 수 있었다. 일반 노예가 주인의 아들을 때릴 수 없었지만, 파이다고고스는 아버지로부터 훈육에 대한 권위를 위임받았기 때문에 허락된 범위 안에서 체벌을 가할 수 있었다. 고대 시대의 기록 중 자신의 파이다고고스에 대한 아래와 같은 글도 있다.

"카리데무스(Charidemus), 너는 내가 누운 아기 침대를 흔들어주었고 내가 소년이었을 때 나의 보호자요 오랜 친구였다. 이제 내 수염이 이발사의 수건을 면도로 더럽게 하고 내 여자 친구가 내 입술로 아프게 했다고 불평한다. 그러나 너에게 나는 아직 어른이 아니다. … 너는 나를 혼내고, 매처럼 나를 지켜보고, 불평하고, 한숨을 쉬고, 화난 손을 매에서 거의 떼지 못한다. … 제발 그만해라." (Martial, *Epigrams* 11.39)[185]

아마도 카리데무스라는 파이다고고스는 아이가 다 자란 후에도 도덕적 훈육을 위해 잔소리를 그치지 않았던 것 같다. 그러나 이건 예외적인 경우다.

왜냐하면 어린아이는 항상 자라기 마련이고, 아이가 자라서 성인식을 하면 성인이 되고, 성인이 되는 그 순간 파이다고고스의 직무는 그 유효기간이 끝나기 때문이다. 아이가 성인이 되면, 아버지는 자신의 유언장을 새로 작성할 수 있다. 자신의 유고 시에 그 아들이 자신의 상속자가 된다는 것을 공식적으로 선언할 수 있다. 그렇게 되면 그 아이와 파이다고고스의 관계를 역전된다. 왜냐하면 그 아이는 상속자고, 파이다고고스의 미래의 주인이기 때문이다. 이제부터는 아이가 파이다고고스의 말에 순종하는 것이 아니라, 파이다고고스가 성인이 된 상속자의 말에 순종해야 한다. 파이다고고스는 영원토록 그 직무를 갖고 있는 것이 아니라 그 상속자가 미성년자인 '동안에,' 성인이 되기 '전까지' 자신의 일을 하지만, 성인이 된 '후에는' 그 아이는 '더는'(οὐκέτι, 갈 3:25) 파이다고고스 '아래에' 있지 않다. 이것이 바로 바울이 '율법은 초등교사(훈육 노예)다'라고 말할 때 그가 말하고자 한 바다. 율법은 영원하지 않고 유효기간이 있다. 율법이 시작한 시점이 있었다면(갈 3:17, "사백삼십 년 후에 생긴 율법"), 율법이 끝나는 시점도 있다(갈 3:23, "계시될 믿음의 때까지").

갈라디아서 3:15에서 바울이 '유언장'(διαθήκην)을 언급한 것("사람의 언약[유언장]이라도 정한 후에는"), 그리고 3:29에서 '상속자'(κληρονόμος)를 언급한 것("아브라함의 자손이요 약속대로 유업을 이을 자니라"; 4:1, 7)도 다 '율법은 파이다고고스다'라는 말과 깊은 연관이 있다. 갈라디아서 4:1-3은 3:24의 주석이다. 미성년의 상속자와 파이다고고스의 관계를 자세히 설명해 준다.

---

185) Shelton, *As the Romans Did*, 34에서 재인용. 번역은 필자의 것.

¹내가 또 말하노니 유업을 이을 자가 모든 것의 주인이나 어렸을 동안에는 종과 다름이 없어서 ²그 아버지가 정한 때까지 후견인과 청지기 아래에 있나니 ³이와 같이 우리도 어렸을 때에 이 세상의 초등학문 아래에 있어서 종 노릇 하였더니

여기서 잘 나타나듯이 어린아이-아버지-파이다고고스(후견인, 청지기)-노예-성인-유언장-상속자 등은 모두 하나로 연결된 메타포다.

바울이 율법을 훈육 노예에 비유한 것은 유대인들에게는 매우 듣기 거북한(offensive) 말이었을 것이다. 율법을 노예에 비유한 것 자체가 유대교인으로서 할 수 있는 말이 아니다. 현존하는 어떤 유대교 문헌도 율법을 초등교사에 비유하지 않는다. 율법을 훈육 노예에 비유하는 것은 자체가 율법의 지위를 낮추는 것이기 때문에 유대인들에게는 비위에 거슬리는 말이 된다. 바울이 이 비유에서 율법이 영원히 유효한 것이 아니라, 복음과 믿음의 시기가 시작되면 그 유효기간이 끝난다고 말한 것도 율법에 대한 모욕으로 들렸을 것이다. 유대인들은 율법은 영원불멸한 것으로 보기 때문이다. 바울이 이런 말을 하는 것 자체가 그가 이미 유대교의 테두리를 벗어나 있는 사람이라는 것을 보여준다. 그는 자신을 유대교 신자로 보지 않는다.

율법에 유효기간이 있다는 말은 무슨 뜻일까? 바울은 믿음의 때까지 우리가 율법 아래 있다고 말한다. 그렇다면 율법의 유효기간이 인류의 역사에서 몇 년도 몇 월 몇 일에 끝났다고 말할 수 있을까? 그렇게 말할 수는 없다. 율법의 유효기간이 끝나는 것은 각각의 개인마다 다르다. 동일한 시점에 두 사람이 살고 있어도, 믿음을 가진 A라는 사람에게는 율법의 유효기간이 끝났지만, 아직 복음을 모르거나 믿지 않는 B라는 사람에게 율법은 여전히 유효하다. 그러므로 교회에서 율법을 가르치는 것이 필요하다. 특별히 어린 세대, 불신자, 예비 신자, 새 신자들에게 율법이 무엇인지 계속 가르쳐야 한다. 하지만 율법을 구원의 길로 가르쳐선 안 된다.

"그리스도께로"(εἰς Χριστόν)는 전치사 '에이스'(εἰς)를 시간을 나타내는 전치사로 보고, '그리스도가 올 때까지'로 해석할 수도 있다. '율법이 우리를 그리스도에게로 인도한다'는 말을 설명하는 것이 어렵기에 시간을 나타내는 전치사로 보는 것이 매력적인 선택으로 보인다. 하지만 현재 개역개정판

처럼 방향으로 해석하는 것도 여전히 가능하다. 왜 바울은 율법이 우리를 그리스도에게로 인도한다고 말하는 것일까? 사실 이 점에 대해서는 3:12절의 주석에서 이미 자세히 설명했다. 다시 요약한다면 아래와 같이 말할 수 있다.

1) 하나님은 레위기 18:5에서 율법을 지킴으로 구원을 받는 길을 제시하셨다. 율법을 준수하면 그 행위가 곧 '나의 의'가 된다(신 6:25).
2) 하지만 인간이 모든 율법을 지키는 것 자체가 불가능하고 자신이 죄인이라는 것을 깨닫는다. 하나님을 향해 율법 준수를 기준으로 하여 심판하지 마시고, 다른 구원의 길을 열어달라고 간청하기 시작한다(시 51:14; 143:1-2)
3) 하나님께서도 율법을 준 의도가 그것을 지킴으로 구원을 얻게 하는 것이 아니라는 것을 인정하신다(겔 20:25). 율법은 인간의 제한성과 불완전성을 깨닫게 해주는 데에 그 기본 목적이 있다. 하나님은 주의 종이 인간의 죄를 짊어지고 죽어 하나님의 은혜로 인간을 의롭게 하는(사 53:10-12) 새로운 구원의 길을 열어주시겠다고 약속하신다. 하박국서 2:4은 이 길이 '믿음으로 말미암아' 사는 길이라는 것을, 창세기 15:6은 믿음으로 '의롭다는 선언을 받는' 길이라는 것을 예고한다.
4) 그러므로 율법은 인간이 자신이 죄인임을 깨닫고, 하나님이 약속하신 메시아인 주의 종을 기다리면서, 그를 향해 서 있게 만든다. 이처럼 율법은 우리를 "그리스도께로" 인도하는 결과를 가져온다.

　　율법은 그 자체가 목적이 아니다. 율법은 우리를 의롭게 하려고 있는 게 아니다. 정반대의 의도로 주어졌다. 그것은 우리가 죄인임을 깨닫고, 행위로 구원받는 것이 불가능함을 깨닫게 하려고 율법을 주셨다. 하나님이 보내실 그리스도를 고대하고, 그리스도가 오셨을 때 그를 환영하고 그를 통해 구원받게 하려는 의도로 율법을 주셨다.
　　이제 그리스도께서 오셔서 하나님의 모든 구원의 약속이 성취되었다. 그리스도가 누구인지, 그의 죽음이 어떤 의미가 있는지 바울의 설명을 듣고 그것을 받아들이면 "믿음으로 말미암아 의롭다 함을 얻게" 된다. "믿음으로 말미암아"(ἐκ πίστεως)는 단순히 복음을 듣는 것이 아니라, 복음을 듣고 인간이 긍정적으로 반응하는 것이 결정적으로 중요하다는 것을 보여준다.

3:25 믿음이 온 후로는 우리가 초등교사 아래에 있지 아니하도다

'믿음이 오다'는 표현은 23절에 이미 한 번 나왔다("믿음이 오기 전에"). 여기에서 믿음은 복음의 별명일 가능성이 있다. 갈라디아서 1:23, "우리를 박해하던 자가 전에 멸하려던 그 믿음을 지금 전한다 함을 듣고"에서 믿음은 '복음'이란 뜻으로 사용되었다. 바울이 갈라디아 지역에서 복음을 전하기 전과 후는 "믿음이 오기 전"과 "믿음이 온 후"로 특징지을 수 있다. 이사야 52:7, "좋은 소식을 전하며 평화를 공포하며 복된 좋은 소식을 가져오며 구원을 공포… 하는 자의 산을 넘는 발이 어찌 그리 아름다운가"의 표현을 빌리면 바울의 발이 갈라디아 지역에 도달하여 '좋은 소식(복음)을 전할 때' 바로 "믿음"이 갈라디아에 도착했다. 그리고 그 '믿음'을 듣고 믿음을 갖게 된 사람들이 생겼고, 그들은 '더는'(οὐκέτι) "초등교사 아래에" 있지 않다(초등교사에 대한 설명은 24절의 주석을 보라). 개역개정판은 '더는~아니다'라는 뜻의 단어 '우케티'(οὐκέτι)를 번역에서 누락했다. 추가해야 한다.

믿음을 가진 사람들은 더는 율법 아래 있지 않다는 가르침은 로마서 7:1-4에도 나온다. 여기에서 바울은 파이다고고스를 사용하지 않고, 남편과 아내의 관계를 예로 삼아 설명한다. 하지만 메시지는 똑같다: '우리는 더는 율법 아래 있지 않다.'

> [2]남편 있는 여인이 그 남편 생전에는 법으로 그에게 매인 바 되나 만일 그 남편이 죽으면 남편의 법에서 벗어나느니라 [3]그러므로 만일 그 남편 생전에 다른 남자에게 가면 음녀라 그러나 만일 남편이 죽으면 그 법에서 자유롭게 되나니 다른 남자에게 갈지라도 음녀가 되지 아니하느니라 [4]그러므로 내 형제들아 너희도 그리스도의 몸으로 말미암아 율법에 대하여 죽임을 당하였으니 …

여기에서 바울은 남편 사후 부인의 재혼 여부에 관하여 말하는 것이 아니다.

바울은 '남편이 죽은 아내는 다른 남자에게 시집가도 합법이다'라는 원리를 복음을 믿게 된 유대인과 율법의 관계에 적용한다. "남편이 죽으면"이란 표현 자체가 유대인들에게는 매우 귀에 거슬렸을 것이다. 이 비유에서 남편의 죽음은 율법의 죽음이기 때문이다. 율법이 죽는 시점은 그 유대인에게 '믿음이 왔을 때'다. 마치 헬라인 아이가 성년이 되면 더는 초등교사인 율법 아래 있지 않듯이, 모든 유대인은 마치 남편이 죽으면 그 남편의 지배("남편의 법")에서 벗어나("벗어나느니라") 자유롭게 된("자유롭게 되나니") 여자처럼 된다. 그 여자는 "다른 남자"에게 시집가도 "음녀"가 되지 않는다. 완전히 합법이다. 여기에서 '다른 남자에게로 가다'는 무슨 뜻일까? 복음으로 개종한다는 뜻일 것이다. "너희도 그리스도의 몸으로 말미암아 율법에 대하여 죽임을 당하였으니"는 이러한 해석이 맞는다는 것을 지지한다. 갈라디아서 2:19, "내가 율법으로 말미암아 율법에 대하여 죽었나니"에서도 바울은 율법에 대하여 내가 죽었다고 말한다. 이 말은 모두 율법의 유효기간이 나에게는 끝났다는 말이다.

고린도후서 11:2, "내가 너희를 정결한 처녀로 한 남편인 그리스도께 드리려고 중매함이로다"는 그리스도에게 시집가는 성도들의 이미지를 연장하고 있다. 여기에서 "중매함이로다"는 '정혼함이로다'(to betroth)로 수정해야 한다. 바울은 중매쟁이가 아니라, 아버지로서 자녀인 성도를 그리스도에게 정혼하기 때문이다. 바울은 유대인 성도들을 율법이라는 남편에게서 자유롭게 된 여자로 본다. 그리스도에게 정혼하여 이미 법적으로는 부부처럼 언약의 관계로 들어가 종말의 결혼 잔치를 기다리는 신부로 본다. 남편이 죽었는데도 그 남편 아래에서 살려고 하는 것은 어리석다. 지금 갈라디아 성도 중 할례당의 가르침에 미혹된 사람들은 "그리스도께서 우리로 자유케 하려고 자유를"(갈 5:1) 주셨는데도, 그 자유를 깨닫지 못하고 고집스럽게도 다시 "종의 멍에를"(갈 5:1) 메려고 애쓰는 사람들과 마찬가지다. 마태복음 11:28, "수고하고 무거운 짐진 자들아 다 내게로 오라 내가 너희를 쉬게 하리라"는 말씀이 무색해진다.

바울은 율법이 그 자체로 나빠서 반대하는 것이 아니다. 바울은 율법이 선한 것이라고 말한다(롬 7:7, "그런즉 우리가 무슨 말을 하리요 율법이 죄냐 그럴 수 없느니라"; 롬 7:12, "이로 보건대 율법은 거룩하고 계명도 거룩하고 의로우며 선하도다"). 율법은 선한 이유는 그것이 하나님에게서 왔기 때문이다. 율법의 기능은 우리에게 죄가 무엇인지 알려주어 나 자신이 죄인이라는 것을 깨닫게 하는 것이다. 최후의 심판대에서 율법이 검사의 역할을 하여 나를 고발할 때, 숨을 곳이 없다는 것을 미리 지금 미리 깨닫게 하는 것이다. 율법을 렌즈로 하여 자신을 바라볼 수 있는 사람들은 회개하고 복음을 받아들일 수 있다. 그러면 그 사람에게는 죄를 깨닫게 하는 율법의 기능조차도 그 기능을 다 한 것이다. 그런데도 할례를 받고 율법을 지켜야만 구원을 얻을 줄로 생각하는 사람들은 다시 옛날로 돌아가 종의 멍에를 지려는 것이다. 그런 사람들은 오늘날 믿음에 도덕과 행위를 추가해야만 구원받을 수 있다고 믿는 사람들과 유사하다. 믿음이 옴으로 그 유효기간이 끝났기 때문에 바울은 신자가 유대교와 율법으로 돌아가는 것에 반대한다. 율법 자체에 반대하는 것이 아니다.

　　성도들에게 율법은 구원론의 범주(category)가 아니다. 기독교 윤리의 범주에 속한다. 현재 기독교인들은 구약의 율법을 율법으로 지키지도 않는다. 율법서의 모든 규정을 다 지킬 수도 없다. 구약의 율법 규정들을 신약성경의 가르침에 비추어 평가하고 신약성경의 가르침과 일치하는 것은 받아들여 지키되, 신앙의 지침(guideline)으로 사용할 뿐이지(기독교 윤리), 그것을 구원의 길로 가르치지 않는다. 율법은 법이므로 구속력을 갖기 위해 폭력적인 처벌을 동반해야 한다. 처벌하려면 법정의 결정이 있어야 한다. 하지만 교회에서는 율법 책을 법전으로 사용하지도 않고, 처벌을 위해 재판이 열리지도 않는다. 단지 각 교단의 헌법에 따른 재판을 할 뿐이며, 교단의 헌법은 유대인들의 토라(Torah)가 아니다. 개신교 신학교에서는 이 창세기부터 신명기까지의 다섯 권의 책을 율법서로 가르치고 배우지 않는다. 왜냐하면 개신교 신학교의 구약학 교수 중 랍비 교육을 받은 사람이 없기 때문이다. 우리에게 이 다섯 권의 책은 율법서(Torah)가 아니라, 모세오경(Pentateuch)이다.

11.
너희는 노예가 아니라 자녀다
[3:26-4:7]

이 부분에서 바울은 성도들에게 일어나는 신분의 변화에 관해 이야기한다. 신분의 변화는 현재적이고 동시에 미래적이다. 지금의 시점에서 성도는 하나님의 자녀가 되었다. 세례를 받고 그들은 이미 그리스도를 입었다. 그리스도를 입는 것은 미래의 부활을 가리킨다. 부활 후의 세계에서는 인종, 신분, 심지어 남녀 구분조차 무의미하다. 이런 현실은 하나님의 나라의 모습이다. 성도는 하나님의 자녀가 되어 하나님의 것인 하나님의 나라를 이제 상속받는 상속자들이 되었다.

3:26 너희가 다 믿음으로 말미암아 그리스도 예수 안에서 하나님의 아들이 되었으니

예수를 "믿음으로 말미암아"(διά, through, 통하여) 우리가 하나님의 자녀가 되었다는 말은 당연한 듯 들린다. 그러나 25절의 내용과 연결해서 읽으면 '너희가 초등교사, 즉 율법 아래 있을 때는 하나님의 자녀가 아니다'라

는 뜻이 된다. 더 나아가 율법 아래 있으면 유대인들은 아브라함의 자녀도 아니다. 이방인은 물론이고, 유대인이라 하더라도 그리스도 예수를 '믿음으로 말미암아' 율법 아래에서 벗어나야 비로소 하나님의 자녀가 된다.

"그리스도 예수 안에서"로 번역된 '엔 크리스투 이에수'(ἐν Χριστῷ Ἰησοῦ)는 그 앞에 '믿음'이란 뜻의 명사 '피스티스'(πίστις)가 있다. 이 경우 전치사 '엔'(ἐν)은 장소의 전치사가 아니라, 수단으로 보고 '피스티스'에 연결되는 걸로 보는 것이 더 낫다. ἡ πίστις ἐν Χριστῷ Ἰησοῦ를 번역하면 '그리스도 예수를 믿는 믿음'(the faith in Christ Jesus)이 된다. 36절 전체를 다시 번역하면 '너희 모두는 예수 그리스도를 믿는 믿음을 통하여 하나님의 아들들이 되었다'가 된다.

오늘날은 될 수 있는 한 성차별적인 언어를 쓰지 않고 포용적 언어를 쓰는 문화이므로 "하나님의 아들"이란 말을 피하고 '하나님의 자녀'라는 표현을 선호한다. 주의할 점은 고대에 '아들'이라는 지위는 단순히 '자녀'라는 것만을 가리키는 것이 아니다. 여기서 '아들'은 상속의 법적 자격을 가진 상속자라는 뜻도 갖고 있다는 점이다. 더 나아가 '하나님의 아들들'(υἱοί θεοῦ, sons of God)이라는 바울의 표현은 당시의 유대교 전통과도 관련이 깊다. 하나님의 아들들이라는 표현은 주로 종말에 하나님께서 모으시는 참 이스라엘이란 뜻으로 사용되었다(Jub. 1:24-25; Sir 36:17; 3 Macc 6:28; 2 Esd. 6:55-59; Pss. Sol. 17:26-27).[186]

한 가지 주의할 것은 '하나님의 아들'(son of God)이란 우리의 지위와 메시아 호칭인 '하나님의 아들'(Son of God) 사이에는 직접적인 연관이 없다는 것이다(메시아 호칭으로써 하나님의 아들에 관해서는 보충설명 11: "왜 메시아는 '하나님의 아들'이란 호칭을 갖게 되었나?"를 참고하라). 로마서 8:29, "하나님이 미리 아신 자들을 또한 그 아들의 형상을 본받게 하기 위하여 미리 정하셨으니 이는 그로 많은 형제 중에서 맏아들이 되게 하려 하심이니라"의 내용을 종종 오해하는 사람들이 있다. 우리는 모두 하나님의 자녀도 예수 그리스도도 하나님의 아들이시므로, 예수는 첫째 아들이고 우리는 예수와 형제자매관계라고 생각하고 예수 그리스도를 우리의 '형,' 또는 '오빠'로 불러

---

186) Moo, *Galatians*, 250.

도 된다고 생각하는 사람들이 있다. 이것은 "맏아들"(πρωτότοκος); 골 1:15, 18; 참고, 히 1:6; 계 1:5)이란 호칭이 우리와 그리스도 사이의 생물학적 관계를 가리키는 것이 아니라, 시편 89:27, "내가 또 그를 장자(πρωτότοκος)로 삼고 세상 왕들에게 지존자가 되게 하며"에서 유래하는 메시아 호칭이라는 것을 잘 모르는 사람들이 저지르는 실수다.

3:27 누구든지 그리스도와 합하기 위하여 세례를 받은 자는 그리스도로 옷 입었느니라

27절은 26절의 이유를 밝힌다. 문장 앞의 '가르'(γάρ, for)는 여기서 '이유'를 나타내는 접속사다. 우리가 하나님의 자녀가 된 것은 그리스도와 합하여 세례를 받고 그리스도로 옷 입었기 때문이다. "그리스도와 합하기 위하여"(εἰς Χριστὸν)에서 사용된 전치사 '에이스'(εἰς)는 소속을 가리키는 접속사다. εἰς Χριστὸν ἐβαπτίσθητε를 직역하면 '너희들은 그리스도에게로(into) 세례를 받았다'가 된다. 마태복음 28:19, "아버지와 아들과 성령의 이름으로 세례를 베풀고"(βαπτίζοντες αὐτοὺς εἰς τὸ ὄνομα τοῦ πατρὸς καὶ τοῦ υἱοῦ καὶ τοῦ ἁγίου πνεύματος)에서도 전치사 '에이스'(εἰς)가 사용되었다(참고, 행 8:16; 19:5; 고전 1:13, 15). '에이스'는 세례를 받음으로 누구에게로 소속이 변경된다는 의미로 보인다. 그런 뜻에서 그리스도와 합하여진다. "누구든지"(ὅσοι), 유대인이건 이방인이건 같은 결과가 온다.

바울은 세례 안에 죽고, 묻히고, 부활하는, 세 가지 모티브가 들어 있다고 본다(이 점에 대해서는 2:20절의 주석을 보라). 골로새서 2:12, "너희가 세례로 그리스도와 함께 장사되고 또 죽은 자들 가운데서 그를 일으키신 하나님의 역사를 믿음으로 말미암아 그 안에서 함께 일으키심을 받았느니라"에는 이 세 가지 모티브가 다 들어 있다(로마서 6:3-4 참고). 이 세 가지 모티브는 고린도전서 15:3-4, "이는 성경대로 그리스도께서 우리 죄를 위하여 죽으시고 장사 지낸 바 되셨다가 성경대로 사흘 만에 다시 살아나사"에 나오는 원복음(元福音, original gospel)에서 유래한다. 세례는 복음을 믿음으로 과거의 '나'는 죽고, 장사되고, 새로운 '나'로 다시 태어난 것을 예식(ritual)으로 재현하는 것이다. 물세례는 그 자체로 사람을 변화시키는 효력이 있는 것이 아니다. 성도가 복음을 믿었을 때 이미 일어난 내적 변화와 성령세례를 사후적으로 예식으로 재현한 것이다.

흔히 세례는 '영적 부활'을 가리킨다고 말한다. 영적 부활은 복음을 믿은 신자에게 나타나는 윤리적 변화다. 변화된 영적인 삶이 세례의 결과라고 말한다. 하지만 이것은 세례에 대한 반쪽짜리 이해다. 세례는 영적인 부활이면서 동시에 '육체의 부활'도 가리킨다. 영적 부활이 현재 이미 진행 중인 변화라면, 육체의 부활은 미래에 일어날 변화다. 세례는 미래의 일어날 육체의 부활을 예시한다. 그런 뜻에서 "그리스도로 옷 입었느니라"를 윤리적인 메시지로만 이해한다면 불충분한 이해다. 미래의 부활을 가리키는 것으로도 보아야 한다.

흔히 "그리스도로 옷 입었느니라"를 초대교회에서 세례를 베푼 후 하얀색 옷으로 갈아입는 것을 그 배경으로 해석하곤 한다. 하지만 이것은 신구약 성경과 유대교 전승 속에서 해석하는 것이 더 적절하다. 먼저 이해할 것은 헬라어 본문을 직역하면 "너희는 그리스도를 입었다"(Χριστὸν ἐνεδύσασθε)가 된다. 마치 그리스도가 옷인 것처럼, 그리스도를 입었다고 말한다. 로마서 13:14에서 "오직 주 예수 그리스도로 옷 입고(ἐνδύσασθε τὸν κύριον Ἰησοῦν χριστόν)"도 '그리스도를 입었다'는 뜻이다. 바울이 평소에 '입다'(ἐνδύω, 혹은 ἐνδύομαι)라는 타동사와 그리스도를 그 목적어로 사용하여 '그리스도를 입는다'라는 말을 종종 한 것 같다.

바울서신에는 '입다'와 '벗다'라는 동사가 자주 나온다. 로마서 13:12, "우리가 어둠의 일을 벗고(ἀποτίθημι) 빛의 갑옷을 입자(ἐνδύω)," 데살로니가전서 5:8, "믿음과 사랑의 호심경을 붙이고('입고,' ἐνδύω), 골로새서 3:8, "너희가 이 모든 것을 벗어 버리라(ἀποτίθημι)," 고 말하며, 3:9, "옛 사람과 그 행위를 벗어 버리고(ἀπεκδύομαι)" 3:10, "새 사람을 입었으니(ἐνδύω)"(엡 4:22-24 참고), 동사는 아니고 명사가 사용된 골로새서 2:11, "곧 육의 몸을 벗는 것(ἡ ἀπέκδυσις, 'stripping off')이요 그리스도의 할례니라" 등에서 '벗다'와 '입다'는 그리스도인의 영적 부활을 촉구하는 명령에서 주로 사용된다. 이런 현상은 바울서신이 아닌 히브리서 12:1, "모든 무거운 것과 얽매이기 쉬운 죄를 벗어 버리고(ἀποτίθημι)," 야고보서 1:21, "모든 더러운 것과 넘치는 악을 내버리고('벗어버리고,' ἀποτίθημι)," 베드로전서 2:1, "모든 비방하는 말을 버리고('벗어버리고,' ἀποτίθημι)"에서도 나타난다. 동사 '벗다'를 이런 식으로 사용하는 것이 바울만의 독특한 용법이 아니고 초대교회에서 널리 사용된 용법이다.

그러나 '입다'와 '벗다'가 몸의 부활을 가리키기 위해 사용된 예도 있다. 고린도전서 15:53, "이 썩을 것이 반드시 썩지 아니할 것을 입겠고(ἐνδύω) 이 죽을 것이 죽지 아니함을 입으리로다(ἐνδύω)"은 그 좋은 예다. 고린도후서 5:1-4에서도 부활의 뜻으로 '벗다'와 '입다'가 집중적으로 나타난다.

> ¹만일 땅에 있는 우리의 장막 집이 무너지면 하나님께서 지으신 집 곧 손으로 지은 것이 아니요 하늘에 있는 영원한 집이 우리에게 있는 줄 아느니라 ²참으로 우리가 여기 있어 탄식하며 하늘로부터 오는 우리 처소로 덧입기(ἐπενδύομαι)를 간절히 사모하노라 ³이렇게 입음(ἐνδυσάμενοι)은 우리가 벗은 자들로 발견되지 않으려 함이라 ⁴참으로 이 장막에 있는 우리가 짐진 것 같이 탄식하는 것은 벗고자 함(ἐκδύω)이 아니요 오히려 덧입고자 함(ἐπενδύομαι)이니 죽을 것이 생명에 삼킨 바 되게 하려 함이라

바울은 여기서 부활에 대해 말하면서 미래의 부활을 에덴동산에서 아담이 타락한 사건에 연결한다. "우리가 벗은 자들(γυμνοί)로 발견되지 않으려 함이라"(3절)가 창세기 3:7, "자기들이 벗은(γυμνοί) 줄을 알고"를 연상시키기 때문이다. 또한 "장막 집"(οἰκία τοῦ σκήνους)도 창세기 3:21, "여호와 하나님이 아담과 그의 아내를 위하여 가죽옷을 지어 입히시니라"를 연상시킨다. 가죽옷도 사실 "하나님께서 지으신"(고후 5:1, ἐκ θεοῦ) 것이었다. '가죽'은 히브리어로 약한 후음이 들어간 '호오르'(עוֹר)다. 이 단어와 발음이 비슷한데 더 약한 후음이 들어간 '오르'(אוֹר)라는 단어가 있다. 그 뜻은 '빛'이다. 이 두 단어는 발음이 비슷하기 때문에 언어유희(word play)가 가능하다. 그래서 아담의 원래 '빛'(אוֹר)의 옷을 입고 있었는데 타락함으로 그 빛의 옷을 잃어버렸고, '가죽'(עוֹר)으로 된 옷을 입게 되었다는 유대교 전승이 생겨났다.

헬라어 판 *Life of Adam and Eve* 20:1-2에는 아래와 같은 구절이 있다. 아담이 범죄 후에 하는 말이다.

> "그리고 그 순간 나의 눈이 열렸고, 나는 내가 그동안 입고 있었던 의가 나에게서 벗겨져 버렸다는 것을 깨달았다. 나는 울면서 '왜 나에게 이런 일을 해서 내가 입고 있었던 나의 영광으로부터 내가 떨어져 나오게 한 것이요?'라고 말했다."[187]

타락하기 전에 아담은 "의"(righteousness)의 옷을 입고 있었다. 그것은 곧 그가 갖고 있던 영광(glory)의 옷, 다시 말해 빛의 옷이었다. 그런데 그 빛의 옷을 상실했다. 바룩 3서(3 Baruch) 4:16에는 "바룩, 이 나무 때문에 아담이 정죄를 받고, 아담에게서 하나님의 영광이 벗겨졌다는 것을 … 깨달아라"[188]라는 말이 있다. 창세기 미드라쉬 라바(Midrash Rabbah Genesis) 20:12 이하에도 아래와 같은 내용이 있다.

> "랍비 메이어의 토라에 '빛(오르)의 옷'이라는 말이 적혀있다: 이것은 아담의 옷을 가리키는데, 그 옷은 아래는 넓고 위에는 좁은 횃불(광채를 비추는)과 같았다."[189]

유대교 랍비들의 이런 신학적 작업은 히브리 명사 '호오르'(가죽)과 '오르'(빛) 사이 발음의 유사성에서 비롯된 것이다. 범죄한 아담에게 내린 형벌이 영광을 잃어버린 것이라면, 인간의 구원은 바로 그 영광을 회복하여 빛나는 하나님의 형상을 회복하는 것이다.

---

187) "And at that very moment my eyes were opened and I knew that I was naked of the righteousness with which I had been clothed. And I wept saying, 'Why have you done this to me, that I have been estranged from my glory with which I was clothed?"

188) "Then know, Baruch, that just as Adam through this tree was condemned and was stripped of the glory of God …." (3 Baruch 4:16)

189) "In R. Meir's Torah it was found written, 'Garments of light (or)': this refers to Adam's garments, which were like a torch [shedding radiance], broad at the bottom and narrow at the top."

바울이 고린도후서 5:1에서 인간의 죽음을 "장막 집"(οἰκία τοῦ σκήνους)을 벗어나는 것으로 말한 이유는 그 당시 '장막'(tent)은 주로 가죽을 잘라 만든 가죽 장막이었기 때문이다. "하늘로부터 오는 우리 처소" 즉 '거처'(οἰκητήριον, dwelling place)를 입는다(to put on)는 말은 상식적으로 얼핏 이해되지 않는다. 하지만 유대교 전승을 배경을 통하면 왜 그런 말을 했는지 쉽게 이해할 수 있다. 가죽 텐트는 빛을 잃어버린 인간의 육체, 죽음 아래에 있는 인간의 육체를 가리키고, "하늘로부터 오는 우리 처소"는 부활의 몸을 가리킨다.

창세기 1:26은 인간이 하나님의 "형상"(צֶלֶם)"과 "모양"(דְּמוּת)을 따라 창조되었다고 말한다. 하나님의 관점에서 인간은 하나님의 형상이다. 인간은 하나님의 영광의 형상의 반영이다. 에스겔 1:26, "그 보좌의 형상(דְּמוּת) 위에 한 형상(דְּמוּת)이 있어 사람의 모양(מַרְאֵה אָדָם) 같더라"는 인간의 관점에서 보았을 때 하나님은 인간의 모양이라고 말한다. 하나님과 인간이 서로의 형상과 모양이 될 수 있는 이유는 그 외형(appearance)이 유사하기 때문이 아니라, 하나님과 아담 사이에 '영광' 즉, '빛'을 공유하고 있기 때문이다. 에스겔 1:27, "그 허리 위의 모양은 단 쇠 같아서 그 속과 주위가 불 같고 내가 보니 그 허리 아래의 모양도 불 같아서 사방으로 광채가 나며"는 하나님의 모양을 "광채" 즉, 빛이라고 말한다. 이 빛이 "이는 여호와의 영광의 형상의 모양(מַרְאֵה דְּמוּת כְּבוֹד־יְהוָה)"(겔 1;28)이다. 하나님과 인간 사이에는 상호 침투하는 본질이 있다. 그것은 '몸'이 아니라 '영광'(כָּבוֹד) 즉 '빛'이다. 그런 점에서 아담의 '빛의 옷'에 대한 유대교 랍비들의 해석은 매우 성경적으로 정확한 해석이다.

시편 8:5, "그를 하나님보다 조금 못하게 하시고 영화와 존귀로 관을 씌우셨나이다" 은 유대교 랍비들의 이런 해석이 옳다는 또 다른 증거다. 여기에서 "그"는 아담이다. "영화"(כָּבוֹד)는 '영광'이란 뜻이다. "존귀"(הָדָר)는 영어로 'splendor'로 번역되는데, '보석처럼 찬란한 아름다움'이란 뜻이다. "관을 씌우셨나이다"로 번역된 동사는 '아타르'(עטר)이며, 그 뜻은 '에워싸다, 둘러싼다'(to surround)이다. 만약 '머리에 둘러싼다'라는 의미로 보면 '관을 씌우다'가 된다. 히브리어 본문에 '관'(冠)이란 단어는 없다. 이 동사는 머리가 아니라, '몸을 둘러싼다'로 해석해도 된다. 하나님은 아담을 높이시고, 그의 몸을 하나님의 영광으로, 보석처럼 찬란한 아름다움으로 둘러싸셨다. 아담을 찬란한 영광의 빛으로 옷을 입혀주셨다.

모세가 시내산에서 하나님을 만난 뒤 돌아왔을 때 그의 "얼굴 피부에 광채가"(출 34:29) 났다. '피부'로 번역된 단어가 바로 창세기 3:21에서 '가죽'으로 번역된 '호오르'(עוֹר)다. 신적 영광을 잃어버린 아담은 가죽옷을 입게 되었는데, 그 아담의 후손인 모세의 '가죽'(피부)에서 다시 빛이 나기 시작했다. 그러나 문제는 그 영광이 빛이 얼마 못 가 없어진 것이다(고후 3:7, "모세의 얼굴의 없어질 영광"). 그렇다면 영원한 신적 영광은 어떻게 하면 회복할 수 있을까? 미래의 하나님의 은혜로 주시는 새 옷, 부활의 몸을 입게 될 때 회복된다.

구약성경에는 구원을 '입다'라는 동사를 사용하여 설명하는 구절들이 있다. 이사야 61:10, "구원의 옷을 내게 입히시며 공의의 겉옷을 내게 더하심"은 구원을 하나님이 새 옷을 입혀주시는 것이라고 말한다. "굵은 베 옷"을 벗기고 "화려한 옷"을 입혀주시고(사 3:24), "더러운 옷" 같은 "우리의 의"를 제거하신다(사 64:6). "거룩한 성 예루살렘"은 "아름다운 옷"을 입게 되고(사 52:1), 시온에서 슬퍼하는 자에게 "근심" 대신 "찬송의 옷"을 입혀주신다(사 61:3). 스가랴서 3:4, "더러운 옷을 벗기라 하시고 내가 너의 죄악을 제거하여 버렸으니 네게 아름다운 옷을 입히리라"도 대제사장 여호수아에게 하신 말이지만, 대제사장은 백성을 대표하므로 하나님께서 백성들의 죄를 용서하고 구원하신다는 은유(metaphor)다. '벗다'와 '입다'는 이처럼 성경에서 구원을 설명하는 동사로 사용되었다.

바울이 '그리스도를 입다'라는 말을 할 때 그는 이미 구약성경과 유대교 전통 속에 있는 전승들을 함축하고 있다. 그렇다면 왜 바울은 하필이면 '그리스도를' 마치 옷처럼 입는다고 말했을까? 우리가 미래에 입을 부활의 몸은 그리스도를 닮은 몸이기 때문이다. 빌립보서 3:21, "그는 … 우리의 낮은 몸을 자기 영광의 몸의 형체와 같이 변하게 하시리라"는 미래에 우리가 그리스도의 영광의 몸의 형체를 닮은 몸을 갖게 된다고 말한다. 로마서 8:29, "그 아들의 형상을 본받게 하기 위하여 미리 정하셨으니"도 같은 메시지다. 우리가 그리스도의 형상을 본받는 것은 단순한 윤리적 명령이 아니다. 우리가 궁극적으로 도달할 부활의 몸이 그리스도를 닮은 모습이다. 그것은 우리의 윤리적 결단으로 가능한 것이 아니다. 성령의 부활의 능력으로 가능하다. 고린도전서 15:49, "우리가 흙에 속한 자의 형상을 입은 것 같이 또한 하늘에 속한 이의 형상을 입으리라"는 아담이 입은 가죽옷을 벗고 "하늘로부터 오는 우리 처소"(고후 5:2의)를 입는 것이다. 고린도후서 3:18, "우리가 다 수건을 벗은 얼굴로 거울을 보는 것 같이 주의 영광을 보매"는 지금 우리에게 주의 영광이 동경(銅鏡)을 통해 보는 모습처럼 흐릿하게 보일 뿐, 잘 안 보인다고 말한다. 하지만 부활의 때에는 "그와 같은 형상으로 변화하여 영광에서 영광에"(고후 3:18) 이르게 된다. 영광의 모습으로 변화한다. 살아있는 동안에 희미하나마 우리에게서 그리스도의 영광을 볼 수 있게 되는 것도, 미래에 그의 형상으로 변화하는 것도, 모두 성령으로 가능하게 된다("곧 주의 영으로 말미암음이니라").

우리가 그리스도를 닮은 모습으로 부활한다는 말은 생김새가 닮았다는 뜻이 아니다. 우리도 그리스도처럼 하나님의 영광으로 빛나는 몸을 갖게 된다는 뜻이다. 그 몸은 원래 아담이 창조 시에 입고 있었던 몸이다. 고린도전서 15:43, "욕된 것으로 심고 영광스러운 것으로 다시 살아나며"에서 "욕된 것"은 바울이 고린도후서 5:1에서 "장막"이라고 부르는 것이다. "영광스러운 것"은 빛나는 몸이다.

변화산 사건에서 예수는 제자들 "앞에서 변형되사 그 옷이 광채가 나며 세상에서 빨래하는 자가 그렇게 희게 할 수 없을 만큼 매우 희어"(막 9:2-3)졌다. 예수의 옷에서 광채가 났다는 말은 옷 자체가 빛을 발하기 시작했다는 말이 아니다. 예수의 몸에서 빛이 나기 시작했고 그 빛이 너무나 강력해서 옷을 뚫고 나왔다는 말이다. 마태복음 17:2은 " 그 얼굴이 해 같이 빛나며 옷이 빛과 같이 희어졌더라"고 명시한다. 얼굴에서 빛이 났다고 말한다. 얼굴에서 빛이 났으므로 그의 온몸에서도 빛이 났다고 보아야 한다. 예수의 옷이 희게 되었다는 것은 파란색 옷이 흰색으로 변했다는 말이 아니다. 예수의 몸에서 나는 빛이 천을 뚫고 나와서 그 옷 색깔이 빛의 색깔인 흰색으로 보였다는 말이다. 변화산 사건은 예수가 원래 하늘에서 빛나는 존재였다는 것을 보여주면서, 부활 후에 예수가 어떤 모습으로 변할지 미리 보여준다. 더불어 변화산 사건은 미래에 우리가 입을 부활의 몸이 어떤 몸인지 예고한다.

우리는 부활하신 그리스도의 몸처럼 빛나는 영광의 몸을 입게 된다. 그 몸은 아담이 범죄 전에 입고 있던 몸이며, 그 몸은 그리스도의 형상을 닮은 몸이다. 그런 의미에서 바울은 그리스도에게로 속하기 위해 세례를 받은 '너희들은 그리스도를 입었다'($\dot{\epsilon}\nu\epsilon\delta\acute{\upsilon}\sigma\alpha\sigma\theta\epsilon$)고 말한다. 부활이 미래에 일어날 사건이지만, 그리스도의 모습을 닮은 영광의 모습으로 부활하는 것이 이미 결정된 일이므로 '입었다'고 과거형으로 말한다.

3:28 너희는 유대인이나 헬라인이나 종이나 자유인이나 남자나 여자나 다 그리스도 예수 안에서 하나이니라

유대인들이 오늘날 사용하는 기도책(Prayer Book)에는 하나님이 자신을 이방인으로 태어나지 않게 한 것, 노예로 태어나지 않게 한 것, 여자로 태어나지 않게 한 것, 이 세 가지를 감사하는 기도문이 있다. 바벨론 탈무드(*b. Menahot* 43b)에 이 기도문의 전승이 나타난다. 인종적으로 유대인, 신분적으로는 자유인, 성별에 따르면 남자라는 이 '삼종 세트'(triple pairing)는 갈라디아서 3:28에서 바울이 인류를 양분(兩分)하기 위해 사용하는 세 가지 기준과 일치한다. 그리스 로마시대는 출생 시 자동으로 갖게 되는 귀속지위(ascribed status)가 그가 출생 후에 노력으로 얻게 되는 성취지위(achieved status)보다 훨씬 더 강력했다.

그런데 바울은 그리스도 안에서 인종, 신분, 성별의 구분은 다 사라지고, 모두가 "하나"가 된다고 선언한다. 이 선언은 얼핏 혁명적 구호처럼 들린다. 인종주의(racism)를 철폐하고, 사회의 계층과 계급주의(classism)도 폐지하거나, 혹은 노예제도(slavery system)를 폐지하고, 성적 차별주의(sexism)도 무너뜨리라는 혁명적 구호로 들린다. 과연 바울은 그런 뜻으로 이런 말을 한 것일까? 예수를 믿으면 인종, 신분, 남녀 사이 구분이 없어지는 걸까?

물론 할례당이 할례와 율법을 강조하면서 유대인과 헬라인 사이의 차이점을 강조하므로 이것을 반박하기 위해 이런 말을 했다고 볼 수 있다. 하지만 "종이나 자유인이나 남자나 여자나" 모두 하나라고 말하는 것은 할례당과의 논쟁과 별 관계가 없다. 고린도전서 12:13, "유대인이나 헬라인이나 종이나 자유인이나 다 한 성령으로 세례를 받아 한 몸이 되었고," 골로새서 3:11,

"거기에는 헬라인이나 유대인이나 할례파나 무할례파나 야만인이나 스구디아인이나 종이나 자유인이 차별이 있을 수 없나니," 등의 말을 바울이 다른 편지에서도 하고 있으므로, 이런 언급은 바울이 평소에 여러 교회에서 자주 하던 말이라고 볼 수 있다.

바울은 빌레몬서에서 빌레몬에게 오네시모를 돌려보내면서 노예제도 폐지에 대해 아무런 언급도 하지 않는다. 오히려 노예제도 자체를 인정하는 듯한 말을 한다(몬 14, "다만 네 승낙이 없이는 내가 아무 것도 하기를 원하지 아니하노니"). 고린도전서 7:20-24에서 바울은 노예인 성도가 노예 상태에서 풀려날 수 있으면 그 기회를 사용하라고 말할 뿐이다(고전 7:21, "그러나 자유할 수 있거든 차라리 사용하라"). 고린도전서 7:20, "각 사람은 부르심을 받은 그 부르심 그대로 지내라," 7:24, "각각 부르심을 받은 그대로 하나님과 함께 거하라"를 놓고 볼 때 바울복음에 신분 제도의 폐지라는 정치적 프로그램을 갖고 있었다고 볼 수 없다.

고린도전서 11:2-16에서 남자와 여자의 머리 스타일의 문제를 다루면서 바울은 복음을 믿은 후에도 여전히 남자와 여자의 구분이 있으므로 남녀는 각각 문화적으로 적합한 헤어스타일을 유지해야 한다고 말한다(고전 11:4-5, "무릇 남자로서 머리에 무엇을 쓰고 기도나 예언을 하는 자는 그 머리를 욕되게 하는 것이요 무릇 여자로서 머리에 쓴 것을 벗고 기도나 예언을 하는 자는 그 머리를 욕되게 하는 것이니"). 복음을 믿었다고 해서 남녀 간의 성적 구분이 없어지지도 않고, 그런 구분을 없애는 것이 복음이 추구하는 목표도 아니다. 그렇다면 바울은 무슨 뜻으로 28절을 말한 것일까?

28절의 선언문이 27절에서 세례를 언급한 뒤에 나왔다는 것에 주목할 필요가 있다. 28절의 선언문과 유사한 고린도전서 12:13, "유대인이나 헬라인이나 종이나 자유인이나 다 한 성령으로 세례를 받아 한 몸이 되었고"에서도 세례가 언급된다. 세례는 미래에 '그리스도를 입는' 부활을 항상 내포하고 있다. 그러므로 부활의 몸을 입게 되는 미래에는 인종, 신분, 성별에 따른 차이가 없어진다는 의미로 해석할 수 있다. 골로새서 3:11이 경우 바로 앞의 3:10에서 "새 사람을 입었으니 이는 자기를 창조하신 이의 형상을 따라 지식에까지 새롭게 하심을 입은 자니라"라는 말이 나온다. 이 구절은 성도에게 일어난 영적 부활(윤리적 변화)을 말하면서 동시에 미래에 일어날 몸의 부활에 대한 언급이라고 볼 수 있다. 미래에 우리가 입을 '새 사람'은 인간을 창조하신 분, 즉 그리스도(골 1:16, "만물이 그에게서 창조되되 … 만물이 다 그로 말미암고"; 고전 8:6, "또한 한 주 예수 그리스도께서 계시니 만물이 그로 말미암고 우리도 그로 말미암아 있느니라")의 형상을 따라 새롭게 된 부활의 몸이다. 28절의 선언문, 그리고 그과 유사한 가르침은 모두 세례와 부활의 맥락에서 등장한다. 그러므로 갈라디아서 3:28은 성도들의 현재의 상태이기도 하지만, 미래의 현실을 염두에 두고 한 말일 가능성이 크다.

미래에 우리가 입을 부활의 몸은 현재 인류가 가진 인종적 특징을 그대로 유지할까? 백인은 백인으로, 흑인은 흑인으로, 아시아인은 아시아인으로 부활하는 걸까? 분명히 알 수는 없지만, 아마도 아닐 것이다. 또 10세에 죽은 사람은 10세의 소년으로 부활하고 80세에 죽은 사람은 80세의 노인으로 부활하는 것일까? 아마도 아닐 것이다. 부활의 몸은 남자의 몸과 여자의 몸의 구분이 있어서 성적 기능이 서로 다른 몸을 남녀가 갖게 되는 것일까? 마가복음 12:25, "사람이 죽은 자 가운데서 살아날 때에는 장가도 아니 가고 시집도 아니 가고 하늘에 있는 천사들과 같으니라"(마 22:30; 눅 20:35)는 말씀에 기초하여 추론하건데, 아마도 아닐 것이다. 천사들은 순수하게 영적인 존재이므로 남성과 여성의 구분이 없다. 부활의 몸이 천사의 몸과 같다면 부활 후에는 남자와 여자가 갖는 성적인 특성을 더는 갖지 않을 것이다. 부활하신 예수의 몸에 못 자국이 있었으므로(요 20:25) 현재의 몸과 부활의 몸 사이에 연속성이 아예 없지는 않을 것이지만 불연속성이 더 클 것으로 예상된다.

바울의 말은 당시 성도들의 삶에 어떻게 적용되었을까? 성도는 현재 속에서 미래를 미리 앞당겨 산다. 종말의 관점에서 현재를 바라본다. 만약 교회 안에 주인과 노예가 함께 있다면, 주인은 하나님의 나라에서 그 노예가 자신의 노예가 아니라는 것을 미리 인식하고 이 땅에서 그 노예를 대할 때 형제처럼 대해야 한다. 부부가 있다면 남편은 아내를 구타하거나 비인격적으로 대하지 않고 평등한 인격을 가진 존재로 서로를 대해야 한다. 왜냐하면 천국에서 두 사람은 영원히 살아야 하므로 미안하다고 사과할 일은 아예 하지 않는 것이 좋다. 성도는 미래의 관점에서 현실을 보는 사람들이고, 교회는 미래를 앞당겨서 미리 맛보는(선취, 先取) 곳이므로, 교회에서는 인종, 사회적 지위, 남녀 간의 구분에 상관없이 이방인, 노예, 여자가 교회의 지도자가 될 수도 있다.

갈라디아서 6:15, "할례나 무할례가 아무 것도 아니로되 오직 새로 지으심을 받는 것만이 중요하니라"에서 바울은 '새로운 피조물'(καινή κτίσις)이란 말을 쓴다. 고린도후서 5:17, "그런즉 누구든지 그리스도 안에 있으면 새로운 피조물이라"에서도 '카이네 크티시스'(καινή κτίσις)란 말이 나온다. 새로운 피조물은 "새 하늘과 새 땅"(ὁ οὐρανὸς καινὸς καὶ ἡ γῆ καινή, 사 65:17; 66:22) 이 만들어지는 종말의 때에 성도에게 일어날 변화를 미리 앞당겨서 말하는 것이다. 새 창조는 옛 창조를 능가하는 창조다. 물론 성도의 내면에 영적 부활이 일어났지만, 미래의 몸의 부활에 비교하면 예고편에 불과하다고 말할 수 있다.

3:29 너희가 그리스도의 것이면 곧 아브라함의 자손이요 약속대로 유업을 이을 자니라

유대인은 아브라함의 자손이다. 하지만 바울은 유대인으로 태어나는 것은 아브라함의 자손이 되는 것과 아무런 관계가 없다고 말한다. 이제부터 아브라함의 자손이 되려면 '너희가 그리스도의 것'(ὑμεῖς Χριστοῦ)이 되어야 한다. 그리스도의 것이 되는 방법은 그에게 속하기 위해 믿고 세례를 받는 것이다. 갈라디아서 3:27, "그리스도와 합하기 위하여 세례를 받은 자"는 '그리스도에게로(εἰς Χριστὸν) 세례를 받은 자'다. '그리스도에게로'는 소속의 변화를 가리킨다. 세례는 그 사람이 이제 그리스도에게 소속되었다는 것을 가시적으로 보여주는 예식이다. 세례를 받으려면 복음을 믿고 믿음을 가져야 한다.

여기에서 바울은 "자손"(seed)이라는 명사를 집단명사로 사용한다. 유대인이건 이방인이건 상관없이 믿음으로 아브라함의 자손이 된 사람이 아브라함과 그의 후손에게 주신 하나님의 약속의 주인공이 된다. 그들이 바로 아브라함과 그 후손들에게 주시기로 한 "땅"의 상속자들이 된다. 그 땅은 팔레스타인에 있는 토지가 아니고, 종말의 하나님의 나라다. 하나님의 나라는 인종적 이스라엘(ethnic Israel)이 상속받지 않는다. 이스라엘 중에 그 나라를 상속받지 못하는 사람이 있고, 상속받는 사람이 있다. 마태복음 19:28, "세상이 새롭게 되어 인자가 자기 영광의 보좌에 앉을 때에 나를 따르는 너희도 열두 보좌에 앉아 이스라엘 열두 지파를 심판하리라"는 민족적 이스라엘이 아니라, 예수의 제자들(그리스도인들)이 열두 보좌에 앉아 이스라엘 열두 지파를 심판하고, 하나님 나라의 상속자가 된다고 말한다. 바울은 이 예수의 유대인 제자들뿐 아니라, 이방인 제자들도 그 나라의 상속자가 된다고 가르친다.

4:1 내가 또 말하노니 유업을 이을 자가 모든 것의 주인이나 어렸을 동안에는 종과 다름이 없어서

1-3절에서는 시간을 기준으로 전후를 대조한다. 성인이 되기 전과 후를 비교하는 것은 복음을 믿기 전과 후를 대조하는 것이다. 노예나 포로처럼 죄와 죽음의 세력에 갇혀 있는 인간과 속박에서 풀려나서 자유롭게 된 인간을 대조한다. 이런 대조는 3:23-25에서 이미 나온 바가 있다. 바울이 이 모티브를 다시 도입한 의도는 '속량'(redemption)이란 메타포에서 출발하여 '입양'(adoption, 5절, "아들의 명분") 메타포로 이동하려는 것으로 보인다. 우리가 "유업을 이을 자"(κληρονόμος)'가 된 것은 전적으로 하나님의 은혜라는 것을 강조하려는 것이다.

"유업을 이을 자"(κληρονόμος)는 '상속자'(heir)라는 뜻이다. 바로 앞의 3:29에도 이 단어가 나왔고 4:7에도 또 나온다. '상속자'가 이 문단의 핵심 단어(key word)다. 그리스 로마 사회에서 아버지의 '유산'(κληρονομία, 갈 3:18, "유업")을 물려받을 아들이라 하더라도 성년이 될 때까지는 "초등교사"(갈 4:24-25, παιδαγωγός, 파이다고고스)의 지도와 보호 아래 있다. 왜냐하면 아버지를 대신하여 훈육하도록 아버지가 '파이다고고스'에게 아버지의 권한을 위임했기 때문이다(파이다고고스에 대해서는 3:24의 주석을 보라). 그 아들은 미래에 아버지의 재산의 주인이 될 처지이지만 그런 의미에서 "어렸을 동안에는 종과 다름이" 없다.

여기에서도 시간을 한정하는 "동안에는"(ἐφ' ὅσον χρόνον, as long as)이라는 표현이 나온다. 이런 표현은 3:19, "자손이 오시기까지(until)," 3:23,

"믿음이 오기 전에(before)," "믿음의 때까지(up to the time of)," 3:25, "믿음이 온 후로는(after)," 4:2, "그 아버지가 정한 때까지(until)," 4:3, "우리도 어렸을 때에(when)," 등과 같은 기능을 하므로 연결해서 이해해야 한다.

　"어렸을 동안에는"는 직역하면 '어린아이일 동안에는'(ἐφ' ὅσον χρόνον… νήπιός ἐστιν)이다. '네피오스'(νήπιος)는 보통 '어린아이'로 번역한다. 하지만 갈라디아서 4:1, 3에서 '네피오스'는 '미성년자'(minor)로 번역하는 것이 좋다. 고대에는 '청소년'(adolescent)이란 개념이 없었다. 청소년기(adolescence)는 근대 말기에 들어와서 비로소 생긴 개념이다. 고대에는 어른과 어린아이로 양분되었고, 성년이 아닌 모든 사람은 다 '어린아이'(νήπιος)였다. 성년이 되지 못한 상속자는 마치 노예가 주인의 명령에 복종하듯 "초등교사"(갈 3:24)의 명령에 복종해야 한다.

　그러나 이 미성년의 아들은 잠재적으로는 "모든 것의 주인"(κύριος πάντων)이다. 그가 성년이 되고, 아버지가 그를 자신의 모든 소유의 '상속자'로 지명하면 그는 "모든 것의 주인"이 된다. 이 말은 고린도전서 3:21-22의 말씀을 연상시킨다.

> [21]그런즉 누구든지 사람을 자랑하지 말라 만물이 다 너희 것임이라 (πάντα … ὑμῶν ἐστιν) [22]바울이나 아볼로나 게바나 세계나 생명이나 사망이나 지금 것이나 장래 것이나 다 너희의 것이요(πάντα ὑμῶν) [23]너희는 그리스도의 것이요 그리스도는 하나님의 것이니라

　종말의 때가 되면 '만물이 다 우리 것'이라는 바울의 선언은 무슨 뜻일까? 타락하기 전의 아담은 창조 세계의 주인이었다. 시편 8:6, "주의 손으로 만드신 것을 다스리게 하시고 만물을 그의 발 아래 두셨으니"는 아담이 하나님의 위임을 받아 피조 세계를 다스렸으며, 만물이 다 그의 것이었다고 말한다. 그러나 타락함으로 아담은 왕의 지위와 만물을 다 상실했다. 그러나 하나님은 인간이 아담의 지위를 회복할 수 있는 길을 열어주신다. 그 길은 '우리가 그리스도이 소유'가 될 때 열린다. 그리스도가 우리의 몸값을 지불하셨다는 것을(갈 3:13) 믿을 때에, 우리의 소유권이 죽음의 세력에서 그리스도에게로 넘겨진다. 바로 그때, 우리가 믿음을 가질 때에 '만물'이 우리의 것이 된다.

4:2 그 아버지가 정한 때까지 후견인과 청지기 아래에 있나니

상속자(ὁ κληρονόμος, "유업을 이을 자")가 아직 미성년자(νήπιος)인 동안에는("어렸을 동안에는") 그가 비록 미래에 "모든 것의 주인"(κύριος πάντων)이 된다 하더라도 현재 그의 처지는 "종"(노예)와 별로 다르지 않다. 왜냐하면 아버지가 정해준 "후견인"(ἐπίτροπος, guardian) 혹은 "청지기"(οἰκονόμος, steward)의 권위 아래에 있기 때문이다.

여기에서 후견인과 청지기는 일견 둘 다 "초등교사"(갈 3:24, παιδαγωγός)의 동의어로 사용된 것처럼 보인다. "후견인"으로 번역된 '에피트로포스'(ἐπίτροπος)는 복음서에서는 "청지기"로 번역되었다"(마 20:8, "저물매 포도원 주인이 청지기에게 이르되"; 눅 8:3, "헤롯의 청지기 구사의 아내 요안나와"). '에피트로포스'가 '파이다고고스'의 동의어로 사용된 용례는 마카비2서 11:1, 13:2, 14:2 등에 있다.[190] 복음서에서 집안의 재산을 책임지고 관리하는 사람이란 뜻으로 "청지기"로 번역되는(예, 눅 12:42, "지혜 있고 진실한 청지기가 되어") '오이코노모스'(οἰκονόμος)가 '파이다고고스'("초등교사")의 동의어로 사용되었다는 것을 보여주는 고대 문서의 증거는 없다.

후견인과 청지기가 반드시 '파이다고고스'의 동의어야 할 이유는 없다. 후견인과 청지기는 둘 다 가장(household head)이 자신의 권한을 위임하여 (to authorize) 특정의 일을 하게 한 사람들이다. 그런 점에서 '파이다고고스' 와 유사하다. 미성년자인 아들이 파이다고고스의 권한을 능가할 수 없듯이, 후견인과 청지기의 권한을 능가할 수도 없었을 것이다. 후견인과 청지기가 권한을 가진 경우라면 그들의 요구를 따라야 했을 것이다. 바울이 후견인과 청지기를 언급한 것은 미성년자인 아들이 이렇게 아버지를 대리(代理)하는 사람들의 권위 아래 놓여 있다는 것을 강조하려는 의도로 보인다. 이런 비유를 계속 확장하고 강화하는 이유는 하나님께서 그리스도를 보내시기까지 인간은 율법의 권위 아래에 있고 율법에 순종해야 하지만, 영원토록 율법 아래 있는 것이 아니라는 점을 강조하려는 것이다(율법의 유효기간에 대한 논의는 3:24의 주석을 보라).

---

190) Moo, *Galatians,* 259.

"그 아버지가 정한 때까지"에서 "까지"로 번역된 '아크리'(ἄχρι)는 전치사 역할을 하는 부사다. 역시 특정 시점을 기준으로 전과 후를 대조하는 역할을 한다. "정한 때"로 번역된 '프로떼스미아'(προθεσμία, 'appointed time')는 '프로'(προ-)라는 접두어가 붙어 있으므로 '미리 정한 때'로 번역하는 것이 더 좋다. '미리 정했다'는 말에는 예정(豫定, predestination)의 뉘앙스가 들어있다. 4절의 "때가 차매 하나님이 그 아들을 보내사"에서도 예정의 개념이 발견된다. 어쩌면 지금 바울이 그리스 로마 사회의 문화적 관습을 말하는 것이 아니라, 구약성경에서 이스라엘이 이집트에서 노예로 살던 것을 염두에 두고 이런 말을 하는 것이 아닌가 하는 추측도 생겨났다.[191] 왜냐하면 그레코 로마 시대에 아버지가 아들이 후견인과 청지기 아래에 있는 기간을 미리 정하지는 않기 때문이다.

하지만 "그 아버지가 정한 때까지"를 이스라엘이 이집트에서 노예 살이한 기간에 연결하는 것은 지나친 추측이라고 판단된다. 고대에 몇 살에서 미성년자와 성인이 나누어졌는지는 분명하지 않다. 물론 아버지가 그 나이를 미리 정했다고 볼 수 있는 문서상의 근거도 없다. 성년이 되는 나이는 지역별로, 또 문화적으로 달랐을 것이다. 법으로 정해져 있는 것이 아니라면 대체로 아들의 성년은 아버지가 결정했을 것이고, 그 나이는 그 범위가 관습적으로 어느 정도 결정되어 있었을 것이다. "그 아버지가 정한 때까지"는 아버지가 미성년의 기간을 정한다는 것으로 보는 것이 적절할 듯하다.

4:3 이와 같이 우리도 어렸을 때에 이 세상의 초등학문 아래에 있어서 종노릇 하였더니

"이와 같이 우리도"(οὕτως καὶ ἡμεῖς)는 '우리도 그렇다,' '우리도 마찬가지다'라는 뜻이다. 2절의 내용은 '우리'가 처한 상황을 예시하는 비유다. 영적으로 보면 우리도 같은 상황이다. 여기에서 "우리"는 누구일까? 유대인과 이방인을 모두 포함한다고 판단된다. 왜냐하면 "세상의 초등학문 아래에"(ὑπὸ τὰ στοιχεῖα τοῦ κόσμου) 있는 사람들이 유대인에 한정된다고 볼 수는 없기

---

191) 이 점에 대해 더 자세한 논의는 Moo, *Galatians,* 259를 보라.

때문이다. 그렇다면 "세상의 초등학문"으로 번역된 '타 스토이케이아 투 코스무'(τά στοιχεῖα τοῦ κόσμου)란 무엇일까?

'스토이케이아'의 단수형 '스토이케이온'(στοιχεῖον)의 사전적 뜻은 첫째로 '기본 요소'(fundamental element)다.[192] 헬라인들은 우주가 공기, 흙, 불, 물, 이 네 가지의 기본요소로 구성되었다고 보았다. 이 네 가지가 바로 '스토이케이온'이다. 그렇다면 "세상의 초등학문"(τά στοιχεῖα τοῦ κόσμου)은 '우주를 형성하는 기본 요소'로 번역할 수 있다. 베드로후서 3:10, "물질이 뜨거운 불에 풀어지고"와 3:12, "물질이 뜨거운 불에 녹아지려니와"에서 "물질"로 번역된 단어가 바로 '스토이케이아'다. 우주를 형성하는 기본적 요소들이 불에 녹아버린다는 뜻이다. '스토이케이온'의 두 번째 뜻은 '우주의 기본적 요소로 만들어진 하늘의 천체(heavenly body)'다. 이런 뜻으로 보면 베드로후서 3:10, 12의 말씀은 '물질'이 녹는 게 아니라 '천체' 자체가 녹는 것으로 해석할 수도 있다.

'스토이케이온'의 세 번째 사전적 뜻은 '필수적 원리'(essential principle)다. 어떤 물질이 아니라 추상적인 원리를 가리킨다. 히브리서 5:12, "너희가 다시 하나님의 말씀의 초보에 대하여 누구에게서 가르침을 받아야 할 처지이니"의 "하나님의 말씀의 초보"(τὰ στοιχεῖα τῆς ἀρχῆς τῶν λογίων τοῦ θεοῦ)에서 이 단어가 사용되었다. '하나님의 말씀들의 기본적 원리'로 번역할 수 있다.

'스토이케이온'의 네 번째 사전적 뜻은 '영적 존재'(spiritual being)다. 헬라인들도 유대교의 천사, 마귀, 귀신 등에 해당하는 영적인 존재들이 있다고 보았다. 눈에 보이지 않지만 온 세상에 이런 영적인 존재들이 인간들과 함께 거주하고 있다고 보았다. 골로새서 2:8, "이것은 사람의 전통과 세상의 초등학문을 따름이요"와 2:20, "너희가 세상의 초등학문에서 그리스도와 함께 죽었거든"에서도 갈라디아서 2:3의 "세상의 초등학문"이란 똑같은 표현이 나온다. 골로새서의 경우에는 '영적 존재들'(spiritual beings)로 해석하는 것이

---

192) τὰ στοιχεῖα τοῦ κόσμου의 어의적 의미에 대한 자세한 논의는 Longencker, *Galatians, 165*를 보라. 그러나 이것을 어떻게 해석해야 하는지에 대해 아직도 통일된 견해가 존재하지 않는다. 이 주제에 대한 더 나은 설명은 Witherington III, *Grace in Galatia*, 284-86에 있다.

가장 좋다. 왜냐하면 2:18, "아무도 꾸며낸 겸손과 천사 숭배를 이유로 너희를 정죄하지 못하게 하라"에서 골로새 이단의 문제로 '천사 숭배'를 지적하고 있기 때문이다.

그렇다면 갈라디아서에서 '스토이케이아'를 어떻게 해석하는 것이 좋을까? 바울은 갈라디아서 4:9에서 "약하고 천박한 초등학문"(τά ἀσθενῆ καὶ πτωχὰ στοιχεῖα)이란 말을 한다. 4절에서는 '우리가 초등학문 아래에서 노예가 되었다.' 9절에서는 '우리가 초등학문에게 노예로 섬기려고 한다'고 말하므로, '초등학문'은 인간을 노예로 삼아 지배하는 어떤 살아있는 '세력'에 가깝다. 그러므로 '스토이케이아'는 '기본적 물질' 혹은 '기본적 물질로 구성된 천체'로 보기는 상당히 어렵다. 바울이 그런 무생물에 우리가 노예가 되어 있다고 말했다고 보기 어렵기 때문이다.

세 번째 선택지인 '원리들'(principles)로 해석할 수도 있다. 헬라인과 유대인들이 진리라고 믿는 당시 사회의 가르침들로 해석하는 것이다. 유대인들에겐 유대교의 기본적인 원리, 가르침이 있고, 헬라인들에겐 헬라 종교와 문화 아래에서 그들이 배운 기본적인 가르침이 있다. 양쪽 다 그 기본적인 가르침이 옳은 것인 줄 알고 살았고, 율법과 사회의 관습, 문화에 무조건 순종하며 살아왔다. 비록 그것이 잘못된 것이라 하더라도 저항할 수 없고, 무조건 받아들이고 순종하며 살아야 한다. 그런 의미에서 그들은 잘못된 가르침에 의해 노예가 되어 있다. 이렇게 해석하는 것도 가능하다.

그러나 바울이 골로새서에서 '스토이케이아'를 '영적 존재들'이란 의미로 사용했는데, 갈라디아서에서는 전혀 다른 의미로 사용했다고 보기는 좀 어렵다. '원리들'로 해석하는 것도 가능하지만, '영적 존재들'로 해석하는 것은 더욱 가능하다. 고린도전서 10:20에서 바울은 "무릇 이방인이 제사하는 것은 귀신에게 하는 것이요 하나님께 제사하는 것이 아니니 나는 너희가 귀신과 교제하는 자가 되기를 원하지 아니하노라"고 말한다. "귀신"으로 번역된 '다이모니온'(δαιμόνιον)은 바로 '영적 존재'(spiritual being)다. 바울은 이방인들이 우상숭배를 통해 귀신을 섬기며, 그런 영적 존재의 지배 아래에서 살아가고 있다고 본다. 우상을 예배하는 이방인들은 "세상의 영"(고전 2:12, τό πνεῦμα τοῦ κόσμου)을 받았으며, 이 "세상의 영"을 갈라디아서 4:3에서는 "세상의 초등학문"(τά στοιχεῖα τοῦ κόσμου)이라고 부른다고 볼 수 있다.

최근에 학자들 가운데 '스토이케이아'를 기본 물질로 보면서, 동시에 고대 헬라인들은 기본 물질이 영적 존재와 관련이 있는 것으로 보았다고 말하는 사람들이 있다. 그러므로 '스토이케이아'를 기본 물질들로 해석하자는 것이다.[193] 물론 사전에서 한 단어의 여러 뜻을 구분하는 것은 그 뜻이 서로 전혀 관련이 없다는 의미는 아니다. 한 개의 단어가 다중적 의미를 나타낼 수 있다. 하지만 그런 식의 주장한다면 이 단어가 '영적 존재는 기본 물질과 연결되어 있으므로 영적 존재로 해석하자'는 주장도 똑같이 가능하게 된다. 우리가 '스토이케이아'를 해석할 때 결정할 일은 중의적 의미가 없을 수 없지만, 위의 네 가지 해석의 가능성 중 어느 것이 가장 무게가 있는 의미인지를 밝히는 것이다.

학자들 사이 논쟁의 또 다른 쟁점은 과연 바울이 유대교의 율법을 '스토이케이아'와 동일시하는지 그 여부다. 그 해답은 "이와 같이 우리도"에 있다. 1-2절에서 바울은 유대 기독교인들이 복음을 듣고 믿기 전에, 즉 그들이 "어렸을 때에" '초등교사,' '후견인' '청지기'의 역할을 하는 율법 아래에서 노예와 다름없는 삶을 살고 있다고 말했다. 3절에서는 '우리도 마찬가지'("이와 같이 우리도")라고 말한 뒤 우상 숭배하는 이방인들도 '영적 존재들' "아래에" 있고, 그들도 노예가 되어 살아왔다고 말한다. "종 노릇 하였더니"로 번역된 '데둘로메노이'(δεδουλωμένοι)는 '노예로 만들다'(to enslave)라는 뜻의 동사 '둘로오'(δουλόω)의 완료수동분사다. 이미 노예가 되어 있고, 그 상태가 지속된다는 뜻이다. 여기에서 바울은 이방인이건, 유대인이건, 상관없이 복음을 믿기 전에는 똑같은 상태에 있다고 말한다. 유대인이라고 해서 더 나을 것도 없다. 모두 다 노예 상태다. 모든 인류가 다 똑같이 죄와 죽음의 노예 상태에 있다는 그의 논법은 로마서 1-2장의 주장과 상당히 유사하다. 바울은 유대인에 관한 논의에서 시작하여 세상의 모든 인류에게로 그의 주장을 확대하고 있다. 유대인만 율법 밑에서 노예, 포로 상태에 있는 것이 아니라, 모든 인류가 악한 영적 세력 아래서 노예로 살아가고 있다. 이렇게 보면 과연 바울이 율법과 스토이케이아를 동일시하는 지가 명확하지 않다.

하지만 결정적으로 9절에서 바울은 "어찌하여 다시 약하고 천박한 초등

---

193) 자세한 것은 Moo, *Galatians*, 262를 보라.

학문으로 돌아가서 다시 그들에게 종 노릇 하려 하느냐"고 말한다. 이 말은 이 방 기독교인이 할례를 받고 율법을 지키기로 하는 순간 그는 '스토이케이아' 의 지배 아래로 다시 떨어진다는 말이다. 할례와 율법은 이방 기독교인이 복음 이전의 상황으로 돌아가게 하는 첩경이라는 바울의 말에서 그가 유대교 율법과 스토이케이아를 동일시하지 않고 있다고 말하기는 매우 어렵다. 율법 아래에 있는 것이 곧 스토이케이아 아래 있는 것이기 때문이다(이 점에 대한 추가적 설명은 9절의 주석을 보라).

4:4 때가 차매 하나님께서 그 아들을 보내사 여자에게서 나게 하시고 율법 아래에 나게 하신 것은

"때가 차매"는 직역하면 '시간의 충만($\tau\acute{o}$ $\pi\lambda\acute{\eta}\rho\omega\mu\alpha$ $\tauο\hat{\upsilon}$ $\chi\rhoόνου$, the fullness of time)이 도달하였을 때($ὅτε$ ··· $\hat{\eta}λθεν$, when ··· came)'다. '정해 진 때가 이르매'로 번역할 수 있다. 바울은 그리스도의 사건이 하나님의 예정 안에서 일어난 일이라고 본다. 하나님은 천지창조 이전에 이미 그 아들을 언 제 보낼 것인지 결정해 놓으셨다. 로마서 5:6, "우리가 아직 연약할 때에 기약 대로 그리스도께서 경건하지 않은 자를 위하여 죽으셨도다"에서 "기약대로"는 '시간에 따라'($κατά$ $καιρὸν$), 즉 '정해져 있는 시간에 따라'라는 뜻이다. 고린 도전서 2:7에서 바울은 "하나님의 지혜"는 "만세 전에 미리 정하신 것이라"고 말한다. 디모데전서 2:6, "그가 모든 사람을 위하여 자기를 대속물로 주셨으니 기약이 이르러 주신 증거니라"에서 "기약이 이르러"는 직역하면 '자신의 시간 에'($καιρο\hat{ι}ς$ $ἰδίοις$)다. 디도서 1:3에 "자기 때에"($καιρο\hat{ι}ς$ $ἰδίοις$)라는 말이 나오는데, 헬라어로는 같은 단어들이다. 그리스도를 위해 정해져 있는 시간 이 따로 있다는 말이다. 에베소서 1:10(개역성경은 1:9)의 "때가 찬 경륜을 위하여"($εἰς$ $οἰκονομίαν$ $το\hat{υ}$ $πληρώματος$ $τ\hat{ω}ν$ $καιρ\hat{ω}ν$)는 이런 개념을 종합적 으로 잘 표현한다. '정해진 시간이 다 찼을 때 하나님은 자신이 미리 결정한 계획들을 다 이루시기 위해'라는 뜻이다.

인간의 역사에 많은 시간이 흘러갔고, 또 앞으로 흘러갈 것이지만 모든 시간이 다 똑같은 무게를 가진 건 아니다. 인류 역사에서 어떤 시간은 매우

'결정적인' 중요성을 갖고 있다. 바울은 그리스도의 사건이 그 이전과 이후를 확연히 구분할 뿐 아니라, 역사의 흐름을 되돌리는 결정적 사건이라고 본다. 그리스도의 사건은 아담의 실수를 역전시키는 사건이므로, 새로운 창조가 여기에서 시작된다. 그리스도의 사건은 천지창조보다 더 중요한 사건이다. 그 사건은 그리스도의 성육신에서 시작되었고, "하나님께서 그 아들을 보내사 여자에게서 나게 하시고 율법 아래에 나게 하신 것은" 모두 다 하나님의 예정과 섭리 속에서 이루어졌다.

왜 하나님은 굳이 그리스도가 빌라도 총독이 유대를 다스리던 그 시절에 태어나게 하신 것인지에 대해 여러 설명이 있다. 당시는 헬레니즘으로 인해 민족 간의 문화적 경계가 많이 무너져서 언어적으로도 지중해 일대 온 세계가 코이네 헬라어(Koine Greek)로 의사소통을 할 수 있었던 시절이다. 그래서 복음이 신속하게 그 일대에 퍼질 수 있는 문화적 환경이 조성되어 있었다. 또한 로마인들에 의해 도로가 만들어지고 물자와 사람들이 쉽게 여행을 할 수 있었다. 바닷길이 오늘날 항공노선처럼 열려 있었고, 편지를 써서 보내면 신속하게 전달될 수 있었다. 더불어 로마의 제정(帝政)이 시작되고 전쟁이 없는 평화의 시대가 시작되었다. 도로 상의 강도나 해로 상의 해적이 그 전보다 줄어서 치안이 비교적 좋았다. 경제적으로 풍요롭고 안정적인 시대여서 철학과 종교와 같은 정신문화에 사람들이 더 많은 관심을 가질 수 있었다. 많은 사람이 이동하고 이민을 해서 인구의 이동성(mobility)이 높았으므로, 복음과 교회가 빨리 퍼져나갈 수 있었다. 하나님의 섭리를 이상과 같이 부분적으로 설명할 수 있다. 그러나 하나님의 섭리 안에 있는 '그리스도의 때'는 인간의 지혜로 다 설명할 수 없고, 인간의 설명을 뛰어넘는 더 깊은 뜻이 있었을 것이다.

"하나님께서 그 아들을 보내사"에는 '하나님의 아들'(Son of God)이란 호칭이 나온다. 이것은 메시아 호칭이다(이 호칭에 대해서는 보충설명 11: "왜 메시아는 '하나님의 아들'이란 호칭을 갖게 되었나?"를 참고하라). 중요한 것은 "보내사"(ἐξαπέστειλεν) 라는 말이다. '보내다'는 뜻의 동사 '아포스텔로'(ἀποστέλλω)에 접두어 '엑크'(ἐκ-)가 추가된 '엑싸포스텔로'(ἐξαποστέλλω)는 '(안에서) 밖으로 보낸다'라는 뜻이다. 로마서 8:3, "자기 아들을 죄 있는 육신의 모양으로 보내어 육신에 죄를 정하사"에서도 '아들을 보낸다'라는 말이 나온다. 여기에서 사용된 동사는 '펨포'(πέμπω)며, '아포스텔로'의 동의어다. '하나님께서 아들을 보낸다'는 말 안에는 아들이 이미 존재한다는 뜻이 전제되어 있다. 존재하지 않는 것을 보낼 수는 없기 때문이다. 다시 말해 "하나님께서 그 아들을 보내사"에는 그리스도의 선재(先在, pre-existence)가 전제되어 있다.

복음서에서 예수는 하나님께서 자신을 '보내셨다'고 주장한다. 마가복음 9:37, "누구든지 나를 영접하면 나를 영접함이 아니요 나를 보내신 이를 영접함이니라," 12:6 "이제 한 사람이 남았으니 곧 그가 사랑하는 아들이라 최후로 이를 보내며" 등이 그 예다. 예수가 자신의 선재를 주장한 것으로 볼 수 있다. 이런 언명은 예수가 자신을 '지혜'와 동일시하는 마태복음 11:19, "인자는 와서 먹고 마시매 말하기를 보라 먹기를 탐하고 포도주를 즐기는 사람이요 세리와 죄인의 친구로다 하니 지혜는 그 행한 일로 인하여 옳다 함을 얻느니라" (눅 7:35, "지혜는 자기의 모든 자녀로 인하여 옳다 함을 얻느니라")와도 연결해서 읽을 수 있다. 예수는 자신을 하나님의 지혜와 동일시한 것은 자신의 신적 지위(divine status)를 주장한 것으로 볼 수 있다.

그리스도를 지혜와 동일시하는 것은 바울에게서도 발견된다. 고린도전서 1:24에서 "그리스도는 하나님의 능력이요 하나님의 지혜니라"고 말한다. 고린도전서 8:6에서는 "한 주 예수 그리스도께서 계시니 만물이 그로 말미암고 우리도 그로 말미암아 있느니라"고 말한다. 골로새서 1:16절에는 "만물이 그에게서 창조되되 … 만물이 다 그로 말미암고 그를 위하여 창조되었고"라고 말한다. '그리스도가 우리를 창조하셨다' 혹은 '만물이 그에 의해 창조되었다'는 말은 그리스도를 창조의 대행자인 하나님의 지혜와 동일시한 것이다.

잠언 8:30, "내가 그 곁에 있어서 창조자가 되어 날마다 그의 기뻐하신 바가 되었으며 항상 그 앞에서 즐거워하였으며"에서 하나님의 지혜는 하나님의 '장인'(אָמוֹן, '아몬,' artisan, 개역개정판에서는 "창조자"로 번역됨)이 되어 창조의 대행자(agent of creation)로서 천지창조에 참여했다고 말한다. 지혜는 단순한 하나님의 속성이 아니라, 의인화(personification)되어 하나님과 구분되는(distinguished) 동시에 하나님과 동등한 독립적인 인격이다. 하나님의 지혜는 피조물이 아니라 창조보다 앞서 존재하는, '선재하는'

(pre-existent) 신적 존재다(잠 8:22-23, "여호와께서 그 조화의 시작 곧 태초에 일하시기 전에 나를 가지셨으며 만세 전부터, 태초부터, 땅이 생기기 전부터 내가 세움을 받았나니"). 이미 구약성경 안에 있는 지혜신학(Wisdom Theology)에는 하나님과 지혜가 구분되면서도 여전히 동일한 한 분의 하나님이라고 인식하는 이위일체론적(二位一体論的) 유일신관(binitarian monotheism)이 나타나 있다. 하나님을 이렇게 이위일체론적으로 이해하는 신관(神觀)은 당시 유대교에서 발견되는 매우 독특한 일신론이다. 기독교는 이런 유대교의 신관을 이어받았다. 그러나 유대교에서는 2세기 무렵에 '하늘에 두 개의 권세가 있다'(Two Powers in Heaven)고 보는 유대교의 독특한 신관을 이단으로 정죄하고 제거했다. 이위일체론적 신관에 의거해 나사렛 예수를 하나님으로 주장하는 기독교 주장의 근거를 무너뜨리려고 한 거다. 이런 연유로 현대 유대교의 신관은 고대 유대교의 전통을 잃어버리고 이슬람교의 신관과 매우 유사한 일신교가 되어 버렸다.

바울은 십자가에서 죽은 예수 그리스도는 천지창조에서 '장인'으로서 하나님의 창조를 대행(代行)한 지혜라고 말한다. 그리스도와 지혜를 동일시하는 이런 기독론이 바로 '지혜기독론'(Wisdom Christology)이다. 바울의 지혜기독론은 예수의 자기 이해(self-understanding)에 기초하고 있고, 예수의 자기 이해는 구약성경에 근거하고 있다. 바울은 무(無)에서 유(有)를 창조하듯 지혜기독론을 만들어낸 것이 아니다. 바울이 한 것은 이미 존재하는 구약성경의 지혜신학에 '그 지혜가 바로 나사렛 예수다'를 추가했을 뿐이다. 그러므로 바울의 지혜기독론은 유대인들에게 비교적 쉽게 이해될 수 있는 것이었다. "하나님께서 그 아들을 보내사 여자에게서 나게 하시고"라는 바울의 말에는 '하나님은 하늘에 이미 존재하는 하나님의 아들, 즉 창세 이전부터 하나님과 매우 친밀한 관계 속에 있던 지혜가 인간의 모습으로 이 땅에 태어나게 하셨다'는 깊은 뜻이 담겨있다.

아이를 낳는 것은 당연히 여자가 하는 일이다. 남자에게 출산은 일어나지 않는다. "여자에게서 나게 하시고"에서 사용된 '게노메논'(γενόμενον)은 '되다, 태어나다'라는 뜻을 가진 '기노마이'(γίνομαι)의 과거분사다. '육체를 가진 인간으로 태어나게 하셨다'는 뜻이다. 로마서 8:3, "죄로 말미암아 자기 아들을 죄 있는 육신의 모양으로 보내어"는 갈라디아서 4:5, "그 아들을 보내사 여자에게서 나게 하시고"의 주석이다. 그리스도가 육체를 가진 인간이 되셨다는 것은 그리스도도 우리와 똑같이 육체의 욕망을 갖고 계셨고, 예수 그리스도도 우리와 똑같이 '내 안에 거주하고 있는 죄'(롬 7:17, 20)의 유혹을 당하셨다는 뜻이다(히 4:15, "모든 일에 우리와 똑같이 시험을 받으신 이로되 죄는 없으시니라"). 또한 예수 그리스도가 인성(humanity)과 신성(divinity)을 동시에 갖고 계신다는 의미도 있다.

"그 아들을 보내사 여자에게서 나게 하시고"는 창세기 3:15, "내가 너로 여자와 원수가 되게 하고 네 후손도 여자의 후손과 원수가 되게 하리니 여자의 후손은 네 머리를 상하게 할 것이요 너는 그의 발꿈치를 상하게 할 것이니라"는 말씀을 연상하게 한다. 후손은 '씨'(זרע)라는 단어의 번역이다. '씨'(זרע)는 문법적으로 단수이지만, 의미상으로는 복수가 되는 집단명사다. 그러므로 "여자의 후손"은 특정 개인을 가리키는 것이 아니라 '후손들'이라는 복수의 의미로 해석한다. 하지만 70인역 구약성경에서는 '여자의 후손'에 대해 '그 남자'(αὐτός)라는 남성 단수 3인칭 대명사가 사용되었다. 그래서 70인역 성경 번역은 창세기의 '여인의 자손'을 메시아로 해석할 수 있는 여지를 준다. *Testament of Levi* 18:12, "And Beliar shall be bound by him, And he shall give power to His children to tread upon the evil spirits."은 마가복음 3:27, "사람이 먼저 강한 자를 결박하지 않고는 그 강한 자의 집에 들어가 세간을 강탈하지 못하리니"와 내용이 유사하다. 창세기 탈굼 Neofiti 3:15, "For her son, however, there will be a remedy, but for you, serpent, there will be no remedy, for they will make peace in the future, in the day of King Messiah."은 창세기 3:15을 메시아와 연결해서 paraphrasing 한다(참고, Irenaeus *Adv. Haer.* 5.21.1).

인류의 역사는 '뱀의 후손'과 '여자의 후손' 사이의 투쟁이다. 인류의 다수는 뱀의 후손의 역할을 하지만, 하나님은 선택한 사람들을 통해 '여인의 후손'이 태어나게 하시고, 그는 사탄의 머리를 밟아 깨뜨린다. 로마서 16:20, "평강의 하나님께서 속히 사탄을 너희 발 아래에서 상하게 하시리라"는 바울이 창세기 3:15을 메시아 텍스트로 이해하고 있었다는 것을 보여준다. 누가복음 10:19, "내가 너희에게 뱀과 전갈을 밟으며"는 *Testament of*

Levi 18:12의 "악한 영들을 밟을 것이다"와 매우 유사하다. 여인의 후손이신 예수 그리스도의 제자들은 여인의 후손처럼 그들도 뱀의 머리를 밟고 승리할 것이라고 말씀하신다. "여자에게서 나게 하시고"는 바로 이런 구약성경과 유대교 전승 속에서 예수의 정체성을 밝힌다. 예수는 곧 창세기 3:15의 '여인의 후손'이시다.

예수 그리스도가 인간으로 태어나실 때 "율법 아래에" 태어나셨다는 말은 그가 유대인으로 태어나셨다는 뜻이다. 모든 유대인은 율법 아래 태어나며, 출생과 동시에 사실상 율법 준수의 의무를 지닌다. 유대인들은 율법을 하나님의 영원하신 지혜와 동일시한다. 바울은 그리스도가 율법 아래에 태어났다고 말하므로 그리스도를 율법과 동일시하지 않는다. 바울은 그리스도를 하나님의 지혜와 동일시하므로, 그리스도가 율법 아래에 태어나셨다는 것은 하나님의 영원하신 지혜가 자신보다 더 열등한 율법 아래에 태어났다는 말이다. 얼핏 들으면 매우 역설적으로 들린다. 더 높은 지위를 가진 존재가 낮은 지위를 가진 것 아래에 태어나는 게 하나님의 계획이었다.

그리스도가 "율법 아래에" 태어나심으로 그는 장래에 유대교의 율법이 관장하는 유대교 법정에 서게 된다. 산헤드린 재판(마 26:59-66; 막 14:55-64)에서 예수가 피고로, 율법을 관장하는 자들이 재판장으로 등장하는 것은 하나님의 구원 사건에서 일어난 희극적인 장면이다. 온 세상과 인간을 창조하신 분을 인간이 정죄하고 십자가에서 처형하는, 사실 말도 안 되는 일이 일어난 것은, 하나님의 뜻 안에서 그리스도가 율법 아래에 태어나셨기 때문이었다. 율법이 그런 분을 유죄로 만들고 사형을 선고하고 집행했다. 하위의 것이 상위의 것을 죽였다. 그런데 이 모든 것은 다 하나님의 섭리 속에서 목적을 갖고 일어난 일이다. 그리스도가 율법 아래에 태어나게 하신 하나님의 뜻은 율법 아래에 있는 인간들을 속량하시기 위한 것이었다. 그리스도는 율법 아래에 놓임으로 우리는 율법 아래에서 풀려난다. 율법의 저주로부터 해방된다(갈 3:13). 고린도후서 8:9, "우리 주 예수 그리스도의 은혜를 너희가 알거니와 부요하신 이로서 너희를 위하여 가난하게 되심은 그의 가난함으로 말미암아 너희를 부요하게 하려 하심이라"도 성육신 속에 담겨져 있는 역설적인 (paradoxical) 진실을 우리에게 말해준다.

4:5 율법 아래에 있는 자들을 속량하시고 우리로 아들의 명분을 얻게 하려 하심이라

　　그리스도가 인간으로, 그것도 유대인으로 태어나 율법 아래에 있는 인간이 되신 목적은 "율법 아래 있는 자들을 속량"하는 것이다. '속량하다'로 번역된 헬라어 동사는 '엑싸고라조'(ἐξαγοράζω)다. 이 동사는 갈라디아서 3:13, "율법의 저주에서 우리를 속량하셨으니"에서 이미 한 번 사용된 바가 있다[194] 속량(贖良)이라는 한자어에서 '속'(贖)은 죄를 면제 받기 위해 내는 벌금인 '속전'(贖錢)과 관련이 있고, '양'(良)은 로마시대의 자유인에 해당하는 '양민'(良民)과 관련이 있다. 속량은 몸값을 지불하여 양민으로 만드는 것을 나타낸다(속량에 관한 자세한 설명은 3:13의 주석을 보라).
　　"아들의 명분"으로 번역된 단어는 '휘오떼시아'(υἱοθεσία)며, 이 단어의 뜻은 '입양'(adoption)이다. '얻다'로 번역된 '아포람바노'(ἀπολαμβάνω)의 뜻은 '받다'(to receive)이다. 입양을 받으므로 자녀의 지위(status)를 얻게 된다. 하나님께서 우리를 자녀로 입양하시기 위해 그리스도께서 죽음으로 우리의 몸값을 지불하셨다는 말이 신약성경에 나오지만(롬 8:15, 23, 9:4; 엡 1:5) 구약성경에서는 '입양'이라는 개념이 구원을 설명하는 메타포로 사용되지 않는다. 한국교회는 구원을 설명하기 위한 메타포인 '입양'을 즐겨 사용하지 않는다. 입양에 대해 부정적인 한국 문화에 기인하기도 하지만, 이런 본문을 헬라 문화를 배경으로 하여 제대로 연구하지 않았기 때문이기도 하다. 바울 당시 입양은 오늘날보다 더 광범위하게 이루어졌으며 사람들에게 매우 친숙한 개념이었다. 신분이 낮은 사람에게 입양은 그 사람의 신분과 운명을 전격적으로 변화시키는 결과를 가져왔다.

---

194) 갈라디아서 4:4-5은 3:13-14과 그 내용이 겹치는 부분이 많다. 자세한 것은 Moo, *Galatians*, 266을 보라.

보충설명 16: "영화 '벤허'(Benhur)와 그레꼬 로마 시대의 입양문화"

헐리웃 영화 '벤허'에서 주인공인 유다는 본래 유대인 귀족이었지만 우여곡절 끝에 로마 해군의 전함 밑에서 노를 젓는 노예가 된다. 그가 탄 배에는 해군 제독이 승선한다. 전투가 벌어져 배는 침몰하고 제독은 자신이 전쟁에서 진 것으로 판단하고 자살을 시도한다. 유다는 제독의 자살을 말려 죽지 않게 한다. 아군의 배에 발견되어 구출된 제독은 자신의 군대가 해전에서 진 것이 아니라 이겼다는 것을 뒤늦게 알게 된다. 유다 덕분에 살게 된 제독은 승전 개선 행진에서 유다를 자신의 전차에 함께 타게 한다. 황제는 국가 소유의 노예인 유다의 소유권을 제독에게로 옮겨준다. 그 후 유다는 전차 경주에서 여러 차례 우승하여 주인에게 큰 이득을 준다. 아들이 전쟁에서 죽어 상속자가 없었던 제독은 유다를 아들로 입양한다. 그 후 유다는 고향으로 돌아와 자신의 가족의 원수를 갚고 잃었던 가족을 찾게 된다. 그 과정에서 유다는 예수의 복음을 듣게 되고, 처음에는 복음을 거부하나 어머니와 여동생의 나병이 기적적으로 치료받는 것을 경험하고 증오를 버리게 된다.

영화 벤허의 내용 중 제독이 자신의 노예를 아들로 입양하는 장면은 우리에게는 동화 속의 이야기처럼 들리지만, 당시의 문화 속에서는 충분히 일어날 수 있는 일이었다. 당시 귀족들처럼 재산이 많은 가문에서는 상속이 매우 중요한 사안이었다(이 점에 대해서는 3:15의 유언장에 대한 설명을 참고하라). 아들이 전쟁에서 죽거나, 아예 아들이 없는 경우에 상속자를 미리 정해놓지 않으면 본인이 죽은 후에 모든 재산이 흩어져 버릴 수도 있었다. 그래서 유사시를 대비해 미리 상속자를 정해놓아야 했다. 상속자가 될 수 있는 아들이 없는 경우에는 대부분 자신의 방계 가족 중에서 젊은 청년을 입양하여 상속자가 되게 하였으나, 아예 혈연관계가 없는 사람을 입양하는 것도 가능했다. 오늘날엔 유아나 어린아이를 입양하고, 큰 청년이나 성인을 입양하지 않지만, 당시는 그렇지 않았다. 영화에서처럼 성인을 입양하는 경우도 적지 않았다.

영화에서 주인공은 배 밑바닥에서 노를 젓던 노예의 신분이었지만 거의 기적적으로 로마 해군의 제독의 아들로 입양된다. 한낱 노예였던 사람이 로마제국의 해군 제독이 갖고 있던 모든 지위와 재산을 합법적으로 상속할 수 있는 상속자가 된다. 이런 경우 입양은 그의 신분을 엄청나게 상승시키는 계기가 된다. 갈라디아서 4:5에서 바울이 "우리로 아들의 명분을 얻게 하려 하심이라"고 말할 때 그가 의미한 바가 바로 이것이다. 죄와 죽음의 세력의 노예 상태로 있던 우리가 예수 그리스도의 속량으로 말미암아 우리는 노예 상태에서 풀려나 자유인이 되었을 뿐만 아니라, 심지어 하나님의 자녀로 입양되어 하나님의 자녀라는 높은 신분을 갖게 되었다. 한마디로 인생 역전(逆轉)이 일어난다. 물론 이것은 영적으로 볼 때 그렇다는 말이다. 세계에서 제일 큰 부호인 빌 게이츠에게 입양되어 그의 상속자가 되는 것보다 하나님에게 입양되어 하나님의 나라의 상속자가 되는 것이 더 축복된 일이다.

바울은 로마서 8:14-17에서도 그리스도의 십자가 죽음으로 우리에게 주어진 구원을 설명하기 위해 "입양"이라는 메타포를 사용한다. 로마서 8:15, "너희는 다시 무서워하는 종의 영(a spirit of slavery)을 받지 아니하고 양자의 영(a spirit of adoption)을 받았으므로 우리가 아빠 아버지라고 부르짖느니라"는 우리가 원래 노예(종)의 상태에 있었는데, 입양을 받아 하나님을

"아빠"(헬라어 '아빠[αββα]는 아람어 아바(אבא)의 헬라어 음역이며, 그 뜻은 우리말도 '아빠'와 같다)라고 부를 수 있게 되었다고 말한다. 로마서 8:17, "자녀이면 또한 상속자 곧 하나님의 상속자요 …"는 로마서 8장의 이 내용이 갈라디아서 4:5-7의 내용과 그 맥락이 같다는 것을 보여준다. 갈라디아서 4장 6절에 "아빠 아버지"가 나오고, 이어서 7절에 "유업을 받을 자" 즉 '상속자' 라는 말이 연달아 나온다.

4:6 너희가 아들이므로 하나님께서 그 아들의 영을 우리 마음 가운데 보내사 아빠 아버지라 부르게 하셨느니라

바울은 "너희는 아들이다"(ἐστε υἱοί)라고 선언한다. 성도들은 그리스도 안에서 이미 하나님의 자녀들이 되었다. 이 사실 때문에(ὅτι) 하나님은 '그의 아들의 영'을 우리에게 주셨다. 아들의 영은 성령이고, 우리가 성령을 받은 것은 우리가 하나님 자녀의 지위를 갖고 있음을 보여주는 증거다. 바울은 여기에서 '보내다'라는 뜻의 동사 '엑싸포스텔로'(ἐξαποστέλλω)를 사용한다. 이 동사는 4절, "때가 차매 하나님이 그 아들을 보내샤"에서 사용된, 바로 그 동사다. 하나님은 아들을 보내신 것처럼, 그 아들을 믿는 성도들에게 성령을 보내주신다. 요한복음 14:26에서 예수는 "보혜사 곧 아버지께서 내 이름으로 보내실 성령"이란 말을 한다. 여기에서 '보내다'라는 뜻의 동사 '펨포'(πέμπω)가 사용되었고, 뜻은 '엑싸포스텔로'(ἐξαποστέλλω)와 같다. 예수도 바울도 하나님께서 그의 제자, 성도들에게 성령을 보내주시며 그 성령은 '아들의 명의'("내 이름으로")로 되어 있다. 즉 하나님의 성령은 예수 그리스도의 현존을 나타낼 정도로 아들과 성령은 하나다.

바울은 빌립보서 1:19, "이것이 너희의 간구와 예수 그리스도의 성령의 도우심으로 나를 구원에 이르게 할 줄 아는 고로"와 로마서 8:9, "누구든지 그리스도의 영이 없으면 그리스도의 사람이 아니라"에서도 성령을 아들의 영이라고 부른다. 바울은 성령의 존재와 사역이 그리스도와 떼려야 뗄 수 없는 관계 속에 있다고 본다. 현대 신학에서 성령이 예수 그리스도와 상관없이도 사역하신다는 주장이 목소리를 높이고 있으며, 이런 주장은 사실 오래된 것이

다. 동방교회와 서방교회 분열의 직접적 원인은 '필리오케'(라틴어: Filióque) 논쟁이었다. 성령이 성부에게서 유래하는지, 아니면 성부와 성자에게서 유래하는지를 놓고 의견이 갈라졌다. 동방교회는 아들 없이도 성령의 역사가 일어날 수 있다고 보았고, 이런 입장은 세속문화, 특히 타종교를 교회가 쉽게 포용할 수 있게 했다. 현대에는 '하나님의 선교'(Missio Dei) 개념이 선교학에서 통용되면서, 교회의 선교 없이도 하나님이 모든 문화 속에서 독자적으로 활동하신다는 주장이 일반화되었다. 그리스도의 복음 없이도 하나님 혹은 성령이 역사한다는 주장은 곧 세속문화 일반, 학문, 더 나아가서 타종교 안에서도 하나님과 성령이 아들 없이도 사역하며, 신학자들은 이것에 주목해야 한다는 것이다. 그 결과 복음 전도보다 타종교와의 대화, 일반 학문과 기독교 복음의 융합이 더 중요한 관심사가 되었다. 물론 세속문화 속에 살아가는 일반인들에게 기독교 복음을 전하기 위해 문화, 학문, 종교를 이해하고 복음을 문화적으로 번역하는 작업을 하는 것이 필요하다. 하지만 타종교와의 대화나 일반 문화와의 융합이 복음 전도 자체를 대체하는 것은 아니다. 복음 전도라는 목적을 잃어버린 대화나 융합은 지적 유희에 지나지 않는다. 그런 점에서 이렇게 성령과 예수 그리스도를 단단히 결합하는 호칭을 바울이 사용한 것은 은 오늘날 더 중요한 의미가 있다.

하나님께서 성령을 "우리의 마음 가운데(εἰς τὰς καρδίας ἡμῶν)" 보내주신다는 것은 예레미아 31:33, "내가 나의 법을 그들의 속에 두며 그들의 마음에 기록하여 나는 그들의 하나님이 되고 그들은 내 백성이 될 것이라"와 에스겔 36:26, "새 영을 너희 속에 두고 새 마음을 너희에게 주되" 36:27, "내 영을 너희 속에 두어"를 연상시킨다. 바울은 이와 같은 구약성경 구절들을 상기시키려는 의도로 일부러 '마음'이란 단어를 사용한 것으로 보인다. 성령의 임재는 율법이 아니라 성령을 주어 우리를 하나님의 백성으로 삼으시겠다는 새 언약 약속의 성취다. 사도행전 2장의 오순절 사건은 역사적 사건이지만, 그리스도를 믿는 모든 개인에게 오늘도 일어나는 사건이다. 위의 새 언약을 약속하는 구절에서 율법은 성령을 가리키며, 성령은 율법을 대체한다. 그래서 로마서 8:2, "이는 그리스도 예수 안에 있는 생명의 성령의 법이 죄와 사망의 법에서 너를 해방하였음이라"에서 바울은 "성령의 법"(ὁ νόμος τοῦ πνεύματος)이란 표현을 사용한다. 예레미아 31:33, "내가 나의 법을 그들의 속에 두며"에서

"나의 법"이 바로 성령이다. 이런 표현들은 모두 위에 언급된 새 언약과 성령에 대한 약속을 포함한 구약성경 구절들을 상기시키기 위한 장치다.

"아빠"(αββα)는 아람어 'אַבָּא'의 헬라어 음역으로 "아빠/아버지"라는 뜻인 '아브'(אָב)의 호격(vocative)이다. 우리말에서 아빠는 어린아이들이 쓰는 단어이지만, 유대문화에서 아람어 'אַבָּא'는 성인이 자신의 부친을 친근감 있게 부를 때 사용할 수 있는 호칭이다. 헬라어 성경에서 이처럼 아람어를 그대로 음역하여 사용한 것은 이 단어에 중요한 가르침이 포함되어 있기 때문이다. 예수는 평소에 하나님을 부를 때 '아빠'라는 호칭을 자주 사용한 것으로 보인다. 겟세마네에서 예수는 "아빠 아버지여 아버지께는 모든 것이 가능하오니 이 잔을 내게서 옮기시옵소서"(막 14:36)라고 기도했다. 예수는 하나님을 '아빠'라는 호칭으로 불렀다. 헬라어로 된 주기도문의 첫 단어는 '아버지'란 뜻의 명사 '파테어'(πατήρ)다. 예수가 주기도문을 아람어로 제자들에게 가르쳤다면 아마 첫 단어는 '아빠'였을 것이다. 예수는 제자들에게 하나님을 부를 때 '아빠'라고 부르라고 가르친 것 같다. 이처럼 예수가 하나님을 부르는 호칭으로 아빠라는 단어를 사용하는 것은 제2성전기 유대교에서 유사한 선례가 없다고 평가된다.[195]

그렇다면 예수는 어떤 의도로 하나님을 '아빠'라고 부르라고 가르쳤을까? 예수는 자신을 통해 하나님과 인간 사이의 관계가 친근한 관계로 변화된다는 점을 가르치기 위해 '아빠'라는 호칭을 쓴 것 같다. 사람과 사람 사이에서도 서로를 부르는 호칭은 두 사람 사이의 거리를 표현한다. 예를 들어, 남녀 관계에서 연애 전, 후, 결혼 전, 후, 출산 전, 후에 서로를 부르는 호칭이 변하며, 변화하는 호칭은 모두 그 전보다 더 가까워진 두 사람 사이의 관계를 보여준다. 예수 그리스도의 사건 이전에 인간과 하나님의 관계는 한 마디로 '적대적' 관계다(롬 5:10, "곧 우리가 원수 되었을 때에 그의 아들의 죽으심으로 말미암아 하나님과 화목하게 되었은즉"). 그러나 십자가 사건으로 인해 하나님의 진노가 사라지고 하나님과 인간은 평화의 관계로 들어가게 되었다. 심지어 우리를 입양하심으로 우리가 하나님을 '아빠'라는 호칭으로 친근하게 부

---

195) 바벨론 탈무드에서 단 한 번 '아빠'가 사용되나(*b. Ta'an.* 23b), 이 경우는 지상의 아버지와 하늘의 하나님에 대해 언어유희를 하는 과정에서 사용된 것이며, 정식 하나님을 향한 호칭으로 사용된 것은 아니다. Moo, *Galatians*, 270. n. 21.

를 수 있는 관계로 들어가게 되었다. 예수는 이와 같은 관계의 변화를 염두에 두고 자신을 통해 하나님과의 관계가 부모-자녀 관계가 된다는 것을 상징적으로 표현하기 위해 '아빠'라는 호칭을 도입한 것이다.

초대교회는 이런 예수의 '아빠' 호칭 사용의 의도를 이해하고 있었고, 예배 시간에 하나님을 '아빠'라는 호칭으로 부르며 기도했다. 헬라어를 사용하는 이방인 교회에서도 '아빠'라는 아람어 단어는 이미 보편적으로 사용되어 바울이 별다른 추가적 설명을 하지 않아도 성도들이 잘 이해하고 있었다. 바울 역시 이런 전승을 알고 있었기에 입양 메타포로 구원을 설명하는 맥락에서 하나님을 '아빠'로 부르는 예수 전승을 사용한다. 로마서 8:15, "너희는 다시 무서워하는 종의 영을 받지 아니하고 양자의 영을 받았으므로 우리가 아빠 아버지라고 부르짖느니라"에서 "양자"로 번역된 단어는 바로 앞 절인 4:5에서 "아들의 명분"으로 번역된 '휘오떼시아'(υἱοθεσία)다. '휘오떼시아'(υἱοθεσία)는 '입양' '아들의 지위'라는 뜻이다. 이 구절에서도 바울이 '아빠'라는 아람어를 사용하는 것을 볼 때 바울의 머리 안에서 입양 메타포는 하나님을 아람어로 '아빠'라고 부르는 것과 짝을 이루고 있었던 것 같다. 하나님이 우리를 그리스도를 통해 자녀로 입양해 주심으로 우리는 감히 하나님을 '아빠'라고 부를 수 있는 친근한 자녀의 지위를 갖게 되었다.

4:7 그러므로 네가 이 후로는 종이 아니요 아들이니 아들이면 하나님으로 말미암아 유업을 받을 자니라

"그러므로 네가 이 후로는 종이 아니요"는 과거의 우리가 노예 상태였음을 지적한다. 죄와 죽음의 세력의 노예였고, 그들이 우리 안에서 왕 노릇 하며 우리를 내면으로부터 지배하고 있었다. 로마서 5:14, "사망이 왕 노릇 하였나니," 5:17, "사망이 그 한 사람을 통하여 왕 노릇 하였은즉," 5:21, "이는 죄가 사망 안에서 왕 노릇 한 것 같이," 6:12, "죄가 너희 죽을 몸을 지배하지 못하게 하여"에서 바울은 '왕(βασιλεύς, 바실류스)으로서 지배한다/다스린다'는 뜻을 가진 '바실류오'(βασιλεύω) 동사를 사용한다. 로마서 6:9, "사망이 다시 그를 주장하지 못할 줄을 앎이로라," 6:14, "죄가 너희를 주장하지 못하리니"에서

는 '주인(κύριος, 퀴리오스)으로서 다스리다'는 뜻을 가진 '퀴리류오'(κυριεύω)를 사용한다. 모두 인간은 죄와 사망의 세력의 지배아래 있다는 것을 말한다. 그 결과 인간은 죄와 죽음의 세력의 노예로서 살아간다. 로마서 6:6, "다시는 우리가 죄에게 종 노릇 하지 아니하려 함이니"에서 바울은 '노예(δοῦλος, 둘로스)로서 섬기다'라는 뜻을 가진 '둘류오'(δουλεύω) 동사를 사용한다. 복음을 듣기 전의 인간은 죄와 죽음의 세력의 노예 상태이기 때문이다. 갈라디아서 4:3, "우리도 어렸을 때에 이 세상의 초등학문 아래에 있어서 종 노릇 하였더니"에서 사용된 바로 그 동사다. 로마서 8:15, "너희는 다시 무서워하는 종의 영을 받지 아니하고"역시 이런 노예 상태를 표현하는 것이다. 복음을 듣기 전의 인간은 성령의 지배가 아니라, 악한 영의 지배를 받아 악한 세력의 노예로 살아가며, 이 때문에 하나님을 향해 친근감이 아닌 두려움을 갖고 있다.

하지만 이제 그리스도를 통해 우리는 "양자의 영을 받았으므로"(롬 8:15) 하나님을 아빠라고 부를 수 있는 자녀의 지위를 획득하게 되었다. 성령은 우리가 하나님의 가정에 입양되었음을 보여주는 증거이므로 "양자의 영"이라는 별명으로 불린다. 바울은 자녀의 신분에 '상속자'("유업을 받을 자")의 지위가 추가되는 것을 강조한다. "하나님으로 말미암아"(διά θεοῦ)는 그 상속자의 지위가 하나님으로부터 유래한다는 것을 말하는 것으로 볼 수 있다. 이 창조 세계의 주인이신 하나님께서 우리에게 자녀와 상속자의 과분한 지위를 은혜로 주셨다.

12.
처음 믿을 때를 기억하라
[4:8-20]

4:8-9	왜 다시 노예가 되려고 하느냐?
4:10-11	나의 수고가 헛된 것이 될까 두렵다
4:12-14	너희는 나를 업신여기지 않고 영접했다
4:15-16	나는 너희의 원수가 아니다
4:17-18	그들은 악한 의도로 너희에게 열심을 낸다
4:19-20	나는 너희를 출산하는 고통을 겪는다

4:8 그러나 너희가 그 때에는 하나님을 알지 못하여 본질상 하나님께서 아닌 자들에게 종 노릇 하였더니

"그 때"는 갈라디아 지역의 이방인 성도들은 복음을 듣기 전 하나님이 아닌 우상을 섬기며 우상의 노예가 되어 살던 시절이다. 바울은 갈라디아 성도들의 과거와 현재를 대조한다. 그들은 과거에 우상들을 신이라고 생각하고 섬기며 살았다. 고린도전서 8:5, "비록 하늘에나 땅에나 신이라 불리는 자가 있어 많은 신과 많은 주가 있으나"는 그 당시 이방인들의 다신교(polytheism)적 신관을 보여준다. 이방인들이 거짓되고 생명이 없는 우상을 예배하는 이유는 참되고 살아계신 "하나님을 알지 못하"기 때문이다. 그래서 "하나님께서 아닌 자들에게" 노예 노릇을 하며 살아가고 있다. "종 노릇 하였더니"에서 '노예로 섬기다'라는 뜻의 '둘류오'(δουλεύω) 동사가 사용되었다. 갈라디아 성도들은 과거에 죄와 죽음의 세력이 왕 노릇을 하고, 주인 노릇을 하는, 죄와 죽음의 세력의 지배 아래에서 살고 있었다(이 점에 대해서는 7절의 주석을 보라).

그렇다면 이런 노예상태에서 벗어나는 길은 무엇인가? 복음을 받아들이는 것이다. 데살로니가 성도들은 복음을 듣고 "우상을 버리고 하나님께로 돌아와서 살아 계시고 참되신 하나님을"(살전 1:9) 섬기게 되었다. 갈라디아 성도들에게도 마찬가지 변화가 일어났을 것이다. 그런데 지금 갈라디아 성도들은 바울의 복음을 버리고 할례와 율법 준수를 강조하는 잘못된 복음, 가짜 복음으로 돌아서려고 한다. 바울은 그들을 향해 왜 다시 노예의 상태로 돌아가려 하느냐고 묻는다.

4:9 이제는 너희가 하나님을 알 뿐 아니라 더욱이 하나님에게서 아신 바 되었거늘 어찌하여 다시 약하고 천박한 초등학문으로 돌아가서 다시 그들에게 종 노릇 하려 하느냐

"이제는"은 8절의 "그 때에는"과 연결된다. 과거와 현재를 대조하는 표현이다. 복음으로 개종하기 이전과 이후를 대비하는 이런 표현들은 개종 양식(conversion formula)이며(롬 6:19, 21-22; 7:5-6; 11:30; 갈 1:23; 엡 2:12-22; 5:8; 골 1:21-22; 3:7-8; 몬 11), 갈라디아 성도들에게 개종이 일어났다는 것을 보여준다. 참 하나님이신 창조주를 모르던 그들은 바울복음을 통해 "하나님을 알 뿐 아니라 더욱이 하나님에게서 아신 바" 되었다. 하나님과 그들은 쌍방 간에 서로를 아는 관계로 들어갔다. 여기에서 '알다'는 단순한 인식이 아니라, 서로 깊이 이해하고 사랑하는 관계를 나타낸다. 하나님을 '아빠'라고 부르는 친근한 관계다.

그런데 지금 갈라디아 성도 중 일부는 바울이 전해준 십자가 복음을 버리고 할례당의 가르침으로 돌아서려고 하고 있다. "어찌하여"($\pi\hat{\omega}\varsigma$)는 바울이 느끼는 당혹감을 보여준다. 그들은 과거로 회귀하려고 한다("다시 … 돌아가서"). 여기에서 '돌아가다'로 번역된 헬라어 동사 '에피스트레포'($\epsilon\pi\iota\sigma\tau\rho\epsilon\phi\omega$)는 개종을 묘사할 때 사용되는 동사다. 이 동사는 어떤 방향으로 가다가 정반대 방향으로 돌아서는 동작을 묘사한다. '돌아서다'로 번역하는 것이 좋다. 이 동사는 데살로니가전서 1:9, "우상을 버리고 하나님께로 돌아와서"에서도 사용되었다. 갈라디아서에서 지금 이 동사는 현재형($\epsilon\pi\iota\sigma\tau\rho\epsilon\phi\epsilon\tau\epsilon$)으로 사용된

다. 현재형은 진행을 나타내므로 갈라디아 성도들이 바울복음을 버리고 할례당의 가르침으로 돌아서는 현상이 현재 진행 중임을 암시한다. 복음으로 돌아서는 것이 개종이라면, 복음으로부터 돌아서는 것은 배교(apostasy)다.

바울은 할례당의 가르침으로 돌아서는 것을 '초등학문'(στοιχεῖα)에게로 돌아가는 것이라고 말한다. 초등학문으로 번역된 '스토이케이아'는 이미 4:3에서 나온 바가 있다(구체적으로 어떤 뜻인지에 대해서는 4:3의 주석을 보라). 갈라디아서 4:3의 "세상의 초등학문"(τά στοιχεῖα τοῦ κόσμου)은 이 세상을 지배하는 악한 영들이라고 볼 수 있다. 스토이케이아에 대해 "종 노릇 하려 하느냐"고 말하고 있으므로 스토이케이아는 비인격적인 원리라기보다는 인격적인 어떤 존재라고 보는 것이 더 적절하다. 바울은 그 악한 영들은 "약하고"(ἀσθενής, weak), "천박한"(πτωχός, poor) 것들이라고 말한다. 약하다는 것은 능력이 없다는 것이며, 인간을 구원할 수 있는 능력이 없다는 말이다. 천박하다는 것은 기본적으로 '가난하다'라는 뜻이다. 악한 영들은 창조주 하나님의 부요함에 비교하면 빈털터리에 해당되는 것들이다. 이방인들이 섬기는 우상, 그 배후에 있는 악한 영들에 대해 바울이 이런 형용사를 쓰는 것은 그리 놀라운 일은 아니다.

하지만 자세히 생각해보면 지금 바울이 '스토이케이아'라고 부르는 것은 우상숭배 종교들이 아니라 할례당의 가르침이다. 할례를 받고 율법 준수를 강조하는 할례당의 주장을 '스토이케이아'라고 부른다. 우리는 할례당이 어떤 종류의 기독론을 갖고 있었는지 확실히 알 수는 없지만, 그들이 십자가에서 죽은 예수를 죄 없이 죽은 의로운 선지자 정도로 인식했다면 할례당의 종교는 예수를 거짓 선지자로 인식하고(마 27:63, "주여 저 속이던 자가 살아 있을 때에 말하되"; 27:64, "후의 속임이 전보다 더 클까 하나이다") 처형한 당시 주류 유대교 지도자들의 예수 이해와 크게 다르지 않다. 지금 할례당의 가르침을 '스토이케이아'라고 부르는 바울의 비난은 당시 유대교에도 동일하게 적용될 수 있다.

"어찌하여 다시 약하고 천박한 초등학문으로 돌아가서 다시 그들에게 종 노릇 하려 하느냐"는 매우 놀라운 언명이다. 바울은 할례당의 가르침과 이방인들의 우상숭배를 동일시하고 있다. 참된 복음을 버리고 유대교적 관습으로 돌아서는 것은 복음을 버리고 헬라종교로 돌아가는 것과 같다고 본다.[196] 이렇게 유대교와 우상숭배를 동급으로 놓고 둘 다 초등학문이라고 말하는 것 자체가 유대교를 엄청나게 격하하는 것이다. '스토이케이아'라는 단어를 사용하는 것 자체도 유대인들이 들으면 매우 귀에 거슬리는 말로 들릴 것이다. 바울서신에서 반셈족주의적(anti-Semitic) 언명들(예, 살전 2:15-16; 빌 3:2)과 비교할 만한 수준의 표현이다. 바울신학의 새 관점(New Perspective on Paul)은 당시 유대교가 언약적 신율주의(covenantal nomism)이며 바울도 언약적 신율주의자였다고 주장하지만, 유대교의 율법으로 돌아서는 것을 우상숭배로 돌아가는 것과 같은 것으로 보는 바울이 과연 언약적 신율주의자일 수 있는지 의문이다.

그렇다면 왜 바울은 유대교의 율법으로 돌아서는 것과 우상숭배가 동급이라고 생각한 것일까? "어찌하여 다시 … 다시 그들에게 종 노릇 하려 하느냐"에 그 해답이 있다. 바울은 우상숭배건 율법이건, 둘 다 사람을 노예로 만든다고 본다. "다시"(πάλιν)라는 부사를 두 번 사용하는 것은 우상숭배 하던 때도 노예 상태였고, 율법 준수를 해도 노예 상태라는 것을 강조한다. 왜 복음을 버리고 할례와 율법 준수를 선택하면 노예가 되는 것일까?(자세한 설명은 보충설명 20: "사회와 교회의 위기: 우남 이승만을 다시 생각함"을 보라) 그 이유는 율법은 우리에게 죄에 대한 지식을 줄 수는 있지만(롬 3:20, "율법으로는 죄를 깨달음이니라"; 7:7, "율법으로 말미암지 않고는 내가 죄를 알지 못하였으니") 죄를 이길 수 있는 '능력'은 주지 못하기 때문이다. 죄를 이길 수 있는 능력은 성령이 주시는데(롬 8:2, "그리스도 예수 안에 있는 생명의 성령의 법이 죄와 사망의 법에서 너를 해방하였음이라"), 성령은 복음을 믿음으로 받을 수 있기 때문이다.

그러므로 우상숭배를 하던 이방인이 유대교로 개종한다고 해도 그들이

---

196) 현대의 대부분의 서구 학자들은 이 부분을 축소해석 하면서 바울이 유대교와 우상숭배를 동일시 한 것은 아니라고 에둘러 말한다. 왜냐하면 노골적으로 유대교와 우상숭배를 동일시하면 반셈족주의자로 낙인찍혀 학계에서 매장당할 수 있기 때문이다. 독일 나치의 유대인 학살 이후 유대교에 대한 어떤 비판도 학문적 금기가 되어 버렸다. 유대교가 신성불가침의 영역이 되면서 신약성경 해석에 상당한 영향을 주고 있다. 특히 독일 루터파 교회가 유대인 학살에 동참한 것 때문에 보수적인 성경해석을 하는 학자들조차 유대교와 관련된 문제에 대해서는 매우 애매한 태도를 보인다. 그러나 유대인 학살에 아무런 도덕적 책임도 없는 동양인 학자들은 오히려 반셈족주의자 낙인에 대해 큰 두려움 없이 본문이 말하는 바를 그대로 말할 수 있는 자유를 누릴 수 있다.

노예 상태에서 벗어나는 것이 아니다. 유대교로의 개종은 또 다른 노예의 삶일 뿐이다. 유대교건 우상숭배건 그런 종교들은 노예만을 생산해낼 뿐, 인간을 진정으로 죄와 죽음의 세력의 지배로부터 자유롭게 하지 않는다. 헬라 종교에 구원이 없는 것처럼 유대교에도 구원은 없다. 기독교와 가장 가까운 종교인 유대교조차 구원이 없다면 다른 타종교에 구원이 없다는 것은 더 말할 필요도 없다. 바울은 이 구절에서 현대의 종교다원주의를 향해 사형 선고를 내린다.

4:10 너희가 날과 달과 절기와 해를 삼가 지키니

"날과 달과 절기와 해" 지키는 것은 안식일, 초하루(월삭), 각종 절기, 해(안식년, 희년)를 지키는 것이다. 유대교 달력을 사용하여 매일 매일을 살아가는 것이다. 유대교 달력에 따라 안식일, 초하루, 절기, 해를 지키는 것은 '초등학문'으로 돌아가는 것이며, 그 뜻은 이방인들이 우상숭배를 하던 시절로 되돌아가는 것과 다름이 없다.

고대 시대 모든 민족과 나라는 자신의 달력을 갖고 있었다. 당시 달력의 대부분은 음력(陰曆) 달력이었다. 달력에는 해당 민족 혹은 도시의 각종 우상 제사를 위한 축제일이 정해서 있어서 일 년 연중 그 일정에 따라 우상숭배가 진행되었다. 로마가 지중해 일대를 점령하면서 로마인들의 달력이 도입되기 시작했다. 로마인들의 달력은 양력(陽曆)이었다. 로마인의 달력에는 로마 종교의 각종 신들과 황제를 숭배하는 일정이 정해져 있었다. 따라서 그 시대에는 어떤 달력을 사용하는가가 그들의 종교를 선택하는 것과 마찬가지로 중요했다. 이방인은 이방인의 달력을, 유대인은 유대교의 달력을 사용했다. 유대인에게 달력은 하나님께 제사 드릴 날을 정해주었고, 이 일정을 지키지 않는 제사는 다 무효다.

이방인과 유대인이 복음으로 개종함에 따라 교회는 성도들이 헬라/로마식 달력 혹은 유대교의 달력을 따라 살지 않도록 가르쳤을 것이다. 그런 과정을 통해 교회에 교회력(Christian Calendar)이 자연스럽게 개발되었을 것이다. 현재 남아 있는 고대 동방교회의 교회력을 보면 일 년, 열두 달, 삼백육

십오 일, 모두를 다양한 성자들의 성일(聖日), 기념일, 절기 등으로 만들어 놓은 것을 볼 수 있다. 성도들이 철저하게 교회력에 따라 일 년을 살아가도록 지도하려는 의도가 엿보인다.

갈라디아 지역의 이방 기독교인들은 복음으로 개종하기 전에 각 도시와 지역에서 사용하는 달력에 따라 우상숭배를 하며 매일 매일을 살았을 것이다. 달력은 하늘의 별들을 관찰하여 만들어졌으므로 4:9의 '스토이케이아'(στοιχεῖα, "초등학문")와 개념적으로 밀접한 관련이 있다. 바울 역시 이방인 성도들이 복음을 받아들인 후에는 우상숭배를 하던 당시의 달력을 따라 살지 않을 것을 가르쳤을 것이다. 로마교회 안에 예배 날짜를 둘러싸고 의견이 갈라졌을 때 바울은 로마서 14:5에서 "어떤 사람은 이 날을 저 날보다 낫게 여기고 어떤 사람은 모든 날을 같게 여기나니 각각 자기 마음으로 확정할지니라"고 말한다. 로마교회의 유대 기독교인들은 안식일을 다른 날보다 더 낫게 여겨 아마도 안식일에 예배를 드렸던 것 같다. 바울이 '안식일에 예배를 드리면 안 된다'고 말하지 않으므로, 그는 유대 기독교인들이 유대 달력을 부분적으로 사용하는 것은 허용한 것 같다. 하지만 이방 기독교인들이 전면적으로 유대 달력을 도입하고, 안식일, 초하루, 안식년, 각종 절기를 지키는 것에 대해서는 강력하게 반대한다.

"삼가 지키니"로 번역된 동사 '파라테레오'(παρατηρέω)는 '주시하다'(to watch carefully)라는 기본 뜻을 갖고 있으며(막 3:2; 눅 6:7; 14:1) 이곳에서는 '(종교적 제의를) 지키다'라는 뜻으로 사용되었다. 동사의 시제가 현재형이므로 진행의 뜻이 담겨있다. 지금 갈라디아 성도들이 유대교 달력을 사용하는 중이라는 뜻이다. 여기에서 "날"은 안식일 뿐 아니라 '대속죄일'(the Day of Atonement)도 포함된다. "달"은 골로새서 2:16에서 바울이 언급하는 "초하루"와 같은 것으로 보인다. 민수기 28:11-15에는 초하루에 관한 율법이 나온다. "절기"는 유월절, 초막절, 오순절, 수전절 등과 같은 절기들을 가리킨다. 끝으로 "해"는 안식년과 희년(Jubilee)을 의미한다.

바울은 복음을 버리고 유대교에 빠져 유대교 달력에 따라 살아가는 것을 "약하고 천박한 초등학문으로 돌아가서 다시 그들에게 종 노릇"(갈 4:9) 하는 것이라고 비판한다. 그것은 과거의 우상숭배 시절로 돌아가는 것과 똑같이 그들을 노예로 만들 뿐이다. 그리스도께서 몸값을 지불하고 기껏 노예 상태에서 풀려나게 하고 또 그들을 입양하여 상속자의 신분을 소유하게 하셨는데, 그 모든 은혜를 다 발로 차버리고 스스로 노예 상태로 돌아가는 것과 다름이 없다. 안타깝게도 일부 갈라디아 성도들을 이미 그 길로 가고 있다. 바울이 그동안 해 온 일들이 부분적으로 물거품이 되고 있다.

4:11 내가 너희를 위하여 수고한 것이 헛될까 두려워하노라

바울은 그동안 갈라디아 성도들을 위해 수고했다. '수고하다'로 번역된 동사 '코피아오'(κοπιάω)는 고린도전서 4:12, "또 수고하여 친히 손으로 일을 하며"에서 육체노동을 가리키는 말로 사용되었다. 바울은 종종 육체노동을 가리키는 이 동사를 사용하여 자신의 사도적 사역을 묘사한다(빌 2:16, "나의 달음질이 헛되지 아니하고 수고도 헛되지 아니함으로"; 골 1:29, "나도 내 속에서 능력으로 역사하시는 이의 역사를 따라 힘을 다하여 수고하노라"; 고전 15:10 참고). 그가 복음을 위하여 일할 때 실제로 작업장에서 수공업자로서 땀을 흘리며 노동하면서(고전 4:12, "친히 손으로 일을 하며"; 살전 2:9, "밤낮으로 일하면서 너희에게 하나님의 복음을 전하였노라") 전도한 것을 생각해 보면 그가 이 단어 선택한 것은 당연한 것으로 보인다.

"헛될까"로 번역된 부사 '에이케'(εἰκῆ)는 갈라디아서 3:4, "너희가 이같이 많은 괴로움을 헛되이 받았느냐"에서 이미 한 번 나온 적이 있다. 로마서 13:4, "그가 공연히 칼을 가지지 아니하였으니," 고린도전서 15:2, "그 말을 굳게 지키고 헛되이 믿지 아니하였으면," 골로새서 2:18, "그 육신의 생각을 따라 헛되이 과장하고"에서도 나온다. 갈라디아 성도들이 성령을 많이 경험하였는데도(갈 3:4) 할례당의 가르침을 따라간다면 그 모든 경험도 헛된 것이 된다. 갈라디아서 2:2, "달음질한 것이 헛되지 않게 하려 함이라"에서 사용된 것은 전치사 구인 '에이스 케논'(εἰς κενὸν, 고후 6:1, "하나님의 은혜를 헛되이 받지 말라"; 빌 2:16, "나의 달음질이 헛되지 아니하고 수고도 헛되지 아니함으로"; 살전 3:5, "우리 수고를 헛되게 할까 함이니"에서도 나옴)인데 그 뜻은 '에이케'와 같다. 갈라디아서 2:2에서 바울은 자신을 달리기 선수에 비유한다. 만약 자신의 복음과 예루살렘 사도들의 복음이 각각 다르다면 그건 달리

기 선수가 헛되이 달리는 것과 같다고 말한다. 이처럼 바울은 자신이 사역이 '헛되이' 될까 상당히 고심했다. 그 이유는 할례당의 복음이 참된 복음으로 둔갑하여 자신이 전하는 복음을 뒤집어엎을 가능성이 항상 열려 있기 때문이다.

고린도전서 3:7-9에서 바울은 자신을 씨앗을 심는 농부에, 그리고 성도들은 그가 일하는 밭에 비유한다. 농부는 열매를 얻기 위해 일한다. 만약 한 철 농사를 지은 결과 아무런 열매가 없다면 그는 '헛되이' 일한 셈이 된다. 그런데 지금 바울이 갈라디아 지역에서 농사짓기 위해 한 모든 수고에도 불구하고 그의 사역에 아무런 열매가 없게 될 위기에 처해 있다.

4:12 형제들아 내가 너희와 같이 되었은즉 너희도 나와 같이 되기를 구하노라 너희가 내게 해롭게 하지 아니하였느니라

이제 바울은 자신이 갈라디아 지역에서 교회들을 개척할 때 경험했던 일들을 성도들에게 회상시키면서 그들에게 복음을 버리지 말라고 호소한다. "구하노라"(δέομαι)는 '호소한다'라는 뜻이다. 12절부터 논리적인 설득보다는 과거 친근하던 관계를 회상시키면서 사뭇 감정적인 호소가 더 주를 이룬다. 성도들을 향해 "형제들아"라고 부르면서 말을 시작하는 것도 할례당 쪽으로 기울어진 그들을 다시 자신의 편으로 끌어오려는 시도다.

"내가 너희와 같이 되었은즉 너희도 나와 같이 되기를 구하노라"에서 '바울을 닮음'(imitation of Paul)이라는 주제가 발견된다. 바울은 평소 성도들에게 자신을 닮으라고 가르쳤다. 고린도전서 4:16과 11:1에서 바울은 "너희는 나를 본받는 자가 되라"고 말한다. 빌립보서 3:17에서도 "형제들아 너희는 함께 나를 본받으라"고 말한다. 데살로니가전서, 1:6에서는 "또 너희는 많은 환난 가운데서 성령의 기쁨으로 말씀을 받아 우리와 주를 본받은 자가 되었으니"라는 말로 고난을 견디고 믿음을 지킨 성도들을 칭찬하기도 한다. 바울이 이렇게 자신을 닮으라고 가르치는 이유는 바울을 닮는 것이 곧 그리스도를 본받은 사람이 되는 길이기 때문이다. 자신의 삶을 통해 그리스도를 성도들에게 보여주기 때문이다. 그러므로 "너희도 나와 같이 되기를 구하노라"라는

가르침이 우리를 놀라게 하지는 않는다.

그렇다면 "내가 너희와 같이 되었은즉"은 무슨 뜻일까? 바울은 복음을 전하기 위해 유대교의 테두리를 벗어나 과거에 유대인이 들어가지 않는 영역으로 들어왔다. 한때 바울은 유대교의 전통을 향해 열심을 갖고 있었고 동갑내기 유대인들과 비교할 때 유대교를 지나칠 정도로 믿는 사람이었다(갈 1:14). 하지만 그는 지금 유대교를 "초등학문"(4:9, στοιχεῖα)으로 취급하며 우상숭배와 동급으로 보고 있다. 그는 유대교의 경계선(boundary)을 완전히 벗어났다. 그 결과 그는 '율법 아래'(갈 3:23; 4:4, 5)에서 살아가는 삶을 버렸다(갈 3:25, "우리가 초등교사 아래에 있지 아니하도다"). 그가 율법 아래에서 살아가지 않는다는 것만 본다면 그는 이방인처럼 된 셈이다. "내가 너희와 같이 되었은즉"은 바로 이런 면을 가리키는 것이라고 볼 수 있다.[197)]

바울이 율법 아래의 삶을 버리고 이방인처럼 된 것은 그것이 곧 믿음을 갖는 길이고, 그것이 곧 구원의 길이기 때문이다. 그래서 바울은 지금 율법 아래의 삶으로 걸어가고 있는 갈라디아 성도들을 향해 "너희도 나와 같이 되기를 구하노라"라고 말한다. 다시 말해 자신이 유대교의 틀을 벗어났듯이 너희들도 유대교의 틀을 벗어나라는 뜻이다. 그렇게 한다면 그들은 헬라종교의 우상숭배와 유대교의 율법으로부터 완전히 자유로운 사람이 될 수 있다.

"너희가 내게 해롭게 하지 아니하였느니라"에서 '해롭게 하다'(to harm)로 번역된 동사 '아디케오'(ἀδικέω)는 '악을 행하다'(to do wrong)라는 뜻도 있다. 시제는 과거시제이므로 바울이 갈라디아에서 성도들을 처음 만났을 당시를 가리킨다. 바울이 갈라디아 성도들을 처음 만나 그들에게 복음을 전할 당시에 그들은 바울에게 아무런 악을 행하지 않았다. 이 말이 구체적으로 당시 어떤 상황을 가리키는 것인지는 이 구절에서는 아직 분명히 드러나지 않는다(그 구체적 정황은 14절에서 약간 드러난다). 바울이 과거 바울과 갈라디아 성도들 사이에 우호적 관계를 회상하게 하려는 의도인 것은 분명하다. 갈라디아 성도들은 과거에 바울에게 해를 끼칠 기회가 있었지만

---

197) 바울이 이방인처럼 되었다는 말은 고린도전서 9:21, "율법 없는 자에게는 … 율법 없는 자와 같이 된 것은 율법 없는 자들을 얻고자 함이라"라는 말을 연상케 한다. 이 구절은 바울의 선교 사역을 일반적으로 묘사하는 과정에서 나온 말이다. 이 말씀이 율법 아래에 있고자 하는 갈라디아 성도들에게 적용될 수는 없다.

그렇게 하지 않았다. 갈라디아 성도들과 바울 사이는 처음부터 지금까지 매우 우호적 관계였다.

4:13 내가 처음에 육체의 약함으로 말미암아 너희에게 복음을 전한 것을 너희가 아는 바라

바울은 그의 "육체의 약함"(ἀσθένεια τῆς σαρκὸς) 때문에 복음을 전했다고 말한다. '육체의 약함'이 구체적으로 무엇을 가리키는지 분명하지는 않지만 아마도 그가 갖고 있던 만성적 질병을 의미하는 것으로 보인다. 로마서 6:19, "너희 육신이 연약하므로 내가 사람의 예대로 말하노니"에서도 육체의 약함에 대해 말하지만, 이런 경우는 인간의 육체에 깃들어 있는 욕망을 가리킨다고 보인다. 바울이 지금 자신의 욕망 때문에 갈라디아 지역에 복음을 전했다고 말하는 것은 분명히 아니다.

바울은 고린도후서 12:7에서 주님께서 그의 육체에 "가시 곧 사탄의 사자"를 주셨다고 말한다. 그가 다른 사람의 질병을 기도로 낫게 한 적도 있었지만(고후 12:12, "사도의 표가 된 것은 … 표적과 기사와 능력을 행한 것이라"; 살전 1:5, "이는 우리 복음이 너희에게 말로만 이른 것이 아니라 또한 능력과 성령과 큰 확신으로 된 것임이라"), 이 경우 그의 기도에도 불구하고(고후 12:8, "이것이 내게서 떠나가게 하기 위하여 내가 세 번 주께 간구하였더니") 주께서는 "내 은혜가 네게 족하도다 이는 내 능력이 약한 데서 온전하여짐이라"(고후 12:9) 말씀하시면서 고쳐주지 않으셨다. 이 문맥에서 바울은 그의 육체에 있는 이 질병을 "나의 약한 것들"(ἀσθενείαι μου)이라고 부른다.

바울에게 있었던 육체의 가시가 무슨 질병이었는지 우리를 단정적으로 말할 수 없다. 어떤 질병이었는지 알 수는 없지만, 아마도 만성적인 불치병이었을 것이다. 잠깐 앓다가 사라지는 질병이 아니라 장기간 그를 괴롭히는 것이었을 것이다. 왜냐하면 그가 세 번이나 이 문제를 놓고 주께 치료해달라고 기도했기 때문이다. 악화된 상태로 지속하는 질병이라기보다는 평소에 잠잠하다가 어떤 기간에 급격하게 악화하는 질병이었을 것이다. 왜냐하면 만약 전자였다면 바울이 그렇게 오랫동안 고난을 경험하면서 사역할 수 없을 것이기 때문이다. 또한 그 질병은 발병하면 다른 사람에게 쉽게 눈에 띄는 질병이었을 것이다. 바울이 그 질병을 '사탄의 사자'(ἄγγελος σατανᾶ, messenger of Satan, 고후 12:7)라고 부르는 것은 그 질병이 사탄이 하는 역할을 하기 때문이다. 그 질병이 그의 선교 사역에 상당한 장애가 되었던 것 같다.

또한 그 질병은 선천적 질병이라기보다는 후천적 질병이었을 것이다. 바울은 개종 전에 예루살렘 공회의 인정을 받고 다메섹으로 가서 교회를 핍박하는 등(행 9:1-2), 젊어서부터 유대교의 지도자로 활동했다(갈 1:14). 만약 그에게 선천적으로 만성적이며, 다른 사람의 눈에 쉽게 띄고, 그의 사역을 종종 방해하는, 그런 질병이 있었다면 그렇게 승승장구하지 못했을 것이다. 가말리엘의 문하에서 공부하는 것도 어려웠을 것이다.

그러므로 이 질병은 다메섹 경험 이후 복음을 전하는 과정에서 생긴 후천적 질병일 가능성이 크다. "여러 계시를 받은 것이 지극히 크므로 너무 자만하지 않게 하시려고"(고후 12:7)는 그 질병이 다메섹 계시 이후에 시작된 것임을 암시한다. 구약성경에서 선지자가 깊은 환상을 본 이후에 육체적 질병을 앓는 경우가 있었다(단 8:27, "이에 나 다니엘이 지쳐서 여러 날 앓다가"). 그러나 바울의 경우는 단기적인 질병이 아니라 장기적인 질병이란 점에서 질병의 원인을 단순히 환상에만 연결하는 것도 문제가 있다.

고린도후서 12:10, "내가 그리스도를 위하여 약한 것들과 능욕과 궁핍과 박해와 곤고를 기뻐하노니"에서 바울이 "약한 것들"을 "능욕과 궁핍과 박해와 곤고"와 병렬한다. 사도적 사역 중에 당한 고난과 고생을 자신의 질병과 함께 같은 범주로 분류하므로 그의 질병은 장기간 겪은 고난과 관련이 있는 것 같다. 사실 바울처럼 오랫동안 제대로 먹지도 쉬지도 못하고, 자주 유대교 회당에서 매는 맞았던 것을(고후 11:24) 생각할 때 그가 가진 만성적인 질병은 그가 당한 장기간의 고난 때문에 생겨난 질병일 가능성이 크다.

어떤 질병이었는지 모르지만, 바울은 그 병 때문에 갈라디아 지역에서 복음을 전했다고 말한다. "내가 처음에 육체의 약함으로 말미암아"의 "처음에"로 번역된 단어 '프로테론'(πρότερον)은 '처음의'(first)라는 뜻의 형용사 '프로토스'(πρῶτος)의 비교급(comparative)이다. '프로테론'은 '그 전에'(earlier, former)라는 뜻이다. 만약 바울이 갈라디아서를 쓰기 전에 갈라디아 지방을 이미 두 번 방문한 것이라면, 첫 번째 방문을 가리키는 것이 될 테지만, 바울이 갈라디아 지방을 1차 선교여행 중에 방문했고 지금 그 여행에서 돌아와서 안디옥에서 이 편지를 쓰는 것이라면, 꼭 비교의 뜻을 의도했다고 보기는 어렵다(이 문제에 대한 자세한 설명은 보충설명 3: "남갈라디아설과 북 갈라디아설"을 보라). 왜냐하면 당시 '프로테론'은 엄격한 비교의 뜻보다는 느슨하게 과거를 지칭하기 위해 사용되었기 때문이다(고후 1:15; 엡 4:22).[198]

바울이 처음 갈라디아에서 선교를 시작할 당시에 그의 병이 발병한 것은 분명한 듯하다. 하지만 그때 구체적으로 어떤 사건이 있었는지, 왜 그의 육체의 약함 "때문에"(διά) 복음을 전했다고 말하는지 설명하기는 어렵다. 병의 증세가 악화되어 그곳에 길게 머물게 되어 복음을 전하게 되었는지, 아니면 그의 질병 자체가 복음 증거의 계기가 되었는지, 그 내용은 분명치 않다.

4:14 너희를 시험하는 것이 내 육체에 있으되 이것을 너희가 업신여기지도 아니하며 버리지도 아니하고 오직 나를 하나님의 천사와 같이 또는 그리스도 예수와 같이 영접하였도다

"너희를 시험하는 것이 내 육체에 있으되"에서 "시험"으로 번역된 단어 '페이라스모스'(πειρασμός)는 '시험'(test, 벧전 4:12)이라는 뜻도 있지만, '유혹'(temptation, enticement)이라는 뜻도 있다. 신약성경에서 후자의 뜻으로 사용되는 경우가 더 많다(마 6:13; 26:41; 막 14:38; 눅 8:13; 11:4; 22:40, 46; 행 15:26; 딤전 6:9; 벧후 2:9; 계 3:10). '페이라스모스'는 부정적인 뜻이 강하기 때문에 바울 자신이 자신의 질병을 이런 부정적인 단어로 부르는 것은 좀 이상하다. 갈라디아서가 기본적으로 할례당과 바울 사이의 논쟁을 기본 배경으로 하고 있으므로 '페이라스모스'는 할례당이 바울을 공격할 때 사용한 용어였을 가능성이 크다. 바울의 복음을 '죄를 짓도록 유혹하는 것'으로, 바울은 '죄를 짓도록 유혹하는 자'(ὁ πειράζων, 살전 3:5, "시험하는 자" 참고)로 공격했을 가능성이 있다. 바울은 의도적으로 이 단어를 여기서 도입하면서, 이 단어가 가진 또 다른 뜻인 '시험'의 뜻으로 사용한다.

---

198) Moo, *Galatians*, 283.

그렇다면 왜 바울의 만성적 질병이 그의 적들에게 공격의 소재가 된 것일까? 아마도 신명기 28:15-68에 나오는 율법을 지키지 않는 자가 받는 저주의 리스트 때문인 것 같다. 신명기 28장은 율법을 지키는 자에게 내리는 축복과 저주를 다룬다. 축복 리스트는 1-14절에 불과하지만, 저주 목록은 15-68절에 이른다. 그 저주의 내용은 대체로 1) 그가 하는 모든 일에 열매가 없고, 2) 고칠 수 없는 각종 질병에 걸리고, 3) 땅을 빼앗기고 떠돌아다닌다는, 이 세 가지로 요약된다. 그중 신명기 28:27-28, "여호와께서 애굽의 종기와 치질과 괴혈병과 피부병으로 너를 치시리니 네가 치유 받지 못할 것이며 …"는 결정적으로 불치병을 하나님의 저주로 명시하고 있다. 이런 율법 규정은 바울의 적대자들에게 바울을 하나님의 저주를 받은 자로 공격할 수 있는 매우 좋은 기회를 준다. 바울은 평소에 율법을 지키지 않고 율법에 대해 불경스러운 말을 할 뿐만 아니라(행 21:21, "네가 이방에 있는 모든 유대인을 가르치되 모세를 배반하고 아들들에게 할례를 행하지 말고 또 관습을 지키지 말라 한다 함을 그들이 들었도다") 하나님의 저주를 받아 나무에 달려 죽은 예수(갈 3:13, "그리스도께서 우리를 위하여 저주를 받은 바 되사 … 기록된 바 나무에 달린 자마다 저주 아래에 있는 자라 하였음이라")를 그리스도라고 주장하였으므로 하나님께서 바울을 저주했고, 그 증거가 바로 그의 불치병이라고 공격했을 것이다.

바울의 복음을 듣는 청중들은 바울과 바울을 공격하는 사람들의 상반된 주장을 듣고 선택의 갈림길에 서 있었다. 바울(messenger)과 그의 복음(message)을 동시에 받아들이던지, 아니면 둘 다 동시에 거절해야만 했다. 둘 중 하나만 받아들이고 다른 하나를 거절하는 건 불가능하다. 바울이 전하는 복음이 진리인지 아닌지 그 여부는 바울의 육체의 질병이 정말 하나님의 뜻으로 생긴 병인지, 아니면 하나님의 저주를 받아 생긴 것인지, 어느 쪽을 받아들일 것인지에 따라 결정된다. 바울이 가짜 사도인지 아니면 진짜 사도인지인지도 그의 불치병을 어떻게 이해하느냐에 따라 결정되었다("너희를 시험하는 것이 내 육체에 있으되"). 바울의 질병 때문에 바울의 청중들이 딜레마에 빠졌다. 바울의 육체의 질병은 청중들에게 시험(test)을 주었다. 바울의 질병은 그가 복음을 전할 때 청중들이 복음을 받아들이는데 큰 장애가 되었다. 이런 관점에서 보면 바울이 고린도후서 12:7에서 "육체의 가시" 즉 그의 질병을 왜 "사탄의 사자"(a messenger of Satan, ἄγγελος σατανᾶ)라고 부르는지 이해가 된다. 과연 갈라디아 지역의 청중들은 바울의 질병에 대해 어떤 결론을 내렸을까? 다행히도 바울의 설명을 받아들인 사람들이 있었다. 그들이 바로 갈라디아 성도들이다.

갈라디아 성도들은 바울의 몸의 질병에 대해 바울에게 적대적인 유대인들의 설명을 받아들이지 않고, 바울의 설명을 받아들였다. 그들이 바울을 "업신여기지(ἐξουθενέω) 않았다"는 말은 "경멸하지 않았다"는 뜻이다. 그들은 "버리지도 아니" 했다. 여기에서 "버리다"로 번역된 '엑크프튀오'(ἐκπτύω)의 원래 뜻은 "침을 뱉다"(to spit out)이다. 물론 사람에게 침을 뱉는 행위는 그 사람을 무시하는 행동이지만, 고대사회에서 어떤 사람에게 침을 뱉는 행위는 그 사람에게 악한 눈(evil eye)이 있다고 생각해서 액땜하는 행동이기도 했다. 악한 눈 미신(evil eye superstition)은 고대 지중해 사회 일대에 널리 퍼진 민간 신앙이었으며, 인류학자들의 연구에 따르면 현대에도 세계 여러 곳에서 여전히 발견되는 매우 오래된 미신이다.

고대인들은 악한 눈을 가진 사람들이 있으며, 이들의 눈에서는 악한 기운이 있어서 만약 그런 사람과 눈이 마주치면 자신에게 좋지 않은 일들이 일어난다고 믿었다. 그래서 악한 눈과 눈이 마주치지 않도록 몸에 호신부(악한 눈의 시선을 끌 수 있는 기이한 모양의 물건들, 예를 들면 남자의 성기)를 지니고 다녔다. 그런데도 만약 악한 눈을 가진 사람과 눈이 마주치면 그 사람에게 침을 뱉으면 액땜이 된다고 믿었다. 바울이 이 구절에서 '엑크프튀오'(ἐκπτύω) 동사를 사용하는 것은 아마도 바울을 하나님의 저주를 받은 자로 공격하는 것과 연관이 있는 것으로 보인다. 유대인들이 헬라인들에게 신명기 28장에 있는 율법의 저주를 설명하고 바울은 하나님의 저주받은 자라고 설명하는 건 쉽지 않은 일이었을 것이다. 유대인들로서는 헬라인 청중들에게 바울을 '율법의 저주를 받은 자'로 설명하는 것보다 '악한 눈을 가진 자'로 낙인찍는(labeling) 것이 훨씬 더 효과적인 공격이었을 것이다.

갈라디아서 3:1에서 악한 눈 미신의 기술적 용어인 '바스카이노(βασκαίνω, 악한 눈으로 꾀다)를 바울이 사용한 것도 이곳에서 '엑크프튀오'(ἐκπτύω) 동사를 쓰는 것과 연결하여 해석하는 것이 가능하다. 성도들이 바울로부터 처음 복음을 들을 때는 바울을 향해 침을 뱉으며 그를 거부하지 않았으나, 지금은 할례당의 선동을 당해 바울을 하나님의 저주받은 자로 생각하고 그의 복음을 거부하므로 바울이 거꾸로 악한 눈 미신의 용어를 사용하여 '누가 너희를 악한 눈으로 홀렸느냐?'고 반문한 것이다.

다행히도 당시에는 갈라디아 성도들이 바울과 그의 복음을 거부하지 않고 그를 "하나님의 천사"로 받아들였다. 하나님의 '하나님의 사자'(messenger)로 받아들였다. 즉 복음을 위해 하나님이 보내신 사도로 받아들였다. "그리스도 예수와 같이"(ὡς Χριστὸν Ἰησοῦν)는 '마치 내가 그리스도 예수인 것처럼 나를 받아들였다'는 뜻이다. 그들은 바울을 십자가에서 죽은 "그리스도 예수"와 같이 영접했다. 바울이 자기 자신을 예수 그리스도에 직접적으로 비유하는 것은 이미 3:1, "예수 그리스도께서 십자가에 못 박히신 것이 너희 눈 앞에 밝히 보이거늘 누가 너희를 꾀더냐"에서도 나왔다. 바울이 자신의 고난을 통해 십자가에 못 박힌 그리스도를 성도들에게 보여주었다고, 당시 성도들은 바울이 그리스도 예수인 것처럼 그를 받아들였다. 마치 예수가 우리를 율법의 저주로부터 구원하기 위해 고난을 겪었듯이 바울도 그들에게 복음을 전해 그들이 율법의 저주에서 벗어나게 하려고 고난받은 것으로 이해하고, 청중들은 메신저(messenger)뿐만 아니라 그의 메시지(message)를 함께 받아들였다.

4:15 너희의 복이 지금 어디 있느냐 내가 너희에게 증언하노니 너희가 할 수만 있었더라면 너희의 눈이라도 빼어 나에게 주었으리라

갈라디아 성도들은 이제 바울과 그의 복음을 거부한다. 바울은 "너희의 복이 지금 어디 있느냐"고 반문한다. '복'(blessing)으로 번역된 '마카리스모스'(μακαρισμός)의 기본적인 뜻은 '복을 비는 행위' 즉 '축복'이다. 아마도 과거에 갈라디아 성도들이 바울을 받아들일 때 그를 축복했던 것을 회상하는 의도로 보인다. 그때 바울을 축복하던 성도들이 지금은 바울에 대해 적대적인 태도를 보인다.

바울이 눈을 빼준다고 말하므로 이것으로 인해 바울의 질병이 눈병이었다는 추측도 하지만, 바울의 질병이 눈병이라는 정황은 없다. 눈을 '빼다'로

번역된 '엑쏘뤼소'(ἐξορύσσω)는 '파내다'(to gouge out)이다. 고대에 눈을 파내는 것은 심한 고문이었고(삿 16:21, "블레셋 사람들이 그[삼손]를 붙잡아 그의 눈을 빼고") 심한 모욕이었다(삼상 11:2, "암몬 사람 나하스가 그들에게 이르되 내가 너희 오른 눈을 다 빼야 너희와 언약하리라"). 바울이 고난받는 것을 보고 그들이 바울 대신 고문을 당해도 좋다는 뜻으로 말한 것일 수도 있다. 고문으로 볼 경우 문제는 바울이 눈을 빼어 "나에게 주었으리라"고 말하는 대목이다. 대신 고문을 받는다면 눈을 빼서 바울에게 줄 필요는 없다. 아마도 이 표현은 지극한 사랑의 나타내는 은유로 보아야 할 듯하다.[199] 그렇다면 성도들의 사랑을 표현하기 위해 왜 하필 눈을 뽑아서 준다는 은유를 사용한 것일까? 분명하지는 않지만, 악한 눈 미신 때문에 그런 말을 했을 수도 있다. 바울이 악한 눈을 가진 사람으로 공격을 당하므로 자신들의 눈을 빼주어 그런 공격에서 바울이 벗어나게 해줄 정도로 성도들이 바울을 사랑했다는 의미로 말한 것으로 볼 수도 있다.

4:16 그런즉 내가 너희에게 참된 말을 하므로 원수가 되었느냐

바울은 여기에서 '참된 말을 하다'라는 뜻의 '알레뜌오'(ἀληθεύω) 동사를 사용한다. '진리'라는 뜻의 명사 '알레떼이아'(ἀλήθεια)의 동사형이다. 헬라어 회화에서 자주 사용되지 않는 이 단어를 사용하는 것은 갈라디아서 논쟁의 맥락이 거짓 사도 논쟁이기 때문이다. 참 사도는 진리를 말하고 (ἀληθεύω), 거짓 사도는 거짓을 말한다(ψεύδομαι, πλανάω, δολόω). 그러므로 '나는 참된 말을 한다'는 '나는 참 사도다'라는 의미가 포함되어 있다. 바울은 하나님의 저주를 받아 그의 몸에 불치병이 있고, 그래서 악한 눈을 가진 자라는 공격까지 받았다. 이것은 바울이 가짜이며, 거짓 사도, 거짓 선지자라는 공격이다. 과거에는 바울이 거짓 사도라는 말을 받아들이지 않았던 성도들이 이제 할례당의 비방을 믿고 바울을 거짓 사도로 취급한다. 그의 복음을 버리고 할례당의 가짜 복음을 받아들였다. 바울을 사기꾼처럼 취급하고 할례당을

---

199) Moo, *Galatians,* 286.

참 사도로 받아들인 것이다. 결국 바울과 갈라디아 성도들의 관계는 원수 관계가 되었다.

"원수"(ἐχθρός, enemy)라는 단어는 바울과 성도들의 관계가 얼마나 망가졌는지 보여준다. 그를 위해 눈이라도 빼서 줄 정도로 서로 친밀한 사랑의 관계에서 매우 적대적인 관계로 급변했다. 그 이유는 다름 아닌 할례당과 그들의 잘못된 복음 때문이다. 할례당의 복음은 믿음이 필요하지만(필요조건) 믿음만으로는 부족하고 할례와 율법을 준수해야(충분조건) 구원받을 수 있다는 것이지만, 바울의 복음은 믿음이 필요·충분조건이다. 할례당의 복음은 유대교와 연속적이지만, 바울의 복음은 유대교 불연속이다. 복음은 두 개가 될 수 없으므로 둘 중 하나는 진리고 하나는 거짓이다. 할례당과 바울 둘 다 그리스도의 사도가 될 수 없다. 둘 중 하나는 참 사도고, 다른 하나는 거짓 사도다. 성도들은 이 둘 사이에서 중립을 지킬 수도 없다. 진리와 거짓의 문제에서는 둘 중 하나를 선택하지 않으면 안 된다. 그런데 그들은 거짓을 선택함으로 진리의 정 반대편에 서게 되었다. 그래서 바울과 성도들은 서로 원수의 관계가 되었다.

4:17 그들이 너희에게 대하여 열심 내는 것은 좋은 뜻이 아니요 오직 너희를 이간시켜 너희로 그들에게 대하여 열심을 내게 하려 함이라

여기에서 바울은 할례당의 속마음을 폭로한다. 할례당은 열심을 내고 있다. '젤로오'(ζηλόω)는 '열심'(zeal)이란 뜻의 명사 '젤로스'(ζῆλος)의 동사형이다. '열심을 내다'라는 뜻이지만, '시기하다'의 뜻도 있다. 여기에서는 전자의 뜻으로 사용되었다. 할례당은 성도들을 향해 열심을 낸다. 그들을 향해 열정을 갖고 있다. 그러나 좋은 의도로 그렇게 하는 것이 아니다(οὐ καλῶς). 그들이 원하는 것은 성도들을 바울로부터 차단하는 것이다. '이간시키다'로 번역된 '엑클레이오'(ἐκκλείω)는 '차단하다'(to shut out)라는 뜻이다. 그들은 성도들을 바울로부터 차단하길 원한다. 성도들이 바울을 향해 품고 있는 사랑, 즉 '눈이라도 빼주려고 하는' 사랑을 차단하길 원한다. 그래서 결국 성도들이 할례당을 향해 열심을 내게 하려 한다. 성도들의 바울을 향한 열정을

가로채려고 한다.

고린도후서 11:2에서 바울은 "내가 하나님의 열심으로 너희를 위하여 열심을 내노니"라고 말한다. 여기에서도 '젤로오'(ζηλόω) 동사가 사용되었다. 또 "하나님의 열심으로"(θεοῦ ζήλῳ)에서 명사 '젤로스'(ζῆλος)도 사용되었다. 바울은 평소에 성도들을 향해 열심을 가졌다. 그 열심은 "하나님의 열심," 즉 하나님께서 주신 열심이고, 그것은 좋은 의도를 가진 열심이다. 바울은 성도들의 믿음에 대해 주인 노릇을 하지 않는다. 고린도후서 1:24에서 "우리가 너희 믿음을 주관하려는 것이 아니요"라고 말한다. '주관하다'로 번역된 단어는 '주님'(Lord)으로 번역되는 '퀴리오스'(κύριος)의 동사형 '퀴리유오'(κυριεύω)고 그 뜻은 '주/주인 노릇을 하다'(be lord over)이다. 성도들을 향해 주님/주인 노릇 하지 않는 것은 참된 목회자의 표지다. 반면에 고린도후서에서 거짓 사도들(고후 11:13)은 성도들을 노예로 삼고 잡아먹는다(고후 11:20, "누가 너희를 종으로 삼거나 잡아먹거나"). 자신들을 높이고 심지어 성도들의 따귀를 때린다(고후 11:20, "스스로 높이거나 뺨을 칠지라도"). 성도들을 자신의 종으로 삼는 것은 가짜 목회자의 표지다. 할례당이 성도들이 바울을 향해 갖고 있던 사랑과 열정을 차단하고 그 열정을 자신들을 향하게 만드는 것은 결국 그들을 노예로 삼고, 지배하고, 이용하려는 것이다. 그들은 거짓 사도고, 가짜 목회자다.

4:18 좋은 일에 대하여 열심으로 사모함을 받음은 내가 너희를 대하였을 때 뿐 아니라 언제든지 좋으니라

"열심으로 사모함을 받음"으로 번역된 단어는 '젤루스따이'(ζηλοῦσθαι)다. '젤로오'(ζηλόω, '열심을 내다')의 수동태 현재 부정사다. 중간태(middle tense)로 볼 수도 있지만 의미상 수동태로 보는 것이 좋다. 열심으로 사모함을 받는다고 할 때 주어는 누구일까? 17절에서 "그들이 너희에게 대하여 열심 내는 것"이라고 말했으므로, 할례당이 열심을 내고 있고, 사모함을 받는 주체는 갈라디아 성도들이다. 누군가가 나에 대해 열정을 갖고 대한다면 그것을 싫어할 사람은 거의 없다. 만약 그것이 "좋은 일에 대하여"(ἐν καλῷ), 혹은 좋

은 의도로 열심을 갖는다면 그것을 싫어할 사람도 없다. 바울이 그들을 대할 때("내가 너희를 대하였을 때") 바울에 의하여 성도들이 "열심으로 사모함"을 받는 것도 갈라디아 성도들에게는 좋은 일이다. 좋은 일로 "열심으로 사모함을 받음"은 "언제든지" 좋은 일이다.

그런데 문제는 갈라디아 성도들이 할례당에 의해 사모함을 받고 있긴 한데 "좋은 일에 대하여" 열심히 사모함을 받고 있지 않다는 것이다. 할례당은 좋은 뜻으로 하는 것이 아니다(17절, "좋은 뜻이 아니요," οὐ καλῶς). 성도들이 할례당에게 열심을 내게 하려는 의도다. 갈라디아 성도들은 그들의 의도를 꿰뚫어 보지 못하고 있다. 그들의 향한 바울의 열정을 거부하고 할례당의 열정을 받아들이면, 할례당이 그들을 향해 계속 열정을 갖지 않을 것이며, 반대로 성도들이 그들을 향해 열정을 갖게 만든다는 것을 모른다.

4:19 나의 자녀들아 너희 속에 그리스도의 형상을 이루기까지 다시 너희를 위하여 해산하는 수고를 하노니

"해산하는 수고를 하다"로 번역된 헬라어 동사는 '오디노(ὠδίνω)'며, 그 뜻은 '해산의 수고를 하다'(to suffer birth pangs)이다. 동사는 해산의 수고를 한다는 뜻뿐만 아니라, 그 결과 신생아를 낳는다는 뉘앙스도 있다. 그러므로 이 동사의 주어는 여성이어야 한다. 남자가 해산의 수고를 하여 아기를 낳을 수 없기 때문이다. 특이하게도 바울은 남성임에도 불구하고 이 동사의 주어다. 유대교 랍비 중에 자신을 어머니로 주장하면서 심지어 해산의 고통을 하여 자신의 제자들을 낳았다고 비유적으로 말한 사람은 없다. 고대 헬라 철학자 중에 자신이 해산의 고통을 하여 제자들을 낳았다고 주장한 사람도 없다. 아이를 낳는 산모(産母)에 자신을 비유하는 것은 유대 문헌이나 헬라 문헌에서 그 선례를 발견할 수 없는 매우 특이한 현상이다. 남성인 바울이 '오디노(ὠδίνω)' 동사의 주어로 등장하는 것은 상당히 놀라운 일이다.

보충설명 17: "바울의 아버지 메타포(metaphor) 사용과 그 의도"

1. 바울의 아버지 메타포

1) 바울에게는 복음으로 낳은 자녀가 있다

바울에게는 복음으로 낳은 자녀들이 있었다. 디모데전서 1:2, "믿음 안에서 참 아들 된 디모데에게 편지하노니 …"와 디도서 1:4, "같은 믿음을 따라 나의 참 아들 된 디도에게 편지하노니 …"에서 바울이 디모데와 디도를 아들이라고 말하는 이유는 바울이 그들에게 복음을 전해 그들을 개종시켰기 때문이다. 바울은 감옥에서 오네시모를 자신이 낳았고, 그래서 그를 아들이라고 부른다(몬 10, "갇힌 중에서 낳은 아들 오네시모를 위하여 네게 간구하노라"). 여기에서 '낳다'로 번역된 동사는 '게나오'(γεννάω)다. 이 동사는 남자와 여자가 모두 그 주어가 될 수 있다. 어머니로서 낳았다고 볼 수도 있지만, 대체로 아버지로서 낳았다는 의미로 해석한다. 이 동사는 마태복음 1장의 예수의 족보에서 사용된 바로 그 동사다. '낳다'는 '죽다,' '태어나다'와 마찬가지로 개종을 나타내는 동사다. 오네시모 입장에서는 '태어나는' 것이지만, 바울의 입장에서는 '낳는' 것이다.

2) 바울은 성도들을 자신이 낳은 자녀로 본다

바울은 자신과 성도의 관계는 부모-자식의 관계로 본다. 고린도후서 6:13, "내가 자녀에게 말하듯 하노니 …"라고 말한다. 그런데 성도들을 성인 자녀로 보는 것이 아니라, 유아(乳兒) 혹은 소아(小兒)로 본다. 고린도후서 12:14-15, "… 어린 아이가 부모를 위하여 재물을 저축하는 것이 아니요 이에 부모가 어린 아이를 위하여 하느니라 내가 너희 영혼을 위하여 크게 기뻐하므로 재물을 사용하고 또 내 자신까지도 내어 주리니 …"는 그 예다. 부모는 자녀를 기를 때 드는 비용을 기록해두었다가 나중에 청구하는 법이 없다. 마찬가지로 바울은 천막노동자로 일하면서 교회 개척에 필요한 재정적 부담을 스스로 지고, 자신을 희생하며 성도들을 낳고 양육했다.

바울과 그의 성도와의 관계는 아버지와 자녀의 관계다. 데살로니가전서 2:11, "너희도 아는 바와 같이 우리가 너희 각 사람에게 아버지가 자기 자녀에게 하듯 권면하고 위로하고 경계하노니"에서 바울은 성도와 자신의 관계를 아버지와 자녀의 관계로 설정한다. 바울은 성도들의 영적인 아버지(spiritual father)다. 고린도전서 4:14-15, "… 오직 너희를 내 사랑하는 자녀(τέκνον) 같이 권하려 하는 것이라 그리스도 안에서 일만 스승이 있으되 아비는 많지 아니하니 그리스도 예수 안에서 복음으로써 내가 너희를 낳았음이라"에서 자신을 스승(παιδαγωγός, 파이다고고스, 교사)에 비유하지 않는다. 아버지(πατήρ)에 비유한다. 여기에서 '스승'으로 번역된 단어는 '파이다고고스'이며, 정확하게 말하면 '스승'이란 뜻이 아니다. 파이다고고스는 상류층 가정에서 자녀를 돌보는 일을 전담하는 노예다. 파이다고고스를 임명하는 것은 아버지의 권한이다. 그러므로 파이다고고스의 가르침과 아버지의 가르침을 비교하는 것은 무의미하다. 아버지의 가르침은 파이다고고스의 가르침보다 훨씬 더 큰 권위를 갖고 있다. 바울은 성도들을 아버지로서 직접 낳았으며(γεννάω), 그가 성도를 낳는 방법은 "복음으로써" 낳는 것이다. 즉, 복음을 전하여 그들을 개종시킨 것을 '낳았다'는 말로 표현한 것이다.

3) 바울은 왜 자신을 아버지로, 성도들은 그의 자녀로 설정하는 것일까?

그레꼬 로마 사회에서 책임 있는 성인이 될 때까지 자녀를 가르칠 책임은 어머니가 아닌 아버지에게 있었다. 그러므로 아버지에게는 자녀를 가르칠 의무가 있었고, 자녀는 아버지의 가르침에 전적으로 순종해야 할 의무가 있었다. 바울은 자신과 성도의 관계를 아버지와 자녀의 관계로 설정했으므로 자동적으로 성도들을 훈육할 권한을 갖게 되었고, 성도들에게는 바울의 말에 순종해야 한다는 의무감이 생기게 된다.

바울의 사도적 권위(authority)는 바로 이 아버지가 자녀를 향해 갖는 '권위'로 전환된다. 그래서 바울로서는 매우 유리한 문화적 환경에서 성도들을 가르칠 수 있게 된다. 고린도전서 4:21, "너희가 무엇을 원하느냐 내가 매를 가지고 너희에게 나아가랴 사랑과 온유한 마음으로 나아가랴"는 바울이 엄한 아버지의 권위를 갖고 있었음을 보여준다. 물론 정말로 매로 성도를 때린다는 의미는 아니고, 교회 안에서 절차를 밟아 징계하겠다는 뜻이다.

유대교에서는 랍비와 제자들 사이를 아버지와 자녀 관계로 비유하는 경우가 없지 않았다. 헬라사회에서도 철학자와 같은 교사와 그 추종자들의 관계를 아버지와 자녀관계로 비유하는 선례가 있었다. 그러므로 바울이 자신을 아버지로 설정하는 것은 문화적으로 선례가 있는 일이며, 바울이 아버지 메타포를 사용하는 것은 문화적으로 자연스러운 일이다. 오늘날 한국교회에서는 목회자가 자신을 목자(shepherd)로, 성도들은 양(sheep)으로 설정하는 문화가 있다. 이렇게 설정하면 양은 목자의 음성에 순종하고 따라가야 하므로, 목회자의 가르침은 자연스럽게 권위를 갖게 된다.

4) 아버지 메타포에 대한 사회학적 설명

현대의 종교사회학자인 피터 버거(Peter Berger)는 종교적 개종을 사회화(socialization) 과정으로 본다. 인간이 태어나 가정에서 부모를 통해 경험하는 일차적(primary) 사회화는 그의 인생에서 가장 강력한 것이다. 일차적 사회화에서 가장 중요한 역할을 하는 사람은 부모이고, 그 대상은 그들의 자녀이다(Peter Berger and Thomas Luckmann. The Social Construction of Reality). 가정 이외의 사회의 각종 기관과 단체에서 일어나는 모든 사회화는 이차적(secondary) 사회화로서, 이차적 사회화는 절대로 일차적 사회화보다 더 큰 영향력을 가질 수는 없다. 종교적 개종은 이차적 사회화의 일종이며 그 중 가장 변화의 정도가 심한 것이기 때문에 개종은 alteration(변경)이라고도 불린다.

피터 버거는 비록 이차적 사회화가 일차적 사회화를 능가할 수는 없지만, 이차적 사회화를 가장 강력한 방식으로 진행하려면 일차적 사회화를 모방하면(emulate)된다고 말한다. 바울이 성도들의 생물학적 부모는 아니지만 그들과 자신의 관계를 부모와 자녀의 관계로 가족 언어(kinship language)로 표현하는 것은 사회학적으로 독특한 것이며, 이것은 개종을 가장 강력한 방식으로 진행하는 효과를 갖고 있다. 비록 부정적인 예이긴 하지만, 우리는 북한의 김일성이 어린 아이들의 어버이로 설정되고 그들에게 주체사상을 가르칠 때 이런 종류의 사회화가 얼마나 강력한 효과를 갖고 있는 지 잘 알고 있다. 물론 바울이 종교사회학 이론을 알고 있어서 그렇게 한 것은 아니다. 바울은 개종에 대해서 오늘날 종교 사회학자들에게서나 발견될 수 있는 상당히 깊은 통찰력을 갖고 있었다.

바울이 자신을 아이를 낳는 여자에 비유한 이유는 무엇일까? 바울이 자신을 아버지로 주장한 것은 그에게 아버지의 권위가 생기므로 이해하기가 쉽다(이에 대해서는 보충설명 17, "바울의 아버지 메타포(metaphor) 사용과 그 의도"를 참고하라). 하지만 바울이 자신을 산모(産母)에 비유한 것은 그에게 아무런 유익도 주지 않는다. 그렇다면 바울은 왜 이런 여성 메타포를 사용한 것일까? 혹시 일회적으로, 우연히 이런 말을 한 것일까? 아마도 아닌 것 같다. 왜냐하면 바울이 자신을 아기 엄마에 비유하는 또 다른 두 개의 본문이 있기 때문이다.

고린도전서 3:2에서 바울은 "내가 너희를 젖으로 먹이고 밥으로 아니하였노니"라고 말한다. 바울은 고린도 성도들을 젖먹이 아기로 본다. 고린도전서 3:1에서 "어린 아이"로 번역된 단어는 '네피오스'(νήπιος)다. 여기서는 '갓난아기'(infant)를 가리키며, 3:1의 "어린 아이들을 대함과 같이 하노라"는 '갓난아기들을 대함과 같이 하노라'로 번역하는 것이 더 좋다. 고린도 성도들이 갓난아기와 같이 단단한 음식을 먹을 수 없기에(고전 3:2, "이는 너희가 감당치 못하였음이거니와 지금도 못하리라") 젖으로 먹였다. 여기에서 단단한 음식은 초보적인 가르침이 아니라, 보다 수준이 높은 영적인 가르침이다. "젖"(γάλα)을 성도들에게 '마시게 했다'(ποτίζω, to drink)고 말하므로 바울은 자신을 '젖을 먹이는'(breast-feeding) 아기 엄마로 본 것이다. 바울은 자신을 해산의 고통을 경험하며 출산한 아기에게 직접 수유(授乳)를 하는 아기 엄마라고 생각한다. 바울은 아기 엄마가 젖을 먹여 키우듯이 성도들을 양육하며, 그 양육의 궁극적 목적은 그들의 성장이다(롬 12:2; 고전 2:6; 14:20; 빌 3:15; 골 1:28; 4:12; 엡 4:13). 고린도전서 14:20에서 바울은 "형제들아 지혜에는 아이가 되지 말고 악에는 어린 아이가 되라 지혜에는 장성한 사람(τέλειοι)이 되라"고 말한다.

바울이 자신이 아기 엄마(乳母)의 역할을 하는 걸로 보는 본문이 하나더 있다. 데살로니가전서 2:7, "오직 우리가 너희 가운데서 유순한 자 되어 유모가 자기 자녀를 기름과 같이 하였으니"다. 여기에서 "유순한 자"로 번역된 헬라어 단어는 '에피오스'(ἤπιος)다. '온유한'(gentle)이란 뜻의 형용사며, 당시에 온유함은 남성의 특징이라기보다는 여성의 특징이다. 일부 사본에는 '에피오이'(ἤπιοι) 대신 '네피오이'(νήπιοι)로 되어 있다. '네피오이'의 뜻은 '유아들'이고 단수형은 '네피오스'(νήπιος, infant)다. 유아로 번역을 하면 '우리가 너희들 가운데서 어린아이가 되어'가 된다. 문맥상 의미가 닿지 않기 때문에 다수의 학자는 원래 바울이 사용한 단어는 '에피오이'(유순한)였을 것으로 본다. 헬라어 성경인 Nestle-Aland 25판 이전에는 '에피오이'로 되어 있었다.

'유모'로 번역된 헬라어 단어는 '트로포스'(τροφός)다. 이 명사는 동사 '트레포'(τρέφω)에서 파생되었다. '트레포'의 뜻은 '기르다, 양육하다'(to rear, nourish)이다. 그러므로 여기서 '유모'는 다른 사람의 아기를 돌보는 직업적 유모라기보다는 자기가 낳은 아기에게 젖을 먹여 돌보는 어머니(nursing-mother)를 가리키는 말이다. "자녀"로 번역된 단어 '테크논'(τέκνον)은 '낳다'라는 뜻의 동사 '틱토'(τίκτω)의 파생어다. '기르다'로 번역된 헬라어 동사는 '딸포'(θάλπω)다. 이 동사는 '따뜻하게 하다'(to warm) 혹은 '안다'(to cherish)란 뜻이다. "기름과 같이 하였으니"는 '끌어안는 것처럼 하였으니'로 번역할 수 있다. 여기에서 사용된 단어들인 '에피오이,' '트로포스,' '테크논,' '딸포' 등은 모두 아기엄마가 아기를 돌보는 것과 관련된 단어들이다. 이러한 예들을 볼 때 바울이 자신을 여성에 비유한 것은 결코 우발적인 것이 아니다.

고대 헬라 문화에서 유모의 유순함(gentleness)은 종종 참된 철학자의 특성을 나타내는 것으로 여겨졌다. 참된 철학자는 거친 말이 아니라 부드러운 말로 청중에게 호소하는 거라 여겨졌다. 디오 크리소스톰(Dio Chrysostom)같은 철학자는 자신의 주장을 설명하기 위한 예로 유모와 유모가 어린아이를 돌보는 것을 언급한 적이 있으나, 헬라 철학자 중 자신을 노골적으로 아기 엄마에 비유한 철학자는 없었다.[200] 그러므로 바울이 자신을 아기 엄마에 비유한 것도 매우 특이한 현상이다.

바울이 "다시" 해산의 수고를 한다고 말하는 것은 이미 그가 과거에 해산의 수고를 했기 때문이다. 과거에 복음을 전해서 그들을 개종시킬 당시 바울은 이미 해산의 수고를 했다. 지금 바울이 다시 해산의 수고를 하는 이유는 갈라디아 성도들이 할례당의 가르침을 따라가려고 하기 때문이다. 성도들이

---

200) Beverly Gaventa, *First and Second Thessalonians* (Interpretation; Louisville: John Knox, 1998), 28.

다시 복음으로 돌아와야 하므로, 다시 그들을 개종시키는 노력이 필요하다. 여기에서 '오디노' 동사의 시제는 현재다. 지금 해산의 고통을 바울이 겪고 있다는 뜻이다.

특이한 점은 바울이 '너희들 안에 그리스도가 형상화될 때까지'(μέχρις οὗ μορφωθῇ Χριστὸς ἐν ὑμῖν) 다시 해산의 수고를 한다고 말하는 것이다. '모르포오'(μορφόω)는 '형태를 이루다'(to form, take on form)라는 뜻의 동사이다. 그 명사형 '모르페'(μορφή)는 빌립보서 2:6, "그는 근본 하나님의 본체시나"에서 '본체'로 번역되었다. 여기에서 '본체'는 '형상'으로 번역할 수도 있다. 그리스도는 하나님의 형상이시다. 그러므로 '모르포오'는 성도들이 그리스도를 닮아가서 그들 안에 그리스도의 형상이 형성되는 것을 의미한다. 갈라디아 성도들이 복음을 믿고 세례를 받을 때 그들 안에는 그리스도의 형상이 잉태되었다. 그들은 영적으로 성장하여 점차 그리스도의 모습을 닮아간다. 그런데 지금 할례당의 거짓된 복음을 받아들임으로 그 과정이 중단되어 버렸다. 지금 바울이 이 편지를 쓰는 것도 그가 '다시' 하는 산고의 일부다. 바울은 성도들의 속사람이 그리스도를 닮아가 그 형상이 나타나는(롬 8:29; 고후 3:18; 빌 3:21) 그 날까지 계속해서 수고를 한다.

바울에게는 두 개의 얼굴이 있다. 하나는 엄격한 아버지의 얼굴이고, 다른 하나는 인자한 어머니의 얼굴이다. 그렇다면 두 개의 얼굴 중 어느 얼굴이 평소 목회자로서 바울의 모습일까? 바울이 평소에 성도들을 대할 때 보여주는 얼굴을 바로 온화한 어머니의 얼굴이다. 바울이 평소에 엄격한 혹은 남성적인 아버지의 얼굴로 목회를 한 것이 아니다. 왜냐하면 그는 성도들을 영적으로는 어린 아기 혹은 어린아이로 보았기 때문이다. 그렇다면 어떤 경우에 바울은 엄격한 아버지의 얼굴로 변했을까? 아마도 두 가지 경우일 것이다. 첫째는 교회 안에 잘못된 가르침이 침투하여 이에 맞서서 싸울 때 그는 강한 남성의 모습으로 변한다. 갈라디아서에서 할례당과 맞서서 논쟁을 벌일 때 그의 얼굴이다. 둘째로 성도들이 넘지 말아야 할 어떤 경계선을 넘었을 때 바울은 엄한 아버지의 얼굴이 되어, 아버지의 권위로 나무라고 벌을 준다(고전 4:21, "너희가 무엇을 원하느냐 내가 매를 가지고 너희에게 나아가랴 사랑과 온유한 마음으로 나아가랴").

그렇다면 자신의 사도적 소명을 이렇게 산모(産母)와 유모(乳母)의 역할을 하는 것으로 보는 바울의 자기 이해 (self-consciousness)는 도대체 어디에서 유래한 것일까? 사실 이 문제에 대한 학자들의 속 시원한 설명은 없다. 이 문제에 대해 가장 많은 연구를 한 사람은 베벌리 가벤타(Beverly Gaventa)라는 여성 바울신학자다. 가벤타는 바울의 여성 메타포의 근원을 설명하기 위해 주로 헬라 문화 속에서 그 비슷한 용례를 찾으려고 애썼다. 하지만 헬라 문화 속에서 마땅한 자료를 발견하지 못했다. 이 문제에 대한 해답은 사실 헬라 문화가 아니라 구약성경에 있다. 구약성경의 내용을 충분히 연구하지 않았기 때문에 설명을 하지 못했을 뿐이다. 바울 신학자들 중 바울의 여성 메타포를 설명하기 위해 나름 구약성경을 열심히 연구한 사람은 루이스 마틴(J. Louis Martyn)이다. 하지만 그의 갈라디아서 4:19에 대한 설명은 가벤타보다 좀 더 낫긴 하지만 여전히 부족하다. 우리는 먼저 구약성경에서 불임과 출산의 메타포가 심판과 구원을 설명하기 위해 어떻게 사용되는지를 관찰해야 한다(이 점에 대해서는 보충설명 18: "불임과 출산: 하나님의 심판과 구원"을 참고하라).

보충설명 18: "불임과 출산: 하나님의 심판과 구원"

1. 구약성경에 나타나는 심판의 모티브

구약성경에서 하나님의 심판은 종종 불임(不妊, infertility), 무자녀(無子女, childlessness), 해산의 고통(birth pang) 등으로 묘사된다. 왜냐하면 하나님의 심판은 옛 언약의 종말이며, 언약의 종말은 부부관계의 종식이기 때문이다. 심판받은 이스라엘은 남편 없는 여인처럼 되었다. 남편이 없는 여인은 아기를 낳지 못하므로 불임과 무자녀는 심판의 메타포가 된다. 심판으로 인해 극심한 고통을 경험하므로 그 고통을 해산의 고통에 비유하기도 한다. 호세아서의 예를 보면 아래와 같다.

호세아 2:2. 너희 어머니와 … 논쟁하라 <u>그는 내 아내가 아니요 나는 그의 남편이 아니라</u> …

호세아 9:11-16
[11]에브라임의 영광이 새 같이 날아 가리니 <u>해산하는 것이나 아이 배는 것이나 임신하는 것이 없으리라</u> [12]혹 그들이 자식을 기를지라도 내가 그 자식을 없이하여 한 사람도 남기지 아니할 것이라 내가 그들을 떠나는 때에는 그들에게 화가 미치리로다 … [14]여호와여 그들에게 주소서 무엇을 주시려 하나이까 <u>아이 배지 못하는 태와 젖 없는 유방을 주시옵소서</u> … [16]에브라임은 매를 맞아 그 뿌리가 말라 열매를 맺지 못하나니 비록 아이를 낳을지라도 내가 그 사랑하는 태의 열매를 죽이리라

호세아 13:12. 해산하는 여인의 어려움이 그에게 임하리라 그는 지혜 없는 자식이로다 해산할 때가 되어도 그가 나오지 못하느니라

예레미야서에서도 해산의 고통은 심판의 상징이다.

예레미야 6:24. 우리가 그 소문을 들었으므로 손이 약하여졌고 고통이 우리를 잡았으므로 그 아픔이 해산하는 여인 같도다

예레미야 13:21. 너의 친구 삼았던 자를 그가 네 위에 우두머리로 세우실 때에 네가 무슨 말을 하겠느냐 네가 고통에 사로잡힘이 산고를 겪는 여인 같지 않겠느냐

예레미야 22:23. 레바논에 살면서 백향목에 깃들이는 자여 여인이 해산하는 고통 같은 고통이 네게 임할 때에 너의 가련함이 얼마나 심하랴

호세아서에서 구원은 하나님이 다시 이스라엘과 결혼 관계로 들어가는 것이다. 예레미야서에서 임신한 여인과 아이 낳는 여인은 구원의 상징이다.

호세아 2:19-20

19내가 네게 장가 들어 영원히 살되 공의와 정의와 은총과 긍휼히 여김으로 네게 장가 들며 20진실함으로 네게 장가 들리니 네가 여호와를 알리라

예레미야 31:7-8

7여호와께서 이와 같이 말씀하시니라 너희는 여러 민족의 앞에 서서 야곱을 위하여 기뻐 외치라 너희는 전파하며 찬양하며 말하라 여호와여 주의 백성 이스라엘의 남은 자를 구원하소서 하라 8보라 나는 그들을 북쪽 땅에서 인도하며 땅 끝에서부터 모으리라 그들 중에는 맹인과 다리 저는 사람과 잉태한 여인과 해산하는 여인이 함께 있으며 큰 무리를 이루어 이 곳으로 돌아오리라

2. 불임과 해산의 이미지 안에서 시온은 의인화되어 여인으로 나타난다

애가서에서 시온성은 과거에 공주였지만 하나님의 심판을 받아 과부처럼 되었다고 말한다. 심판을 받아 남편이신 하나님의 버림을 받아, 남편이 없는 여인, 즉 과부가 된 시온은 곧 이스라엘을 상징한다.

예레미야애가 1:1. 슬프다 이 성이여 전에는 사람들이 많더니 이제는 어찌 그리 적막하게 앉았는고 전에는 열국 중에 크던 자가 이제는 과부 같이 되었고 전에는 열방 중에 공주였던 자가 이제는 강제 노동을 하는 자가 되었도다

애가서에서는 "딸 시온," "딸 유다," "딸 예루살렘"이란 말이 나오며, 모두 심판받은 유다를 여자로 묘사한다.

예레미야애가 2:1-2

1슬프다 주께서 어찌 그리 진노하사 딸 시온을 구름으로 덮으셨는가 이스라엘의 아름다움을 하늘에서 땅에 던지셨음이여 그의 진노의 날에 그의 발판을 기억하지 아니하셨도다 2주께서 야곱의 모든 거처들을 삼키시고 긍휼히 여기지 아니하셨음이여 노하사 딸 유다의 견고한 성채들을 허물어 땅에 엎으시고 나라와 그 지도자들을 욕되게 하셨도다

예레미야애가 2:13. 딸 예루살렘이여 내가 무엇으로 네게 증거하며 무엇으로 네게 비유할까 처녀 딸 시온이여 내가 무엇으로 네게 비교하여 너를 위로할까 너의 파괴됨이 바다 같이 크니 누가 너를 고쳐 줄소냐

예레미야서에서도 이런 현상은 동일하게 나타난다.

예레미야 4:31. 내가 소리를 들은즉 여인의 해산하는 소리 같고 초산하는 자의 고통하는 소리 같으니 이는 시온의 딸의 소리라 그가 헐떡이며 그의 손을 펴고 이르기를 내게 화가 있도다 죽이는 자로 말미암아 나의 심령이 피곤하도다 하는도다

미가서에서도 시온이 여성으로 등장하며, 시온은 심판받고 후에 구원받는 이스라엘 민족을 가리킨다. 미가 4:9절은 '해산의 고통'으로 심판을 말하고, 10절에서는 '해산'으로 구원을 말한다. 해산하는 주체는 "딸 시온"이다. 시온이 의인화되어 여자로 나타난다.

미가서 4:9-10

⁹이제 네가 어찌하여 부르짖느냐 너희 중에 왕이 없어졌고 네 모사가 죽었으므로 네가 해산하는 여인처럼 고통함이냐 ¹⁰딸 시온이여 해산하는 여인처럼 힘들여 낳을지어다 이제 네가 성읍에서 나가서 들에 거주하며 또 바벨론까지 이르러 거기서 구원을 얻으리니 여호와께서 거기서 너를 네 원수들의 손에서 속량하여 내시리라

미가서 5장은 메시아에 대해 말하면서 동시에 아이를 낳는 여인의 이미지가 나타난다. 해산하는 여인은 시온이면서 이스라엘 민족이다. 메시아의 등장을 여인의 해산과 연결하고 있다. 메시아가 등장할 때까지는 해산하는 여인처럼 이스라엘은 고난받는다. 그 고난은 메시아의 등장과 함께 끝나고, 고난받던 포로들이 고향으로 귀환한다.

미가서 5:2-3

²베들레헴 에브라다야 너는 유다 족속 중에 작을지라도 이스라엘을 다스릴 자가 네게서 내게로 나올 것이라 그의 근본은 상고에, 영원에 있느니라 ³그러므로 여인이 해산하기까지 그들을 붙여 두시겠고 그 후에는 그의 형제 가운데에 남은 자가 이스라엘 자손에게로 돌아오리니

3. 이사야서의 불임과 해산의 모티브 본문들

바울의 여자 메타포를 제대로 이해하려면 이사야서에 나타나는 불임과 해산의 모티브가 나타나는 구절들을 잘 들여다보아야 한다.

1) 하나님의 심판과 무자녀

이사야 26:17-18에서 심판을 받은 이스라엘은 잉태한 여인같이 고통을 당하지만 막상 아이를 낳지는 못한다고 말한다(18절, "바람을 낳은 것 같아서"). 여기에서 '오디노'(ὠδίνω, 해산의 고통을 겪다) 동사와 그 명사형인 '오딘'(ὠδίν, 해산의 고통)이 함께 나타난다. 이사야는 여인이 아이를 낳는 것을 세상의 민족을 출산하는 것으로 보고(18절, "세계의 거민을 출산하지 못하였나이다"), 그것을 구원으로 본다(18절, "땅에 구원을 베풀지 못하였고").

이사야 26:17-18

¹⁷여호와여 잉태한 여인(ή ώδίνουσα)이 산기가 임박하여 산고를 겪으며(ἐπì τῇ ώδῖνι αὐτῆς) 부르짖음 같이 우리가 주 앞에서 그와 같으니이다 ¹⁸우리가 잉태하고 산고를 당하였을지라도(ὠδινήσαμεν) 바람을 낳은 것 같아서 땅에 구원을 베풀지 못하였고 세계의 거민을 출산하지 못하였나이다

2) 언약의 회복과 결혼

이사야는 62장에서 신랑과 신부의 결혼으로 하나님의 구원을 설명한다. 버림받은 자는 남편인 하나님의 버림을 받은 이스라엘이다. 하나님이 다시 이스라엘을 신랑으로 이스라엘을 찾아오신다. 그래서 신랑과 신부가 되어 재결합한다. 이것이 바로 구원이다. 결혼이 구원의 메타포로 사용되고 있다.

이사야 62:4-11

⁴다시는 너를 버림 받은 자라 부르지 아니하며 다시는 네 땅을 황무지라 부르지 아니하고 오직 너를 헵시바(나의 기쁨이 그에게 있다)라 하며 네 땅을 쁄라(결혼한 여자)라 하리니 이는 여호와께서 너를 기뻐하실 것이며 네 땅이 결혼한 것처럼 될 것임이라 ⁵마치 청년이 처녀와 결혼함 같이 네 아들들이 너를 취하겠고 신랑이 신부를 기뻐함 같이 네 하나님이 너를 기뻐하시리라 … ¹¹여호와께서 땅 끝까지 선포하시되 너희는 딸 시온에게 이르라 보라 네 구원이 이르렀느니라 보라 상급이 그에게 있고 보응이 그 앞에 있느니라 하셨느니라

3) 출산

이사야에서 출산은 구원의 메타포다. 해산하는 산모(産母)의 이미지가 자주 등장한다. 이사야 42:14에서 하나님은 자신을 "해산하는 여인"에 비유하신다.

이사야 42:14.
내가 오랫동안 조용하며 잠잠하고 참았으나 내가 해산하는 여인 같이 부르짖으리니 숨이 차서 심히 헐떡일 것이라

이사야 49장의 아이를 낳는 여인에 관한 구절을 살펴보면 아래와 같다.

이사야 49:15-21

¹⁵여인이 어찌 그 젖 먹는 자식을 잊겠으며 자기 태에서 난 아들을 긍휼히 여기지 않겠느냐 그들은 혹시 잊을지라도 나는 너를 잊지 아니할 것이라 … ¹⁸네 눈을 들어 사방을 보라 그들이 다 모여 네게로 오느니라 나 여호와가 이르노라 내가 나의 삶으로 맹세하노니 네가 반드시 그 모든 무리를 장식처럼 몸에 차며 그것을 띠기를 신부처럼 할 것이라

여기에서 여인은 하나님이시고, 하나님은 그의 자녀들(이스라엘)을 잊지 않으시고 구원하신다. 하나님의 구원은 흩어진 이스라엘을 다시 모으시는 것이다(18절, "그들이 다 모여 네게로 오느니라").

¹⁹이는 네 황폐하고 적막한 곳들과 네 파멸을 당하였던 땅이 이제는 주민이 많아 좁게 될 것이며 너를 삼켰던 자들이 멀리 떠날 것이니라 ²⁰자식을 잃었을 때에 낳은 자녀가 후일에 네 귀에 말하기를 이곳이 내게 좁으니 넓혀서 내가 거주하게 하라 하리니

하나님이 모으시는 백성들의 숫자가 매우 많아 가나안 땅이 좁게 느껴질 정도가 된다. 그래서 나중에 이 땅에 모여진 백성들이 이곳이 좁으니 거주지를 넓혀야 한다.

²¹그 때에 네가 네 마음에 이르기를 누가 나를 위하여 이들을 낳았는고 나는 자녀를 잃고 외로워졌으며 사로잡혀 유리하였거늘 이들을 누가 양육하였는고 나는 홀로 남았거늘 이들은 어디서 생겼는고 하리라

그 때에 갑자기 많아진 하나님의 백성을 보고 이스라엘은 21절에서 "누가 나를 위하여 이들을 낳았는고" "이들을 누가 양육하였는고"라고 말한다. 왜냐하면 이스라엘은 "자녀를 잃고 외로워졌으며" "홀로 남았"기 때문이다. 즉 이스라엘은 남편을 잃고 홀로 된 여인(과부)처럼 되었기 때문이다. 하지만 구원이 임할 때 자녀들의 태어나고 자란다.

4) 엄청난 인구 증가

이사야 54장은 하나님 백성의 숫자가 엄청나게 증가할 것이라고 말한다. 다산(多産)은 풍성하신 하나님의 구원의 상징이다.

이사야서 54:1-6
¹잉태하지 못하며 출산하지 못한 너는 노래할지어다 산고를 겪지 못한 너는 외쳐 노래할지어다 이는 홀로 된 여인의 자식이 남편 있는 자의 자식보다 많음이라 … ²네 장막터를 넓히며 네 처소의 휘장을 아끼지 말고 널리 펴되 너의 줄을 길게 하며 너의 말뚝을 견고히 할지어다 ³이는 네가 좌우로 퍼지며 네 자손은 열방을 얻으며 황폐한 성읍들을 사람 살 곳이 되게 할 것임이라

이사야 54장에서는 마치 아이를 낳지 못하던 사라가 아이를 낳게 되듯이 "너"라고 불리는 여인이 아이를 낳는다. "너"는 예루살렘/시온을 가리킨다. 이스라엘은 텐트를 더 넓게 쳐야 하고, 버려진 성읍들에 다시 사람들이 넘쳐나게 된다. 그 성읍에는 이방인들도 들어와 살게 된다.

⁴두려워하지 말라 네가 수치를 당하지 아니하리라 놀라지 말라 네가 부끄러움을 보지 아니하리라 네가 네 젊었을 때의 수치를 잊겠고 과부 때의 치욕을 다시 기억함이 없으리니 ⁵이는 너를 지으신 이가 네 남편이시라 그의 이름은 만군의 여호와이시며 네 구속자는 이스라엘의 거룩한 이시라 그는 온 땅의 하나님이라 일컬음을 받으실 것이라 ⁶여호와에서 너를 부르시되 마치 버림을 받아 마음에 근심하는 아내 곧 어릴 때에 아내가 되었다가 버림을 받은 자에게 함과 같이 하실 것임이라 네 하나님께서 말씀하셨느니라

한때 하나님의 아내였다가 하나님의 버림을 받은 이스라엘에게 하나님은 다시 남편이 되어 주신다. 그래서 "홀로 된 여인의 자식이 남편 있는 자의 자식보다 많음"(1절)이 된다.

자신을 산모와 유모로 보는 바울의 여성 메타포는 어디에서 유래하는 것일까? 제일 먼저 생각해볼 수 있는 본문은 민수기 11:12, "이 모든 백성을 내가 잉태하였나이까 내가 어찌 그들을 생산하였기에 주께서 나더러 양육하는 아비가 젖 먹는 아이를 품듯 그들을 품에 품고 주께서 그들의 열조에게 맹세하신 땅으로 가라 하시나이까"이다. 여기에서 모세는 하나님께 불평한다. "생산하였기에"는 헬라어 구약성경으로 보면 '틱토'(τίκτω, to give birth, 낳다) 동사가 사용되었다. "양육하는 아비"로 번역된 히브리어 단어 '오멘'(אמן)은 남성 분사 겸 명사다. 개역성경에서는 의미가 남성이라고 보고 '아비'로 번역했다. 하지만 NIV, NAS, NRS와 같은 영어 성경에서는 이 단어의 문법적 성은 남성이지만 의미상 여성이라고 보고 'nurse'(유모)로 번역했다.[201] "젖 먹는 아이"로 번역된 히브리어 단어 '요넥크'(ינק)는 '갓난아기'(infant)란 뜻이고, 갓난아기는 젖을 먹어야 한다. 그러므로 "양육하는 아비"가 아니라 '아기 엄마'로 번역하는 것이 옳다. "그들을 품에 품고"는 아기 엄마가 아기를 품에 안고 돌보는 모습니다. 그러니까 "이 모든 백성을 내가 잉태하였나이까 내가 어찌 그들을 생산하였기에"는 '내가 임신해서 아기를 낳기라도 했습니까?'라는 모세의 항변이다.

모세는 자신이 아기를 낳지도 않았고, 갓난아기를 젖 먹여 키울 의무가 없다고 주장하지만, 사실 그 두 가지가 바로 모세의 사명이다. 하나님을 대신하여 모세가 출애굽 한 이스라엘을 갓난아기로 낳았고, 모세는 그 어머니다. 여기에 산모(産母)와 유모(乳母)의 이미지가 동시에 나타난다. 그러나 바울이 이 한 구절에서 근거하여 여성 메타포를 만들어냈다고 생각하기에는 내용이 너무 간단하다. 바울의 여성 메타포의 근원(origin)은 아마도 이사야 66:7-13이라고 생각된다.

이사야 66:7, "시온은 구로하기 전에 생산하며 고통을 당하기 전에 남자를 낳았으니"에서 시온은 아이를 낳는 산모(産母)다. 시온산이 출산한다는 말을 더 잘 이해하기 위해 시편 87편을 먼저 읽어보아야 한다. 시편 87:4-5에

---

201) 사무엘하 4:4, "사울의 아들 요나단에게 다리 저는 아들 하나가 있었으니 이름은 므비보셋이라 전에 사울과 요나단이 죽은 소식이 이스르엘에서 올 때에 그의 나이가 다섯 살이었는데 그 유모가 안고 도망할 때 급히 도망하다가 아이가 떨어져 절게 되었더라"에서는 '오멘'의 여성형인 '오메넷'(אמנת)이 '유모'의 뜻으로 사용되었다.

서 하나님은 여러 이방 민족들이 시온산에서 태어났다고 말씀하신다.

시편 87:4-5

⁴내가 라합과 바벨론을 나를 아는 자 중에 있다 말하리라 보라 블레셋과 두로와 구스여 이도 거기서 났다 하리로다 ⁵시온에 대하여 말하기를 이 사람, 저 사람이 거기서 났나니 지존자가 친히 시온을 세우리라 하리로다

바벨론, 블레셋, 두로, 구스(에디오피아)는 모두 이방 민족, 국가들이다. 하나님은 앞으로 이방 민족도 하나님의 백성으로 인정하신다고 말씀하신다. 이 점을 비유적으로 이방 민족들이 시온산에서 태어났다고 말씀하신다. 4절의 "거기서 났다"는 히브리어로 보면 '이 사람은 그곳에서 태어났다'(זֶה יֻלַּד־שָׁם, this one has been born there)로 번역할 수 있다. '그곳'은 출생의 장소로 시온산을 가리킨다.

5절의 "거기서 났나니"는 히브리어로'(יֻלַּד־בָּהּ) 읽으면 장소로 해석해서 (that one has been born in her) '시온에서 태어났다'로 번역할 수도 있지만 '그녀에 의해 태어났다'(that one has been born by her)'로 보면 '시온에 의해 태어났다'로 번역할 수도 있다. 즉 시온이 단순한 출생의 장소에서 출산의 당사자로 전환되는 것을 볼 수 있다. 5절의 "시온에 대하여 말하기를"은 헬라어 구약성경에서는 'μήτηρ Σιων ἐρεῖ ἄνθρωπος'로 되어 있다. '사람이 시온이 어머니라고 말할 것이다'라는 뜻이다. 헬라어 구약성경은 분명하게 시온이 어머니라고 말한다. 히브리어 성경으로 5절을 읽을 때 '시온산에서 태어났다'보다는 '시온산에 의해 태어났다'라는 뜻으로 이해되었을 것이다. 6절에서 시편의 화자(話者)는 종말의 때(새 언약의 때)에 하나님은 모든 이방 민족들을 하나님의 민족으로 인정하시고, 그들에게 하나님의 민족이라는 출생 증명서(birth certificate)을 주신다는 뜻으로 "여호와께서 민족들을 등록하실 때에는 그 수를 세시며 이 사람이 거기서 났다 하시리로다"고 말한다.²⁰²⁾

---

202) John I. Durham, *Psalms* (The Broadman Bible Commentary 4; Nashville: Broadman Press, 1971), 350; Marvin E. Tate, Psalms 51-100 (Word Biblical Commentary; Dallas: Word Books, 1990), 393에서 재인용.

위와 같은 사실들을 고려할 때 아마도 시편 87편은 이사야 66:7-13보다 더 앞선 전승이며, 시편 87편에서 이미 시온산이 출생지에서 출산의 당사자로 전환된 것으로 보인다.

이사야 66:7, "시온은 구로하기 전에 생산하며 고통을 당하기 전에 남자를 낳았으니"의 번역에서 "시온"이 주어로 나오지만, 히브리서 본문에서는 주어가 누구인지 명시되어 있지 않다. 동사에 여성 3인칭 주어가 들어 있으므로 직역하면 '그녀는 산통이 오기 전에 낳았다'가 된다. 하지만 8절의 "시온은 구로하는 즉시에 그 자민을 순산하였도다"에서 주어가 사람이 아니라 '시온산'(ציון)이라는 것이 분명히 나타나므로 7절의 주어는 시온산이 분명하다. 시온은 의인화(擬人化)되어 사람처럼 묘사된다. 시온은 하나님을 대신하여 해산의 고통을 겪으며 아이를 출산한다. 70인역 구약성경으로 7-8절을 읽으면 '오디노'(ώδίνω, '해산의 고통을 겪다') 동사가 7절에서 2번, 8절에서도 2번 사용되고 있다.

시온산은 한두 명의 아기를 낳는 것이 아니라, 하나님의 새 백성, 새 민족, 새로운 나라를 낳는다. 놀라운 것은 해산의 고통이 임하면 시온이 곧바로 아이를 낳는다는 점이다(사 66:8, "이러한 일을 들은 자가 누구이며 이러한 일을 본 자가 누구이뇨 나라가 어찌 하루에 생기겠으며 민족이 어찌 순식간에 나겠느냐 그러나 시온은 구로하는 즉시에 그 자민을 순산하였도다"). 시온에게 해산의 고통과 출산은 거의 함께 일어난다. 그것은 초자연적인 일이며, 이런 일은 하나님의 개입 때문에 생겨난다. 그래서 매우 짧은 시간에 이 세상에 없던 하나님의 백성이 갑자기 이 세상에 출현하는 기적과 같은 일이 일어난다. 하나님의 역사다.

이사야 66:9에서 하나님은 "내가 아이를 갖도록 하였은즉 해산하게 하지 아니하겠느냐 네 하나님이 이르시되 나는 해산하게 하는 이인즉 어찌 태를 닫겠느냐"라고 말씀하신다. "내가 아이를 갖도록 하였은즉"에서 사용된 히브리어 동사는 '샤바르'(שׁבר)고 그 뜻은 '깨드리다, 터뜨리다'(to break)이다. 임신한 여자의 자궁에서 출산 직전 양수가 터지는 것을 묘사한다. '내가 양수를 터뜨렸은즉 해산하게 하지 않겠느냐'라는 말이다. 9절의 '태를 닫다'라는 표현은 창세기 16:2("사래가 아브람에게 이르되 여호와께서 내 출산을 허락하지 아니하셨으니")과 창세기 20:18에서 불임(infertility)을 가리키는 표현으로 사용되었다(창 20:18, "아비멜렉의 집의 모든 태를 닫으셨음이더라").

창세기 16:2에서는 사라가 아브라함에게 하갈과 동침하라고 말한다. 아브라함, 사라, 하갈의 이야기를 기초로 하여 갈라디아서 4:21-5:1의 '사라와 하갈의 비유'(두 여인의 비유)가 만들어졌다고 볼 수 있다. 이사야 51:2, "너희의 조상 아브라함과 너희를 낳은 사라를 생각하여 보라"에서도 아브라함과 사라의 이름이 등장한다. 이사야서에서 불임의 상태에 있던 사라가 아이를 낳은 것과 시온산이 아이를 낳는 것은 연결된 주제다. 둘 다 하나님의 구원을 상징한다. 바울은 이사야 66:7-9에 근거하여 자신이 시온산을 대신하여 하나님의 백성을 낳는다고 생각하여 자신을 산모로 보았던 것으로 보인다. 이런 관점에서 보면 갈라디아서 4장 두 여인의 비유에서 바울은 사라와 일치되고, 할례당은 하갈과 일치된다.

이사야 66:7-9에 산모(産母)의 이미지가 나타났다면, 11-13절에는 유모(乳母)의 이미지가 나타난다. 11절, "너희가 젖을 빠는 것같이 그 위로하는 품에서 만족하겠고 젖을 넉넉히 빤 것같이 그 영광의 풍성함을 인하여 즐거워하리라"의 "위로하는 품"(comforting breast)에서 "품"은 아기 엄마의 '가슴'(שׁד, '쇼드,' breast)을 가리킨다. "젖"으로 번역된 히브리어 단어는 '지즈'(זיז)이며 '젖꼭지'(nipple)란 뜻이다. 시온은 아기를 낳고 아기에게 젖을 먹여 양육한다. 아기는 젖을 넉넉하게 먹으며 자라난다. 12절, "보라 내가 그에게 평강(שָׁלוֹם)을 강 같이, 그에게 열방의 영광을 넘치는 시내 같이 주리니 너희가 그 젖을 빨 것이며 너희가 옆에 안기며 그 무릎에서 놀 것이라"에서 "넘치는 시내"는 영어로 'flooding wadi'다. "시내"로 번역된 '나할'(נַחַל)은 우기(雨期)에 갑작스럽게 내린 비로 인해 광야에 생긴 급류(wadi)다. 하나님은 새로 태어나는 하나님의 백성에게 '샬롬'과 '영광'을 마치 우기에 와디가 급히 흘러가듯이 쏟아 부어주신다. 그렇게 아기 엄마는 아기를 옆에 안고, 무릎에서 놀리면서 아이에게 젖을 먹여 키운다.

13절에서 하나님은 "어미가 자식을 위로함 같이 내가 너희를 위로할 것"이라고 말씀하신다. 시온으로 상징되는 그 아기 엄마가 누구인지는 모르지만, 그 아기 엄마가 자기 자식을 젖을 먹여 기르는 것을 하나님을 대신해서 그의 백성을 위로하는 것으로 본다. 그 아기 엄마의 위로는 곧 하나님이 그의 백성을 위로하는 것(to comfort, παρακαλέω)이다. 그 위로는 이사야 40:1에서 하나님께서 주의 종을 부르실 때, 그에게 소명으로 주신 바로 그 '위로'다(사 40:1, "너희의 하나님이 이르시되 너희는 위로하라 내 백성을 위로하라"). 하나님의 구원의 복음으로 위로하는 것이다.

　　이사야서 전체에서 출산과 양육의 모티브가 산발적으로 나오지만, 66:7-13에서는 두 가지가 함께 나타난다. 출산과 양육은 이사야서의 결론인 66장이 주는 중요한 구원의 상징이다. 아마도 바울은 다메섹 사건 직후 이사야서의 본문을 통해 자신이 받은 사도의 직분을 해석한 것으로 보인다. 바울은 그 해답을 이사야서 66장에서 얻었다. 바울은 사도로서 자신이 어느 곳에 가서 첫 사역을 해야 하는지도 이사야 42:11, 60:6-9을 통해 그 해답을 얻었다. 이사야 66:1-3은 옛 성전인 예루살렘 성전은 더는 하나님의 성전이 아니며 교회가 새 성전이라는 바울의 주장과 관련이 깊다. 이사야 66:20은 그 새 성전에서 동물이 아니라 사람을 산 채로 제물로 드린다는 바울의 가르침과도 관련이 깊다(롬 12:1; 15:16; 보충설명 12: "바울이 아라비아에 간 까닭은?" 참고). 뿐만 아니라 이사야 66:19에 나오는 고대 지명들은 바울 당시 유대인들이 이해하던 지역으로 확인해보면 바울과 실라의 제2차 선교여행의 행선지들과 거의 일치하는 현상을 볼 수 있다.[203] 이사야 66장은 바울이 사도로서 자신이 무엇을 해야 하는지를 이해하는 데 매우 중요한 구절들을 다수 포함하고 있다. 이런 관점에서 66:7-13을 읽는 것이 필요하다. 요약하자면 바울은 이사야 66:7-13의 내용을 통해 복음을 전해 아이를 낳고(개종), 그 아이를 젖을 먹여 키우는 것(양육)이 자신의 사도적 소명이라고 이해했다.

4:20 내가 이제라도 너희와 함께 있어 내 언성을 높이려 함은 너희에 대하여 의혹이 있음이라

　　"내가 이제라도 … 려 함은"은 '내가 지금 ~하기 원한다'는 뜻이다. '원하다'라는 뜻의 동사 '뗄로'(θέλω)가 사용되었다. "언성"으로 번역된 '포

---

　　203) 이 점에 대해서는 김철홍, "바울의 동역자, 실루아노: 초대교회의 선교에서 그의 공헌,"『선교와 신학』19 (2007년), 221-62을 보라.

네'(φωνή)는 '목소리'(voice)라는 뜻이다. '높이다'로 번역된 '알라쏘'(ἀλλάσσω)는 '바꾸다, 변화시키다'(to change)이다. 바울은 그의 목소리를 바꾸려고 한다. 그는 부드러운 엄마의 음성에서 자녀를 꾸짖는 엄한 아버지의 음성으로 목소리를 바꾸길 원한다. 하지만 '뗼로'(θέλω)의 시제가 미완료이므로, 실현 불가능한 것을 그가 원하고 있다는 것을 암시한다. 바울은 지금 그들과 함께 있지 않다.

"너희에 대하여 의혹이 있음이라"에서 사용된 '아포레오'(ἀπορέω) 동사는 '어찌할 바를 모르다,'(to be at a loss) '당황하다,'(to be perplexed) '확신이 없다'(to be uncertain) 등의 뜻이 있다. 개역성경에서는 '확신이 없다'는 의미로 보고 "의혹이 있음이라"로 번역했다. 하지만 '당황하다'로 번역하는 것도 가능하다. 갈라디아서 1:6, "그리스도의 은혜로 너희를 부르신 이를 이같이 속히 떠나 다른 복음을 따르는 것을 내가 이상하게 여기노라"에서 바울은 '따우마조'(θαυμάζω, to be astonished, perplexed) 동사를 사용한 바가 있고, 이 동사는 '아포레오' 동사와 뜻이 겹친다.

13.
노예의 자녀가 될 것인가 아니면 약속의
자녀가 될 것인가?

[4:21-5:1]

4:21 내게 말하라 율법 아래에 있고자 하는 자들아 율법을 듣지 못하였느냐

갈라디아 성도들은 할례당의 거짓 복음에 설득당해 스스로 할례를 받고 유대인처럼 되어 율법을 지키려고 한다. 이것은 매우 특이한 일이다. 왜냐하면 이방인들은 보통 유대인들의 할례를 매우 야만적인 것으로 생각했고, 실제로 성인으로서 할례를 받는 것은 매우 고통스럽고 위험한 일이었기 때문이다. 진통제도 없고, 항생제도 없는 당시에 그런 결정을 내리는 건 쉽지 않은 일이다. 그런데도 적지 않은 숫자의 사람들이 할례를 받고 유대교로 개종하려고 했다. 스스로 율법 아래로 들어가기를 원했다.

"율법 아래에 있고자 하는 자들"(οἱ ὑπὸ νόμον θέλοντες εἶναι)은 고린도전서 9:20, "내가 율법 아래에 있지 아니하나"(μὴ ὤν αὐτὸς ὑπὸ νόμον)를 연상시킨다. 바울은 성도들에게 자신뿐만 아니라 그들도 율법 아래 있지 않다는 것을 가르쳤을 것이다. 그런데도 지금 갈라디아 성도들은 스스로 '초등교사 아래'(갈 3:25), '후견인과 청지기 아래'(갈 4:2), '초등학문 아래'(갈 4:3)로 들어가려고 한다. 율법 아래에 있는 자들이 만약 "율법 책에 기록된 대

로 모든 일을 항상 행하지 아니하"면(갈 3:10) "저주 아래에 있는 자"가 된다. 이렇게 저주의 길로 걸어 들어가려고 한다. 그 길은 바로 노예가 되는 길이다.

"율법을 듣지 못하였느냐"(τὸν νόμον οὐκ ἀκούετε;)는 신명기 6:4, "이스라엘아 들으라"(שְׁמַע יִשְׂרָאֵל)을 연상시킨다. 바울은 22절에서부터 율법인 창세기 16-21장에 나오는 아브라함, 사라, 하갈, 이삭, 이스마엘에 관한 이야기를 하기 시작한다. 바울은 율법서에 있는 내용을 자신의 주장에 맞게 각색하여 자신의 미드라쉬(Midrash)를 만들어 설명한다. 그는 율법 자체가 우리를 향해 자유인의 자녀가 될 것과 노예의 자녀는 쫓아낼 것을 가르치고 있다는 대담한 주장을 한다.

4:22 기록된 바 아브라함에게 두 아들이 있으니 하나는 여종에게서, 하나는 자유 있는 여자에게서 났다 하였으며

바울은 일부러 사라와 하갈이라는 이름을 쓰지 않고 그 대신 "여종"(παιδίσκη)과 "자유 있는 여자"(ἐλευθέρα, 자유인 여자)라는 호칭을 사용한다. 창세기에 사라가 자유인이라는 언급은 없지만, 사라를 '자유인 여자'라고 부른다. 그의 의도는 노예 vs. 자유인, 노예 상태 vs.자유로운 상태, 대조를 만들어내는 것이다.

바울은 28절을 제외하고 이삭이란 이름을 사용하지 않고, 이스마엘이란 이름도 사용하지 않는다. '두 아들,' '자녀들'이라는 호칭을 사용한다. 그 이유는 아마도 그렇게 함으로써 사라와 하갈의 출산을 과거의 개별적 사건이 아니라, 현재 갈라디아 성도들에게 적용할 수 있는 일반적 모형으로 만들 수 있기 때문인 것 같다.

4:23 여종에게서는 육체를 따라 났고 자유 있는 여자에게서는 약속으로 말미암았느니라

이스마엘과 이삭은 각각 다른 어머니에게서 태어났지만 각각 태어난

방식이 달랐다. 이스마엘은 하나님의 약속이나 계획과 상관없이 사라와 아브라함의 계획에 따라 태어났다(창 16:2, "사래가 아브람에게 이르되 여호와께서 내 출산을 허락하지 아니하셨으니 원하건대 내 여종에게 들어가라 내가 혹 그로 말미암아 자녀를 얻을까 하노라 하매 아브람이 사래의 말을 들으니라"). 반면에 이삭은 인간의 계획이나 노력과 상관없이 하나님의 약속(창 17:15-21; 18:10-15)에 따라 태어났다. 아브라함은 하나님의 약속을 듣고 속으로 웃었다(창 17:17, "아브라함이 엎드려 웃으며 마음속으로 이르되 백 세 된 사람이 어찌 자식을 낳을까 사라는 구십 세니 어찌 출산하리요 하고"). 그가 생각하기에도 하나님의 약속은 실현 불가능한 일이었다. 그러나 하나님은 그런 불가능한 일을 이루셨다, 그래서 이삭의 탄생은 이스마엘의 탄생과 다르다. 이삭의 탄생은 하나님이 직접 하신 일이다.

이스마엘이 육체를 따라 태어났다는 말은 장차 바울이 이스마엘을 할례를 통해 주의 백성으로 태어나는 유대인들과 일치시키기 위한 준비다. 더 나아가 할례당의 주장에 설득되어 할례를 받은 갈라디아 성도들과 이스마엘을 동류로 만들기 위한 준비다. 반면에 이삭이 약속을 따라 태어났다는 말은 예수 그리스도를 믿음으로 할례 없이 아브라함의 자손이 된 모든 성도와 이삭을 일치시키기 위한 준비다.

특기할 점은 창세기 17장에서 하나님께서 이삭을 약속하는 대목에서 '영원한 언약'이라는 말이 나온다는 점이다. 창세기 17:19, "하나님이 이르시되 아니라 네 아내 사라가 네게 아들을 낳으리니 너는 그 이름을 이삭이라 하라 내가 그와 내 언약을 세우리니 그의 후손에게 영원한 언약이 되리라"에서 약속을 따라 태어난 이삭과의 언약이 장차 그의 후손들에게 영원한 언약이 된다. 바울이 갈라디아서 4:24-28에서 이삭과 새 언약을 연결하는 것은 당연한 일로 보인다. 창세기 17:23-27에 아브라함과 그의 온 가족이 할례를 받은 이야기가 나오지만, 여기에서는 바울이 전혀 언급하지 않는다. 할례당의 입장에서는 영원한 언약과 아브라함의 할례 사건을 불가분한 것으로 보았을 것이다. 하지만 바울은 구약성경에 있는 이야기를 자신의 목적에 따라 재구성하면서 자신의 설교를 만들면서 할례 부분은 아예 언급하지 않는다.

4:24 이것은 비유니 이 여자들은 두 언약이라 하나는 시내 산으로부터 종을 낳은 자니 곧 하갈이라

"이것은 비유니"에서 '알레고레오'(ἀλληγορέω) 동사가 사용되었다. '비유로/알레고리로 말하다'라는 뜻이다. '알레고리'라는 뜻의 명사 '알레고리아'(ἀλληγορία)는 그 파생어다. 이어서 "이 여자들은 두 언약(διαθῆκαι)이라"고 말한다. 바울은 아브라함의 두 아내, 사라와 하갈에 대해 말하고 있지만, 그가 의도하는 것은 두 개의 언약을 비교하며 설명하는 것이다. 사라와 하갈을 두 개의 언약으로 보는 풍유는 매우 독특한 해석이며 현존하는 어떤 문서에서도 이런 풍유는 없다.[204]

바울이 말하는 두 개의 언약은 어떤 언약일까? '옛 언약'과 '새 언약'을 가리키는 것이 분명하다. 갈라디아서 4장에 이 두 표현은 나오지 않지만 바울은 고린도후서 3장에서 옛 언약과 새 언약이란 표현을 사용한다.

> **고린도후서 3:6.** 그가 또한 우리를 새 언약의 일꾼 되기에 만족하게 하셨으니 …

> **고린도후서 3:14.** 그러나 그들의 마음이 완고하여 오늘까지도 구약을 읽을 때에 …

바울이 새 언약과 옛 언약이란 용어를 사용했고, 갈라디아서 4장에서 "두 언약"이 바로 옛 언약과 새 언약이라는 점은 의심의 여지가 없다.

"하나는 시내산으로부터 종을 낳은 자니"는 헬라어 본문(μία μὲν ἀπὸ ὄρους Σινᾶ εἰς δουλείαν γεννῶσα)을 풀어서 번역하면 '하나(μία)는 시내산으로부터(ἀπό) 유래하며 (자녀들을) 낳았는데(γεννῶσα) 그들이 노예의 신분이 되도록(εἰς δουλείαν) 낳았다'로 할 수 있다. 이어서 바울은 '그런데 그 여자는 바로 하갈이다'(ἥτις ἐστὶν Ἀγάρ)라고 말한다. 시내산에서 유래하는 것은 옛 언약이다. 옛 언약이 하갈과 일치되는 이유는 둘 다 노예를 자식으로 생산하기 때문이다. 옛 언약도 자손을 만들고, 새 언약도 자손을 만든다. 옛 언

---

204) 유대교 문서에서 사라와 하갈에 대한 풍유적 언급에 대해서는 Longenecker, *Galatians, 200*-6을 보라.

약은 노예들을 만들어내지만 새 언약은 자유인은 낳기 때문에 같은 언약이 아니다. 바울이 주장하는 바를 요약하면 아래와 같다.

> 옛 언약=하갈=이스마엘=노예 vs. 새 언약=사라=이삭=자유인

이 부분에서부터 바울은 유대인이 읽는다면 매우 불쾌하게 여길 수밖에 없는 주장들을 이어나간다. 시내산 언약을 하갈과 일치시키는 것은 유대인 일반이, 특히 할례당이 받아들일 수 없는 주장이다. 그러나 바울은 오늘날의 기준으로 판단한다면 유대인들에게는 거의 혐오 발언에 가까운 주장을 이어간다.

보충설명 19: "옛 언약과 새 언약"

1. 언약은 무엇인가?"

1) 구약은 옛 언약, 신약은 새 언약이란 뜻이다

신구약성경을 영어로 Old Testament, New Testament라고 부른다. 영어단어 testament는 라틴어 *testamentum*에서 유래한 것이다. *testamentum*의 라틴어 사전의 뜻은 1) 언약(covenant), 2) 유언(will), 증언(testament)이다. 구약성경은 '옛 언약의 책,' 신약성경은 '새 언약의 책'이다.

2) 언약의 개념

구약 학자들이 언약을 설명할 때, 고대 근동 국가인 힛타이트(Hittite) 문서에 나오는 종주국과 속국 사이의 조약(suzerain-vessel treaty, 군신 관계의 조약)과 그 형태·구조가 유사하다는 점을 지적한다. 그런데 이런 설명은 언약이 무엇인지를 충분히 설명하지 못한다. 언약을 가장 쉽게 이해하는 방법은 언약을 계약과 비교하는 것이다.

계약(contract)	언약(covenant)
1. A와 B 사이에 무언가를 교환하기로 약속 2. 상품, 화폐, 서비스 등 다양한 재화를 서로 교환하는 약속 3. A가 B에게 무엇을 해주면, B는 A에게 무엇을 해주는 약속	1. A와 B 사이에 무언가를 교환하는 것이 아님 2. A는 B에게 어떤 존재가 되고 B는 A에게 어떤 존재가 되기로 약속 3. 언약을 맺으면 A와 B는 제 삼자에 대해 배타적인 관계(exclusive relationship)로 들어감

이 개념을 그대로 하나님과 하나님 백성의 관계에 대입(代入)할 수 있다. 시내산 언약은 하나님과 인간 사이에 무언가를 주고받기로 약속하는 계약이 아니다. 이스라엘은 하나님께 예배, 찬양, 기도, 제물, 십일조 등등을 바치면 하나님은 이스라엘에게 축복, 땅, 안전보장 등을 주시기로 약속한 것이 아니다. 시내산 언약의 본질은 이스라엘은 하나님의 백성이 되고, 하나님은 이스라엘의 하나님이 되는 것이다. 출애굽기 6:7, "너희를 내 백성으로 삼고 나는 너희의 하나님이 되리니"는 전형적인 언약문이다.

3) 결혼 제도는 언약을 이해하는 지름길이다

언약이 무엇인지를 가장 잘 보여주는 인간사회의 제도는 결혼이다. 결혼은 나는 너에게 남편이 되고 너는 나에게 아내가 되는 약속이다. 물물교환의 약속이 아니다. 만약 무언가를 서로 교환하기로 약속하고 결혼한다면, 결혼 관계는 쉽게 깨어질 수 있다. 결혼을 언약으로 이해하고 결혼하면 결혼 생활에서 어떤 불행한 일이 발생해도 남편-아내의 관계는 깨어지지 않는다. 성경은 결혼은 계약이 아니라 언약이라고 말한다. 말라기 2:14, "… 이는 너와 네가 어려서 맞이한 아내 사이에 여호와께서 증인이 되시기 때문이라 그는 네 짝이요 너와 서약한 아내로되 네가 그에게 거짓을 행하였도다"에서 "너와 서약한 아내"는 히브리어를 직역하면 '너의 언약의 아내'(אֵשֶׁת בְּרִיתֶךָ)다.

구약성경에서 하나님은 이스라엘과 자신의 관계를 남편과 아내 관계로 보신다. 광야 40년은 신혼생활 기간이었다. '하나님과 이스라엘 사이의 로맨스'(romance between God and Israel)라고 말할 수 있다(렘 2:2, "내가 너를 위하여 네 청년 때의 인애와 네 신혼 때의 사랑을 기억하노니"). 하나님과 이스라엘은 시내산 언약으로 부부관계와 같은 언약 관계로 들어갔다(렘 3:14, "나 여호와가 말하노라 배역한 자식들아 돌아오라 나는 너의 남편임이니라").

2. 옛 언약의 파기와 새 언약의 약속

1) 이스라엘은 시내산에서 하나님과 언약을 맺었다

출애굽기 24:4-8은 이스라엘이 시내산에서 하나님과 언약을 맺기 위해 언약식(言約式)을 행한 것을 보여준다.

출애굽기 24:4-8

⁴모세가 여호와의 모든 말씀을 기록하고 이른 아침에 일어나 산 아래에 제단을 쌓고 이스라엘 열두 지파대로 열두 기둥을 세우고 ⁵이스라엘 자손의 청년들을 보내어 여호와께 소로 번제와 화목제를 드리게 하고 ⁶모세가 피를 가지고 반은 여러 양푼에 담고 반은 제단에 뿌리고 ⁷언약서를 가져다가 백성에게 낭독하여 들게 하니 그들이 이르되 여호와의 모든 말씀을 우리가 준행하리이다 ⁸모세가 그 피를 가지고 백성에게 뿌리며 이르되 이는 여호와께서 이 모든 말씀에 대하여 너희와 세우신 언약의 피니라

하나님께 제사를 드림으로 언약식을 맺었다. 소를 제물로 드렸으며 이 제사에서 '피'가 중요한 역할을 했다. 그 피를 '언약의 피'라고 부른다. 하나님은 시내산 언약을 맺을 때 이스라엘에게 율법을 주셨고, 이스라엘은 율법을 지킬 것을 약속했다.

2) 이스라엘은 우상숭배로 인해 언약을 위반했다

언약 관계의 특징은 두 당사자가 배타적인 관계에 들어간다는 점이다. 결혼 관계가 제삼자의 개입을 허락하지 않는 배타적 관계를 요구하듯이, 하나님과의 언약도 배타적 관계를 요구한다. 그러나 이스라엘은 하나님이 선물로 주신 가나안 땅에 들어가서, 북이스라엘과 남유다 모두 하나님만 예배하지 않고 제삼자에 해당하는 우상을 섬김으로 언약을 위반했다. 이스라엘의 우상숭배는 영적인 간음(adultery)이었다. 이스라엘은 남편을 버리고 다른 남자를 찾아간 바람난 여자, 간음하는 아내가 되었다. 이스라엘은 반복적으로 남편과의 언약을 위반했다.

예레미야 31:32. 이 언약은 내가 그들의 조상들의 손을 잡고 애굽 땅에서 인도하여 내던 날에 맺은 것과 같지 아니할 것은 내가 그들의 남편이 되었어도 그들이 내 언약을 깨뜨렸음이라 여호와의 말씀이니라

하나님은 이스라엘 민족은 옛 언약을 파기해버렸다고 말씀하신다. 이스라엘이 언약을 파기한 것에 관해서는 구약성경 여러 곳에서 분명히 말하고 있다(신 31:16, 20; 레 26:15; 겔 16:59; 44:7). 하나님은 선지자들을 보내 이스라엘이 돌아오기를 호소하셨으나 듣지 않았다. 심지어 경고하는 선지자를 때려죽였다(대하 24:21, "무리가 함께 꾀하고 왕[요아스 왕]의 명령을 따라 그[스가랴]를 여호와의 전 뜰 안에서 돌로 쳐죽였더라"). 하나님의 입장에서는 더 동원할 수 있는 다른 방법이 없게 되었고 결국 심판으로 응답하셨다.

3) 심판은 언약 관계의 종말이다

하나님은 심판을 남편과 아내 관계의 종말로 표현하신다. 그런 뜻에서 '이혼'이란 표현을 사용하신다. 북이스라엘이 우상숭배 함으로 앗시리아를 들어 심판하셨는데도, 남유다는 이것을 보고 정신을 차리기는커녕 두려워하지 않고 영적 간음인 우상숭배를 계속했다. 그러므로 남유다와도 하나님은 이혼하신다.

예레미야 3:8. 내게 배역한 이스라엘이 간음을 행하였으므로 내가 그를 내어쫓고 이혼서까지 주었으되 그 패역한 자매 유다가 두려워 아니하고 자기도 가서 행음함을 내가 보았노라

4) 유다가 멸망당할 때 하나님은 이스라엘에게 새 언약의 약속을 주셨다

남유다가 멸망할 당시 선지자인 예레미야를 통해 하나님은 미래에 언젠가 '새 언약'을 맺어주실 거라고 약속하셨다.

> **예레미야 31:31.** 나 여호와가 말하노라 보라 날이 이르리니 <u>내가 이스라엘 집과 유다 집에 새 언약을 세우리라</u>

구약성경 전체에서 '새 언약'(בְּרִית חֲדָשָׁה/διαθήκη καινή)이란 표현은 단 한 번 이곳에 등장한다. '새 언약'이란 말은 바울이 만들어낸 용어가 아니라 구약성경에 나오는 표현이다. 그러므로 신약성경과 구약성경의 내용이 연결된다. 그 연결의 핵심은 바로 '언약'이다.

3. 새 언약은 어떤 언약인가?

1) 예레미야 31:31 분석

"이스라엘의 집"과 "유다의 집"은 북이스라엘과 남유다, 즉 이스라엘 12지파을 가리킨다. 하나님은 온 이스라엘과 '새 언약'을 맺으시므로, 새 언약의 때에 이스라엘 12지파가 회복된다. '새 언약'이라는 말이 등장함에 따라 시내산 언약은 자동적으로 '옛 언약'이 된다. 구약성경은 새 언약의 책인 신약성경의 등장을 예고하고 있다. 하나님이 새 언약을 맺으시는 것은 옛 언약이 기능이나 형태에서 하자가 있는 실패작(failure)이었기 때문이 아니다. 하나님이 실패하신 게 아니라 이스라엘이 실패했다.

그렇다면 새 언약은 옛 언약과 어떤 관계에 있는 것일까? 어떤 학자들은 새 언약은 옛 언약을 '갱신'(to renew)한 것으로 본다. 어떤 학자들은 새 언약은 옛 언약을 연장한 거라고 본다. 과연 새 언약은 옛 언약의 갱신(renewal) 혹은 연장(extension)일까? 아니면 완전히 새로운 언약일까? 이 질문에 대한 대답은 32절에 나온다.

2) 예레미야 31:32 분석

> **예레미야 31:32.** <u>이 언약[새 언약]</u>은 내가 그들의 조상들의 손을 잡고 애굽 땅에서 인도하여 내던 날에 <u>맺은 것[옛 언약]</u>과 같지 아니할 것은 내가 그들의 남편이 되었어도 그들이 내 언약을 깨뜨렸음이라 여호와의 말씀이니라

하나님은 새 언약이 '옛 언약과 같지 않다'(לֹא כַבְּרִית)고 말씀하신다. '~와 같지 않다'(It is not like ~)는 말은 새 언약이 시내산 언약과 같은 종류의 언약이 아니라는 말이다. 이것은 두 언약 사이의 연속성을 사실상 부정하는 표현이다. 그러므로 새 언약은 옛 언약과 구분되는, 전혀 '별개의' '독립적' 언약이다. 새 언약은 옛 언약의 연장(extension)이 아니다. 옛 언약이 잠시 중단되었다가 재개되는 것도 아니다. 새 언약은 옛 언약의 갱신(renewal)도 아니다. 예레미야 32:40, "내가 그들에게 복을 주기 위하여 그들을 떠나지 아니하리라 하는 <u>영원한 언약을 그들에게 세우고</u>"에서 새 언약을 "영원한 언약"(בְּרִית עוֹלָם/διαθήκη αἰωνία)이라고 부른 것도 새 언약이 옛 언약의 갱신이나 연장이 아니라는 점을 말하고 있다. 새 언약은 옛 언약과 전혀 다른 특징을 갖고 있다.

3) 예레미야 31:33 분석

> **예레미야 31:33.** 나 여호와가 말하노라 그러나 그 날 후에 내가 이스라엘 집에 세울 언약은 이러하니 곧 <u>내가 나의 법을 그들의 속에 두며 그 마음에 기록하여</u> 나는 그들의 하나님이 되고 그들은 내 백성이 될 것이라

시내산 언약을 맺을 때 하나님은 돌판에 율법을 기록해주셨다(출 24:12, "네가 그들을 가르치도록 내가 율법과 계명을 친히 기록한 돌판을 네게 주리라"). 하지만 예레미야는 새 언약의 때에 하나님이 율법을 백성들의 내부에 두시고, 그들의 마음에 기록하신다. 신명기 법에서도 율법은 인간의 마음속으로 들어와 있어야 한다고 본다.

4) 예레미야 31:34 분석

예레미야 31:34. 그들이 다시는 각기 이웃과 형제를 가르쳐 이르기를 너는 여호와를 알라 하지 아니하리니 이는 <u>작은 자로부터 큰 자까지 다 나를 알기 때문이라</u> 내가 그들의 악행을 사하고 다시는 그 죄를 기억하지 아니하리라 여호와의 말씀이니라

34절은 또 다른 두 가지의 새 언약의 약속을 준다. 첫째 약속은 '하나님에 대한 지식'이고, 둘째 약속은 '죄용서'다. 새 언약의 때에는 하나님을 알라고 가르치지도 않는다. 여기에 '가르치다'(למד)라는 동사가 사용되었다. 이 말은 '더 이상 가르침이 없다'라는 말이라기보다는 '더 이상의 가르침이 필요 없을 정도로 완벽하게 가르치는 교사가 온다'라는 뜻일 가능성이 크다. 예레미야서에서는 기존의 교사들에 대한 불신이 강하게 나타나기 때문이다.

예레미야 2:8. 제사장들은 여호와께서 어디 계시냐 말하지 아니하였으며 <u>율법을 다루는 자들</u>은 나를 알지 못하며 관리들도 나에게 반역하며 <u>선지자들</u>은 바알의 이름으로 예언하고 무익한 것들을 따랐느니라

예레미야 8:8-9

[8]너희가 어찌 우리는 지혜가 있고 우리에게는 여호와의 율법이 있다 말하겠느냐 참으로 서기관의 거짓의 붓이 [법을] 거짓되게 하였나니 [9]지혜롭다 하는 자들은 부끄러움을 당하며 두려워 떨다가 잡히리라 보라 그들이 여호와의 말을 버렸으니 그들에게 무슨 지혜가 있으랴

4. 새 언약은 성령을 주시는 언약이다

선지자의 예언 전승은 후대의 선지자들을 통해 발전한다. 예레미야의 새 언약에 관한 예언은 에스겔에 의해 이어지고 더욱 더 구체화된다.

1) 에스겔 36:25-28은 예레미야 31:31-34의 주석이다

에스겔서에서도 새 언약에 관한 말씀이 여러 곳에 나온다.

에스겔 16:60-62

[60]그러나 내가 너의 어렸을 때에 너와 세운 언약을 기억하고 너와 <u>영원한 언약</u>을 세우리라 … 62 내가 네게 내 언약을 세워 내가 여호와인 줄 네가 알게 하리니

에스겔 34:25. 내가 또 그들과 <u>화평의 언약</u>을 맺고 악한 짐승을 그 땅에서 그치게 하리니 그들이 빈 들에 평안히 거하며 수풀 가운데에서 잘지라

에스겔 37:26. 내가 그들과 <u>화평의 언약</u>을 세워서 영원한 언약이 되게 하고 또 그들을 견고하고 번성하게 하며 내 성소를 그 가운데에 세워서 영원히 이르게 하리니

그 중에서도 에스겔 36:25-28이 중요하며, 이 본문은 예레미야 31:33의 수수께끼와 같은 말씀을 구체적으로 설명해준다.

2) 에스겔 36:28 분석

에스겔 36:28. 내가 너희 열조에게 준 땅에 너희가 거하여 내 백성이 되고 나는 너희 하나님이 되리라

먼저 28절을 보면 언약문("너희가 … 내 백성이 되고 나는 너희 하나님이 되리라")이 나온다. 그러므로 26-27절의 말씀은 언약에 대한 말씀이다. 에스겔 선지자 때에는 이미 이스라엘과 유다에 대한 심판이 다 끝난 상황이므로 이 언약은 옛 언약이 아니라, 새 언약이다. 이 구절에는 새 언약의 때에 이스라엘이 다시 빼앗긴 가나안 땅을 회복하여 그 땅에 다시 거주하게 된다는 약속이 있다.

3) 에스겔 36:25 분석

에스겔 36:25. 맑은 물을 너희에게 뿌려서 너희로 정결하게 하되 곧 너희 모든 더러운 것에서와 모든 우상 숭배에서 너희를 정결하게 할 것이며

"맑은 물"로 씻어 더러움과 우상숭배로부터 정결하게 한다는 것은 예레미야 31:34의 '죄용서의 약속'과 유사하다. 세례요한의 세례 운동을 연상시킨다. 세례요한은 죄를 회개하고 요단강에서 씻음으로 요단강 건너편에 하나님의 새 백성을 창조하려고 했다

4) 에스겔 36:26 분석

에스겔 36:26. 또 새 영을 너희 속에 두고 새 마음을 너희에게 주되 너희 육신에서 굳은 마음을 제하고 부드러운 마음을 줄 것이며

먼저 '새'라는 형용사가 두 번 나오는 것에 주목해야 한다. 이 '새'라는 형용사는 예레미야 31:31의 '새 언약'을 가리킨다(렘 31:31, "내가 이스라엘 집과 유다 집에 새 언약을 세우리라"). '마음'이라는 단어도 세 번 나온다. '마음'은 예레미야 31:33에도 나온다(렘 31:33, "그 마음에 기록하여"). "새 영을 너희 속에 두고"는 예레미야 31:33의 "나의 법을 그들의 속에 두며"와 상응한다.

"굳은 마음"의 히브리어 본문을 직역하면 '돌 심장'(לֵב הָאֶבֶן)이고, "부드러운 마음"은 '살 심장'(לֵב בָּשָׂר)이다. 새 언약을 맺을 때 하나님은 한 사람, 한 사람에게서 돌 심장을 제거하고 살로 된 심장을 넣어주신다. 마치 하나님이 심장 이식(移植) 수술을 해주겠다고 말씀하시는 것처럼 들린다. 도대체 심장 이식 수술은 구체적으로 무엇을 가리키는 것일까?

돌 심장은 옛 언약 때의 율법을 기록한 돌 판과 연결되고, 살 심장은 새 언약 때 하나님이 주시는 무언가를 가리킨다. "새 마음"과 "새 영"을 준다고 했으므로 '마음(심장)을 준다'는 말은 '영을 준다'는 뜻으로 해석될 수 있다. 새 마음을 주는 것은 신명기 30:6의 '마음의 할례'와 일맥상통하는 개념이다. 새 마음, 마음의 할례는 인간을 구원으로 인도한다.

신명기 30:6. 네 하나님 여호와께서 네 마음과 네 자손의 마음에 할례를 베푸사 너로 마음을 다하며 뜻을 다하여 네 하나님 여호와를 사랑하게 하사 너로 생명을 얻게 하실 것이며

5) 에스겔 36:27 분석

에스겔 36:27. 또 내 신을 너희 속에 두어 너희로 내 율례를 행하게 하리니 너희가 내 규례를 지켜 행할지라

26절의 "새 영을 너희 속에 두고"는 27절에서 "내 신을 너희 속에 두어"와 상응한다. "내 신(רוחי)"은 하나님의 성령이다. 하나님이 새 마음을 준다는 것도 성령을 주신다는 말이고, 살 심장을 넣어준다는 말도 성령을 주신다는 뜻이다. 신명기 30:6의 마음의 할례도 결국은 성령을 주신다는 뜻이다. 로마서 2:29은 예레미야 31:31-34과 에스겔 36:25-27을 바울이 위와 같이 이해했다는 것은 보여준다.

로마서 2:29. 오직 이면적 유대인이 유대인이며 할례는 마음에 할지니 영에 있고 율법 조문에 있지 아니한 것이라 그 칭찬이 사람에게서가 아니요 다만 하나님에게서니라

그러므로 수수께끼처럼 들리는 예레미야 31:33, "내가 나의 법을 그들의 속에 두며 그 마음에 기록하여"는 곧 성령을 주시겠다는 약속이라는 것도 쉽게 알 수 있다.

로마서 8:2, "이는 그리스도 예수 안에 있는 생명의 성령의 법이 죄와 사망의 법에서 너를 해방하였음이라"에서 바울이 "성령의 법"라는 특이한 표현을 사용한다. "성령의 법"은 헬라어를 직역하면 '성령의 율법'(ὁ νόμος τοῦ πνεύματος, 'the law of the Spirit')이다. 이 말은 '성령이라는 율법'으로 번역할 수 있다. 바울은 이런 특이한 표현을 사용하는 이유는 예레미야서 31:33에서 "나의 (율)법"이 곧 성령이라는 것을 표현하기 위해서라고 볼 수 있다.

에스겔서는 새 언약의 때에 하나님이 성령을 주신다는 것에 대해 여러 곳에서 강조한다.

에스겔 11:19-20
19내가 그들에게 한 마음을 주고 그 속에 새 영을 주며 그 몸에서 돌 같은 마음을 제거하고 살처럼 부드러운 마음을 주어 20내 율례를 따르며 내 규례를 지켜 행하게 하리니 그들은 내 백성이 되고 나는 그들의 하나님이 되리라

에스겔 18:31. 너희는 너희가 범한 모든 죄악을 버리고 마음과 영을 새롭게 할지어다 이스라엘 족속아 너희가 어찌하여 죽고자 하느냐

에스겔 37:14. 내가 또 내 영을 너희 속에 두어 너희가 살아나게 하고 내가 또 너희를 너희 고국 땅에 두리니 …

에스겔 39:28-29
28전에는 내가 그들이 사로잡혀 여러 나라에 이르게 하였거니와 후에는 내가 그들을 모아 고국 땅으로 돌아오게 하고 그 한 사람도 이방에 남기지 아니하리니 … 29내가 다시는 내 얼굴을 그들에게 가리지 아니하리니 이는 내가 내 영을 이스라엘 족속에게 쏟았음이라 주 여호와의 말씀이니라

'내 영을 쏟는다'는 말씀은 요엘서 2:28-29의 '내 영을 부어준다'는 말과 유사하다. 요엘서의 예언은 에스겔서의 예언을 계승 발전시킨 것으로 보인다.

요엘서 2:28-29

²⁸그 후에 내가 내 영을 만민에게 부어 주리니 너희 자녀들이 장래 일을 말할 것이며 너희 늙은이는 꿈을 꾸며 너희 젊은이는 이상을 볼 것이며 29그 때에 내가 또 내 영을 남종과 여종에게 부어 줄 것이며

사도행전 2장 오순절 사건 때 베드로가 이 말씀을 인용하는 것은 요엘서 2:28-29 이전에 있는 에스겔서의 전승과, 또 그보다 앞선 예레미야 31장의 성령 주심에 관한 전승을 모두 염두에 둔 것으로 볼 수 있다.

하나님이 성령을 주시는 목적은 "너희로 내 율례를 행하게" 하려는 것이다. 성령을 받으면 인간이 비로소 하나님의 율례를 지킬 수 있게 된다. 율법은 인간에게 죄에 대한 지식은 주지만 율법을 지킬 수 있는 능력을 주지 않는다. 율법은 죄가 무엇인지를 알려주지만, 절대로 인간에게 죄를 이길 수 있는 능력을 주지 않는다. 하나님은 그의 백성에게 성령을 주심으로 하나님의 율법을 지킬 수 있게 하신다. 인간에게 성령이 주어지면 모든 죄와 싸워 이겨서 죄를 짓지 않는 인간이 되는 것이 아니지만, 성령이 주어지면 비로소 죄와 싸워 승리할 가능성이 열린다. '내 안에 있는 죄'(롬 7:17, 20)의 문제가 치료받고 해결되는 길이 열리기 때문이다. 옛 언약의 특징은 율법을 주신 것이고, 새 언약의 특징은 성령을 주신다는 것이다.

5. 새 언약은 십자가 사건과 오순절 사건을 통해 성취되었다

1) 예수 그리스도의 십자가 죽음은 새 언약을 위한 것이었다

예레미야 선지자를 통해, 그리고 그 이후의 선지자들을 통해 약속하신 새 언약은 예수 그리스도의 때에 그의 십자가 죽음을 통해 맺어졌다. 예수께서는 돌아가시기 전에 제자들에게 자신이 왜 죽는지, 자신의 죽음의 목적이 무엇인지를 설명하여 주셨다. 여러 번 반복적으로 설명해주셨다. 그 설명 중에 자신의 죽음을 언약과 연결하는 설명이 최후의 만찬의 잔의 말씀에 나온다. 그러므로 우리는 최후의 만찬의 잔의 말씀을 연구해야 한다.

2) 최후의 만찬에서 예수의 잔의 말씀 연구 1

최후의 만찬에서 예수가 포도주잔을 주시면서 하신 말씀은 신약성경에 모두 4번 나온다. 그중 누가복음 판과 고린도전서 판은 매우 비슷하다.

누가복음 22:20. 저녁 먹은 후에 잔도 이와 같이 하여 가라사대 이 잔은 내 피로 세우는 새 언약이니 곧 너희를 위하여 붓는 것이라

고린도전서 11:25. 식후에 또한 이와 같이 잔을 가지시고 가라사대 이 잔은 내 피로 세운 새 언약이니 이것을 행하여 마실 때마다 나를 기념하라 하셨으니

누가복음과 바울서신은 예수가 "새 언약"이라는 말을 사용한 것으로 기록한다. 새 언약이란 말은 구약성경에 단 한 번밖에 나오지 않는 말이므로, 제자들은 이 말을 듣고 즉각적으로 예레미야서 31:31을 떠올릴 수 있었을 것이다. 예수는 자신의 죽음을 예레미야서에 나오는 하나님의 새 언약의 약속과 연결하여 설명하였다. 포도주는 그의 피를 나타낸다. 예수는 자신이 피를 흘리고 죽어야 하는지 이유를 새 언약을 위한 것이라고 설명하였다. 예수는 자신이 죽음으로 하나님과 그의 제자들 사이에 새 언약이 맺어진다고 보았다.

3) 최후의 만찬에서 예수의 잔의 말씀 연구 2

최후의 만찬의 잔의 말씀으로서 마가복음 판과 마태복음 판은 서로 매우 비슷하다.

마가복음 14:24. 가라사대 이것은 <u>많은 사람</u>을 위하여 흘리는 바 나의 피 곧 <u>언약의 피</u>니라

마태복음 26:28. 이것은 <u>죄사함을 얻게 하려고</u> <u>많은 사람</u>을 위하여 흘리는바 나의 피 곧 <u>언약의 피</u>니라

여기에서는 '새 언약'이 아니라 '언약'이 나온다. 그러나 의미상 옛 언약이 아님이 당연하므로, 새 언약을 가리킨다. 예수는 "나의 피는 언약의 피다"라고 말씀하신다. 마가복음과 마태복음의 잔의 말씀에서 동일하게 "언약의 피"라는 표현이 나온다. "언약의 피"라는 표현은 구약성경에서 자주 나오는 표현이 아니다. 출애굽기 24장의 언약식 장면에서 나오는 말이며, 구약성경에서 단 두 번 등장한다(스가랴 9:11에도 나온다).

출애굽기 24:8. 모세가 그 피를 취하여 백성에게 뿌려 가로되 이는 여호와께서 이 모든 말씀에 대하여 너희와 세우신 <u>언약의 피</u>니라

모세는 소를 잡아 그 피를 백성들에게 뿌리고 제단에 부음으로 언약의 제사를 드려 하나님과 시내산 언약을 맺었다.

예수는 자신이 십자가에서 흘리는 피를 "언약의 피"로 보았다. 옛 언약의 때에는 소의 피로 언약식을 했지만, 새 언약의 때에 예수는 자신의 피로 언약을 맺는다고 제자들에게 가르쳤다. 예수는 새 언약을 맺기 위한 언약식 제사에서 제물로 바쳐져 죽은 것이다.

예수는 자신을 제물로 보았고, 십자가 죽음을 언약식 제사로 보았다.

마가복음, 마태복음에 동시에 나오는 "많은 사람"은 이사야서 53:11-12에서 온 것이다. 예수는 자신의 죽음을 이사야서 53장의 '고난받는 주의 종의 노래'와 연결하여 생각하고 있었다.

이사야서 53:11-12

[11]그가 자기 영혼의 수고한 것을 보고 만족하게 여길 것이라 나의 의로운 종이 자기 지식으로 <u>많은 사람</u>을 의롭게 하며 또 그들의 죄악을 친히 담당하리로다 [12] … 이는 그가 자기 영혼을 버려 사망에 이르게 하며 범죄자 중 하나로 헤아림을 받았음이니라 그러나 그가 <u>많은 사람의 죄</u>를 담당하며 범죄자를 위하여 기도하였느니라

4) 십자가 죽음은 새 언약의 제사이면서 동시에 죄 용서를 위한 죽음이었다

마태복음에는 마가복음에 없는 "죄사함을 얻게 하려고"가 추가되어 있다.

마가복음 14:24. 가라사대 이것은 많은 사람을 위하여 흘리는 바 나의 피 곧 언약의 피니라

마태복음 26:28. 이것은 <u>죄사함을 얻게 하려고</u> 많은 사람을 위하여 흘리는바 나의 피 곧 언약의 피니라

이 구절은 예레미야 31:34의 내용에 나오는 죄용서의 약속을 상기하게 한다.

예레미야 31:34. 그들이 다시는 각기 이웃과 형제를 가르쳐 이르기를 너는 여호와를 알라 하지 아니하리니 이는 작은 자로부터 큰 자까지 다 나를 알기 때문이라 <u>내가 그들의 악행을 사하고 다시는 그 죄를 기억하지 아니하리라</u> 여호와의 말씀이니라

새 언약에는 죄를 용서해주시는 약속이 포함되어 있다. 예수의 십자가 죽음으로 우리의 죄를 용서받게 된 것은 새 언약의 약속이 실현되었기 때문이다.

5) 예수의 잔의 말씀 분석 정리

공관복음서와 바울서신에 나오는 잔의 말씀은 그 내용이 약간의 차이가 있다. 그 날 밤 예수께서 하신 말씀을 정확하게 복원할 수는 없지만 네 개의 다른 전승을 비교해보면 두 개의 단어가 모든 전승에 나오고 있다는 것을 알 수 있다. 그 단어는 '피'와 '언약'이라는 단어다. 즉, 그날 밤 예수께서 '언약'과 '피'가 포함된 어떤 말씀을 하셨음은 100% 확실하다. 예수는 자신의 죽음(피)를 언약과 연결하는 말씀을 하신 것도 100% 확실하다. 예수는 자신의 죽음을 언약의 관점에서 보시고, 자신을 새 언약의 제사의 제물로 설명하셨다.

교회가 예수의 죽음을 새 언약의 제사로 보는 것은 초대교회의 연구 결과나 유추 때문이 아니고 예수 자신의 그렇게 가르쳤기 때문이다. 제자들이 회의해서 결정한 게 아니다. 초대교회가 예수의 죽음을 제사 언어를 사용하여 설명한 것은 예수가 자신의 죽음을 제사로 보았기 때문이다.

고린도전서 5:7. ....우리의 유월절 양 곧 그리스도께서 희생이 되셨느니라

로마서 3:25. 이 예수를 하나님이 그의 피로 인하여 믿음으로 말미암는 화목 제물로 세우셨으니.....

6) 오순절 성령 강림은 예수의 죽음이 곧 새 언약의 제사였음을 확인해주었다

하나님은 새 언약의 때에 그의 백성에게 성령을 주실 것을 약속해주셨다. 만약 예수의 죽음이 새 언약의 제사가 맞는다면 성령을 주신다는 약속이 성취되어야 한다. 십자가 죽음이 새 언약의 제사였지만 예수가 죽으실 때 성령을 주신다는 새 언약의 약속대로 성령이 강림하지 않았다. 아직 새 언약의 약속이 다 성취되지 않은 것이다. 사도행전 1:4에서 예수는 제자들에게 이렇게 말한다.

사도행전 1:4. 예루살렘을 떠나지 말고 내게서 들은 바 **아버지께서 약속하신 것을** 기다리라.

여기에서 아버지가 약속한 것은 무엇일까? 바로 성령이다.

사도행전 1:5. 요한은 물로 세례를 베풀었으나 너희는 몇 날이 못되어 성령으로 세례를 받으리라 하셨느니라

예수는 승천하시기 전 성령이 강림할 때까지 제자들은 다른 일을 하지 말고 기다리라고 지시했다.

사도행전 1:8. 오직 성령이 너희에게 임하시면 너희가 권능을 받고 예루살렘과 온 유대와 사마리아와 땅 끝까지 이르러 내 증인이 되리라 하시니라

성령이 강림하시기 전에는 아직 새 언약의 약속이 완전히 성취되지 않았기 때문에 전도할 메시지도 완성되지 않았다. 초대교회는 아직 복음 선포를 시작하지 않았다.

7) 베드로의 오순절 설교: 성령 강림은 새 언약의 약속의 성취다

오순절 날 마가의 다락방에서 기도하고 있던 예수의 제자들에게 하나님은 성령을 주셨다. 새 언약의 때에 성령을 주시겠다는 하나님의 약속은 사도행전 2장에 나오는 오순절 성령 강림 사건을 통해 성취되었다. 그날 저녁 성령 강림을 체험한 제자들에게 베드로는 그 사건의 의미를 설명해준다. 베드로는 요엘서 2:28-32을 인용하여, 이 성령 강림의 사건이 구약의 선지자들을 통해 약속된 것이며, 지금 우리에게 그 약속이 성취되었다고 설명한다.

사도행전 2:16-21
¹⁷하나님이 말씀하시기를 말세에 내가 내 영을 모든 육체에 부어 주리니 너희의 자녀들은 예언할 것이요 너희의 젊은이들은 환상을 보고 너희의 늙은이들은 꿈을 꾸리라 ¹⁸그 때에 내가 내 영을 내 남종과 여종들에게 부어 주리니 그들이 예언할 것이요

베드로는 오순절 사건은 하나님이 선지자들을 통해서 약속하신 성령 주심의 약속, 즉 새 언약의 약속이 성취된 것으로 설명했다. 비록 예레미야 31:31-34, 에스겔 36:25-28을 인용하지 않았지만, 요엘서 2:28-32은 이 두 예언의 연장선에 있다.

6. 새 언약은 옛 언약을 대체하는 언약이다

1) 옛 언약과 새 언약의 비교

	옛 언약	새 언약
장소	시내산	갈보리 언덕
중보자	모세	예수 그리스도
특징	율법을 주심	성령을 주심
어디에?	돌판	마음

2) 새 언약은 옛 언약을 대체하는 언약이다

옛 언약과 새 언약은 어떤 관계인가? 새 언약은 옛 언약을 대체(replace)한다. 새 언약이 시작되면서 옛 언약은 종료했다. 만약 새 언약이 옛 언약을 대체하지 않는다면, 만약 옛 언약이 종료하지 않았다면, 현재 우리에게 두 개의 언약이 동시에 공존하는 셈이다. 유효한 언약이 두 개라는 말이다. 옛 언약도 여전히 유효하다는 주장을 두 언약설(Two Covenants Theory) 혹은 이중 언약 신학(Dual Covenant Theology)라고 한다.

두 언약설은 기독교 복음뿐만 아니라 유대교도 여전히 유효한 구원의 길이라는 주장이다. 그런 점에서 두 언약설은 비성경적이며, 복음만이 유일한 구원의 길이라는 것을 부정하는 종교다원주의(religious pluralism)로 넘어가는 징검다리다. 유대교는 기독교와 가장 가까운 종교이기 때문이다. 만약 유대교에 구원이 있다고 말하면 이슬람교에 구원이 있다고 말할 가능성이 열리고, 유교, 힌두교, 불교, 각종 전통 종교에도 구원이 있다고 말하게 될 가능성이 열린다. 반면 유대교에 구원이 없다고 말하면 나머지 종교에 구원이 있다고 말하는 것은 불가능해진다.

3) 옛 언약은 좋은 언약이고, 새 언약은 더 좋은 언약이다

옛 언약은 악한 언약이고, 새 언약은 선한 언약이라고 생각하면 안 된다. 율법은 악한 것이고, 성령은 선한 것이라는 생각도 잘못된 것이다.

로마서 7:11-12
11죄가 기회를 타서 계명으로 말미암아 나를 속이고 그것으로 나를 죽였는지라 **12**이
로 보건대 율법은 거룩하고 계명도 거룩하고 의로우며 선하도다

모든 하나님의 언약은 다 선하고 좋은 것이다. 옛 언약이 좋은(good) 언약이지만, 새
언약은 이와 비교할 수 없을 정도로 더 좋은(much better) 언약이다. 옛 언약은 처음
부터 한시적인(temporary) 언약이었지만, 새 언약은 영원한(everlasting) 언약이다.
고린도후서 3:2-14에 이 점이 잘 나타나 있다. 6절에는 "새 언약"이 나오고("그가 또
한 우리를 새 언약의 일꾼 되기에 만족하게 하셨으니"), 14절에는 "구약"(옛 언약)이
나오고 있으므로("그러나 그들의 마음이 완고하여 오늘까지도 구약을 읽을 때에"), 이
부분이 새 언약과 옛 언약의 대조라는 것은 분명하다.

2너희는 우리의 편지라 우리 마음에 썼고 뭇 사람이 알고 읽는 바라 **3**너희는 우리로
말미암아 나타난 그리스도의 편지니 이는 먹으로 쓴 것이 아니요 오직 살아 계신 하
나님의 영으로 쓴 것이며 또 돌판에 쓴 것이 아니요 오직 육의 마음판에 쓴 것이라

2절의 "우리 마음에 썼고"는 예레미야 31:33, "내가 나의 법을 …그들의 마음에
기록하여"를 생각나게 한다. 3절의 "돌판에 쓴 것이 아니요 오직 육[살]의 마음판에 쓴
것이라"은 에스겔 36:26의 "굳은 마음[돌 심장]을 제거하고 부드러운 마음[살 심장]을
줄 것이며"를 반향(echo)한다. "먹으로 쓴 것이 아니요 오직 살아 계신 하나님의 영으
로 쓴 것이며"는 먹으로 쓴 '율법'과 '성령'을 대조한다. 전형적인 새 언약과 옛 언약의
대조다. 6절, "그가 또한 우리를 새 언약의 일꾼 되기에 만족하게 하셨으니 율법 조문
으로 하지 아니하고 오직 영으로 함이니 율법 조문은 죽이는 것이요 영은 살리는 것이
니라"에서 "율법 조문"과 "영"을 두 번이나 대조한 것도 율법과 성령의 대조다. 우리
가 공부한 예레미야 31장과 에스겔 36장의 내용을 요약한 것이다.

10절, "영광되었던 것이 더 큰 영광으로 말미암아 이에 영광될 것이 없으나"에서
"영광되었던 것"은 옛 언약을 가리키고, "더 큰 영광"은 새 언약을 가리킨다. 옛 언약
에 하나님의 영광이 있었던 것은 확실하다. 그러나 새 언약이 시작되었고, 새 언약에
는 더 큰 하나님의 영광이 있으므로, 옛 언약은 이제 영광될 것이 없게 되었다. 달에도
빛이 있지만, 해가 뜨면 해의 강력한 빛 때문에 달의 빛이 없어지는 것과 마찬가지로
옛 언약의 영광은 결국 보이지 않게 된다.

7. 옛 언약은 처음부터 한시적 언약이었고 새 언약은 영원한 언약이다
모세가 시내산에서 하나님을 만나 십계명을 받아온 뒤 그의 얼굴에서 빛이 났다.

출애굽기 34:34-35
34그러나 모세가 여호와 앞에 들어가서 함께 말할 때에는 나오기까지 수건을 벗고 있다
가 나와서는 그 명령하신 일을 이스라엘 자손에게 전하며 **35**이스라엘 자손이 모세의 얼
굴의 광채를 보므로 모세가 여호와께 말하러 들어가기까지 다시 수건으로 자기 얼굴을
가렸더라

바울은 이 사건에서 모세가 자신의 얼굴을 가린 것은 "장차 없어질 것의 결국"을 감추기
위해 그렇게 했다고 해석한다.

고린도후서 3:13. 우리는 모세가 이스라엘 자손들에게 장차 없어질 것의 결국을 주목하
지 못하게 하려고 수건을 그 얼굴에 쓴 것 같이 아니하노라

바울은 옛 언약을 "장차 없어질 것"으로 보았다. 옛 언약은 처음부터 '영원한 언약'으로 의도된 것이 아니고, 한시적인 언약이었다는 뜻이다. "장차 없어질 것의 결국"은 옛 언약의 영광이 사라지는 것이다. 모세의 얼굴에 나던 빛은 옛 언약의 영광과 같은 것이었다. 영원히 빛이 나는 것이 아니라 언젠가는 사라져 버리는 빛이다. 모세가 자신의 얼굴에서 영광이 사라져 버리는 것을 감추기 위해 수건을 쓴 것은 바울 당시 옛 언약의 영광이 사라졌음에도 불구하고 이것을 감추고 옛 언약이 계속 유효한 것인 것처럼 주장하는 사람들(고후 11:13, "거짓 사도")의 행동과 같다.

바울은 옛 언약을 "없어질 것"으로 새 언약을 "길이 있을 것"으로 본다.

고린도후서 3:11. 없어질 것도 영광으로 말미암았은즉 길이 있을 것은 더욱 영광 가운데 있느니라

옛 언약은 임시 언약이며, 새 언약은 영구한 언약이다. 새 언약은 옛 언약을 대체(replace)하며, 그런 의미에서 새 언약은 옛 언약을 종료시켰다. "따라서 두 언약 간의 핵심적인 차이는 첫 번째 언약은 한시적이고 폐지되었지만 두 번째 언약은 영원히 타당한 것이다"[205]

5) 그러나 신약성경이 구약성경을 대체하지는 않는다

새 언약이 옛 언약을 대체한다고 해서 신약성경이 구약성경을 대체하지도, 구약성경을 폐지하지도 않는다. 신약성경은 새 언약에 대해서만 말하고, 구약성경은 옛 언약에 대해서만 말한다고 생각하면 그것은 잘못된 생각이다. 구약성경은 새 언약에 대해서 많은 이야기를 하고 있고, 새 언약을 맺으실 메시야(그리스도)에 대해 많은 이야기를 하고 있기 때문이다. 신약성경이 말하는 구원에 대해 구약성경은 이미 충분히 많은 이야기를 하고 있다. 바울이 말하는 칭의에 대해 구약성경은 이미 충분히 많은 이야기를 하고 있다. 신구약 성경은 두 권이지만 사실상 한 권의 책으로 보아야 한다.

구약성경이 없으면 신약성경을 이해할 수 없고, 신약성경이 없으면 구약성경도 제대로 설명할 수 없다. 구약성경은 옛 언약의 백성들을 위해 기록된 책이라기보다는 새 언약의 백성들을 위해 기록된 책이다. 우리는 유대인들의 경전을 빌려서 읽는 것이 아니다. 구약성경은 사실 우리를 위해 기록된 책이다.

고린도전서 10:11. 그들에게 일어난 이런 일은 본보기가 되고 또한 말세를 만난 우리를 깨우치기 위하여 기록되었느니라

로마서 15:4. 무엇이든지 전에 기록된 바는 우리의 교훈을 위하여 기록된 것이니 우리로 하여금 인내로 또는 성경의 위로로 소망을 가지게 함이니라

---

205) 그레고리 빌, 『신약성경신학』, 김귀탁 옮김 (서울: 부흥과개혁사, 2013), 742.

4:25 이 하갈은 아라비아에 있는 시내 산으로서 지금 있는 예루살렘과 같은 곳이니 그가 그 자녀들과 더불어 종 노릇 하고

헬라어로 읽으면 하갈 앞에 중성관사 '토'(τό)가 있다. 하갈 뒤에 시내산(Σινᾶ ὄρος)이 나온다. "τό Ἀγὰρ Σινᾶ ὄρος"는 '그 하갈이라고 하는 시내산'으로 번역할 수 있다. 그 뒤에 영어의 be 동사에 해당하는 '에스틴'(ἐστίν)이 있으므로, '그 하갈이라고 하는 시내산은 아라비아에 있고'로 번역할 수 있다.[206] 물론 현재 개역성경의 번역과 의미가 크게 달라지는 것은 아니다. 어떻게 번역하건 바울은 '하갈은 시내산이다'라고 말하고 있다. 시내산과 하갈이 같은 것이라고 말하여 마치 시내산이 아이를 낳는 여자인 것처럼 말한다.

시내산은 아라비아에 있다. 물론 이 아라비아는 로마시대의 행정구역(province)의 하나인 아라비아로서, 바울이 다메섹 경험 직후 선교하러 갔던 지역이다(갈 1:17). 시내산이 있다고 믿어지는 시내 반도는 당시 아라비아 행정구역에 속해 있었다. 왜 바울은 굳이 이곳에서 시내산이 아라비아에 있다는 것을 말하는 걸까? 학자들도 이 질문에 답하기 어려워한다. 시내산이 아라비아 지역에 있다는 것을 독자들이 모르기 때문에 그 지리적 정보를 주려고 기록한 것은 아닐 것이다. 바울로서는 깊은 뉘앙스를 갖고 '시내산이 아라비아에 있다'는 말을 한다. 바울이 여기서 시내산이 아라비아에 있다고 말하는 것은 하갈의 아들 이스마엘의 후손들이 아라비아에 살고 있던 당시 상황을 지적하기 위해 이 말을 한 것 같다.[207] 시내산이 이스마엘의 후손들이 살고 있는 아라비아에 있다는 말을 함으로 시내산을 하갈과 단단히 연결하려는 의도다.

만약 시내산이 시내산 언약을 나타낸다면, 그 언약이 아라비아에 그 근거지를 두고 있다는 언급은 유대인들로서는 받아들이기 어려운 주장이 된다. 하지만 바로 그것이 바울이 의도하는 바다. 옛 언약은 시내산에서 유래하고 시내산은 그 자녀들을 낳는데, 그들은 바로 아라비아에 살고 있는 이스마엘의 후손들이다. 그런데 바울은 이어서 그 "시내 산"이 "지금 있는 예루살렘과

---

206) Moo, *Galatians*, 302.
207) 이 점에 대해서는 갈 1:17의 설명을 참고하라.

같은 곳"이라고 말한다. 바울이 여기서는 '히에로솔뤼마'(Ἱεροσόλυμα) 대신 (갈 1:17, 18; 2:1) '이에로살렘'(Ἱερουσαλήμ)을 사용하는 것은 전자는 세속적 호칭이나 후자는 신성한 뜻을 가진 명칭이기 때문이다. 바울은 하갈, 시내산, 예루살렘, 이 셋을 일치시킨다. 마치 이 셋이 다 아이를 낳는 여자인 것처럼 말한다.

> ### 하갈 = 시내산 = 예루살렘

물론 시내산과 예루살렘은 지리적으로 멀리 떨어져 있다. 하지만 바울의 신학적 사고 속에서 시내산은 곧 예루살렘에 '해당하는' 곳이다. "같은 곳이냐"에서 사용된 동사 '쉬스토이케오'(συστοιχέω)는 '해당하다'(to correspond)라는 뜻이다. "지금 있는 예루살렘"에서 "지금 있는"(νῦν)은 현재의 유대교의 중심지인 예루살렘과 과거 옛 언약이 맺어진 장소인 시내산을 일치시킨다. 시내산과 예루살렘을 일치시키는 것은 유대인들의 귀에 거슬리는(offensive) 내용이 아니다. 하지만 하갈이 이미 시내산과 일치되어 있기에 하갈=예루살렘이라는 주장이 된다. 이것은 유대교에서는 받아들일 수 없는 주장이다. 유대인에게 예루살렘은 사라, 아브라함, 이삭, 모세를 통해 주신 시내산 언약과 상응하는 것이지, 하갈과 상응하는 것이 아니다(예, *Josephus, Ant.* 1.183-93, 213-19).

바울이 예루살렘 성전이 있는 성스러운 도시인 예루살렘을 하갈과 같은 것으로 보는 이유는 "그가 그 자녀들로 더불어 종노릇 하고"(δουλεύει γὰρ μετὰ τῶν τέκνων αὐτῆς) 있기 때문이다. 여기에서 노예로서 살아가고 있는 주체는 누구인가? 바로 예루살렘, 시내산, 하갈이다. 이들의 자녀들은 누구인가? 바로 복음을 거부하는 유대인 일반이고, 또 할례당이다, 그들은 모두 하갈, 시내산, 땅 위의 예루살렘의 자녀들이고, 그들은 모두 노예들로 태어나 노예로 살다가 노예로 죽는 사람들이다.

왜 그들은 자유인이 아니고 노예인가? 왜냐하면 율법주의는 노예를 생산하는 시스템이기 때문이다. 율법은 명령이다. 레위기 18:5, "너희는 내 규례와 법도를 지키라 사람이 이를 행하면 그로 말미암아 살리라"는 인간이 구원받기 위해 율법을 지키는 것은 필수이며, 율법 준수가 인간의 선호에 따라 자유롭게 선택할 수 있는 것이 아니라는 점을 분명히 보여준다. 그러므로 좋건 싫건 무조건 율법을 행할 수밖에 없는 사람을 만들어낸다. 그 사람에게는 자율적인 선택권이 없다. 그가 선행을 하더라도 그것은 그의 자유로운 선택에 따라 능동적으로 한 것이 아니다. 율법의 명령에 따라 비자율적으로, 수동적으로, 마지못해 한 것이다. 자신의 자발적인 선택과 결정 없이 무조건 주인의 명령에 따라 일을 하는 사람을 우리는 노예라고 부른다. 율법은 자율적인 판단과 선택에 기초해서 하나님의 뜻을 행하는 것이 아니라 구원받기 위해서는 강제적으로 어떤 일을 하거나, 억지로라도 해야 하는 피동적인 인간, 노예를 만들어낸다. 바울은 당시 유대교의 중심인 성전이 있는 도시인 예루살렘과 시내산 언약으로 대표되는 옛 언약은 노예를 만들어내는 제도로 보았다. 할례당은 바로 새 언약의 공동체인 교회 안에서 옛 언약을 가르치고 옛 언약의 백성인 노예를 만들어내려고 하는 자들이었다.

4:26 오직 위에 있는 예루살렘은 자유자니 곧 우리 어머니라

반면 바울의 복음은 어떤 종류의 사람을 생산하는가? 자유인을 만들어낸다. 복음에서 구원은 율법 준수와 관계없다. 오직 하나님의 은혜와 믿음으로 구원받는다. 아무런 일을 하지도 않은 사람에게 무료로 구원이 주어진다(롬 4:4-5). 그래서 이미 믿음으로 구원받은 사람에겐 구원을 받기 위한 의무 조항 같은 것은 없다. 그가 앞으로 선행을 하건 악행을 하건, 그것은 오직 그의 자유로운 선택과 결정일 뿐이다. 은혜로 구원을 받은 사람은 스스로 앞으로 어떻게 살아갈 것인지 생각한다. 행위의 대가로 받은 구원이 아니라, 거저 받은 구원이므로 그는 하나님과 그리스도에게 감사하며, 앞으로 남은 생애는 주를 위해 살기로 스스로 결정한다. 그래서 구원받은 성도가 하는 선행은 대가(reward)를 기대하고 하는 일(work)이 아니다. 대가를 전혀 기대하지 않고 하는 일을 우리는 섬김(service)이라고 부른다. 그가 하는 섬김은 구원받기 위해 부득이 하는 일이 아니다. 자유인으로서 자율적으로 자유로운 선택에 따라 자발적으로 하는 섬김이다. 그래서 복음은 자유인을 만들어낸다. 하나님께서 원하시는 백성은 노예가 아니라 자유인이다. 스스로 원해서 하나님을 섬기고, 스스로 원해서 주를 기쁘시게 하는 자유인이다.

이 자유인을 낳는 주체는 누구인가? 바로 알레고리로 말한다면 바로 '사라'라고 하는 "자유자"다. 바울은 이 자유인의 어머니인 사라를 먼저 "위에 있는 예루살렘"(ἄνω Ἰερουσαλήμ)과 일치시킨다. 자유인 사라는 노예인 하갈과 대조되고, 하늘에 있는 예루살렘[208]은 25절에 나온 땅위의 예루살렘과 대조된다. 충격적인 것은 바울이 하늘의 예루살렘을 "우리 어머니"라고 부르는 것이다. 왜 하늘의 예루살렘이 우리의 어머니가 되는가? 하늘의 예루살렘이 하나님의 새 언약의 백성을 낳았다고 명확하게 말하는 성경 구절은 없지만, 그 이유를 추측할 수 있는 자료가 없지 않다.

우리가 먼저 생각해야 할 것은 22-26절에서 바울은 1 대 1 대조를 만들어왔다는 점이다. 그 대조를 표로 만들어보면 아래와 같다. 모든 항목이 좌우로 대조된다.

옛 언약	새 언약
하갈	사라
노예	자유인
이스마엘	이삭
육체를 따라 태어남	약속으로 말미암아 태어남
시내산	?
땅 위의 예루살렘	하늘의 예루살렘

특이한 점은 시내산과 대조를 이루는 다른 산이 나타나지 않는다는 점이다. 본문에는 등장하지 않으나 바울의 마음속에 시내산과 대조되는 산이 하나 있었다면 아마도 그 산은 시온산일 가능성이 매우 크다.

> 사라 = 시온산? = 하늘의 예루살렘 = 우리 어머니

왜냐하면 이사야서에 시온산을 어머니 혹은 산모로 보는 전승이 있고, 이런 전승이 바울의 사도적 자기 이해와 깊은 관련이 있기 때문이다.

예를 들어 이사야 1:26, "네가 의의 성읍이라, 신실한 고을이라 불리리라"의 헬라어 본문은 "κληθήσῃ πόλις δικαιοσύνης μητρόπολις πιστὴ Σιων"

---

208) 하늘에 있는 예루살렘에 관한 유대교 문서들의 reference는 매우 많다. 자세한 리스트는 Longenecker, *Galatians,* 214를 보라.

이며 직역하면 '너는 의의 성읍으로 불리고, 시온은 신실한 메트로폴리스 (μητρόπολις, 어머니 도시)라고 불릴 것이다'이다. 시온을 '어머니 도시'(μήτηρ+πόλις, 어머니+도시)라고 부르는 것은 시온산을 어머니로 보는 전승 때문이다.[209] 이런 전승이 가장 명확히 드러나는 곳은 이사야 66:7-9이다. 이사야 66:7-8, "시온은 진통을 하기 전에 해산하며 고통을 당하기 전에 남아를 낳았으니 … 시온은 진통하는 즉시 그 아들을 순산하였도다"에서 시온은 아이를 출산하는 산모로 등장한다. 시온은 이 땅에 있는 도성이라기보다는 하늘에 있는 상상 속의(imaginary) 도성 혹은 산(mountain)이다(시 87:1-3, "그의 터전이 성산에 있음이여 여호와께서 야곱의 모든 거처보다 시온의 문들을 사랑하시는도다 하나님의 성이여 너를 가리켜 영광스럽다 말하는도다"). 하늘의 예루살렘은 하늘에 있는 시온의 또 다른 이름으로 볼 수 있다. 바울이 4:19에서 자신을 산모(産母)로 표현한 것은 이런 구약성경의 전승을 자신의 사도적 소명과 연결했기 때문일 가능성이 높다. 바울의 산모와 유모 메타포가 이사야 66:7-13에서 유래한 것이라면,[210] 바울의 머리 속에 사라=시온=하늘의 예루살렘=우리 어머니의 등식이 있었다고 보는 것은 매우 자연스러운 추론이다. 바울이 자신은 시온을 대신해서, 사라처럼 약속의 백성들을 낳고 양육하는 역할을 하는 그리스도의 사도라고 생각했다면 시내산에 대조되는 산으로서 시온산을 염두에 두었다고 볼 수 있다.

시내산과 시온산이 각각 옛 언약과 새 언약을 나타내는 산으로 상호 대조되는 것은 히브리서 12:20-22에서도 나타난다.

히브리서 12:20-22
[20]이는 짐승이라도 그 산[시내산]에 들어가면 돌로 침을 당하리라 하신 명령을 그들이 견디지 못함이라 [21]그 보이는 바가 이렇듯 무섭기로 모세도 이르되 내가 심히 두렵고 떨린다 하였느니라 [22]그러나 너희가 이른 곳은 시온 산과 살아 계신 하나님의 도성인 하늘의 예루살렘과 천만 천사와

---

209) Karen H. Jobes, "Jerusalem, Our Mother: Metalepsis and Intertextuality in Galatians 4:21-31," *Westminster Theological Journal* 8 (1993), 310; Moo, *Galatians,* 305, n. 12에서 재인용.
210) 더 자세한 설명은 4:19의 주석을 보라.

여기에서도 시온산은 하늘의 예루살렘과 동일시된다. 히브리서에서도 이처럼 시내산과 시온산이 대조되는 것을 볼 때 시내산을 옛 언약과 연결하고, 시온산을 새 언약과 연결하는 것은 바울만 갖고 있던 독특한 관점이라고 말할 수는 없다. 유대교 내에도 시내산과 시온산에 대조가 있다. 하지만 바울처럼 이렇게 두 개의 산이 강력한 대조로 나타나지는 않는다.[211]

빌립보서 3:20에서 바울은 "그러나 우리의 시민권은 하늘에 있는지라 거기로부터 구원하는 자 곧 주 예수 그리스도를 기다리노니"라고 말한다. 여기에서 "시민권"으로 번역된 '폴리튜마'(πολίτευμα)는 자신이 소속되어 충성을 바쳐야 할 정치적 단위(a civic entity)를 가리킨다. 빌립보 시민이 충성해야 할 '폴리튜마'는 빌립보 도시다. 그러나 빌립보에서 살고 있는 로마 시민권자가 우선 충성해야 할 '폴리튜마'는 빌립보가 아니라 로마다. 만약 그 사람이 바울의 복음을 받아 성도가 되면 그가 충성해야 할 '폴리튜마'는 로마가 아니라 하늘에 있는 예루살렘이 된다. 그런 의미에서 바울은 '우리의 폴리튜마는 하늘에 있다'고 말한다. '우리의 시민권'이란 번역보다 '우리가 충성해야 할 도성'으로 번역하는 게 좋다. 요한복음은 우리가 "땅에서 난 이"(요 3:31)이지만(요 8:23, "너희는 아래에서 났고") "위로부터 오시는 이"이신 그리스도(요 8:23, "나는 위에서 났으며")를 통해 하늘로부터 태어났다(요 3:3, "사람이 거듭[위로부터] 나지[태어나지] 아니하면 하나님의 나라를 볼 수 없느니라"; 요 3:7)고 말한다. 히브리서 12:22도 "너희가 이른 곳은 시온 산과 살아 계신 하나님의 도성인 하늘의 예루살렘"이라고 말한다. 요한복음의 말씀과 바울서신의 말씀은 근본적으로 같다. 우리는 땅의 예루살렘이 아니라, 하늘의 예루살렘, 시온산이 낳은 하나님의 백성이다.

만약 "야고보에게서 온 어떤 이들"(갈 2:12)이 땅 위에 있는 예루살렘 성전을 높이고, 예루살렘교회의 권위를 이용하여 바울을 압박하고 바울의 복음을 부정하려고 한다. 그러나 그들의 근거는 땅 위에 있는 것에 있다. 하지만 바울 복음의 근원은 하늘에 있다. 우리는 하늘로부터 태어난 자들이므로 우리는 위를 바라보고 하늘의 것을 추구한다(골 3:1, "위의 것을 찾으라 거기는 그리스도께서 하나님 우편에 앉아 계시느니라"; 히 11:16, "그들이 이제는 더

---

211) 제2성전기 유대교의 산에 관한 자세한 논의는 Terence Donaldson, *Jesus on the Mountain: A Study in Matthean Theology*, 30-83쪽을 보라.

나은 본향을 사모하니 곧 하늘에 있는 것이라"). 하늘의 예루살렘은 종말에 이 땅에 임하고(히 13:14, "우리가 여기에는 영구한 도성이 없으므로 장차 올 것을 찾나니"; 계 21:2, "또 내가 보매 거룩한 성 새 예루살렘이 하나님께로부터 하늘에서 내려오니"), 성도들은 그 예루살렘의 영원한 시민이 된다.

4:27 기록된 바 잉태하지 못한 자여 즐거워하라 산고를 모르는 자여 소리질러 외치라 이는 홀로 사는 자의 자녀가 남편 있는 자의 자녀보다 많음이라 하였으니

27절에서 바울은 이사야 54:1을 인용한다. 비록 바울이 여기서 단 한 구절만 인용하지만 이 한 구절은 두 여인의 비유가 창세기 미드라쉬 (Midrash)[212]라기보다 이사야서 미드라쉬라는 것을 암시한다. 두 여인의 비유를 해석하는 열쇠가 창세기에 있는 것이 아니라, 이사야서에 있다. "남편 있는 자"는 창세기의 맥락에서는 하갈이라고 볼 수 있다. 하지만 이사야서의 맥락에서는 어떤 특정한 개인을 가리키지는 않는다. 바울은 '남편 있는 자'인 하갈을 옛 언약을 가리키는 것으로 읽고, 땅 위의 예루살렘을 가리키는 것으로 읽었으므로, 한 마디로 다가오는 새 세대(the coming age)에 의해 대체되는 현세대(the present age)를 상징하는 것으로 보았을 것이다.

"잉태하지 못한 자"(στεῖρα ἡ οὐ τίκτουσα)와 "산고를 모르는 자"(ἡ οὐκ ὠδίνουσα)는 불임(不妊) 상태에 있는 여인이다. 이 여인은 직접적으로는 사라를 가리키지만, 사라는 여기서 메타포로서 하나님의 심판을 받아 남편이신 하나님을 잃어버린 이스라엘을 상징한다(자세한 것은 보충설명 18: "불임과 출산: 하나님의 심판과 구원"을 참고하라). 남편이 없는 이스라엘은 "홀로 사는 자"다. 홀로 사는 여인이 아이를 출산할 수는 없다. 불임과 자녀 없음 (childlessness)은 하나님의 심판을 상징한다.

반대로 결혼 관계의 회복과 임신, 출산은 하나님의 구원과 회복을 가리

---

212) 미드라쉬는 유대교에서 사용되는 용어로서, 구약성경 본문에 대한 해석을 의미한다. 고대 유대교 랍비들은 구약성경의 본문을 해석하되 자신이 전하고자 하는 메시지의 의도에 따라 상당히 창의적으로 본문을 해석하는 경향을 보인다.

킨다. "홀로 사는 자의 자녀가 남편 있는 자의 자녀보다 많음이라"는 미래에 새 언약의 때가 되었을 때 하나님의 백성이 많이 태어날 것을 예언한다. 예루살렘의 멸망을 두고 슬퍼하는 시대는 지나갔다. 이제는 그리스도를 통해 하나님의 은혜와 어머니의 사랑과 같은 사랑을 경험하는 시대가 왔다. 여기에서 시온은 사라와 동일시된다. 하나님은 사라의 태를 닫으셨지만(창 16:2; 20:18), 이제 여신다. 사라가 약속의 자녀 이삭을 낳듯이, 시온은 하나님의 백성을 낳는다. 시온이 아이를 낳는 장면인 이사야 66:7-9 직후에 나오는 이사야 66:10, "예루살렘을 사랑하는 자들이여 다 그 성읍과 함께 기뻐하라 다 그 성읍과 함께 즐거워하라 그 성을 위하여 슬퍼하는 자들이여 다 그 성의 기쁨으로 말미암아 그 성과 함께 기뻐하라"은 이사야 54:1과 비슷한 것을 말한다. 시온은 아이가 없는 여인이었기 때문에 '그를 위하여 슬퍼하는 자들'이 있었다. 하지만 이제 시온이 많은 자녀를 갖게 되었으니 "그와 함께 기뻐하라"고 이사야는 말한다(사 66:10). 사라는 그리스도의 사건으로 시작되는 새 세대의 상징이며, 이사야서에서 말하는 '새 하늘과 새 땅'(사 65:17; 66:22)의 상징이다.

아이를 낳지 못하던 이스라엘이 아이를 낳기 시작했다. 아이를 낳는 것은 사라, 하늘의 예루살렘, 시온이지만 실제로 하나님의 백성을 낳고 양육하는 사역을 하는 사람은 바울이다. 바울이 산모와 유모가 되어 아이를 낳고 기른다(자세한 설명은 4:19의 주석을 보라). 이스라엘은 '산고(birth pang)를 모르는 상태였지만(ἡ οὐκ ὠδίνουσα, 사 54:1, 갈 4:27), 바울이 출산의 고통을 겪으며 하나님의 백성을 출산하고 있다(ὠδίνω, 갈 4:19). 바울은 자신의 사도적 사역을 통해 이사야서의 예언이 실현되고 있다고 생각했을 것이다.

4:28 형제들아 너희는 이삭과 같이 약속의 자녀라

"이삭과 같이"로 번역된 '카타 이삭'(κατὰ Ἰσαὰκ)은 직역하면 '이삭이 그러했듯이'(just as Isaac)로 할 수 있다. '마치 이삭이 하나님의 약속을 따라 태어났듯이, 너희들도 하나님의 약속을 따라 태어났다'는 뜻이다. 아브라함이 "백 세나 되어 자기 몸이 죽은 것 같고 사라의 태가 죽은 것"(롬 4:19) 같을 때 오직 하나님의 은혜와 능력으로 이삭이 태어났듯이, 하나님의 은혜와 능력으로 갈라디아 성도들이 바울을 통해 태어났다.

"너희는 이삭과 같이 약속의 자녀라"는 말은 유대인들의 귀에 매우 거슬리는 말이었을 것이다. 왜냐하면 바울이 "형제들아"라고 부르는 사람들은 갈라디아 성도들인데 그들 중 대부분은 이방인들이기 때문이다. 유대인을 하갈의 자녀로 격하하고, 비유대인을 사라의 자녀로 격상했기 때문이다. 바울의 복음에 따르면 비록 이방인이라 할지라도 복음을 믿고 약속을 통해 태어나면 이삭과 같은 약속의 자녀가 된다. 복음을 믿는 유대인은 물론이다. 그러나 아무리 혈통적 유대인이라 할지라도 할례를 통해 유대인이 되었다면 그 사람은 이스마엘의 후손이며, 노예의 신분이다.

이처럼 혈통적으로 유대인으로 태어난 사람이 자동으로 하나님의 백성이 되지 않고, 오직 그리스도를 믿음으로 하나님의 백성으로 태어난다는 바울의 주장은 당시에는 매우 강력한 주장이었다. 오늘날 대한민국 국적을 갖고 태어난 한국인에게 '당신이 대한민국에서 한국인 국적을 가진 부모에게서 태어났다고 해서 대한민국 국민이 되는 것이 아니고, 예수 그리스도를 믿어야 대한민국 국민이 될 수 있다'고 주장하는 셈이다. 로마서 2:28-29, "무릇 표면적 유대인이 유대인이 아니요 표면적 육신의 할례가 할례가 아니니라 오직 이면적 유대인이 유대인이며 할례는 마음에 할지니 영에 있고…"은 "너희는 이삭과 같이 약속의 자녀라"를 길게 풀어서 설명한 것이다. 로마서 2:28-29도 이런 관점에서 읽으면 당시 유대인들 귀에 얼마나 과격한(radical) 주장으로 들렸을지 잘 이해할 수 있다.

'두 여자의 비유'에 대한 최대의 의문은 과연 이 비유가 어떤 청중을 위해 개발된 설교인지 불분명하다는 것이다. 만약 이 비유를 회당에서 유대인들을 향해 설교한다면, 이삭의 후손인 유대인을 하갈의 자손이라고 주장하는 대목이 유대인들의 감정을 심하게 거슬리므로 예수의 복음을 전하기에 매우 부적절하다. 복음을 경청하기는커녕 유대인의 마음과 귀를 오히려 막고 바울과 격렬한 논쟁이 시작되어 오히려 전도가 어렵게 된다. 만약 헬라인을 향해 이 비유를 설교한다면 어떻게 될까? 사라가 누구인지, 하갈이 누구인지 전혀 알지 못하는 헬라인이 이 비유를 듣고 이해하기란 쉽지 않다. 창세기에 나오는 아브라함, 사라, 하갈, 이스마엘, 이삭 등에 관한 이야기를 모두 다 숙지한 이후에야 겨우 이해가 될 것이다. 그래도 '너희는 하갈의 후손이 아니라, 사라의 후손이다'라는 바울의 주장에 크게 공감하지 못한다. 어차피 헬라인에게 이런 인물들은 자신들의 육체적 조상과 아무런 관계가 없기 때문이다.

그렇다면 유대인들을 향해서도 설득력이 없고, 헬라인들을 향해서도 별로 도움이 되지 않는 이 두 여인의 비유를 바울은 왜 개발한 것일까? 갈라디아서를 쓰다가 즉석에서 떠오른 생각이었을까? 물론 그럴 수도 있다. 하지만 만약 갈라디아서 집필 이전에 이 설교가 이미 개발되어 있었다면, 바울이 이 설교를 개발한 문화적 맥락(context)은 무엇이었을까? 바울은 갈라디아서 4:21-5:1에 나오는 '하갈과 사라 비유' 설교를 언제 작성해서 어디서 처음 사용했을까? 아마도 3년 동안 그가 아라비아에서 선교했을 때일 것이다. 왜냐하면 아라비아의 주민들은 말 그대로 하갈을 통해 태어난 이스마엘의 후손들이었기 때문이다. 그들은 아브라함의 후손들이었지만 같은 아브라함의 후손인 유대인들에게 진정한 아브라함의 후손으로 인정을 받지 못하고 있었다. 사라의 후손들은 자신들을 하나님의 백성으로 높이면서 하갈의 후손은 하나님의 백성에게서 제외했다. 바울이 아라비아에 있는 이스마엘의 후손들을 향해 이 두 여인의 비유를 설교했다면 그들은 그 말이 무슨 뜻인지 쉽게 이해했을 것이다. 만약 바울은 이스마엘의 후손들을 향해 '복음을 받아들이면 당신들이야말로 진정한 하나님의 백성이 된다'는 의미로 '당신들이 사라의 후손이다'라고 가르쳤다면 그들의 반응은 대체로 무난했을 것이다. 유대인들처럼 불쾌하게 생각해서 당장에 설교가 중단되지는 않았을 것이다. "율법을 의지하는 유대인들이야말로 서자이고, 예수를 믿으면 너희야말로 아브라함의 적자가 될 수 있다"고 설교했을 때 가장 효과적으로 복음을 선포할 수 있었을 것이다. 만약 바울이 이 설교를 아라비아 선교 시에 한 것이 맞는다면, 우리가 바울의 이신칭의의 복음을 확인할 수 있는 가장 최초의 자료가 된다.

4:29 그러나 그 때에 육체를 따라 난 자가 성령을 따라 난 자를 박해한 것 같이 이제도 그러하도다

"육체를 따라 난 자"를 이스마엘로 본다면, "성령을 따라 난 자"는 이삭

이 된다. 이스마엘은 인간의 결정에 따라 태어났지만, 이삭은 성령의 역사를 통해 태어났다. 아브라함이 "백 세나 되어 자기 몸이 죽은 것 같고 사라의 태가 죽은 것"(롬 4:19) 같은 상황에서 이삭이 태어났다. 이것은 인간의 능력이 아닌, 하나님의 초월적 능력이 작용한 결과로 볼 수밖에 없다. 구약성경에서 이스마엘이 이삭을 핍박했다고 노골적으로 말하는 구절은 없다. "사라가 본즉 아브라함의 아들 애굽 여인 하갈의 아들이 [이삭을] 놀리는지라"[213](창 21:9)라는 기록이 있을 뿐이다. 70인역 구약성경은 'παίζοντα μετὰ Ισαακ τοῦ υἱοῦ αὐτῆς'로 번역했다. 사라가 '그녀(하갈)의 아들이 이삭과 함께 노는 것'을 보았다. 여기서도 '핍박하다'의 뜻은 없다. 후대의 유대교 전승에서 '놀리다'(to play with)를 '핍박'의 뉘앙스로 해석했는데, 이 전승을 따라 바울이 말하고 있는 것으로 보인다.[214]

사실 바울이 말하고자 하는 것은 "그 때"의 일이 아니라 현재 상황이다. 바울은 "이제도 그러하도다"라고 말한다. 바울은 과거의 이야기에서 현재 갈라디아 교회들의 내부 문제로 돌아온다. 지금 갈라디아 지역 교회에서 "육체를 따라 난" 사람들이 "성령을 따라 난" 성도들을 박해하고 있다고 말한다. 할례당은 이미 복음을 받아들인 이방인 성도들에게 할례를 강요했다. 할례당은 예루살렘에서 온 유대인이고 이방인 성도들은 갈라디아 현지인들인데 어떻게 외지인인 유대인이 현지인인 이방인 성도들을 핍박할 수 있는지 의아한 생각이 들 수 있다. 사도행전에서 믿지 않는 유대인이 교회를 핍박할 때 일부 헬라인들을 선동하여 정치적인 죄목으로 고발하는 것을 참고해야 한다. 예를 들어 데살로니가에서 "유대인들은 시기하여 저자의 어떤 불량한 사람들을 데리고 떼를 지어 성을 소동하게 하여"(행 17:5) 교회를 습격했고, "읍장들 앞에 가서 소리 질러 이르되 … 이 사람들이 다 가이사의 명을 거역하여 말하되 다른 임금 곧 예수라 하는 이가 있다 하더이다"(행 17:6-7)라고 고발했다. 그 이면에는 믿지 않는 이방인들이 복음에 대해 반역죄를 적용하여 처벌을 요구하는 믿지 않는 유대인들의 은밀한 조종(manipulation)이 있었다. 당시 유대교는 로마인들이 인정하는 종교(*religio*)였고, 기독교는 아직 로마인들이 인정하지 않는 미신(*superstitio*)이었다는 것도 유대인들이 이방 기독교인들을 압박할

---

213) 히브리어 본문에 '이삭'이란 단어는 없다.
214) 자세한 것은 Longenecker, *Galatians,* 217을 보라.

수 있는 문화적 배경이 되었다. 믿지 않는 유대인들과 할례당이 연합해서 교회를 핍박하는 일에 보조를 맞추었을 가능성은 적지 않다.

　　갈라디아서 6:12, "무릇 육체의 모양을 내려 하는 자들이 억지로 너희에게 할례를 받게 함은 그들이 그리스도의 십자가로 말미암아 박해를 면하려 함뿐이라"는 할례당을 박해하는 사람들이 따로 있으며, 할례당은 그 박해를 면하기 위해 바울 교회들을 찾아와 할례를 강요한다고 말한다. 할례당을 박해할 수 있는 사람들은 누구일까? 아마도 믿지 않는 유대인들일 것이다. 할례당은 이미 그들에게 무릎 꿇었고, 그들의 앞잡이 역할을 하고 있다고 볼 수 있다. 그러므로 이방인 성도들을 박해하는 "육체를 따라 난 자"는 좁은 의미에서는 할례당이지만 넓은 의미에서는 현지의 믿지 않는 유대인들까지 포함한 개념으로 보는 것이 합리적이다. 요한계시록 2:9, 3:9에서 "사탄의 회당"이란 말로 유대인들을 강력하게 비난하는 것도 당시 소아시아 지역의 교회 핍박에 회당의 유대인들이 직간접으로 개입했기 때문이다. 유대인들이 직접 혹은 간접적으로 기독교인들을 핍박했고, 이 핍박도 예수를 믿는 이방인이 할례를 받게 만드는 요인이 되었을 것이다.

4:30 그러나 성경이 무엇을 말하느냐 여종과 그 아들을 내쫓으라(ἔκβαλε) 여종의 아들이 자유 있는 여자의 아들과 더불어 유업을 얻지 못하리라 하였느니라

　　바울은 창세기 21:10에서 사라가 아브라함에게 하는 말, "이 여종과 그 아들을 내쫓으라 이 종의 아들은 내 아들 이삭과 함께 기업을 얻지 못하리라"를 인용한다. "성경이 무엇을 말하느냐"는 사라가 한 말을 어떤 인간의 말이 아닌 "성경"(ἡ γραφή)의 권위 있는 명령으로 들리게 한다. 바울이 여기서 이 구절을 인용하면서 사라의 말을 권위 있는 성경의 명령으로 격상시키는 의도는 사라의 말을 사용하여 갈라디아 교회들에게 할례당과 그 추종 세력을 교회에서 추방하라는 명령을 주려는 것이다.

　　해산의 고통을 경험하며 하나님의 백성을 출산하여 젖을 먹여 키우는 것은 바울의 사도적 직분이다(보충설명 18: "불임과 출산: 하나님의 심판과

구원"을 참고하라). 바울은 마치 시온산이 그러하듯이 해산하고 양육한다(갈 4:26-27의 주석을 보라). 갈라디아 성도들은 그가 낳아 양육하는 그의 자녀들이고, 그들은 바로 자유인인 사라, 즉 "오직 위에 있는 예루살렘"(갈 4:26)의 자녀들이다. 그런데 바울만 출산하여 아이를 낳는 것이 아니다. 할례당도 아이를 낳는다. 그들은 바울의 교회에 침투하여 바울을 거짓 사도로 공격하고 자신들의 주장이 참 복음이라고 주장하면서 할례받을 것을 요구한다. 바울이 개종시킨 성도가 할례의 복음을 받아들여 할례를 받는 순간 그들은 하갈의 자녀, 노예로 태어난다. 하갈이 이스마엘을 노예로 낳았듯이, 할례당은 율법 아래에 있는 노예들을 낳는다. 바울이 자유인을 생산하는 반면, 할례당은 노예를 생산한다. 지금 갈라디아 교회들에서 일어나고 있는 일들을 그냥 내버려 두면 자유인들의 숫자는 점점 줄어들고 노예의 숫자는 증가할 것이다. 그렇다면 해결책은 무엇인가? 바로 "여종과 그 아들을 내쫓으라"이다. 할례당과 그 추종자들을 교회에서 추방하는 것이다.

"내쫓으라"(ἔκβαλε)는 거짓 형제들과 그들의 추종자들을 출교하라 (to excommunicate)는 명령이다. 이 명령은 갈라디아서 1:8-9에서 바울이 사용한 저주문과 동일한 효과를 갖고 있다. "우리가 너희에게 전한 복음 외에 다른 복음을 전하면 저주를 받을지어다"(갈 1:8), "만일 누구든지 너희가 받은 것 외에 다른 복음을 전하면 저주를 받을지어다"(갈 1:9)와 같은 저주문을 반복해서 사용한 것은 예배 시간에 갈라디아서를 낭독할 때 할례당을 교회에서 추방하는 효과가 있다. 마치 1세기 말 유대교 회당에서 사용하던 기도문인 '18 Benedictions'의 12번째 기도문에 포함된 '이단과 나사렛 도당'에 대한 저주문이 기독교인들을 회당에서 추방하는 효과가 있었던 것처럼(자세한 것은 1:8-9의 주석을 보라), 갈라디아서 1:8-9의 저주문은 할례당을 교회에서 추방하는 효과가 있었다. 이 저주문을 한 마디로 줄인 것이 바로 "내쫓으라"(ἔκβαλε)다. '18 Benedictions'을 유대교와 기독교의 결별(the Parting of the Ways)의 신호로 본다면, 갈라디아서 1:8-9의 저주문과 4:30의 추방 명령 역시 바울 교회와 회당이 결별한 표지로 볼 수 있다.

4:31 그런즉 형제들아 우리는 여종의 자녀가 아니요 자유 있는 여자의 자녀니라

"그런즉 형제들아"는 지금까지 논의한 주제의 요약적 결론이 바로 뒤에 나올 것을 예고한다. 그것은 바로 "우리는 여종의 자녀가 아니요 자유 있는 여자의 자녀니라"이다. 다시 말해 바울의 복음을 믿는 갈라디아 성도들이야말로 진정한 아브라함의 자녀고, 그들이야말로 아브라함에게 준 약속의 상속자들이다. 믿지 않는 유대인들은 물론이고, 할례당조차 진정한 아브라함의 자녀가 아니다. 그들은 하나님께서 아브라함에게 주신 약속을 상속받지 못한다. 갈라디아서 3:29, "너희가 그리스도의 것이면 곧 아브라함의 자손이요 약속대로 유업을 이을 자니라"가 말하는 바와 "우리는 여종의 자녀가 아니요 자유 있는 여자의 자녀니라"가 말하는 바는 같다. 바로 앞의 30절의 사라가 창세기에서 한 말, "여종의 아들이 자유 있는 여자의 아들과 더불어 유업을 얻지 못하리라"는 예언적인(prophetic) 언명이었고, 그 말은 새 언약의 때에 바울의 사역을 통해 성취되었다.

로마서 2:28-29, "무릇 표면적 유대인이 유대인이 아니요 표면적 육신의 할례가 할례가 아니니라 오직 이면적 유대인이 유대인이며 할례는 마음에 할지니 영에 있고 율법 조문에 있지 아니한 것이라"도 동일한 것을 말한다. 유대인 부모에게서 유대인으로 태어나, 생후 팔 일에 할례를 받았다고 해서 아브라함의 약속의 상속자가 되는 것은 아니다. 유대인이건 이방인이건 복음을 믿고 성령을 받으면 그가 곧 아브라함의 약속의 상속자가 된다.

5:1 그리스도에서 우리를 자유롭게 하려고 자유를 주셨으니 그러므로 굳건하게 서서 다시는 종의 멍에를 메지 말라

4장 31절이 4장 21절부터 시작된 두 여인 비유의 요약적 결론이라면, 5장 1절은 대결론이다. 복음으로 자유인이 되었으므로, 할례를 받고 다시 노예가 되어 율법의 멍에를 메면 안 된다. "자유케 하려고"로 번역된 헬라어 본문은 τῇ ἐλευθερίᾳ 이다. 여격 명사로 되어 있다. 이것은 5:13의 "너희가 자유

를 위하여 부르심을 입었으나"의 "자유를 위하여"로 번역된 ἐπ' ἐλευθερίᾳ와 같은 의미의 표현으로 보인다. 그리스도는 우리를 노예 상태에서 해방하셨다 (ἐλευθερόω, to set free, 자유인으로 만들다). 우리가 영적인 노예 상태에서 풀려나 자유인이 된 것은 그리스도께서 십자가에서 우리의 '몸값'(ransom) 을 지불하셨기 때문이다(갈 3:13, "율법의 저주에서 우리를 속량하셨으니"; 4:5, "율법 아래에 있는 자들을 속량하시고"). 그런데도 할례를 받고 율법을 지 키려는 것은 옛 언약으로 돌아가는 것이고, 입양을 통해 얻은 자녀의 지위(갈 4:6)와 상속자의 지위(갈 4:7)를 다 잃어버리는 어리석은 짓이다. 그리고 기 껏 얻는 것은 노예의 지위일 뿐이다.

"굳건하게 서서"로 번역된 동사 '스테코'(στήκω)는 빌립보서 1:27, "너 희가 한마음으로 서서"에서도 사용되었다(참고, 빌 4:2; 살전 3:8; 살후 2:15). "한 뜻으로 복음의 신앙을 위하여 협력하는 것"(빌 1:27)과 연결해서 보면 로마 군대가 전투를 할 때 한 줄로 열을 맞추어 방패를 들고 한마음으로 협력하여 힘차게 서서 싸우는 모습을 연상하게 한다. '스테코'(στήκω)는 할례 당의 박해(갈 4:29)에 무릎 꿇지 말고 끝까지 맞서서 싸울 것을 주문하는 동 사다.

'종의 멍에를 메다'에서 사용된 동사는 '에네코'(ἐνέχω)다. 이 동사의 수동형이 여격과 함께 사용되면 '어떤 것에 걸려들다, 복속되다, 지배를 받 다'(to let oneself be entangled in, be subject to, be under the control of)의 뜻이 된다. 절대로 노예의 멍에에 걸려들어, 그 멍에의 지배를 받으면 안 된다. 유대교 전통에서 '멍에'는 율법을 가리킨다. 예를 들어 미슈나 아봇 (Mishnah Aboth) 3.5에는 이런 말이 있다.

"하카나의 아들 랍비 네훈야가 말씀하시길: 율법의 멍에를 지는 사 람으로부터는 그 왕국의 멍에와 세상의 걱정의 멍에가 벗겨질 것이 다. 그러나 율법의 멍에를 벗어버리는 사람에게는 그 왕국의 멍에와 세상의 걱정의 멍에가 메어질 것이다"

사도행전 15:10, "… 우리 조상과 우리도 능히 메지 못하던 멍에를 제자 들의 목에 두려느냐"에서도 '멍에'는 분명히 율법을 가리킨다. 마태복음

11:29-30, "… 나의 멍에를 메고 내게 배우라 그리하면 너희 마음이 쉼을 얻으리니 이는 내 멍에는 쉽고 내 짐은 가벼움이라 하시니라"에서도 멍에는 율법의 멍에를 의미한다. 할례당의 가르침을 받아들이면 그 결과는 율법의 멍에를 메는 노예가 되는 것이다. "다시는"은 그들이 과거에 '초등학문'(갈 4:3, 9) 즉, 우상숭배를 통해 악한 영들의 노예 상태에 있었다는 것을 상기시킨다.

보충설명 20: "사회와 교회의 위기: 우남 이승만을 다시 생각함"[215]

현재 우리가 경험하고 있는 사회적 위기는 자유의 가치가 훼손되고 있기 때문에 발생하고 있다. 교회가 이 문제에 대해 꿀 먹은 벙어리가 되어 있는 이유는 복음의 자유를 정치적 영역에까지 적용하지 못하고 있기 때문이다. 이 점에 있어서 우남 이승만의 『독립정신』(1904년)과 『한국교회핍박』(1913년), 그리고 그가 남긴 기독교 개종 초기의 글들은 그가 얼마나 뛰어난 기독교 선각자(先覺者)인지를 보여주는 산 증거다. 우남에 대한 우리의 깊은 무지 때문에 그의 탁월함을 깨달을 때 받는 충격은 더 커진다. 우남은 1899년 한성감옥에서 기독교로 개종한 이래 줄곧 독립 이후 등장할 신생 국가는 기독교를 기반으로 하는 국가가 되어야 한다고 일관되게 주장했다. 놀라운 점은 지금으로부터 무려 120년 전에, 그것도 감옥 안에서 우남은 사도 바울이 가르치는 '복음 안에서의 자유인'의 개념을 이해하고 있었을 뿐만 아니라, 이 개념이 루터의 종교개혁과 어떻게 연결되는지, 그리고 종교개혁과 시민혁명 이후 서구 자유민주주의 제도 발전에 바울과 루터의 가르침이 어떻게 연결되는지를 꿰뚫어 보고 있었다는 점이다.

1. 바울의 자유인의 개념

바울이 말하는 자유인의 개념은 무엇인가? 그것은 "그런즉 형제들아 우리는 여종의 자녀가 아니요 자유 있는 여자의 자녀라 그리스도에서 우리를 자유롭게 하려고 자유를 주셨으니 그러므로 굳건하게 서서 다시는 종의 멍에를 메지 말라(갈라디아서 4:31-5:1)"에 잘 나타나 있다. 바울은 기독교인은 노예가 아니라 자유인이라고 주장한다. 그가 '노예와 자유인'을 대조할 때, '유대교의 율법주의'와 '복음'을 대조한다. 율법주의의 강령은 '행하라, 그러면 구원받으리라'이다. '행하라'의 목적어는 율법이고, 그것은 곧 선(善)을 행하는 선행(善行)이다. 율법주의에서 선행은 구원의 조건이다. 율법을 지키고 선행을 하지 않으면 구원받지 못한다. 그러므로 율법주의는 인간에게 선행을 강요한다. 인간은 비자발적으로 마지못해 피동적으로 선행을 하게 된다. 율법주의 안에서 선행은 각각의 개인의 자유로운 선택에 의한 자발적인 행동이 아니다. 자율성이 없다. 강제와 타율성이 인간을 지배한다. 율법주의는 하기 싫어도 주인이 시키므로 억지로 일을 하는 노예와 같은 인간을 만들어낸다. 바울이 유대교의 율법주의를 문제 삼는 것은 행위 구원이 결국 우리를 '노예의 삶'으로 인도하기 때문이다.

---

215) 이 글은 필자가 기독교 월간지 『월드뷰』(2019년 1월호), 35-41에 쓴 글이다. 이 글에서 왜 유대교는 노예를 만들어내고, 복음은 자유인을 만들어내는지, 그 원리를 설명한다.

복음은 행위 구원이 아니다. 십자가에서 그리스도가 나를 대신하여 (substitution) 내가 받아야 할 모든 죄의 형벌을 받으셨기 때문에 이것을 믿음으로 은혜의 구원을 받는다. 그리스도인에게 선행과 율법 준수는 구원의 조건이 아니다. 우리는 율법을 다 지키지 않았지만, 미래의 최후의 심판대에서 심판장이신 하나님으로부터 받을 판결이 죽음에서 생명으로 변경되었다. '의롭다' 판결로 변경되었다. "일을 아니할지라도 경건하지 아니한 자를 의롭다 하시는 이를 믿는 자에게는 그의 믿음을 의로 여기시나니(로마서 4:5)"라는 말씀이 바로 그것이다. 그리스도인은 '일' 즉 선행을 하지 않았으므로 원래는 '경건하지 않은 자'이다. 그런데도 믿음으로 '의롭다'는 선언을 미리 앞당겨서 받게 되었다. 그러므로 그리스도인은 이제 율법 아래 묶여 있는 노예가 아니다. 자유인이다. 자유인이므로 선택권이 있다. 자유의 본질은 선택과 결정권이다. 그리스도인은 '선행'을 하면서 살아갈지 아니면 계속 '악행'을 하면서 살아갈지 스스로 선택할 수 있는 결정권을 갖고 있다. 이를 선택하는데 강요가 전혀 없다. 오직 자율적인 판단과 결정이 있을 뿐이다.

선행은 더는 구원의 조건이 아니지만, 그리스도인은 하나님의 은혜에 감사하여 선행을 하는 삶을 살기로 결정한다. 그러나 앞으로 그가 하는 선행에 대한 보상은 없다. 왜냐하면 선행을 하면 구원받고, 안 하면 구원을 못 받는 게 아니기 때문이다. 율법주의 안에서 선행에는 보상(reward)이 있다. "일하는 자에게는 그 삯이 은혜로 여겨지지 아니하고 보수로 여겨지거니와(로마서 4:4)"라는 말씀이 바로 이점을 지적한다. '일하는 자' 즉 '선행을 하는 자' 혹은 '율법을 지키는 자'는 자신이 한 선행에 대해 '급여'(삯)를 요구하게 된다. 하나님께 자신의 선행에 대한 보상으로 구원을 요구한다. 행위/일(work)이란 것은 늘 보상(reward)을 청구한다. 그러나 그리스도인은 선행을 하고 나서 '보상'(reward)을 청구하지 않는다. 왜냐하면 그는 일하지 않았는데도 넘치는 보상을 이미 다 받았기 때문이다. 그래서 구원받은 그리스도인이 하는 선행은 일(work)이 아니라 봉사(service)다. 행위와 일(work)은 보상(reward)을 요구하지만, 봉사(service)는 보상을 요구하지 않기 때문이다. 율법주의는 노예를 만들어내고, 노예는 타율에 의해 선행을 하고 구원이라는 보상을 청구한다. 하지만 복음은 자유인을 만들어내고, 자유인은 자율에 의해 봉사로 선행을 하는 삶을 산다.

2. 루터의 자유인의 개념

바울이 갈라디아서를 쓴 이래 이런 자유인의 개념을 가장 먼저 잘 이해한 사람은 마틴 루터다. 그가 95개조 반박문을 쓴 지 3년 후인 1520년에 쓴『기독교인의 자유』첫 머리에 그는 이런 두 개의 명제를 제시한다. 사실『기독교인의 자유』란 책은 이 두 개의 명제에 대한 해설이다.

1) 그리스도인은 모든 것의 우위에 서는 자유로운 군주로서 그 누구에게도 종속되지 않는다.
2) 그리스도인은 모든 이에게 봉사하는 하인으로서 모든 이에게 종속된다.[216]

첫 번째 명제는 복음 안에서 그리스도인이 누리는 자유인의 원리다. 그 자유는 율법으로부터의 자유, 죄와 죽음으로부터의 자유, 그리스도 안에서 누리는 자유다. 한 명, 한 명의 그리스도인은 각각 개인으로서 그 누구에게도 종속되지 않는 자유인이다. 그런 의미에서 한 명의 그리스도인은 한 명의 '자유로운 군주'다. 두 번째 명제는 자유인이 된 그리스도인이 자유로운 결정으로 지키는 봉사의 원리다. 그리스도인은 율법

---

216) 마틴 루터(2010),『그리스도인의 자유/루터 생명의 말』, 서울: 동서문화사, 14.

아래에 있는 노예가 아니라 자유인이지만, 본인 스스로의 결정으로 모든 사람을 섬기는 '하인'이 된 사람이다. 그리스도인은 다른 사람(이웃)을 섬기고, 사회를 섬기고, 세상을 섬기는 봉사의 삶을 살기로 하였기 때문에 '모든 이에게 종속된다.' 바울이 말하는 바를 이보다 더 명쾌하게 요약할 수는 없다. 여기에 '자유인 vs. 노예'의 대조가 '군주 vs. 하인'의 대조로 한 단계 더 업그레이드되어 있다. 자유로운 군주이면서 동시에 봉사하는 하인이라는 루터의 선언은 바울의 자유인의 개념의 핵심을 찌른다.

종교개혁으로 인해 가톨릭교회와 개신교 교회, 두 가지가 생겨났다. 가톨릭교회만 있을 때 개인이 교회를 선택하려 해도 선택할 수가 없다. 하지만 개신교 교회가 등장함에 따라 선택이 가능하게 되었다. 더 나아가 루터가 성경을 독일어로 번역함으로 각각의 개인이 성경을 직접 읽고 교황의 설명이 성경적인지, 루터의 설명이 성경적인지 스스로 판단하고 결정할 수 있게 되었다. 그리하여 개인은 그 복음을 믿을 것인지, 아니면 믿지 않을 것인지 자유롭게 결정할 수 있게 되었다. 심지어 자신의 구원조차도 신(神) 앞에서 전적으로 책임지게 되는 존재가 됨으로써 종교개혁은 근대적 사상에 형이상학적 기반을 제공하게 되었다.[217] 그런 점에서 종교개혁은 근대적 의미에서 '자유로운 개인'이 등장한 첫 사건이다.

로마 가톨릭 교황은 정신적 전제군주와 같고, 가톨릭 신자들은 정신적 노예상태에 있었다. 가톨릭의 구원 교리는 개신교처럼 은혜와 믿음으로만 주어지는 구원이 아니라, 윤리적 행위가 구원을 결정짓는 매우 중요한 요인이므로 유대교의 율법주의와 그 종교적 패턴이 유사하다. 그러므로 가톨릭은 노예를 만들어내고, 개신교는 자유인을 만들어낸다. 루터가 바울을 결정적으로 이해하고, 종교개혁으로 나아가게 된 것은 '유대교 율법주의 vs. 복음,' 그리고 '노예 vs. 자유인'의 대립 구도 안에서 '가톨릭 vs. 개신교'의 대립을 보았기 때문이다. 그래서 복음의 원리에 의해 정신적 절대왕정인 가톨릭교회가 무너졌다. 정신적 절대왕정이 무너졌으므로, 향후 시민혁명을 통해 정치적 절대왕정이 무너지는 것은 역사적 필연이 되었다. 왜냐하면 정신적 절대왕정을 무너뜨린 개신교도들의 후예들이 정치적 절대왕정을 허용할 수가 없기 때문이다.

문제는 바로 이 자유인의 개념에서 근대의 자유로운 개인이 유래하게 되었다는 것을 기독교인들이 모르고 있다는 점이다. 바울이 말한 것의 핵심을 루터가 깨달았을 때 종교개혁이 일어났고, 종교개혁으로 인해 근대 시민혁명이 일어났고, 그 결과 현재의 자유인의 제도인 자유민주주의와 자유시장 경제 제도가 생겨났는데 많은 한국의 기독교인들은 이 점을 잘 모른다. 자유민주주의 제도가 기독교적 원리에 입각해 있다는 것을 인식하지 못하는 무지가 교회에 가득하다. 바로 이 무지야말로 교회의 위기의 원인이고, 오늘날 한국의 사회적 위기 속에서 교회가 무력하게 아무것도 못 하는 이유다.

3. 우남의 자유인의 개념

우남이 탁월한 선각자라는 것은 우리가 모르고 있는 것을 이미 120년 전에 옥중에서 깨달아 알고 있었다는 점이다. 루터가 바울을 한 단계 업그레이드 했다면, 우남은 루터를 한 단계 더 업그레이드 한다. 우남이 옥중에서 집필한 『독립정신』에 있는 글 중 "국민의 마음이 먼저 자유로워야 한다."라는 제목의 글에 이런 대목이 나온다.

> "이상 여덟 가지는 사람의 마음을 결박하여 자주권(自主權, 아무런 속박이나 간섭을 받지 아니하고 스스로의 문제를 스스로 결정하고 처리할 수 있는 권리)을 귀하게 여길 줄 모르는 데서 오는 폐단이다. 이것을 깨뜨리지 않고는 백성의 권

---

217) 알랭 로랑(2001), 『개인주의의 역사』, 김용민 역, 서울: 한길사, 36-37.

리를 제대로 행사하여 나라의 발전에 기여하기 어렵다"[218]

우남은 국민들이 '자주권'을 갖고 있지 않은 노예의 상태에 있다고 보았다. 국민들이 "자신을 억누르고 있는 마음의 결박을 풀지 못하여 아무것도 하려는 생각이 없다"[219]고 비판한다. "대한 교우들의 힘쓸 일"(1904년 8월)이란 글에서 우남은 "… 노예의 생각만 길러서 남의 충실한 종이나 될 뿐이니 남의 종질도 충실치 못한 이보다는 낫다 하려니와 하나님이 동등으로 주신 권리를 회복하는 본의는 어디 있으며 …"[220]라고 말한다. 국민들의 머리에 '노예의 생각' 밖에 없다. 우남은 국민이 정신적 노예 상태에서 벗어나지 못하면 정치적 노예 상태에서도 벗어날 수 없다고 보았다. 정신적 노예 상태에서 벗어나 자주권을 가진 개인으로 변화될 때 국가의 독립도 가능하다고 보았다. 우남은 바울과 루터의 '자유인 vs. 노예' 개념을 사용하되, 이 개념을 정치의 영역으로 확장하여 적용하고 있다.

우남은 감옥 안에서 쓴 글에서 이미 율법의 결박에서 풀려나 자유인이 되는 것을 루터의 종교개혁과 미국의 독립과 같은 시민혁명에 연결하고 있다.

"대저 예수께서 세상에 내려오셔서 … 우리가 가장 감격히 여길 바는 모든 세상 사람의 결박을 다 풀어 놓으신 것이라. 첫째 율법의 결박을 풀어주심이니 … 사람의 생각이 자유롭지 못한 것을 낱낱이 벽파하여 주셨나니 … 예수교가 가는 곳마다 변혁의 주의가 자라난 법이다. 교회로 말 할진데 마틴 루터씨가 교를 고칠 때에 이 뜻을 들어 내었고 정치상으로 말 할진데 워싱턴 씨가 미국을 독립할 때 이 뜻을 들어 내었으며 …"[221]

『독립정신』의 "미국 독립의 역사"란 제목의 글에서 우남은 "노예 대접을 달게 받는 사람은 곧 자신의 권리를 잃어버린 사람"[222]이라고 말하고, "우리는 그런 권리를 무시하고 생명만을 부지하기 위해 노예처럼 사는 것에 만족하겠는가?"[223]라고 묻는다. 그 권리가 무엇일까? 바로 다음 글인 "미국 독립선언문"에 나오는 '창조주가 주신 몇 개의 양도할 수 없는 권리,' 즉 생명과 자유와 행복 추구의 권리다.[224] 우남은 옥중에 있을 때에 이미 바울의 자유인의 개념을 알고 있었고, 그것이 종교개혁을 통해 부활했으며, 그 결과 시민혁명이 일어났다는 이해에 이미 도달해 있었다.

우남이 1913년에 쓴 『한국교회핍박』에서 그는 기독교 정치사상가로서 더욱 더 발전된 모습을 보여준다. 우남은 예수가 유대교의 부조리들을 일제히 혁신하고 모든 악한 자들로 하여금 죄악을 회개하고 하나님 앞으로 나오게 한 점에 주목하면서 이렇게 말한다: "이것은 우리의 영혼적인 관계는 물론하고, 정치적 관계로만 볼지라도 지나간 옛날에 처음 되는 '혁명 주창자'이다"[225] 우남은 예수가 우리 영혼의 구원자라는

218) 이승만(2010),『독립정신』, 김충만, 김효선 풀어씀, 서울: 동서문화사, 117.
219) 이승만,『독립정신』, 103.
220) "대한 교우들의 힘쓸 일," 이정식(2005),『이승만의 구한말 개혁운동: 급진주의에서 기독교 입국론으로』, 대전: 배재대학교출판부, 388.
221) "대한 교우들의 힘쓸 일," 이정식,『이승만의 구한말 개혁운동』, 387.
222) 이승만,『독립정신』, 76.
223) 이승만,『독립정신』, 78.
224) 이승만,『독립정신』, 80.
225) 이승만(2008),『한국교회핍박: 건국대통령 이승만의 외침』, 건국대통령 이승만박사 기념사업회 편 (서울: 청미디어, 178.

것을 부정하지 않으면서도, 예수의 가르침은 인간이 자유를 누리는 정치제도를 향해 나아가게 하는 요소를 갖고 있으므로, 그런 의미에서 예수는 시민혁명의 주창자라고 보았다. 예수가 정치 혁명을 목표로 하지 않고, 영혼의 구원을 목표로 했음에도 불구하고 예수의 가르침은 필연적으로 후대에 자유민주주의를 이룩하는 결과를 가져오게 한다고 본 것이다. 예수와 서양 근대 사이에는 긴 시간적 간격이 있지만, 우남은 신약성경이 서양역사와 예수의 가르침을 이어준다고 보았다.

> "(예수가) 모든 사람이 다 하나님의 동등자녀 되는 이치와 … 모든 죄악에서 벗어나서 자유롭게 활동하는 이치를 다 밝히 가르쳤으니 신약을 공부하는 사람은 자신도 모르게 혁명사상을 얻는 것은 과연 그 책이 진리를 가르치며 진리는 사람의 마음을 자유롭게 하기 때문이다"[226]

훗날에 일어날 시민혁명의 씨앗이 '자유'에 관한 예수와 신약성경의 가르침에 숨어 있다고 본 것이다. 우남은 가톨릭교회는 인간을 정신적으로 속박하여 노예로 만들고, 절대왕정은 인간을 정치적으로 속박하여 노예로 만든다고 본다. 그는 이렇게 말한다.

> "… 결국 프로테스탄트교회(개신교)를 온전히 세워 사람마다 자유롭게 성경을 공부하며 직접 하나님께 기도할 수 있도록 만들었다. 결국 이후로 200년 동안 루터가 시작한 개신교가 정치제도를 개혁하기에 이르러 영국, 프랑스, 미국 등 각국의 정치적 대혁명이 일어났고 오늘날 구미 각국의 동등한 자유를 누리는 모든 인간행복이 여기서 시작한 것이다. 그러므로 마틴 루터를 근대문명의 시조라 칭함이 과연 적당하며 이러한 루터선생의 능력은 곧 예수의 진리에서 온 것이다"[227]

무려 105년 전인 1913년에 쓴 『한국교회핍박』은 우남이 기독교 복음의 핵심이 자유민주주의 정치 이념에 대해 갖고 있는 함의(含意)를 꿰뚫어 보았다는 것을 잘 보여준다. 실로 놀라운 일이 아닐 수 없다. 우남은 기독교 복음이 말하는 자유가 종교개혁을 거쳐 현대 자유민주주의 이념의 기초가 된 것을 직관적으로 이해하고 있었고, 기독교가 앞으로 독립할 국가에 잠재적으로 공헌할 수 있는 역할이 무엇인지 그 미래를 내다보고 있었다. 기독교 복음을 정치의 영역에 적용하여 자유민주주의 이념과 기독교의 밀접한 관계를 이해한 우남의 이런 생각은 지금 한국의 교회에서 실종 상태다. 신학교에서도 이런 내용을 가르치고 배우지 않는다.

4. 맺음말

그동안 교회에서 대한민국이 발전한 이유는 미국이 전해준 기독교를 받아들여 하나님의 축복을 받았기 때문이라고 가르쳐 왔다. 이 말이 완전히 틀린 말은 아니지만 상당히 불충분한 설명이다. 우남이었다면 이런 식으로 설명했을까? 아마도 그는 이렇게 설명했을 것이다.

> "대한민국이 발전한 이유는 자유인(自由人)을 가르치는 기독교를 받아들였기 때문이다. 종교개혁을 통해 생겨난 자유인의 개념에서 자유의 이념(자유주의)이 생겨났고, 개인의 자유에 기초한 정치제도와 경제제도를 만들어 번영한 국가를 이룬 미국처럼 우리도 대통령중심제와 의회주의, 삼권분립에 의한 견제와

---

226) 이승만, 『한국교회핍박』, 178.
227) 이승만, 『한국교회핍박』, 179.

법치주의를 받아들였기 때문이다. 개인의 사적인 재산소유를 보장하며, 개인의 자유로운 선택에 의한 경제활동을 보장하는 경제제도를 선택했기 때문이다. 더 나아가 기독교가 가르치는 한 개인이 갖고 있는 인간의 존엄성, 생겨난 이윤은 즉각적인 물질적 만족을 위해 소비하지 않고, 계속해서 미래로 연기하면서 근검하게 사는 기독교적 생활패턴, 법의 요구를 상회(上廻) 하는 높은 기독교적 도덕 기준 등이 어느 정도 우리 사회에 정착했기 때문이다."

현재 한국교회가 반성해야 할 점은 대한민국의 발전을 단순히 기독교를 받아들여 생겨난 하나님의 축복으로 설명하는 매우 '미신적인' 설명에 머물러 있어온 것이다. 이런 유치한 설명법이 한국교회 안에 널리 유포됨으로 인해 심지어 교회 안에서조차 자유의 개념과 자유의 제도의 가치를 제대로 인식하지 못하게 되었다. 매우 안타까운 일이다. 한국교회가 우남의 기독교 정치사상을 제대로 이해하고 있었더라면 사회적 위기 속에서 교회가 자유의 보루의 역할을 할 수 있을 터이나 지금은 교회 자체조차 흔들리고 있다. 지금 상태라면 김정은 정권이 무너지고 북한 선교의 문이 열려도 노예상태에 있는 북한 동포들을 자유인으로 다시 태어나는 일을 돕기 어렵다. 현재 한국사회의 위기의 본질은 자유의 가치를 방기한 데에서 비롯되었다. 자유를 부정하는 세력이 주도하면서 전체주의화의 위협을 받고 있다. 사회적 위기를 극복하기 위해서 교회가 먼저 자유의 가치를 다시 확인해야 한다. 우남이 복음을 깨달은 지 120년이 지난 시점에서도 우남은 여전히 우리의 길잡이가 될 수 있다.

14.
그리스도인의 자유
[5:2-15]

5:2 보라 나 바울은 너희에게 말하노니 너희가 만일 할례를 받으면 그리스도께서 너희에게 아무 유익이 없으리라

바울은 독자들의 관심을 집중시키려고 "보라"(Ἴδε)고 말한다. "나 바울"(ἐγὼ Παῦλος)은 갈라디아 성도들을 해산의 고통을 하면서 낳은(갈 4:19) 목회자로서 성도들을 향해 호소하기 위해 추가한 것이다. 부모로서 성도들을 염려하는 바울이 하고자 하는 말은 "너희가 만일 할례를 받으면 그리스도께서 너희에게 아무 유익이 없으리라"다. 할례당은 할례에 많은 유익이 있다고 가르쳤을 것이다. 할례를 받지 않으면 아브라함의 자손이 될 수 없지만, 받으면 아브라함의 자손이 되는 특권이 있다고 주장했을 터이다. 그러나 바울은 할례에는 아무런 유익이 없을 것이라 말하는 것이 아니라, '그리스도가 너희에게 아무런 유익을 주지 못할 것이다'(Χριστὸς ὑμᾶς οὐδὲν ὠφελήσει)라고 말한다.

'유익을 주다'(to help, aid, benefit, be of use)라는 뜻의 '오펠레오'(ὠφελέω) 동사가 여기서 미래 시제로 사용되었다. 바울은 최후의 심판대를 염두에 미래 시제를 사용한 것 같다. 최후의 심판에서 그리스도는 심판대에 선 우리에게 유익을 준다. 칭의가 바로 그 유익이다. 그런데 할례를 받으면

그리스도가 우리에게 어떤 추가적인 유익도 주지 않는다. 추가적 유익이 없을 뿐만 아니라, 기존의 유익마저 취소되어 버린다. 그리스도 안에 성도가 할례를 받으면 그리스도 밖의 사람이 된다. 성도가 할례를 받느냐, 받지 않느냐는 최후의 심판대에서 그의 영원한 운명을 결정하는 갈림길이 된다. 할례당의 가르침을 따라 할례를 받은 성도는 스스로 자신이 계속 그리스도를 믿고 있고, 계속 성도로 살아간다고 생각을 하지만 그것은 결국 복음을 버리고 유대교로 개종하여 배교하는 것과 같은 결과를 가져온다.

할례를 받은 성도가 유대교 회당을 가면 할례를 받았으므로 정식 멤버십을 가진 유대인으로 취급받을 것이다. 그 예배에서 그는 창조주 하나님, 즉 아브라함과 이삭과 야곱의 하나님을 예배할 수 있다. 그러나 그는 회당 예배에서 십자가에서 돌아가신 그리스도를 예배할 수 없다. 그리스도를 예배하지 않는 건 참된 예배가 아니다. 그리스도를 찬양하고, 그를 향하여 기도하고, 그의 말씀을 선포하고, 그의 이름으로 성만찬을 먹고, 그의 이름으로 세례를 하는 예배라야 참된 예배다. 그리스도는 최후의 심판대에서 그런 예배를 드리는 사람에게 유익을 주신다. 왜냐하면 그리스도가 우리를 위해 십자가에서 죽으셨기 때문이다.

5:3 내가 할례를 받는 각 사람에게 다시 증언하노니 그는 율법 전체를 행할 의무를 가진 자라

"할례를 받는"으로 번역된 동사는 현재분사형(περιτεμνομένῳ)이다. 분사의 현재시제는 진행과 지속의 뉘앙스가 있다. 바울이 편지를 쓰는 시점에도 갈라디아 교회들 안에 할례당의 활동이 있었고, 할례를 받는 일이 진행 중이었던 것으로 보인다. 바울은 그들을 향해 경고한다. "다시 증언하노니"에서 '증언하다'로 번역된 '마르튀레오'(μαρτυρέω)와 그 파생어인 '증인'이라는 뜻의 명사 '마르튀스'(μάρτυς)는 법정 용어다. 바울이 지금 염두에 두고 있는 법정은 최후의 심판대다. 최후의 심판대에서 성도들이 심판을 받을 때 바울의 증언은 심판에 영향을 준다. 바울은 이전에도 같은 경고를 했고, 지금 다시 경고한다. 그의 경고는 "그는 율법 전체를 행할 의무를 가진 자라"이다.

할례는 세례와 마찬가지로 입회 예식(initiation rite)이다. 할례를 받으면 유대교에 입교하고 유대인이 된다. 헬라인으로 출생했어도 할례를 받으면 유대인이 된다. 모든 유대인은 율법을 지켜야 할 의무를 갖고 있다. 율법을 선택적으로 지키는 것이 아니다. 모든 율법을 의무적으로 다 지켜야 한다. 바울도 '일부 율법'이 아니라 "율법 전체"라고 말한다. 갈라디아서 3:10, "누구든지 율법 책에 기록된 대로 모든 일을 항상 행하지 아니하는 자는 저주 아래에 있는 자라 하였음이라"에서도 비슷한 말을 이미 했다.

야고보서 2:10, "누구든지 온 율법을 지키다가 그 하나에 거치면 모두 범한 자가 되나니"에서도 "온 율법"이라고 말한다. 제4마카비서 5:20-21는 "작은 사안이건 큰 사안이건 율법을 어기는 것은 똑같이 심각한 문제다. 어느 경우건 간에 율법이 똑같이 무시되었기 때문이다"[228]라고 말한다. 미슈나 아봇(Aboth) 2.1에는 이런 말도 있다: "무거운 법규를 주의하듯 가벼운 법규도 주의해야 한다. 왜냐하면 당신은 각각의 법규의 보상으로 어떤 상 혹은 벌이 내려질지 모르기 때문이다."[229] 순교자 저스틴(Justin Martyr)의 『트뤼포와의 대화』(Dialogue with Trypho) 8장에는 이런 말도 있다.[230]

"그렇다면 만약 당신이 내 말에 귀를 기울일 요량이라면(나는 벌써 당신을 친구로 생각하고 있소만), 먼저 할례를 받으라. 그러고 나서 안식일, 축제일들, 하나님의 월삭에 관한 제정된 규례들을 지키라. 그리고 한마디로 말해 율법에 기록된 모든 일을 다 행하라. 그러면 어쩌면 당신이 하나님의 자비를 얻을 것이다."[231]

---

228) "to transgress the law in matters either small or great is of equal seriousness, for in either case the law is equally despised." 번역은 필자의 것.

229) "And be heedful of a light precept as of a weighty one, for thou knowest not the recompense of reward of each precept." 번역은 필자의 것.

230) 이 부분의 인용문들은 Moo, *Galatians,* 323에 언급된 것들이다.

231) "If, then, you are willing to listen to me (for I have already considered you a friend), first be circumcised, then observe what ordinances have been enacted with respect to the Sabbath, and the feasts, and the new moons of God; and, in a word, do all things which have been written in the law: and then perhaps you shall obtain mercy from God." 번역은 필자의 것.

만약 율법 전체를 다 행해야 할 의무를 갖고 있는데, 그 중 어느 것 하나라도 어기면 어떤 결과가 올까? 율법으로 의롭다 함을 얻지 못하게 된다. 결국 할례는 세례를 무효화하고, 그리스도의 희생으로 얻게 된 칭의도 잃어버리게 된다.

모든 율법을 지키는 것은 이론적으로는 가능하다. 하지만 현실적으로는 불가능하다. 인간이 율법을 준수하여 구원받을 수 없다는 비관론은 바울이 주장하는 것이지만, 바울만 주장하는 것은 아니다. 사실 신명기는 레위기 18:5, "너희는 내 규례와 법도를 지키라 사람이 이를 행하면 그로 말미암아 살리라"의 약속을 이어간다. 예를 들어 신명기 4:1, "이스라엘아 이제 내가 너희에게 가르치는 규례와 법도를 듣고 준행하라 그리하면 너희가 살 것이요"는 레위기 18:4을 그대로 반영하며, 그 외에도 여러 구절이 반영한다(신 4:40; 5:33; 6:19, 25; 8:1; 11:8; 28:1; 32:46-47). 그러나 신명기는 율법을 지켜 생명을 얻는 것에 대해 암울한 전망을 한다. 신명기 4:26, "너희가 요단을 건너가서 얻는 땅에서 속히 망할 것이라"고 말하며 나라가 망할 것을 미리 말한다(신 4:27, "여호와께서 너희를 여러 민족 중에 흩으실 것이요"). 신명기 30:1-4은 노골적으로 이스라엘의 바벨론 포로와 귀환을 언급한다("… 네가 네 하나님 여호와로부터 쫓겨간 모든 나라 가운데서 … 너를 긍휼히 여기사 포로에서 돌아오게 하시되"). 신명기 31:27에서 모세는 심하게 비관적이다("내가 너희의 반역함과 목이 곧은 것을 아나니 오늘 내가 살아서 너희와 함께 있어도 너희가 여호와를 거역하였거든 하물며 내가 죽은 후의 일이랴").

왜 이스라엘은 결국 하나님의 율법을 지키지 못하고 실패하는 걸까? 신명기 29:4, "그러나 깨닫는 마음과 보는 눈과 듣는 귀는 오늘까지 여호와께서 너희에게 주지 아니하셨느니라"에 그 해답이 있다. 하나님은 이스라엘에게 율법만 주셨을 뿐, 율법을 행할 수 있는 능력은 주시지 않았다. 이스라엘은 마음이 딱딱하고, 눈먼 맹인, 귀가 막힌 귀머거리여서 율법을 보고, 듣고 이해할 수도 없다. 바울은 로마서 11:8에서 왜 이스라엘이 실패할 수밖에 없었는지를 설명하면서 신명기 29:4을 인용한다.

로마서 11:8. 기록된 바 하나님이 오늘까지 그들에게 혼미한 심령과 보지 못할 눈과 듣지 못할 귀를 주셨다 함과 같으니라

신명기 29:4, 그러나 깨닫는 마음과 보는 눈과 듣는 귀는 오늘까지 여호
와께서 너희에게 주지 아니하셨느니라

왜 인간이 율법을 지킴으로 구원받을 수 없는지, 왜 율법의 행위로 의롭다 함
을 얻을 수 없는지 그 이유는 로마서, 갈라디아서만 말하는 것이 아니다. 사실
신명기도 같은 이야기를 하고 있다. 그렇다면 신명기는 이 문제의 해결책이
무엇이라고 말할까? 그 해결책은 30:6, "네 하나님 여호와께서 네 마음과 네
자손의 마음에 할례를 베푸사"에 나온다. 바울도 마음의 할례, 곧 성령이 구원
의 길이라고 말한다(롬 2:28-29; 8:2; 갈 5:16). 신명기도 같은 해결책을 말
한다. 인간은 모든 율법을 다 행할 수 없으며, 이 문제의 해결책은 복음을 믿
을 때 하나님께서 주시는 성령이다. 그래서 믿음을 가져야 한다.
　　"의무를 가진 자"로 번역된 단어는 '오페일레테스'(ὀφειλέτης)다. 이 단
어는 '의무를 갖고 있다'(to be under obligation)라는 뜻의 동사 '오페일
로'(ὀφείλω)의 파생어다. 이 동사의 발음은 2절에서 사용된 '오펠레
오'(ὠφελέω, '유익을 주다')와 발음이 비슷하다. 실제로 본문에서 사용된 형
태인 2절의 '오펠레세이'(ὠφελήσει)와 3절의 '오페일레테스'(ὀφειλέτης)의 발
음은 유사하다. 바울은 일부러 비슷한 발음의 단어들을 사용하여 언어유희
(word-play)를 해서 할례가 주는 역설적인 불이익을 강조하려 한 것 같다.

5:4 율법 안에서 의롭다 함을 얻으려 하는 너희는 그리스도에게서 끊어지
고 은혜에서 떨어진 자로다

　　"율법 안에서"(ἐν νόμῳ)는 오역이며, '율법으로'(by the law)로 번역하
는 것이 좋다. 여기서 전치사 '엔'(ἐν)은 장소가 아니라 수단의 뜻으로 사용되
었다.[232] "율법 안에서 의롭다 함을 얻으려 하는 너희"(οἵτινες ἐν νόμῳ

---

232) 갈라디아서 3:12, "율법을 행하는 자는 그 가운데서 살리라"에서도 전치사
'엔'(ἐν)은 장소가 아니라 수단의 뜻으로 사용되었음에도 불구하고 장소로("그 가운데서")
번역이 되어있다. ἐν αὐτοῖς는 '율법을 행하는 그 행위에 의하여'로 번역하는 것이 좋다. 여
기에서 '율법의 행위'(the works of the law)의 개념이 유래한다.

δικαιοῦσθε)는 직역하면 '율법으로 너희가 의롭게 되면 그 누구라도'의 뜻이다. 이 말은 율법으로 의롭게 된다는 뜻이 아니라, '율법으로 의롭게 되려고 하는 사람은 누구라도'의 뜻이다. 율법으로 의롭게 되는 것은 '율법으로부터 오는 의'(빌 3:9) 혹은 '자기 의'(롬 10:3)를 추구하여 구원을 받으려고 하는 것이다.

"끊어지고"로 번역된 동사 '카타르게오'(καταργέω)는 '폐하다'(to abolish), '무효로 하다'(to invalidate) 등의 뜻이 있지만, 이곳에서는 수동태로 사용되어 '관계가 끊어지다'(to be estranged from)의 뜻으로 사용되었다. 전치사 '아포'(ἀπό)가 함께 사용되어 분리의 의미가 명확하다. '떨어지다'로 번역된 동사 '엑크핍토'(ἐκπίπτω)도 붙어 있는 것으로부터 분리되어 떨어져 나가는 것을 묘사하는 동사다. '엑크핍토'(ἐκπίπτω)는 접두어 '아포'(ἀπο-)가 붙어있는 '아포핍토'(ἀποπίπτω)와 같은 뜻이다.

고린도후서 11:2에서 바울은 "내가 너희를 정결한 처녀로 한 남편인 그리스도께 드리려고 중매함이로다"라고 말한다. '중매하다'로 번역된 동사 '하르모조'(ἁρμόζω)는 '정혼하다'(to betroth)의 뜻으로 사용되었다. 바울은 중매쟁이가 아니라 아버지로서 자녀인 성도들을 남편이신 그리스도에게 정혼했다. 유대교의 관습에 따르면 정혼 관계는 법적으로 이미 혼인한 것이다. 만약 성도가 할례를 받으면 "그리스도에게서 끊어"진다. 부부의 관계인 성도와 그리스도의 관계가 끊어진다. 이제 그리스도는 성도의 남편이 아니다. 옛 언약이 폐지되어 이스라엘과 하나님의 관계가 이혼한 부부의 관계가 되었듯이 (렘 3:8, "내게 배역한 이스라엘이 간음을 행하였으므로 내가 그를 내쫓고 그에게 이혼서까지 주었으되"; 참고, 사 50:1) 성도가 새 언약의 약속을 버리고 옛 언약으로 뒷걸음질 치면 그리스도와의 관계가 끊어진다.

5:5 우리가 성령으로 믿음을 따라 의의 소망을 기다리노니

'너희'를 향한 경고를 마치고 바울은 "우리"라는 일인칭 복수 주어를 도입한다. 마치 신앙고백을 하듯이 우리는 "믿음을 따라 의의 소망을" 기다린다고 말한다. "성령으로"(πνεύματι)는 기다리는 방법을 묘사한다. '성령 안에

서' 혹은 '성령의 도우심으로' 기다린다. 갈라디아 성도들이 성령을 체험했으므로(갈 3:2-5) 성령의 도우심으로 소망을 기다릴 수 있다. "성령"도 "의의 소망"도 믿음으로부터(ἐκ πίστεως) 생겨난 것이다. 율법이나 할례로부터 생겨난 게 아니다. '보증'으로 주신 성령(고후 1:22; 5:5)은 우리를 그리스도의 모습으로 변화시켜 부활의 때에 영광스러운 모습으로 우리를 바꿀 것이다(고후 3:18, "그와 같은 형상으로 변화하여 영광에서 영광에 이르니 곧 주의 영으로 말미암음이니라"). "의의 소망"(ἐλπίδα δικαιοσύνης)은 최후의 심판대에서 하나님께서 그리스도의 희생과 우리의 믿음을 보시고 우리를 의롭다고 선언해 주실 것을 소망하는 것이다. '기다리다'로 번역된 '아펙크데코마이'(ἀπεκδέχομαι)는 '간절히 기다리다'(to await eagerly)의 뜻이다. 우리는 반드시 그렇게 될 것을 확신하고 간절히 기다린다.

5:6 그리스도 예수 안에서는 할례나 무할례나 효력이 없으되 사랑으로써 역사하는 믿음뿐이니라

바울은 "할례"(περιτομή)와 "무할례"(ἀκροβυστία)를 함께 언급하면서 두 가지를 다 부정한다. '효력이 있다'(to be valid, be in force)로 번역된 동사 '이스퀴오'(ἰσχύω)는 '능력이 있다'(to have power, be mighty)라는 뜻도 갖고 있다. 할례건 무할례건, "그리스도 예수 안에서는" 아무런 능력도, 효력도 없다. 고린도전서 7:19에서 바울은 비슷한 말을 한다: "할례 받는 것도 아무 것도 아니요 할례 받지 아니하는 것도 아무 것도 아니로되." 할례는 유대인을, 무할례는 헬라인을 가리키므로 갈라디아서 3:28의 "유대인이나 헬라인이나"도 비슷한 뉘앙스의 표현이다. 태어날 때 유대인으로 태어났느냐, 아니면 헬라인으로 태어났느냐는 그리스도 안에서 어떤 효력도 갖지 않는다.

그렇다면 그리스도 안에서 효력이 있는 것은 무엇인가? "사랑으로써 역사하는 믿음"이다. '역사하다'로 번역된 단어는 '엔에르게오'(ἐνεργέω)고 뜻은 '작용하다, 일하다'(to act, work)이다. '엔에르게오'(ἐνεργέω)의 분사형(ἐνεργουμένη)이 '피스티스 디 아가페스'(πίστις δι' ἀγάπης)를 수식하는 것으로 보아 '사랑을 통하여 역사하는 믿음'이라고 번역했다. 여기에서 사랑은 누구

의 사랑인지, 어떤 종류의 사랑인지 전혀 수식어가 없다. 2-4절에서 할례와 율법에 관해 이야기하면서 믿음을 강조해왔고, 그 주제가 6절에도 지속되고 있으므로 여기에서 '사랑'은 사랑의 행위의 뜻으로 사용된 것 같다. 율법을 지키는 행위는 아무런 효력이 없고, 사랑의 행위를 통해 역사하는 믿음만이 효력이 있다. 바울은 모든 율법을 지키는 행위에는 가치는 두지 않는다. 사랑의 행위에는 가치를 두지만, 그런 사랑의 행위 자체에 가치는 두는 것이 아니라 '사랑을 통하여 역사하는 믿음'에 가치를 둔다. 여전히 믿음이 우선적 가치를 갖고 있고, 사랑의 행위는 부차적 가치를 갖고 있다.

5:7 너희가 달음질을 잘 하더니 누가 너희를 막아 진리를 순종하지 못하게 하더냐

바울은 동사 '달리다'(τρέχω)로 신앙생활을 묘사한다. 바울은 동사의 미완료시제(ἐτρέχετε)를 사용했고, 미완료시제는 성도들의 신앙생활이 지속적 과정임을 보여준다. 신앙이 달리기라면 그것은 단거리 경주가 아니라 장거리 경주다. 갈라디아 성도들은 지금까지 마치 달리기를 하듯 신앙생활을 잘 해왔다. 그러던 중 어떤 사람들이 달리는 선수 앞에 끼어들어 방해했다 ("누가 너희를 막아"). '막다'로 번역된 '엥콥토'(ἐγκόπτω)는 '콥토'(κόπτω, to cut)에 접두어 '엔'(ἐν-)이 붙은 복합동사다. 뜻은 '방해하다'(to cut in, hinder)이다. 달리는 선수 앞에 자르고 들어가서 달리지 못하게 방해하는 행동을 나타낸다.

갈라디아 성도들의 달리기를 방해하는 사람들은 누굴까? 바로 할례당이다. 그들은 성도들이 "진리"에 순종하지 못 하게 하려고 성도들의 달리기에 끼어들었다. 그 진리는 바울이 전한 복음의 진리다. "순종하지"로 번역된 '페이떼스따이'(πείθεσθαι)는 수동부정사고, '페이또'(πείθω, to persuade, 설득하다)의 수동형은 '순종하다'라는 능동의 뜻으로 사용된다. 설득되면 순종하게 된다.

5:8 그 권면은 너희를 부르신 이에게서 난 것이 아니니라

"권면"으로 번역된 '페이스모네'(πεισμονή)는 '페이또'(πείθω, to persuade, 설득하다)의 명사형이다. 이 단어는 인간의 인위적인 설득력을 나타내는 단어며, "그 권면"은 할례당의 가르침이다. "너희를 부르신 이"는 하나님이시다. 갈라디아서 1:6, "그리스도의 은혜로 너희를 부르신 이를 이같이 속히 떠나"에서도 "너희를 부르신 이"는 하나님이시다. 할례당의 권면은 하나님으로부터(ἐκ τοῦ καλοῦντος ὑμᾶς) 온 것이 아니다. 그렇다면 그것의 근원은 누구에게서 유래하는 것일까? 바로 사탄이다. 갈라디아서 2:4의 "거짓 형제들" 역시 사탄이 보낸 자들이다.

고린도후서 11:13의 "거짓 사도"는 "속이는 일꾼"이고 "그리스도의 사도로 가장하는 자들"이며, 그들은 "사탄의 일꾼들"(고후 11:15)이다. 모든 "거짓"의 근원은 사탄이다. 거짓 형제, 거짓 사도들은 모두 사탄이 보낸 자들이다. 그러므로 교회에서 쫓아내야 한다(갈 4:30).

5:9 적은 누룩이 온 덩이에 퍼지느니라

갈라디아 교회 안에서 할례당은 비록 소수이긴 하지만, 이들의 가르침이 온 교회를 부패하게 만든다. 교회 안에 있는 잘못된 가르침은 결국 교회 전체를 망친다. 고린도전서 5:9에서도 바울은 "적은 누룩이 온 덩어리에 퍼지는 것을 알지 못하느냐"라고 경고한다. 누룩에 대한 경고는 마가복음 8:15, "예수께서 경고하여 이르시되 삼가 바리새인들의 누룩과 헤롯의 누룩을 주의하라 하시니"(마 16:6, 11, 12; 눅 12:1)에도 나온다. 유대교 전통에서 누룩은 유월절, 무교절(Feast of Unleavened Bread)에 집 안에서 제거되어야 할 대상이다(출 12:14-20; 신 16:3-8). 예수의 비유에서 누룩이 하나님의 나라를 묘사하기 위해 긍정적인 의미로 사용된 일도 있지만(마 13:33), 바울은 여기에서 부정적인 뜻으로 누룩을 사용한다. 누룩은 할례당이며, 또한 그들의 가르침이다. 바울은 누룩을 내보내야 떡 덩어리가 거룩할 수 있다는 의미로 이 말을 한다(참고, 롬 11:16, "처음 익은 곡식 가루가 거룩한즉 떡덩이도 그러하고"; 고전 5:8, "누룩이 없이 오직 순전함과 진실함의 떡으로 하자").

5:10 나는 너희가 아무 다른 마음을 품지 아니할 줄을 주 안에서 확신하노라 그러나 너희를 요동하게 하는 자는 누구든지 심판을 받으리라

"나는 … 주 안에서 확신하노라"라고 말한다. 확신하는 내용은 '호티' (ὅτι) 이하의 명사절에 있다. 그것은 직역하면 '너희가 어떤 다른 생각을 하고 있지 않다'(οὐδὲν ἄλλο φρονήσετε)이다. '프로네오'(φρονέω)는 '생각하다, 의견을 갖고 있다'(to think, have an opinion)의 뜻이다. 즉 '너희도 나와 같은 생각을 하고 있을 것을 나는 확신한다'는 말이다. 이 문장에서 '나'(ἐγώ)라는 인칭대명사를 추가한 것은 강조의 의도다. "확신하노라"의 시제가 완료형(πέποιθα)인 것과 그 뒤에 '에이스 휘마스'(εἰς ὑμᾶς)가 있는 것은 갈라디아 성도들에 대한 그의 신뢰를 강조하려는 것이다. 개역개정판 성경 번역은 '에이스 휘마스'(εἰς ὑμᾶς)를 제대로 번역하지 않았다. '나는 주안에서 너희들에 대해 굳은 확신을 갖고 있다'로 번역할 수 있다. 바울이 자신과 성도들은 같은 생각을 하고 있다고 말하는 것은 성도들을 설득하기 위한 매우 지혜로운 접근이다. '난 너와 같은 생각이야'라고 말하여 상대방을 자신에게로 끌어당기고, 동시에 제3자인 할례당을 둘 사이의 관계에서 추방해버린다.

'요동하게 하다'로 번역된 동사 '타라쏘'(ταράσσω)는 1:7에서도 사용되었다("다만 어떤 사람들이 너희를 교란하여 그리스도의 복음을 변하게 하려 함이라"). 갈라디아서 5:12, "너희를 어지럽게 하는 자들은 스스로 베어 버리기를 원하노라"에서 사용된 '아나스타토오'(ἀναστατόω)도 같은 뜻의 동의어다. '호 타라쏜'(ὁ ταράσσων, '요동하게 하는 자')은 단수형이지만, 문장 뒤의 '호스티스'(ὅστις, 영어로 whoever의 뜻, '~하는 자는 누구라도')가 있으므로 할례당 전체와 적극적인 추종자들을 지칭하는 것으로 보아야 한다. 뒷부분의 번역은 '그러나 너희를 요동하게 하는 자는 심판을 받을 것이다. 누구라도 그러할 것이다'(ὁ δὲ ταράσσων ὑμᾶς βαστάσει τὸ κρίμα, ὅστις ἐὰν ᾖ)로 번역하는 것이 좋다.

할례당은 갈라디아 교회들과 성도들을 어지럽히는 일을 한다. 거짓 복

음을 주장하여 성도들의 신앙과 생각을 혼동시킨다. "심판"은 법정 용어고 최후의 심판대에서 하나님으로부터 받을 심판을 가리킨다. 참된 복음을 믿는 성도들은 최후의 심판대에서 '칭의'를 받게 되지만 거짓 복음을 전하고 믿는 사람들은 '심판'을 받게 된다.

5:11 형제들아 내가 지금까지 할례를 전한다면 어찌하여 지금까지 박해를 받으리요 그리하였으면 십자가의 걸림돌이 제거되었으리니

일부 학자들은 이 구절을 근거로 하여 바울이 과거에 할례를 설교하고 다니던 시절이 있었다고 주장한다. 다메섹 사건 이전에 바울이 이방인들에게 찾아다니며 유대교를 전도하는 선교사의 역할을 했다는 것이다. 또 어떤 학자들은 바울이 다메섹 사건 이후에도 한동안 유대교 할례를 설교하고 다녔다는 뜻으로 해석한다. 바울이 개종 전에 이방인들을 유대교로 개종하기 위해 노력했을 가능성은 거의 없다. 바울은 바리새인으로서 열심당 신학에 심취한 유대인이었기 때문이다(갈 1:14; 빌 3:6; 보충설명 9: "바울과 열심당(Zealots) 신학"을 참고하라). 이런 종류의 유대인은 동료 유대인의 율법 준수 여부에 관심을 가질 뿐, 이방인을 유대인으로 만드는 일에 관심을 기울이지 않는다. 또 바울이 다메섹 경험 이후에 할례를 전했다는 것도 난센스다. 다메섹 사건 이후에 바울이 그 계시의 내용을 사람들에게 물어볼 필요가 없었고(갈 1:16-17) 그래서 바로 아라비아로 선교를 하러 간 것은(갈 1:17; 보충설명 12: "바울이 아라비아에 간 까닭은?"을 참고하라) 그가 처음부터 이신칭의의 십자가 복음을 전하였다는 것을 암시한다(보충설명 7: "바울은 다메섹에서 어떤 복음을 받았나?"를 참고하라).

그렇다면 "내가 지금까지 할례를 전한다면 어찌하여 지금까지 박해를 받으리요"를 어떻게 해석하면 좋을까? 문장 앞부분에 '만약'(εἰ) 이란 조건의 접속사가 있고, 이것은 개역성경에서 번역이 안 되었다. 이 접속사는 이곳에서 비현실적인 가정이 아니라, 현실적인 가정을 의미한다. '만약 내가 지금까지 할례를 전한다면'은 현재 전하고 있지 않다는 뜻이다. 바울이 할례를 전하던 것을 디모데에게 할례를 준 것에(행 16:1-3) 연결하여 설명하는 것은 곤란하

다. 디모데에게 할례를 준 것은 갈라디아서를 쓴 이후의 일이기 때문이다. 누군가가 '바울도 할례를 가르친다'는 거짓 소문을 만들어냈을 수도 있다. 하지만 바울을 공격하는 할례당이 그런 소문을 만들어냈을 가능성은 거의 없다. 그러므로 "내가 지금까지 할례를 전한다면"은 바울이 다메섹 경험 이전의 자신, 즉 유대교 신자로서 살던 당시를 회상하는 표현으로 보는 것이 가장 적절하다. 바울이 유대교 선교사로 활동했다는 뜻이 아니라, 유대교 신자로서 할례의 필요성과 중요성을 인정하고 있던 당시의 자신을 묘사한 것이다.

바울이 다메섹 경험을 통해 복음을 깨닫지 못했다면, 바울은 지금 박해를 받고 있지 않을 것이다("어찌하여 지금까지 박해를 받으리요"). 거꾸로 말하면 복음의 사도가 되었기 때문에 그는 지금 박해를 받고 있다. 갈라디아에서 교회를 개척할 당시에도 그는 박해를 받았을 것이다. 그는 고난을 당한 모습으로 십자가 위의 그리스도를 성도들에게 생생하게 보여주면서(3:1의 주석을 보라) 복음을 전했다. 바울이 유대인들의 핍박을 받는 이유 중의 하나는 그가 할례를 가르치지 않기 때문이다.

만약 바울이 할례를 전했으면, "십자가의 걸림돌"(τὸ σκάνδαλον τοῦ σταυροῦ, the offence of the cross)이 없어졌을 것이다. 여기서 '걸림돌'로 번역된 '스칸달론'(σκάνδαλον)은 '덫'(trap)이란 기본 뜻이 있다(레 19:14; 삿 2:3; 시 106:36). 영어 성경에서는 주로 stumbling block(걸림돌)으로 번역한다. 유대교에서 길을 걸어가는 것은 '할락'(הלך)이란 동사로 표현한다. 그런데 이 단어는 '행하다'라는 뜻도 있다. 율법을 행하는 것은 길을 걷는 것에 비유된다. 사람이 길을 걸어가다가 덫을 발견하거나 돌부리가 튀어나온 것을 발견하면 그것을 피해 가야 한다. 걸려 넘어지거나 덫에 걸리면 안 된다. 시편 119:165, "주의 법을 사랑하는 자에게는 큰 평안이 있으니 그들에게 장애물이 없으리이다"에서 "장애물"은 70인역 구약성경에서 '스칸달론'으로 번역되었다. 그래서 '스칸달론'은 반드시 피해야 할 대상이다.

이런 배경에서 시작해서 '스칸달론'은 '덫' 외에도 '죄를 짓게 하는 유혹'(temptation to sin), '배교하게 하는 유혹'(enticement to apostasy) 등으로 그 뜻이 확장된다. 즉 유대교에서는 '배교에 이르게 하는 잘못된 가르침'을 '스칸달론'이라 부른다. 고린도전서 1:23, "우리는 십자가에 못 박힌 그리스도를 전하니 유대인에게는 거리끼는 것이요 이방인에게는 미련한 것이로되"

에서 스칼달론은 "거리끼는 것"(걸려 넘어지게 하는 것)으로 번역되었다. 십자가의 그리스도를 전하면 유대인은 '스칸달론'이라고 반응하고, 이방인은 "미련한 것"(어리석은 말)이라고 반응한다. 유대인은 십자가 복음을 배교에 이르게 하는 잘못된 가르침, 즉 오늘날의 언어로 바꾸면 '이단'이라고 인식한다. 복음이 하나님의 저주를 받아 나무에 달려 죽은 죄인을(신 21:23; 갈 3:13) 메시아로 주장하기 때문이다.

"그리하였으면 십자가의 걸림돌이 제거되었으리니"란 말은 이런 뜻이다: '만약 내가 지금까지 할례당처럼 십자가 복음에 할례를 추가하여 설교했다면 박해를 받지도 않았을 터이고, 나의 십자가 복음에 할례가 추가되어 있었다면 내 복음이 이단에 빠지게 하는 거짓된 가르침이란 공격도 받지 않았을 것이다.' 바울은 할례당이 아니었고, 바울 복음은 믿음에 할례와 율법을 추가하는 복음이 아니었기 때문에 공격당하고, 박해받았다.

5:12 너희를 어지럽게 하는 자들은 스스로 베어 버리기를 원하노라

바울의 말은 농담(joke)처럼 들리지 않는다. 매우 극단적인 말로 들린다. '베어 버리다'로 번역된 '아포콥토'(ἀποκόπτω)는 '(신체 일부를) 자르다'(to mutilate)라는 뜻도 있고, 여기에서는 '거세하다'(to castrate)의 뜻으로 사용되었다(참고, 신 23:1, "고환이 상한 자나 음경이 잘린 자는 여호와의 총회에 들어오지 못하리라"). 동사 앞에 '카이'(καί)가 있으므로 강조의 뜻으로 '차라리'를 넣어서 번역하는 게 좋다. 물론 바울이 정말로 할례당이 남성의 음경을 거세하기를 바라기 때문에 이렇게 말하는 것은 아니다. 이 구절은 할례당의 가르침이 인간에게 아무런 유익이 없는 거세 행위와 다름없음을 강조하여 표현한 것이다. '아포콥토'(ἀποκόπτω) 동사를 신체의 절단이 아니라 교회로부터 스스로 관계를 절연하는 것을 나타내는 것으로 보려는 해석도 있다. 이것은 바울의 말이 너무 지나치다고 생각해서 발언의 강도를 완화하려는 시도다. 하지만 원래 바울이 의미한 바가 교회와의 관계 단절은 아닌 것 같다.

바울은 빌립보서 3:2, "개들을 삼가고 행악하는 자들을 삼가고 몸을 상

해하는 일을 삼가라"에서 할례 행위를 격하하는 말을 한다. 할례는 헬라어로
'페리토메'(περιτομή)인데 바울은 여기서 언어유희(word-play)를 하기 위해
유대주의자들(Judaizers)을 '카타토메'(κατατομή)라 부른다. '카타토메'
(κατατομή)는 '신체의 일부를 절단하는 것'(mutilation)이다. 바울은 할례를
주장하는 사람들을 '신체의 일부를 훼손하는 사람들'이란 뜻으로 이렇게 부른
다. 이것 역시 유대인들의 귀에 매우 거슬리는(offensive) 말이었을 것이다.

5:13 형제들아 너희가 자유를 위하여 부르심을 입었으나 그러나 그 자유
로 육체의 기회를 삼지 말고 오직 사랑으로 서로 종 노릇 하라

13절에서 바울은 성도들이 어떻게 살아야 하는지에 대해 말하기 시작
한다. 바울의 편지 대부분은 뒷부분에 이처럼 윤리적 가르침이 포함되어 있
다. 성도들은 "자유를 위하여"(ἐπ᾽ ἐλευθερίᾳ) 부름을 받았다(고전 7:22, "주
안에서 부르심을 받은 자는 종이라도 주께 속한 자유인이요"). 죄와 죽음의 세
력의 노예 상태에 있던 사람들이 그리스도께서 대신 십자가에서 죄의 형벌을
받아, 의로운 존재로 인정받고 구원받게 되었다. 이제는 노예가 아니라 자유
인이고, 자유인은 앞으로 어떤 삶을 살아갈 것인지 스스로 생각하고 선택할
수 있다. 타율적 삶을 살지 않고 자율적인 판단과 선택을 할 수 있다. 앞으로
계속해서 죄를 지으면서 살기로 선택할 수도 있고, 하나님의 뜻을 행하면서
살기로 선택할 수도 있다. 전적으로 그 사람의 자유다.

이 대목에서 바울은 성도들을 향해 그 자유의 기회(ἀφορμή)를 현명하
게 선용하기를 호소한다. 바울의 가르침의 매력이 바로 이점에 있다. 바울은
믿음을 갖게 된 이후의 행위를 다시 구원의 문제와 결부시켜, '이렇게 행하면
구원받고, 저렇게 행하면 구원받지 못한다'라고 말하지 않는다. 새 관점을 주
장하는 제임스 던의 2단계 칭의론으로 나아가지 않는다. 끝까지 구원받은 인
간의 자유로운 선택의 문제로 다룬다. 바울은 그리스도가 주신 자유를 "육체
의 기회"(ἀφορμὴν τῇ σαρκί)로 삼지 말라고 말하다. '육체'는 욕망이 그 둥지
를 틀고 있는 장소고, 그래서 끊임없이 악의 세력의 공격을 받아 쉽게 무너질
수밖에 없는 인간의 한계성을 상징한다. 죄와 율법으로부터 자유롭게 되었을

때 그 자유를 육체의 만족을 위해 사용하면 다시 죄와 죽음 세력의 노예가 된다. 그것은 우리에게 은혜로 구원을 주신 하나님을 향한 올바른 반응이 아니다.

바울은 역설적으로 우리에게 다시 "종 노릇 하라"고 말한다(고전 7:22, "또 그와 같이 자유인으로 있을 때에 부르심을 받은 자는 그리스도의 종이니라"). 우리가 앞으로 종 노릇 하는 대상은 '나의 육체'가 아니라, "서로"다. 종 노릇 하는 방법은 "사랑으로"(διὰ τῆς ἀγάπης, 사랑을 통해)다. 바울은 이미 5:6, "사랑으로써 역사하는 믿음뿐이니라"에서 사랑을 강조한 바가 있다. 지금 바울이 할례당을 비판한 뒤에 사랑을 강조하는 이유는 무엇일까? 아마도 할례당과 그의 추종 세력이 교회를 떠나기 전에도 또 떠난 후에 당분간 교회 안에 혼란이 있을 것이다. 이단의 공격을 받은 교회는 그 후유증이 크다. 할례당을 긍정적으로 보는 사람들과 부정적으로 보는 성도들은 할례당이 떠난 이후에도 자기들끼리 서로 다투고 불화할 가능성이 크다. 바울은 지금 그 미래를 바라보고 그런 문제를 해결하기 위한 가르침을 주고 있다.

5:14 온 율법은 네 이웃 사랑하기를 네 자신 같이 하라 하신 한 말씀에서 이루어졌나니

바울은 레위기 19:18, "원수를 갚지 말며 동포를 원망하지 말며 네 이웃 사랑하기를 네 자신과 같이 사랑하라 나는 여호와이니라"를 인용한다. 예수가 이 말씀을 가르치셨으므로(막 12:31, "둘째는 이것이니 네 이웃을 네 자신과 같이 사랑하라 하신 것이라 이보다 더 큰 계명이 없느니라"; 마 22:39; 눅 10:27) 예수의 말씀을 인용하는 것으로 볼 수도 있다. 로마서 13:8-10에서 바울은 사랑을 강조한다.

> 8피차 사랑의 빛 외에는 아무에게든지 아무 빚도 지지 말라 남을 사랑하는 자는 율법을 다 이루었느니라(πεπλήρωκεν) 9간음하지 말라, 살인하지 말라, 도둑질하지 말라, 탐내지 말라 한 것과 그 외에 다른 계명이 있을지라도 네 이웃을 네 자신과 같이 사랑하라 하신 그 말씀 가운데 다

들었느니라 [10]사랑은 이웃에게 악을 행하지 아니하나니 그러므로 사랑
은 율법의 완성(πλήρωμα)이니라

바울은 한 번도 자신의 입으로 모세의 율법을 '행하라'고 명령하지 않
는다. 사랑함으로 율법이 '이루어진다' 혹을 사랑함으로 율법을 '이룬다'라고
말한다. 예를 들어 로마서 8:4, "육신을 따르지 않고 그 영을 따라 행하는 우리
에게 율법의 요구가 이루어지게 하려 하심이니라"에서도 수동태(πληρωθῇ)로
말한다. 지금 이곳에서도 "온 율법은 … 이루어졌나니"라고 말한다. 여기에서
도 수동태(πεπλήρωται)다. 바울은 유대교 랍비들의 율법 해석의 지침을 하나
하나 지키는 것으로 율법이 성취된다고 생각하지 않았고, 사랑의 행동을 통
해 결과적으로 모든 율법이 궁극적으로 요구하는 바가 만족된다고 생각한 것
같다.

그렇다면 왜 사랑이 율법의 완성일까? 어느 랍비 문서도 레위기 19:18
을 토라(Torah)의 요약으로 말하지 않으며, 바빌론 탈무드(b. Sabb. 31a)에
서 이 구절은 '당신이 싫어하는 것을 이웃에게 하지 말라'는 뜻으로 해석된다.
이웃을 적극적으로 사랑하는 것이 아니라, 소극적으로 이웃에게 피해를 주는
일을 하지 말라는 뜻으로 본다. 마태복음 5:43에서 예수는 레위기 19:18을
인용한 뒤 "원수를 갚지 말며 동포를 원망하지 말며" 대신 "너희 원수를 사랑하
며 너희를 박해하는 자를 위하여 기도하라"(마 5:44)고 가르친다. 원수를 갚는
것은 '살인하는 것'이다. 예수는 산상수훈에서 "옛 사람에게 말한 바 살인하지
말라 누구든지 살인하면 심판을 받게 되리라 하였다는 것을 너희가 들었으나 나
는 너희에게 이르노니 형제에게 노하는 자마다 심판을 받게 되고 형제를 대하여
라가라 하는 자는 공회에 잡혀가게 되고 미련한 놈이라 하는 자는 지옥 불에 들
어가게 되리라"(마 5:21-22)고 가르친다.

실수로 사람을 죽이는 것이 아니라면, 사람은 자신이 증오하는 원수를
죽인다. 모세의 율법은 아무리 사람이 미워서 욕을 하고 증오하는 것까지는
봐줄 수 있지만, 적어도 '죽이지는 말라'고 말한다. 살인하지 말라는 율법은
하나님의 백성을 향한 최소한의 요구다. 예수는 모세 율법의 가르침을 능가
한다. 마음으로 미워하는 것은 살인한 것과 같다. 그 심판의 기준이 행위가 아
니라 마음의 상태다. 더 나아가 '원수를 사랑하라'고 명령하신다. 모세의 율법

이 하나님의 백성을 향한 최소한의 요구라면, 예수의 새 계명은 최대한의 요구다. 모세의 율법이 초등학생 수준에 맞추어진 명령이라면, 예수의 새 계명은 성숙한 성인 수준에 맞추어진 명령이다. 예수의 계명이 모세의 계명보다 훨씬 더 지키기 어렵다. 우리 중 누구도 아침에 일어나 '오늘 제가 살인하지 않게 해주세요'라고 기도하지는 않는다. 그런 기도를 하지 않아도 사람을 죽이는 일은 좀처럼 발생하지 않기 때문이다. 반면에 원수를 사랑하고, 심지어 그를 위해 기도하는 일은 정말 어렵다.

모세의 계명은 하위의 것이고, 예수의 계명은 그것을 능가하는 상위의 것이기 때문에 '원수를 사랑하라'는 예수의 명령을 지키면 결과적으로 모세의 율법은 성취된다. 바울이 "네 이웃 사랑하기를 네 자신 같이 하라"는 레위기 19:18을 인용할 때 그는 모세의 율법의 한 구절을 인용한 것처럼 보이지만, 그의 의도는 예수 전승의 중요한 가르침인 "너희 원수를 사랑하며 너희를 박해하는 자를 위하여 기도하라"(마 5:44)를 염두에 두고 있었다고 보인다. 성도는 유대교식으로 모세의 율법을 하나하나 지키지 않아도 된다. 왜냐하면 그들은 예수의 새 계명을 지키기 위해 노력하기 때문이다. 원수는 멀리 있지 않고, 항상 이웃 가운데 있다. 그런 이웃조차 사랑한다면 그는 그 사랑으로 율법을 성취한다.

기독교인이 사랑을 통해 율법을 성취하는 것은 유대인들이 율법을 지키는 것과 다르다. 유대인에게 율법을 지키는 것은 구원의 문제이지만 기독교인들에게 율법은 구원의 문제가 아니다. 믿음이 구원의 문제고, 사랑의 행위는 구원론의 영역에 속하지 않는다. 기독교 윤리의 문제다. 그리스도의 새 계명은 새 율법으로 우리에게 주어지지 않았다. 새 계명은 기독교인의 삶의 지침(guideline)이고, 생각과 행동의 기준이다. 새 계명은 하나님의 백성을 향한 하나님의 최대한의 요구이며, 궁극적으로 우리가 도달하는 지점이다. "온 율법은 … 이루어졌나니"의 "이루어졌나니"는 완료수동태(πεπλήρωται)로 되어 있다. 이때 수동태는 결과의 관점에서 과거를 회상하는(retrospective) 뉘앙스를 갖고 있다.[233] '이웃을 사랑하라'는 이 대원칙을 지키면 결과적으로 모든 율법을 준수한 것과 똑같은 결과가 생겨난다.

---

233) Moo, *Galatians*, 347.

5:15 만일 서로 물고(δάκνω) 먹으면(κατεσθίω) 피차 멸망할까 조심하라

'물다'(δάκνω)와 '먹다'(κατεσθίω)는 야생의 육식 동물의 행동 양식을 보여준다. '다크노'(δάκνω, to bite)는 70인역 민수기 21:6, "여호와께서 불뱀들을 백성 중에 보내어 백성을 물게 하시므로"에서 사용되었다. 그러나 이 동사가 구약성경에서 뱀에 대해 많이 사용되었지만, 일반 헬라어 용법에서 오직 뱀에 대해서만 사용된 것은 아니다. 개와 같은 동물에 대해서도 사용되었다.[234] 야생동물이 약육강식의 원리에 따라 행동하듯, 성도들이 서로 치고 박고 싸우면 모두 함께 멸망한다. 할례 때문에 갈라디아 교회들 안에 존재하는 의견 차이로 성도들이 서로 대립하고 싸우는 일이 생기는 것을 막으려고 바울은 이 말을 한다. 할례당을 교회에서 내보내는 것으로 충분하며 성도들이 이 문제 때문에 서로 물고 뜯어먹는 싸움이 일어나지 않고, 서로를 사랑으로 섬기는 방향으로 나아가길 바울은 원한다.

---

234) "δακνάζω," LSJ, 367을 보라.

15.
성령을 따르는 삶과 그 열매
[5:16-26]

5:16 내가 이르노니 너희는 성령을 따라 행하라 그리하면 육체의 욕심을 이루지 아니하리라

'행하다'로 번역된 동사 '페리파테오'(περιπατέω)는 '걷다'(to walk)라는 뜻이며, 이 동사는 '걷다'라는 뜻의 히브리어 동사 '할락'(הלך)과 마찬가지로 '행하다'의 뜻으로 사용되었다. 유대교에서는 율법을 행하며 살아가는 삶을 '걷다'라는 동사로 표현한다. 그런데 바울은 여기서 '율법을 따라 걸어가라'고 말하지 않고 '성령을 따라(πνεύματι) 걸어가라(περιπατεῖτε)'고 말한다. 얼핏 들으면 별로 특별할 게 없어 보이지만 이 가르침 배후에는 매우 중요한 신학적 원리가 있다. 그것은 바로 유대교의 인간론이다. 유대교의 인간론을 따르는 랍비들의 가르침은 한 마디로 '율법을 좇아 행하라 그리하면 악한 성향의 지배를 받지 아니하리라'이다. 여기에서 바울은 율법 대신 성령을, 악한 성향 대신 "육체의 욕심"(ἐπιθυμίαν σαρκὸς)을 넣었다. 랍비들의 대표적인 가르침을 복음의 표어로 바꾸었다. 갈라디아서 5:16-17을 잘 이해하려면 로마서 7장에 나오는 바울의 인간론과 8장 앞부분의 성령에 관한 가르침을 먼저 살펴보는 것이 좋다. (자세한 것은 보충설명 21: "유대교의 인간론과 바울의 인간론"을 보라).

보충설명 21: "유대교의 인간론과 바울의 인간론"[235]

1. 유대교의 인간론

유대교 랍비들은 하나님께서 인간을 창조하실 때 인간의 내부에 두 개의 상반된 성향을 만드셨다고 가르쳤다. 그 두 개의 성향은 곧 '악한 성향'(evil inclination, 히브리어로 yetzer hara)과 '선한 성향'(good inclination, 히브리어로 yetzer hatob)이다. 이 둘은 인간 내부에서 서로 대립하는 두 개의 세력(power, force)이다. 둘 중 악한 성향은 선한 성향보다 더 강하다. 그러므로 자연적 인간(율법을 알지 못하는 인간)은 자연스럽게 악한 성향의 지배를 받게 되어 죄를 지으며 살아가게 된다. 악한 성향은 인간을 그 내면으로부터 지배하는 왕과 같은 존재다. 의로운 사람이란 선한 성향이 악한 성향을 압도한 사람이고, 죄인은 악한 성향이 선한 성향을 압도한 사람이다. 랍비들은 종말의 때에 하나님께서 악한 성향을 인간에게서 영원히 제거해주실 것이라고 믿었다. 그러나 하나님은 악한 성향을 지금 당장 없애주시지 않는다. 악한 성향이 인간에게 필요한 면도 있기 때문이다.

우리는 하나님께서 처음 인간을 창조하실 때 선한 성향만 넣어주셨으면 더 좋았을 거라 생각한다. 왜 하나님은 굳이 악한 성향까지 넣어주신 것일까? 창세기 라바(Rabbah)는 그 이유를 아래와 같이 설명한다: "그러나 만약 악한 성향이 없다면 아무도 집을 짓지 않고, 아내를 얻어 아이들을 낳지 않을 것이다."[236](*Gen. Rab.*, Bereshith 9.7) 악한 성향이 없으면 아무도 집을 짓지 않고, 결혼하여 아기를 낳지 않을 거라는 말에서 우리는 '악한 성향'이 곧 인간의 욕망을 가리키는 것임을 알 수 있다. 인간의 욕망 때문에 인간은 죄의 유혹에 쉽게 넘어가지만, 인간의 욕망에는 역기능만 있는 것이 아니라 순기능도 있다는 것을 유대교 랍비들은 인식하고 있었다. 악한 성향이 전혀 없다면, 다시 말해 욕망이 없다면, 문명의 발전도 없고, 인류는 두 세대를 넘기지 못하고 멸망할 것이다.

한 가지 먼저 짚고 넘어갈 점은 욕망이 곧 죄는 아니라는 것이다. 금욕주의에서는 욕망을 죄로 보고, 욕망은 제거되어야 할 대상으로 본다. 하지만 유대-기독교 전통에서 욕망 그 자체는 죄가 아니다. 죄란 인간이 율법을 어기면서 자신의 욕망을 만족시키려고 할 때 발생한다. 율법이 정한 범위 내에서 인간이 자신의 욕망을 만족시키는 것은 죄가 아니다. 부부가 결혼 관계 안에서 성적인 욕망을 만족시키는 것을 죄악시하지 않는다. 율법 혹은 각종 경제법의 범위 안에서 인간이 재물을 향한 욕망을 합법적으로 추구하는 것을 죄악시하지도 않는다. 욕망이 순기능으로 작동하는 것을 인정하면서, 동시에 욕망이 역기능으로 작용하여 이웃과 자신을 파괴하는 것을 죄로 규정하고 막으려고 하는 것이 곧 유대-기독교 전통이다.

랍비들은 악한 성향이 마치 사람과 같이 인간을 향해 말한다고 보았다. 악한 성향은 의인화되어 인간의 의지로부터 독립된 인격체로 묘사되었다. 욕망은 나의 안에 있는 나의 욕망이지만 내가 통제할 수 없는 세력이 되어 인간을 지배한다. 바벨론 탈무드에는 이런 말이 있다.

---

235) 유대교의 인간론과 바울의 인간론에 관한 더 전문적인 이해를 위해 김철홍, "1세기 유대교 인간론의 악한 성향과 바울의 인간론," 『신약연구』 13 (2014), 745-82을 보라.

236) "But for the evil desire, however, no man would build a house, take a wife and beget children." 번역은 필자의 것.

오늘 그[악한 성향]는 그 남자에게 '이것을 하라'고 말한다; 내일 그는 그 남자에게 '가서 우상들을 섬기라'고 말할 때까지 그에게 '저것을 하라'고 말한다. 그러면 그는 가서 우상들을 섬긴다.[237] (b. Sabbath 105b)

그렇다면 이런 인간에게 구원의 길은 무엇인가? 랍비들은 율법이 바로 구원의 길이라고 보았다. 바벨론 탈무드는 이렇게 말한다.

그러므로 하나님께서 이스라엘사람들에게 말씀하시기를 '내가 너희 안에 악한 성향을 창조하였으나 내가 또한 율법을 약으로 창조하였다. 너희가 율법에 너희 마음을 두는 한 그 성향이 너희를 지배하지 못할 것이다. 그러나 만약 너희가 율법에 너희 마음을 두지 않으면 그때는 너희가 그 성향의 능력으로 넘겨질 것이며, 그것의 모든 활동은 너희에게 불리한 것이 될 것이다'[238] (b. Kiddushin. 30b).

랍비들은 율법은 악한 성향을 치료하기 위해 하나님께서 만드신 해독제라고 보았다: "선생님께서 말씀하셨다: 하나님께서 악한 성향을 창조하셨지만, 그가 악한 성향을 치료하는 해독제로 율법을 창조하셨다"[239](b. Baba Bathra 16a). 랍비들은 율법으로 악한 성향의 문제를 해결할 수 있다고 보았고, 그들은 이 문제에 대해 낙관적이었다. 유대교는 인간의 내부에 악한 성향의 문제를 해결할 수 있는 능력이나 자원이 있다고 보지 않는다. 구원의 길은 인간 내부가 아니라, 외부에서 주어진다. 유대교 구원론의 중심은 율법 교육과 실천에 있다. 유대교의 궁극적인 가르침은 '너희는 율법을 좇아 행하라. 그리하면 악한 성향, 즉 욕망의 뜻대로 살지 않게 될 것이다'라는 것이다. 유대인들은 자녀들에게 율법을 암송하게 하여 율법을 내면화(internalization)시키려고 한다. 그렇게 함으로써 예레미야 31:33에 나오는 말씀은 곧 하나님의 법을 자신들 '안에' 두고 '마음에 율법을 새기는 것'이라고 믿는다.

2. 바울의 인간론

로마서 7장에 나타나는 바울의 인간 이해에도 인간의 내부에는 두 개의 반대되는 세력이 서로 대립하고 있다. "내 속사람으로는 하나님의 법을 즐거워하되"(롬 7:22), "내가 원하는 것은 행하지 아니하고 도리어 미워하는 것을 행함이라"(롬 7:15). 15절에서 "내가 원하는 것"은 율법이다. 인간의 내면에 율법, 도덕, 윤리를 지키기를 원하는 '나'가 있다. 인간이 율법을 알고 있고, 심지어 그것을 행하려는 도덕적 의지도 있다. 하지만 실제로 그가 하는 일은 내가 원하지 않고 "미워하는 것," 즉 율법의 가르침의 반대되는 것이다. 인간이 율법을 알고 있다고 해서 그 율법대로 사는 것이 아니다. 인간이 오히려 정반대의 길을 가게 만드는 원인은 무엇일까? 바울은 '내 안에 거

---

237) "To-day he says to him, 'Do this'; tomorrow he tells him, 'Do that,' until he bids him, 'Go and serve idols,' and he goes and serves [them]." 번역은 필자의 것.

238) "So God says to the Israelites, 'I created within you the evil *yetzer*, but I created the Law as a drug. As long as you occupy yourselves with the Law, the *yetzer* will not rule over you. But if you do not occupy yourselves with the Torah, then you will be delivered into the power of the *yetzer*, and all its activity will be against you.'" 번역은 필자의 것.

239) "Raba said: Though God created the *Yetzer ha-Ra*, He created the Law, as an antidote [lit. spice] against it." 번역은 필자의 것.

주하는 죄'라고 말한다.

로마서 7:17. 이제는 그것을 행하는 자가 내가 아니요 내 속에 거하는 죄니라

로마서 7:20. 만일 내가 원하지 아니하는 그것을 하면 이를 행하는 자는 내가 아니요 내 속에 거하는 죄니라

인간의 내부에는 '율법을 알고 있고, 율법을 행하기 원하는 나'와 "내 속에 거하는 죄"가 서로 대립하고 있다. 여기에서 '내 안에 거주하고 있는 죄'는 죄는 과거에 내가 행한 잘못된 행동이 아니다. 여기에서 '죄'는 나를 내면으로부터 지배하고 있는 '세력'(power, force)이다. 이 죄의 세력이 인간의 내부에서 인간을 지배하기 때문에 인간이 죄를 짓게 된다. 인간의 내면은 이 두 개의 자아(自我)가 충돌하고 싸우는 전쟁터다. 그런데 이 전쟁터에서 번번히 승리하는 것은 '내 안에 거주하는 죄'다.

로마서 7:23. 내 지체 속에서 한 다른 법이 내 마음의 법과 싸워 내 지체 속에 있는 죄의 법으로 나를 사로잡는 것을 보는도다

"내 마음의 법"(내 마음에 있는 하나님의 율법)과 "한 다른 법"(내 안에 있는 죄)이 대결한다. 이 대결에서 율법은 번번이 죄에 패배한다. 그 결과 나는 "죄의 법"의 포로로 사로잡힌다.

유대교의 인간관과 바울의 인간관을 비교해보면 서로 비슷한 점이 있다. 둘 다 인간 내부에 두 개의 반대되는 세력이 서로 충돌하고 있는 것으로 보고 있다. 그리고 둘 다 악한 것이 선한 것을 이긴다고 본다. 바울의 인간관이 유대교의 인간관과 비교할 때 매우 다른 점도 있다. 유대교 인간관에서는 율법이 문제의 해결책이지만 바울의 인간관에서 율법은 여전히 문제의 한 부분이다. 유대교에서는 율법이 인간 보편의 문제인 죄를 해결하는 구원의 길이지만, 바울은 율법이 죄의 문제의 해결책이라고 보지 않는다. 내 안에 율법을 알고 있고, 심지어 행하려는 도덕적 의지가 있어도 여전히 나는 죄와의 싸움에서 패배한다. 율법은 무엇이 죄인지 깨닫게 해줄 뿐이다. 율법의 지식이 인간에게 죄를 이길 수 있는 능력을 주는 것은 아니다.

그렇다면 "내 속에 거하는 죄"는 구체적으로 무엇을 가리키는 것일까? 바울의 인간론이 유대교의 인간론을 계승하면서 수정한 것이라면 "내 속에 거하는 죄"는 유대교 인간관의 '악한 성향'과 유사한 것이라고 볼 수 있다. 악한 성향도 인간의 내부로부터 인간을 지배하는 세력이므로, "내 속에 거하는 죄"가 악한 성향, 즉 욕망의 또 다른 이름이라고 볼 수 있다. 물론 욕망 그 자체가 죄는 아니다. 하지만 사탄은 인간이 죄를 짓게 만들 때 인간의 욕망을 통해 인간을 공격한다. 아담과 하와가 선악과를 따먹을 때 사탄은 그들의 욕망을 부추김으로 범죄하게 만든다. 욕망은 인간 내부에 거하면서 끊임없이 인간을 향해 '이것을 하라,' '저것을 하라'고 말하면서 율법과 하나님의 뜻을 어기게 만든다. 그런 점에서 욕망은 '행동으로서의 죄'는 아니지만, 내 속에 거주하는 '세력으로서의 죄'로 볼 수 있다.

로마서 7:24의 절규, "오호라 나는 곤고한 사람이로다 이 사망의 몸에서 누가 나를 건져내랴"는 바울이라는 한 개인의 절규가 아니다. 여기에서 '나'는 아담이고, 심판 아래에 있는 이스라엘이고, 더 나아가 모든 인류다. 이 절규는 율법, 윤리, 도덕 아래 있는 모든 인간/인류의 절규다. 그 내부에 자신을 구원할 수 있는 능력도, 자원도 없다는 것을 깨닫고, 나는 나 자신을 구원할 수 없다고 고백하는 인간의 절규다. 그는 육체 가운데 깃들어 있는 욕망의 포로가 되어 있는 자신을 구원해줄 절대자를 향해 절규한다. 이것은 믿음이 오기 전의 인간을 묘사한 것이며, 인간이 믿음을 갖게 된 이후에 예전의 자신을 돌이켜보면서 과거의 자신을 묘사한 것이다.

바울의 인간 이해는 기본적으로 비관론(pessimism)이다. 반대로 유대교의 인간 이해는 낙관론(optimism)이다. 유대교는 인간 보편의 문제인 죄와 죽음의 문제를 율법으로 충분히 해결할 수 있다고 낙관한다. 반면 바울은 율법이 인간 보편의 문제를 해결할 수 없다고 본다. 이 지점이 유대교와 바울 복음이 갈라지는 갈림길이다. '인간에게 선과 악, 혹은 하나님의 뜻과 죄가 무엇인지 인식할 수 있는 능력이 있는가?'라는 질문에 유대교와 바울은 둘 다 '그렇다'(yes)고 대답한다. '인간에게 자신이 인식한 선, 혹은 하나님의 뜻(율법)을 실천할 능력이 있는가?'라는 질문에 유대교는 '그렇다'고 대답하지만, 바울은 '아니다'(No)라고 대답한다. 이 두 가지 질문에 대해 모든 율법주의 종교는 유대교와 동일한 대답을 한다. 동서양의 도덕철학도 마찬가지다. 인간에게 선을 실천할 수 있는 능력이 본래적으로 존재한다고 봐야 율법교육, 윤리교육이 의미가 있다. 율법과 도덕에 대한 지식을 주어도 선을 행할 수 있는 능력이 없다고 본다면 율법과 도덕을 가르쳐봐야 소용이 없다. 이 점이 바로 복음이 율법주의 종교, 도덕철학과 결정적으로 다른 점이다.

비관적인 인간관을 가진 바울이 평소에 율법 준수를 통한 구원을 가르쳤다고 주장하는 것도 모순이다. 할례당과 바울 사이에 도저히 합의할 수 없는 의견의 차이가 있다면 그것은 인간 이해다. 할례당은 낙관적인 인간 이해를 하고 있으므로 율법 준수를 통해 구원받을 수 있다고 보지만, 비관적인 인간 이해에서는 행위 구원은 불가능하다. 인간의 행위 이외에 다른 구원의 길이 필요하다. 바울신학의 새 관점 논쟁에서 제임스 던과 N. T. 라이트 같은 학자들이 주장하는 2단계 칭의론은 바울의 비관적 인간론과 잘 어울리지 않는다. 바울이 일관된 신학을 갖고 있었다면 바울이 비관적 인간관을 기초로 하여 2단계 칭의론 같은 행위 구원을 주장할 수 없다. 바울의 비관적 인간관은 바울신학의 새 관점의 아킬레스건이다. 바울의 비관적 인간관은 바울신학의 새 관점의 주장들이 틀렸다는 것을 보여주는 결정적 증거다.

3. 해답은 성령이다

죄의 지배 아래 있는 인간에게 스스로 구원할 수 있는 능력이나 수단이 없다면 구원은 인간의 외부로부터 주어져야 한다. 율법이 구원의 길이 아니라면 인간을 구원의 길로 인도할 수 있는 해결책은 무엇인가? 바울은 성령이 바로 그 해결책이라 말한다. 로마서 8:2에서 "이는 그리스도 예수 안에 있는 생명의 성령의 법이 죄와 사망의 법에서 너를 해방하였음이라"고 말한다. 여기에서 "법"은 '지배'(rule) 혹은 '원리'(principle)로 해석하는 것이 좋다. "법"을 율법(Torah)으로 해석하면 이해가 안 된다. 복음을 믿으면 하나님께서는 성령을 선물로 주시고, 성령이 우리 안에 들어와 거주하게 된다. 하나님께서 그리스도를 통해서 주시는 구원은 단순히 '칭의'에서 끝나는 것이 아니다. 단순히 내가 과거, 현재, 미래에 지은 죄를 용서하는 것에서 끝나는 것이 아니다. 그 구원은 인간의 육체를 지배하고 있는 죄의 세력의 지배에서 인간이 해방되는 것을 포함한다. 죄의 세력으로부터의 자유를 얻게 하시는 분은 바로 성령이다.

로마서 8:4, "육신을 따르지 않고 그 영을 따라 행하는 우리에게 율법의 요구가 이루어지게 하려 하심이니라"는 성령의 도움으로 우리가 육체의 욕망을 따라 살지 않고 성령을 따라 살게 된다고 말한다. 그 결과 우리에게서 "율법의 요구"가 이루어지게 된다. 단순히 인간에게 율법을 준다고 해서 율법의 요구가 이루어지지는 않는다. 인간이 율법의 요구를 이루려면 육체를 지배하는 죄의 세력과 맞서 싸워 이길 수 있는 능력(power)이 인간에게 주어져야 한다. 성령은 바로 그 능력이시고, 그 능력을 우리에게 준다. 에스겔 36:27, "또 내 영을 너희 속에 두어 너희로 내 율례를 행하게 하리니"

가 바로 그 점을 말하고 있다. 하나님의 영이 우리 안에 있을 때 비로소 하나님의 율례를 행할 수 있게 된다. 성령을 받는 것이 우리가 욕망의 지배에서 벗어날 수 있는 출구다.

유대교 전통에서 악한 성향은 마음의 할례받지 않은 것과 동일시된다.

> 모세는 그것[악한 성향]을 무할례라고 불렀다. 기록된바; "그러므로 너희는 마음에 할례를 행하고"[240][신명기 10:16] (b. Sukkah 52a).

랍비들은 악한 성향의 본래의 상태는 할례를 받지 않은(uncircumcised) 상태라고 보며, 마음의 할례가 악한 성향의 문제의 해결책이라고 봤다. 이 관점에서 보면 로마서 2:28-29에서 바울이 할례를 성령에 연결하는 것을 쉽게 이해할 수 있다.

> [28]무릇 표면적 유대인이 유대인이 아니요 표면적 육신의 할례가 할례가 아니니라 [29]오직 이면적 유대인이 유대인이며 할례는 마음에 할지니 영에 있고 율법 조문에 있지 아니한 것이라 … (롬 2:28-29)

---

240) "Moses called it uncircumcised, as it is stated: 'And circumcise the foreskin of your hearts.'" 번역은 필자의 것.

"욕망"으로 번역된 단어는 '에피뚜미아'(ἐπιθυμία)다. 이 단어는 로마서 7:7, "내가 탐심을 알지 못하였으리라"에서는 '탐심'으로 번역되었고, 골로새서 3:5, "음란과 부정과 사욕과 악한 정욕과 탐심이니"에서는 '정욕'으로, 데살로니가전서 4:5, "하나님을 모르는 이방인과 같이 색욕을 따르지 말고"에서는 '색욕'으로 번역되었다. 개역성경에서 다소 번역의 일관성이 부족하긴 하지만 '에피뚜미아'의 뜻은 '욕망'(desire)이라고 보면 된다(빌 1:23; 살전 2:17 에서는 '바램'이라는 중립적인 뜻으로 사용됨).

육체의 욕망은 마치 재갈을 물리지 않은 야생마와 같다. 한 번 발동이 걸리면 인간의 도덕적 의지가 쉽게 감당하지 못한다. 성령이 없으면 인간은 이 야생마가 이끄는 대로 끌려갈 수밖에 없다. 그러나 믿음을 가지면 성령을 받는다. 성령이 들어오시면 성령은 욕망에 재갈을 물려 마음대로 날뛰지 못하게 한다. 바로 여기에 구원의 길이 있다.

5:17 육체의 소욕은 성령을 거스르고 성령은 육체를 거스르나니 이 둘이 서로 대적함으로 너희가 원하는 것을 하지 못하게 하려 함이니라

17절의 앞부분을 직역하면 '육체는 성령에 대항하여(κατά) 욕망을 갖고(ἐπιθυμεῖ), 성령은 육체에 대항하여(κατά) 욕망을 갖는다(ἐπιθυμεῖ)'이다. '에피뚜미아'(ἐπιθυμία, 욕망)의 동사형인 '에피뚜메오'(ἐπιθυμέω)가 사용되었다. 믿는 자에게 성령이 들어오면 어떤 변화가 일어나는가? 이전에는 죄의 세력이 욕망을 통해 역사하는 것을 막을 수 있는 세력이 내 안에 없었기 때문에 '내 안에 있는 죄'(롬 7:17, 20)는 '율법을 지키기 원하는 나'(롬 7:15)와의 대결에서 항상 일방적으로 승리한다. 하지만 성령이 들어오시면 성령께서 '내 안에 있는 죄' 즉, 육체의 욕망과 맞서 싸우기 시작하신다. 진정한 의미의 영적 전쟁이 시작된다(롬 8:5, "육신을 따르는 자는 육신의 일을, 영을 따르는 자는 영의 일을 생각하나니"). 욕망의 독재가 깨어진다.

물론 성령의 임재 즉시 육체의 욕망과의 모든 싸움에서 성도가 승리하는 것은 아니다. 100전 100패의 승률에서 시작하여 점차 승률이 올라가기 시작한다. 어느 날 100전 100승 할 수도 있지만, 그렇다고 해서 다음 날도

100승 하리란 보장은 없다. 성도의 삶은 마치 끝없이 밀려오는 파도와 같은 욕망과 쉴 사이 없이 싸우는 전쟁이다. "이 둘이 서로 대적함으로"가 바로 그 점을 지적한다. 그렇게 되면 '결과적으로'(ἵνα) "너희가 원하는 것을 하지 못하게"(ἵνα μὴ ἃ ἐὰν θέλητε ταῦτα ποιῆτε) 된다. '히나'(ἵνα)를 목적으로 보아 해석해도 뜻은 크게 바뀌지 않는다. '원하다'와 '하다'의 동사의 시제는 모두 현재형이고, 지속적인 상태를 묘사한다. '너희가 원하는 것'이 육체의 욕망이 원하는 것인지 아니면 성령이 원하는 것인지는 분명하지 않다. 의미상 '너희의 육체의 욕망이 무엇을 원하건, 계속해서 그것을 못 하게 한다'는 뜻으로 보인다. 하지만 성령이 원하시는 것을 못 하게 한다고 볼 수도 있기 때문에 성령과 욕망 양측이 서로를 제지하는 것으로 볼 수 있다.

이 말은 의미심장하다. 바울은 '성령이 욕망을 압도하여 한 방에 욕망을 무력화하고, 죄를 더 짓지 않는다'라고 말하지 않는다. 17절의 하반부는 성령과 욕망이 서로 팽팽하게 맞서서 어느 쪽도 완벽한 승리를 거두지 못하다는 점을 암시한다. 바울은 여기에서도 여전히 낙관론을 거부한다. 영적 전쟁은 끝나지 않는 싸움이고, 이 전쟁에서 오늘도 승리할 가능성과 패배할 가능성은 예측 불가다. 물론 궁극적으로 이 싸움에서 성령의 완전한 승리는 이미 운명지어져 있다. 왜냐하면 성도가 믿음을 버리지 않고 끝까지 이 싸움을 싸운다면 부활의 영광에 참여하게 될 것이고, 부활의 몸을 입으면 그때에는 육체의 욕망에서 완전히 자유롭게 되기 때문이다.

그러므로 성도는 어제의 승리에 도취하거나, 어제의 패배 때문에 절망해선 안 된다. 유대교 랍비들은 하나님께서 선한 의도를 갖고 '악한 성향'을 인간에게 넣어주셨다고 본다. 야생마와 같은 악한 성향을 다스리고(to master), 길들이는 것(to tame)이 하나님 백성의 과제라고 보았다.[241] 권투 선수가 세계 챔피언이 되려면 매우 강력한 스파링 파트너를 구해야 한다. 그래야 실력이 계속 향상되어 어느 날 챔피언이 될 수 있다. 우리 안에 강력한 적이 있으므로 그 적과 평생 엎치락뒤치락하며 싸우다 보면 언젠가 영적으로 잘 다듬어진 성도가 된다. 그러므로 야곱이 하나님의 천사와 얍복강에서 밤

---

241) Richard Lowry, "The Dark Side of The Soul: Human Nature and The Problem of Evil in Jewish and Christian Traditions", *Journal of Ecumenical Studies* 35 (1998), 92-3.

을 새워 싸우되 포기하지 않고 끝까지 싸웠던 것처럼, 그런 모습으로 살아가는 것이 영적 전쟁에서 승리하는 길이다.

5:18 너희가 만일 성령의 인도하시는 바가 되면 율법 아래에 있지 아니하리라

바울은 끝나지 않는 영적 전쟁 속에서 있는 우리를 향해 위로의 말을 건넨다. "성령의 인도하시는 바가 되면"(πνεύματι ἄγεσθε)은 수동태로 되어 있다. 로마서 8:14, "무릇 하나님의 영으로 인도함을 받는 사람은(ὅσοι πνεύματι θεοῦ ἄγονται) 곧 하나님의 아들이라"에서도 성령(πνεύμα)의 여격(dative)과 함께 '아고'(ἄγω, to lead)의 수동태가 사용되었다. 여기에서 수동태가 사용되었으므로, 마치 '나'라는 주체는 영적 전쟁에서 어떤 능동적인 역할도 하지 않는 것으로 보일 수 있다. 그러니 성령과 육체의 욕망 사이의 싸움에서 성도는 수동적인 역할에 머물지 않는다. 궁극적으로 성령의 뜻을 따라 행하는, 그 주체는 곧 인간 자신이다. 성도는 스스로 성령의 뜻을 분별하고, 그 뜻에 순종하는 주체적인 결단을 매 순간 내려야 한다. 로마서 6:12-13에서 성도는 죄와의 싸움의 최전선에서 결정하고 실행하는 주체다.

> ¹²그러므로 너희는 죄가 너희 죽을 몸을 지배하지 못하게 하여 몸의 사욕에 순종하지 말고 ¹³또한 너희 지체를 불의의 무기로 죄에게 내주지 말고 오직 너희 자신을 죽은 자 가운데서 다시 살아난 자 같이 하나님께 드리며 너희 지체를 의의 무기로 하나님께 드리라 (로마서 6:12-13)

하나님의 성령을 선물로 받고, 성령의 음성에 인도를 받는 사람은 율법의 권위 아래 있지 않다. 유대인으로 태어났다 하더라도 이제는 율법을 따라 살아갈 필요가 없다. 그 유대인은 율법 아래 있지 않으므로 이제는 유대인이 아니다. 또한 "율법 아래에 있지 아니하리라"(οὐκ ἐστὲ ὑπὸ νόμον; 갈 3:23; 4:4-5, 21)는 말은 더는 '육체의 욕망'의 지배 아래 있지 않다는 말이다. 욕망의 지배에서 벗어나 이제 성령의 지배로 들어갔다. 그러므로 이미 성령을 체험한 갈라디아 성도들이(갈 3:3-4), 할례를 받고 율법의 아래로 들어가는 것은 하나님의 구원 과정을 역류(逆流)하는 행동이다.

5:19 육체의 일은 분명하니 곧 음행과 더러운 것과 호색과

19-21절은 육체의 일을, 22-23절은 성령의 열매를 열거하여 서로 대조한다. "육체의 일"(τὰ ἔργα τῆς σαρκός)은 "율법의 행위"(ἔργα νόμου; 갈 2:16; 3:2, 4, 10)를 떠올리게 하는 표현이다. 율법의 행위로 자기 의를 추구하면 육체의 일을 그 결과로 얻게 된다. 율법을 알고 있는 유대인도 율법을 모르는 이방인도 육체의 일로 마치게 된다. 이 점에 있어서는 유대인이건 이방인이건 차이가 없다(롬 1:8-2:29). 19-23절에 등장하는 목록들과 유사한 목록은 바울서신의 여러 곳에 나오며, 비바울 서신에서도 발견된다.[242] 덕과 악덕의 목록은 헬라철학에도 등장하며, 제2성전기 유대교 문서에서도 발견된다. 육체의 일과 성령의 열매 사이의 대조는 육체와 성령, 율법과 성령 사이의 대조의 연장선 상에 있다.

욕망의 지배를 받으면서 살면 육체의 열매들을 맺게 된다. 바울은 그 열매들을 크게 4가지로 나눈다. 첫 번째 범주는 성적인 죄 세 가지다. "음행"(πορνεία)은 모든 종류의 성적인 죄를 가리킨다. 데살로니가전서 4:3, "하나님의 뜻은 이것이니 너희의 거룩함이라 곧 음란을 버리고"에서 "음란"으로 번역된 것도 '포르네이아'(πορνεία)다. "더러운 것"(ἀκαθαρσία)은 부정함(uncleanness)이다. 도덕적으로 더러운 행동을 가리키며, "음행"과 "호색" 사이에서 사용되었으므로 도덕적으로 더러운 성적인 죄를 의미한다. 에베소서 5:3, "음행과 온갖 더러운 것과"과 골로새서 3:5, "그러므로 땅에 있는 지체를 죽이라 곧 음란과 부정과"에서 '아카따르시아'(더러움, ἀκαθαρσία)는 '포르네이아'(πορνεία) 바로 뒤에 나온다. 에베소서 5:5, "너희도 정녕 이것을 알거니와 음행하는 자나 더러운 자나"에서 '포르노스'(πόρνος)와 '아카따르토스'(ἀ

---

242) 악덕(vice)의 목록은 롬 1:29-31, 고전 5:9-11, 6:9-10, 엡 4:31, 5:3-5, 골 3:5, 딤전 1:9-10, 6:4-5, 딤후 3:2-4, 딛 1:7, 벧전 4:3, 계 21:8, 22:15. 덕(virtue)의 목록은 엡 6:14-17, 빌 4:8, 골 3:12, 딤전 3:2-3, 6:11, 딛 1:7-8, 약 3:17, 벧후 1:5-8. 이 목록은 Moo, *Galatians,* 358에 빚졌다.

κάθαρτος)는 짝을 이루고 있다. "호색"(ἀσέλγεια)은 성적 욕망을 절제하지 못하는 극단적 방탕함이다. 로마서 13:13, "음란하거나 호색하지 말며"에서도 '아셀게이아'(ἀσέλγεια)가 나온다. 고린도후서 12:21, "그 행한 바 더러움과 음란함과 호색함을"에서는 19절에 나온 '아카따르시아'(ἀκαθαρσία), '포르네이아'(πορνεία), '아셀게이아'(ἀσέλγεια) 세 가지가 모두 함께 나온다.

5:20 우상 숭배와 주술과 원수 맺는 것과 분쟁과 시기와 분냄과 당 짓는 것과 분열함과 이단과

육체의 일의 두 번째 범주는 종교적 죄다. "우상 숭배"(ἰδωλολατρία)는 하나님 대신 우상을 예배하는 것이다. 로마서 1:18-32에서 바울은 우상 숭배의 문제를 깊이 다룬다. 헬라시대 우상숭배는 흉(凶)과 화(禍)를 피하고 길(吉)과 복(福)을 추구하는 우리의 무속신앙과 크게 다르지 않다. 자신에게 나쁜 일이 생기지 않게 하고, 좋은 일만 생기게 하려는 의도로 우상에게 제물을 바친다. 마치 두꺼비에게 헌 집을 주면서 새 집을 달라고 어르듯이 우상을 자기의 뜻에 따라 조종하려고(to manipulate) 한다. 신을 향한 존경심도 없을 뿐 아니라, 인간이 사실상 신보다 상위에서 서서 자기의 뜻대로 움직이게 만들려고 한다. 이런 점에서 우상숭배는 인간의 교만의 한 표현일 뿐이며 신과 인간 사이의 진정한 인격적 관계를 불가능하게 한다. 신을 사랑하는 것도 물론 불가능하다. 우상숭배는 인간의 내면을 변화시키는 것과 아무런 관련도 없고, 인간의 욕망을 만족시키기 위한 제도다.

"술수"로 번역된 '파르마케이아'(φαρμακεία)는 요한계시록 18:23, "네 복술로 말미암아 만국이 미혹되었도다"에서 '복술'로 번역되었다. 영어로는 sorcery로 번역하며, 뜻은 '마술'이다. '파르마케이아'(φαρμακεία)에서 영어의 pharmacy란 단어가 유래한다. 제약(製藥)의 뜻인데, 고대 마술에서 약이나 독약을 만드는 관행에서 그 근거를 두고 있다. '파르마케이아'는 당시 마술과 관련된 미신적 행동을 가리키는 것으로 보인다. 헬라시대 당시 가장 대중적인 종교는 마술이었다. 마술에는 다른 사람을 해치는 마술(black magic)이 있었다. 누군가를 해치기 위해 마술적 주문이 적힌 나무판이나 금속판, 점

토판을 상대방의 집 앞에 파묻는 관행이 있었고, 그런 마술 주문과 관련된 유물들이 고고학자들에 의해 다수 발견되었다.

육체의 일의 세 번째 범주는 사회적 죄다. 21절의 "투기"까지가 사회적 죄에 해당한다. "원수를 맺는 것"(ἔχθρα, enmity)은 적의, 적개심을 갖는 것, 원한의 마음을 가리킨다. 로마서 8:7, "육신의 생각은 하나님과 원수가 되나니"에서도 이 단어가 사용되었다. 사람 사이의 원수 관계를 의미한다. "분쟁"(ἔρις, strife)은 말과 행동으로 싸우는 것이다. 교회 안에서도 일어나는 분쟁도 '에리스'를 사용한다(고전 1:11, 3:3). 여기에서는 교회 안과 밖에서 일어나는 모든 분쟁을 가리킨다. "시기"(ζῆλος, jealousy)는 '열심'(zeal)으로도 번역되지만(참고, 갈 1:14, "열심이 있었으나"[ζηλωτής]; 갈 4:17, 18), 여기서는 다른 사람을 시기하는 마음이란 뜻이다. 바울은 '에리스'(ἔρις, 분쟁)와 '젤로스'(ζῆλος, 시기)를 함께 사용하는 경향이 있다(롬 13:13, "다투거나 시기하지 말고"; 고전 3:3, "너희 가운데 시기와 분쟁이 있으니"; 고후 12:20, "또 다툼과 시기와").

"분냄"(θυμος, anger)은 폭발적으로 화내는 것이다. 에베소서 4:31, "너희는 모든 악독과 노함과 분냄과"에서 '뛰모스'(θυμος, 분냄)은 "노함"으로 번역되었고, 여기에서 "분냄"으로 번역된 단어는 '오르게'(ὀργή)다. 이 둘은 비슷한 뜻의 단어다. 골로새서 3:8, "곧 분함과 노여움과 악의와"에서도 "분함"은 '오르게'(ὀργή)의 번역이고, '뛰모스'(θυμος, 분냄)는 "노여움"으로 번역되었다. "당짓는 것"(ἐριθεῖα, selfishness)은 '당파적이고 이기적인 태도'다. '에리스'(ἔρις, 분쟁)와 그 의미가 연결된다. 이 단어는 로마서 2:8, "오직 당을 지어 진리를 따르지 아니하고"와 고린도후서 12:20, "또 다툼과 시기와 분냄과 당 짓는 것과"에서도 사용되었다. 빌립보서 1:17, "다툼으로 그리스도를 전파하느니라"에서도 사용되었는데, 개역개정판 번역은 이 단어의 의미를 제대로 전달 못하고 있다. '이기적인 동기로 그리스도를 전파하느니라'로 번역하는 것이 더 낫다.

"분리함"(διχοστασία, dissension)은 불화, 선동, 패를 나누어 싸우는 것이다. 로마서 16:17, "너희가 배운 교훈을 거슬러 분쟁을 일으키거나"에서도 사용되었다. "이단"(αἵρεσις, faction)은 분파, 패로 나누어지는 것이다. '이단'이라는 뜻의 영어 단어 heresy가 바로 '하이레시스'(αἵρεσις)에서 생겼다.

'분파'(party)라는 뜻으로 주로 사용된다. 이 단어와 바로 앞의 '디코스타시아'(διχοστασία)와 뜻이 비슷하다.

5:21 투기와 술 취함과 방탕함과 또 그와 같은 것들이라 전에 너희에게 경계한 것 같이 경계하노니 이런 일을 하는 자들은 하나님의 나라를 유업으로 받지 못할 것이요

"투기"(φθόνος, envy)는 시기, 다른 사람의 것을 탐하는 마음이다. 20절에서 '시기'로 번역된 '젤로스'(ζῆλος, jealousy)와 의미가 비슷하다. 로마서 1:29, "<u>시기</u>, 살인, 분쟁, 사기, 악독이 가득한 자요"에서 이 '<u>프또노스</u>'(φθόνος)는 '시기'로 번역되었다. 빌립보서 1:15, "어떤 이들은 <u>투기</u>와 분쟁으로"에서는 '투기'로 번역되었다.

육체의 열매의 네 번째 범주는 음주 방탕의 죄다. "술 취함"(μέθη, drunkenness)은 음주로 인해 취한 상태다. "방탕함"(κῶμος, orgy)은 술을 마시면서 진탕 노는 주연(酒宴)이다. 헬라시대 디오니수스(Dionysus) 신 제사 때 벌어졌던 것 같은 성적으로 난잡한 술 파티를 연상하면 된다. 로마서 13:13, "낮에와 같이 단정히 행하고 <u>방탕하거나</u> 술 취하지 말며"에서도 이 단어가 '술 취함'과 같이 사용되었다. "또 그와 같은 것들이라"는 지금 바울이 제시하는 목록이 모든 악덕을 하나도 빠짐없이 다 열거한 것(exhaustive list)이 아니라는 말이다.

"전에 너희에게 경계한 것같이 경계하노니"는 예전에 바울이 이런 육체의 일들에 대해 이미 경고한 적이 있다는 말이다. 애초에 갈라디아에서 교회를 개척할 당시 그런 경고를 했을 것이다. 데살로니가전서 4:5-6에서도 바울은 비슷한 방식으로 경고한다.

> [5]하나님을 모르는 이방인과 같이 색욕을 따르지 말고 [6]이 일에 분수를 넘어서 형제를 해하지 말라 이는 <u>우리가 너희에게 미리 말하고 증언한 것과 같이</u> 이 모든 일에 주께서 신원하여 주심이라

이런 본문들은 바울이 복음을 전할 때 복음만 가르치고 기독교 윤리는 나중에 가르친 것이 아니라, 항상 십자가 복음과 기독교 윤리를 함께 가르쳤다는 것을 보여준다. 새로 생겨난 교회가 앞으로 생존하려면 그 구성원들이 명확한 자기 정체성(self-identity)을 갖고 있어야만 했다. 바울은 성도들에게 매우 명확하게 무엇을 하면 안 되는지를 가르쳤다. 그렇게 함으로 그렇게 함으로 복음을 받아들인 사람들이 어떻게 살아야 할지를 가르쳤을 뿐만 아니라, 동시에 성도들이 세상 사람들과 자신들이 얼마나 다른 존재인지를 깊이 깨달아 명확한 정체성을 갖게 해주었다.

"이런 일을 하는 자들은 하나님의 나라를 유업으로 받지 못할 것이요"는 강력한 경고다. 고린도전서 6:9-10와 에베소서 5:5에서도 같은 말을 한다.

> [9]불의한 자가 하나님의 나라를 유업으로 받지 못할 줄을 알지 못하느냐 미혹을 받지 말라 음행하는 자나 우상 숭배하는 자나 간음하는 자나 탐색하는 자나 남색하는 자나 [10]도적이나 탐욕을 부리는 자나 술 취하는 자나 모욕하는 자나 속여 빼앗는 자들은 하나님의 나라를 유업으로 받지 못하리라 (고린도전서 6:9-10)

> 너희도 정녕 이것을 알거니와 음행하는 자나 더러운 자나 탐하는 자 곧 우상 숭배자는 다 그리스도와 하나님의 나라에서 기업을 얻지 못하리니 (에베소서 5:5)

"유업"(상속)에 대해서는 이미 갈라디아서 3:18, 29, 4:1, 7, 30에서 언급한 바가 있다. 성도들은 이미 상속자의 신분을 확보하였다. 그러나 상속자의 신분을 잃어버릴 수도 있다. 첫째로 할례를 받으면 하나님의 나라를 상속으로 받지 못한다(갈 5:2, 4). 둘째로 육체의 일을 일삼으면 마찬가지 결과가 온다.

그렇다면 믿음을 가진 후에 이런 죄를 지으면 칭의가 취소된다는 뜻으로 바울이 이 말을 한 것일까? 문자적으로 읽으면 그렇다고 대답할 수 있다. 바울신학의 새 관점을 주장하는 제임스 던의 2단계 칭의론은 믿음으로 얻는 첫 번째 칭의(initial justification by faith)가 최후의 심판 때에 취소될 수 있다고 말한다. 그는 이런 구절에 근거하여 칭의가 취소될 수 있다고 말한다. 문제는 이런 구절들을 그렇게 해석하면 행위가 아니라 오직 믿음으로 칭의를 얻는다는 바울의 가르침을 뒤집는 결과가 온다는 것이다. "이런 일을 하는 자들은 하나님의 나라를 유업으로 받지 못할 것이요"를 윤리적 가르침의 끝에 주는 강력한 경고로 읽지 않고 구원론으로 읽으면 바울의 평소 주장을 바울의 말로 부정하는 결과가 온다.

성령과 동행하는 삶은 궁극적으로 성령의 열매를 맺게 하고, 육신의 일을 멀리하게 된다. 거룩한 삶은 칭의의 자연스러운 결과라고 말할 수 있다. 그렇다 하더라도 성도가 위와 같은 죄를 지을 수 있다. 그러나 한두 번의 범죄로 인해 칭의가 취소된다고 말할 수는 없다. 하나님의 나라를 죄가 없는 사람이 들어가는 곳이 아니다. 자신이 죄인임을 인정하는 죄인이 들어가는 곳이다. 성화된 사람은 죄가 없는 사람이라기보다, 절대로 자신의 행위로 구원받을 수 없고 하나님의 은혜가 아니면 구원받을 수 없다는 것을 더욱 깊이 인식하는 사람이다. 우리의 눈에 육신의 일을 멀리하지 않는 성도가 있다면 그를 위해 기도해야 한다. 계속해서 육신의 일에 빠져 살아가는 성도가 있다 하더라도 우리가 하나님이 아닌 이상 그의 칭의가 취소되었다고 선언할 수는 없다. 굳이 우리가 그의 구원에 대해 말을 해야 한다면 '그가 아직은 참된 믿음을 갖고 있지 못한 것 같다'고 말할 수 있다. 이렇게 말하는 게 '그의 칭의가 취소될 것이다'라고 말하는 것보다 훨씬 더 낫다.

5:22 오직 성령의 열매는 사랑과 희락과 화평과 오래 참음과 자비와 양선과 충성과

22-23절에서 바울은 성령의 열매를 아홉 가지로 요약한다. 그중 앞의 세 가지는 마음의 상태에 관한 것이고, 다음 세 가지는 인간관계에 관한 것이고, 마지막 세 가지는 행동에 관한 것이다.[243] 성령의 열매는 육체의 일과 반대되는 것들이다. 성령의 열매를 맺는 가장 간단한 방법은 육체의 일과 정반대의 일을 하는 것이다. 첫 번째 열매는 "사랑"($\dot{\alpha}\gamma\dot{\alpha}\pi\eta$)이다. 바울은 이미 13-14절에서 사랑으로 서로 종 노릇하고, 이웃을 자신과 같이 사랑할 것을 강조한 바가 있다. 지금 다시 사랑을 첫 번째 항목으로 강조하는 것은 갈라디

---

243) Moo, *Galatians*, 364.

아 교회들이 앞으로 할례당의 문제 때문에 서로 원수가 되어, 분열하고, 파당을 지어 서로 화를 내고 시기하며 싸울까 염려하기 때문이다. "희락"(χαρά, joy)은 기뻐하는 것이다. 20절의 "분냄"(θυμος, anger), 21절의 "투기"(φθόνος, envy)와 반대되는 것이다. 데살로니가전서 1:6, "또 너희는 많은 환난 가운데서 성령의 기쁨으로 말씀을 받아"에서 성령과 기쁨은 긴밀히 연결되어 있다. 성령은 기쁨 안에서 살아가는 능력을 주신다. "화평"(εἰρήνη)은 20절의 "원수를 맺는 것"(ἔχθρα, enmity), "분쟁"(ἔρις, strife)과 반대되는 것이다. 원수 관계를 청산하고 화해하면 분쟁이 사라지고 화평이 이루어진다. 바울은 갈라디아 교회들 안에서 이런 일들이 일어나기를 원한다.

"오래 참음"(μακροθυμία, patience)은 길게 인내하는 것이다. 교회 안에서 인내하면 "분리함"(διχοστασία, dissension), "이단"(αἱρέσις, faction), 즉 분파가 발생하여 서로 불화하는 일이 일어날 가능성이 줄어든다. 에베소서 4:2, "모든 겸손과 온유로 하고 오래 참음으로 사랑 가운데서 서로 용납하고"는 바로 이 점을 설명하고 있다. "자비"(χρηστότης, kindness)는 친절함이다. 바울은 성도들이 상대방을 대할 때에 서로 친절하게 대하길 원한다. "양선"(ἀγαθωσύνη, goodness)은 선함이다. 다른 사람을 대할 때 자비로운 태도로 대하는 것이다. 이 단어는 로마서 15:14, "내 형제들아 너희가 스스로 선함이 가득하고"에서 '선함'이란 뜻으로 번역되었다. "자비"(kindness)와 "양선"(goodness)은 20절의 "당짓는 것"(selfishness)의 반대다.

"충성"으로 번역된 '피스티스'(πίστις, faithfulness)는 '믿음'으로 번역될 수 있지만, 여기서는 신실함, 믿음을 지키는 것의 의미로 사용된 것으로 보인다. 사람을 향해 신실하게 행동하는 것이고, 만약 하나님을 향해서 신실하게 행동하는 것이라면 이 말은 20절의 "우상 숭배"와 "술수"(sorcery)의 반대가 된다.

5:23 온유와 절제니 이같은 것을 금지할 법이 없느니라

"온유"(πραΰτης, gentleness)는 마음이 부드러운 것이다. 마태복음 11:29, "나는 마음이 온유하고 겸손하니"에서 예수 그리스도는 온유한(πραΰς)

분으로 묘사된다. 그리스도는 온유한 왕이시다. 그리스도의 백성은 그리스도의 마음의 특징인 온유를 성령의 열매로 맺는다. "절제"(ἐγκράτεια, self-control)는 자신을 스스로 다스리는 것이다. 절제는 19절의 "음행," "더러운 것," "호색," 그리고 21절의 "술 취함," "방탕함"의 반대다.

"이같은 것"은 위에 열거된 성령의 열매들을 가리킨다. "이같은 것을 금지할 법이 없느니라"(κατὰ τῶν τοιούτων οὐκ ἔστιν νόμος)는 직역하면 '율법은 이런 것들에 반대되지 않는다'이다. 바울이 여기에서 '율법'을 언급하는 것은 아마도 할례당의 주장을 의식하기 때문일 것이다. 바울은 '너희가 율법을 행하기를 원하느냐? 율법은 사랑으로 성취된다. 너희가 힘써야 할 것은 율법을 행하는 것이 아니라, 성령의 열매를 맺는 것이다. 이 성령의 열매는 율법은 아니지만 어떤 율법도 성령의 열매에 반대하지 않는다'라는 의미로 이 말을 한 것 같다.

5:24 그리스도 예수의 사람들은 육체와 함께 그 정욕과 탐심을 십자가에 못 박았느니라

"정욕"으로 번역된 '파떼마'(πάθημα)는 '고난'(suffering)이란 뜻도 있고, '정욕'(passion)이란 뜻도 있다. 여기에서 후자의 뜻으로 사용되었다. 로마서 7:5, "우리가 육신에 있을 때에는 율법으로 말미암는 죄의 정욕이 우리 지체 중에 역사하여"에서도 사용되었다. "탐심"으로 번역된 '에피뚜미아'(ἐπιθυμία)도 '욕망'이란 뜻이다. 로마서 7:7, "곧 율법이 탐내지 말라 하지 아니하였더라면 내가 탐심을 알지 못하였으리라"에서도 사용되었다. 이 두 단어가 각각 다른 뉘앙스를 갖고 있으나 둘 다 '욕망'이란 뜻에서 서로 겹친다. 정욕과 탐심은 육체에 둥지를 틀고 있다.

바울은 "육체와 함께" 그것들을 "십자가에 못 박았느니라"(ἐσταύρωσαν)고 말한다. 갈라디아서 2:19-20에서 "내가 율법으로 말미암아 율법에 대하여 죽었나니 이는 하나님에 대하여 살려 함이라 내가 그리스도와 함께 십자가에 못 박혔나니"라고 말하고, 6:14에서 "그리스도로 말미암아 세상이 나를 대하여 십자가에 못 박히고 내가 또한 세상을 대하여 그러하니라"고 말한다. 이런 말들은 모두 바울이 강력한 개종을 경험하여 A라는 사람은 죽고 B라는 사람으로 그가 다시 태어났다는 것이다.

바울은 다메섹 경험을 통해 하나님의 성령을 받았고 이제 성령의 인도 하심을 따라 살아가는 사람이 되었다. 그에게도 육체의 정욕과 욕망이 없을 수 없지만, 예수 그리스도와 함께 죽고, 함께 땅에 장사되고, 함께 다시 살아 나는 경험을 통해(롬 6:3-4) 그는 "정욕과 탐심을 십자가에 못 박았느니라"고 선언한다. 이것은 그의 결단이며 그리스도를 향한 충성이다. 욕망의 노예로 살아가지 않기를 선언한다.

5:25 만일 우리가 성령으로 살면 또한 성령으로 행할지니

16절에서 바울은 "너희는 성령을 따라 행하라"고 말했다. "성령을 따라"는 '프뉴마티'(πνεύματι)의 번역이다. 25절에서는 '프뉴마티'가 두 번 나오고, 둘 다 "성령으로"로 번역했다. "만일"(εἰ)은 조건절을 이끄는 접속사다. "만일 우리가 성령으로 살면"은 '정말로 우리가 성령으로 사는 것이 맞는 말이라면'이라는 뜻이다. "행할지니"로 번역된 동사 '스토이케오'(στοιχέω)는 '행하다'(to conduct)라는 뜻도 있지만, '~와 오와 열을 맞추다'(to be in line with)라는 뜻도 있다. 여기에서는 후자로 사용된 것 같다. 이 단어는 6:16, "무릇 이 규례를 행하는 자"('규례에 맞추어 행하는 자')에서도 사용되었고, 빌립보서 3:16, "오직 우리가 어디까지 이르렀든지 그대로 행할 것이라"(그것에 맞추어 행하다), 로마서 4:12, "아브라함이 무할례시에 가졌던 믿음의 자취를 따르는 자들에게도"(따라가는 자들에게도)에서도 사용되었다. 모두 '어떤 것'에 보조를 맞추거나, 그 뒤를 따라가는 것을 의미한다.

말로는 성령에 의해 살아간다고 말하면서 우리의 말과 행동이 성령의 뜻과 보조를 맞추어 조화를 이루지 못한다면, 그것은 옳지 못하다. 성령의 열매를 맺는 것이 당연한 삶의 모습이다. 육체의 욕망의 목소리가 아니라 성령의 음성에 순종하는 삶을 살아야 한다.

5:26 헛된 영광을 구하여 서로 노엽게 하거나 서로 투기하지 말지니라

　　'헛된 영광을 구하는'이란 뜻의 형용사 '케노독쏘스'(κενόδοξος)는 '(자기 기만에 빠져) 거만한' 태도를 가리킨다. '텅 빈'이란 뜻의 '케노스'(κενός)가 포함되어 있다. '독싸조'(δοξάζω)가 '찬양하다'이므로 '케노독쏘스'(κενόδοξος)는 '(자신을) 헛되이 찬양하는'이란 뜻이다. 빌립보서 2:3, "아무 일에든지 다툼이나 허영으로 하지 말고"에서 그 명사형 '케노독씨아'(κενοδοξία)가 사용되었다. '노엽게 하다'로 번역된 '프로칼레오'(προκαλέω)는 주로 중간태로 사용되며 '(상대방을) 자극하다'(to provoke)라는 뜻이다. '투기하다'로 번역된 '프또네오'(φθονέω)는 5:21의 "투기"(φθόνος)의 동사형이다. '시기하다'(to envy)라는 뜻이다. 이 두 개의 동사는 모두 현재분사로 사용되었다. 가정형으로 쓰인 '메 기노메따'(μὴ γινώμεθα)는 '～ 하지 말자'라는 권유의 뜻이다.

　　갈라디아 교회들은 할례당의 침투와 가르침 때문에 서로 다른 분파로 나누어져 있었을 것이다. 바울은 할례당이 축출된 이후 성도들이 서로 불화하고 싸우는 것을 염려하고 있다. 자신은 할례당의 가르침에 넘어가지 않았다고 해서 상대방을 자극하는 말을 하고 서로 경쟁심을 갖고 다투면 곤란하다.

16.
서로 짐을 지라
[6:1-10]

6:1 형제들아 사람이 만일 무슨 범죄한 일이 드러나거든 신령한 너희는 온유한 심령으로 그러한 자를 바로잡고 너 자신을 살펴보아 너도 시험을 받을까 두려워하라

6장 1-10절에서 바울은 교회 생활에 대해 가르친다. "형제들아"는 이제 주제가 변경되고 있음을 보여준다. 첫째로 성도들 가운데에 죄를 짓는 사람이 있으면 그 사람을 만나 그의 잘못을 바로잡아주어야 한다(마 18:15-18 참고). '드러나다'로 번역된 '프로람바노'(προλαμβάνω)는 여기서 '적발하다'(to detect)의 뜻으로 사용되었고, 수동태이므로 '적발되면'으로 번역할 수 있다. '엔 티니 파라프토마티'(ἔν τινι παραπτώματι) '어떤 범죄를 행하는 중에'로 번역할 수 있다.

"신령한 너희"(ὑμεῖς οἱ πνευματικοί)에서 바울은 갈라디아 성도들을 '신령한 자들'로 부르고 있다. 고린도전서 3:1, "형제들아 내가 신령한 자들을 대함과 같이 너희에게 말할 수 없어서 육신에 속한 자 곧 그리스도 안에서 어린 아이들을 대함과 같이 하노라"에서 바울이 고린도 성도들을 "신령한 자들"(πνευματικοί)로 취급하지 않고 "육신에 속한 자"(σαρκίνοι)로 취급한다. 갈라디아 성도들을 영적으로 더 성숙한 사람들로 평가하는 것처럼 들린다. 하지만 "신

령한 너희"라는 말은 더 효과적인 권면과 격려를 위한 표현이라고 볼 수 있다.

동료 성도에게 권면할 때 "온유한 심령"(ἐν πνεύματι πραΰτητος, in a spirit of meekness)으로 말해야 한다. 온유는 5:23에서 성령의 아홉 가지 열매에 포함되어 있었다. 고린도전서 4:21, "내가 매를 가지고 너희에게 나아가랴 사랑과 <u>온유한 마음으로</u> 나아가랴"에서 "<u>온유한 마음으로</u>"(ἐν πνεύματι πραΰτητος)도 동일한 헬라어 표현이다. 온유는 바울이 목회자로서 평소에 성도들을 대할 때의 마음가짐이다.

"너 자신을 살펴보아"(σκοπῶν σεαυτὸν)는 복수형이 아니라 단수형이다. 각자 개개인이 자기 자신을 돌아보라는 말이다. "너도 시험을 받을까 두려워하라"의 "너"(σύ)도 단수형이다. '시험하다'의 뜻을 가진 동사 '페이라조'(πειράζω, to entice)는 수동태로 사용되었다. 이 동사는 데살로니가전서 3:5, "혹 <u>시험하는 자</u>가 너희를 <u>시험하여</u>"에서 두 번 사용되었다. 여기에서 "시험하는 자"(ὁ πειράζων) 사탄으로 볼 수 있다. 바울은 성도들이 자신도 같은 죄의 유혹에 빠지지 않도록 주의할 것을 당부한다.

6:2 너희가 짐을 서로 지라 그리하여 그리스도의 법을 성취하라

여기에서 "짐"으로 번역된 '바레'(βάρη, burdens)는 '짊어지다'(to carry, bear)라는 뜻의 '바스타조'(βαστάζω)와 자주 함께 사용된다. 짐을 어깨에 짊어질 때 만약 그 짐의 무게가 가볍다면 "서로 지라"고 말할 필요가 없다. 그 짐이 무거우므로 함께 짐을 져야 하니까 "서로 지라"고 말한 것이다. '짐을 진다'는 것은 여기서 비유적으로 사용되었다. 그렇다면 어떤 종류의 짐을 지는 것을 염두에 둔 말일까? 5절에서 "각각 자기의 짐을 질 것이라"고 다시 말하므로 2-5절은 모두 '짐'이라는 일관된 주제에 관한 권면이다. 6절, "가르침을 받는 자는 말씀을 가르치는 자와 모든 좋은 것을 함께 하라"는 교회 안에 있는 교사들의 생활비를 지급하여 그들이 가르치는 일에 전념할 수 있도록 재정적 부담을 지라는 명령이다. 7-10절은 교회의 구제 활동을 염두에 둔 가르침이다. 구제하려면 교회의 성도들이 서로 재정적 부담을 나누어져야 한다. 그러므로 2-10절의 모든 내용들은 재정적 부담과 관련된 것들이다.

2절에서 열띤 논쟁 주제는 "그리스도의 법을 성취하라"(ἀναπληρώσετε τὸν νόμον τοῦ Χριστοῦ)가 도대체 무슨 뜻이냐는 것이다. 문자적으로 '그리스도의 율법'으로 번역될 수 있는 이것이 예수가 해석한 모세의 율법인지, 예수의 새 계명인지, 이웃을 사랑하라는 예수의 말씀인지, 여러 가지 해석의 길이 모색되었지만, 어느 것도 속 시원한 해석을 제시하지 못한다.[244]

우리는 "그리하여"(οὕτως)라는 말에 주목할 필요가 있다. 바울은 서로 짐을 지는 것이 곧 '그리스도의 율법'을 성취하는 길이라고 말한다. 그러므로 여기에서 바울이 말하는 '그리스도의 율법'은 추상적인 어떤 원리가 아니라, 교회의 재정 문제와 관련된 예수 그리스도의 가르침을 의미하는 것 같다. 바울은 고린도전서 9:14에서 "이와 같이 주께서도 복음 전하는 자들이 복음으로 말미암아 살리라 명하셨느니라"고 말한다. 이 명령은 네 복음서에 등장하지 않는 예수 전승이다. 바울은 '주님이 명령하셨다'(ὁ κύριος διέταξεν)고 말하므로 이것은 사도들도 부정하거나 변경할 수 없는 주님의 명령이다. 바울이 이 명령을 염두에 두고 '그리스도의 율법'이란 말을 하는 것 같다. 바울은 '그리스도의 율법' 앞에 정관사(ὁ)를 붙여서 '그 그리스도의 율법을'(τὸν νόμον τοῦ Χριστοῦ) 성취하라고 말하는 것도 이런 해석에 오히려 더 설득력을 더한다. 다시 말해 그리스도의 율법은 예수 그리스도의 가르침 전체를 지칭하는 것이 아니라, 사도들의 생활비 보장과 관련된 특정한 가르침을 가리킨다. 그리스도가 우리에게 새로운 율법을 주신 것으로 오해하면 안 된다.

6:3 만일 누가 아무 것도 되지 못하고 된 줄로 생각하면 스스로 속임이라

그때나 지금이나 교회 안에는 가난한 자도 있고 부유한 자도 있다. 부유한 성도는 아무래도 상대적으로 많은 액수를 부담하고, 가난한 성도는 상대적으로 적은 액수의 짐을 진다. 4절에서 바울은 "각각 자기의 일을 살피라"고 말한다. 이 말은 성도 개인의 경제적 능력에 따라 교회 재정을 위해 부담해야 할 액수가 서로 다르다는 것을 암시한다. 물론 액수를 정확히 얼마라고 정하지는 않았을 것이다. 바울은 고린도후서 8:7, "각각 그 마음에 정한 대로

---

244) 이점에 관한 자세한 논의는 Moo, *Galatians*, 376-77을 보라.

할 것이요 인색함으로나 억지로 하지 말지니"라는 헌금의 원칙을 지키도록 했을 것이다.

부유한 성도가 자신이 마땅히 져야 할 짐을 진 것을 염두에 두고, 자신이 어떤 대단한 존재라(τις εἶναί) 생각하면(δοκεῖ) 그것은 자기기만에 빠지는 것이다. 그것이 교사의 생활비를 위한 헌금이 되었건, 가난한 자 구제를 위한 헌금이 되었건(고전 16:1, "성도를 위하는 연보에 관하여는 내가 <u>갈라디아 교회들에게</u> 명한 것 같이 너희도 그렇게 하라"), 헌금은 사람에게 주는 것이 아니라, 먼저 주께 드리는 제물이므로(빌 4:17, "이는 받으실 만한 향기로운 제물이요 하나님을 기쁘시게 한 것이라") 헌금을 하고 교만한 마음을 갖는다면 그것은 스스로를 속이는 짓이 된다.

'속이다'(to deceive)로 번역된 '프레나파타오'(φρεναπατάω)는 '진리에 관해 속이다'라는 뉘앙스가 있다. 그 명사형 '프레나파테스'(φρεναπάτης)는 디도서 1:10, "불순종하고 헛된 말을 하며 속이는 자가 많은 중 할례파 가운데 특히 그러하니"에서 "<u>속이는 자</u>"로 번역되었다. 교회 안에서 형제들을 잘못된 가르침으로 '속이는 자'는 바로 '거짓 사도'(고후 11:13)고 '거짓 형제'(갈 2:4)다. 자기 자신을 속이지 말라는 말을 할 때 '프레나파타오'(φρεναπατάω)를 사용하여 바울은 자신을 속이는 사람들을 할례당과 동급으로 만들어, 그 경고를 더 강력하게 만든다.

6:4 각각 자기의 일을 살피라 그리하면 자랑할 것이 자기에게는 있어도 남에게는 있지 아니하리니

'각자'("각각," ἕκαστος) '자신이 해야 할 일'(τό ἔργον ἑαυτοῦ)을 곰곰이 살펴야 한다. '살피다'로 번역된 '도키마조'(δοκιμάζω)는 '면밀히 살피다'(to examine)라는 뜻이다. 이 동사는 진품과 가품을 분별할 때 사용된다. 파생 형용사형인 '도키모스'(δόκιμος)는 '진실한, 진짜인'(true, authentic), '아도키모스'(ἀδόκιμος)는 '거짓의, 가짜인'(fake, inauthentic)이란 뜻이다. 이 동사와 파생어들은 거짓 선지자 논쟁, 혹은 거짓 사도 논쟁에서 사용되면 '참 선지자'와 '거짓 선지자'를 구분하는 용어가 된다(예, 살전 5:20-21, "예

언을 멸시하지 말고 범사에 헤아려(δοκιμάζετε) 좋은 것을 취하고"; 고후 13:7, "이는 우리가 옳은 자(δόκιμοι)임을 나타내고자 함이 아니라 오직 우리는 버림받은 자(ἀδόκιμοι) 같을지라도"). "살피라"(δοκιμαζέτω)는 말에는 '할례당이 교회를 떠난 뒤엔 다른 사람을 면밀히 살피면서 문제를 잡아내지 말고, 자기 자신을 면밀히 살피는 데에 관심을 집중하라'는 뜻이다.

'그러면'(τότε) '오직 자신을 향해서만'(εἰς ἑαυτὸν μόνον) "자랑할 것이"(καύχημα) 있을 것이다. '다른 사람을 향해서는'(εἰς τὸν ἕτερον) 자랑할 것이 없을 것이다. 여기에서 전치사 '에이스'(εἰς) 자랑의 방향을 가리킨다. 내가 교회에서 재정적 부담을 많이 진다고 해서 그것이 자랑이 될 수 없다. 굳이 자랑하고 싶으면 자기 마음속으로 하고, 남 앞에서는 자랑하지 말아야 한다. 당시 헬라사회에는 '후원자(patron)와 피후원자(client)' 문화가 있었다. 후원자는 재정적으로 여유가 있는 상류층이, 피후원자는 하층민들이 해당된다. 후원자는 생활의 어려움을 겪는 피후원자를 재정적으로 도와주고 그 대가(reward)로 '영예'(honor)를 얻는다. 영예는 당시 모든 사람이 추구하고 갖고 싶어하는 가장 귀한 상품(commodity)이었다. 공개적인 자리에서 사람들이 후원자(προστάτις; 참고, 롬 16:2, "나의 보호자가 되었음이라")인 그를 칭찬하고 찬양(praise)하는 것이 그가 영예를 얻는 방법이다. 이런 당시의 문화를 고려할 때 바울은 교회의 모임을 위해 자신의 집을 제공하고, 성만찬 때 음식을 제공하고, 또 교회의 여러 비용을 대부분 부담하는 상류층이 평소에 헬라문화에서 경험하는 '영예'를 추구하지 말 것을 요구한다. 이 요구는 예수 그리스도의 가르침 "너는 구제할 때에 오른손이 하는 것을 왼손이 모르게 하여 네 구제함을 은밀하게 하라 은밀한 중에 보시는 너의 아버지께서 갚으시리라"(마 6:3-4)와 일치한다.

6:5 각각 자기의 짐을 질 것이라

각각 자신의 짐을 지라는 것은 2절의 "너희가 짐을 서로 지라"는 명령과 반대되는 가르침이 아니다. 각각 자신의 짐을 지는 것이 곧 짐을 서로 지는 것이다. 여기에서 "짐"으로 번역된 단어는 '포르티온'(φορτίον)은 마태복음

23:4, "또 무거운 짐을 묶어 사람의 어깨에 지우되"에서도 사용되었다(마 11:30; 눅 11:46; 행 27:10). 2절에서는 '짐'으로 번역된 단어, '바레'(βάρη, burdens)와 동의어다. "각각"은 '헤카스토스'(ἕκαστος, each, every)의 번역이며, 이 단어는 4절, "각각 자기의 일을 살피라"에서도 사용되었다. "자기의"는 '이디오스'(ἴδιος, one's own)의 번역이다. 이 형용사는 4절, "각각 자기의 일을 살피라"에서 사용된 재귀대명사 '헤아우투'(ἑαυτοῦ)와 의미가 서로 통한다. 5절의 "각각 자기의 짐을 질 것이라"는 4절의 "각각 자기의 일을 살피라"를 구체적으로 설명한다. 곧 각자가 서로 경제적 형편은 다를지라도 자신의 부담할 수 있는 만큼의 재정적 부담을 각자 져야 한다는 말이다.

6:6 가르침을 받는 자는 말씀을 가르치는 자와 모든 좋은 것을 함께 하라

바울은 "가르침을 받는 자"와 "말씀을 가르치는 자"를 구분한다. 교사와 말씀을 배우는 성도를 구분하는 것은 당시 갈라디아 교회들 안에 가르치는 것을 전담하는 교사가 존재했다는 것을 가리킨다. 당시 교회에는 '교사'의 직분이 별도로 있었다(행 13:1, "안디옥 교회에 선지자들과 교사들이 있으니"; 고전 12:28-29, "첫째는 사도요 둘째는 선지자요 셋째는 교사요… 다 사도이겠느냐 다 선지자이겠느냐 다 교사이겠느냐"; 엡 4:11, "어떤 사람은 목사와 교사로 삼으셨으니"). 교사가 한 지역 교회에서 머물면서(residential) 가르치는 것인지, 아니며 여러 교회들을 순회하는(itinerant) 것인지는 분명하지 않다. 교사가 사도와 선지자와 더불어 언급되어 있고, 사도와 선지자들은 대체로 한 지역 교회에 묶여 있지 않았으므로 교사 역시 여러 교회를 순회했을 가능성이 크다. 디도서 3:13, "율법교사 세나와 및 아볼로를 급히 먼저 보내어 그들로 부족함이 없게 하고"에서도 교사는 파견된다.

'가르치다'로 번역된 동사는 '카테케오'(κατηχέω)다. 영어의 '캐터키즘'(catechism)이란 단어가 이 동사에서 유래한다. '캐터키즘'은 우리 말로 '교리문답' 혹은 '요리문답'으로 번역된다. 오늘날 요리문답은 세례를 받고자 하는 사람에게 가르치는 기초 교리다. 과연 고대교회에 오늘날의 요리문답과 같은 기초교리집이 있었는지는 알 수 없다. 하지만 일단 가르치는 것을 전문으로 하는 교사가 있었다면 그 교사에게 어느 정도 내용이 고정된 일종의 강의 노트, 혹은 강의주제 정도는 있었다고 보는 게 합리적일 것이다. 예를 들어 바울이 다메섹 경험 후 다메섹교회에서 세례를 받았을 때(행 9:18), 바울에게 초대교회의 신앙고백에 대한 기초적 확인도 하지 않고 세례를 주었을 것 같지는 않다. 바울이 교사들을 세우고 성도들을 가르칠 권한을 주었다면, 그들이 무엇을 가르쳐야 하는지 통일된 지침도 주었을 것이다.

　　"함께 하라"로 번역된 동사는 '코이노네오'(κοινωνέω)다. 이 단어는 로마서 12:13, "성도들의 쓸 것을 공급하며"에서는 '공급하다'로 번역되었고, 빌립보서 4:15, "주고 받는 내 일에 참여한 교회가 너희 외에 아무도 없었느니라"에서는 '참여하다'로 번역되었다. 여기에서 '참여하다'는 어떤 일에서 '부담을 지다'(to contribute a share)라는 뜻이다. 두 경우 모두 '코이노네오'(κοινωνέω)는 '재정적인 부담을 지고 물질을 제공하다'라는 뜻으로 사용되었다. 이곳에서도 마찬가지로 교사에 대한 재정적인 부담을 지라는 뜻으로 사용되었다.

　　바울은 고린도전서 9:14에서 "복음 전하는 자들이 복음으로 말미암아 살리라"라는 주의 명령을 전달한다. 예수께서 마태복음 10:9-10에서 "너희 전대에 금이나 은이나 동을 가지지 말고 여행을 위하여 배낭이나 두 벌 옷이나 신이나 지팡이를 가지지 말라"고 말씀하신 이유는 제자들이 먹지 않아도 살 수 있기 때문이 아니다. "일꾼이 자기의 먹을 것 받는 것이 마땅"하기(마 10:10) 때문이다. 그리스도는 교회가 사역자들의 생계를 책임지라고 하셨다(고전 9:14). 바울도 "누가 자기 비용으로 군 복무를 하겠느냐 누가 포도를 심고 그 열매를 먹지 않겠느냐 누가 양 떼를 기르고 그 양 떼의 젖을 먹지 않겠느냐"(고전 9:7)고 말한다. 사도와 교사들의 생활을 책임지고 그들을 대접하는 것은 교회의 마땅한 책무다. 그 책무를 다하려면 성도들은 "모든 좋은 것을" 교사들과 함께 나누어야 한다. 감자가 두 개 있다면 한 개는 교사와 나누고, 생선이 한 마리 있다면 그 반은 교사와 나누어야 한다. 지금은 사라지고 없지만, 예전에 한국 교회에는 성도들이 성미(聖米)를 모아 목회자에게 주어 생계를 책임지는 관행이 있었다. 쌀이 귀하던 시절에 성도들이 "모든 좋은 것을" 교사와 함께 한 좋은 전통이다. 이렇게 서로 재정적인 짐을 나누어지고, 사역자의 생계비를 책임지는 것이 바로 "그리스도의 법"(갈 6:2)을 성취하는 것이다.

6절은 당시 바울교회 안에 말씀을 가르치는 교사가 오늘날로 말하자면 유급 직원(paid staff)으로 일하고 있었다는 점을 보여준다. 오늘날의 전임(full-time), 비전임(part-time) 중 어느 쪽에 해당하는지 말하기 어렵지만, 교회 안에 말씀을 가르치는 교사가 있었고, 교회는 물질적으로 후원해서 그들이 가르치는 일에만 전념할 수 있도록 했다. 물론 바울 자신은 교회에서 재정적인 지원을 받지 않았지만(고전 9:12, "그러나 우리가 이 권리를 쓰지 아니하고 범사에 참는 것은"), 자신이 세운 교회를 떠나기 전에 교사를 세워서 가르치게 했고, 성도들에게 교사를 위해 재정적 부담을 나누어지게끔 지침을 주었다. 지금 이 지침을 다시 상기시키는 것은 거짓 교사들이 교회를 떠난 뒤에 다시 제대로 된 교육 시스템이 작동하게 하려는 것이다.

6:7 스스로 속이지 말라 하나님은 업신여김을 받지 아니하시나니 사람이 무엇으로 심든지 그대로 거두리라

'속이다'로 번역된 '플라나오'(πλανάω)는 거짓 선지자나 거짓 교사들과 연결되어 자주 사용된다(마 24:4f, 11, 24; 막 13:5f; 요 7:12; 요일 2:26; 3:7; 계 2:20; 12:9; 13:14; 19:20; 20:3, 8, 10). 예를 들어 마태복음 24:11에서 예수는 "거짓 선지자가 많이 일어나 많은 사람을 미혹하겠으며"라고 말씀하신다. 여기에서 '미혹하다'로 번역된 동사가 바로 '플라나오'(πλανάω)다. 산헤드린의 유대인 지도자들은 예수를 거짓 선지자로 보고 마태복음 27:63에서 예수를 '속이는 자'(πλάνος, 플라노스)라고 말하고(마 27:63, "주여 저 속이던 자가 살아 있을 때에 말하되"), 예수의 가르침을 '속임수'(πλάνη, 플라네)라고 말한다(마 27:64, "그가 죽은 자 가운데서 살아났다 하면 후의 속임이 전보다 더 클까 하나이다 하니"). 심지어 예수 자신도 거짓 선지자라는 공격을 당했고, 예수의 십자가 처형도 사실 이 문제와 관련이 깊다. 바울 역시 그런 공격을 받았고, 지금 할례당과 더불어 벌이는 논쟁은 거짓 사도 논쟁이다. 거짓 사도 논쟁은 거짓 선지자 논쟁과 그 패턴이 매우 유사하다.[245] 아마도 할례당은 '플라나오'(πλανάω) 동사를 사용하여 바울을 공격했을 것이다.

---

245) 이점에 대해서는 Chulhong Brian Kim, "Paul-A False Prophet?: False Prophet Accusations Against Paul," Ph. D. diss. Fuller Theological Seminary (2007)을 보라.

"스스로 속이지 말라"(Μὴ πλανᾶσθε)는 약간 지나친 번역이다. 재귀대명사가 사용되지 않았고, 동사는 수동형으로 되어 있으므로, '속임을 당하지 말라'로 번역하는 것이 좋다. '플라나오'가 거짓 선지자의 활동을 묘사하는 단어이므로, '속임을 당하지 말라'는 말은 사실 할례당의 가르침에 속지 말라는 뉘앙스가 있다. 하지만 바울은 이 동사를 지금 교회의 재정적 책임을 나누어지는 문제에 적용한다. 헌금 때문에 발생하는 교만의 문제를 엄하게 경고하고 있다.

"하나님은 업신여김을 받지 아니하시나니"에서 '업신여기다'로 번역된 '뮈크테리조'(μυκτηρίζω)의 명사형은 '뮈크테어'(μυκτήρ)고 그 뜻은 '코'(nose) 혹은 '콧구멍'(nostril)이다. 코를 높이면서 상대방을 향해 코웃음을 치는 동작을 가리킨다. 이 동사는 잠언 15:20, "지혜로운 아들은 아비를 즐겁게 하여도 미련한 자는 어미를 업신여기느니라"에서 사용되었고, 누가복음 23:35, "관리들은 비웃어 이르되 저가 남을 구원하였으니 만일 하나님이 택하신 자 그리스도이면 자신도 구원할지어다"에서도 사용되었다. 속임을 당하지도 말고 하나님을 업신여기지도 말라는 말을 하는 이유는 그 뒤에 나오는 말을 강조하려는 의도다.

"사람이 무엇으로 심든지 그대로 거두리라"는 농사에서 씨앗을 심는 것과 추수하는 것을 메타포로 사용한다. 이런 표현은 특별히 헌금에 관해 이야기할 때 바울이 즐겨 사용한다. 고린도후서 9:6, "이것이 곧 적게 심는 자는 적게 거두고 많이 심는 자는 많이 거둔다 하는 말이로다"에서도 '심다'(σπείρω)와 '거두다'(θερίζω)가 헌금의 맥락에서 사용되었다. 고린도후서 9:10, "심는 자에게 씨와 먹을 양식을 주시는 이가 너희 심을 것을 주사 풍성하게 하시고 너희 의의 열매를 더하게 하시리니"에서도 '심다'라는 동사와 그 명사형인 '스포로스'(σπόρος)가 두 번 사용되었고("씨"와 "심을 것"으로 번역), '거두다'라는 동사 대신 "열매"(γένημα)가 사용되었다. 8절에서도 '심다'와 '거두다'가 사용되고 있는데, 모두 적게는 헌금, 크게는 교회의 재정의 맥락에서 사용되고 있다. 구체적으로 어떤 의미로 이 동사들을 사용하고 있는지는 9-10절에서 드러난다. 교회가 물질을 사용하여 가난한 사람들을 구제하고 선행을 하는 것을 심는 것으로 본다. 7-10절은 이웃사랑을 실천하는 것에 관해 이야기한다. 7절에서 이웃사랑의 큰 원리 "사람이 무엇으로 심든지 그대로 거두리라"가 먼저 선언된다.

6:8 자기의 육체를 위하여 심는 자는 육체로부터 썩어질 것을 거두고 성령을 위하여 심는 자는 성령으로부터 영생을 거두리라

　　"사람이 무엇으로 심든지 그대로 거두리라"가 구제와 선행에 관한 큰 원리라면, 8절의 내용은 그 원리를 적용한 각론이다. 8절에서도 '심다'와 '거두다'가 사용된다. "자기의 육체를 위하여"에는 재귀대명사(ἑαυτοῦ)가 사용되었으므로 '자기 자신의 육체를 위하여'로 번역하는 것이 더 좋다. 여기에서 '육체'는 욕망의 지배 아래에 있는 인간의 실존을 묘사하는 단어다. 갈라디아서 5:16, "내가 이르노니 너희는 성령을 따라 행하라 그리하면 육체의 욕심을 이루지 아니하리라"는 성령을 받기 전의 인간은 욕망(ἐπιθυμία)의 지배를 받고 있다. 욕망은 인간의 육체에 그 둥지를 틀고 있고, 인간을 그 내부로부터 지배하고 있는 일종의 세력(power, force)이다. 욕망의 지배를 받는 인간은 욕망의 명령에 따라 자신의 재물을 사용한다. "자기의 육체를 위하여 심는 자"가 바로 그런 사람이다.

　　육체의 욕망을 따라 심으면 "육체로부터 썩어질 것을" 거두게 된다. "썩어질 것"(φθορά)은 무엇을 가리키는 것일까? "썩어질 것"은 "영생"과 대조되고 있으므로, 영원한 죽음을 의미하는 것 같다. 고린도전서 15:42, "죽은 자의 부활도 그와 같으니 썩을 것으로 심고 썩지 아니할 것으로 다시 살아나며"에서 "썩을 것"(φθορά)과 "썩지 아니할 것"(ἀφθαρσία)이 대조되는데, "썩을 것"의 반대인 "썩지 아니할 것"은 곧 부활과 영생이다. 베드로후서 2:12, "그러나 이 사람들은 본래 잡혀 죽기 위하여 난 이성 없는 짐승 같아서 그 알지 못하는 것을 비방하고 그들의 멸망 가운데서 멸망을 당하며"에서 '썩을 것'으로 번역된 '프또라'(φθορά)는 "멸망"으로 번역되었고, 그 동사형인 '프떼이로'(φθείρω)의 미래수동태가 "멸망을 당하며"로 번역되었다. 둘 다 영원한 심판과 죽음을 가리킨다. 육체의 욕망를 따라 재물을 사용하는 사람은 그 결과로 죽음을 추수하게 된다.

　　"성령을 위하여 심는 자"는 성령의 뜻 안에서 자신의 재물을 사용하는

사람이다. 특별히 교회에 헌금하여 그 돈을 구제와 선교를 위해 사용하면 그 결과로 영생을 열매로 추수하게 된다. 물론 이 '영생'은 자기 자신의 영생이라기보다는 다른 사람의 영생이다. 다시 말해 지금 바울은 자선과 구제가 구원의 조건이라고 말하는 것이 아니다. 성령을 위해 심는 자는 이미 믿음과 성령과 칭의를 소유하고 있다. 선행이 추가되어야 구원받는 건 아니다.

그러나 유대교에서 구제와 선행은 '속죄'의 효과가 있다고 보았다.

> 토빗서 4:7-9, "가난한 사람 그 누구로부터 너의 얼굴을 돌리지 말라, 그러면 주님의 얼굴도 너로부터 돌려지지 않을 것이다."[246]

> 시락서 29:12, "너의 보물창고에 구제를 쌓아두라 그리하면 그것이 모든 재난으로부터 너를 구원할 것이다."[247]

> 토빗서 4:10, "구제는 죽음으로부터 구원한다."[248]

위에 인용된 내용에 나타나듯, 유대교에서는 구제의 중요성을 강조하는 것이 도를 넘어 구제는 구원의 문제에 직결되는 조건이 되었다. 하지만 바울은 구제를 그 개인이 구원받는 조건으로 말하지 않는다. 구원받은 개인이 자신의 재물을 성령의 뜻에 따라 사용하여 구제하고 선교하면 그 결과로 많은 영혼이 영생을 얻게 된다는 뜻으로 말한 것이다. 갈라디아서 5:6, "그리스도 예수 안에서는 할례나 무할례나 효력이 없으되 사랑으로써 역사하는 믿음뿐이니라"에서도 바울은 사랑이 아니라 믿음에 구원의 효력이 있다고 말했다. 사랑은 믿음을 가진 자들이 보여주는 성령의 열매다(갈 5:22, "오직 성령의 열매는 사랑과").

---

246) "Do not turn your face away from any of the poor, and the face of the lord will not be turned away from you. ⋯ For you are storing up good treasure for ourselves against the day of necessity."(Tobit 4:7-9)
247) "Store up almsgiving in your treasury and it will rescue you from every disaster."(Sirach 29:12)
248) "almsgiving delivers from death."(Tobit 4:10)

6:9 우리가 선을 행하되 낙심하지 말지니 포기하지 아니하면 때가 이르매 거두리라

8절에서 "성령을 위하여" 심는 것은 곧 9절의 "선을" 행하는 것이다. 모든 식물이 씨앗을 심자마자 열매를 맺지 않고, 추수 때까지 적지 않은 시간이 흘러가야 한다. 마찬가지로 성도들이 행한 선행도 그 열매를 추수하려면 기다려야 한다. 추수의 때가 언제가 될지 분명하지 않다. 그래서 적지 않은 성도들이 선행을 하다가 열매가 맺히지 않는 것을 보고 낙심한다. '낙심하다'로 번역된 '엥카케오'(ἐγκακέω, to lose enthusiasm)는 '나쁜, 악한'의 뜻을 가진 형용사 '카코스'(κακός)의 동사형이다. '엥카케오'는 '(마음이) 나쁘게 되다'로 직역할 수 있다. "선"으로 번역된 단어는 '칼론'(καλόν)이며, '좋은, 선한'이란 뜻의 형용사 '칼로스'(κάλος)의 중성 명사형이다. "우리가 선을 행하되 낙심하지 말지니"는 데살로니가후서 3:13, "너희는 선을 행하다가 낙심하지 말라"(μὴ ἐγκακήσητε καλοποιοῦντες)를 연상시킨다.

"포기하지 아니하면 때가 이르매 거두리라"에서 "때가 이르매"(καιρῷ ἰδίῳ)에서 '이디오스'(ἴδιος)는 '그 자신의'(one's own)라는 뜻이지만, 여기에서는 '적절한'(appropriate)이란 뜻이며, '추수하기 적절한 때에'라는 의미다. "때가 이르매"는 최후의 심판의 때를 의미할 수도 있지만, 그렇지 않을 수도 있다. 선행의 열매는 최후의 심판 이전에도 열릴 수 있다.

교회는 이웃사랑을 실천하기 위해 구제와 선행을 할 때 낙심하면 안 된다. 때로는 구제의 혜택을 받은 사람이 오히려 교회를 대적하여 원수처럼 행동할 수도 있다. 그래도 낙심하면 안 된다. 로마서 12:17-21의 내용도 이 점에 대해 말하고 있다. "아무에게도 악을 악으로 갚지 말고 모든 사람 앞에서 선한 일을 도모하라"(롬 12:17), "네 원수가 주리거든 먹이고 목마르거든 마시게 하라"(롬 12:20) 등은 선을 행했는데도 악으로 갚는 원수라 할지라도 낙심하지 말고 끝까지 인내하면서 선행을 해야 한다고 말한다. 그러면 때가 되었을 때 영생을 열매로 거둘 수 있다.

6:10 그러므로 우리는 기회 있는 대로 모든 이에게 착한 일을 하되 더욱
믿음의 가정들에게 할지니라

교회는 교회 밖에 있는 믿지 않는 사람들을 포함한 "모든 이에게 착한
일을" 해야 한다. 10절의 '착한 일을 하다'(ἐργάζομαι τὸ ἀγαθὸν)로 번역된
단어와 9절의 '선을 행하다'(ποιέω τὸ καλὸν)로 번역된 어구는 표현은 다르
지만 뜻은 같다. "기회 있는 대로"(ὡς καιρὸν ἔχομεν)는 '우리가 기회를 갖게
될 때마다'라는 뜻으로 볼 수도 있고, '(종말의 때가 오기 전) 우리에게 시간
이 있는 동안'으로 해석할 수도 있다.[249]

구제와 선행의 대상은 안과 밖의 모든 사람이지만, 바울은 특별히 어려
운 상황 속에 있는 교회 안의 "믿음의 가정들"(οἱ οἰκεῖοι τῆς πίστεως, the
household of the faith)을 우선 먼저 도울 것을 부탁한다. 에베소서 2:19,
"오직 성도들과 동일한 시민이요 하나님의 권속이라"에서 "하나님의 권속"(οἰκεῖοι
τοῦ θεοῦ, the household of God)은 '하나님의 가정들'이란 뜻이며, "믿음
의 가정들"과 비슷한 표현이다. 바울은 교회를 하나님을 아버지로 하는 가정
(household)으로 보았으며, 그 가정에서 모든 성도는 '형제, 자매'의 관계 속
에 있다고 보아 서로를 '형제/자매'라는 호칭으로 부르게 했다.

고대에 형제/자매 관계는 오늘날보다 훨씬 더 가까운 관계였다. 형제/
자매가 재정적으로 어렵게 되어 밥을 굶게 된다면 당연히 도움을 주는 것이
윤리적으로 옳은 행동이다. 다른 사람들보다 그들에 대한 의무가 우선하기
때문이다. 교회 내부의 믿음의 가정들은 모두 형제, 자매이므로 그들을 먼저
도와야 한다. 교회 내부의 가난한 형제자매들을 먼저 돕지 않고 교회 밖의 사
람들만 구제한다면 그들은 시험에 들고, '서로 사랑하라'는 바울의 가르침(살
전 3:9, "형제 사랑에 관하여는 너희에게 쓸 것이 없음은 너희들 자신이 하나님
의 가르치심을 받아 서로 사랑함이라")은 공허한 표어가 되어버릴 것이다.

---

[249] Moo, *Galatians*, 389.

17.
마지막 권면
[6:11-18]

6:11 내 손으로 너희에게 이렇게 큰 글자로 쓴 것을 보라

11절부터 편지의 마지막 부분이 시작된다. 바울은 지금까지 이 글을 대필시켰으며 이 부분부터 자신이 직접 펜을 잡고 쓰기 시작한다. 편지를 쓸 때 저자는 구술하고, 대필자(amanuensis)가 받아쓰는 것은 당시 관습이었다. 대부분 문맹이었기 때문에 대필자가 필요하기도 했지만, 양피지에 글을 쓰는 것 자체가 상당히 어렵고 기술이 필요한 일이었다. 일당을 받고 편지를 써주는 것을 직업으로 하는 사람들도 있었다. 로마서 16:22, "이 편지를 대서 하는 나 더디오도 주 안에서 너희에게 문안하노라"는 바울도 당시 관행을 따르고 있었음을 보여준다.

11절의 헬라어 문장은 "보라"(Ἴδετε)라는 말로 시작한다. '보라. 내 손으로 이렇게 큰 글자로 너희에게 쓴다'로 번역할 수 있다. '쓰다'의 일인칭 과거형(aorist)인 '에그랍싸'(ἔγραψα)는 시제는 과거형이지만, 현재 쓰고 있는 동작을 가리킨다. 바울이 직접 펜을 들고 쓰는 이 내용은 서명의 역할을 한다. 데살로니가후서 3:17은 "나 바울은 친필로 문안하노니 이는 편지마다 표시로서 이렇게 쓰노라"고 말한다. 모든 편지에 직접 친필로 일부 내용을 써서 바울의 편지가 확실하다는 표식을 한다(고전 16:21, "나 바울은 <u>친필로 너희에게</u> <u>문안하노니</u>"; 골 4:18, "<u>나 바울은 친필로 문안하노니</u> 내가 매인 것을 생각하라 은혜가 너희에게 있을지어다"). 바울이 "이렇게 큰 글자로" 쓰는 이유는 여러 가지 설명이 가능하나, 다수의 학자는 바울이 마지막으로 말하려는 것을 강조하기 위해 큰 글씨로 쓴 것으로 본다.[250]

6:12 무릇 육체의 모양을 내려 하는 자들이 억지로 너희에게 할례를 받게 함은 그들이 그리스도의 십자가로 말미암아 박해를 면하려 함뿐이라

"육체의 모양을 내려 하는 자들"은 할례당이다. '모양을 내다'로 번역된 헬라어는 '유프로소페오'(εὐπροσωπέω), to make a good showing)는 '얼굴' 이라는 뜻의 명사 '프로소폰'(πρόσωπον)이 포함되어 있다. '좋은'(good)이란 뜻의 접두어 '유'(εὐ)를 붙여 형용사를 만들면 '좋은 얼굴을 가진'(having a good face)이란 뜻의 '유프로소포스'(εὐπρόσωπος)가 된다. 70인역 창세기 12:11에서 아브라함은 사라에게 "내가 알기에 그대는 <u>아리따운</u>(εὐπρόσωπος) 여인이라"고 말하면서 이 형용사를 사용한다. '유프로소페오'(εὐπροσωπέω) 동사는 여기에서 '좋은 인상을 주다'(to give a good impression)의 뜻으로 사용된 것 같다. 할례당은 '육체를 수단으로 하여'(ἐν σαρκί) 성도들에게 겉으로는 좋은 인상을 주려고 하는 사람들이다. 그들은 성도들에게 할례를 받으라고 강요한다(ἀναγκάζω, '아낭카조,' to compel).

할례당이 이방인 성도들에게 할례를 강요하는 목적은 "그들이 그리스 도의 십자가로 말미암아 박해를 면하려"는 것이다. 접속사 '히나'(ἵνα) 앞에 '모 논'(μόνον)이 있으므로 '오직'을 넣어 '오직 그들은 십자가로 말미암아 박해를 피하려고'로 번역하면 좋다. 정상적으로 유대인이 헬라인에게 할례를 강요하 는 것은 불가능한 일이다. 당시 유대인이 헬라인에게 할례를 강요할 수 있는 특별한 상황이 있었을 것이다. 예를 들어, 갈라디아 성도들이 복음을 받아들 여 황제숭배를 거부하고, 그것 때문에 문제가 발생했을 수도 있다. 교회가 핍 박을 받게 되는 상황에서 할례당 같은 유대인들은 이방인 성도들에게 '할례

---

250) Moo, *Galatians*, 392.

를 받고 유대교로 개종하면 황제숭배의 의무에서 벗어날 수 있고, 진정한 아브라함의 자손이 되어 하나님을 예배할 수 있다'고 회유하면서, 황제숭배 문제를 꼬투리로 삼아 이방인 성도들에게 압박했을 수도 있다.

놀라운 사실은 할례당도 핍박을 받는다는 점이다. 누가 할례당을 핍박했을까? 회당에 모여 있는 유대인들이었을 것이다. 할례당은 교회 안에 있지만, 그들의 힘의 근거는 회당에 있었을 것이다. 그들은 교회와 회당 사이에 샌드위치가 되어, 교회에서는 할례를 주장하고 회당에서는 문제아 취급을 받았을 것이다. 사실 할례당도 유대교 안에서 대단한 권력을 가진 세력은 아니었고, 회당의 유대인들에게 상당한 압력을 받고 있었다. 갈라디아 성도들이 할례를 받지 않으면 할례당은 박해를 피할 수 없게 된다. 사도행전 21:20, "형제여 그대도 보는 바에유대인 중에 믿는 자 수만 명이 있으니 다 율법에 열성을 가진 자라"은 당시 예루살렘교회에도 율법의 열심을 가진 사람들(zealots)이 압도적 다수였음을 보여준다. 바울 당시 교회 내부의 신학적 지형은 오늘날과 매우 달랐다. 율법에 대해 강경한 사람들이 주류였고, 바울과 같은 사람은 비주류였다.

6:13 할례를 받은 그들이라도 스스로 율법은 지키지 아니하고 너희에게 할례를 받게 하려 하는 것은 그들이 너희의 육체로 자랑하려 함이라

"할례를 받은 그들이라도"(οἱ περιτεμνόμενοι αὐτοί)는 '할례받은 사람들 자신이'로 번역할 수 있다. 할례를 받으려고 하는 갈라디아 교회들 안의 이방인 성도들로 볼 수도 있지만, 할례당에 대해 바울이 말하는 대목이므로 할례당을 가리키는 표현인 것 같다. 할례당은 겉으로는 할례와 율법 준수를 주장하지만, 실상은 율법을 지키지 않는다. 누구라도 모든 율법을 다 지킬 수 없다고 보면 '할례당도 율법을 지키지 않는다'는 바울의 주장이 쉽게 이해된다. 하지만 그런 뜻으로 말한 것 같지 않다. 바울은 할례당의 말과 행동이 다른 위선적인 모습을 고발하려고 한 것 같다. 로마서 2:21-22, "도둑질하지 말라 선포하는 네가 도둑질하느냐 간음하지 말라 말하는 네가 간음하느냐 우상을 가증히 여기는 네가 신전 물건을 도둑질하느냐"는 유대인들이 율법을 의도적으로

어기면서도 자신들을 "맹인의 길을 인도하는 자요 어둠에 있는 자의 빛이요 …
어리석은 자의 교사요 어린 아이의 선생"(롬 2:19-20)으로 내세우는 위선을
고발한다. 여기서도 그런 이중적인 위선을 고발하려고 한 것 같다.

갈라디아 성도들이 할례를 받으면 할례당은 그들의 "육체"를 자랑거리
로 삼으려 한다. 여기에서 '육체'는 할례를 받은 그 육체를 가리킨다. 성도들
의 할례받은 그 육체(σάρξ)는 영어로는 'flesh,' 우리 말로는 '살' 혹은 '살코
기'로 번역할 수 있다. 할례당은 할례받은 그 살을 자랑거리로 삼으려고 한다
는 말은 할례당이 듣기에 매우 불편한 말이었을 것이다. 이런 모욕적인 말을
듣고도 계속 교회 안에 남아 있기는 쉽지 않았을 것이다.

6:14 그러나 내게는 우리 주 예수 그리스도의 십자가 외에 결코 자랑할 것
이 없으니 그리스도로 말미암아 세상이 나를 대하여 십자가에 못 박히고
내가 또한 세상을 대하여 그러하니라

헬라어 문장 첫 단어인 '에모이'(ἐμοί)는 "내게는"으로 번역되었다. 그
뒤에 나오는 '메 게노이토'(μὴ γένοιτο)는 강한 부정을 나타낼 때도 사용되지
만(갈 2:17, 3:21, "결코 그럴 수 없느니라") 여기서는 '~하지 않기를 소원한
다'는 뜻으로 사용되었다.[251] '다른 사람은 모르겠으나 나 자신에 관한 한, 우
리 주 예수 그리스도의 십자가 외에는 자랑하지 않기를 소원한다'는 말이다.
할례당은 할례받은 살(σάρξ)을 자랑하지만, 바울은 "우리 주 예수 그리스도의
십자가" 외에는 자랑하지 않는다. 일부 기독교인들은 십자가 복음을 부끄럽
게 생각한다. 왜냐하면 예수는 유대교 최고 법정에서 중죄인으로 재판받고
사형 선고를 받아 처형되었기 때문이다. 오늘날에 비유하자면 대법원에서 사
형 선고를 받고 교도소에서 사형 집행을 당해 죽은 죄인을 자랑한다는 것은
쉬운 일이 아니다.

바울은 로마서 1:16에서 "내가 복음을 부끄러워하지 아니하노니"라고
말한다. 그는 복음을 전할 때 "말과 지혜의 아름다운 것으로"(고전 2:1) 하지
않았다(고전 2:4, "내 말과 내 전도함이 설득력 있는 지혜의 말로 하지 아니하

---

251) Moo, *Galatians*, 395.

고”). 십자가 복음을 전하면 유대인으로부터 박해받는 것이 자명하고 회당에서 채찍으로 맞는 것 때문에(고후 11:24, “유대인들에게 사십에서 하나 감한 매를 다섯 번 맞았으며”) 마음에 공포심도 있지만(고전 2:3, “내가 너희 가운데 거할 때에 약하고 두려워하고 심히 떨었노라”) 그는 “예수 그리스도와 그가 십자가에 못 박히신 것 외에는 아무 것도 알지 아니하기로 작정”한(고전 2:2) 사도였다. 고린도전서 1:31에서 그는 “자랑하는 자는 주 안에서 자랑하라”고 말한다. 여기에서 ‘주 안에서 자랑하라’(ἐν κυρίῳ καυχάσθω)는 ‘주를 자랑하라’로 번역하는 것이 옳다. 영어 번역인 ‘Take pride in Christ’에서 전치사 ‘인’(in)과 마찬가지로 전치사 ‘엔’(ἐν)은 장소의 뜻이 아니다. 헬라어 숙어로서 ‘엔(ἐν) 이하를 자랑하다’라는 뜻이다. 주를 자랑한다는 말은 곧 십자가에서 죽으신 예수 그리스도를 자랑한다는 말이다.

바울은 이미 갈라디아서 5:24에서 “그리스도 예수의 사람들은 육체와 함께 그 정욕과 탐심을 십자가에 못 박았느니라”고 말했다. “세상이 나를 대하여 십자가에 못 박히고 내가 또한 세상을 대하여 그러하니라”는 갈라디아서 5:24의 이 말의 뜻을 확장한 것이다. 어떻게 그런 일이 일어날 수 있는가? “그리스도로 말미암아”가 바로 그 답이다. 그리스도를 통하여(δι' οὗ) 그런 일이 일어나게 된다. 그를 통해 ‘나에 관한 한’(ἐμοί) 세상은 나에 대해 십자가에 못 박혔다. ‘세상에 관한 한’(κόσμῳ) 나도 십자가에 못 박혔다(“내가 또한 세상을 대하여 그러하니라”). 그리스도를 통하여 ‘나’와 ‘세상’이 상호 간에 못 박혔다는 것은 세상은 나에게 이미 죽었고, 세상은 더는 나를 속박하지 못한다는 말이다. 비록 내가 지금 이 세상에서 살고 있지만, 나는 이미 이 세상에 속한 사람이 아니기 때문이다. 나는 오고 있는 세대(the coming age)[252]에, 하나님의 나라에 속한 사람이다.

바울은 이미 갈라디아서 2:19에서 “내가 율법으로 말미암아 율법에 대하여 죽었나니”라고 말하고, 2:20에서 “내가 그리스도와 함께 십자가에 못 박혔나니 그런즉 이제는 내가 사는 것이 아니요 오직 내 안에 그리스도께서 사시는 것이라”고 말한 바가 있다. 이런 언명들은 모두 복음 안에서 일어난 내적 변화를 묘사하는 것이다. 내적 변화의 핵심은 세계관과 가치관의 변화다. 성

---

252) 오는 세대에 관한 자세한 설명은 1:4의 주석을 보라.

도는 예전에 세상이 가르쳐준 세계관과 가치관을 버리고, 이제 새로운 관점을 갖고 산다. 그런 뜻에서 나는 그리스도와 더불어 세상에 대해 죽었고, 나는 새로 태어났다(롬 6:3-4). 과거에 내가 인생에서 가장 중요하다고 생각하던 것들이 이제는 영원한 가치를 갖고 있지 않다는 것을 깨닫게 되었다(고전 7:31, "이 세상의 외형은 지나감이니라"). 그런 것들은 다 '지나가는' (passing away) 것이며, 영원한(everlasting) 것이 아니다. 바울은 영원한 것, 즉 하나님의 나라와 그 복음에 지극히 큰 가치를 부여하고, 하나님의 나라와 그 나라에 들어가기 위한 하나님의 의를 위해 살아간다.

6:15 할례나 무할례가 아무 것도 아니로되 오직 새로 지으심을 받는 것만이 중요하니라

할례를 받았느냐 안 받았느냐는 전혀 중요한 사안이 아니다. 예레미야 9:25, "보라 날이 이르면 할례 받은 자와 할례 받지 못한 자를 내가 다 벌하리니"는 바로 이점을 말한다. 육체의 할례가 중요하지 않은 이유는 바로 그 다음절 9:26, "곧 애굽과 유다와 에돔과 암몬 자손과 모압과 및 광야에 살면서 살쩍을 깎은 자들에게라 무릇 모든 민족은 할례를 받지 못하였고 이스라엘은 마음에 할례를 받지 못하였느니라 하셨느니라"에 나온다. 중요한 것은 '마음의 할례'이기 때문이다. 예레미야 9:23, "지혜로운 자는 그의 지혜를 자랑하지 말라 용사는 그의 용맹을 자랑하지 말라 부자는 그의 부함을 자랑하지 말라"에서 헛된 자랑에 대해 비판하고, 9:24, "자랑하는 자는 이것으로 자랑할지니 곧 명철하여 나를 아는 것과 나 여호와는 사랑과 정의와 공의를 땅에 행하는 자인 줄 깨닫는 것이라"에서 참된 자랑이 무엇인지를 말하는 것으로 보아 갈라디아서 6:14-15은 예레미야 9:23-26에 대한 바울의 미드라쉬로 볼 수도 있다.

"할례나 무할례가 아무 것도 아니로되"는 갈라디아서 5:6, "그리스도 예수 안에서는 할례나 무할례나 효력이 없으되"의 반향이다(참고, 고전 7:19, "할례 받는 것도 아무 것도 아니요 할례 받지 아니하는 것도 아무 것도 아니로되 오직 하나님의 계명을 지킬 따름이니라"). 그리고 갈라디아서 3:28, "너희는 유대인이나 헬라인이나 … 다 그리스도 예수 안에서 하나이니라" 역시 같은 맥락의 말씀이다. "오직 새로 지으심을 받는 것만이 중요하니라"(ἀλλὰ καινὴ κτίσις)는 직역하면 '새 창조가 중요하다'로 할 수 있다. 이 말은 고린도후서 5:17, "그런즉 누구든지 그리스도 안에 있으면 새로운 피조물(καινὴ κτίσις)이라 이전 것은 지나갔으니 보라 새 것이 되었도다"를 연상시킨다. 새 창조는 옛 창조를 능가하는 창조이며 초우주적 변화다(사 43:18-19; 65:17; 66:22). 인간의 부활은 거대한 새 창조의 한 부분이다. 그리고 마음의 할례는 인간의 내부에서 일어나는 새 창조의 시작이다. 할례건 무할례건 새 창조와 아무 관계가 없다. 내가 태어날 때 유대인으로 태어났느냐, 헬라인으로 태어났느냐, 이런 것은 전혀 중요하지 않다. 중요한 것은 옛사람이 그리스도와 함께 십자가에서 죽고 성령의 능력 안에서 성도가 새로 태어나는 것이다. 이런 점에서 기독교인은 유대인, 헬라인과 구분되는 새로운 종류의 인류다. 고린도전서 10:32, "유대인에게나 헬라인에게나 하나님의 교회에나 거치는 자가 되지 말고"에서 인류를 유대인, 헬라인, 기독교인으로 삼분한다. 성도는 현세를 사는 미래의 하나님 나라의 시민이다. 그런 뜻에서 아리스티데스(Aristides)라는 고대교회의 변증가는 기독교인들을 야만인, 헬라인, 유대인과 구분되는 별도의 인종으로 보기도 했다. 디오그네투스(Diognetus)라는 로마의 관헌에게 보낸 편지에서 익명의 저자는 아래와 같이 말하며, 이 글은 새롭게 창조된 인간이 어떤 모습인지 잘 보여준다.

> "기독교인들은 국적, 언어, 관습에 의해 다른 나라 사람들과 구분되지 않는다 그들은 자신들의 분리된 도시에서 사는 것도 아니고, 이상한 언어를 말하는 것도 아니고, 이상한 삶의 방식을 따르지도 않는다. 그들의 가르침은 자신들의 인간적 호기심에서 출발한 어떤 생각에 기초한 것도 아니다. 다른 사람들과는 달리 그들은 순수하게 인간적인 주장을 하는 것도 아니다. 복장, 음식, 일반적 생활방식에서 그들은 그것이 헬라 도시건 아니면 외국 도시건 간에 그들이 살게 된 그 도시의 관습을 따른다.
>
> 그러나 그들의 삶에는 무언가 특별한 게 있다. 그들은 자신들의 나라에서 마치 그들은 지나가는 사람들인 것처럼 살아가고 있다. 그들은 시민으로서 자신들의 모든 역할을 다 하지만, 마치 외국인들

(aliens)처럼 고난받는다. 어떤 나라도 그들의 모국이 될 수 있지만, 어떤 나라건 모국은 그들에겐 외국과 같다. 다른 사람들처럼 그들은 결혼하고 아이를 낳지만, 그들은 아이들을 버리지 않는다. 그들은 음식을 함께 나누지만 그들의 아내를 함께 나누지는 않는다.

그들은 육체 가운데 살지만, 육체의 욕망에 의해 지배당하지 않는다. 그들은 땅위에서 살아가고 있지만, 그들은 하늘의 시민이다. 그들은 법을 지키지만, 법을 초월하는 수준에서 살아간다. 기독교인들은 모든 사람을 사랑하지만 모든 사람은 그들을 박해한다 … 그들은 가난 속에서 살지만 많은 사람을 부유하게 한다 … 그들은 불명예를 당하지만, 그것은 그들에게는 영광이다 … 치욕을 당하면 축복으로 대답하고, 모욕을 당하면 변명한다. 그들이 하는 모든 선행에 대한 대가로 그들은 마치 범죄자처럼 처벌받는다 ….” (*The Letter to Diognetus*에서 일부 발췌 번역)

6:16 무릇 이 규례를 행하는 자에게와 하나님의 이스라엘에게 평강과 긍휼이 있을지어다

여기에서 바울은 “평강과 긍휼”이란 말로 편지를 마치는 인사말을 한다. 평강은 평화이며, 긍휼은 자비다. 하나님의 평화와 자비를 빈다. 평화와 자비는 “이 규례를 행하는 자”에게 주어진다. 여기에서 규례로 번역된 단어는 ‘카논’(κανών)이다. 카논은 ‘자’(rule), ‘기준’(standard)라는 뜻이다. 정경(政經)이란 뜻의 영어 단어, ‘케논’(canon)이 이 단어에서 유래한다. 여기에서는 ‘규칙’이란 뜻으로 사용되었다. “이 규례”는 특정한 규칙을 가리키며, 아마도 바로 앞 15절의 “할례나 무할례가 아무 것도 아니로되 오직 새로 지으심을 받는 것만이 중요하니라”는 이 말씀을 가리키는 것으로 보인다. ‘행하다’로 번역된 ‘스토이케오’(στοιχέω)는 5:25, “성령으로 행할지나”에서도 사용되었다. ‘할례와 무할례를 기준으로 시비를 따지지 말고 성령을 따라 행하면서 새로 지음을 받는다’는 복음의 규칙을 지켜야 하며, 그것을 지키면 하나님의 평화

와 자비가 그 사람에게 임한다.

"하나님의 이스라엘"은 누구인가? 바로 "이 규례를 행하는 자"다. 이 둘은 같은 그룹의 사람들이다. 바울의 복음을 믿고 있는 갈라디아 성도들이 바로 그들이다. 소위 말하는 하나님의 새 이스라엘이 바로 그들이다. "하나님의 이스라엘"을 인종적 이스라엘(ethnic Israel)로 보는 견해는 문제가 있다. 왜냐하면 갈라디아서라는 편지는 1:2에서 바울이 말한 것처럼 "갈라디아 여러 교회들에게" 보낸 편지고, 16절은 그 교회들을 향한 인사말이기 때문이다. A에게 인사말을 하고 편지를 썼다면 A에게 마무리 인사말을 하고 편지를 마치는 것은 당연하다. 갈라디아 성도들을 향해 인사하고 편지를 시작한 바울이 편지의 말미에서 갑자기 인종적 이스라엘을 향해 인사를 하고 편지를 마무리한다는 건 난센스다. "하나님의 이스라엘"은 인종적 유대인이 아니라, 그리스도 안에 있는 성도들이다. "하나님의 이스라엘"을 인종적 유대인과 교회의 성도들을 혼합한 것으로 보아도 여전히 문제는 마찬가지다.

16절의 인사말의 헬라어 구조가 '그들(이 규례를 행하는 자들)에게 평강, 그리고 하나님의 이스라엘에게 긍휼이 있을지어다'(εἰρήνη ἐπ᾽ αὐτοὺς καὶ ἔλεος καὶ ἐπὶ τὸν Ἰσραὴλ τοῦ θεοῦ)로 되어 있으므로, 바울이 교회를 향해서는 평강을, 인종적 이스라엘을 향해서는 긍휼을 간구하고 있다고 보는 견해도 있다. 이런 견해는 교회를 이스라엘로 보지 않으려고 하는 시도다. 바울은 진정 교회에는 하나님의 긍휼이 필요하지 않은 것도 아니고, 이스라엘에겐 평강이 필요하지 않는다고 생각했던 것일까? 그럴리는 없다.

바울은 교회를 이스라엘이라고 부른다. 고린도전서 10:1, "우리 조상들이 다 구름 아래에 있고 바다 가운데로 지나며"에서 "우리 조상들"이 홍해 바다를 건넜다고 말한다. 여기서 "우리"는 고린도 성도들과 바울이다. 고린도 성도들의 육체의 조상은 홍해 바다 근처도 가본 적이 없다. 하지만 새 언약의 백성이 된 고린도 성도들은 이제 "하나님의 이스라엘"이 되었기 때문에 바울은 그들을 향해 '우리 조상이 홍해 바다를 건넜다'고 말한다. 고린도전서 10:18의 "육신을 따라 난 이스라엘"이란 표현은 바울이 '성령 혹은 약속을 따라 난 이스라엘'을 염두에 두고 있음을 충분히 예상하게 한다.[253] 로마서 9:6, "이

---

253) Moo, *Galatians*, 402-3.

스라엘에게서 난 그들이 다 이스라엘이 아니요"에서 첫 번째 이스라엘은 인종적 이스라엘이지만, 두 번째 이스라엘은 인종적 이스라엘이 아니라, 9:8에서 말하는 "약속의 자녀"다. 로마서 2:28, "무릇 표면적 유대인이 유대인이 아니요"와 2:29, "오직 이면적 유대인이 유대인이며"도 같은 맥락의 사고다. 바울은 육체와 혈통을 기준으로 이스라엘 혹은 유대인이 결정되지 않는다고 본다. 새 언약으로 말미암아 약속과 믿음/성령을 기준으로 하나님의 백성이 결정된다고 본다.

사실 바울만 교회를 이스라엘로 보는 것은 아니다. 야고보서 1:1, "하나님과 주 예수 그리스도의 종 야고보는 흩어져 있는 열두 지파에게 문안하노라"에서 "열 두 지파"는 이스라엘로 대체할 수 있고, 이 편지의 수신자는 인종적 이스라엘이 아니라 교회다. 15절의 "할례나 무할례가 아무 것도 아니로되 오직 새로 지으심을 받는 것만이 중요하니라"에서 이 규례를 행하는 사람들은 그리스도를 믿는 성도들이지 유대인들이 아니다. 바울이 마지막 인사를 하는 사람들은 혈통을 따라 이스라엘이 된 유대인들이 아니라, 믿음으로 아브라함의 자손이 된 새 이스라엘이다.

사실 바울이나 야고보만 이런 생각을 했던 것은 아니다. 제2성전기 유대교 자체가 이런 생각을 하고 있었다. 당시 유대교 안에 있던 분파들 중 쿰란 공동체 같은 에쎈파 유대인들은 자신들이야말로 진정한 이스라엘이라고 주장했다. 그들은 다른 유대인을 제대로 된 유대인으로 보지 않았다. 심지어 그들은 바리새인들조차 '부드러운 것을 좋아하는 자들'로 격하했다. 바리새인들도 마찬가지로 자신들을 참된 이스라엘로 보았다. 바리새주의에 따른 율법 해석을 좇지 않으면 그건 율법을 제대로 지키지 않는 것으로 보았다. 당시 유대교의 가장 큰 질문은 '누가 참된 이스라엘인가?'(Who are true Israelites?)였다. 에쎈파와 바리새인들은 각각 자신들이야말로 참된 이스라엘이라고 주장했다. 뒤집어 말하면 자신들을 제외한 나머지 유대인들을 이스라엘로 보지 않은 것이다. 세례요한의 운동도 사실 참된 이스라엘을 만들어내기 위한 것이었다. 세례요한은 유대인들을 향해 독사의 자식이라 부르며 그들이 아브라함의 자손이라는 것을 부정했다(마 3:7//눅 3:7; 마 12:34). 즉 이스라엘을 향해 '너희는 이스라엘이 아니다'라고 말했다. 세례요한이 요단강 건너편에서 사람들에게 세례를 준 것도(요 1:28) 새로운 이스라엘을 만들어 출애굽 후 여호수아 때에 그러했던 것처럼 가나안 땅으로 이스라엘이 진군해 들어오는 것을 연출하기 위한 것이었다.[254] 예수의 하나님 나라 운동도 세례요한의 운동을 이어받아 참된 이스라엘을 이스라엘 안에서 창조하려는 시도였다. 예수가 12제자를 세운 것은 이스라엘의 12지파를 회복하기 위함이었다(겔 37:15-28).

이처럼 1세기 유대교 안에서는 기존의 이스라엘을 이스라엘로 인정하지 않고, 지속적으로 새로운 이스라엘, 혹은 참된 이스라엘을 만들려는 시도가 반복적으로 있었다. 바울만 이스라엘을 이스라엘로 인정하지 않았던 것이 아니다. 예수만 이스라엘을 이스라엘로 인정하지 않았던 것도 아니다. 그리고 이런 움직임은 사실 구약성경에서 이스라엘 사람들을 의인과 악인으로 구분하던 것에서 비롯된 것이다. 예를 들어 말라기 3:18, "그 때에 너희가 돌아와서 의인과 악인을 분별하고 하나님을 섬기는 자와 섬기지 아니하는 자를 분별하리라"에서 의인은 이스라엘이고, 악인은 이방인이라고 생각하면 오해다. 의인과 악인은 모두 이스라엘 안에 있다. 이스라엘 중에 하나님을 섬기는 자와 섬기지 않는 자가 함께 공존한다. 이런 상황이기 때문에 알곡을 가라지로부터 분리하여 참된 이스라엘을 따로 만들어야 할 필요가 생길 수밖에 없다. 바울이 이스라엘을 이스라엘이 아니라고 말하는 것은 이런 구약성경과 유대교의 전통에 근거한 것이다. 바울의 복음에서 파격적인 점은 새 이스라엘이 유대인들로만 구성되지 않고, 이방인도 그 안에 포함된다는 점이다.

바울이 교회를 이스라엘로 부른다는 점은 로마서 11:26, "그리하여 온 이스라엘이 구원을 받으리라"에서 "온 이스라엘"이 누구인지를 밝힐 때 매우 중요한 준거(reference)가 된다. "온 이스라엘"을 교회로 보지 않고 인종적 이스라엘로 보거나, 교회와 인종적 이스라엘을 동시에 가리키는 것으로 보는 견해 등, 여러 가지 해석의 선택지가 있다. "온 이스라엘"을 교회로 보지 않고 인종적 이스라엘로 보는 견해의 가장 강력한 근거는 로마서 11:26의 앞과 뒤

---

254) 요세푸스의 기록에 따르면 1세기 요단강 건너편에서는 다수의 거짓 선지자들과 거짓 메시아들이 등장하여 사람들을 미혹하게 했다고 한다. 그들의 운동이 모두 실패했기 때문에 요세푸스는 이들을 거짓 선지자, 거짓 메시아라고 부르는 것 같다. 이런 사람들이 시도했던 것 역시 이스라엘 안에서 참된 이스라엘을 만들려는 것이었다고 판단된다. 사도행전 5:36, "이 전에 드다가 일어나 스스로 선전하매 사람이 약 사백 명이나 따르더니 그가 죽임을 당하매 따르던 모든 사람들이 흩어져 없어졌고"에서 '드다'(Theudas)도 요세푸스가 열거하는 거짓 선지자 리스트에 포함되어 있다.

에서 '이스라엘'이란 말이 사용될 때 모두 인종적 이스라엘을 가리키는 말로 사용되었다는 점이다. 이 지적은 옳다. 하지만 11:26 앞과 뒤에서 이스라엘이란 단어가 인종적 이스라엘을 가리키는 말로 사용되었으므로, 11:26의 "온 이스라엘"도 반드시 그렇게 해석되어야 하는 건 아니다. 바울이 교회를 가리키는 것으로 사용했을 수도 있다. 문제는 상당수 학자가 "온 이스라엘"을 인종적 이스라엘로 보면서, 유대인들은 유대인이라는 그 하나의 이유만으로 하나님께서 그들을 구원하실 거라고 해석하는 거다. 다시 말해 유대인은 복음을 믿지 않아도 유대인이기 때문에 구원받는다고 해석한다. 이런 해석은 유대인이건 이방인이건 복음을 믿지 않으면 의롭다함을 받지 못한다는 로마서의 핵심적 주장을 뒤집어 엎어버린다. 과연 바울이 로마서 앞부분에서 그토록 강조한 이신칭의의 구원론을 11:26에서 한 방에 뒤집어 버리는 것일까? 그럴 리가 없다.

로마서 11:26의 "온 이스라엘"은 믿음을 가진 성도들과 교회를 가리키는 것이며, 바울은 교회를 이스라엘로 보고 있었다는 결정적인 증거가 바로 갈라디아서 6:16의 "하나님의 이스라엘"이다. 새 언약의 세워짐에 따라 새 언약의 백성이 생겨났다. 새 언약의 백성은 그리스도의 십자가 죽음과 부활을 통해 창조되었으며, 새 언약의 백성은 옛 언약의 백성을 대체했다. 옛 언약의 백성으로 태어난 유대인도 복음을 믿으면 새 언약이 백성이 될 수 있는 길이 열려 있다. "하나님의 이스라엘"에 갈라디아 지역의 성도들이 포함되어 있다. 유대인으로 태어나 믿음을 가지면 하나님의 이스라엘에 포함되지만, 이방인으로 태어나 복음을 믿었다가 할례당의 가르침을 받아들여 할례를 받아들이면 하나님의 이스라엘에 포함되지 않는다.

6:17 이 후로는 누구든지 나를 괴롭게 하지 말라 내가 내 몸에 예수의 흔적을 지니고 있노라

"이 후로는"(Τοῦ λοιποῦ)은 '앞으로는'(from now on)이란 뜻이다. 바울은 마지막으로 성도들에게 부탁의 말을 덧붙인다. "누구든지 나를 괴롭게 하지 말라"(κόπους μοι μηδεὶς παρεχέτω)는 직역하면 '아무도 나에게 괴로운

일이 생기게 하지 말라'(Let no one cause me trouble)로 할 수 있다. 바울은 이미 갈라디아 지역에 복음을 전하기 위해 충분한 고난을 받았다. 마치 임신한 여인이 출산의 고통을 경험하면서 아이를 낳듯이 바울도 고난을 경험하면서 성도들을 하나님의 자녀로 낳았다(갈 4:19). 그러므로 "나를 괴롭게 하지 말라"는 부탁은 또 내가 갈라디아 지역에 가서 고난을 받으면서 너희에게 다시 복음을 또 전하게 하지는 말아달라는 부탁이다.

바울이 그런 부탁을 하는 이유는 접속사 '가르'(γάρ) 이하의 문장에 있다. 그 이유는 "내가 내 몸에 예수의 흔적을 지니고" 있기 때문이다. 바울은 일인칭대명사 '에고'(ἐγώ)를 포함하여 자신의 몸에 "예수의 흔적"을 갖고 있음을 강조한다. '흔적'으로 번역된 단어 '스티그마'(στίγμα)는 주인이 자신의 소유를 표시하기 위해 노예의 몸에 남기는 지워지지 않는 표식을 가리킨다. 오늘날의 타투(tatoo)와 혼동하면 안 된다. 바울이 말하는 "예수의 흔적"은 그의 몸에 남아 있는, 복음전도를 위해 그가 당한 고난의 상처들이다. 그는 만약 갈라디아 성도들이 복음을 버리고 할례당을 따라가면, 다시 갈라디아에 돌아가서 다시 고난받으면서 복음을 가르칠 용의가 있다. "다시 너희를 위하여 해산하는 수고를"(갈 4:19) 할 용의가 있다. 하지만 가능한 한 바울은 그런 일이 없기를 바란다. 그런 뜻에서 성도들을 향해 "나를 괴롭게 하지 말라"고 호소한다.

6:18 형제들아 우리 주 예수 그리스도의 은혜가 너희 심령에 있을지어다 아멘

바울은 "우리 주 예수 그리스도의 은혜"라는 말로 편지를 마감한다. 대부분의 편지에서 그는 '은혜'를 마지막 인사말로 사용한다(롬 16:20, "우리 주 예수의 은혜가 너희에게 있을지어다"; 고전 16:23, "주 예수 그리스도의 은혜가 너희와 함께 하고"; 고후 13:13, "주 예수 그리스도의 은혜와 하나님의 사랑과 성령의 교통하심이 너희 무리와 함께 있을지어다"; 빌 4:23, "주 예수 그리스도의 은혜가 너희 심령에 있을지어다"; 살전 5:28, "우리 주 예수 그리스도의 은혜가 너희에게 있을지어다"; 몬 25, "우리 주 예수 그리스도의 은혜가 너

희 심령과 함께 있을지어다"). 갈라디아서를 마치면서 "우리 주 예수 그리스도의 은혜"가 있기를 기도하는 것은 매우 적절하다. 갈라디아서가 하나님께서 그리스도를 통해 은혜로 주시는 구원에 관한 편지이기 때문이다.

부 록

"루터의 칭의론을 둘러싼 논쟁: 루터가 실수한 것인가? 새 관점이 실수한 것인가?"[1]

김철홍 교수(장로회신학대학교, 신약학)

1. 서론: 루터가 실수한 것인가?

바울신학의 새 관점을 주장하는 학자들은 전통적인 바울신학의 바울 해석이 잘못되었다고 말한다. 그 이유는 (전통적 바울신학이 루터를 잘못 해석한 것이 아니라) 루터의 바울 해석 자체가 틀렸기 때문이라고 말한다. 그 오류의 근원은 루터가 1세기 유대교를 율법주의 종교로 보고 바울을 이해했지만, 당시 유대교는 율법주의 종교가 아니고 언약적 신율주의(covenantal nomism)였기 때문이라고 말한다. 루터와 더불어 전통적인 바울신학의 바울 해석은 틀렸고, 자신들이 올바른 바울 해석자라고 주장한다. 다방면에 걸쳐 진행된 새 관점과 전통적인 관점 사이의 기나긴 논쟁은 칭의론에서 그 절정에 이른다. 이 논쟁의 중심에 다시 한 번 루터가 서있다. 이 논쟁의 핵심은 루터의 칭의론이 옳은지 아니면 새 관점의 칭의론이 옳은지의 여부다.[2] 무려

---

1) 이 논문은 2017년 장로회신학대학교에서 열린 종교개혁학술제 때 발표한 논문이다. 논문의 길이가 좀 길어서 학술지에 싣기 어려워서 앞으로 책을 쓰게 되면 발표하려고 생각하던 중, 갈라디아서 주석에 부록으로 싣는 것이 적절한 듯하여 이 책에 부록으로 싣는다. 원래의 논문의 내용 중 일부는 이 책의 내용과 겹쳐서 삭제하였다.

2) 새 관점 진영에 이미 합의된 통일된 칭의론이 있는 것은 아니지만 이 논문에서는 새 관점의 칭의론을 대표하는 라이트(N. T. Wright)의 주장을 살펴볼 것이다. 제임스 던(James Dunn)의 칭의론에 관해서는 그의 논문 "If Paul Could Believe Both in Justification by Faith and Judgment According to Works, Why Should That Be a Problem for Us?" in Robert N. Wilkin, et. al. eds, *Four Views on the Role of Works at the Final Judgment* (Grand Rapids: Zondervan, 2013), 119-47을 보라. 그의 칭의론에 대한 나의 비판은 김철홍, "바울신학의 새 관점 비판: 바울복음의 기원, 칭의론과 최후의 심판론을 중심으로,"『신약연구』 12(2013), 838-74를 보라.

500년이 넘는 시간의 차이를 넘어서 이 둘은 2000년 이전의 바울 텍스트를 놓고 논쟁을 벌인다. 과연 누가 맞는 것일까? 루터는 바울의 칭의론을 오해했을까?[3] 아니면 새 관점이 바울을 오도하는 것일까?

새 관점의 주장에 대항하여 적지 않은 학자들이 이미 새 관점의 칭의론에 대해 비판을 제기했다.[4] 이 논문에서 기존의 학자들의 새 관점 비판을 반복할 의도는 없으며, 루터의 칭의론을 체계적으로 다시 설명할 의도도 없다. 이 논문은 새 관점의 칭의론과 루터의 칭의론의 대조하되 어느 쪽이 더 바울 텍스트를 정확하게 이해하고 있는지를 때로는 미세한 본문 분석으로, 때로는 보다 더 큰 신학적 틀에서 조망함으로 가늠해보려고 한다. 이 과정에서 최근 논쟁의 한 복판에 있는 가장 강력한 새 관점의 주창자인 라이트(Nicholas Thomas Wright/N. T. Wright)의 주장을 중심으로 살펴볼 것이다. 국내외에서 적지 않은 신학적 혼란을 야기하는 칭의론 논쟁의 몇 가지 논점들이 선명해질 수 있다면 오히려 바울의 칭의론을 더 분명하게 이해하는 계기가 될 수 있을 것이다.

2. 라이트의 칭의론

라이트(Nicholas Thomas Wright/N. T. Wright)[5]가 2013년도에 출판한 1600여 페이지에 달하는 바울신학 책, *Paul and the Faithfulness of God*/『바울과 하나님의 신실하심』[6]을 출판한 이래 오늘날 바울신학의 새 관

---

3) 루터의 칭의론을 살피기 위해 주로 루터의 『갈라디아서 강해』와 『로마서 강해』의 내용을 참고할 것이다.

4) 몇 가지 예를 들면, Thomas R. Schreiner, *The Law and Its Fulfillment: A Pauline Theology of Law* (Grand Rapids: Baker Books, 1993)/『바울과 율법: 바울의 율법신학』, 배용덕 역 (서울: 기독교문서선교회, 1997); Mark A. Seifrid. "Blind Alleys in the Controversy over the Paul of History," *Tyndale Bulletin*, 45(1): 73-96; Doug Moo, "Justification in Galatians" in Köstenberger and Yarbrough eds, *Understanding the Times: New Testament Studies in the 21st Century: Essays in Honor of D. A. Carson on the Occasion of His 65th Birthday* (Wheaton: Crossway, 2011), 160-95; Michael Horton, "Traditional Reformed View," in James K Beilby, Paul R Eddy et al. eds, *Justification: Five Views* (Downers Grove: IVP Academic, 2011), 83-111.

5) 라이트는 현재 스코틀랜드 세인트 앤드류 대학(University of St Andrews)의 세인트 메리스 칼리지(St Mary's College)의 교수로 있으며 2003-2010년에는 영국 성공회의 더햄의 주교(Bishop of Durham)로 있었다.

6) *Paul and the Faithfulness of God: Christian Origins and the Question of*

점 논쟁의 가장 중심에 있는 사람은 제임스 던(James Dunn)이 아니라 라이트(N. T. Wright)다. 그동안 바울의 칭의론에 관해 적지 않은 글을[7] 쓴 그는 그동안 일관된 입장을 유지해 왔다. 위에 언급된 그의 책의 하권 제10장 "새롭게 다시 만들어진 하나님의 백성," 256-643쪽은 그가 그동안 바울의 칭의론에 관해 무엇을 주장하고 있는지 종합적으로 보여준다. 흥미로운 점은 성공회 신부인 그가 자신이 개신교 개혁주의 전통에 서 있다고 주장하며,[8] 자신의 주장이 개혁주의의 잘못된 칭의론을 바로 잡는다고 주장하는 것이다.[9]

라이트는 전통적인 개신교의 바울 칭의론 해석이 틀렸다고 본다. 그 오류는 근본적으로 종교개혁가들이 1세기 유대교를 율법주의 종교로 오해했다는 것에서 발생했다고 본다.[10] 라이트는 바울이 지적하는 1세기 유대교의 문제는 유대인들이 자신들이 율법을 지킴으로 자기 의(self-righteousness)를 세우려고 한 것이 아니라, 할례법, 음식법, 안식일 법등과 같은 율법을 사용하여 유대인을 이방인과 나누고 이방인을 배척하는 민족적 배타주의(national exclusivism)라고 주장한다. 라이트는 유대인들이 율법을 지키는 행위(works of the law)를 통해서 의를 얻으려고 했다는 것을 인정하지만, 여기에서 율법을 지키는 행위에 해당하는 율법은 단지 할례법, 음식법, 안식일법

God. 2 vols (London: SPCK, 2013)/『바울과 하나님의 신실하심』 상, 하 양권, 박문재 옮김 (파주: 크리스챤다이제스트, 2015)

7) 라이트가 그동안 쓴 칭의론에 대한 저술들은 아래와 같다. N. T. Wright, "Justification: The Biblical Basis and its Relevance for Contemporary Evangelicalism," in Gavin Raid, ed., *The Great Acquittal: Justification by Faith and Current Christian Thought* (London: Collins, 1980), 13ff., reprinted in N. T. Wright, *Pauline Perspectives: Essays on Paul 1978-2013* (London: Society for Promoting Christian Knowledge, 2013), 21-41; "New Perspectives on Paul," in Bruce L. McCormack, ed., *Justification in Perspective: Historical Developments and Contemporary Challenges* (Grand Rapids: Baker, 2006); *Justification: God's Plan & Paul's Vision* (Downers Grove, Ill.: IVP Academic, 2009)/『톰 라이트 칭의를 말하다』, 최현만 옮김 (서울: 에클레시아북스, 2011); "Justification: Yesterday, Today, and Forever," *JETS* 54.1 (2011), 49-64.

8) 라이트는 심지어 자신이 루터와 칼빈 사이에서 선택을 해야 한다면 항상 칼빈을 택한다고 말한다. "New Perspective on Paul," in *Pauline Perspectives*, 275. 그리고 자신은 칼빈주의자라고 말한다. Ibid., 277.

9) "New Perspectives on Paul," 247-48, 262; "Justification," 72-73; Murray J. Smith, "Paul in the Twenty-First Century," in *All Things to All Cultures: Paul Among Jews, Greeks, and Romans*, ed. by Mark Harding and Alanna Nobbs (Grand Rapids/Cambridge, U. K.: Ederdmans, 2013), 20에서 재인용.

10) "Paul of History," 78.

같이 유대인들의 우월성(badges of superiority)을 보여주는 율법만을 가리킨다고 보는 점에서 제임스 던, 샌더스(E. P. Sanders)의 입장과 일치한다.[11] 새 관점 학자들이 '율법을 지키는 행위(works of the law)'의 율법을 '모든 율법'으로 보는 전통적 견해를 거부하는 것은 결국 바울복음 안에서 율법이 여전히 중요한 위치를 갖고 있다는 전제에서 출발하여 바울의 칭의론을 설명하는 길로 나아가게 한다.

라이트는 칭의론을 언약신학의 관점에서 이해해야 한다고 본다는 점[12]에서 언약을 유대교의 가장 중요한 구원론의 요소로 보는 샌더스의 입장[13]을 이어간다. 샌더스가 유대교에서 '의'(righteousness)라는 용어를 언약 안에서 하나님과의 올바른 관계를 유지하기 위해 사용했다고 주장하고, 바울에게서 '의'는 단지 죄의 세력에서 벗어나 하나님의 나라로 '이동을 표현하는 용어'(transfer term)로 본 것,[14] 그리스도와의 연합(participation in Christ)을 통해 이런 일이 일어난다고 보며 구원을 궁극적으로 언약 공동체의 멤버십(membership)과 동일시한다는 점[15] 등은 라이트가 신학적으로 걸어갈 길을 이미 잘 예시하고 있다. 라이트는 '하나님의 의(righteousness)'가 구약성경에서 하나님의 신실함(faithfulness)을 가리키는 용어로 사용되었다고 주장하고, 바울도 똑같은 개념으로 사용하고 있다고 본다.[16] 바울도 언약신학에 근거한 신학을 하였으며, 바울과 유대교가 의견을 달리하는 지점은 단지 언약의 백성의 표지(badge)를 무엇으로 보느냐의 차이밖에 없다고 본다. 즉, 유대교에서 언약의 백성의 표지는 할례, 음식규정, 안식일 준수 같은 "율법의 행위"(works of the law)였다면, 바울에게서 언약의 백성의 표지는 메시아인 예수 그리스도를 믿는 믿음(faith)으로 바뀌었을 뿐이라는 것이다.[17] 라이트는 믿음이 하나님 백성의 공동체의 멤버십을 획득한 것에 불과

---

11) 샌더스의 주장과 그 비판에 관해서는 김철홍, "바울신학의 새 관점 비판"을 참고하라.

12) Wright, *Justification*, 18

13) Sanders, "The Covenant as a Soteriological Category and the Nature of Salvation in Palestinian and Hellenistic Judaism," in R. Hamerton Kelly and R. Scroggs, eds., *Jews, Greeks, and Christians* (Leiden: Brill, 1976), 39.

14) E. P. Sanders, *Paul and Palestinian Judaism* (London: SCM; Philadelphia: Fortress, 1977), 544.

15) Sanders, "Covenant as a Soteriological Category," 41.

16) Wright, *Saint Paul*, 96.

하며, 그 자체가 구원(salvation)이 아니라고 보는 점에서[18] 분명히 믿음의 가치를 평가절하 하며, 믿음으로 칭의를 얻는다는 전통적 견해를 사실상 부정한다. 예를 들면 그는 로마서 3:22의 πίστις Χριστοῦ를 "그리스도를 믿음"(faith in Christ)으로 보지 않고 "그리스도의 신실함"(faithfulness of Christ)으로 해석한다.[19] 물론 그가 모든 πίστις Χριστοῦ를 다 "그리스도의 신실함"으로 해석하는 것은 아니며, 신자의 실제 믿음을 완전히 불필요하다고 보는 것은 아니다. 하지만 칭의론과 관련된 중요한 구절 해석에서 πίστις를 믿음으로 해석하지 않고 신실함으로 해석함으로, 그는 믿음으로 구원을 받는다는 전통적 해석을 거부할 뿐만 아니라 믿음이 아니라 언약에 대한 신실함, 즉 순종(obedience)을 구원론의 핵심 단어로 만든다.

라이트는 칭의 용어가 구약성경에서 법정적 개념으로 사용되었다는 것을 인정하며, 법정에서의 선언일 뿐 그 사람의 도덕적인 내면의 변화(transformation)를 가리키는 것이 아니라고 본다.[20] 칭의는 기본적으로 선언(declaration)이며, 믿음을 통해 의로운 지위(righteous status)를 하나님으로부터 받는 것이라고 본다. 그가 칭의를 하나님이 신자에게 주는 의로운 '지위/신분'(status)의 선언으로 보며,[21] 도덕적 변화를 전제로 하지 않는다

---

17) Wright, *Saint Paul*, 132. 라이트, 『바울과 하나님의 신실하심』 하, 364.

18) 그는 이렇게 말한다. "로마서 4장이 던지는 질문은 '우리가 어떻게 해야 믿음으로 의롭다함을 얻고 우리의 죄 사함을 얻을 수 있는가' 하는 것이 아니다. … 거기에서 주된 질문은 이런 것이다: '누가 아브라함의 자손인가?'". 라이트, 『바울과 하나님의 신실하심』 하, 366.

19) 라이트, 『바울과 하나님의 신실하심』 하, 352. *pistis christou*(주격+소유격)은 문법적으로는 1) faith in Christ (전통적인 해석)으로도 해석될 수 있고, 2) faithfulness of Christ (현대 일부 학자들의 해석)으로 해석될 수도 있다. "그리스도를 믿음"의 헬라어 표현은 *pistis christou*(주격+소유격)로서 아래와 같이 두 가지로 될 수 있다. 현대의 일부 학자들은 위와 같은 전통적인 해석을 거부하고 2번의 새로운 해석법을 제안한다. 갈라디아서 2:16에서는 *pistis christou*가 두 번 나오고, 그 중간에 "우리도 그리스도 예수를 믿나니"(εἰς Χριστὸν Ἰησοῦν ἐπιστεύσαμεν)에서는 '예수를 믿다'(동사+전치사+전치사 목적어)의 양식이 동시에 사용되고 있다. 여기에서 매우 분명하게 예수를 믿음의 대상으로 믿는 것에 대해 바울이 말하고 있다는 것을 부정할 수 없다. 라이트는 이 구절에서 1번으로 해석하는 것에 자신이 반대하지는 않는다고 말한다. 하지만 그런데도 그는 2번을 선호한다는 것을 감추지 않는다. 라이트, 『바울과 하나님의 신실하심』 하, 537이하.

20) Wright, *Justification*, 69-70.

21) 라이트, 『바울과 하나님의 신실하심』 하, 366, 505. 또한 그는 칭의가 성령의 내주하심으로 인해 생겨나는 내적 변화를 가리키는 것이라는 주장도 거부한다. 라이트, 『바울과 하나님의 신실하심』 하, 521.

고 보는 점에서 라이트의 칭의론은 전통적 칭의론과 별로 다르지 않은 것처럼 보인다. 하지만 여기에서 의로운 지위는 결코 '하나님의 의'를 직접 소유하게 되었다는 것이 아니라, 언약의 공동체의 멤버십을 갖게 되었다는 의미로 본다.[22] 복음을 믿음으로 구원을 받은 것이 아니라, 언약의 공동체에 소속되었을 뿐이라는 뜻이다. 비유적으로 말하면 장거리 마라톤을 이제 막 출발한 것에 불과하며 순종의 경주를 끝까지 잘 마쳤을 때 비로소 구원을 얻게 된다고 말하는 셈이다. 그러므로 라이트의 칭의론은 언약적이기도 하면서 종말론적이다. 그는 칭의가 언약의 틀 안에서 이해되어야 하고 특별히 종말론의 관점에서 이해되어야 한다고 말한다.[23] 그리고 이런 종합적 입장이 가장 잘 나타난 바울서신을 로마서라고 본다. 그는 바울이 칭의를 종말론적으로 이해했음에도 불구하고, 어거스틴, 루터, 칼빈 등이 모두 칭의를 현재적으로만 이해하고 종말론적으로 이해하지 못했다고 본다.[24] 그들이 칭의를 언약적 관점과 법정적 관점에서 보아야 하는데 지금까지 법정적 관점에서만 칭의를 이해했다고 본다.[25] 그러므로 루터를 포함하여 전통적 종교개혁 전통에 서 있는 모든 사람은 칭의를 언약적으로, 종말론적으로 이해하는데 실패했고, 바울의 칭의론의 진의(眞意)를 왜곡한다는 것이다.

　　라이트는 언약적 관점 속에서 법정적(forensic) 관점과 참여적(participatory) 관점을 통합할 것을 주장한다.[26] 왜냐하면 바울에게서 "계약적인 동시에 법정적인 종말론"이 동시에 발견되기 때문이다.[27] 칭의를 언약적 관점과 법정적 관점에서 동시에 보기 위해 그는 칭의를 설명할 때 현재적 칭의(present justification)과 미래의 칭의(future justification)이라는

---

22) 라이트, 『바울과 하나님의 신실하심』 하권 478쪽에서 칭의를 다루는 항목의 소제목은 아예 "믿음, 칭의, 하나님의 백성"으로 되어 있다. 칭의론과 교회론이 공존한다.

23) Wright, *Justification*, 79.

24) Wright, "New Perspective on Paul," in *Pauline Perspectives*, 283.

25) Ibid. 이런 점에서 최근 김세윤 교수와 일부 국내 학자들 사이의 칭의론 논쟁은 새 관점 논쟁과 비슷하다. 김세윤은 지금까지 새 관점을 비판하고 반대하여 왔지만, 칭의론에 관한 한 그는 라이트의 입장을 수용하고 있다고 보인다. 김세윤이 칭의를 언약적 관점과 법정적 관점에서 동시에 보아야 한다는 말은 사실 라이트의 칭의론을 그가 비판하면서도 받아들이고 있다는 것을 보여준다.

26) 라이트, 『바울과 하나님의 신실하심』 하, 363. 여기에서 참여적 관점이란 그리스도에 참여하는 것(participation in Christ), 즉 그리스도와의 연합을 가리킨다.

27) 위의 책 492.

개념을 사용한다.[28] 현재적 칭의는 언약의 공동체에 가입된 것으로 보고, 미래의 칭의는 최후의 심판대라는 법정에서 받는 칭의와 연결한다. 라이트에게 하나님의 의는 '언약,' '법정,' '묵시적인'(apocalyptic) 용어들과 함께 설명되어야 한다.[29] 현재의 칭의는 최후의 칭의를 앞당겨 선언받은 것이며, 현재의 칭의는 성령의 역사 덕분에 최후의 칭의와 서로 응하게 된다(correspond)고 본다.[30] 그는 로마서 2:13의 "율법을 행하는 자라야 의롭다 하심을 얻으리니"에서 시작해서 8:5-8에 이르기까지 바울이 성도들에게 율법을 행할 것을 가르쳤다고 본다.[31] 성령을 받기 전에는 행할 수 없지만, 성령을 받으면 율법을 행할 수 있게 된다고 본다. 그는 "로마서 8장에서 우리는 장래의 심판으로 되돌아가서, 메시아로 인해… 그 장래의 심판이 믿음을 근거로 선언되는 현재의 심판…과 일치한다는 것을 발견한다"고 말한다.[32] 그리고 미래의 판결은 "사람들이 실제로 행한 것(what people have actually done)을 반영할 것(will reflect)"[33]이라고 말할 때 그는 성도 안에서 역사하는 성령의 역사를 전제로 한다. 얼핏 들으면 라이트가 칭의에 관해 말하는 것이 전통적 칭의론과 큰 차이가 없는 것처럼 보인다.

하지만 문제는 라이트에게 현재적 칭의는 각 개인의 구원이라기보다는, 그리스도 안에 있는 사람들은 언약의 공동체 안에 포함되어 있다는 선언일 뿐이라는 점이다.[34] 그가 각 개인이 믿음으로 구원받았다는 말을 하지 않

---

28) 이것은 제임스 던이 사용하는 일차적 칭의(initial justification)과 최후의 칭의(final justification)라는 개념과 사실상 같은 개념이다. 제임스던의 칭의론에 관해서는 James D. G. Dunn, "If Paul Could Believe Both in Justification by Faith and Judgment According to Works, Why Should That Be a Problem for Us?", in Robert N. Wilkin, et. al. eds. *Four Views on the Role of Works at the Final Judgment* (Grand Rapids: Zondervan, 2013), 119-47을 보라.

29) N. T. Wright, "The Letter to Romans," *The New Interpreters' Bible: New Testament Survey* (Nashville: Abingdon Press, 2005), 162; Sungwon Kim, "N. T. Wright's Soteriology in Romans: An Evangelical Analysis and Assessment," 미간행 논문, 6, n.20에서 재인용.

30) Wright, *Justification*, 165.

31) Wright, *Justification*, 165-6.

32) 라이트, 『바울과 하나님의 신실하심』 하, 498.

33) Wright, *Justification*, 167.

34) Wright, *Saint Paul*, 98; Wright, *Justification*, 64, 82, 180-81, 186-87; Smith, "Paul in the Twenty-First Century," 22에서 재인용. 라이트는 하나님으로부터 오는 의로운 지위(status)를 성도가 믿음으로 받는 것에 관해 이렇게 말한다. "…but my

고, 단지 구원의 공동체에 포함되었다고만 말하는 이유는 그 개인의 구원은 최종적인 것으로 보지 않으려는 의도에서 비롯된다. 겉으로 보이기에 그가 교회론(ecclesiology)을 구원론(soteriology)으로 말하는 것처럼 보이지만, 그가 말하는 교회론은 사실은 반쪽짜리 구원론이다. 라이트는 복음으로 개종하는 것(conversion)이 바울이 말하는 '칭의'가 아니라고 보며, 개혁신학은 이 두 가지를 동일시하는 오류를 범했다고 본다.[35] 그는 이렇게 말한다: "바울에게 있어서 '칭의'란 신자가 부름을 받아 우상으로부터 돌아서서 그리스도를 죽음으로부터 일으키신 살아계신 하나님을 섬기게 되는 그 '부름'(call)으로부터 시작하여 그 이후에 생기는 어떤 것(something that follows on from the call)이다."[36] 라이트는 매우 분명하게 믿음을 갖게 되는 시점, 즉 개종, 세례 등의 시점에 구원으로서 칭의가 주어지는 것이 아니라고 말한다: "나의 핵심적 주장은 이것[개종]은 바울이 '칭의'를 언급할 때 그가 지칭한 바가 아니라는 것이다."[37]

라이트는 전통적 칭의론에서 믿음을 가질 때 신자에게 일어나는 '그리스도의 의의 전가'(imputation of the righteousness of Christ)를 부정한다.[38] 그는 바울서신에서 '그리스도의 의'(참고, 벧후 1:1)란 말도 나오지 않으며, 믿음으로 그리스도의 의가 전가된다는 것은 루터가 만들어낸 '사법적 허구'(legal fiction)라고 본다.[39] 그러나 라이트의 칭의론에서 가장 논쟁이 되는 부분은 최후의 칭의는 신자가 성령 안에서 순종한 것에 기초하여 결정된다고 보는 점이다. 아래의 글들은 그가 말하는 두 개의 칭의가 무엇인지를 분명하게 보여준다.

---

case is that this is not God's own righteousness, or Christ's own righteousness, that is reckoned to God's redeemed people, but rather the fresh status of 'covenant member', and/or 'justified sinner', which is accredited to those who are in Christ, who have heard the gospel and responded with 'obedience of faith'." "New Perspective on Paul," in *Pauline Perspectives*, 281. 라이트는 신자가 복음을 믿음으로 하나님으로부터 의로운 지위를 받은 것이며, 이것은 곧 언약의 백성의 멤버의 지위를 새로 얻은 것일 뿐, 그것을 하나님 혹은 그리스도의 의를 신자가 받은 것으로 생각하면 안된다는 말이다.

35) Wright, "New Perspective on Paul," in *Pauline Perspectives*, 284-5.
36) Wright, "New Perspective on Paul," in *Pauline Perspectives*, 284.
37) Wright, "New Perspective on Paul," in *Pauline Perspectives*, 285.
38) 라이트, 『바울과 하나님의 신실하심』 하, 506-14.
39) Wright, "Justification," in *Pauline Perspectives*, 36.

미래의 칭의가 그 사람의 전(全) 생애에 기초하여 공개적으로 확증할 그 내용을, 현재의 칭의가 믿음에 기초하여 지금 확증해 준다..[40]

바울은 이미 로마서 2장에서 하나님의 백성의 전 생애를 기초로 하여 그들에게 최후의 칭의가 주어지는 것에 관해 말했다. 최후의 칭의는 종말에 일어날 것이고, 그때 하나님은 메시아를 통해 모든 마음 속의 깊은 비밀을 심판하신다. 믿음으로 의롭다 함을 받는다는 것의 요점은, 바울이 로마서 3:26에서 주장하다시피, 최후의 칭의가 마지막 날에 일어나는 것이긴 하지만, 지금 현재에 일어난다는 것이다.[41]

이제 이 선언, 이 신원(vindication)이 두 번 일어난다는 것을 우리는 깨닫는다. 그 선언은 우리가 살펴보았듯이 한 사람이 성령의 능력 안에서 살아온 전 생애에 기초하여 미래에 일어난다, 즉 그 선언은 바울에 의해 새롭게 정의된 의미에서의 "행위"에 기초하여 일어난다. 그리고 바울신학의 핵심 근처에서 그 선언은 미래의 선언을 예시하는 것으로서 현재에서도 일어난다 … 그것은 미래에 다시 확인될 판결의 현재적 예시다.[42]

---

40) "Present justification declares, on the basis of faith, what future justification will affirm publicly … on the basis of their entire life." Wright, *Saint Paul*, 129. 번역은 『톰 라이트 바울의 복음을 말하다』 최현만 역 (평택: 에클레시아북스, 2011), 215.

41) "Paul has already spoken in Romans 2 about the final justification of God's people, on the basis of their whole life. This will take place at the end, when God judges the secrets of all hearts through the Messiah. The point of justification *by faith* is that, as he insists in 3.26, it takes place *in the present time* as opposed to on the last day." Wright, *Paul: Fresh Perspective* (Minneapolis: Fortress Press, 2005), 121. 이탤릭은 원전자의 것. 번역은 필자의 것.

42) "We now discover that this declaration, this vindication, occurs twice. It occurs in the future, as we have seen, on the basis of the entire life a person has led in the power of the Spirit-that is, it occurs on the basis of "works" in Paul's redefined sense. And near the heart of Paul's theology, it occurs in the present *as an anticipation of that future verdict* … it is the *anticipation in the present* of the verdict which will be *reaffirmed in the future*." Wright, "New Perspective on Paul," in *Pauline Perspectives*, 287. 이탤릭은 원전자의 것. 번역은 필자의 것.

바울은 제2성전기 유대교의 주류 견해와 마찬가지로 하나님의 최후의 심판은 그 사람이 산 모든 삶에 따라서, 즉 다시 말해 행위에 따라 이루어진다는 것을 인정한다.[43]

라이트가 주장하는 칭의론의 내용 중에는 전통적 입장과 같은 점도 있고, 전통적 입장과는 다르지만, 수용 가능한 점도 있다. 예를 들어 라이트가 하나님의 의를 하나님의 법정에서의 선언(declaration)으로 보는 것은 전통적 입장과 같다. 그가 칭의를 종말론적 개념으로 보는 것은 전통적 입장에서 충분히 수용 가능하다. 왜냐하면 개신교의 칭의론은 법정적 개념이고 최후의 심판을 염두에 둔 것이므로, 본질적으로 종말론적이기 때문이다. 그러나 그가 하나님의 의를 이사야 40-55장의 내용에 근거하여 언약적 신실함으로 보는 것[44]은 수용하기 어렵다.[45] 그가 성경을 읽는 방식이 창의적이고 성경의 다양한 뉘앙스를 살려주는 장점이 있는 것은 사실이지만, 그의 성경해석에는 독특한 문제점이 있다.

전통적 입장과 다르면서도 수용 불가능한 라이트의 주장은[46] 1) 1세기 유대교가 언약적 신율주의(covenantal nomism)라는 주장,[47] 2) 바울의

---

43) "Paul, in company with mainstream second-Temple Judaism, affirms that God's final judgment will be in accordance with the entirely of a life led – in accordance, in other word, with works." Wright, "New Perspective on Paul," in *Pauline Perspectives*, 281.

44) Wright, *What Saint Paul Really Said*, 96.

45) 그 이유는 아래에서 상술한다.

46) 새 관점을 대표하는 라이트와 전통적 관점에서 논쟁을 벌였던 파이퍼(John Piper), 두 사람의 논점의 차이를 항목별로 표로 만든 유용한 자료를 참고하라. Trevin Wax, "Piper vs. Wright on Justification: A Layman's Guide," *Christianity Today* (June, 2009), 35.

47) 1세기 유대교를 언약적 신율주의로 보기 힘든 이유는 유대교 종말론의 심판에 관한 기록을 보면 압도적으로 행위심판론으로 되어 있기 때문이다. 그 구체적인 증거를 위해서 아래의 글을 보라. Thomas R. Schreiner,『신약신학』엄성옥 역, (서울: 부흥과개혁사, 2005), 165-80. 김철홍, "바울신학의 새 관점 비판," 864-66; 김경식, "최후 행위심판 사상으로 본 바울신학의 새 관점," 신약연구 9 (2010), 409-438을 보라. 물론 샌더스가 그동안 학자들이 소홀히 했던 1세기 유대교의 언약, 선택, 은혜의 차원을 정당하게 평가하도록 자극을 준 공헌이 있는 것은 사실이나, 그의 유대교 평가가 정확했던 것은 아니다. 그러므로 1세기 유대교의 성격은 신인협력설(synergism)로 보는 것이 적절하다. 언약과 은혜가 중요하지만, 여전히 언약 안에 있는 각 개인의 율법에 대한 순종이 그의 구원을 결정짓는 중요한 요소이기 때문이다. 토마스 R. 슈라이너,『바울과 율법: 바울의 율법신학』, 배용덕 역 (서울: 기독교문서선교회, 1997), 142. 더글라스 무는 팔레스타인 유대교가 샌더

율법의 행위에 대한 비판을 단지 할례법, 음식법, 안식일법 등을 지키는 것으로 한정하는 것, 3) 하나님의 의를 신실함으로 해석하는 것, 4) 칭의를 교회론적으로 보고 구원이 공동체에 가입하는 멤버십과 동일시하는 것, 5) 최후의 칭의에서 심판의 기준이 전 생애(the whole life), 즉 순종/행위로 보는 점 등이다.[48]

3. 성령 안에 있는 성도는 낙관적 상태인가 아니면 여전히 비관적 상태인가?

루터가 시편 143:2을 그의 로마서 강해에서 언급하고 있는 것에 우리는 주목할 필요가 있다. 로마서 2:13에 대한 주석에서 루터는 이렇게 말한다.

> '듣는 자가 아니라면 하나님 앞에서 도대체 누가 의로운 자인가'라는 질문이 제기되는데, 이에 대해 다음과 같이 대답되어야 할 것이다. '율법을 행하는 자들이 의롭게 될 것이다.' 즉, 의롭다고 간주될 것이다. 그래서 시편 143편은 말한다. "주의 눈 앞에는 의로운 인생이 하나도 없나이다." 다시 말해, 어떤 자도 의로운 자로 간주되지 않는다는 것이다.[49]

라이트는 로마서 2:13에서 바울이 신자들에게 율법을 지킬 것을 가르친 것으로 보지만, 루터는 이것을 구약성경 혹은 유대교의 가르침으로 본다. 루터는 시편 143편을 바로 이어서 언급함으로 누구도 율법을 행하여 의로운 자가 될 수 없다는 결론으로 나아간다. 로마서 3:1-7에 대한 부가설명에서 루터는 시편 143:2과 함께 시편 51:3, 4을 인용하고 설명한다. "그러므로 '나는 내 죄과를 아오니 내 죄가 항상 내 앞에 있나이다'(시 51:3)라고 말한다. 그리고 '내가 주께만 범죄하여'(시 51:4)라는 말씀이 이어 나온다."[50] 놀라운 것은

스가 생각했던 것보다 더 율법주의적이었다고 보며 바울이 율법을 행함으로 의롭다 함을 얻을 수 있다고 생각하는 유대인들에게 반응하고 있다고 본다. 그런 점에서 더글라스 무도 1세기 유대교를 신인협력설로 본다. Douglas J. Moo, *The Epistle to the Romans* (Grand Rapids: Eerdmans, 1996), 215.

48) 이중 1번과 2번은 칭의론과 관련이 있긴 하지만 이미 많은 비판이 있었으므로 이 논문에서는 칭의론과 보다 깊은 관련이 있는 3-5번에 집중하여 논의한다.

49) 마틴 루터, 『루터:로마서 강의』 (Wilhelm Pauck, ed. *The library of Christian classics: Luther: Letters on Romans*), 이재하; 강치원 옮김 (기독교고전총서, 14; 서울: 두란노아카데미, 2011), 143-44.

50) Ibid., 170.

루터가 로마서 4:7이하를 주석하면서 적지 않은 구약성경 구절을 매우 깊이 있게 분석하고 있으며, 여기에서 그는 그가 '하나님의 의'를 이런 구약성경의 말씀을 통해 이해하는 매우 뛰어난 모습을 보여준다.

　　루터는 "성인들은 내적으로 항상 죄인이다. 그래서 그들은 자신의 밖에서는 항상 의롭게 된다. 그러나 위선자는 내적으로 항상 의롭다. 그래서 그들은 자신의 밖에서는 항상 죄인이다"라고 말하면서 호세아 13:9을 인용한다.[51] 아마도 루터는 불가타 성경의 번역, "이스라엘아 너는 네 자신을 패망으로 이끌었구나. 왜냐하면 너의 구원은 단지 나에게 있기 때문이다"를 염두에 둔 것으로 보인다.[52] 이 말에서 루터는 복음을 듣고 믿음을 가진 성도도 항상 내적으로는 죄인의 상태라고 보고 있다는 것을 알 수 있다. 라이트가 성령을 받은 성도는 모든 율법의 요구를 만족시킬 수 있다고 보는 것과는 상당한 거리가 있다. 여기에서도 루터는 시편 51:3-4을 직접 인용한다. 그는 로마서 7:20, "내가 아니요 내 속에 거하는 죄니라"를 설명하면서 시편 32편의 "허물의 사함을 받고 자신의 죄가 가려진 자는 복이 있도다… 내가 이르기를 내 허물을 여호와께 자복하리라 하고 주께 내 죄를 아뢰고 내 죄악을 숨기지 아니하였더니 곧 주께서 내 죄악을 사하셨나이다 …"(롬 4:7-8)를 인용한다. 루터는 이 죄를 의사인 그리스도에 의해서 치료될 일종의 질병으로 보고,[53] "이처럼 이생의 삶은 죄로부터 치유되는 삶이다. 치유가 완성되고, 건강이 이미 회복되어도 죄가 없는 삶은 없다. 교회는 병자들과 도움이 필요한 자들을 위한 숙소이며 병실이다. 그러나 천국은 건강한 자들과 의인들의 궁전이다"[54]라고 말한다. 즉 루터는 성도가 복음을 믿었다고 해서 그들이 죄악으로부터 완전히 분리되어 모든 율법을 다 행하게 되는 것으로 보지 않는다. 여전히 문제가 많은 상태에 있는 것으로 본다. 그런 뜻에서 루터는 시편 51:1-9을 길게 인용하고, 불가타 번역 대신 히브리어를 직접 번역하면서 이렇게 설명한다.

51) Ibid., 232.
52) Ibid., 각주를 보라.
53) Ibid., 235-38.
54) Ibid., 238.

그리고 "죄악(불의라는 말 대신에) 중에서 출생하였음이여 어머니가 죄중에서(즉, 불쏘시개와 함께) 나를 잉태하였나이다… 주의 얼굴을 내 죄에서 돌이키시고 내 모든 죄악을(내 불의라는 말 대신에) 지워주소서." "그리하면 내가 범죄자에게(불경한 자라는 말 대신에) 주의 도를 가르치리니 죄인들이(죄인들이라는 말 대신에)[55] 주께 돌아오리이다"[56]

여기에서 루터는 인간의 원죄를 설명하면서 "산고를 어머니가 죄를 짓는 것이 아니라, 아들이 죄를 짓기 때문이다. 다시 말해 태어난 아들이 죄인이기 때문이다. 다윗은 여기서 어떤 다른 사람의 죄가 아니라, 자기 자신의 죄를 고백하는 것이다"라고 말한다.[57] 루터는 기본적으로 인간이 선행을 하는 것에 대해 비관적인 견해를 갖고 있고, 복음을 믿은 성도라 해도 이런 비관적인 상태에서 많이 벗어나지 못한 것으로 본다.

　　로마서 7장에서 나타나는 바울의 인간관은 매우 비관적이다. 복음을 믿기 전의 인간은 비록 무엇이 선하고 무엇이 악한지(무엇이 죄인지) 인식한다고 하더라도, 율법이 가리키는 바 그 선을 행할 수 있는 능력이 결여되어 있다.[58] 그렇다면 복음을 믿은 후, 성령을 받은 후의 상태는 낙관적 상태일까? 갈라디아서 5:17에 따르면 성령 안에 있는 성도의 상태는 우리 안에 있는 욕망(롬 7:17, 20, "내 안에 있는 죄")과 성령 사이의 대치 상태(영적 전쟁)로 바울은 이해한다. 성령이 욕망을 압도하여 욕망과 죄의 세력이 맥을 못추는 것이 아니다. 욕망과 성령이 서로 팽팽하게 맞서서 죽을 때까지 단 한 순간도 방심할 수 없는 대치상태에서 살아가는 것이 성도의 삶이다. 라이트와 같은 견해는 현재적 칭의를 받은 성도의 내면의 상황을 낙관적(optimistic)으로 볼 때 가능하다. 하지만 만약 여전히 문제가 근본적으로 해결되지 않고 상시적으로 죄를 지을 수 있고, 실제로 죄를 짓게 되는 비관적인(pessimistic) 상태로 본다면[59] 행위에 기초한 구원은 인간에게 기쁜 소식이 되기 어렵다. 라

---

55) 불가타에는 '불경건한 자들'(*impii*)이라는 말이 사용되고 있다.
56) Ibid., 249.
57) Ibid., 250.
58) 바울의 인간론이 왜 비관론(pessimism)인지에 에 대해서는 김철홍, "1세기 유대교 인간론의 악한 성향과 바울의 인간론," 『신약연구』13(2014), 745-82을 참고하라.

이트의 칭의론에서 세례를 받고 난 신자는 믿음으로 구원의 공동체에 가입했고, 그 이후 성령의 도우심 속에서 자신의 삶을 통해 하나님의 뜻에 순종하는 삶을 살아 하나님의 신실하심에 응답하게 되며, 그 결과 성도의 삶은 최후의 심판에서 최후의 칭의를 결정하는 중요한 결정요소가 된다. 라이트의 칭의론이 신인협동설(synergism)로 비판을 당하는 이유가 바로 여기에 있다. 라이트 본인은 자신의 주장이 신인협동설이 결코 아니라고 항변하지만,[60] 그가 아무리 성령의 도우심을 강조하더라도 최후의 심판에서 인간의 행위를 구원의 조건으로 삼게 되면 결과적으로 신인협동설의 혐의를 벗기 어렵게 된다. "도대체 어느 정도의 악행을 하면 구원이 취소되는지, 절대적인 기준을 알려 달라"는 질문에는 약간의 대답이 가능하지만, "도대체 어느 정도의 선행을 해야 구원받을 수 있는지, 절대적인 기준을 알려 달라"는 질문에는 아무도 대답할 수 없고, 이렇게 되면 인간은 불확실한 구원을 확실히 하기 위해 끝없는 선행으로 내몰릴 수밖에 없다.

루터는 이 대목에서 매우 분명하게 라이트와 대조되는 입장에 서 있다. 루터는 처음부터 끝까지 인간의 행위를 통한 구원을 철저하게 부정하고, 인간의 행위를 통한 구원을 도덕주의/율법주의로 본다. 루터는 로마서 7:25을 설명하면서 "의로운 '성인'(saints)들은 동시에 죄인이다. 그들은 그리스도를 믿기 때문에 의롭다. 그리스도의 의가 그들을 덮고 그리스도께서 그들의 죄를 담당하셨기 때문이다. 그럼에도 그들은 죄인이다. 왜냐하면 그들은 율법을 온전히 지킬 수 없으며 죄의 갈망이 없는 존재가 아니다. 그들은 의사의 진료가 필요한 아픈 사람들과 같다"[61]고 말한다. "의인인 동시에 죄인"(*simul iustus et peccator*)라는 경구는 구원의 은혜를 받은 신자가 여전히 이 땅에서 사는 동안에 죄인으로 살며 그의 행위를 기초로 하여 구원받을 수 없다는 강력한 주장이다. 그런 점에서 루터는 아퀴나스 신학의 선행적 은총(prevenient grace)론은 물론 '재량 공로'(merit of congruity, 은혜 이전에

---

59) Stephen Westerholm, "Paul's Anthropological 'Pessimism' in Its Jewish Context" in John M G Barclay and Simon J Gathercole eds., *Divine and Human Agency in Paul and His Cultural Environment* (London; New York: T & T Clark, 2006), 71-98을 보라.
60) 라이트, 『바울과 하나님의 신실하심』 하, 519.
61) 루터, 『루터: 로마서 강의』, 333.

수행된 선행)와 '적정 공로'(merit of condignity, 은혜 이후에 수행된 선행) 등에 대한 가톨릭 신학을 반대했다. 로마서 7에 나타난 바울의 인간론은 1세기 유대교 랍비들의 인간론은 두 개의 상반된 세력이 인간의 내면에서 대립하고 있다는 점에서 비슷하게 보이지만[62] 랍비들의 인간론에서는 율법이 "악한 성향"(yetzer hara, יצר הרע)에 대한 해결책(solution)이 되지만 바울의 인간론에서는 율법이 여전히 인간이 안고 있는 곤경(plight)의 한 부분일 뿐이다. 놀라운 것은 로마서 4장의 부가설명에서 로마서 7:20의 "내 속에 거하는 죄"를 죄의 "불쏘시개"라고 부르면서 이것은 곧 바울이 로마서 7:5에서 "죄의 정욕"이라고 부르는 것이며, 이것은 "죄에 대한 충동과 욕구와 성향"을 가리키는 것으로 보는 점이다. 루터는 "그런데 죄 자체는 바로 저 격정이요, 불쏘시개요, 죄의 정욕이요, 악으로 향하는 성향이요, 선을 싫어하는 것이다"[63]고 말한다. 루터가 바울의 비관적 인간관(pessimistic anthropology)을 루터가 정확하게 이해하고 있다는 증거다. 바울이 갖고 있는 비관적 인간관은 라이트가 말하는 "삶 전체에 의한 미래의 칭의"(future justification on the basis of whole life)와 조화될(harmonized) 수 없다. 왜냐하면 비관적 인간관에서 출발하여 율법주의 종교나 도덕주의로 갈 수는 없기 때문이고, 전적으로 은혜로 주시는 구원 혹은 외부에서 주어지는 의(alien righteousness)로 나아갈 수밖에 없기 때문이다. 루터가 "성인들은 내적으로 항상 죄인이다"[64]고 말하거나, "그는 환자이면서 동시에 건강한 자이다. 실제로는 환자이지만, 의사의 확실한 약속 때문에 건강하다. … 의사는 … 그를 이미 건강한 자로 간주하기 때문이다"[65]고 말하는 것은 결코 인간의 본성에 대해 낙관하지 않기 때문이다. 이런 점에서 바울을 잘못 해석하는 것은 루터가 아니라 라이트다.

---

62) 랍비들의 인간론에서는 악한 성향(evil inclination, yetzer hara, יצר הרע)과 선한 성향(good inclination, yetzer hatob, יצר הטוב)이 대립하고 있다고 보며, 바울의 인간관에서는 "내 안에 있는 죄"(롬 7:17, 20)와 "율법을 알고 있고 행하기 원하는 나"가 서로 대립하고 있다. 더 자세한 것은 김철홍의 "1세기 유대교 인간론의 악한 성향과 바울의 인간론"을 보라.

63) 루터, 『루터: 로마서 강의』, 234. 밑줄은 필자의 것.

64) Ibid., 232.

65) Ibid., 235.

부록: "루터의 칭의론을 둘러싼 논쟁: 루터가 실수한 것인가? 새 관점이 실수한 것인가?"   459

4. 하나님의 의는 하나님의 신실함인가?

　　라이트는 하나님의 신실함은 언약에 대한 신실함으로 보고, 로마서는 언약의 관점에서 읽으려고 노력하지만 사실 로마서에서 언약이란 단어는 9:4과 11:27, 단 두 번밖에 나오지 않는다.[66] 더구나 라이트는 하나님의 언약에는 심판이 포함되어 있으며, 하나님의 심판행위도 언약에 대한 신실함으로 보아야 하는데, 라이트의 언약신학은 기본적으로 이스라엘을 향한 하나님의 언약에 초점을 맞추고 있고, 이스라엘을 구원하신다는 점에만 자신의 관심을 집중하지(예수 그리스도가 이스라엘의 메시아라는 점을 강조한다) 하나님의 심판 역시 하나님의 언약적 신실함의 표현이란 것을 강조하지 않는다. 전통적인 학자들은 구약성경에서 하나님의 의가 언약적 신실함을 가리키는 경우가 있다는 것을 결코 부정하지 않는다.[67] 하지만 하나님의 의는 동시에 심판으로 나타나기도 한다.[68] 바울이 로마서 1-3장에서 하나님의 심판과 진노를 강조하는 것은 바로 이런 이유다. 구약성경에서 자주 나타나지 않지만 시편 143편, 이사야 46장, 50장에서 나타나는 하나님의 의는 이런 언약에 묶여 있는 하나님의 신실함이라기보다 언약을 초월하여 나타나는 하나님의 구원의 의로 보아야 한다.[69]

　　또한 루터가 구약성경을 통해서 칭의를 이해하는 방식을 살펴보면 루터가 바울이 칭의를 이해하는 방식과 상당히 유사한 방식으로 접근하고 있음을 보여준다. 시편 143:2은 하나님의 율법에 따라 인간을 심판하실 경우, 구원받을 수 있는 인간은 한 사람도 없으므로("주의 눈 앞에는 의로운 인생이 하나도 없나이다") 그런 방식의 "심판을 행하지 마소서"라고 말한다. 적지 않은 학자들은 갈라디아서에서 이신칭의에 관해 말하는 2:16의 마지막 부분인 "율법의 행위로써는 의롭다 함을 얻을 육체가 없느니라"에서 바울은 시편 143:2의 내용을 반향하고(to echo) 있다고 본다.[70] 시편에는 '인생'이란 말

---

66) Kim, "N. T. Wright's Soteriology in Romans," 7.

67) Douglas J. Moo, *The Epistle to the Romans*. (Grand Rapids: Eerdmans, 1996), 82, n.14에서 더글라스 무는 출 15:13, 시 35:24, 36:6, 10, 71:2, 89:16, 103:17, 111:3, 119:40, 143:1, 11, 145:7, 사 38:19, 63:7 등은 하나님의 신실함으로 해석할 수 있다고 본다.

68) Ibid., 83.

69) Ibid., 85.

70) Douglas J. Moo, *Galatians* (Baker Exegetical Commentary on the New

이 사용되었지만, 인간의 근본적인 연약함을 강조하기 위해 바울은 '육체'로 바꾼 것으로 보인다.[71] 시편 143:1, "주의 진실과 의로 내게 응답하소서"에서 말하는 '하나님의 의'는 심판의 의가 아니라, 자신의 백성에게 진노를 내리지 않고 은혜와 자비로 주시는 하나님의 구원의 의를 가리키고,[72] 하나님의 의를 우리에게 달라고 기도하는 것이다. 그렇다면 시편 143편이 말하는 하나님이 주시는 의는 칭의에 관한 바울의 생각과 많이 다르지 않다.

물론 루터의 갈라디아서 강해 2:16에서 루터가 시편 143:2을 직접 언급하지는 않는다. 대신 그는 이와 유사한 내용인 로마서 3:23, "모든 사람이 죄를 범하였으매 하나님의 영광에 이르지 못하더니"와 로마서 3:10, "의인은 없나니 하나도 없으며"를 인용한 뒤에 시편 51:4, "내가 주께만 범죄하여"를 언급하면서 이 말씀이 로마교황의 '재량 공로'(merit of congruity, 은혜 이전에 수행된 선행)와 '적정 공로'(merit of condignity, 은혜 이후에 수행된 선행)에 대한 가르침을 반박한다고 말한다.[73] 루터의 입장에서 볼 때 라이트의 행위와 최후의 칭의에 관한 주장은 '적정 공로"에 관한 가톨릭의 가르침과 유사하다. 바울은 로마서 3:4, "기록된 바 주께서 주의 말씀에 의롭다 함을 얻으시고 판단 받으실 때에 이기려 하심이라 함과 같으니라"에서 시편 51:4을 인용한다. 비록 다윗과 같은 언약의 백성이라 하더라도 그 사람이 죄를 짓고 율법을 어기면 그 사람에게 심판을 내리고 벌을 주는 것이 하나님의 의(righteousness of God)다. "판단 받으실 때에 이기려 하심이라(LXX,

---

Testament; Grand Rapids: Baker Academic, 2013), 159; James Dunn, *The Epistle to the Galatians* (Peabody, MA: Hendrickson, 1993), 140.

71) Frank Thielman, *From Plight to Solution: A Jewish Framework for Understanding Paul's View of Law in Galatians and Romans* (Novum Testamentum Supplement 61; Leiden: Brill, 1989), 62-65; Moo, *Galatians,* 159, n.5에서 재인용.

72) 하경택은 구약성경에 나타나는 "하나님의 의" 개념에 대한 구약학자들의 입장을 크게 '공동체적 신실성'(Gemeinschaftstreue)과 '구원하는' 의(rettende Gerechtigkeit)로 나누어 본다. 하경택, "'하나님 닮아가기' *Imitatio Dei*로서의 정의: 시편을 통해서 본 구약성서의 '정의' 신학," 『장신논단』 48 (2016), 44. 필자가 보기에 구약성경은 하나님이 언약의 주체로서 언약의 백성에게 제시하는 '삶의 기준(standard, canon)으로서의 의,' 하나님이 심판자로서 심판을 통해서 보여주는 '심판의 의,' 그리고 하나님의 기준에 미치지 못해 진노의 심판을 받을 수밖에 없는 인간에게 '은혜로 주시는 구원의 의' 이 세 가지를 모두 말하고 있다.

73) 말틴 루터, 『말틴 루터의 갈라디아서 강해: 제1~4장』(Lectures on Galatians, 1535년 판), 김선회 역, 상권 (용인: 루터신학대학교 출판부, 2003), 202.

νικήσῃς ἐν τῷ κρίνεσθαί σε, 히브리어 성경은 תִזְכֶּה בְשָׁפְטֶךָ/'주께서 심판하실 때에 순전하시다 하리이다')"는 법정에서 하나님과 죄인 간에 유/무죄를 놓고 법정논쟁이 벌어질 때 하나님은 그 논쟁에서 "이기신다"는 뜻이다. 그래서 인간이 하나님의 심판에 승복하고 하나님의 심판의 결정은 "순전하시다"고 고백하게 된다. 시편 51편은 다윗이 범죄한 뒤에 부른 찬양이고, 다윗은 자신을 심판하여 벌을 주는 하나님의 행위를 의로운 것으로 보고 찬양한다(시 51:4, "주께서 말씀하실 때에 의로우시다 하고").

그러므로 심판을 피할 수 없는 다윗은 시편 51:14에서 하나님을 "구원의 하나님"으로 부르면서 "피 흘린 죄에서 나를 건져 달라"고 기도하며 하나님이 구원하시면 "내 혀가 주의 의를 높이 노래하리이다"라고 말한다. 여기에서 다윗이 말하는 "주의 의(צְדָקָה)"는 단순히 하나님의 언약적 신실함(faithfulness)으로 번역될 수 없다. 이 "의"는 죄인에게 은혜로 주시는 "하나님의 의"며, 이것이 곧 바울이 말하는 칭의와 사실 같은 의미다. 시편 51편의 다윗의 기도는 시편 143:2의 "주의 종에게 심판을 행하지 마소서 주의 눈 앞에는 의로운 인생이 하나도 없나이다"와 시편 143:1의 "주의 진실과 의로 내게 응답하소서"와 같은 맥락의 기도/찬양이다.

바울은 로마서 11:8, "기록된 바 하나님이 오늘까지 그들에게 혼미한 심령과 보지 못할 눈과 듣지 못할 귀를 주셨다 함과 같으니라"에서 신명기 29:4과 이사야 29:10의 내용을 결합하여 인용하며, 이 두 구절은 이스라엘을 굳은 마음을 가진 사람, 맹인, 귀머거리에 비유하며, 이런 상태는 곧 하나님의 심판이 임한 것으로 본다. 로마서 11:10, "그들의 눈은 흐려 보지 못하고"는 시편 69:23-24(개역성경 22-23절)의 인용으로서 다윗이 그의 대적들을 심판해 달라고 요청하는 기도다. 이런 맹인 상태에 관한 내용은 이사야서에서 집중적으로 나타나며 이사야 59:9-11은 맹인 상태를 "정의(מִשְׁפָּט)가 우리에게서 멀고 공의(צְדָקָה)가 우리에게 미치지 못한"(사 59:9) 것에 연유한 것으로 본다. 여기에서 "정의"와 "공의"는 동의어로 사용되었고, 11절, "정의(מִשְׁפָּט)를 바라나 없고 구원을 바라나 우리에게서 멀도다"에서 정의는 구원과 동의어다. 이사야 46:12, "마음이 완악하여 공의(צְדָקָה)에서 멀리 떠난 너희여 내게 들으라"등은 하나님이 제시하는 그의 백성의 삶의 기준(standard, 율법으로 표현됨)에서 멀리 떨어져서 하나님의 의가 없는 불의한 상태에 있는 인간에 대한 묘사고, 이런 구절에서 정의와 공의는 사회적, 정치 경제적 정의가 아니다. 하나님은 이런 불의한 상태에 있는 인간을 향해 "나의 공의(צִדְקָתִי)를 가깝게 할 것"(사 46:13)이라고 말씀하시고, 그것을 하나님의 구원이라고 말한다(사 46:13, "나의 구원이 지체하지 아니할 것이라"). 이사야 51:5, "내 공의(צֶדֶק)가 가깝고 내 구원이 나갔은즉"과 51:8, "나의 공의(צִדְקָתִי)는 영원히 있겠고 나의 구원은 세세에 미치리라"는 말은 우리에게 하나님의 의를 주신다는 바울의 주장과 의미가 서로 통한다. 인간이 스스로 하나님이 정하신 기준에 도달하여 의롭다는 인정을 받을 수 없다면 우리가 의롭게 될 수 있는 길은 오직 한 길뿐이다. 그것은 하나님이 우리에게 하나님의 의를 주시는 것이다. 라이트는 시편과 이사야서에 나타나는 이런 "하나님의 의"를 단순히 모두 다 하나님의 신실함으로 환원시키고 일반화함으로서 구약 성경에서 날카롭게 나타나는 하나님의 구원의 의의 개념을 우리가 정확하게 볼 수 없게 하고 있다.

바울이 로마서 10:3, "하나님의 의를 모르고 자기 의를 세우려고 힘써 하나님의 의에 복종하지 아니하였느니라"에서 "하나님의 의"와 "자기 의"를 대조하는 것은 바로 이사야가 말하는 하나님이 주시는 의와 인간이 율법을 스스로 행함으로 세우려고 노력하여 얻게 되는 의를 대조한 것이다. 이런 대조는 빌립보서 3:9, "내가 가진 의는 율법에서 난 것이 아니요 오직 그리스도를 믿음으로 말미암은 것이니 곧 믿음으로 하나님께로부터 난 의라"에서 더욱 구체적으로 나타난다. 바울은 "율법으로부터 생겨나는 의"(δικαιοσύνην τὴν ἐκ νόμου)와 "하나님에게로부터 오는 의"(τὴν ἐκ θεοῦ δικαιοσύνην)를 대조한다. 여기에서도 바울은 율법을 지킴으로 스스로 세우는 자기 의와 그리스도를 믿음으로(τὴν διὰ πίστεως Χριστοῦ… ἐπὶ τῇ πίστει) 얻게 되는 하나님이 주시는 의를 대조한다. 위의 구절들은 하나님이 은혜로 주시는 구원의 의를 가리키는 것이며, 이것이 바로 바울이 말하는 칭의다.

이사야서는 주의 종(the Servant of the Lord)이 자신의 목숨을 속죄 제물(אָשָׁם)[74)]로 바쳐(사 53:10), "많은 사람의 죄를 짊어진다"(사 53:11, 12)

---

74) "속건제물"로 번역된 '아샴'(אָשָׁם)은 민수기 5:7-8에서는 민사상의 '변상(restitution)'의 의미를 갖고 있는 "죄 값"이란 단어로 번역되었다. 하지만 '아샴'(אָשָׁם)은 레위기 5:6-7, 15에서는 "속죄 제물"(guilt offering)로 번역되고 있다.

고 말한다.[75] 이사야 53:6, "여호와께서는 우리 모두의 죄악을 그에게(ב) 담당시키셨도다"에서 전치사 '브'(ב)는 대체(substitution)의 개념을 표현하고 있으므로 주의 종은 대속의 죽음(substitutionary death)을 죽는다.[76] 그가 백성들의 죄를 위해 대신 죽는 속죄의 제물이 되는 것이 하나님의 뜻이었고 (사 53:10, "여호와께서 그에게 상함을 받게 하시기를 원하사") 주의 종은 하나님의 뜻에 순종하여 죽는다(사 53:10, "그의 손으로 여호와께서 기뻐하시는 뜻을 성취하리로다"). 하나님의 의로운 종의 죽음으로 그는 많은 사람을 의롭게 한다(사 53:11, "나의 의로운 종이 자기 지식으로[77] 많은 사람을 의롭게 하며"). 즉, 하나님의 의를 우리 가까이로 갖고 오셔서 우리에게 주신다. 고린도후서 5:21, "하나님이 죄를 알지도 못하신 이를 우리를 대신하여 죄로 삼으신 것은 우리로 하여금 그 안에서 하나님의 의가 되게 하려 하심이라"와 로마서 5:18-19, "한 의로운 행위로 말미암아 많은 사람이 의롭다 하심을 받아 … 한 사람이 순종하심으로 많은 사람이 의인이 되리라"는 모두 바울이 이사야서 53장이 말하는 칭의를 바울이 그대로 수용하고 있다는 점을 반영한다. 아쉽게도 루터의 갈라디아서 강해와 로마서 강해에 루터가 바울이 이사야서 46장과 59장을 이해한 것을 꿰뚫어 보고 있다는 것이 분명하게 나타나지는 않지만,[78] 루터가 구약성경의 구절들을 해석하는 것을 놓고 보면 그의 해석은 바울의 가르침과 같은 방향을 향하고 있다.

예를 들면, 로마서 4장의 부가 설명에서 루터는 이렇게 말한다.

---

75) 이사야 53:11에서 사용된 동사 סבל와 53:12의 동사 נשׂא는 동의어로서 둘 다 '어깨에 짊어지다'(to carry, bear)의 뜻이며, נשׂא는 레위기 10:17, 16:22과 같은 속죄제물에 관한 규정에서 사용되고 있다(겔 4:4-6 참조).

76) 이사야 53:5, 8에 사용된 히브리어 전치사 '민'(מן)은 주의 종이 당하는 고난의 이유를 나타낸다. 이사야 53:5, "그가 찔림은 우리의 허물 때문이요(מן) 그가 상함은 우리의 죄악 때문이라(מן)"; 53:8, "그가 살아 있는 자들의 땅에서 끊어짐은 마땅히 형벌 받을 내 백성의 허물 때문이라(מן)."

77) בְּדַעְתּוֹ יַצְדִּיק צַדִּיק עַבְדִּי에서 בְּדַעְתּוֹ(자기 지식으로)는 원문 복원이 어려울 정도로 손상(corruption)이 심한 부분으로 본다. Claus Westermann, *Isaiah 40-66* (The Old Testament Library; London : SCM , 1969), 267.

78) 로마서 5:12, "이와 같이 모든 사람이 죄를 지었으므로 사망이 모든 사람에게 이르렀느니라"를 설명하면서 루터는 이사야 43:26-27의 "우리가 함께 변론하자 너는 말하여 네가 의로움을 나타내라. 네 시조가 범죄하였고"를 언급한다. 하지만 이것만으로 루터가 바울이 이사야서를 이해하듯 이해했다고 보기는 어렵다.

의를 소유한 자는 하나님께서 자신의 불의를 고백하고, 하나님의 의를 간구하기 때문에 순수한 자비하심으로 의롭다고 계산하시고, 자신에게서 의로운 자로 간주되게 하기를 원하시는 자다. 이처럼 우리 모두는 죄 안에서, 즉 불의 안에서 태어나고 그 안에서 죽는다. 단지 우리를 불쌍히 여기시는 하나님의 은혜로우신 헤아림에 의해 그의 말씀에 대한 믿음을 통해 우리는 의롭다.[79]

루터가 이어서 인간이 모두 죄인이라는 것을 지적하는 구약성경들을 여러 군데 인용하면서 시편 143:2, 130:8("그가 이스라엘을 그의 모든 죄악에서 속량하시리로다")를 언급하고 이사야 64:6, "무릇 우리는 다 부정한 자 같아서 우리의 의는 다 더러운 옷 같으며"를 언급하는 것[80]은 매우 의미심장하다. 여기서 이사야 64:6의 "우리의 의"(צִדְקֹתֵינוּ)는 신명기 6:25, "우리가 그 명령하신 대로 이 모든 명령을 우리 하나님 여호와 앞에서 삼가 지키면 그것이 곧 우리의 의로움이니라 할지니라"의 "의로움이 우리의 것이 되다"(וּצְדָקָה תִּהְיֶה־לָּנוּ)와 마찬가지의 뜻이며, 모두 로마서 10:3에서 바울이 말하는 "자기 의"와 매우 유사하다. 이사야 64:6의 "우리의 의는 다 더러운 옷 같다"를 루터가 모든 인간이 죄인이라는 뜻으로 읽었다면 우리가 위에서 살펴본 이사야 46장, 59장의 하나님의 의에 관한 구절을 바울이 읽는 것과 마찬가지 방식으로 이해했을 것이다. 이처럼 루터가 하나님이 선물로 주시는 의에 관한 구약성경의 몇 구절들을 자주 인용하고 설명하는 것은 루터와 바울의 칭의론이 상당히 유사한 흐름에 서 있다는 것을 암시하며, 이것은 하나님의 의를 주로 하나님의 신실함으로 해석하는 새 관점과는 상당한 시각의 차이가 있다는 점을 가리킨다. 라이트의 문제는 칭의의 관점에서 해석해야 할 구절에 언약의 관점을 덧씌워(to impose) 해석하여 성경이 말하는 칭의의 날카로운 날을 무디게 만들어 버리는 것이다. 하나님의 모든 것을 다 언약적 신실함으로 보면 복음과 유대교 사이의 차별성이 희미해진다.

---

79) 루터, 『루터:로마서 강의』, 251.
80) Ibid., 252.

5. 두 개의 칭의(Two Justifications)와 행위 심판론은 바울의 칭의를 올바로 설명하는가?

라이트가 칭의를 현재와 미래로 나누어 현재의 칭의는 믿음으로 구원의 공동체에 멤버십을 갖게 되는 것에 불과한 것으로 보고, 미래의 칭의가 최종적인 것이며 그 기준은 삶/행위로 보는 것은 사실 연결된 문제다. 이런 그의 주장은 그가 신구약 성경 전체를 언약과 종말론을 중심으로 하여 꿰뚫어 읽은 결과다. 그러나 그의 이런 성경신학은 바울이 성경 전체를 꿰뚫어 읽는 방법과 일치하는 것 같지는 않다.

갈라디아서 3:11-12에서 바울은 두 개의 구약성경 구절의 일부를 인용하면서 이 두 개의 구절로 구약성경 전체를 요약하고 하나의 일관된 원리로 요약하는 것으로 보인다. 11절에서 하박국서 2:4의 "의인은 그의 믿음으로 말미암아 살리라"를 인용하고 있고, 로마서의 주제문인 1:17에서도 이 구절을 인용하므로 이것은 그의 복음을 요약하는 구약성경 구절이라고 말할 수 있다. 12절에서 바울은 또 다른 구약성경 구절 레위기 18:5, "너희는 내 규례와 법도를 지키라 사람이 이를 행하면 그로 말미암아 살리라"를 인용한다. 갈라디아서 3:11-12에서 바울은 이 두 구절을 아래와 같이 대조한다.

하박국 2:4:   ὁ δίκαιος ἐκ πίστεως ζήσεται (의인은 믿음으로 살리라)

레위기 18:5:   ὁ ποιήσας αὐτὰ ζήσεται ἐν αὐτοῖς (율법을 행하는 자는 그 가운데서[그것으로] 살리라)

히브리어로 בָּהֶם וָחַי은 "그것(율법)에 순종함으로 살리라"의 뜻이고, 이 구절은 유대교에서 자주 인용되는 구절이었다.[81] 레위기 18:5과 같은 구절은 구약성경의 가르침을 율법주의적으로 해석하여 1세기 유대교가 율법주의의 방향으로 가게 했을 것이다. 그러므로 "율법을 행하는 자는 그 가운데에서(ἐν αὐτοῖς, 율법에 의하여) 살리라"는 바울의 가르침이 아니라, 당시 유대교의 가르침을 바울이 인용한 것이다. 바울이 이렇게 구약성경에 있는 두 구절을 인용하는 이유는 무엇일까?

---

81) Moo, 208.

위의 두 구절은 둘 다 "살리라"(ζήσεται)는 말을 갖고 있고, 이 말은 구원의 두 가지 길을 예시한다. 첫 번째 길은 '믿음으로' 의롭다는 인정(칭의)을 받아 구원받는 길이고, 두 번째 길은 율법 규정들을 행하여 '율법을 행함으로' 구원받는 것이다. 라이트는 "구원은 자신의 행위로 '얻는' 것인가, 아니면 '거저 주어지는 것을 받는 것'인가 하는 것과 관련된 세세한 문제들은 실제로 당시 일부 유대인들의 관심사(그리고 중세 후기의 훨씬 더 많은 유럽인들의 관심사)였지만, 분명히 바울의 일차적인 관심사가 아니었…"[82]고 주장하지만, 바울은 인간이 어떻게 해야 살게 될 것인지(ζήσεται), 믿음으로(ἐκ πίστεώς)인지, 아니면 율법에 의해서(ἐν αὐτοῖς)인지에 대해 지대한 관심을 갖고 있었다. 그렇다면 바울은 갈라디아서 3:11-12에서 구약성경이 말하는 두 개의 길을 말하고 있는 것인가? 아니면 구약성경의 길과 신약성경의 길을 각각 말하는 것인가? 구약성경이 말하는 두 개의 길이라고 말할 수 있다.[83] 얼핏 보면 서로 모순된 두 개의 구절처럼 보이지만 사실 이 두 가지는 구약성경의 가르침이면서 동시에 서로 긴밀한 관계 속에 있다.

구약성경은 인간이 율법을 모두 행하면 그 율법에 의해 생명을 얻게 된다고 말한다. 그러나 실제 현실은 인간이 모든 율법을 다 행할 수 없다. 갈라디아서 3:10에서 말하듯이, "누구든지 율법 책에 기록된 대로 모든 일을 항상 행하지 아니하는 자는 저주 아래에 있는 자"가 된다. 율법을 지켜서 자기의 의를 세우는 것은 근본적으로 불가능하다. 신명기 27:26, "이 율법의 말씀을 실행하지 아니하는 자는 저주를 받을 것이라"에서 "율법"은 율법 전체를 가리킨다. 할례법, 음식법, 안식일법만 가리키는 게 아니다(갈 5:3, "그는 율법 전체를 행할 의무를 가진 자"). 에스겔 33:12-13은 율법 전체를 평생에 걸쳐 다 지키고 위반하지 않아야 함을 강조한다(약 2:10, "누구든지 온 율법을 지키다가 그 하나를 범하면 모두 범한 자가 되나니"). 율법을 배우면 누구나 다 율법을 지킴으로 하나님의 최후의 심판대에서 의롭다는 선언을 받을 수 없다는 것은 매우 명확해지고(롬 3:20, "그러므로 율법의 행위로 그의 앞에 의롭다 하심을 얻을 육체가 없나니 율법으로는 죄를 깨달음이니라"; 롬 3:28; 갈 2:16; 3:2, 5), 하나님의 은혜로 주시는 의가 아니면 구원받을 수 없

---

82) 라이트, 『바울과 하나님의 신실하심』 하, 368.
83) Contra Moo, 209

다는 것을 깨닫게 된다. 그래서 율법을 알면 율법은 "우리를 그리스도께로 인도하는 초등교사가 되어 우리로 하여금 믿음으로 말미암아 의롭다 함을 얻게" 한다. 그러므로 갈라디아서 3:11-12에서 바울이 요약하는 두 길은 구약성경의 내용을 요약한 것이며, 레위기 18:5과 하박국 2:4은 서로 모순되지 않고 한 가지 진리를 말한다. 다시 말해 레위기 18:5은 결국 하박국 2:4의 결론에 도달하게 한다.

　　율법이 생명의 길이 아니라 믿음이 생명의 길이라면, 도대체 우리는 무엇을 믿는 것인가? 하나님은 어떻게 믿음을 구원의 길로 만드시는 걸까? 그 해답이 13절, "그리스도께서 우리를 위하여 저주를 받은 바 되사 율법의 저주에서 우리를 속량하셨다"에 나온다. 그리스도가 우리를 대신하여 우리가 받아야 할 형벌을 대신 받으셨고, 그 결과로 하나님의 진노가 해소(propitiation)되었고(롬 3:25),[84] 이것을 믿음으로 우리는 하나님의 의를 받게 된다. 만약 라이트처럼 칭의를 두 개의 시제로 나누고 최후의 칭의는 행위에 의해서 결정된다고 보면 산술(算術)적으로 생각할 때 현재적 칭의를 받은 사람과 미래의 칭의를 받을 사람은 동수(同數)인가 아니면 어느 한 쪽이 더 많은가? 만약 현재를 칭의를 받은 사람 중 미래의 칭의에서 탈락하는 사람이 있다면, 그것은 그 사람의 악행이 그가 받은 칭의를 취소한다는 뜻이다.[85] 그리스도의 죽음이 현재의 칭의를 받기까지 내가 지은 죄를 향한 하나님의 진노만 해소하였고, 그 이후의 죄에 대한 책임은 결국 각 개인이 져야 한다는 뜻이 된다. 그렇다면 그리스도가 십자가에서 이루신 '진노의 해소'(propitiation)는 불완전한 것이 되고, 죄용서를 위한 그리스도의 십자가 죽음의 효력은 제한된다.

　　결국 라이트의 설명은 우리가 칭의를 단 하나의 최후의 심판대라는 맥락에서 보지 못하게 하는 결과를 가져온다. 칭의는 법정적 개념(forensic concept)이고 그 법정은 최후의 심판대다. 바울의 칭의론이 본질적으로 종말

---

84) "화목제물"로 번역된 헬라어 ἱλαστήριον에 관해서는 김철홍, "성서적신학의 주제로서 속죄," 『성서적 신학의 관점에서 바라본 신약신학의 주요주제』, 장흥길 편 (서울: 한국성서학연구소, 2012년), 205-240을 보라.

85) 칭의의 취소 가능성에 관해 말하는 것은 개혁주의의 전통은 아니다. 만약 어떤 성도가 최후의 심판 때에 구원을 받지 못하는 일이 발생한다면 이것을 칭의의 취소로 설명하지는 않는다. 그것은 그 사람이 처음부터 진정한 믿음(authentic faith)을 갖고 있지 않았기 때문이라고 말하는 것이 더 나을 것이다.

에 있을 최후의 심판 법정을 염두에 두고 있으므로, 칭의론을 종말론의 관점에서 이해하는 라이트의 견해를 옳다. 칭의론은 본질적으로 종말론이다. 그러나 최후의 심판대는 단심(單審)이다. 항소심(抗訴審)이나, 재심(再審)이 없다. 그럼에도 칭의를 복수로(justifications), 현재와 미래로 나누어 설명하는 것은 문제가 있다. 칭의를 두 개의 단계로 구분함으로서 라이트는 칭의론을 완전히 종말론적으로 보지 않는다. 최후의 심판대는 아직 열리지 않았으므로 미래의 것이지만, 그렇다고 해서 미래의 결정은 미래에 내려지는 것이고 현재는 그 판결은 미결이라고 말한다면 그것은 칭의의 의미를 훼손하는 것이다.

구원에서 믿음의 중요성을 평가절하 하는 것도 역시 문제다. 바울이 인용하는 하박국 2:4의 "의인은 믿음으로 살리라(ὁ δίκαιος ἐκ πίστεως ζήσεται)"는 히브리어 혹은 헬라어 구약성경에 따라 여러 가지 해석이 가능한 구절이다. 히브리어 본문과 70인역 헬라어 본문은 영어로는 아래와 같은 내용으로 되어 있다.

히브리어: the righteous one by his faith will live (וְצַדִּיק בֶּאֱמוּנָתוֹ יִחְיֶה)

헬라어: the righteous one on the basis of my faith(God's faithfulness) will live (ὁ δὲ δίκαιος ἐκ πίστεώς μου ζήσεται)

히브리어 본문은 의로운 사람은 '그의 믿음으로' 살리라는 뜻이지만, 헬라어 본문은 '하나님의 믿음' 즉 '하나님의 신실하심'으로 살리라는 뜻이 된다. "나의(하나님의) 신실함"으로 사는 것인지, 아니면 "그의(인간의) 믿음" 혹은 "그의(인간의) 신실함"으로 사는 것인지에 따라 해석이 달라질 수 있다. 전통적인 해석은 "그(인간)의 믿음으로 산다"는 뜻으로 바울이 이해했다고 본다. 하박국서에서 하박국은 '살리라'를 자신의 인생을 살아가는 것으로 생각한 듯하나, 바울은 '살리라'를 구원과 연결한다.

그런데 바울은 갈라디아서 3:11과 로마서 1:17에서 헬라어 구약성경에 있는 1인칭 소유격 대명사 '나의'(μου)를 제거하여 없애버린다(하박국 2:4 LXX, ὁ δὲ δίκαιος ἐκ πίστεώς μου ζήσεται). 만약 라이트가 해석하듯이 믿음이 아니라 하나님의 신실함을 바울이 의도했다면 '나의'라는 소유격 대명사가 생략되면 그 효과가 반감된다. '나의'(μου)를 그대로 두었다면 신자의 믿음이 아니라 하나님의 신실함으로 구원받는다는 의미가 명확하게 나타났을 것이다. 그러나 바울은 '나의'(μου)를 삭제했다. 바울이 '나의'를 누락한 의도는 무엇일까? 이 부분을 '하나님의 신실함'(faithfulness of God)으로 보지 않고 '신자의 믿음'(belief of the believers)으로 읽게 하려는 의도로 볼 수 있다. '나의'(μου)가 없어야 πίστις를 믿음으로 해석하는데 지장이 없기 때문이다. 그러므로 πίστις를 신자의 믿음이라기보다 하나님의 신실함으로 보아야 한다는 라이트의 로마서 해석은 로마서 초반부터 문제에 봉착한다.

그리스도의 의의 전가(imputation)의 문제도 마찬가지다. 새 관점이 그리스도의 의가 우리에게 전가됨으로 우리가 칭의/구원을 받는다는 전통적인 견해를 부정하는 이유는 '그리스도와 연합'(union with Christ /participation in Christ)을 구원의 길로 보기 때문이다.[86] 라이트가 '그리스도의 의가 우리에게 전가된다'는 것을 부정하는 이유도 크게 다르지 않다. 물론 바울이 "그리스도의 의"라는 표현을 사용하지 않는 것은 사실이다. 고전적인 의미에서의 "위대한 교환"(the great exchange), 즉 성도의 죄와 죄책은 그리스도에게로 옮겨가고 그리스도가 갖고 있던 의가 우리에게로 옮겨진다고 노골적으로 말하는 바울의 언급이 바울서신에 없는 것도 사실이다. 하지만 루터가 의의 전가를 유추할 수 있는 바울서신의 구절들이 없는 것이 아니다. 루터에게서 "교환"(exchange)이 구원을 표현하는 메타포로 나타나는 이유는 바울이 '몸값'(ransom) 혹은 '몸값을 지불함'(속량)을 나타내는 헬라어 λύτρον과 그 동의어, 파생어를 십자가를 통해 주시는 구원을 설명하기 위해 자주 사용했기 때문이며,[87] 이에 더불어 λογίζομαι동사에 "set down to one's account"[88]과 같이 상업적 부기(簿記)에서 사용가능한 뜻이 포함되어

---

86) 예를 들면, 갈린톤(Don Garlington)은 이렇게 말한다: "이 논문의 주장은 값 없이 주는 의의 선물은 우리가 그리스도와의 연합되는 덕분에 생기는 것이지, 전통적으로 정의된 전가(imputation)에 의해 주어지는 것이 아니라는 것이다." Don Garlington, "Imputation or Union with Christ?: A Response to John Piper," in *Studies in the New Perspective on Paul: Essays and Reviews*, (Eugene, Oregon: Wipf and Stock 2008), 172. 그리스도와의 연합에 관해서는 James Dunn, *The Theology of Paul of Paul the Apostle* (Grand Rapids: Eerdmans, 1998), 390-412을 보라.

87) 속량에 관해서는 김철홍, "성서적신학의 주제로서 속죄,"『성서적 신학의 관점에서 바라본 신 약신학의 주요주제』, 장홍길 편, 서울: 한국성서학연구소, 2012년. 229-31.

88) H. G. Liddell et al. eds. *A Greek-English Lexicon: Revised*

있기 때문이다. 전가의 개념을 직접적으로 나타내는 헬라어 동사가 따로 있지는 않지만 λογίζομαι동사는 전가에 매우 근접한 개념을 갖고 있다.

이 동사는 로마서 4:3-11에서 8번 나타나며, 'A를 B로 여기다/간주하다'(to reckon/consider A as B)의 뜻으로 사용된다. 로마서 4:5, "그의 믿음을 의로 여기시나니"에서 "믿음"과 "의"는 서로 다른 범주다. 믿음이 의는 아니다. 하지만 하나님이 최후의 심판대에서 신자의 믿음을 의로 간주하여 주신다는 뜻이다. 이것을 죄의 관점에서 표현하는 것이 전가(imputation)의 개념이다. 영어 숙어로 표현하면 "to impute 罪 to 人"은 어떤 죄를 어떤 사람의 탓/책임으로 여긴다는 뜻이다. 하나님은 우리의 죄에 대한 책임을 그리스도에게 옮겨(전가, imputation) 마치 그리스도를 죄인인 것처럼 여기셨다(reckon). 반면에 그리스도가 갖고 있던 의를 우리에게 옮겨(전가), 우리를 의로운 사람으로 간주하신다. 그러므로 신자가 갖고 있는 "의"는 본래적으로 갖고 있던 의(inherent righteousness)가 아니라, 루터가 자주 언급하는 인간의 외부로부터 오는 의(alien righteousness)다. 로마서 4:7-8에서 바울은 시편 32:1-2를 인용한다. 이 시편은 다윗이 범죄한 뒤에 쓴 것이다. 70인역 구약성경 시편 32:2에서 λογίζομαι동사가 사용되고 있고, "주님이 죄로(죄인으로) 여기지 않는 사람은 복이 있도다"는 영어로 "Happy are those to whom the LORD imputes no iniquity"로 번역할 수 있다. 바울은 "God imputes our iniquity to Christ"라는 의미로 시편 32:2을 인용한다. 이것을 의라는 측면에서 말하면 "God imputes Christ's/God's righteousness to us"로 바꾸어 말할 수 있다. "하나님의"(God's) 대신 "그리스도의"(Christ')로 바꿀 수 있는 이유는 고린도후서 5:21, "하나님이 죄를 알지도 못하신 이를 우리를 대신하여 죄로 삼으신 것은 우리로 하여금 그 안에서 하나님의 의가 되게 하려 하심이라"에서 지적하듯이 우리가 "그리스도 안에서" 하나님의 의를 얻기 때문이다. 그러므로 그리스도의 의의 전가(imputation)는 바울이 로마서 4장에서 의도한 의미라고 말할 수 있다.

로마서 4:4-5에서 바울이 λογίζομαι동사를 사용하는 방식은 라이트가 말하는 행위에 근거한 최후의 심판론 이해가 문제가 있다는 것을 잘 보여준

Supplement(LSJ), 9th ed. (Oxford: Oxford University Press, 1996), 1055.

다. 바울은 여기서 "일하는 자"와 "일을 하지 않는 자"를 대조한다. "일을 하지 않는 자"는 곧 "경건하지 않은 자"다. 5절의 "경건하지 아니한 자를 의롭다 하시는 이"는 문장으로 풀면 "하나님은 경건하지 않은 자를 의롭다고 선언하신다"가 된다. 이 선언은 우리가 복음을 믿을 때 선언되며, 그 선언의 근거는 "하나님이 그의 믿음을 의로 여기시기 때문"이다.

바울은 로마서 4:4-6에서 바울은 "일하는 자"(4절)와 "일한 것 없이 하나님께 의로 여기심을 받는 사람"(6절)을 대조한다. 일하는 자는 "그 삯이 은혜로 여겨지지 아니하고 보수(ὀφείλημα)"(4절)라고 생각한다. 여기서 "보수"로 번역된 ὀφείλημα의 뜻은 '빚'(debt)이다. 만약 일꾼을 고용하고 그 일꾼이 일을 마친 뒤에 삯(μισθός/pay, reward)을 준다면 받는 사람이건 주는 사람이건 그 삯을 은혜로 생각할 사람이 있을까?(4절, "은혜로 여겨지지 아니하고"). 없을 것이다. 아마 고용인이나 피고용인 모두 그 보수를 반드시 지불해야 할 '빚'으로 생각할 것이다(4절, "보수로 여겨지거니와"). 반면에 "일한 것 없이 하나님께 의로 여기심을 받는 사람"은 자신이 받은 삯을 "은혜"로 여길 것이다. 여기에서 바울은 갈라디아서 3:11-12에서 레위기 18:5의 구원의 길과 하박국 2:4의 구원의 길을 대조하는 것과 똑같은 설명을 한다.

이 두 개의 길을 연결해서 서로 모순되지 않게 설명하는 두 가지 길이 있다. 그것은 곧 행위와 구원을 설명하는 두 가지 길이 있다. 하나는 "구원받기 위해 이렇게 행해야 한다"는 설명법이다. 이 설명법은 선한 행위가 구원의 조건이다. 구원은 행위(work)의 대가(reward)로 지불된다. 이 길은 율법주의 종교, 도덕주의, 펠라기우스주의, 로마 가톨릭, 신인협력설의 길이고, 복음에 할례와 율법을 추가할 것을 주장하는 할례당(갈 2:12, οἱ ἐκ περιτομῆς)의 설명법이다. 다른 길은 "우리는 이미 구원받았으므로 이렇게 행해야 한다"는 설명법이다. 이 설명법에서 선한 행위는 구원의 결과다. 그래서 선한 행위는 대가(reward)를 요구하지 않는다. 왜냐하면 그것은 기쁨으로 하는 봉사(service)이기 때문이다. 여기서 행위는 구원론(soteriology)의 범주가 아니라 기독교 윤리(Christian ethic)의 범주다. 이 설명법은 복음의 길이고, 바울과 루터가 제시하는 설명법이다.

오늘날 한국교회의 윤리적 수준이 떨어졌으므로 두 번째 설명법을 포기하고 첫 번째 설명법을 사용해야 한다는 의견도 없지 않다.[89] 기독교인의 선한 행위의 중요성은 아무리 강조해도 부족함이 있지만, 행위가 구원 여부와 연결되는 순간 하나님의 은혜로 구원을 주시는 복음은 없어진다. 『그리스도인의 자유』(1520)에서 루터는 선행이 그리스도인을 더 거룩하게 하거나 더욱 그리스도인 답게 하지도 않는다고 말한다. "선행을 통하여 의로움을 얻을 수 있다는 사악한 생각들 때문에 선행을 정죄한다"고 말한다.[90] 샌더스가 말한 언약적 신율주의(covenantal nomism) 모델은 유대교를 은혜로 구원받아 그 감사의 응답으로 율법을 지키는 은혜의 종교로 해석하는 것이다. 놀랍게도 새 관점을 주장하는 학자들은 샌더스의 주장을 따라 유대교를 '일(works)의 종교'가 아니라 '봉사(service)의 종교'로 보면서도 오히려 바울의 복음은 '일의 종교'로 만든다. 새 관점은 사실 루터가 넘어선 것을 향해 루터가 다시 돌아가야 한다고 말한다. 그들은 루터를 향해 그가 이룬 종교개혁을 되물리고(recant) 그의 선생들의 유명론(nominism)으로 돌아가라고 말한다. 사실 이것은 루터가 1세기 유대교를 율법주의 종교로 오해했으며, 1세기 유대교는 언약적 신율주의(covenantal nomism)라고 규정하고 출발한 신학적 여정의 예상 가능한 논리적 귀결이다. 우리는 다음과 같은 루터의 말에 다시 한 번 귀를 기울여야 한다: "이와 같이 이생의 삶은 죄로부터 치유되는 삶이다. 치유가 완성되고, 건강이 이미 회복되어도 죄가 없는 삶은 없다. 교회는 병자들과 도움이 필요한 자들을 위한 숙소이며 병실이다. 그러나 천국은 건강한 자들과 의인들의 궁전이다"[91]

　　루터는 스콜라 신학에 반대한 기본적 이유는 스콜라 철학이 성경에 근거하지 않고 헬라 철학의 인간관에 기초해 있기 때문이다. 루터는 로마서 7장에 나오는 바울의 인간관에 대한 분석을 하면서 "이런 이유로 아리스토텔레스를 해석하는 방식으로 가르치는 것은 헛되고 해로운 것이다. 그들이 사용하는 언어와 비유들은 너무나 미숙하다. …그들이 영과 육의 차이를 이해하는데 완전히 실패했기 때문이다"[92]고 말한다. 루터는 아리스토텔레스의 인

───────────────

89) 예를 들어 이은선은 이렇게 말한다: "루터의 오직 믿음으로(sola fide)에 대한 왜곡은 항상 문제시 되어 왔다. 사랑의 실천이 없는 신앙제일주의(solafideism, 혹은 신앙근본주의)는 자연스럽게 비윤리적인 그리스도인을 양산해 왔다고 할 수 있다." 이은재, "루터의 신앙이해: 칭의와 성화를 중심으로," 『루터신학과 한국교회: 종교개혁 500주년 기념 제9회 종교개혁신학 공동학술대회 자료집』, 85.

90) LW 31, 363. 『그리스도인의 자유』

91) Ibid., 238.

간론과 도덕론이 스콜라 철학에 끼친 악영향에 대해 매우 심각하게 비판한다.

> 그러므로 아리스토텔레스의 방법처럼 미덕을 정의하는 것을 잘못
> 되었다. 그 방법은 우리를 완벽하게 하고 우리의 행위들을 사람들
> 앞과 우리 눈앞에서 칭찬받게 한다는 점에서 우리를 완벽하게 하고
> 논쟁을 좋아하게 유발한다. 하나님 앞에서 이것은 혐오스럽고 그 반
> 대가 그를 훨씬 더 기쁘게 할 것이다"[93]

도덕/윤리는 복음과 근본적으로 다른 것이다. 세속사회의 도덕과 윤리의 원칙을 심판에 적용하면 윤리적 인간이 되는 것에 구원이 있다. '선한 사람은 구원받아야 하고, 악한 사람은 구원받으면 안 된다'는 good-person-goes-to-heaven syndrome은 사실 복음의 역설적 진리를 간과하는 요즘의 교회 세태를 반영한다.

　　라이트의 칭의론에서는 신앙생활에서 신실함(faithfulness)과 순종(obedience)이 가장 중요한 덕목이 되었고, 구원은 그리스도의 십자가 죽음보다는 성령의 역사와 결부되어 설명되고 있고, 칭의는 교회의 멤버십 획득으로 그리고 구원은 교회론적으로(ecclesiastically) 설명된다. 라이트의 칭의론은 2세기 교부시대에 나타났던 현상과 흡사하다. 또한 그의 칭의론은 칭의를 은혜의 주입에서 비롯되는 하나의 과정(process)으로 보는 토마스 아퀴나스(Thomas Aquinas)의 신학에서 칭의, 즉 1) 은혜의 주입(infusion of grace), 2) 믿음을 통해 하나님을 지향하는 자유 의지 운동, 3) 죄를 지양하는 자유 의지 운동, 4) 죄 사함의 4단계론과도 유사한 점이 없지 않다. 또한 성공회 신자 웨슬레(John Wesley)가 아퀴나스의 선행적 은총(prevenient grace)론을 아르미니안주의의 입장에서 포용함으로 종교개혁의 전통에서 벗어났으면서도, 동시에 칭의와 성화를 구분한 점, 그리고 그리스도의 의가 신자에게 전가된다는 것을 강조하지 않은 점[94]도 라이트의 입장과 겹치는 부

---

92) 루터, 『루터:로마서 강의』, 342.
93) 루터, 『루터:로마서 강의』, 408-9.
94) James K Beilby, Paul R Eddy et al. eds,+『칭의 논쟁: 칭의에 대한 다섯 가지 신학적 관점』 (Justification: Five Views), (서울: 새물결플러스, 2015), 42-43.

474　　갈라디아서 주석

분이 있다. 라이트가 전통적인 종교개혁의 칭의론의 그리스도의 의의 전가(imputation)를 부정하는 것은 결국 그가 은혜의 주입(infusion)을 강조하는 것과 동일한 결과를 가져온다.

　　오늘날 루터와 바울이 말한 복음의 날카로움을 제거하는 가장 설득력 있는 주장은 칭의와 성화는 구분될 수 있지만 분리되면 안 된다는 주장이다. 이런 주장들은 결국 칭의와 성화를 본질적으로 같은 것으로 보고, 그리스도와의 연합(union with Christ)로 보면서 구분하지 않으려는 시도다. 칭의와 성화에 관한 전통적인 견해는 성화는 과정이지만 칭의는 일회(一回)적 사건으로 보는 것이고, 칭의는 반복되지 않는 것으로 보는 것이다. "칭의는 단번의 행위가 아니라 우리가 죽을 때까지 유지해야 하는 삶의 과정으로 생각된다"[95]는 식의 주장은 루터의 주장으로 보기 힘들다. 루터가 성화를 부정한 것도 아니고, 성화를 강조하지 않은 것도 아니다. 그의 『히브리서 강해』(1517-18), 『두 가지 종류의 의』(1519), 『선행에 관한 논문』(1520), 『그리스도인의 자유』(1520), 『대교리문답서』(1529), 『율법폐기론자들에 대항하여』(1539)[96] 을 보면 이런 사실을 쉽게 깨달을 수 있다.

　　『두 가지 종류의 의』(1519)에서 루터는 그리스도로 인해 주입된 의는 한꺼번에 주어진 것이 아니라 시작하고 성장하며 마지막으로 죽음을 통해 완성된다고 말한다.[97] 이것은 루터가 토마스 아퀴나스와 웨슬레가 즐겨 말하는 선행적 은총(prevenient grace)을 언급하는 것처럼 들린다. 즉 외래적 의가 인간 안에 선행을 할 수 있는 기초를 만들고, 그것으로부터 인간이 선행을 하게 되어 행위를 통해 의가 생성된다. 그렇다면 루터는 이런 선행적 은총의 결과로 생겨난 이 "의"를 통해 인간이 칭의/구원을 받는다고 조직적으로 반복해서 말하고 있는가? 그렇다는 증거를 찾기 어렵고, 정반대의 증거를 찾기는 쉽다. 『선행에 관한 논문』(1520)에서도 루터는 아무리 성도가 선행을 한다고 하더라도 그 선행은 믿음을 근거로 한 것이므로 선행이 인간을 의롭게 하는

---

95) 이은재, "루터의 신앙이해: 칭의와 성화를 중심으로," 『루터신학과 한국교회: 종교개혁 500주년 기념 제9회 종교개혁신학 공동학술대회 자료집』, 105.

96) 이 글들에서 성화와 관련된 본문의 분석은 이은재, "루터의 신앙이해: 칭의와 성화를 중심으로," 94-102를 보라.

97) 이은재, "루터의 신앙이해: 칭의와 성화를 중심으로," 『루터신학과 한국교회: 종교개혁 500주년 기념 제9회 종교개혁신학 공동학술대회 자료집』, 97.

것이 아니라 믿음이 인간을 의롭게 한다고 말한다.[98] 이것은 얼핏 보면 로마 가톨릭 신학에서 모든 선행으로 인한 공로가 하나님의 선행적 은총에 의한 것이라고 보고 가톨릭 구원론도 은혜를 통한 구원이라고 말하는 것과 비슷해 보인다. 그렇다면 루터와 아퀴나스의 신학은 같은 것이고, 트렌트 회의는 루터에 대해 오해한 것인가? 그렇지 않다. 트렌트 회의는 루터를 분명하게 이해하고 있었고, 루터는 이 행위를 통해 생겨난 의를 칭의의 근거로 보지 않았다. 루터는 행위의 의를 '훈련'과 연결한다. "훈련을 시작하라"[99] "매일 매일 훈련함으로써 신앙을 점점 더 강하게 만들어야 한다"[100] 등의 표현은 루터가 이런 행위의 의를 칭의와 구원의 근거로 보지 않았다는 것을 명확히 보여준다. 왜냐하면 루터신학에서 인간이 반복되는 훈련을 통해 구원에 이르는 것이 아니기 때문이다. 그런 뜻에서 칭의는 반복되는 것이 아니라 단회(單回)적인 것이라고 보는 것이다. '칭의(righteousness)'와 성도가 삶에서 보여주는 '행위의 올바름(uprightness)'은 구분될 필요가 있다. 둘 다 '의'라는 말로 부르는 것이 오히려 혼동을 초래한다.[101]

성도는 믿음을 통해 그리스도와 연합함으로 그리스도의 다스림을 받으므로 "믿음으로부터 선행이 자연히 흘러나온다"고 루터는 말한다.[102] 그리스도와의 연합은 그리스도의 운명과 성도의 운명이 하나가 된다는 것이며, 이 연합(union with Christ)은 그다지 '신비할'(mystical) 것이 없다. 왜냐하면 그리스도와 성도는 왕과 백성의 관계 속에 있고, 왕과 백성은 불가분의 운명공동체로 함께 묶였기 때문이다. 이것을 가장 강력하게 설명하는 메타포는 바로 그리스도와 교회(성도)의 관계를 머리와 몸의 관계로 묘사하는 것이다. 그것은 아담(왕)의 범죄로 모든 인간(아담을 왕으로 하는 아담의 모든 후손)이 그와 함께 범죄하여 죽음이 왕으로 지배하는 종속(submission)의 상태로

---

98) LW 44, 37f. 『선행에 관한 논문』

99) LW 44, 34. 『선행에 관한 논문』.

100) LW 44, 60. 『선행에 관한 논문』.

101) 예를 들어 마태복음을 연구한 헤그너(Donald Hagner)는 마태복음이 강조하는 '의'는 '칭의(righteousness)'의 범주가 아니라 성도가 삶에서 보여주는 '행위의 올바름(uprightness)'으로 볼 것을 주장하였다. Donald Hagner, "Righteousness in Matthew's Theology," in *Worship, Theology and Ministry in the Early Church*, Michael J. Wilkins and Terence Paige eds (JSNTSup 87: Sheffield: JSOT Press, 1992), 101-20.

102) LW 29, 123. 『히브리서 강해』.

빠졌다는 바울의 아담기독론(Adam Christology)의 논법과 다르지 않다. 루터가 말하는 성화는 결국 이런 그리스도 안에 있는 성도의 삶의 선행을 통해 나타난다. 그런데 중요한 것은 루터가 이 성화의 과정이 이 땅에서 시작하지만 그 완성은 하늘에서 이루어진다고 말한다는 점이다.[103] 그것은 결국 인간이 완전히 거룩하게 되는 시점을 죽음으로 보는 것이 아니라 부활로 보는 것이다. 바울의 표현을 빌리자면 고린도후서 5장의 하늘에 있는 집을 입을 때에 완전히 거룩하게 된다. 영원한 생명에 관한 모든 약속은 부활의 때에 완성된다. 그런 뜻에서 우리의 구원은 '이미(already)와 아직(not yet)'의 사이에 있다. 성화는 궁극적으로 부활을 통해서 완성되며, 그 때에 비로소 우리는 그리스도를 완전히 닮은 자들이 된다(고전 1:8; 고후 3:18; 빌 3:21; 롬 8:29).

6. 결 론

새 관점과 전통적인 관점 사이의 논쟁은 사실 어느 한 쪽도 다른 한 쪽의 입장을 쉽게 무너뜨릴 수 없다. 왜냐하면 이 논쟁은 어떤 특정한 바울 본문의 미시적(微視的) 관찰에서 비롯된 것이라기보다는 거시적(巨視的) 신학적 틀(macro-theological structure)에 근거한 것이기 때문이다. 거시적 틀은 각각의 바울 본문을 해석한 수많은 미세한 관찰을 통해서 만들어지기도 하지만, 동시에 거시적 틀은 각각의 바울 본문을 미시적으로 해석하는 원칙으로 작용한다. 따라서 어느 특정한 본문의 주석을 통해 상대방의 입장의 오류를 증명하는 것이 쉽지 않다. 그러므로 특정한 본문의 주석을 서로 달리 해석하는 것은 마치 평행한 두 개의 선을 계속 그어가는 것과 똑같은 일이 된다. 그러므로 이 논쟁은 결국 두 개의 거시적 신학적 틀의 충돌이며, 이 논쟁의 전체적 모습을 보려면 미시적 본문 분석뿐만 아니라 거시적 틀을 서로 비교하는 것이 필요하다.

이상에서 우리가 약간의 미시적 분석과 거시적 분석을 통해 살펴본 바와 같이 루터의 바울이해가 새 관점의 바울이해보다 더 원래의 바울의 칭의론에 근접해 있다. 현재 목회 현장의 윤리적 상황이 악화되어 있으므로 전통적 이신칭의(以信稱義)의 복음 대신 행위를 강조하는 복음을 가르쳐야 한다는

---

103) LW 29, 216. 『히브리서 강해』.

인식은 잘못된 것이다. 이런 주장은 목회의 현장의 상황(context)에 따라 성경의 본문(text)의 해석을 바꿀 수 있고, 그 선택권이 목회자와 신학자에게 있다는 위험한 발상이다. 성경의 본문이 A를 말하면 아무리 상황이 B라 하더라도 여전히 A를 말해야 하는 게 목회자와 신학자의 임무다. 구원의 진리가 시대와 상황에 따라 변화된다면 그것은 영원한 진리가 될 수 없다. 또한 만약 그런 논리라면 유대교와 이슬람 같은 율법주의 종교 신자가 가장 윤리적이어야 하고, 로마가톨릭교회 신자, 그 다음으로 영국성공회, 감리교, 성결교 신자가 개혁교회 신자보다 더 윤리적이어야 한다. 하지만 이런 가설은 아직 증명된 바도 없고, 인류가 실제 경험으로 깨달은 사실, 즉 "인간은 종교, 교파를 초월하여 모두 다 죄인이다"라는 것과 거리가 멀다.

행위심판론이 성도가 악행을 끊고 선행을 하게끔 하는 가장 강력한 동인(motivation)이라는 것은 사실이다. 행위를 구원의 조건으로 하면 성도들의 삶을 통제할 수 있을 것이라고 생각되지만, 문제는 그렇게 하면 복음이 손상된다는 것이다. 우리는 그렇게 손쉽게 문제를 해결하려는 태도를 버리고, 차라리 이신칭의와 은혜 복음을 견지하면서 어떻게 하면 성도들을 악행으로부터 멀어지게 하고 선행을 하게 할 것인지 고민해야 한다. 아마도 그것이 칼빈이 '하나님의 영광을 위해'를 강조한 이유일 것이다.